Peter Merseburger

RUDOLF AUGSTEIN

Peter Merseburger

RUDOLF AUGSTEIN

Biographie

Deutsche Verlags-Anstalt

1. Auflage
Copyright © 2007 Deutsche Verlags-Anstalt, München,
in der Verlagsgruppe Random House GmbH
Alle Rechte vorbehalten
Lektorat: Ulrich Volz, Stuttgart
Gestaltung und Satz: DVA / Brigitte Müller
Gesetzt aus der Minion
Druck und Bindung: GGP Media GmbH, Pößneck
Printed in Germany
ISBN: 978-3-421-05852-2

www.dva.de

INHALT

VORWORT

Am Ende war er eine Ikone, zwei Jahre vor seinem Tod zum „World Press Freedom Hero" und zum „Journalisten des Jahrhunderts" gewählt. Wie kein anderer der schreibenden Zunft hat Rudolf Augstein den Deutschen nach dem Krieg seinen Stempel aufgedrückt. Die Bundesrepublik wäre anders ohne ihn und seinen *Spiegel.* Er war ein gnadenloser Realist, eine Grundeinstellung, die im Lebensgefühl jener Frontgeneration wurzelt, der er angehörte – die sich missbraucht und verheizt fühlte und, die dröhnenden Propagandalügen des NS-Systems noch im Ohr, nach dem Krieg nicht nur „Dies nie wieder!" schwor, sondern seither jedem großen Wort misstraute. So wurde der *Spiegel,* entstanden aus der Laune eines exzentrischen britischen Panzermajors inmitten der Hannoverschen Trümmerwüste, durch Rudolf Augstein und seine jungen, aus dem Krieg heimgekehrten Redakteure zu einem allwöchentlich erscheinenden Institut der Respektlosigkeit, das nicht nur die neuen demokratischen Obrigkeiten, sondern auch die Besatzungsmächte schonungslos kritisierte. Er wurde zu einer Volkshochschule der Ehrfurchtverweigerung und Skepsis gegenüber aller Autorität, zu einem Blatt des Widerspruchs und des Infragestellens, ohne die demokratischer Diskurs nicht zu denken ist. Und selbst noch Verächter des *Spiegel* nannten ihn Ende der achtziger Jahre eine mächtige Institution, die zum bundesdeutschen Fundament gehört – als stärkster Gegenpol zur Politik der Apparate im Parteien- und Verbändestaat.

Eine Biographie Rudolf Augsteins und die Entwicklung der Bundesrepublik lassen sich so schwer trennen wie Augstein und die Geschichte des *Spiegel.* Augstein war „Mr. Spiegel", und ohne Augstein tut sich, wie die Leser heute spüren, sein Geschöpf, eben der *Spiegel*, nicht ganz leicht – auch wenn die Auflage stimmt. Das Blatt lebt in Vielem von seinem Ruf, und dem gerecht zu werden, ist schwer, zumal er das Monopol auf investigativen Journalismus nicht mehr hat, seit konkurrierende Wochenblätter und selbst Tageszeitungen sich ebenfalls im Enthüllen üben.

Was in den Jahren des Neuanfangs möglich war, heute würde man es in Alices Wunderreich verweisen: dass ein 23-jähriger Kriegsabiturient, ausgerüstet nur mit der soliden Bildung Hannoverscher Gymnasien, mit Ostfronterfahrung als Artillerist und zwei Jahren als Volontär und Redakteur, zum Chefredakteur berufen wird und man ihm – mit der Lizenz – ein Drittel der Zeitschrift, die er führen soll, praktisch auch schenkt (und das er bald zur Hälfte aufzustocken versteht). Launen, Zufälle und viel, viel Glück stehen also am Anfang der Karriere des demobilisierten Reserveleutnants. Aber er weiß die Gunst der Stunde zu nutzen, macht mit Gespür für Themen, rasiermesserscharfer Intelligenz und analytischem Scharfblick den *Spiegel* aus bescheidensten Anfängen zum größten deutschen und europäischen Nachrichtenmagazin. Jene Respektlosigkeit, die anfangs Konflikte mit den britischen Zensoren bringt, sichert Augstein treue Leser, vor allem das Überleben in den kritischen Monaten nach der Währungsreform.

Bald deckt sein *Spiegel* Korruption auf, wo er sie findet. Die antiautoritäre Grundtendenz, sein Eintreten für Sauberkeit in Regierung und Verwaltung, sein Kampf für Liberalität und Rechtsstaat machen ihn zum „Sturmgeschütz der Demokratie", wie er sich gern und etwas selbstzufrieden nennt. Doch in diese Rolle hineinzufinden dauert, denn niemand hat diese jungen Redakteure, die in der NS-Diktatur aufgewachsen sind, Demokratie oder Toleranz gelehrt – auch Rudolf Augstein nicht. So ist der frühe *Spiegel*, wie könnte es auch anders sein, ein Stück Mentalitätsgeschichte der jungen Bundesrepublik – er spiegelt jenen schwierigen Lernprozess wider, den die Westdeutschen durchmachen, um am Ende doch zu überzeugten und guten Demokraten zu werden. Aber der *Spiegel* wäre nicht zu dem geworden, was er ist, hätte Augstein sich nicht früh große Gegner gesucht und an ihnen Maß genommen. Er ist ein Mann, der Feindbilder braucht und im Kampf gegen sie zu eigener Größe findet.

Politisch ernst genommen wird sein *Spiegel* erst, als er persönlich unter dem Pseudonym *Jens Daniel* gegen Konrad Adenauer erbittert und leidenschaftlich zu Felde zieht – gegen die Westintegration und für die Wiedervereinigung, die er durch die Westverträge in bald unerreichbare Ferne rücken sieht. Durch und durch national- und deutschzentriert, wird Augstein zum schärfsten intellektuellen Widerpart des Gründungskanzlers, und sein Kampf gegen Franz Josef Strauß, der die Bundeswehr mit Atomwaffen ausrüsten will, ist inzwischen legendär: Über Jahre führen Jens Daniel und der *Spiegel* eine publizistische Kampagne ohnegleichen, in der ihnen praktisch alle Mittel recht sind – ein Vernichtungsfeldzug, der freilich nicht denkbar ist ohne die Blößen, die das bayrisch-barocke Mannsbild Strauß ihnen zuhauf bietet.

Das Duell zwischen Augstein und dem Verteidigungsminister gipfelt 1962 schließlich in der *Spiegel*-Affäre, der schwersten innenpolitischen Krise seit Bestehen der Bundesrepublik, während der die Zukunft des Magazins buchstäblich auf Messers Schneide steht und die zur Zäsur in der Entwicklung der jungen deutschen Demokratie werden soll. Dass die Polizei in einer Nacht-und-Nebel-Aktion die Räume des Magazins im Hamburger Pressehaus besetzt, dass Augstein und führende Mitarbeiter unter dem Vorwurf des Landesverrats verhaftet werden, führt zu einem Aufschrei der Öffentlichkeit, den so niemand, am wenigsten Augstein und die *Spiegel*-Leute selbst, erwartet hatte. Der des Verrats verdächtige *Spiegel*-Herausgeber wird zum Märtyrer der Pressefreiheit, für die Studenten und Professoren auf die Straße gehen, und diese Reaktion auf das massive Vorgehen der Staatsgewalt läutet den Abschied vom deutschen Obrigkeitsstaat ein. So markiert die *Spiegel*-Affäre einen wichtigen Wendepunkt in der politischen Kultur der jungen Demokratie.

Weil Rudolf Augstein sein Blatt als Kampfinstrument zu nutzen weiß, steht es auch nicht immer in Opposition zu den Regierenden. Es rennt an gegen Adenauer und Strauß und den ganzen rheinisch-katholischen Muff der fünfziger Jahre und beschleunigt damit unzweifelhaft das Ende der Ära Adenauer. Danach aber paktiert es eindeutig mit der Regierung Brandt, plädiert mit Verve für deren Ostpolitik und macht Front gegen eine christdemokratische Opposition, die Brandt zu stürzen und die Öffnung nach Osten zu verhindern trachtet. Es ist ein Seitenwechsel, der Augsteins zutiefst nationaler Haltung entspricht: Wie kaum ein anderer bleibt er Vorkämpfer der deutschen Einheit und sieht, auch wenn die Grenzen zwischen den deutschen Staaten erst einmal festgeschrieben werden, darin doch die Chance zur Bewahrung der Nation. Und es ist diese Haltung, die ihn – wenn auch nur vorübergehend – an die Seite des von ihm bekämpften Helmut Kohl führt.

Für eine posthume Adenauer-Linke, welche die Einheit nicht will und von der sich etliche unter seinen Redakteuren finden, hat er so wenig Verständnis wie für Günter Grass, der behauptet, Auschwitz schließe einen deutschen Einheitsstaat aus. Es ist die Rückkehr des späten Augstein zur nationalen Grundhaltung des Adenauer-Antipoden Jens Daniel, die manche linken *Spiegel*-Freunde in der Zeit der Wende entsetzt fragen lässt, ob sie Augstein und seinen *Spiegel* denn „linker" gelesen hätten, als beide in Wahrheit gewesen seien. Doch in Wahrheit ist dieser Augstein eben stets ein Nationaler und ein Liberaler und als solcher sich treu geblieben – als der vielleicht letzte echte Nationalliberale, den es in Deutschland gegeben hat. Zu jung, um von den Nazis korrumpiert zu werden, war er doch alt genug, um zu sehen, was sie an Gräueln verübten und in welches Chaos sie Europa stürzten.

Es ist diese erlebte Geschichte, die ihn nie loslässt und dazu bringt, sich in zunehmenden Alter immer intensiver mit Hitler, dem Verderber Deutschlands, und mit seinen Helfern auseinanderzusetzen. Für ihn ist Hitler das größere der zwei Monster, die das zwanzigste Jahrhundert prägten – dem zweiten, Stalin, gibt er im Vergleich dazu mildere Noten, weil es weniger wahnhaft und rationaler gewesen sei.

In dem jungen, so unerhört wachen Augstein, der aus gut bürgerlich-katholischen, aber intellektuell beengten Verhältnissen kommt, sind anfangs viele Entfaltungs-Möglichkeiten angelegt. Vielleicht wäre er Schriftsteller oder Dramatiker, vielleicht Historiker geworden, hätte es den exzentrischen britischen Major mit seinem Magazin-Spleen in Hannover nicht gegeben. Zeit seines Lebens zeigt er besonderes Interesse an Kunst und Theater, Oper und Literatur. Wie alle Intellektuellen lebt er von Einspruch und Widerspruch, stellt Bestehendes in Frage. Und so hält er innerlich auch Distanz zu seiner eigenen Schöpfung, dem *Spiegel*, vielleicht, weil er besser als alle Kritiker von außen um die inhärenten Schwächen des *Spiegel*-Journalismus weiß.

Vergebens sucht er immer wieder, dem goldenen Käfig, den er sich baute, zu entfliehen. Dem Intellektuellen, der Ruhm und Ehrfurcht nicht gelten lässt und so gern gegen Denkmäler pisst, ist die Lust, zu zerstören, nicht fremd. Dass sie bei Augstein, der doch erreichte, wovon so viele vergeblich träumen – Einfluss, Reichtum, Macht – am Ende in die Lust zur Selbstzerstörung umschlägt, gehört zu den Rätseln der großen, erstaunlichen Karriere eines melancholischen Zynikers, dem die Deutschen viel verdanken – vor allem die Erfahrung, dass das Recht auf die freie Meinung in einer Demokratie heilig bleiben muss.

WÖLFLING UND HALLELUJA-PFIFF
Kindheit in der hannoverschen Diaspora

Er hat sich gern und oft als Zyniker bezeichnet – aber falls Zyniker Menschen sein sollten, die nach dem Sarg Ausschau halten, wenn sie Blumen sehen, dann gehörte Rudolf Augstein gewiss nicht zu ihnen. Er besaß, bei allem Ernst, auch eine fröhliche, heitere Seite, die er herauskehrte, wenn er, der Opern- und vor allem Wagnerfan, vor seinen Sekretärinnen plötzlich eine Arie schmetterte oder bei der Geburtstagsparty des Außenministers mit dem noch sangesfroheren Walter Scheel als Duo auftrat. „Auf der Mauer, auf der Lauer liegt 'ne kleine Wanze" intonierten beide damals, sehr zum Verdruss des sozialdemokratischen Kanzlers, der gerade mit einer Abhöraffäre zu kämpfen hatte – einem innenpolitischen Skandal, an der sich der *Spiegel* genüsslich weidete und an dem er sein investigatives Talent einmal mehr unter Beweis stellen konnte. Und wer den Zyniker als tragische Gestalt der Moderne versteht und Augstein als solche einordnen will, wird seinem vielschichtigen, meist ambivalenten, vielseitig begabten, verschmitzten, oft spielerisch-jungenhaften Naturell wahrlich nicht gerecht. Für seine Vorgesetzten im Arbeitsdienst und später bei der Artillerie war der Arbeitsmann, später der Gefreite Augstein ein idealer *maître de plaisir*. Er, der als Primaner des Ratsgymnasiums in Hannover mit einem Freund um die Wette gedichtet hatte, wurde an der Front dazu kommandiert, Bierzeitungen mit mehr oder weniger holprigen Reimen zwecks aufheiternder Truppenbetreuung zu verfassen.

Wer und was ist ein Zyniker? Ein gescheiterter, verzweifelter Missionar, der sich von seinen einstmals hohen Idealen verabschiedet hat? Ein durch die böse Wirklichkeit gekränkter Romantiker? Einer, der überwiegend das Niederträchtige und

Gemeine, das Böse im Menschen sucht? Oder sieht der Zyniker, wie Oscar Wilde einmal meinte, die Dinge, wie sie sind und nicht so, wie sie sein sollten? Und wenn ja, tut er das – und da wären wir wohl Augsteins Wirken auf der Spur –, um einen nicht eben vorzüglichen Zustand durch Spott und Ironie zu bessern, vor allem aber, wie es der *Spiegel*-Chef selbst in Abwandlung eines Wortes von Lassalle später einmal sagen sollte: durch „Schreiben, was ist"? Auf dem Gipfel von publizistischer Macht und politischem Einfluss, im Jahr 1988, nennt der inzwischen 65-Jährige im Gespräch mit der Journalistin Beate Pinkerneil sich selbst einen „positiven Zyniker", einen, der „nichts, aber auch gar nichts unbefragt lässt und der nichts, was er erkannt hat, unterdrückt". Das, so Augstein, sei ein Zyniker, wie er ihn verstehe; wer in dieser Welt bestehen wolle, müsse wohl oder übel ein solcher Zyniker sein.

Über diesen bekennenden Zyniker schrieb die *Frankfurter Allgemeine* in ihrem Nachruf, er sei nicht nur der bedeutendste deutsche Journalist der Nachkriegszeit gewesen, sie nannte ihn, in befremdlicher Hypertrophie, auch den zeitweise „mächtigsten Mann im Staate". Sein Geschöpf, den *Spiegel*, lobte das Blatt als ein „publizistisches Zentralmassiv", und Mit-Herausgeber Frank Schirrmacher meinte gar, seine Generation habe zwar Schreiben und Lesen zur Zeit des Bundeskanzlers Willy Brandt gelernt, aber „alphabetisiert … wurden wir, ob wir es wollten oder nicht, durch Augsteins *Spiegel*". *De mortuis nihil nisi bene*, möchte man da in Erinnerung an manches anmerken, was das Zentralorgan deutsch-konservativer, oft betulicher Seriosität – Augstein: „Deutschlands weihnachtlichste Zeitung" – zu Lebzeiten des *Spiegel*-Herausgebers über ihn und die Berichte seines Magazins geschrieben hatte.

Doch einen Karriereplan, der Rudolf Augstein aus den Niederungen eines Lokalfeuilletons in Hannover zu solchen Höhen geführt hätte, gab es nicht. Auf seinem Weg an die Spitze des deutschen Journalismus hat vor allem der Zufall Pate gestanden – so sah er es selbst. Hinzuzufügen wäre: auch unerhörte Fortune, die ihn nie verlassen hat – selbst 1962/63 nicht, als er als vermeintlicher Landesverräter im Gefängnis saß und die Existenz seines Nachrichtenmagazins einige Wochen auf dem Spiel zu stehen schien.

Dabei wäre er eigentlich viel lieber Schriftsteller geworden oder Professor. Frühen Neigungen entsprechend wollte er Germanistik studieren, wie im Abiturzeugnis vermerkt, später hätte er zweifellos Geschichte, vor allem der Neuzeit, vorgezogen. Aber er, der weniger moralisch denn rechtlich Denkende, für den Rechtsbewusstsein und Gesetz und deren strikteste Beachtung durch Politiker unabdingbar waren – einmal tadelte er den Verteidigungsminister, weil dieser einem seiner Offiziere vor dem Bundesdisziplinarhof das Recht auf die Anhörung von Entlastungszeugen verweigerte –, dieser Rudolf Augstein hätte einer Familientradition folgen und ebenso gut Jurist werden können. Denn nicht nur sein älterer Bruder Josef, mit dem er für den *Spiegel* oft vor Gericht zog, auch ein Onkel in Berlin sind Rechtsanwälte, zwei seiner Schwäger Richter, und eines seiner vier Kinder entscheidet sich für den Anwaltsberuf.

Die bestimmenden Eindrücke der frühen Jugend sind durch das Erlebnis der Diaspora geprägt. Mit seinem Hang zur Überspitzung wird er 1987 in Tutzing sagen, er sei nicht im Deutschen Reich, nicht in der Weimarer Republik, überhaupt nicht in Deutschland, sondern in der Diaspora aufgewachsen – „keine Ortsbestimmung" habe er „als Kind so oft gehört wie diese." Seine Familie war kurz vor dem Ersten Weltkrieg aus Bingen nach Hannover gezogen und brachte neben einer gewissen rheinischen Leichtigkeit, die bei dem glänzenden Unterhalter Rudolf Augstein immer wieder durchschimmern wird, auch ihren katholischen Glauben mit. Was in der rheinhessischen Heimat, in der die Augsteins hundertjährige Wurzeln haben, zur gesellschaftlichen Selbstverständlichkeit zählte, eben dass man katholisch war und dass man den Glauben mit einer Art heiterer Lässigkeit ausübte – im überwiegend protestantischen Hannover ist es die Ausnahme, und der Glaube wird hier sehr viel ernster praktiziert.

Die Statistik weist für Hannover im Jahr 1918 rund 53 000 Katholiken aus, etwa ein Sechstel aller Einwohner. Wie überall in der Diaspora ist das Bewusstsein, katholisch zu sein, hier stärker entwickelt, und dem entspricht ein engerer Zusammenhalt. Man sucht seine Lebensbezüge vorzugsweise im katholischen Milieu, meint der Historiker Hans-Georg Aschoff, der über die katholische Minderheit im Hannoverschen gearbeitet hat. Es gibt eine katholische Subkultur mit Vereinen für alles und jedes, vergleichbar jener der Sozialdemokratie im Kaiserreich und der Weimarer Republik – einen für die katholische Sportjugend, einen anderen für die katholischen Kaufleute, in dem Augsteins Vater Mitglied war, den Kolpingverein für die Arbeiter, nicht zuletzt den Katholischen Jungmännerverband mit seinen Sturm- und Jungscharen, die nach jedem Gruppenabend drei Ave Maria beteten: eines für das Jugendreich, eines für das Gottesreich, ein drittes für das Deutsche Reich. So berichtet der Band „75 Jahre Sankt Joseph Hannover", herausgegeben von der Kirchengemeinde 1987.

Seit dem Ende des Kulturkampfes gaben sich die deutschen Katholiken, zumal die der Diaspora, besonders national, um sich und den Protestanten zu beweisen, dass sie nicht Deutsche zweiter Klasse seien. So berichtet die Broschüre der St.-Joseph-Gemeinde auch, dass Bischof Machens 1935 eine „Huldigungsfeier für Christus", zu der sich 2000 katholische Jungmänner und Jungmädchen versammelt hatten, mit einem „begeistert aufgenommenen Heil auf Papst, Führer und Vaterland" beschloss.

Es ist diese katholische Subkultur, in der Karl Rudolf Augstein in der Stadt an der Leine groß wird. Noch den Foxtrott wird er in der kleinen katholischen „Tanzstunde Agnes Henning" üben und dort die Damenrede halten. Das Licht der Welt erblickt er in der Hebammen-Lehranstalt Hannover am 5. November 1923 morgens um zweieinhalb Uhr als das sechste Kind seiner Mutter Gertrude Maria, geb. Staaden, und des Kaufmanns Friedrich Franz Maria Augstein. „Remember, remember the fifth of November", wird er später gern an seinem Geburtstag sagen, denn vor 318 Jahren, am Guy-Fawkes-Day, dem *gunpowder plot* vom 5. November 1605 in London, wollten katholische Verschwörer das britische Parlament mit 36 Fass Pulver in die Luft sprengen. Noch heute wird dieser Tag in Großbritannien karnevalistisch mit Feuerwerk gefeiert.

Ernster sind da schon die politischen Probleme des deutschen Schicksalsmonats November 1923, die dem jungen Rudolf Augstein in die Wiege gelegt werden. Er ist ja, wenn auch in einer Phase des Waffenstillstands, mitten im dreißigjährigen Krieg der jüngsten Geschichte geboren. Die Schwierigkeiten, mit denen sich die deutsche Politik 1923 herumzuschlagen hat, haben viel mit dem verlorenen ersten großen Krieg zu tun, werden seine Jugend bestimmen und, in zeitgemäß veränderter Form, auch die ersten Lebensjahre des *Spiegel*-Chefs dominieren: galoppierende Inflation, das deutsch-französische Verhältnis, rheinischer Separatismus, schließlich der Hitlerputsch vom 9. November und seine Folgen, der mit dem Aufmarsch irregulärer bayerischer Kampfverbände an der thüringischen Grenze bereits vorbereitet wird.

An diesem 5. November 1923 meldet der *Hannoversche Anzeiger*, das kleine Einheitsbrot koste 42 Milliarden, ein kleines Brötchen 1,6 Milliarden Mark, doch in dem von Laves gebauten Opernhaus wird unverdrossen die „Fledermaus" gespielt. Drei Tage später wird sich das Einheitsbrot schon auf 150 Milliarden, ein helles Brot gar auf 160 Milliarden verteuert haben. Frankreich hält das Ruhrgebiet besetzt, um deutsche Reparationen zu erzwingen, der passive Widerstand, mit dem die Deutschen antworteten, ist gescheitert und wurde inzwischen eingestellt. Im linksrheinischen Gebiet hat sich eine separatistische Bewegung gebildet, die Rathäuser besetzt und, etwa in Kaiserlautern, die weiß-grün-rote Fahne einer „Freien Pfalz" hisst, welche einer vom Reich losgelösten „Rheinischen Republik" angehören soll. Der Reichskanzler heißt Gustav Stresemann, und er hat der Londoner *Times* ein langes Interview gegeben, das der *Hannoversche Anzeiger* an Rudolf Augsteins Geburtstag übernimmt. Frankreich habe, so beklagt sich Stresemann, entgegen allen feierlichen Versicherungen, den Deutschen im Rheinland die „separatistische Bewegung" geradezu aufgezwungen; und genüsslich zitiert er in diesem *Times*-Interview das britische Blatt selbst, denn es habe die rheinischen Separatistenführer einmal das „größte Gesindel der Gegenwart" genannt.

Der Altersunterschied zwischen den Geschwistern Augstein wäre größer kaum zu denken: Die älteste Schwester Anneliese, die später seinen ersten Sohn aufziehen wird, ist 15 Jahre, der einzige Bruder 14 Jahre älter als er, und als jüngere Schwester wird – als siebtes Kind der Familie – sechs Jahre nach ihm Ingeborg-Maria geboren. Da der große Bruder bald aus dem Haus ist und studiert, steht Rudolf als einziges männliches Wesen unter den Geschwistern im Zentrum aller Aufmerksamkeit, als Hahn im Korb genießt er viel Nachsicht und wird vor allem von den älteren Schwestern verwöhnt. Zart, klein, aber vollkommen harmonisch gewachsen, ähnelt er von Gestalt eher der Mutter, die knappe 80 Pfund wiegt und neben dem Vater winzig wirkt. Der war, so erinnert sich Schwester Ingeborg, ein „Schrank von einem Mann", der fast zwei Zentner wog.

Natürlich wurde gespart, wo man sparen konnte, wie das eben in bürgerlichen Familien damals üblich war, vor allem den kinderreichen: Man trug die Kleider der Geschwister auf, die Erziehung war spartanisch, um Geburtstage wurde kein Aufhebens gemacht, über Geld nicht geredet und Disziplin groß geschrieben. Morgens um sieben Uhr hatte die ganze Familie angezogen am Frühstückstisch zu sitzen, und das galt auch, wenn die Kinder Ferien hatten. Die Augsteins wohnten in einer

7-Zimmer-Wohnung im ersten Stock des Mietshauses Podbielskistraße 310, das von Bomben verschont bleibt und in dem
der junge Journalist Augstein die ersten Jahre nach dem Krieg
noch wohnen wird. Es gibt – für große Mietwohnungen ist dies
damals normal – nur ein Bad und eine Toilette für die ganze
Familie. Die Sitten sind gutbürgerlich und sehr katholisch: Mittags wurden stets drei Gänge aufgetischt – Suppe, Hauptgang
und Nachspeise –, vor und nach den Mahlzeiten sprach die
Familie ein Tischgebet, und sonntags ging sie selbstverständlich zur Messe. Zwei Hausmädchen und eine Kinderfrau, die
in Dachkammern im selben Hause wohnten, sorgten sich um
Haushalt, Küche und Kinder, von denen jedes Klavier zu lernen
hatte. Die Ausnahme machte nur Rudolf, der lieber sang, darauf
bestand, gleich Harmonieunterricht zu nehmen und später oft
sagen wird, er wäre am liebsten Dirigent geworden.

Offenbar wurde viel gelacht in der Familie: Die Schwestern sind „große Lacher vor dem Herrn", notiert er später in
ein Tagebuch; wegen des nicht enden wollenden homerischen
Gelächters, das über Witz und Gegenwitz ausgebrochen sei,
habe oft die Decke gezittert. In die Sommerferien reiste die
Familie mit Riesenkoffern und Personal, vorzugsweise an die
See, etwa nach Borkum. Viel spricht dafür, dass Rudolf Augstein
eine sorglose und glückliche Kindheit gehabt hat, auch wenn
er auf Fotos oft teilnahmslos wirkt. Einmal posiert der Fünf-
jährige, einen Blumenkranz um den Kopf und einen Apfel in
der Hand, in einem langen, weißen Hemd als Weihnachtsengel.
Ernst, gefasst und überhaupt nicht lustig blickt er drein, aber
voilà: da steht er wie ein kleiner Prinz. Schon als Kind sei er
Einzelgänger gewesen, so seine Schwester Ingeborg; er habe sich
nie geprügelt wie andere Jungen seines Alters, sich früh hinter
Büchern versteckt und: er sei oft krank geworden – wohl, um
mehr Aufmerksamkeit bei der Mutter zu erregen.

Diese Mutter, die aus einer Bingener, bei den Augsteins
ursprünglich nicht sehr angesehenen Kaufmannsfamilie stammt,

war zweifellos die beherrschende Person in der Familie. Anders hätte sie den Umzug von Bingen nach Hannover, mit damals schon drei Kindern, kaum durchsetzen können – in eine, wie sich bald zeigen sollte, ungewisse Zukunft zudem. Grund, so die Familienmär, sei ihre Befürchtung gewesen, dass sich ihr Mann in Bingen bei seinem Beruf notwendig zum Alkoholiker entwickele – er trank, und das war in seinem Milieu wahrlich nicht ungewöhnlich, mittags und abends je eine Flasche Wein. Nun fiel es Friedrich Augstein sicher nicht leicht, sich von der Heimatstadt am Rhein loszusagen, denn er, der die Weinhandlung seines Vaters übernommen hatte, zehrte vor allem von dessen Ansehen.

Die Vorfahren Rudolf Augsteins waren allesamt Handwerker aus Bingen und dem Rheingau, darunter Rheinschiffer und Schustermeister, vor allem aber Bäcker. Und einer dieser Bäcker, Franz Augstein – Rudolfs Urgroßvater – gründete eine Weinhandlung, die sein Sohn Joseph, der daraufhin offenbar den Beruf des Küfers erlernt hatte, schließlich übernahm. Wie so manche Handwerker und Kaufleute brachte es auch dieser Weinhändler und Küfer in der Gründerzeit zu stattlichem Besitz. Er verkaufte hochwertige und teure Weine aus Deutschland und Frankreich, vorwiegend an anspruchsvolle Privatkundschaft und die Gastronomie, zählte bald zu den Honoratioren der Stadt und führte, als Präsident der Binger Weinhändler, einmal eine Deputation zum Großherzog in Darmstadt an, um sich über die zu hohe Besteuerung zu beklagen. Seither stellten die Augsteins in Bingen etwas dar, und in späteren Erzählungen des *Spiegel*-Chefs wird dieser Großvater, den er übrigens persönlich nie kennen gelernt hat, zum Vorbild, ja, er gerät in der Familiensaga fast zur mythischen Figur. Es habe ihm „Sicherheit" gegeben, sagt er einmal, „dass ich einen reichen, anerkannten Großvater hatte, der dem Großherzog sagen konnte: ‚Auf Ihren Kommerzienrat kann ich verzichten'."

Was die Mutter, die sich in Binger Weinhändlerkreisen ja auskannte, in ihrer Furcht bestärkt haben mag, ist zweifellos das Schicksal dieses Vaters wie des Großvaters ihres Mannes: Beide starben sehr früh. Ihr Schwiegervater, der wegen Gewichtsproblemen gelegentlich zu Abmagerungskuren reiste, litt an Diabetes und wurde gerade einmal 48 Jahre alt. Im Jahr 1902 musste deshalb Friedrich Augstein schon als 18-Jähriger die Weinhandlung in der Gaustraße zusammen mit seiner Mutter und seinem Bruder Wilhelm übernehmen. Beide Brüder verkauften dann 1913 ihre Anteile, indes als neues Gewerbe die Weinhandlung Joseph Augstein zunächst weitergeführt wird – aber als Inhaber zeichnet jetzt „Joseph Augstein Witwe", die allerdings nach einigen Jahren ihr Geschäft an die Sekt-Firma Feist & Reinach verkauft. Wilhelm, ein begabter Cellospieler, geht nach Amerika, heiratet dort eine Sängerin und übernimmt eine führende Funktion bei der „Christian Science"-Sekte. Friedrich Franz Maria dagegen, der Vater Rudolfs, kauft von seinem Anteil, der vor dem Krieg ja in Goldmark ausgezahlt wurde, eine Fabrik für Fotowaren in Hannover.

Warum ausgerechnet Fotowaren und warum Hannover in der fernen Diaspora – das bleibt in der Familiengeschichte ungeklärt. Gewiss aber ist, dass ihm als Fabrikant kein großes Glück beschieden war. Von seinem Vater im Geschäft angelernt, hat er nie eine ordentliche Berufsausbildung erhalten; so bleibt er in nahezu allem auf das Fachwissen und Können seiner Angestellten angewiesen und muss, um einen Konkurs abzuwenden, seinen Betrieb in den Jahren der großen Krise Ende der zwanziger Jahre für 35 000 Mark verkaufen. Ab 1930 schlägt er sich zunächst als Handelsvertreter durch, was der jüngere Sohn als deklassierend empfindet. Eine solche Existenz, wird Rudolf Augstein zu seinem Freund Martin Walser 1998 sagen, sei „entsetzlich" und „erniedrigend" und lobt Arthur Millers „Tod eines Handlungsreisenden" als besonders „interessantes Werk". Das mit dem Pulitzerpreis gekrönte Drama hat ihn beeindruckt, denn Miller stellt einen Handelsvertreter auf die Bühne, der es – ebenfalls – nicht zu Erfolg bringt, sich in Tagträume flüchtet und seinem Leben schließlich ein Ende setzt. 1938 eröffnet Friedrich Augstein dann die Firma „Photo-Augstein" – Spezialität: „Hervorragende Vergrößerungen" – in der Vahrenwalder Straße 39b, nicht weit von seiner Wohnung entfernt, die sein Sohn als einen „Foto-Klein-Emma-Laden" in Erinnerung hat. Der ältere Bruder betreibt um diese Zeit bereits erfolgreich seine eigene Anwaltskanzlei in der hannoverschen Schillerstraße – beide Firmen werden erstmals im Adressbuch 1939 aufgeführt.

Als der Kollege Herbert Riehl-Heyse von der *Süddeutschen Zeitung* 1995 in seinem Buch „Götterdämmerung" über die führenden deutschen Journalisten dem *Spiegel*-Herausgeber eine kleinbürgerliche Herkunft ähnlich der seines Gegners Franz Josef Strauß bescheinigt, reagiert Augstein höchst betroffen. Wenn er so etwas lese, werde er ganz „spießig", beschwert er sich bei Riehl-Heyse; er stamme nun einmal „nicht so ganz" aus kleinbürgerlichen Verhältnissen. Doch habe er sich „natürlich als junger Mensch nach der Wirtschaftskrise 1930 in solchen gut zurechtgefunden, indem ich etwa Produkte, die mein Vater als Handelsvertreter stapelte, mit dem Fahrrad austrug". Und dann verweist er wieder auf den mythischen Großvater: Der sei zwar „ein Emporkömmling" gewesen, „bediente aber immerhin eine aus Amerika importierte Hausorgel selbst und hatte einen eigenen Tennisplatz. Er war der reichste Mann in Bingen". (Das scheint um einiges übertrieben: Unter 168 Weinhändlern, die es um die Jahrhundertwende in der Stadt am Rhein gab, war die Firma Joseph Augstein *eine* der größeren.) Augstein meint, dies alles spreche weder für ihn noch gegen Strauß: „Nur ist die Herkunft denn doch recht verschieden."

Das frühere Zuhause am Rhein blieb auch in der hannoverschen Diaspora präsent: Die Augsteins feierten stets Karneval, ein großes Bild vom Mainzer Dom zierte den Empire-Salon;

Rudolf Augsteins Großmutter lebte bis 1943 in Bingen, wo die Familie noch zwei Häuser in der Gaustraße besaß; bis 1936 lebte dort auch eine Urgroßmutter – eine Französin, welche der Urgroßvater in zweiter Ehe geheiratet hatte und die ihm die Kinder nach dem Tod seiner ersten Frau Anna, einer Gastwirtstochter aus Oppenheim, aufzog. Eine Blutsverwandte ist Leonide Alexina Leroudier also nicht, aber angeblich hat sie dem Urgroßvater das Panschen beigebracht, so der Spötter Augstein einmal, und damit den Aufstieg in den Kreis der Vermögenden in der Stadt am Rhein erst ermöglicht. Sie wurde 94 Jahre alt, und die Familie hat diese angeheiratete Urgroßmutter offenbar heiß und innig geliebt. Nicht zufällig erhielt Rudolf Augsteins älteste Schwester den Namen Anneliese Leonide, und er selbst schreibt in einem seiner wenigen erhaltenen Tagebücher anrührend von der „kleinen, grundgütigen Frau, die alles ein wenig französisch aussprach" und immer „mit einer schwarzen Haube und schwarzer Handtasche auf dem Bahnsteig stand, wenn man sie besuchen kam".

Klingt dennoch in der Geschichte vom Gepansche ein antifranzösischer Akzent mit, wie ihn Kritiker beim Leitartikler Augstein später immer wieder monieren? Das mag in diesem Fall übertrieben sein. Doch sicher ist, dass die Augsteins schon wegen ihrer familiären Bande genau verfolgten, was nach dem verlorenen Krieg in Bingen geschah. Dort waren während der Rheinlandbesetzung von 1918 bis 1930 französische, ab 1925 britische, zuletzt wieder französische Truppen stationiert. Die Stadtchronik vermeldet neben Maßnahmen der Besatzer, welche die Ein- und Ausreise aus den besetzten Gebieten bis Ende 1923 unterbanden, zahlreiche Ausweisungen reichstreuer Binger Bürger, auch kam es, vor allem durch Kolonialtruppen aus Marokko, immer wieder zu Vergewaltigungen, Raubüberfällen und Wirtshausstreitigkeiten. Da wird ein Förster im Wald „meuchlings erschossen", da ersticht ein Amokläufer einen Arbeiter, gleich mehrfach gehen betrunkene Soldaten mit Bajonetten gegen friedliche Bürger vor. Über all das erregte sich der in Bingen gebliebene Teil der Verwandtschaft, berichtete darüber nach Hannover, und dies war kaum dazu angetan, in Rudolf Augsteins Elternhaus Franzosenfreundlichkeit zu fördern.

Es ist wohl Gertrude Augstein, die grundsatztreue katholische Mutter, die dafür sorgt, dass ihr Sohn Rudolf katholisch eingeschult wird, auch wenn, wie der *Spiegel*-Veteran Leo Brawand schreibt, dieser zunächst in eine Art Zwergschule gehen muss, „in der es nur eine einzige Klasse, acht Schüler und zwei hochgeschlossene Lehrerinnen gibt". Aber schlecht kann der Unterricht nicht gewesen sein, denn schon als Neunjähriger darf er auf das Kaiserin-Auguste-Viktoria-Gymnasium in Hannover-Linden wechseln. Es gilt damals als anspruchsvolle altsprachliche Schule und wird – rund ein Drittel der Schüler sind römischer Konfession – von den Katholiken der Stadt offenbar bevorzugt. Als Einzelgänger unter lauter Protestanten muss sich Rudolf Augstein also nicht fühlen.

Für die pure katholische Weiterbildung sorgen außerhalb der Schulzeit jedoch die Jesuiten-Patres von Herz-Jesu, die in Hannover den Bund Neu-Deutschland führen. Im Jahr 1919 in Köln gegründet, ist dieser Teil der katholischen Jugendseelsorge ausschließlich für Oberschüler und Studenten gedacht, weist jedoch viele romantische Züge der bündischen Jugend auf. Ein Mitglied wird zunächst Wölfling, dann Knappe und steigt schließlich zum Ritter auf. Schon die bloße Mitgliedschaft beginnt mit einer Art Ritterschlag: Der zuständige Pater gibt einen Schlag auf die Schulter und erklärt feierlich, er nehme den Knaben auf in den Neu-Deutschen Bund. Der Wölfling Rudolf Augstein wird Mitglied eines Fähnleins, trägt als Kluft eine graue Kletterweste mit grünem Hemd und lernt das ND-Erkennungszeichen: den Halleluja-Pfiff. Zu Pfingsten oder in den Sommerferien nimmt er an Zeltlagern teil, übt Geländespiele, erlebt Nachtwanderungen und immer wieder Lagerfeuerromantik. Morgens wird in diesen Lagern stets die Messe gelesen, die Oberaufsicht obliegt Kaplänen, die auch regelmäßige Bibelstunden veranstalten. Ziel von Neu-Deutschland ist eine „neue deutsche Lebensgestaltung in Christus", der Bund will darauf hinwirken, dass seine Mitglieder zu echtem Katholischsein heranreifen. Deshalb kommen die hannoverschen ND-Mitglieder neben ihren normalen Fähnleintreffen und Heimabenden einmal wöchentlich mit den Jesuiten von Herz-Jesu zusammen und diskutieren religiöse und politische Fragen.

Es ist dieses Milieu, das auf den jungen Rudolf Augstein bestimmenden Einfluss hat. Er assistiert in der Herz-Jesu-Kapelle in der Hildesheimer Straße als Messdiener, er liebt „den Weihrauch und das Gebimmele und die Gesänge und die Liturgie", wie er 50 Jahre später selbstironisch zu Beate Pinkerneil sagen wird. Kein Zweifel: In jungen Jahren fühlt er sich in der Kirche geborgen; glücklich sei er damals gewesen, gibt er dem *Stern* einmal zu Protokoll und bedauert zugleich: „Leider lässt sich das nicht mehr zurückholen."

Er ist 14 Jahre alt, als der lange Ablösungsprozess von der Kirche beginnt, und an seinem Anfang steht die mehrdeutige Antwort eines Jesuitenpaters auf eine Frage, auf die der ND-Knappe Augstein ein klares Ja oder Nein, nicht aber den Hinweis auf mögliche Erklärungen verschiedener Denkschulen erwartet hatte. Als Soldat vermerkt er 1943 in seinem Tagebuch, er sei nicht das, was man einen gläubigen Menschen nenne, aber er sei Katholik: „Die Religion macht alles einfach, und die meine ist ehrwürdig und gewaltig zugleich." Die zutiefst katholische Prägung in der Jugend hinterlässt zweifellos Spuren. Grundfragen des Christentums werden Rudolf Augstein lebenslang interessieren, wie sein Buch „Jesus Menschensohn" bezeugt, in dem er die Evangelien einen Selbstbedienungsladen nennt: Jeder könne hier finden, was er zu brauchen meine – seien es nun Thomas Müntzer oder Karl V., Che Guevara oder Generalissimus Franco. „Mit gutem Gewissen glauben zu können, ohne dabei intellektuell unredlich zu werden", wie es der Theologe Heinz Zahrnt vorschlage – „genau das", meint Augstein, „geht eben nicht oder nicht mehr". Sein Jesus-Buch erscheint 1972, vier Jahre zuvor ist er aus der Kirche ausgetreten. Er hätte diesen Schritt zweifellos früher getan, stellt ihn aber, mit Rücksicht auf die Mutter, die er nicht verletzen will, zu deren Lebzeiten zurück.

Im Frühjahr 1933, einige Monate nach der so genannten „Machtergreifung", als Rudolf Augstein in die Sexta kommt und die grüne Pennäler-Mütze mit dem rotweißen Band trägt, kann man gar nicht leben, „ohne Politik zu atmen". Das meint sein Mitschüler Helmut Ostermann und beschreibt mit der Welt, in der ein Sextaner damals aufwuchs, auch die schleichende Gleichschaltung des eher konservativ-liberalen Kaiserin-Auguste-Viktoria-Gymnasiums. Zunächst sei der Unterricht weitergegangen, als ob draußen nichts passiert wäre – nur im Gesangunterricht habe man die neue Zeit bemerkt: Nazilieder hätten die schönen deutschen Volkslieder abgelöst. Dann sei eines Morgens – es müsse im Mai oder Juni gewesen sein – der Latein- und Klassenlehrer, Studienrat Hesse, in die Klasse gekommen und habe, offenbar einer Anordnung folgend, erstmals seinen Arm gehoben sowie Heil Hitler gesagt. „Noch am selben Tag befahl er mir, nach dem Unterricht in der Klasse zu bleiben. Ich hatte Angst, aber es ging nicht ums ‚Nachsitzen' … ‚Helmut, es hat sich nichts verändert', sagte er mir, in ungewöhnlich sanftem Ton. ‚Wenn dich irgendwer anrempelt, weil du jüdisch bist, komm sofort zu mir und melde es mir.'"

Hesse ist ein überzeugter Katholik und wandelte sich auch mit den politischen und später den ersten militärischen Erfolgen Hitlers nicht zu dessen Parteigänger. Als in Hannover im November 1938 die Synagogen brennen, sagt er den Schülern: „Wir gucken nicht aus dem Fenster, was auf der Straße passiert, geht uns nichts an" – und beginnt wie immer mit der anstehenden Latein-Lektion. Der damals 15-jährige Rudolf Augstein empfindet das deutlich als Distanzierung: „Da wussten wir", meint er später zu Martin Walser, „das ist seine Art von Protest gegen Dinge, die er nicht hätte ändern können und nicht konnte." Zwar sind die Lehrer, von wenigen Ausnahmen abgesehen, keine Nationalsozialisten, doch hallt ein betont deutschnationaler Grundton durch die Klassenzimmer dieser Schule. Dem Schüler Ostermann bleiben die Monate in der Sexta des Dritten Reiches als ein „ewiges Feiern" in Erinnerung: „Schlageter-Tag, die Schlacht von Sedan, die Belagerung von Belgrad. Jeder dieser Tage bedeutete, dass sich die ganze Schule in der Aula des ersten Stocks zu versammeln hatte. Der Schuldirektor und andere hielten patriotische Reden, dann sang man angemessene patriotische Lieder, ‚Prinz Eugen, der edle Ritter' etwa. Am Ende kamen dann immer die beiden Nationalhymnen: ‚Deutschland, Deutschland über alles' und ‚Die Fahne hoch'."

Helmut und Rudolf werden Freunde, und wenn in Berichten über Rudolf Augsteins Jugend immer wieder die besonders schmackhafte Apfeltorte von Mutter Ostermann eine Rolle spielt, hat dies nicht nur mit der Tatsache zu tun, dass Augstein über sich selbst höchst ungern erzählt, und wenn, dann spät, sparsam und selektiv. Beider Freundschaft währt gerade einmal acht Monate, und sie wäre wohl kaum erwähnenswert, hätten die beiden Schulfreunde nicht nach dem Krieg und völlig unabhängig voneinander, jeder als Modell die amerikanische *Time* im Blick, ein Nachrichtenmagazin gegründet – Helmut Ostermann sein *Haolam Jaseh* (Diese Welt) unter seinem neuen Namen Uri Avneri in Israel. Wie Augstein an der deutschen, übt Avneri harte Kritik an der israelischen Regierungspolitik, und beide werden von der Justiz belangt – Augstein wegen angeblichen Landesverrats, Avneri wegen vermeintlicher Volksverhetzung. Ein neuer Kontakt zwischen beiden kommt erst 25 Jahre nach der gemeinsamen Zeit in der Sexta und eher zufällig zustande. Wenn der *Spiegel* den Reigen von mehr als sechzig prominenten Gratulanten, darunter Michail Gorbatschow, Henry Kissinger, Helmut Schmidt oder Heiner Geißler, in seiner Spezial-Ausgabe zu Rudolf Augsteins 70. Geburtstag mit Avneris Artikel „Zwei Schüler aus Hannover" eröffnet, mag dabei auch die Absicht Pate gestanden haben, den häufig gegen Augstein vorgebrachten Verdacht des Antisemitismus zu entkräften.

Selbst wenn die Mutter in ihrer stillen, zurückgenommenen, aber energischen Art im Familienalltag beherrschend bleibt, wird der Vater für ihn bald zur wichtigsten Bezugsperson. In seinem Beschwerdebrief an Riehl-Heyse schildert er ihn als einen politisch und musikalisch gebildeten Menschen – „kein Intellektueller und auch nicht hochintelligent", steht da zu lesen. Doch sei er, so Augstein zu Walser, das „Beste an Vater" gewesen, „das man sich wünschen konnte". Den exemplarischen Vater-Sohn-Konflikt gibt es für Rudolf und Friedrich Augstein nicht, im Gegenteil: Der Vater behandelt ihn früh als Erwachsenen, diskutiert mit ihm von Gleich zu Gleich, wohl auch, weil er die hohe Begabung seines Sohnes erkennt; dass dieser bald der Intelligentere von beiden ist, stört ihr gutes Verhältnis nicht. Sie reden viel über Politik, die weder Sache der Mutter noch der Schwestern ist. Vater Augstein neigt dem konservativen, eher monarchistischen Flügel des Zentrums zu, das er wählt, solange es freie Wahlen gibt. Er hat zwar eine antipreußisch-antimilitaristische Haltung aus dem Haus seines Vaters im Rheinischen mitgebracht, doch wird bei den Augsteins in Hannover reichstreu-national gedacht. Klein-Rudolf zieht einmal die Grenzen von 1914 auf dem Globus nach und empfindet Trauer darüber, wie viele Gebiete dem Deutschen Reich durch den Frieden von Versailles verloren gegangen sind: „Mir, der von einem großen und mächtigen Deutschland träumte, wie es nur in meiner Phantasie bestehen konnte, war es unerträglich, seine Zerstückelung und den Verlust seiner Kolonien auf Landkarten bestätigt zu finden" – so zu lesen in seinem Tagebuch 1941.

Die betont nationale Grundeinstellung im Hause Augstein schließt jedoch Gegnerschaft zum Nationalsozialismus keineswegs aus. Er werde seinem Vater nie vergessen, dass dieser ein

„ferventer Antinazi" war, schreibt er Riehl-Heyse. Folgt man verschiedenen Schilderungen Augsteins, dann hat der Vater in der Tat früh erkannt, dass Hitler „finis germaniae" bedeutete – und dies, obschon er „mittlerer rheinischer Antisemit" gewesen sei. Rudolf Augstein sagt dies 1988 als „Zeuge des Jahrhunderts" im ZDF. Die zumindest eigenwillige Formulierung steht wohl für „konventionell" und soll besagen, dass Friedrich Augstein erhebliche Vorbehalte gegen Juden hatte, wie sie im deutschen Bürgertum, auch im katholischen, damals weit verbreitet waren. Aber kaum hätten die Nazis die Macht ergriffen, so Sohn Rudolf zu Martin Walser, habe er seiner Mutter „ihre naiven Antisemitensprüche" untersagt. Der Vater, so Augstein ein andermal, sei *vor* den Nazis Antisemit gewesen und es *nach* den Nazis wieder geworden, mit den Nationalsozialisten und ihrem radikalen, eliminatorischen Antisemitismus aber hatte er nichts gemein.

Entsprach diese Haltung nicht der Tradition des Zentrums, in dessen Partei-Zeitungen es zwar, wenn auch regional sehr unterschiedlich, stark antijüdische Tendenzen gegeben hat, dessen Abgeordnete jedoch ein Einwanderungsverbot für Juden, wie es in der Kaiserzeit einmal erwogen wurde, strikt ablehnten? Zwar sprach man offen von einer jüdischen Überrepräsentation in der Bank- und Finanzwelt wie im Journalismus, lehnte jedoch administrative Maßnahmen gegen Juden ab. Die Erfahrungen des Kulturkampfs hatten die Sinne der katholischen Partei geschärft und ließen ihre Parlamentarier stets auf der Gleichberechtigung aller Staatsbürger, gleich welcher Religion, vor dem Gesetz bestehen – schon aus Eigeninteresse, wie die Schlagzeile eines Zentrum-Blatts belegt: „Heute gegen Juda, morgen gegen Rom" titelte die *Nürnberger Volkszeitung* am 1. Oktober 1920.

Friedrich Augstein kauft sich eines der besten Radios, das in Hannover zu bekommen ist, und unter einer dicken Wolldecke hören Vater und Sohn neben BBC-London auch die Hasstiraden von Radio Moskau – mit besonderer Genugtuung offenbar die Worte: „Erst haben sie den Reichstag angezündet, und jetzt wollen sie die Welt in Brand setzen." Als Hitler am 30. Juni 1934 mit der SA abrechnet und seinen Freund, den Uralt-Kämpfer Ernst Röhm, umbringen lässt, sei das „große Aufatmen" beim Vater gekommen: „Vielleicht haben wir uns doch geirrt." Aber nach zehn Tagen hätten sie gewusst: „Wir haben uns nicht geirrt" – so erinnert Augstein die Bartholomäusnacht der Nationalsozialisten, die 85 Menschenleben forderte: SA-Führer, aber auch General Schleicher, seine Frau und der konservative Schriftsteller Edgar Julius Jung wurden ohne Gerichtsverfahren einfach erschossen. Auf diese Mordaktion der Nationalsozialisten datiert Rudolf Augstein, damals gerade einmal zehneinhalb Jahre alt, was er den Beginn des „Begreifens des Politischen" nennt. Hat er, der sich so trefflich auf die Kunst des Zuspitzens versteht, seine Erinnerungen an die Jugend ein wenig geschönt – und zwar im Sinne einer antifaschistischen *political correctness* im Nachhinein? Was ist wahr, was übertrieben, was geflunkert? Augstein sagt einmal von sich, schon als Abiturient habe er Hitler für die Verkörperung des Bösen gehalten. Es ist sein Freund Martin Walser, der Sohn einer überzeugten Nationalsozialistin, der ironisch einige Fragezeichen hinter Augsteins Erzählungen setzt: Noch nie sei er „einem idealeren Zeitgenossen" begegnet, denn Augstein sei offenbar „gleich auf der *Spiegel*-Seite der Welt geboren worden". Im *Spiegel*-Gespräch von 1998 bezeichnet er ihn spöttisch als „den besten antifaschistischen Roman", den er je gelesen habe.

Was der Vater partout hatte vermeiden wollen, geschieht dann doch: Rudolf Augstein kommt in die Hitlerjugend, denn Neu-Deutschland wurde aufgelöst und die HJ zur Staatsjugend erklärt. Da er Geländespiele schon bei den Jesuiten-Patres verabscheut hat, meldet er sich zu einer der HJ-Spielscharen, welche die Möglichkeit bieten, musisches Talent zu pflegen und sich der lästigen HJ-Routine mit ihren Fahrten, Märschen und vormilitärischen Übungen zu entziehen – auch den langweiligen Heimabenden mit ihrer politischen Indoktrination. Es gibt Spielscharen für Schauspiel und Chorgesang, für Streich- oder Blasmusik, die Spielschar Rudolf Augsteins pflegt das Marionettenspiel in einem HJ-Heim am hannoverschen Ballhof, der nach dem Krieg als Theater dient. Hier wird der noch nicht einmal 24-jährige Autor Rudolf Augstein 1947 die Uraufführung seines ersten Theaterstücks erleben. Es sollte auch sein letztes bleiben, denn die Aufführung gerät zum Desaster. Wird damit ein für allemal eine Karriere als Dichter und Schriftsteller beendet, von der er schon als Schüler geträumt hat?

Erste literarische Versuche fallen in die Zeit, als er schon auf das Ratsgymnasium übergewechselt ist, weil sein Kaiserin-Auguste-Viktoria-Gymnasium im April 1939 in eine Mädchenschule umgewandelt wird. Geht es auf dieser ältesten Schule der Stadt, die einmal als mittelalterliche Lateinschule begann und die er die letzten zwei Jahre bis zum Kriegsabitur besucht, nationalsozialistischer zu als in seinem alten Gymnasium? Die Gleichschaltung hat ohne Zweifel Fortschritte gemacht, auch wenn das eher auf den Schulbetrieb als auf alle Mitglieder des Lehrkörpers zutrifft. Nach einem Bericht der *Niedersächsischen Tageszeitung* wurde die HJ-Fahne auf dem Ratsgymnasium schon 1936 gehisst, weil es die „erforderliche Prozentzahl der ‚in den nationalsozialistischen Jugendverbänden tätigen Schüler' erreicht" hatte. Sie künde vom „siegreichen Vormarsch des nationalsozialistischen Erziehungsgedankens", schrieb das Blatt. Weihnachtsfeiern seien zum „Gemisch aus christlichen, heidnisch-germanischen und politischen Elementen" geraten, meint Albert Marx in seiner Geschichte des Ratsgymnasiums: Da werden Kerzen für den „Führer" und die deutsche Mutter angezündet, auch haben die vorgetragenen Gedichte – etwa das von der Kriegsweihnacht – mit dem ursprünglichen Sinn des Festes fast nichts mehr zu tun. Im Turnunterricht gelten schon ab Oktober 1933 die Kommandos der SA als „Befehlssprache".

Und doch sind unter Rudolf Augsteins Erziehern die überzeugten Nationalsozialisten offenbar in der Minderheit gewesen. Er sehe den Lateinlehrer Brink noch vor sich, so eine Notiz
aus seiner Zeit beim Arbeitsdienst – der sei untadelig, nämlich
klug, energisch, taktvoll und gütig gewesen. „Zuweilen hatte
er Not, sich nicht in Widersprüche zu verheddern, wenn er
sich nämlich in Gegensatz zu einer dem NS-Beamten ziem-
lichen Auffassung gesetzt hatte, was häufig geschah." Einmal
hatte dieser Lateinlehrer Italien offenbar als einen „aufgeblase-
nen Ochsenfrosch des Faschismus" bezeichnet, und Augsteins
Mitschüler Rudolf Prahm nennt ihn einen besonders mutigen
Mann. In einem Brief an den *Spiegel*-Chef fragt er 1991: „Hast
Du miterlebt, dass er am Tag des deutschen Überfalls auf Norwegen zu Beginn einer Griechischstunde den Kartendienst eine
Norwegenkarte hat holen und entrollen lassen?" Der Kommentar habe aus nur einem Satz bestanden: „Wie wir eine 1755 km
lange Küste gegen die größte Seemacht der Welt schützen wollen, ist mir schleierhaft." Die Klasse sei daraufhin still gewesen. „Brink: ‚Einrollen!'. Und der normale Unterricht begann".
Rudolf Augstein hat dies nicht mehr miterlebt, denn zur Zeit
der Operation „Weserübung" hatte er bereits sein Abitur in
der Tasche.

Ganz so schwarz-weiß und eindeutig, wie es sich Jüngere
heute vorstellen, waren die Verhältnisse eben doch nicht
immer – was Rudolf Augstein später zu der Bemerkung veranlasst haben mag, wer das Dritte Reich nicht erlebt habe, könne
über diese Zeit nicht mitreden. Ausgerechnet der Lehrer mit
dem größten Einfluss auf ihn, der Oberstudienrat Bernhard
Haake, der neben Kunst auch niedersächsisches Volkstum
unterrichtet, ist Mitglied der NSDAP – und hält doch stets geistige Konterbande für ihm befreundete Schüler parat und lehrt
sie, die Kunst im Ganzen zu sehen, nicht nur „durch das enge
Panzerloch des Regimes". Er ist der Benjamin unter den Lehr-
kräften, verfügt offenbar über pädagogischen Eros und vermag

die Kluft zwischen den Generationen der Lehrer und Schüler zu überbrücken. Außerhalb der Schulzeit pflegt er den Kontakt mit kunstinteressierten Schülern, ja er wird zum Begutachter erster lyrischer Versuche Augsteins und dessen engen Freundes Ernst-August Born, des Sohnes eines Hannoverschen Kohlehändlers. „Nie ohne Parteiabzeichen", so Augstein in der *Frankfurter Allgemeinen* 1990, „servierte er uns wenigen Freunden neben Schwitters so manches, was gut und verboten war" – Bert Brecht zum Beispiel und andere verbrannte Dichter; bei Haakes zu Hause waren auch die meisten Bilder der „Entarteten" im Druck zu sehen.

Augstein erwähnt den Lehrer, der zum Freund wurde, in einer Besprechung des ersten Merzgedichts von Kurt Schwitters in der „Frankfurter Anthologie", das den Titel „An Anna Blume" trägt. Er fragt: „Zweifelt jemand daran, dass es sich um ein glühendes Liebesgedicht handelt, das einen Unbefangenen in die haarsträubendste Verwirrung zu versetzen mag?" Warum seien Annas rote Kleider in weiße Falten zersägt, warum die Farbe ihres gelben Haares blau, woher nehme sich der Autor seine siebenundzwanzig Sinne? Wir wüssten es nicht und spürten doch: „Kunst ist es, wenn auch eine bodenlose." Als Mitglied einer Marionetten-Spielschar der Hitlerjugend und also berufen, auch die bunten Abende auszurichten, habe er dieses Gedicht aufgesagt, und es sei ihm ein Leichtes gewesen, seinen Vortrag mit dem erschrockenen Ausdruck zu rechtfertigen: „Und *der* Mann soll aus Hannover stammen!" List und Witz, wir haben dies zuletzt in der vergangenen DDR erlebt, sind nun einmal die erprobtesten Waffen gegen übermächtige Diktaturen.

Dass es ihm in der Schule an solcher List nicht fehlt, bezeugen etliche Aufsätze, für die er meist gute Noten erhält. In einem Aufsatz zum Thema Vierjahresplan und Kampf dem Verderb, erinnert sich Mitschüler Rudolf Prahm, beschrieb er die offizielle Regierungspolitik „glänzend" und baute zwischen den Zeilen „eine süffisante Kritik" ein; Studienrat Kiehn habe diese

Arbeit als beispielhaft dafür bezeichnet, „dass man etwas mehr aussagen kann, als vordergründig in einem Text steht". Nazi sei dieser Deutschlehrer nicht gewesen – „so weit ging immerhin sein Mut".

Etwas komplizierter liegen die Dinge bei jenem Klassenaufsatz, den er am 1. Juli 1940 schreibt und der gelegentlich für die antinazistische Gesinnung des Schülers Augstein angeführt wird. Die Wahl des Themas hat der Lehrer den Schülern freigestellt. Hitler befindet sich nach dem triumphalen Frankreich-Feldzug auf dem Gipfel seiner Macht, die Mehrheit der Deutschen scheint von einem siegreichen Ausgang des Krieges überzeugt – ist es da Lust an der Provokation, wenn der vorlaute und hellwache Primaner Rudolf Augstein „Die politische, wirtschaftliche und militärische Lage Englands nach dem Ausscheiden Frankreichs" behandelt, wohl wissend, wie er in einer Vorbemerkung sagt, dass die „jetzige atemberaubende Schnelligkeit der Vorgänge" den Laien „kein klares Bild gewinnen lässt"? Ohne jeden Zweifel sind in diese Arbeit Informationen vom „Feindsender" BBC eingeflossen, den er abends mit dem Vater unter der Wolldecke hört – etwa wenn er von Plänen spricht, das Schwergewicht des Empire aus Europa nach Kanada zu verlegen, und zwar unter engem Anschluss an die USA. Es ist eine Arbeit, die den späteren Leitartikler ahnen lässt, und beeindruckend bleibt bis heute, wie geschickt der Primaner Augstein sich in der Kunst des Subversiven übt, zwischen Kritik und Zustimmung balanciert und seine Einwände zu tarnen sucht.

Einerseits: England ist nicht nur nicht besiegt, es ist noch nicht einmal wirksam geschlagen worden; es kann sich auf das Empire und die Hilfsquellen der gesamten angelsächsischen Welt stützen; um es „schnell und sicher niederzuwerfen", muss es auf seiner Insel angegriffen werden – wer aber, fragt er, wollte die Schwierigkeit leugnen, dass es die größte Flotte der Welt besitzt? Für seine Argumentation benutzt er geschickt ideologische Stereotype des NS-Systems, wobei offen bleibt, inwieweit der Pennäler damals selbst an sie geglaubt hat. So sind die Angelsachsen, weil zur „germanischen Rasse" gehörend, für ihn „zäh und tüchtig", das schnell niedergeworfene Frankreich aber bezeichnet er als „vernegert" und „in seinen oberen Schichten offenbar degeneriert". Andererseits: Der Frankreich-Feldzug bleibt für ihn „das gewaltigste militärische Ereignis dieses Krieges", und so blickt er – ob tatsächlich oder nur, um den offenbar vom Sieg überzeugten Studienrat zu täuschen, muss wiederum offen bleiben – „hoffnungsfroh" in die Zukunft, um zum Schluss dann ganz eindeutig auf Linie zu liegen: „Denn eines ist unmöglich: Dass wir den Krieg noch verlieren. Dass wir ihn aber nicht unentschieden lassen, sondern ihn gewinnen werden, dafür ist alleiniger Bürge unser Führer".

Augstein meint später, wegen „defaitistischer Gesinnung" sei diese Arbeit nicht zensiert worden – doch wäre das merkwürdig. Wurden Aufsätze mit freier Themenwahl vielleicht überhaupt nicht zensiert? Sicher ist, dass sich am Rand ironische Kommentare und viele Fragezeichen seines Deutschlehrers finden, der ohne Zweifel die Erwartung seines Schülers über eine lang andauernde militärische Auseinandersetzung mit England nicht teilt. Sein Urteil, das eine Note ersetzt: „Eine inhaltlich recht dürftige und in den Anschauungen wenig hoffnungsfreudige Arbeit!"

War er im Kaiserin-Auguste-Viktoria-Gymnasium meist der Primus seiner Klasse, fällt er im Ratsgymnasium leicht zurück und macht sein Abitur „leider nur mit Gut", wie er dem Freund Ernst-August Born schreibt, der schon zum Arbeitsdienst einberufen worden ist. Alle Schüler seiner Klasse, auch Augstein, haben sich kriegsfreiwillig gemeldet, und beziehungsvoll wird deshalb zur Abiturfeier am 8. März nach Händels Festmarsch nicht nur das Gedicht „Ich glaube an das Vaterland" aufgesagt, sondern vom Chor des Gymnasiums auch Beethovens „Opfertod" gesungen. Ihn werden insgesamt 164 Schüler des

Ratsgymnasiums im Zweiten Weltkrieg sterben müssen. Eine Eins erhält er im Abschlusszeugnis nur im Deutschen, eine Zwei in Griechisch, Biologie, Musik und Sport, ein Befriedigend in Mathematik und Chemie, Latein, Französisch und Erdkunde. Die Lehrer bescheinigen ihm eine einwandfreie charakterliche Haltung und geistige Beweglichkeit. Er sei ein „guter Denker mit selbständigem Urteil" und vielseitig interessiert – „besonders auf literarisch-weltanschaulichem Gebiete".

Er und sein Freund Ernst-August Born gehen viel in die Oper, denn Rudolf Augstein liebt Wagner, trotz – und wahrscheinlich gerade – wegen der Warnung seiner Jesuitenpatres vor dessen „schwül-sinnlicher" Musik. Sie wetteifern mit Gedichten, beide sehen sich als Künstler, beide wollen hoch hinaus und ihre Artikel und ihre Lyrik gleich in der Goebbelsschen Renommier-Zeitschrift *Das Reich* publiziert sehen. Seinen ersten Auftritt hat Rudolf Augstein dort als nicht ganz siebzehnjähriger Gymnasiast am 15. September 1940 mit einem Leserbrief. Er kritisiert die Besprechung eines Nietzschebandes von Balduin Noll, weist die Behauptung zurück, dass Kant der Ausgangspunkt der Gedankenwelt Nietzsches sei und erregt damit Aufsehen unter seinen Lehrern.

Sich mit einem Leserbrief gedruckt zu sehen, ist freilich leichter, als Lyrik oder Artikel ins Blatt zu bringen. „Das mit dem *Reich* funktioniert nicht", schreibt Rudolf dem „Arbeitsmann" Ernst-August – „wir werden kleiner anfangen müssen…" Er setzt sich für den Freund bei verschiedenen größeren Zeitungen ein, denen er Borns wie auch seine eigenen Gedichte und Artikel schickt. Doch die ersten publizistischen Gehversuche sind schwer, die Antworten allesamt negativ: Der Feuilleton-Chef der *Deutschen Allgemeinen Zeitung* meint, Augsteins Lyrik sei noch ein bisschen „zu jung und zu privat", was eine freundliche Umschreibung für „übliche Primanerlyrik" sein mochte; *Das Reich* schickt das erste Mal die Verse ohne Bewertung einfach zurück, weil es noch auf Monate hinaus genügend lyrische Manuskripte vorrätig hat, ein zweites Mal lässt Feuilleton-Schriftleiter Petersen ihn wissen, er habe zwar eine lyrische Ader – „aber für uns reicht es noch nicht aus". Einen Artikel Augsteins über den „Freiheitsbegriff im deutschen Idealismus" lehnt er – „Mit besten Empfehlungen! Heil Hitler!" – ab, weil „die Dinge immerhin nicht unbekannt genug" seien, als dass man ein Thema aufgreifen müsse, das besser für eine Dissertation geeignet sei.

Dabei ist er unzweifelhaft begabt, schon der Schüler hat sich an Stücken versucht – über einen Dänenkönig Rolf Kraki etwa, aber auch an einer Oper, die er bescheiden „Musikdrama in drei Aufzügen" nennt und die er, gerade einmal fünfzehneinhalb Jahre alt, in Verse fasst. Es spielt um die Zeit nach der Schlacht von Pavia 1525. Karls V. italienischer Feldherr Pescara wird bedrängt, der vaterländischen Sache wegen zur abtrünnigen Liga der italienischen Fürsten überzugehen; doch halten diese, als er sich schließlich dazu durchgerungen hat, plötzlich alle wieder zum Kaiser. Thematisch einer Novelle von Conrad Ferdinand Meyer entlehnt, handelt seine „Oper" von Verrat und dem Konflikt zwischen Treue zum spanisch-deutschen Kaiser oder Treue zum italienischen Vaterland – und sein „Musikdrama" liest sich ganz so, als habe sich der Schüler Augstein die Geschichtsdramen Friedrich Schillers zum Vorbild genommen.

Was will dieser hoch begabte 18-Jährige werden, der über das Reifezeugnis verfügt und weiß, dass er bald beim Arbeitsdienst mit dem Spaten üben und danach in den Krieg ziehen muss? Das herauszufinden, fährt er, in der festen Absicht, „auf Dozent hin zu studieren", anderthalb Wochen in das noch nicht zerstörte Berlin und sieht sich gründlich an der Universität um. Er notiert Bücher, die er sich in Hannover leihen will – darunter Eugen Roths „Ein Mensch", Grabbe über Napoleon und Hannibal oder Kierkegaards „Begriff der Angst". Im Schiller-Theater sieht er „Kabale und Liebe", in der Volksoper die „Macht des

Schicksals" und die „Boheme", auch eine Kabarett-Revue im Metropol steht auf seinem Programm. Als er zurückkommt, hat er sich gegen eine Dozentenlaufbahn entschieden, die er einmal erwogen hat und die sicher mit einer Professur in Germanistik oder Geschichte an irgendeiner Universität geendet hätte. Er wählt den Journalismus als Beruf, wird Volontär beim *Hannoverschen Anzeiger* und schreibt seine ersten Artikel in jenem Klinkerhochhaus an der Goseriede, das den Krieg wie ein Wunder überleben und zur Geburtsstätte seines *Spiegel* wie der des *Stern* seines Freundes und Konkurrenten Henri Nannen wird.

Aus dem „Konzertsaal des Kanoniers"
Erste journalistische Gehversuche im Krieg

Ein kleiner Hund im großen Kasten
schaut ernst und würdig in die Welt
und wundert sich in all dem Hasten,
dass er so gar nicht runter fällt.

Eines der ersten Gedichte, mit dem er sich gedruckt sieht, handelt nicht von großen Gefühlen, welche die pubertierenden Primaner Born und Augstein in Verse fassten. Auch der später so mächtige *Spiegel*-Chef fängt ganz unten an, wie sich das für einen angehenden Journalisten gehört; seine Reime vom kleinen Hund, dem seine Herrin – ein Photo zeigt ein „Mägdlein herzig schön" mit langem Zopf – auf ihrem Tretroller einen festen Kasten installiert hat, erscheinen im August 1941 im Lokalfeuilleton. Er volontiert bei Dr. Friedrich Rasche, dem Feuilleton-Chef des *Hannoverschen Anzeigers*, der Augstein vor allem über Vorträge, Konzerte oder Dichterlesungen berichten lässt.

Die Ausbildung beginnt im Frühsommer 1941, wird durch seine Verpflichtung zum Arbeitsdienst im November drei Monate unterbrochen und währt danach bis zu seiner Einberufung zur Wehrmacht im April 1942 – insgesamt also nicht länger als neun Monate. Sein Salär beträgt 75 Reichsmark im Monat. Auch er muss der damals unumgänglichen Formalie genügen und Mitglied des „Reichsverbands der deutschen Presse" (RDP) werden, weil eine Ausbildung zum Redakteur ohne Mitgliedschaft in dieser Körperschaft des öffentlichen Rechts nicht möglich ist. So wird er, nach Abgabe von Bewerbung samt Unterlagen, am 1. Oktober 1941 in die Abteilung C der Berufsliste des Landesverbands Niedersachsen eingetragen und seither dort als zahlendes Mitglied geführt. Der Ausbildungsvertrag sieht vor, dass er nach zwölf Monaten beim *Hannoverschen Anzeiger* auf die Reichspresseschule überwechselt – was durch seine Einberufung nie wirksam wird.

„Mit Laubsäge und Drillbohrer" heißt eine „gst." gezeichnete Lokal-Reportage des Volontärs über ein Spezialgeschäft für Bastelbedarf, seinen vollen Namen setzt er dagegen unter einen 23-Zeilen-Bericht über den Auftritt eines HJ-Fanfaren-Zugs im Konzerthaus: „Die frischen Jungen" haben, so sein Eindruck, „geblasen und gepaukt … was das Zeug hielt" – mit einer Wucht, „die das Konzerthaus zu sprengen drohte" – und hinterließen doch „einen erquickenden Eindruck". Es sind die typischen Volontär-Arbeiten, die er übernehmen muss, Kleinkram, der zur Routine der lokalen Berichterstattung gehört; aber die lockere, leichte, oft witzige Art des Schreibens und der Mut zum eigenen, klaren Urteil lassen die besondere Begabung ahnen. „Es war einmal" überschreibt er ein Beinahe-Märchen von einem Mann, der im Traum von einer Fee reich beschenkt wird, das Versprechen bricht, mit dem Vermögen Gutes zu tun – und der, als Sühne für seine Traum-Verfehlung, nun bitte ein paar Fünfzigpfennigstücke bereit halten soll: Denn heute sei Sammeltag „für das Kriegs-Winterhilfswerk", und da werden die kleinen Büchlein mit den schönen deutschen Märchen verkauft, die alle beginnen: Es war einmal".

Wer diese Erstlings-Artikel mehr als sechzig Jahre später liest, dem fällt auf, wie sehr damals selbst in völlig unpolitischen Betrachtungen die Bezüge zum Krieg und dem vom Nationalsozialismus durchtränkten Alltag zu den zeitgenössischen Selbstverständlichkeiten zählen. So schreibt Rudolf Augstein – „Schädliches Wasser wird abgeleitet" – ausführlich über die Arbeiten des Wasser- und Wirtschaftsamtes Hannover, das Land drainieren lässt und Moore kultiviert – aber damit in Zeiten angestrebter Autarkie, vor allem aber im Kriege „die deutsche Nahrungsfreiheit sichern hilft".

Sein Lehrmeister Friedrich Rasche, Jahrgang 1900, ein Freund Erich Kästners, stammt aus Radeberg bei Dresden, kam 1926 als Kunst- und Theaterkritiker zum *Hannoverschen Anzeiger* und verfügt über eine profunde Bildung. Er hat nicht nur Theologie, Philosophie, Germanistik und Theaterwissenschaften studiert und über den Pessimismus Schopenhauers promoviert, er schreibt auch Novellen und Gedichte. Dem jungen Rudolf Augstein, der schon als Schüler für die von Rasche redigierte Jugendseite schrieb, wird er bald zum väterlichen Freund, Mentor und sachverständigen Lyrikberater. Beide vereint Liebe zur deutschen Literatur bei gleichzeitig betonter Ablehnung des Nationalsozialismus. Schon weil Rasches Frau Hildegard, eine gelernte Bibliothekarin, nach den Nürnberger Gesetzen als „Halbjüdin" gilt, ist Rasche kein Freund der Hitlerbewegung; nach 1942 wird er mehrmals mit Schreibverbot belegt. Jeder Kritiker erhält in der Regel zwei Karten für eine Premiere; wenn Rasche die Aufführung bespricht, lässt er demonstrativ den Platz neben sich frei, seit „Nichtariern" 1938 der Besuch von deutschen Theatern verboten wurde.

Sein junger Assistent Augstein notiert 1941 in sein Tagebuch, der Nationalsozialismus sei ein „Attentat auf den Geist", und fügt hinzu: Wenn es denn wirklich wahr sei, dass Gewalt, Macht und Geist einander ausschlössen, woran zu zweifeln er alle Ursache habe, dann zöge er den Geist vor. Doch schließt seine Gegnerschaft zu Ideologie und Praxis des Nationalsozialismus mitsamt seiner gelenkten Presse die Berufswahl des Journalismus keineswegs aus. Noch als Soldat, im Juni 1944, stellt er den Antrag auf Fernimmatrikulation für die Philosophische Fakultät, Fachschaft „Journalistik", in Göttingen und wird von der Universität bis zur „Rückkehr aus dem Wehrdienst beurlaubt". Kein Zweifel: Rudolf Augstein will schreiben und sich gedruckt sehen, freilich in jenem Teil der Zeitung, in dem man zum System noch am ehesten Distanz halten kann: im Feuilleton. Froh sei er, schreibt er der Familie kurz nach seinem Einrücken zum

Arbeitsdienst, dass er den Zeitungskram angefangen habe, denn „man freut sich doch immer, wenn man etwas von sich in der Zeitung liest!". Wie unbeschwert der junge Augstein damals wahrscheinlich gedacht und gefühlt hat, dafür mag ein „R. A." gezeichnetes Gedicht stehen, das im Feuilleton des *Hannoverschen Anzeigers* im Juli 1941 zu finden ist:

> *Was vergangen, ist vorbei,*
> *kehret nimmer wieder.*
> *Und – so schön Erinnrung sei –*
> *Wir sind lustge Brüder.*
>
> *Was das dunkle Morgen bringt,*
> *Gutes oder Schlimmes,*
> *sei es! Wie der Würfel springt,*
> *so geschieht's – so nimm es.*
>
> *Und in einem einzgen Satze*
> *Schlummert all dein Glück:*
> *Lass der Zukunft ihre Fratze,*
> *nütze ganz den Augenblick!*

Glaubt man seinen Briefen an die Eltern, dann versteht er, den es beim Arbeitsdienst (RAD) nach Kulm im Weichselbogen verschlägt, sich geradezu glänzend darauf, den Augenblick zu nutzen und „die Leute zu nehmen", wie er das nennt. Er sei nun Arbeitsmann, „und nicht einmal der schlechteste". Zwar wird er wie alle „gebimst", muss während der Grundausbildung mit dem Spaten „Griffe kloppen", aber als einziger Abiturient wird er, der Kleinwüchsige – laut Soldbuch misst er 168 Zentimeter – nicht etwa gedeckelt und gehänselt, sondern genießt bald viele Vorteile. Sein Truppführer benötige ihn oft zum Kreuzworträtsel-Lösen, schreibt er nach Hannover; mittags beim Essen müsse er die Zeitungsrundschau halten, bei der Vereidigung habe er vor der Front gestanden und den Fahnenspruch aufgesagt; sein Hilfsausbilder putze ihm gar das Koppel, das er dann beim Appell selbst nachsehen müsse. Am liebsten wäre er zweifellos „Schreibstubenhengst oder Hilfsheilgehilfe" geworden, übernimmt aber gern den Posten des Kantinenwirts und der Postordonnanz, den man ihm anbietet.

Täglich zweimal muss er nun die Post aus Kulm holen, das bis Ende des Ersten Weltkrieges zu Preußen gehörte, in dem Kurt Schumacher geboren wurde und aufgewachsen ist; tausenderlei hat er zu besorgen – „auf dem Fahrrad über schneeverwehte Straßen bergauf, oft in festgesetzter Frist". Mitte Dezember lässt er den Vater wissen, es sei doch „ein eigenartiges Gefühl", sich beim Ausgang in Kulm als „Angehöriger der Herrenrasse" behandelt zu sehen. „In den Geschäften brauche ich keine Minute zu warten, bis ich drankomme, auf den Bürgersteigen weicht der Pole aus. Kulm hat 12 000 Einwohner, davon 10 000 Polen, von denen allerdings ein Teil eingedeutscht worden ist. Wer Pole ist, kriegt weniger zu essen, darf kein Vermögen haben, viele werden ausgewiesen …"

Beschränkt er sich hier ganz auf Faktisches, gilt dies kaum für ein einspaltiges Feuilleton, das Rasche Anfang Februar 1942 unter dem Titel „Arbeitsmann im Osten" veröffentlicht. Das Städtchen, heißt es da, mache „heute" einen sauberen und gepflegten Eindruck, doch Schilder wie „Photograpf" ließen erkennen, dass „noch mancherlei Arbeit zu tun" sei. Ist es vielleicht Arbeit der gezielten Eindeutschung? Wer diesen Bericht des Arbeitsmanns Rudolf Augstein über einen Tagesablauf im RAD-Lager liest, könnte auf den Gedanken kommen, der Arbeitsdienst sei eine heile, gänzlich heitere Welt: Da pfeift ein Arbeitsmann im Waschraum eine Melodie von Grieg, und Augstein drückt ihm die Hand, obwohl er ihn kaum kennt; auf dem Pferdewagen, mit dem er in der Stadt Futter holen muss, ist er „voller Freude über die frische Morgenluft, die rasende Fahrt, das einsame Land …" Er kutschiert durch das Graudenzer Tor der alten, wehrhaften Stadtmauer zu den Kasernen, um Hafer aufzuladen – „keine leichte Arbeit, aber der Tag wird schön". Ist es bei solcher Schilderung ein Wunder, wenn ihn der „Feldmeister" Gerd Berent vom Presseamt der Reichsarbeitsdienstleitung im Februar 1942 mitteilt, er habe diesen „sehr netten Artikel" aus seiner Feder gelesen und ihn ermuntert, in dieser Richtung weiterzuarbeiten? Augstein solle seine Texte künftig direkt dem Presseamt zustellen, damit sie „über das ganze Reichsgebiet gestreut werden" könnten. Er folgt der Aufforderung nicht, weil er nach dem Arbeitsdienst für Rasche wieder über lokale Veranstaltungen schreibt und dann zur Wehrmacht eingezogen wird.

Dem *Reich* schickt er ein kleines Feuilleton, dessen Erscheinen in seine Zeit beim Arbeitsdienst fällt. Froh darüber, dass ihm auf einer hannoverschen Straße etwas Humor begegnet ist, beschreibt er ein weißes Pappschild, auf dem ein Fleischermeister anzeigt, warum er den Laden schließen musste: „Bin Soldat" hat der Meister mit zierlichen schwarzen Strichen hingemalt, und dann, rechts nach unten hin gerückt, ein „komme bald wieder"; daneben sei ein rundlicher Krieger zu sehen, der so unglaublich schnell daherrenne, wie man es einem Fleischermeister kaum zutraue. Die Vorübergehenden lächeln, schreibt Augstein, und neue Kunden würden angelockt: „Gibt es eine bessere Werbung für die Zeit nach dem Krieg?"

Es sind nur 32 Zeilen von leichter Hand, doch für ihn stellen sie eine Art Durchbruch dar. Sind Artikel von ihm bisher nur im *Hannoverschen Anzeiger* erschienen, steht erstmals eine seiner Geschichten nicht nur in einem überregionalen Blatt, sondern gleich in jener Vorzeige-Wochenschrift, mit der Goebbels, den Nationalsozialismus quasi im Frack vorstellend, das gebildete Bürgertum und die Akademiker zu gewinnen oder bei der Stange zu halten sucht. Zu ihren Autoren zählen auch ein Theodor Heuss oder ein Max Planck. Mutter Gertrude gratuliert dem Sohn schriftlich zu seinem „Riesenerfolg": Alle Verwandten und Bekannten hätten die Kurzgeschichte „sehr nett gefunden".

Gemessen am Anzeiger, der pro Artikel 15 Mark überweist, fällt
auch das Honorar mit 35 Mark üppig aus. „Das *Reich* zahlt
doch noch am besten, da will ich weiter machen", schreibt er
nach Hause und spricht von einer „guten Beziehung für später".
Kein Zweifel, der junge Rudolf Augstein arrangiert sich mit
den Umständen, auch wenn er sie nicht mögen sollte. Ändern
kann er sie nicht. Wie er verhalten sich viele Deutsche, die mit
dem Regime nicht einverstanden sind. Die wenigsten glauben
im Herbst 1941, der Krieg könne verloren gehen oder gar in eine
deutsche Katastrophe münden – offenbar auch Rudolf Augstein
nicht. Ein Eintrag in seinem Tagebuch von 1941 spricht dafür,
dass er an ein baldiges und, der damaligen Lage entsprechend,
doch eher siegreiches Ende und nicht an eine Niederlage glaubt.
Andernfalls hätte er kaum notiert, sein Jahrgang 1923 sei ein
„günstiger Jahrgang", denn „zum Krieg waren wir zu jung, zur
regelrechten NS-Ausbildung (Erziehung) zu alt". Wie sehr man
sich doch irren kann, wird er ein Jahr später erfahren, als er
zum Kanonier ausgebildet und an die Ostfront geschickt wird.

Doch zunächst verunsichern Hitlers schnelle Siege bisherige
Skeptiker und selbst seine Gegner. „Solange der Krieg
dauert, hat Hitler bis zum heutigen Tag [...] keinen einzigen
Fehler gemacht, soviel er auch vorher begangen hatte", notiert
der angehende Journalist am 9. April 1941, zwei Monate vor
Beginn des Russlandfeldzugs. Ein schnelles Ende des NS-Systems
scheint nicht in Sicht, gelegentlich aber mag Hoffnung auf
Besserung oder Milderung der Repression durchschimmern,
etwa wenn Frontoffiziere auf Heimaturlaub sich in mehr oder
weniger dunklen Andeutungen ergehen, nach dem Krieg werde
man mit der Herrschaft der Parteibonzen, der so genannten
„Goldfasane", schon aufzuräumen wissen.

Ist das nun der Krieg Hitlers oder ist es der Deutschen Krieg?
Rudolf Augstein fragt sich dies als vorgeschobener Beobachter
seiner Artillerie-Einheit 1943 und gibt die Antwort, dass sich die
Konturen zwischen der nationalsozialistischen und der natio-

nalen Sache in diesem Krieg kaum mehr trennen ließen: „Es war der genialste Streich Hitlers, das Reich in einen Kampf um Sein oder Nichtsein zu stürzen und mit seiner Sache zu verbinden." Die konservativ-nationalen Studienräte des Gymnasiums haben ihren Schülern Wehrdienst als selbstverständliche patriotische Pflicht eingepaukt, und Augsteins Mutter scheint nicht anders zu denken als seine Lehrer. Als ihr Sohn Rudolf zur Wehrmacht einberufen wird, streicht sie ihm übers Haar und sagt: „Für's Vaterland".

Gewiss ist, dass die Haltung der römischen Kirche die Katholiken unter den Deutschen in dieser Haltung maßgeblich beeinflusst hat. Dankte der Kölner Kardinal Schulte seinem Gott etwa nicht nach dem Sieg über Frankreich, ließ er nicht die Glocken läuten? Und verblasste die Gefahr des Nationalsozialismus nicht vor den Schreckensbildern, die Vatikan, Bischöfe und Jesuiten jahrzehntelang vom bolschewistischen Russland gezeichnet hatten? Friedrich Muckermann, ein Jesuit aus Münster und Herausgeber der katholischen Literaturzeitschrift *Gral,* schrieb lange vor 1933 von den Bolschewisten als „Teufel in Menschengestalt". Ebenfalls vor 1933 wertete das Zentralkomitee der deutschen Katholiken den Bolschewismus als Gewaltherrschaft Luzifers wider Gott. Lief die Propaganda von Kirche und Nationalsozialismus seit Beginn des Ostfeldzuges nicht nahezu parallel? Erzbischof Jaeger aus Paderborn, mit dem der FDP-Bundestagskandidat Rudolf Augstein 1972 im Wahlkampf eine heftige Fehde austragen wird, nannte in seinem Hirtenbrief zur Fastenzeit 1942 die Sowjetunion ein Land, dessen Menschen „durch ihre Gottfeindlichkeit und durch ihren Christushaß fast zu Tieren entartet sind". Und schrieb selbst der „Löwe von Münster", Bischof Galen, nicht von seiner Hoffnung auf einen deutschen Sieg? Bedienten sich die Nationalsozialisten, wie Guenter Lewy nachweist, etwa nicht verschiedener patriotischer Stellen aus seinen Hirtenbriefen, um in Holland und Belgien Freiwillige für die SS anzuwerben? „Mit Genugtuung" verfolgen die deutschen Bischöfe, heißt es in einer Denkschrift im Dezember 1941 an die Reichsregierung, „den Kampf gegen den Bolschewismus", vor dem sie „in zahlreichen Hirtenbriefen vom Jahre 1921 bis 1936 die Katholiken Deutschlands gewarnt und zur Wachsamkeit aufgerufen" hätten. Als Hitlers militärischer Stern verblasst, beten sie vor allem für einen baldigen Frieden. Aus Furcht vor einem russischen Sieg ermahnen sie jedoch die Gläubigen, ihre „Vaterlandspflicht" zu erfüllen.

So überspitzt die Äußerungen einiger Bischöfe, Priester und Ordensbrüder auch sein mögen, sie belegen den katholischen Grundtenor zum Russlandfeldzug, und es scheint ziemlich unwahrscheinlich, dass dieser spurlos an den Augsteins vorübergegangen sein sollte. Schon der spanische Bürgerkrieg, in dem Hitler und Mussolini den Rebellen Franco, die Falange und damit die katholische Sache gegen die Republikaner unterstützen, hat den „ferventen Antinazi" Friedrich Augstein in seiner Gesinnung schwankend gemacht. Sein Vater, gesteht Rudolf Augstein 1998 Martin Walser, sei damals zwar nicht für Franco, aber instinktiv gegen dessen republikanische Gegner gewesen. Zwar steht der Terror der Falangisten den Gräueln der Anarchisten wahrlich nicht nach – aber weil diese Klöster plündern, Kirchen anzünden und Priester ermorden, gelten die Sympathien der Katholiken natürlich der francistischen Seite. „Und da wir", so Augstein, „eine katholische Familie waren, war die Schändung von Nonnen natürlich etwas Entsetzliches." Glaubt man seiner Erzählung, ist es ein Krimineller, zu dem der 13-Jährige damals Kontakte unterhält, der ihn über die wahre Lage in Spanien aufklärt und damit hilft, die „geistige Krise" von Vater und Sohn zu überwinden.

Tatsache ist, dass Sohn Rudolf in zwei Artikeln, Mitte März 1942, also nach seiner Zeit beim Arbeitsdienst und vor der Einberufung zur Wehrmacht im *Hannoverschen Anzeiger* veröffentlicht, einen deutsch-nationalen Grundton anschlägt, der sich der *Lingua Tertii Imperii* annähert und die Siegeshoffnun-

gen der Nationalsozialisten zu teilen scheint. „Bollwerk nach
Osten" heißt seine Besprechung des Vortrages eines finnischen
Professors über Finnland; darin sieht er die Finnen in vielen
Jahrhunderten „als europäische Kulturträger dem Ansturm
der Steppe ausgesetzt"; und wenn sie im gegenwärtigen Krieg
finnisch bewohnte Landstriche in der Grenzregion der Sowjetunion mit ihrem Land vereinigen wollten, dann werde ihre
Sehnsucht „in Erfüllung gehen". Augsteins Schlusssatz lautet:
„Denn ihr (der Finnen) Kampf ist unser Kampf." In einem
Artikel einige Tage zuvor, in dem es ebenfalls um Finnland
geht, schreibt er vom „unverzagten Heldenmut" des kleinen
finnischen Volkes, das stets „einen Schutzwall nach Osten"
abgegeben habe. Nur: Was ist hier Überzeugung, was gezielte
Verwendung nationalsozialistischen Vokabulars, um seine ganz
persönlichen Ziele zu befördern?

Als er diese Zeilen zu Papier bringt, ist er knapp achtzehn-
einhalb Jünglingsjahre alt und hat sich zuvor vom Arbeitsdienst-
lager in Kulm aus beim Luftgaukommando XI in Hamburg-
Rissen als Freiwilliger für die Luftwaffen-Nachrichtentruppe
beworben. Dem Vater, mit dem er offenbar hin- und herüberlegt,
wie er möglichst heil und unbeschadet durch den Krieg kommen kann, dünkt dies viel zu riskant; er lässt den Sohn wissen,
dass er „sehenden Auges in sein Unglück" renne und bittet ihn,
sich bei einer anderen „ungefährlichen Truppe" als Freiwilliger
oder, wenn kein anderer Weg bleibe, dann für eine Offizierslaufbahn zu melden. Er schreibt aber auch von Rudolfs „unbe-
streitbarer P.K.-Geeignetheit". Offenbar haben beide darüber
nachgedacht, ob der Einsatz bei einer der Propaganda-Kompanien, die über das Frontgeschehen für Zeitungen, Rundfunk
und Wochenschauen berichten, nicht nur eine bessere Über-
lebenschance, sondern auch die erwünschte Weiterbildung für
den angestrebten Beruf garantieren könnte. Um ihm den Weg
als P.K.-Berichterstatter zu ebnen, hatte sich Bernhard Haake,
der Studienrat und Kunsterzieher vom Ratsgymnasium, schon

für den ein Jahr älteren Freund Ernst-August Born um die Für-
sprache des NSDAP-Gauamts in Hannover bemüht – allerdings
vergebens, denn die Propaganda-Kompanien bevorzugen erfah-
rene Journalisten. Bemüht sich Haake auch für Rudolf Augstein,
und hat vielleicht jene Reihe damit zu tun, die er für das „Gau-
heimatwerk Südhannover-Braunschweig" organisiert, in der
Gedichte von Augstein und Born in Schulen vorgestellt werden?
Eines der Augstein-Poeme klingt geradezu „martialisch", wie
Leo Brawand 1995 zu Recht urteilt, aber es passt sich den Zielen
dieses Haake- und NSDAP-Unternehmens wohl nahtlos ein:

> *Einmal das Leben wägen,*
> *dem Tod ins Auge,*
> *das kalte, klare schauen,*
> *unbewegt!*
> *Das Leben einfach*
> *wie Hirten leben, einmal*
> *das Herz in Händen halten*
> *jung und groß –*
> *das bist du, o*
> *Zuchtmeister Krieg!*
> *Wen Du packtest und*
> *wieder ließest, der*
> *ist gefeit.*

Dieses Gedicht sei natürlich „Tendenz", er habe es „mit Hin-
blick auf die PK" geschrieben – so der Kanonier Augstein an
seinen alten Lehrer Haake im April 1942 und bittet ihn, es dessen Freund Köhler von der Gauleitung vorzulegen, denn er
möchte es „für den gleichen Zweck" auswerten – eben für eine
Bewerbung für den Dienst bei einer Propaganda-Kompanie.

Ein anderes seiner Gedichte verknüpft den erwünschten hel-
dischen Ton geschickt mit Sehnsucht nach Liebe und Gebor-
genheit:

Nicht wenn wir die Klinge führen
Im berstenden Schlachtgetös:
Die Stille mit heimlichen Türen,
Sie macht unsre Sehnsucht groß.

Die Sehnsucht nach einer Seele,
die ganz uns begreift und versteht.
Die gibt, was immer uns fehle,
und die uns zur Seite geht.

Ihr einsamen Melodien,
von suchenden Herzen gemacht,
Ihr Bäume im Frühlingsblühen,
Ihr mondlichten Schauder der Nacht!

Und ihr, o zarte Gestalten,
Mit Augen wie Brunnen so tief,
Des süßesten Lächelns Gewalten
Im Antlitz – wann immer ich schlief.

Und traumschwer vom Schlaf mich erhoben,
Durchfuhr mich ein stechender Schmerz.
Die Sehnsucht begann zu toben,
Sekunden wie glühendes Erz.

Wo war die Hand, die mir kühlte
Die fiebernde Stirn,
Das Auge, das mit mir fühlte,
So klar wie der Gletscherfirn?

Wo war die Brust, die sich schmiegte
An meine mit heißem Blut?
Die Stimme, die leis mich umwiegte,
Und spräche: Alles ist gut. –

Doch wenn wir die Klinge führen,
Und hält uns erst wieder die Schlacht,
Dann fällt es wie eiserne Türen,
Und die Bilder versinken in Nacht.

Denn wenn wir die Klinge führen,
Verlöscht diese Krone des Lichts:
Frei sind wir, die Schlacht zu parieren,
Den Tod vor uns, hinter uns nichts.

Er habe sich den Entschluss, sich zur Luftwaffe zu melden, reiflich überlegt und „von der mehr oder weniger illusorischen Tätigkeit in einer Propaganda-Kompanie" ganz abgesehen, antwortet der Sohn auf die Einwände des Vaters: „Ich wollte zu einer Truppe, die auf gar keinen Fall in den Erdkampf verwickelt wird." Bei den „vornehmen" Luftnachrichten brauchten sie intelligente Leute für Mess-, Funk- und Horchgeräte. „Nur ein ganz kleiner Teil", beruhigt er den Vater, „besteigt ein Flugzeug als Bordfunker, dazu drängen sich aber alle, und ich bin schon wegen meiner Augen fliegeruntauglich." Weil an seinen Augenfehlern dann die ganze Bewerbung bei der Luftwaffe scheitert, muss Rudolf Augstein im April 1942 zur Ausbildung als Kanonier in eine hannoversche Kaserne einrücken (und verfolgt nun doch wieder die alten PK-Pläne, wie der Brief an Haake beweist – allerdings ergebnislos).

Anfang November wird er nach Braunschweig verlegt, nach Warschau in Marsch gesetzt und dort – eines Meniskusleidens wegen – einer motorisierten Batterie des Artillerie-Regiments 67 südöstlich von Orel zugeteilt. Am 12. November meldet er sich erstmals per Feldpost: „Wir liegen hier an der Front und führen einen ruhigen Winterkrieg, wenn alles so bleibt." Es wird nicht so bleiben, aber erst einmal schleppt er Munition – eine Granate wiegt 85 Pfund. Er schippt, hackt, schaufelt Schnee, trägt Holzstämme, holt Wasser aus einem Eisloch, steht

im Schneemantel Wache und sieht dann aus wie ein „Wüsten-
scheik oder Kreuzfahrer". Er bittet die Eltern um Hölderlins
Gedichte samt einem Mittel gegen Läuse, denn sein ganzer Leib
sei zerkratzt. Der Kommiss nimmt ihn mehr mit als der Krieg,
„von dummen Menschen abhängig zu sein, ist schlimmer als
alles andere", heißt es in einem seiner Briefe nach Hannover.
Er drängt sich nicht zu irgendwelchen Unternehmen, aber er
drückt sich auch nicht, denn das geht „hier an der Front auf
Kosten der Kameraden. Das wäre Unanständigkeit."

Seine Einheit gehört zur Heeres-Artillerie, ist mit schweren
15-cm-Feldhaubitzen ausgerüstet, unmittelbar dem Oberkommando des Heeres unterstellt und wird meist an Brennpunk-
ten des Kampfgeschehens eingesetzt – oft zur Unterstützung
von SS-Divisionen. Und da er – nach einer Ausbildung zum
Funker – als Vorgeschobener Beobachter (VB) meist vorn bei
der Infanterie liegt, sieht sich der Kanonier Augstein, entgegen
seinen Hoffnungen, doch gelegentlich in den Erdkampf verwickelt. „Auf V.B. im Winterkrieg" heißt ein Feuilleton, das der
Hannoversche Anzeiger im Januar 1943 bringt. Gänzlich unkrie-
gerisch, vergnüglich und unterhaltsam geschrieben, schildert
es ein „männlich bestimmtes Familienidyll" vom vorgeschobe-
nen Beobachter, einem Wachtmeister, und seinen zwei Gehilfen,
einem Telefonisten und dem Funker Augstein. „Wir sind das
Auge der Batterie", schreibt der Kanonier und Funker, „und
der Wachtmeister als Schießender gibt die Feuerkommandos.
Um beobachten zu können, liegen wir vorn im Graben der
Infanterie. Geht sie vor, gehen wir mit vor. Liegt sie in festen
Stellungen, liegen wir ebenfalls fest." Dank seiner chronischen
Ungeschicklichkeit, so Augstein über sich selbst, spiele er die
„Rolle des Aschenbrödels für die niederen Arbeiten wie Was-
ser- und Essenholen oder Aufwaschen", indes der Wachtmeister
Holz hackt oder zersägt; und wenn möglich „wird der Abend
gemütlich im Bunker verbracht, unter Bruzzeln und Schmoren
versteht sich".

Aber so idyllisch geht es nicht lange zu. „Ich selbst war inzwischen wieder einmal im Schlamassel, da kam es hageldick", schreibt er Anfang September 1943 den Eltern nach Hannover. „Der Russe war im Graben drin und kam von hinten mit Hurrah! angelaufen. Wir liefen, was wir konnten …" Laut Tagebuch 1943 geht er im Dezember als VB mit Fallschirmjägern vor, die eine Stadt im Sturm nehmen, und zeigt sich voller Bewunderung: Das seien „zackige Leute" und „keine Grabenkrieger", der „wahre Todesmut und der rechte Kampfgeist" sei „nur in ihren Reihen zu finden". Dieses Fallschirmjäger-Bataillon, so ein Feldpostbrief nach Hannover, habe nur einen Toten gehabt: „Mit solchen Leuten wäre freilich der Krieg zu gewinnen. Aber sie sind selten …" Soldatisch-professionelle Hochachtung hat er schon einen Monat zuvor gezeigt, als seine Abteilung der SS-Division „Reich" zugeteilt war: „Man muss es der SS lassen, dass sie sich gut schlägt. Kein Wunder bei den Menschen – und sonstigem Material."

Im NDR-Fernsehen wird sich Rudolf Augstein im März 1984 erinnern, dass seine Einheit vor vierzig Jahren, ziemlich genau ein Jahr nach der Katastrophe von Stalingrad, die Panzergrenadierdivision „Großdeutschland" unterstützte, welche zwei eingeschlossene Korps, insgesamt 50 000 Mann, im Kessel von Tscherkassy freikämpfen musste. Nur 20 000 deutsche Soldaten konnten sich retten – unter Zurücklassung aller schweren Waffen. Seine Kameraden, so Augstein, hätten nichts anderes tun können, „als die Kesselflüchtlinge aufzufangen. Viele von uns gaben den erschöpften Leuten zu essen und kleideten sie."

Vom blutigen Kämpfen ist in den Berichten aus der Soldatenzeit, die der *Hannoversche Anzeiger* „unter dem Strich" bringt, nichts zu lesen, denn sie stammen, sieht man von dem Feuilleton über den Frontalltag als V.B. ab, alle aus seiner Rekrutenzeit und sind durchweg in heiterem Ton gehalten. Der Waschraum sei der „Konzertsaal des Kanoniers", heißt es da einmal; unvergesslich werde ihm bleiben, „wie zwei Kanoniere

die Siegesfanfaren aus den ‚Prelüdes' von Franz Liszt schmetterten, doppelstimmig: Der eine rasierte sich, der andere wusch
sich den Hals, beide aber füllten den Raum und den ganzen
Korridor, nein den ganzen Block mit sonoren, vollen Klängen,
dass es wie von einer Orgel hinrollte, und ebenso abbrach…"
Der Widerhall der Töne, heißt es zum Schluss mit bei ihm völlig
ungewohntem, freilich ironisch-gebrochenem Pathos, sei „die
Gänge herabgelaufen wie in den Seitenschiffen eines gewaltigen
gotischen Domes".

Dass er und seine Mitschüler den Krieg als Schicksal erleben,
dem sich jeder nahezu selbstverständlich stellen muss, bezeugt
sein „Offener Brief an die alte Klasse", von der er schreibt, der
große Krieg habe sie „in alle Winde verschlagen". Als der Jüngste
hatte er beim Abitur versprochen, die Mitschüler zusammenzuhalten. „Freunde und Kameraden! Gruß und Heil euch allen!"
beginnt der Kanonier Augstein nun seine Zeilen: „Auf den
Gräbern der Väter seid ihr gestanden, aber ihr seid dort nicht
stehen geblieben, sondern viel, viel weiter marschiert, hinein
in die östliche Steppe…" Einer liege mit schwerem Geschütz
vor Leningrad, „einer bewegt sich in Richtung Kaukasus, einer
hat mit stürmender Hand Kreta erobert, ja einer hat sogar in
Nordafrika den Führer der indischen Hockey-Olympia-Elf von
1936 gefangengenommen". Über eines jedenfalls könnten sie
sich nicht beklagen, meint Augstein – „dass wir nichts erleben.
Weiß Gott, wenn einer Geschichte erlebt, und aktiv miterlebt,
so sind wir das, und dafür wollen wir froh sein." Skepsis gegenüber dem Kriegsgeschehen ist in diesen Zeilen, Mitte Oktober
1942 veröffentlicht, nicht zu spüren, auch wenn er von einem
Schulkameraden berichtet, den es als Leutnant „endgültig ereilt"
hat. Dasselbe Los könne „jeden von uns" treffen, aber gerade
„das Bewusstsein von dieser gemeinsamen Todverbundenheit"
werde sie zusammenhalten. Aus dem großen Krieg heim- und in
ihren Lebenskreis zurückgekehrt, wollten sie dann an „eichenen
Tischen" sich zu „löblichem Tun" zusammenfinden – „einen

schmettern, der sich sehen lassen kann, dass die trinkfesten Himmlischen in Asgards Hallen von den Richterstühlen fallen vor Staunen ..."

Augsteins Mitarbeit beim *Hannoverschen Anzeiger* endet jäh, als das Blatt Anfang März 1943, nach der Kapitulation in Stalingrad, sein Erscheinen für die Dauer des Krieges einstellt und in einem durch Zusammenlegung neu entstehenden „Gauorgan" aufgeht. Diesem obliege nun, schreibt sein alter Chefredakteur, die Betreuung des „im Felde stehenden Schriftleiters" Augstein. Sei es, weil die neue Zeitung als hannoversches NS-Parteiblatt firmiert, sei es, weil den Zeiten entsprechend Leichtes und Heiteres aus dem Soldatenleben nicht mehr zu berichten ist – der Kanonier Augstein hat Feuilletons über seine Soldatenzeit seither nicht mehr veröffentlicht.

Große Aufregung wird allerdings am Jahreswechsel 1992/93 herrschen, weil Christian Michelides vom österreichischen „Forum" Augstein beim Durchblättern der Wiener Ausgabe des *Völkischen Beobachters* als „Schreibenden im Zentralorgan der NSDAP", und zwar „noch im November 1942", entdeckt und darob bei sich sofort „Gänsehaut und Zusammenbruch eines kleinen Weltbildes" konstatiert. „Frau aus der Fremde" heißt die kurze Betrachtung, aber Michelides' „Gänsehaut" passt so recht nicht mit seinem Urteil über Augsteins völlig unpolitischen Beitrag im Feuilleton zusammen, den er die „belanglosen Geschichte" einer Begegnung nennt, die nur mit den Augen stattgefunden habe.

Im Wartesaal eines Bahnhofs sitzt Augstein inmitten von Soldaten einer Frau mit „blauschwarzem, in der Mitte gescheitelten Haar" und schwarzen Augen gegenüber, die „unsagbar verloren" schauen. Ihr junges Gesicht ist von „einer ganz unwahrscheinlichen, keineswegs überirdischen, vielmehr in sich geschlossenen Schönheit", und sie trägt bäuerliche Feiertagstracht, die er nicht einordnen kann. Kommt sie aus dem Banat oder aus Siebenbürgen? Weil sie, noch ehe er sie ansprechen kann, zu ihrem Zug eilt, endet die Geschichte mit einem melancholischen: „Fahre wohl, unbekannte Frau! Die Sonne, die so stark in Dir strahlt, wird auch draußen in der fremden Welt nicht aufhören, dir zu scheinen. Fahre wohl!"

Er finde diesen jünglingshaften Text gar nicht so schlecht, meint Augstein vierzig Jahre später. Doch der Vorwurf, er leide in biographischen Details wie Waldheim an einer „strategischen Gedächtnislücke" und habe sich dem „Kampfblatt der Nationalsozialistischen Bewegung Großdeutschlands" angedient, ist dem *Spiegel*-Chef Anlass genug, gleich auf zwei Seiten im eigenen Blatt Stellung zu nehmen. Danach hat er 1942 ein oder zwei Feuilletons, darunter die „Frau aus der Fremde", der Wiener Ro-Mi-Agentur zur Weiterverbreitung übergeben, von der er als Volontär wusste, dass sie harmlos-unpolitische Texte anbot. Von dieser Agentur, nicht aber vom *Völkischen Beobachter*, der nie ein Belegexemplar schickte, habe er ein Honorar von 20 Reichsmark erhalten. „Kann man mich nun also als Mitarbeiter des Völkischen Beobachter bezeichnen?", fragt er und gibt die Beurteilung den Lesern anheim. Einige von ihnen, darunter Will Tremper aus München, halten seine Darlegung in eigener Sache für überflüssigen Overkill: das „Forum" habe sich mit der These vom Mitarbeiter des NS-Kampfblatts nur lächerlich gemacht, deshalb komme Augsteins Erklärung einer Kränkung der doch intelligenten *Spiegel*-Leser gleich.

Ein Brief Augsteins an seine Eltern vom 19. Dezember 1942 belegt, dass seine Darstellung des Sachverhalts richtig ist. Allerdings scheint er auch Stolz empfunden zu haben, dass sein Artikel Beachtung und Resonanz fand: Der Pressereferent des Reichsarbeitsführers habe ihm einen Artikel geschickt, „der ohne mein Wissen in den ‚Völkischen Beobachter' gekommen ist. Also auch schon in der NS-Presse!" Es gibt Kollegen, die Jahre lang mit Rudolf Augstein freundschaftlich verkehrten, aber aus diesem jünglinghaften Feuilleton nun folgern: „Der Mann wollte ‚ran', coûte que coûte, er wollte Karriere machen, auch unter den Nazis – und zwar nicht als Antiquar, Kofferträger oder Leihbibliotheksbesitzer, sondern als Schreiber." Als junger Mann habe Augstein ein kleines Rädchen mitbedient: Wer kleine „unpolitische" Feuilletons verfasste, wollte „Hauptschriftleiter" werden, so Fritz Raddatz in seinen Erinnerungen, „was er auch – ein Gründgens für kleine Leute – geworden wäre".

Das dünkt denn doch ein zu hartes Urteil zu sein – gefällt vom Sprössling eines konservativen wilhelminischen Obristen, den ein nichtarischer Fleck im Stammbaum daran hindert, beim Jungvolk zu sein, der aber gern dabei gewesen wäre, denn er bekennt, er sei heimlich in Knickerbockern den uniformierten Schulkameraden gefolgt. Soll ein junger Mensch, der schon als Schüler Verse schmiedet und sich zum Schreiben berufen glaubt, ganz darauf verzichten, seine Begabung und seine Fähigkeiten zu entwickeln? Soll er, wenn er meint, schreiben zu müssen, dies nur in Kladde tun dürfen, auch wenn damit der Prozess von öffentlicher Kritik oder Anerkennung und des Sich-bestätigt-Sehens entfällt, der so wichtig ist für die Weiterentwicklung des Talents?

Augsteins Kunsterzieher und sein Lateinlehrer lebten dem Jüngling auf dem Gymnasium vor, dass die Welt eben nicht nur in den harten Schwarz-Weiß-Konturen der völlig unhistorisch urteilenden *post festum*-Radikalen zu sehen war. Sein Feuilleton-Lehrmeister Friedrich Rasche zeigte, dass man zumindest im Kulturressort anständig bleiben und überwintern konnte, ohne faule Kompromisse mit dem System zu machen. Gab es nicht eine Welt zwischen den Zeilen, eine mit Grautönen, Grauzonen und Nischen, in denen man sich dem Anspruch des Totalen entziehen konnte und die Augsteins Chefredakteur Günter Gaus in seinem Buch über die DDR gar zum Signum für die Gesellschaft der zweiten deutschen Diktatur erwählen wird?

Träumt der Frontsoldat von einer großen Karriere als Journalist und Schriftsteller? Um seinen Aufstieg sei ihm nicht bange, schreibt er den Eltern zum Neuen Jahr 1943 und greift Monate später das Thema, diesmal ironisch, wieder auf: Es wäre schade, „wenn Ihr, meine Eltern, die Ihr mir alles ermöglicht habt, diesen Aufstieg nicht mehr erlebtet, die Früchte und die Krone Eurer und meiner Arbeit" – setzt freilich hinzu: „So, nun habe ich wieder einmal gesponnen"; ab und zu müsse man freilich spinnen, damit man den Mut nicht verliere. Dass er seine Zukunft nicht im politischen Journalismus, sondern im Feuilleton sieht, notiert er nach einem Aufenthalt in Wien und Budapest im Sommer 1944: „Ich (habe) mir mit bescheidensten Mitteln soviel Kunst vergegenwärtigt, dass ich wieder einmal wusste, wofür ich auf der Welt bin." Seine Tagebuch-Aufzeichnungen sind ihm so wichtig, dass er sie „selbst in der Stunde der höchsten Gefahr" bei sich führt: „Ich würde", heißt es in seiner Feldpost, „sie nur dann im Stich lassen, wenn ich bewusstlos wäre."

Wertvoller als alle anderen materiellen Dinge sind ihm seine gesammelten Artikel in der Podbielskistraße 310, und so bittet er den Vater, sie im Fall eines Bombenangriffs zusammen mit seinen Feldpostbriefen zuerst in Sicherheit zu bringen. Weil in Hannover jetzt Bomben fallen, rät er, im Garten sofort ein Deckungsloch zu buddeln – zwei Meter tief, zwei Meter breit und so lang, dass zwei bis drei Mann bequem darin sitzen können: „Es wird mit Balken überdeckt und mit Stroh und Erde zugeschüttet, der Eingang wird so verschalt, dass flüssiger Brandkram nicht hineinlaufen kann."

Wenn er schreibt, er werde „rasend" bei dem Gedanken, dass er es im Augenblick besser habe als die Eltern, drückt er nur aus, was viele Frontsoldaten bei den Nachrichten von Luftangriffen in der Heimat denken. Seine Worte zeigen eine Herzlichkeit und Offenheit, die später viele an ihm vermissen werden, aber stets lugt der Pessimist hervor, der er bis an sein Lebensende bleiben wird: Nach dem Krieg werde man die Häuser in die Erde bauen, „denn vernünftig wird die Menschheit nicht wer-

den". Später wird er die Menschheit den Lemmingen vergleichen, die sich in den Tod stürzen. An ein langes Überleben der
Gattung Mensch glaubt er nicht.

So gut es eben geht, versucht er, „anständig durch den Krieg
zu kommen"; besonderen Ehrgeiz, befördert zu werden, zeigt
er nicht. „Mir ist es egal. Ich tue nichts", lässt er die Eltern wissen, als sein Hauptwachtmeister ihm Anfang September 1943
eine Offizierslaufbahn andeutet. Allerdings hat er sich, obschon
naturwissenschaftlich eher uninteressiert und unbegabt – laut
Abiturzeugnis waren seine Leistungen in Chemie und Mathematik nur befriedigend – als aktiver Sanitätsoffizier beworben,
zweifellos in der Hoffnung, der Front entrinnen und erst einmal Medizin studieren zu können. Der Vater bestärkte ihn in
dieser Absicht, und Onkel Carl Augstein, ein Rechtsanwalt und
Syndikus in Berlin, versuchte, über einen ihm befreundeten
hohen Offizier beim Heeres-Sanitätsinspekteur kräftig nachzu-
helfen. Vergebens – Rudolf Augstein, inzwischen zum Gefreiten
befördert, wird Ende Juni 1943 die Ablehnung zugestellt. Immer
wieder versucht er die Eltern, die in Hannover um ihn zittern,
zu beruhigen: „… ihr, die ihr soviel zum Herrgott betet, [müßt]
auch einmal ein klein wenig Gottvertrauen haben. Wenn ich für
etwas bete, dann einzig und allein dafür, dass euch keine Bombe
trifft und ihr sonst keinen Schaden nehmt. Für mein eigenes
Wohlergehen zu beten, das bringe ich nicht fertig… wenn es
mich nicht treffen soll, dann trifft es mich eben nicht."

Im Juli 1944 trifft es ihn um ein Haar, denn ein Granatwerfer-
geschoss schlägt in seinem Graben ein. Aber sein Hintermann
nimmt ihm „den ganzen Segen weg", wie er schreibt – doch
sitzen zwei Splitter im linken Ellenbogen, einer im rechten
Unterarm, ein anderer im Rücken. Er hat „viel Glück und ein
wenig Pech" gehabt, denn er „wurde ein klein wenig zu leicht
verwundet" – für die Heimat reicht es nicht. Die Wunden heilen
schnell, man schickt ihn für acht Tage ins Erholungsheim der
Armee in Zakopane, „den schönsten Kurort Polens" am Fuße

der Hohen Tatra; dort wird er gut verpflegt, genießt die Aussicht von den Höhenzügen und geht, wie er der Mutter mitteilt,
am am Sonntag in die Kirche. Nur, um die stets um sein Seelen-
heil besorgte Mutter zu beruhigen? Von Zakopane aus besucht
er Lemberg, wo sein Vater als Soldat im Ersten Weltkrieg einmal stationiert war, und ist erstaunt, „eine wirklich saubere
Großstadt mit teilweise eleganten Menschen" und luxuriösen
Kinos kennen zu lernen. Gegen Geld sei alles zu haben, so die
Feldpost an „Meine Lieben", die Stadt mache den Eindruck „als
dächte keiner ihrer Menschen daran, dass ihre Tage des Friedens gezählt seien".

Wieder bei seiner Einheit, wird er nicht mehr als vorgeschobener Beobachter, sondern nun als Geschützführer eingesetzt,
danach als „Rechner", was soviel wie Gehilfe des Batterie-Offi-
ziers bedeutet. Die Tätigkeit ist für ihn nicht ganz leicht, da er
für präzises Rechnen nie etwas übrig hatte und sein Augen-
fehler – beiderseits chronisches Schielen – ihm den Gebrauch
des Kartenmaterials erschwert. Im August 1943 zum Gefreiten
befördert, erhält er einen Monat später das Eiserne Kreuz II.
Klasse; es sei nicht mehr viel wert, notiert er ins Tagebuch –
mancher Infanterist habe es mehr verdient und besitze es nicht,
aber: „Heile Knochen sind wichtiger." Im Jahr darauf, er ist
inzwischen Obergefreiter, zeichnet man ihn mit dem Sturm-
abzeichen und dem Verwundetenabzeichen in Schwarz aus.
Anfang November 1944 wird er durch Abteilungsbefehl zum
Reserve-Offiziers-Bewerber (R.O.B.) ernannt, kommt als Fah-
nenjunker-Unteroffizier zur Ausbildung nach Magdeburg und
erhält kurz vor Kriegsschluss, am 1. April 1944, noch den Rang
eines Leutnants.

Diese nüchternen Daten belegen, dass er in drei Jahren beim
Militär stets seine Pflicht getan, aber wahrlich keinen Kar-
riereehrgeiz gezeigt hat; jeder Abiturient, der schneller voran-
kommen und kein gemeiner Mann bleiben wollte, hätte sich
freiwillig und sehr viel früher als Offiziersanwärter gemeldet.

Leutnant ist Rudolf Augstein bis zum Tag der Kapitulation nicht einmal anderthalb Monate gewesen. Bei einem letzten Einsatz kurz vor Kriegsende, als er 14 Mann in einem Waldstück bei Riesa ins Gefecht führen soll, wird er am rechten Unterarm verwundet. „Ich wünschte meiner Truppe viel Glück und verließ das Kampffeld", so beschreibt er in einem *Spiegel*-Spezial im Frühjahr 1995 sein ganz persönliches Kriegsende: „Während meines Rückzugs war ich plötzlich von einigen Polen umringt. ,Die schlagen dich tot', dachte ich. Das taten sie aber nicht. Sie setzten mich vielmehr auf mein Rad und schoben mich ins nächste Dorf zum Arzt, der mir einen Notverband anlegte…" Er schlägt sich nach Pilsen durch, ein Luftwaffenzug bringt ihn ins Österreichische, von dort fährt er mit dem Fahrrad, begleitet von einer Luftwaffenhelferin, nach München, wo sie vom Kriegsende hören. „Spontan umarmte meine Helferin mich, ihren ,einarmigen Banditen'. Sicher, es würde in den nächsten Jahren keine deutsche Universität geben – so dachten wir damals –, aber wir lebten!" Aus der Wehrmacht entlassen, radelt er nach Hannover, wo die Verwundung im Lazarett ausgeheilt wird. Der Dank des Vaterlands lässt zwei Jahre auf sich warten. Seine Erwerbsfähigkeit, teilt ihm die Landesversicherungsanstalt Hannover im November 1947 mit, sei durch Kriegseinwirkung wegen Narben am rechten Arm nach „Schussbruch des Unterarms" und wegen „Schädigung des Ellennerven rechts" um 30 Prozent gemindert. Dafür setzt sie ihm eine Rente von 30 Reichsmark monatlich aus, die jedoch, weil sein Monatseinkommen 81 Mark übersteigt, auf 10 Mark gemindert wird.

Als die *Frankfurter Allgemeine* 1980 in ihrem Proustschen Fragebogen wissen will, welche militärische Leistung er am meisten bewundere, antwortet Rudolf Augstein: „Meinen Rückzug aus der Ukraine" und hat die Lacher auf seiner Seite. Mit seiner Lust zum Anekdotischen schmückt er diesen Rückzug später malerisch aus: Dass während der großen russischen Offensive in der Ukraine im Frühjahr 1944 Fahrzeuge und

Geschütze im Schlamm stecken bleiben und gesprengt werden; dass Offiziere und Mannschaften der Abteilung sich nach hinten mit Pferden in Sicherheit bringen müssen; dass er, der zuvor nie auf einem Pferd gesessen hat, auf einer tragenden Stute reitet, die er nur zum Traben bringen kann, wenn er ihr an einem langen Stock eine Rübe vors Maul hält; dass er schließlich, im Rückzugschaos von der Truppe getrennt, von Feldgendarmerie des Desertierens verdächtigt, aber glücklich von seiner Truppe errettet wird – denn die hat einen Umweg gemacht, holt ihn aber just in dem Augenblick ein, als die „Kettenhunde", wie Feldgendarmen im Landserjargon hießen, ihn verhaften wollen.

Mit der Distanz der Jahrzehnte wächst sein Vergnügen, sich als gänzlich unwilligen Krieger, gar als halben Deserteur darzustellen, der seine Einheit, aus dem Urlaub oder von einer Schulung in der Heimat kommend, nicht finden will und sich immer neue Marschbefehle zu beschaffen weiß, um den Fronteinsatz zu verzögern. Doch scheint bei solchen Schilderungen Vorsicht angebracht, denn was er den Eltern schreibt oder was in seinem Tagebuch zu finden ist, spricht oft eine andere Sprache. Zwar hält er den Krieg seit spätestens Frühjahr 1943 für verloren und äußert dies auch unverhohlen – „was nicht ganz ungefährlich war", bestätigt ihm vierzig Jahre später ein Kamerad namens Johannes Meyer. Defaitismus wurde damals in der Tat mit drakonischen Strafen belegt. Hofft auch er, wie so viele andere in diesen Monaten, man könne den Krieg besser nur im Westen verlieren, die Ostfront aber halten und die Sowjets daran hindern, nach Deutschland vorzustoßen? „Bis zu Euch kommt der Russe nicht", versichert er den Eltern im Juli '44, und noch Ende Oktober schreibt er: „... Wir sind nun schon fast 3 Wochen in derselben Stellung. Der Russe greift jeden Tag an und trommelt unverschämt, aber er kommt nicht durch. Seine Panzer wurden abgeknackt, seine Infanterie ist nicht gut, sie läuft in Massen über. Alles Leute aus der Lemberger Gegend. Einzig die Jungkommunisten sind besser."

Seine Tagebücher aus den Kriegsjahren belegen die breite Bildung, die ihm die altsprachlichen Gymnasien in Hannover vermittelt haben. Notizen über Platos „fürchterlichen Staat" wechseln mit literarischen und künstlerischen Anmerkungen: Selbst ein Goethe habe nur einen kleinen Sektor des Menschlichen ausgeschritten, Beethoven sei einfach und klar und Hebbels „Agnes Bernauer" leide an innerer Unwahrhaftigkeit. Und die „Sperlingsgasse" oder der „Hungerpastor" Wilhelm Raabes, so sein Urteil, seien schöne Träume, die nur „vor hundert Jahren geträumt werden konnten". Gelegentlich schleichen sich auch missratene Formulierungen ein – so, wenn es heißt, echtes Künstlertum bedeute, „den Becher des Lebens in die Felder der Kunst einströmen zu lassen".

Immer wieder aber beeindruckt die Entschiedenheit, mit der er Hitler und den Nationalsozialismus ablehnt, sich jedoch zugleich zu Deutschsein, deutscher Sprache und deutscher Kultur bekennt. Hitler ist für ihn ein „Herostrat großen Stils", der nicht siegen konnte, „da der Mensch nicht Gott ist"; er sei nur in Deutschland möglich, um sein Haupt werde die Legende keinerlei „jugendlich-mythischen Glanz breiten, wie sie ihn so verschwenderisch um Alexander d. Gr., Cäsar, ja längst um Napoleon ausgebreitet habe"; die Nazis nennt er schlicht „Verbrechervolk" und meint wohl eher: Verbrecherbande. Aber dann finden sich Sätze wie: „Ich bin froh, ein Deutscher zu sein, denn ich glaube an die große Vergangenheit und Zukunft der deutschen Kunst. Allein, dass die Sprache, in welcher der Faust geschrieben wurde, auch die meine ist, müsste ich über alles schätzen… Die Sprache ist Gefäß und Inhalt jeglicher Kultur in einem. Was ein Volk zusammenkittet, ist seine Sprache."

Wird hier ein wenig vom Nachkriegs-Augstein, von Augstein dem Nationalen schon sichtbar? Amerika, dessen ist er gewiss, wird der Gewinner des Krieges sein, aber Deutschland verliert deshalb in seinen Vorstellungen keineswegs an Bedeutung – im Gegenteil: Vom Sieg Amerikas verspricht er sich 1943, dass dann die „Kultur Europas in unserer Hand" liege: „England ist an Europa weniger interessiert als am Empire. Frankreich und Italien sind kaputt. Wir, das stärkste Volk, liegen in der Mitte, unser ist die Kultur des Abendlandes. Um die Kultur zu erhalten, brauchen wir Geist, Gewalt und Geld. Aber nicht nur Gewalt, wie in dieser Auseinandersetzung. Und nicht nur Geist, wie vor hundert Jahren." Wer den Rudolf Augstein im Blick hat, der in den fünfziger Jahren so energisch gegen rechte christkatholische Abendländer polemisieren wird, mag es ironisch finden, dass er hier noch von der „Kultur des Abendlandes" schreibt, die es zu erhalten gelte. Später wird er weniger von Kultur als von Wirtschaftskraft sprechen – aber der Grundton vom schwachen Frankreich, vom abseits stehenden England und vom starken, gesunden Deutschland in der Mitte ist schon angestimmt.

DIE LAUNE DES BRITISCHEN MAJORS
Diese Woche als Vorläufer des *Spiegel*

„Wer sein schadhaftes Dach nicht flickt, wird im Feuchten sitzen, wer an seiner Wohnung die Ritzen nicht stopft und die Sprünge nicht zukleistert, dem wird der Ostwind hereinblasen, wer im Walde nicht Äste aufsammelt und aus Trümmerhaufen keine Balken heranschleppt, wird ärger als nötig frieren." Es sind wahrlich prosaische Ratschläge, die der 21-jährige demobilisierte Leutnant Augstein unter der Überschrift „Jeder tue das Seine!" am 28. Juli 1945 im *Hannoverschen Nachrichtenblatt* gibt, aber sie entsprechen der Lage: 51 Prozent aller Wohnungen sind schwer oder total zerstört, nur einer von vier Haushalten verfügt über elektrisches Licht, nur 200 Telefone funktionieren noch, weit mehr als die Hälfte der Einwohner wurden ausgebombt und aufs Land evakuiert. Weil Augsteins Tipps für die Wintervorsorge offenbar dazu geführt haben, auch halbwegs intakt gebliebene Gebäude zu plündern, muss er sechs Tage später klarstellen, er habe nicht dazu aufgefordert, „aus beschädigten oder noch unbewohnten Häusern Treppengeländer und Kellertüren herauszureißen"; auch wenn ein Haus nur noch einen wüsten Trümmerhaufen darstelle, müsse der Hauseigentümer die Holzentnahme genehmigen, „wenn anders das an sich löbliche Beginnen nicht in einen gemeinen Diebstahl ausarten soll".

Und doch leuchtet in dieser Wüstenei von Not und Elend über Rudolf Augstein beharrlich das Glück. Nicht nur, dass die Wohnung der Familie in der Podbielskistraße 310 zu jenen 5,2 Prozent aller hannoverschen Behausungen zählt, die den Krieg völlig unversehrt überstanden haben; sein alter Feuilletonchef Friedrich Rasche, dessen Weste als Nicht-Nazi keine braunen Flecken aufweist, wird von den englischen Besatzern mit der Redaktion des *Hannoverschen Nachrichtenblatts der Alliierten Militärregierung* beauftragt; er sucht einen unbelasteten jungen Mann, der ihm dabei zur Hand geht, und was liegt da näher, als den früheren Volontär zu beauftragen, der sich, trotz mehrmaliger Verwundungen doch einigermaßen heil an Leib und Seele aus dem Krieg zurück, wieder bei ihm gemeldet hat. Die Briten befinden, nicht zuletzt Rasches Zeugnisses wegen, Augstein sei politisch „clean".

Weil sie in ihrer Zone zunächst das Erscheinen aller deutschen Zeitungen verboten hatten, gibt es auch in Hannover – bis zur Vergabe der ersten Lizenz an die sozialdemokratische *Hannoversche Presse* im Juli 1946 – nur Blätter der britischen Militärregierung, deren politischer Teil zunächst fast ausschließlich Botschaften des Oberbefehlshabers Montgomery an die Bevölkerung, Bekanntmachungen der Besatzungsmacht und Nachrichten britischer Agenturen enthält, die Rasche und sein Adlatus ins Blatt zu heben und zu umbrechen haben. Relativ frei sind sie dagegen im Lokalen, und so kann Rudolf Augstein beinahe nahtlos fortsetzen, was er schon als Volontär im Kriege getan hat: Er stellt Lokalnachrichten zusammen, berichtet über Rezitations- und Leseabende, über Vorträge oder ein Gastspiel des Zirkus Belli, schreibt Filmkritiken und rezensiert – wenn sein Chef nicht selbst zur Feder greifen will – auch einmal eine Premiere in der Oper (Carmen), im Theater (Hänsel und Gretel) oder eine Kabarettaufführung.

Zu den wenigen Ausnahmen, die von originär Politischem handeln, zählt ein Bericht vom 11. August 1945 über den Abwurf der ersten Atombombe, den er „Entfesselte Urkraft" überschreibt und für den er als Motto einen Satz aus Sophokles' Antigone wählt: „Viel Furchtbares ist, doch nichts ist Furchtbarer als der Mensch." Die Kunde von dem „neuen Sprengstoff" – wer dächte bei diesem Wort nicht an die „Weiterentwicklung der Artillerie" des ersten Bundeskanzlers? – habe in

Deutschland neben einem jähen Erschrecken das Gefühl der Erleichterung hervorgebracht, „dass dieser letzte fürchterliche Schlag uns erspart geblieben" sei, schreibt er und fragt: „Was wäre das Schicksal der Erde und des Abendlandes gewesen, wenn die Atombombe sich in der Hand eines Himmler befunden hätte?" Wenn er meint, die Atomzertrümmerung habe eine Kraftquelle voll so ungeheuerlicher Energien erschlossen, „dass sie von allen Nationen gemeinsam verwaltet und kontrolliert werden muss", bewegt er sich ganz im Rahmen des angelsächsischen Nachkriegs-Konzepts der Einen Welt, die im Sommer 1945 noch nicht durch Risse in der Anti-Hitler-Koalition erschüttert ist; die Atomcharta, welche Amerikaner, Briten und Kanadier Mitte November verkünden, sieht denn auch die Kontrolle sämtlicher Kernenergie-Projekte durch die 1945 in San Francisco gegründeten Vereinten Nationen vor.

Wer richtet die Sieger, „die Hunderttausende von Frauen und Kindern dem Bombentod überlieferten?", fragt Augstein in einer der wenigen Glossen, die schon eher einem politischen Kommentar gleichkommt, im Grunde aber geschickt auf die *reeducation* seiner Leser zielt. „Wenn Belsen ein Verbrechen war, wieso war dann der Bombenkrieg der RAF (Royal Air Force) keines?" Er stellt diese Fragen Mitte Dezember 1945 im *Hannoverschen Kurier*, in dem er und sein Chef Rasche gelegentlich schreiben, und da es sich um das zweite Blatt der Militärregierung in Hannover handelt, verstehen sich seine Fragen eher rhetorisch. Ein wenig wird hier schon der spätere *Spiegel*-Chef sichtbar, der Probleme lieber aufspießt und bloßlegt, als opportun darüber hinwegzugehen, wie es in einem Organ der Besatzungsmacht nahe gelegen hätte. Angesichts der „Trümmer unserer Städte" sei dieses Problem kaum „leidenschaftslos und gerecht zu erörtern", räumt er ein, doch müsse diese Frage „offen besprochen werden", sollte sie nicht „hemmend zwischen eine deutsch-englische Verständigung treten". Hatte er, der zuvor über einen Prozess gegen KZ-Schinder von Belsen vor einem britischen

Militärgericht berichtete, Unverständnis bei den meisten Hannoveranern geerntet? Im Bewusstsein der Deutschen der ersten Nachkriegsjahre herrscht ja das Erleben von Bombenkrieg und Vertreibung vor, des ganzen Ausmaßes der Judenvernichtung, des ungeheuerlichen Zivilisationsbruchs der Nationalsozialisten werden die meisten erst mit dem Eichmann- und dem Frankfurter Auschwitzprozess gewärtig. So ist es die Ablehnung von Siegerjustiz, die Aufrechnung von Bombenterror mit KZ-Verbrechen in den Köpfen der damaligen Deutschen, gegen die Augstein mit seiner Glosse anschreibt. Er fordert „strengste Selbstkritik" – wollten die Nazis nach den Worten Himmlers etwa nicht ein „nordisch germanisches Weltreich deutscher Nation" errichten und die anderen Völker unterwerfen? Mit den KZs habe sich das Hitlerregime für vogelfrei erklärt, denn sie hätten nicht nur dazu gedient, jeden Widerstand gegen ihre Pläne im Inneren zu brechen – um eines „wahnwitzigen Rassen- und Staatsidols willen" sei der Menschlichkeit planmäßig Gewalt angetan worden, und zwar unter der Parole, „dass Andersrassige und Gegner des Regimes keine Menschen seien". Und Hitlers Luftwaffe? Als er sich stärker fühlte, habe Hitler den Krieg begonnen, seine Bomber und Stukas hätten Rotterdam und London bombardiert, Coventry „ausradiert", und nur wenige Deutsche hätten dies als Unrecht empfunden. Aber dann habe sich das Blatt gewendet, die anderen seien die Stärkeren geworden und hätten fürchterlicher zurückgeschlagen, „als wir sie jemals hätten schlagen können". Wer zum Schwert greife, mit diesem christlichen Spruch schließt er seinen Kommentar, komme eben durch das Schwert um: „Hitler griff zum Schwert. Und Deutschland kam durch das Schwert um."

Es ist keine leichte Nachhilfe-Lektion, die er den Mitbewohnern der hannoverschen Trümmerwüste Ende 1945 erteilt. Wohl gerade deshalb lenkt sie die Aufmerksamkeit der britischen Presseoffiziere in der Georgstraße auf den journalistisch zweifellos begabten Autor. Als der hochdekorierte englische Panzermajor John Seymour Chaloner, inzwischen in der Presseabteilung der Militärregierung tätig, mit der Idee schwanger geht, ein deutsches Nachrichtenmagazin im Stil der amerikanischen *Time* oder seiner kurzlebigen britischen Kopie, der *News Review*, zu entwickeln, fällt das Auge seiner beiden *staff sergeants*, die einen Redakteursstab für sein Projekt zusammenstellen sollen, zunächst auf zwei unbelastete Hannoveraner: auf Hans J. Toll, einen gestandenen Feuilletonisten in der Mitte der Vierziger, bekannt durch seine elegante und witzige Schreibe; und auf Rudolf Augstein, der seit einem Jahr für das Nachrichtenblatt der Militärregierung arbeitet und dessen politische Gesinnung für sie außer Frage steht. „Die Schwierigkeit war", so erinnert sich Chaloner im November 1988, „jemanden zu finden, der durch den Reif springen konnte – ‚parteifrei'. Meist waren das die sehr Jungen, die sehr Alten oder diejenigen, die das Konzentrationslager überlebt hatten." Er entscheidet sich sowohl für Toll als auch für Augstein, der ihn beim Vorstellungsgespräch besonders beeindruckt hat. Blass, klein, in einen grauen Militärmantel gehüllt, sitzt Rudolf Augstein, der Redakteurskandidat, vor ihm und gibt sich „sehr kühl, sehr zurückhaltend"; er macht nicht viel von sich her, er schmeichelt nicht und vor allem – „er hat keine Angst". So wird Erich Kuby später in seiner „Rudolf-Augstein-Story" im *Stern* die Reaktion Chaloners beschreiben. Vor allem sei Augstein einer von den sehr seltenen Deutschen gewesen, die eine typische deutsche Eigenschaft nicht hatten: Alles auf sich zu beziehen. Dies, so Chaloner, habe ihn „zu einem guten Beobachter" gemacht.

Dazu kommt: Beide sind „Skorpione", beide haben am 5. November Geburtstag, beide sind blutjung. Augstein ist 22, Chaloner gar nur 21 Jahre alt. Hat der Brite etwa einen Bruder im Geiste gewittert? Was Chaloner vorhat, wäre unter dem straff zentralisierten amerikanischen Besatzungsregime undenkbar; möglich ist es nur in der britischen Zone, wo nicht nur die eingefleischte Liberalität der Briten, wo vor allem der Korpsgeist

ehemaliger Sandhurst-Kadetten dem einzelnen Besatzungsoffizier mehr Verantwortung und Entscheidungsfreiheit lässt
und eine wachsende Rivalität zwischen Foreign Office und Britischer Militärregierung den Spielraum für eine unkonventio-
nelle Vorgehensweise vergrößert.

Will Chaloner, als er das Experiment mit dem deutschen
Nachrichtenmagazin beginnt, vor allem eigene Erfahrungen
sammeln – für eine journalistische Laufbahn nach dem Ende
seiner Militärzeit? Er stammt aus einer englischen Journalisten-
familie, aber seine eigenen Kenntnisse des Journalismus sind
fragmentarisch – ehe er in den Krieg zog, hat er lediglich Artikel
für Zeitschriften der *boy scouts* geschrieben, einige wenige wohl
auch für ein Blatt des britischen Luftfahrtministeriums. Sicher
versuchte er, sowohl London als auch die zuständige Behörden
bei der britischen Militärregierung davon zu überzeugen, dass
ein Nachrichtenmagazin besonders geeignet sei, den umerzie-
hungsbedürftigen Deutschen einen unabhängigen, kritischen
Journalismus beizubringen.

Aber etliches spricht dafür, dass schon bei der Beschaffung
der Gelder für sein Projekt manche Regel nicht beachtet wurde
und Offizierskameraderie den Ausschlag gab. Jedenfalls wider-
setzt sich der exzentrische Draufgänger mit der Vorliebe für
schnelle Kabrios und Blondinen, als er das neue Magazin als
eine Publikation der britischen Militärregierung herausbringt,
eindeutig der britischen Pressepolitik. Diese zielt ab Herbst
1946 ja nicht mehr auf deutsche Publikationen unter britischer
Kontrolle, sondern will politisch sorgsam gesiebten Deutschen
Lizenzen zur Herstellung von Zeitungen geben. Deshalb erhält
Chaloner, als er am 16. November zum Druck schreiten will,
statt der nötigen Einwilligung von oben ein hinhaltendes
Fernschreiben, denn offenbar sind seine Vorgesetzten bereits
der Meinung, für das Magazin müssten erst einmal deutsche
Linzenzträger gefunden werden. Der Major liest das Telex,
beschließt, es nicht zur Kenntnis zu nehmen, gibt ungerührt

den Befehl zum Andruck und meldet nach oben: „Sorry, Druck läuft schon", behauptet also wahrheitswidrig, die Nachricht habe ihn zu spät erreicht. Mit einem Verzicht auf das Erscheinen von *Diese Woche*, so rechtfertigt er seine Insubordination, hätten die britischen Besatzungsbehörden nur ihr Gesicht verloren. Am Anfang eines respektlosen Magazins steht mithin ein Akt mangelnden Respekts. Nur: Wäre John Chaloner immer brav und gehorsam geblieben, hätte der Nachfolger seiner deutschen Erfindung, eben der *Spiegel*, wohl nie das Licht der Welt erblickt. Aus dem begabten und unbelasteten Rudolf Augstein wäre dann sicher auch etwas – und warum nicht etwas Großes? – geworden, nur eben nicht jener Rudolf Augstein, der mit seinem Blatt ein Stück Nachkriegsgeschichte schrieb.

Langeweile, so will es die Mär von der Vor- und Frühgeschichte des *Spiegel*, habe dem Major die Idee für ein Magazin eingegeben – die eines Besatzungsoffiziers in der Provinz, vor allem aber die gähnende Langeweile deutscher, auch mit seiner Hilfe aus der Taufe gehobener Provinzzeitungen mitsamt ihrem Verlautbarungsstil, ihren betulich-umständlichen Berichten und langatmigen Leitartikeln. Ihr abzuhelfen, habe er mit seiner hübschen, blonden deutschen Sekretärin die interessantesten Nachrichten aus verschiedenen Zeitungen und Zeitschriften ausgeschnitten, sie zur Probenummer eines Magazins, einem *dummy*, zusammengeklebt – und fertig sei der Plan für ein deutsches Nachrichtenmagazin gewesen, das er auf den Namen *Diese Woche* tauft.

Mit seinen beiden Stabsfeldwebeln, dem ehemaligen Angestellten einer tschechischen Flach- und Hohlglasfabrik, Harry Bohrer, und dem früheren deutschen Richter Henry Ormond, beide aus rassischen Gründen verfolgt, nach England emigriert und im Krieg Soldaten Ihrer Britischen Majestät geworden, schreitet Chaloner dann zur Tat. Ormond, der in Mannheim Hans-Ludwig Oettinger hieß, „zierlich und wendig von Figur", zeigt sich hartnäckig beim Überwinden materieller Engpässe.

Er requiriert Büros im sechsten Stock des *Anzeiger*-Hochhauses, eines mächtigen, im Bombenkrieg nur leicht beschädigten Klinkerbaus an der Goseriede, der inmitten der Trümmer im Zentrum Hannovers wie ein Solitär in den Himmel ragt. Er besorgt Schreibtische, Schränke, Fahrräder für die Mitarbeiter – auch für einen Besatzer im Frühherbst 1946 keine leichte Aufgabe. Die Ausstattung ist „zusammengewürfelt" und „spartanisch einfach" (Leo Brawand), etliche Mitarbeiter müssen zunächst mit weißen Gartenstühlen vorlieb nehmen. Die Beschaffung von Schreibmaschinen für die Redaktion stellt ihn vor schier unlösbare Probleme: „Our typewriter position is desperate", so ein Hilferuf Ormonds an den „Press Chief" der Region Hannover; sie müssten mit insgesamt zwei aushilfsweise zur Verfügung gestellten Schreibmaschinen auskommen, von denen eine vom Madsack-Verlag, dem Eigentümer des *Anzeiger*-Hochhauses, obendrein nur an Nachmittagen ausgeliehen werde. (Offenbar war es gar nicht so einfach, alle zuständigen britischen Dienststellen davon zu überzeugen, dass es sich beim Projekt *Diese Woche* um ein seriöses, förderungswürdiges Vorhaben handelte.)

Als Ormond dies schreibt, sorgt ein kleiner Stab von Deutschen seit gut einer Woche dafür, dass die Laune des Majors Chaloner langsam Gestalt annimmt. Es ist ein mühsamer Lernprozess, den die deutschen Redakteure seit dem 14. Oktober 1946 durchmachen müssen. Harry Bohrer, Anfang Dreißig, breit und groß von Gestalt, amtiert praktisch als Chefredakteur des Teams und hat, wie er im ersten *Spiegel*-Almanach 1948 erklären wird, allergrößte Mühe damit, „diesen eingeschworenen Leitartiklern, Feuilletonisten und Glossenschreibern" ihren seriösen Stil auszutreiben und ihnen die muntere Sprache eines Nachrichtenmagazins beizubringen.

An der Spitze der Deutschen steht ein Trio: Rudolf Augstein, der das wichtigste Ressort übernimmt: Deutschland; neben ihm Hans J. Toll für Feuilleton, Kunst und Wissenschaft; und für Bild

Roman Stempka, ein ehemaliger Scherl-Fotograf, der im Krieg Bildberichterstatter einer Propaganda-Kompanie gewesen ist. Was heißt und bedeutet damals angelsächsischer Magazinjournalismus? Verknappung des Geschehens, Reduktion der Ereignisse einer ganzen Woche auf das Wichtigste, Personalisierung von komplizierten Sachfragen, Zwang zur so genannten *narrative story*, zur möglichst erzählenden, unterhaltsamen und vor allem für jeden verständlichen Form, weitgehender Gebrauch der Alltagssprache, also ein möglichst flotter, oft salopper Stil, dazu eine gewisse Uniformität des Schreibens – das sind die wesentlichen Merkmale; für die in dieser Kunst gänzlich ungeübten Deutschen ist all dies nicht von heute auf morgen zu erlernen.

Noch heute muss rätselhaft erscheinen, woher Bohrer, der nie Journalist gewesen ist, Wissen und Mut dazu nahm. Gibt er, wenn er seinen jungen Eleven einbläut, nach angelsächsischer Manier in Interviews beinhart zu fragen, einfach die Bewunderung weiter, die der Emigrant aus Mitteleuropa beim Lesen der englischen Presse empfand? Er kommt aus einer jener jüdischen Familien Prags, die fließend Deutsch und Tschechisch sprachen, auch nach dem Zusammenbruch der K.u.K.-Monarchie dem deutschen Kulturkreis verhaftet blieben, und er hat jenes Gymnasium besucht, auf das schon Kafka ging. Ein Mann breiter Bildung also, und gemessen an der regimebedingt nationalverengten, provinziellen Weltsicht der jungen Deutschen seines Teams haben seine Erfahrungen in der demokratischen Tschechoslowakei und die Jahre in der englischen Emigration ihm einen relativ weiten, auch internationalen Horizont verschafft.

Doch auch für ihn sind die ersten Wochen ein einziges *on-the-job-training*, bei dem stets die angelsächsischen Magazine als Vorbild dienen müssen. Besonders gut geratene Geschichten aus *Time* oder *News Review* werden ins Deutsche übersetzt, die Redaktion studiert und übt vor allem die Anfänge von Geschichten. Am besten sollen *stories* mit einem

„Lasso-Satz" (Brawand) anfangen, mit einem Satz also, der die Leser einfängt und zum Lesen animiert. Chefredakteur Bohrer, Lehrer und Lernender zugleich, zeigt viel Geduld mit den Deutschen seines Teams und duldet manche ihrer aufmüpfigen Späße. Besonders beliebt bei seinen jungen Eleven sind offenbar Photos von Politikern, die ein Nickerchen machen – so der Stadtrat Klingelhöfer in Berlin (Unterschrift: „Die Wirtschaft schläft") oder zwei UNO-Delegierte in New York (Unterzeile: „Der Schlaf der Nationen"), aber auch Anspielungen auf Lieder oder Propagandaparolen des Dritten Reichs finden sich oft: „Sie fahren gegen Engeland" lautet der Text unter dem Bild, das eine SPD-Delegation unter Schumacher vor dessen erstem Englandbesuch zeigt; „Die Fahne hoch" steht fett über einem Artikel von der Amtseinführung Max Brauers in Hamburg; „Kein ‚Sieg-Heil', sondern Abstimmung" schreibt ein offenbar übermütiger Redakteur unter ein Photo, das Berliner Abgeordnete zeigt, welche die Hand zu einer Abstimmung heben. Der gutmütige Harry Bohrer, der alles dies durchgehen lässt, zeigt sich weniger als Chef denn als väterlicher, hilfreicher Freund der Redaktion. Aber es sind Späße, die bei den Vorgesetzten Chaloners heftiges Stirnrunzeln verursachen und sich deshalb in den folgenden Heften selten wiederfinden.

Eine Zeitschrift, die flott ist, die in wenigen Worten viel aussagen kann, die berichtet, statt zu kommentieren, die Bilder von Menschen zeigt, nicht offizielle Porträts – auf diese Formel bringt Bohrer später die Vorstellungen, die er von dem neuen Projekt hatte: „... vor allem wollten wir über Menschen schreiben, nicht unbedingt darüber, dass in Unterhosen der Herr Graf und der Landarbeiter sich täuschend ähnlich sehen, sondern dass Menschen Wünsche, Ambitionen und Schwächen haben, die ebenso wichtig sind für die Weltgeschichte wie ihre Weltanschauungen." Mitarbeiter für ein solches Projekt zu gewinnen, sei nicht einfach gewesen. Als er seine unkonventionellen Ideen entwickelte, sei er oft betrachtet worden „wie ein Mann, der noch nicht recht gefrühstückt hat." Die wenigsten, die er für sein Team rekrutieren kann, glauben an den Erfolg oder gar an ein langes Leben des neuen Blattes – auch Rudolf Augstein selber nicht. Aber der 22-Jährige denkt: einen Versuch ist es wert, zumal er jung ist und die Universität erst einmal warten kann. Besser in Hannover redigieren als in Göttingen frieren, lautet sein Motto. Der Universität schickt er eine Bescheinigung, dass die Militärregierung ihn derzeit nicht freistellen könne, und bittet, die Immatrikulierung auf das nächste Semester zu verschieben. Manche lockt die zusätzliche eine Mahlzeit am Tag, welche die Briten aus ihren Vorräten zur Verfügung stellen. Dennoch muss der Staff Sergeant Ormond dem Pressechef für Niedersachsen Mitte Dezember melden, in der inzwischen 34 Köpfe zählenden Redaktion mehrten sich die Fälle von „völliger Erschöpfung und Konzentrationsunfähigkeit". Infolge ungenügender Ernährung und langer Arbeitsstunden komme es immer wieder zu „zeitweiligen Zusammenbrüchen und gelegentlich nervöser Hysterie".

Zwei Probenummern bastelt die Redaktion in den ersten sechs Wochen zusammen, dann erscheint, mit dem Datum vom Sonnabend, 16. November 1946, das erste Heft zum Preis von einer Reichsmark. Das Titelbild mit der Unterzeile: „Die Stimme seiner Herren" zeigt UNO-Chefdolmetscher Kaminker, aber dass die Redaktion die neue Kunst der Magazin-Artikel nur sehr unvollkommen beherrscht, wird schon daran ersichtlich, dass der entsprechende Auslandsartikel, die Titelgeschichte, weder *story*-Charakter besitzt, noch die Person, deren Konterfei auf dem Titel prangt, mit einem Wort Erwähnung findet. Rudolf Augsteins Deutschland-Aufmacher über „Hunger an der Ruhr" kommt den angestrebten Magazin-Kriterien da schon näher, denn der Anfang lautet:

„Im Ruhrgebiet haben die Bäcker kein Brot. Sie backen nur einmal in der Woche. Wer Brot kaufen will, rennt von Laden zu Laden. Bis er sich schließlich, nachdem ihn das Wort ausverkauft zwanzigmal abgeschreckt hat, in eine Schlange einreiht, deren Länge ihm kaum Hoffnung lässt. Nach dreistündigem Warten ist der Brotvorrat dann zu Ende, und das Rennen hebt von neuem an."

Wenn Bohrer von Chaloners und seiner Schöpfung sagt, sie sei „eine British Publication ohne britische Ansichten", dann stimmt dies – und auch wieder nicht. Zwar rechnet keine andere Zeitung so gnadenlos mit der britischen Deutschlandpolitik ab wie gerade *Diese Woche*, die doch als britische Wochenzeitung erscheint. Aber das neue Magazin bedient sich bei seiner Kritik an der Londoner Regierung ebenso geschickt wie listig englischer Stimmen, die es geradezu genüsslich zitiert. Dass Ernährungsminister Strachey den rationierungsgeplagten Briten zu Weihnachten Puter, Extrafleisch, Süßigkeiten und Zucker ankündigt, wird als „Schamlosigkeit der Regierung" bezeichnet und gefragt: „Haben denn diese christlichen Staatsmänner nicht die geringste Vorstellung von dem, was augenblicklich in Deutschland vorgeht?"

Der Satz findet sich in einem Leserbrief des *News Chronicle* und wurde von einem außerordentlich renommierten Briten geschrieben – von dem „Londoner Sozialisten und Verleger, von dem Vorsitzenden der Organisation ‚Rettet Europa jetzt!', von dem Juden Victor Gollancz". So stellt *Diese Woche* den Autor des giftigen Satzes von der Schamlosigkeit vor. Und weil dieser Victor Gollancz sich so trefflich als Schutzschild für die eigene Kritik nicht nur der britischen, sondern überhaupt der alliierten Politik ins Feld führen lässt, wird er gleich mehrfach bemüht. Die Vertreibung der Deutschen sei „mit einem Höchstmaß an Grausamkeit" geschehen, sie gehöre „zu der unauslöschlichen Schande" all derer, die sie „begingen oder ihr zustimmten" – auch dies findet sich in Heft 1, und zwar in einer Schlussgeschichte über Victor Gollancz' Buch „Our Threatened Values" (Unsere bedrohten Werte). Wieder nimmt der Verleger und Unterhausabgeordnete, der die Mehrheit der Deutschen für die Sache des Westens gewinnen will, kein Blatt vor den Mund: Die alliierte Deutschlandpolitik, „für die wir zum Teil oder allein verantwortlich sind – Annexionen, Vertreibungen, wirtschaftliche Versklavung, Nichtverbrüderung und Hungersnot – stammt mehr aus dem Geist Hitlers, den wir bekämpften, als aus dem des westlichen Liberalismus, um dessentwillen wir Hitler bekämpften".

In der folgenden Nummer legt Augstein fleißig nach und weiß gar von einem Sieg zu berichten, den Gollancz über den britischen Ernährungsminister davongetragen habe: Briten dürften in Zukunft Lebensmittelpakete auch nach Deutschland schicken. Dabei handelt es sich bestenfalls um einen halben Sieg, denn die Nahrungsmittel müssen aus den privaten Zuteilungen des Absenders stammen, der sie sich damit praktisch vom Munde absparen muss. Wer macht das schon? Dennoch: Augstein schreibt von einem Schulbeispiel, das lehre, wie ein Privatmann in einer Demokratie auf die Entschlüsse seiner Regierung Einfluss zu nehmen vermöge, um Gollancz, den laut Probst Grüber „treuesten Anwalt des deutschen Volkes" und der Menschlichkeit, sogleich als Kronzeugen wider die Demontagen im Ruhrgebiet ins Feld zu führen: „Wenn wir jetzt den Weg der Zerstörung wählen, wenn wir die Deutschen lieber mit Verzweiflung als mit Hoffnung erfüllen", so der Brite in seinem Buch, „wenn wir sie dazu bringen, uns zu hassen in einem Augenblick, wo sie bereit waren für eine neue Lebensanschauung, dann haben die Nazis trotz allem gesiegt, und dann wird die Welt von morgen ihr Muster tragen und nicht das unsrige." Vierzig Jahre später wird Augstein schreiben: „Ich konnte nicht anders, als die Besatzungsmächte (sie hießen so, als seien sie die Besatzung einer Festung) vors Schienbein zu treten, die gelbe Karte hatte ich allemal verdient."

Der frische, kritische Ton, der Mut vor Besatzer-Thronen, vor allem die Kritik an eilfertiger deutscher Unterwürfigkeit finden Anklang bei den Lesern. „Wenn wir heute erleben, wie sich alte Übernazis in hündischer Unterwürfigkeit bei den Siegern einzuschmeicheln suchen", heißt es in einem Zitat des heimgekehrten sozialdemokratischen Emigranten Max Brauer, „dann mögen sie zu uns alten Anhängern internationaler Zusammenarbeit kommen, damit wir ihnen zeigen, wie sich ein anständiger Deutscher benimmt". „Breit" habe er bei diesen Worten dagestanden, schreibt *Diese Woche* – „und gerade an dieser Stelle wollte der Beifall seiner Landsleute kein Ende nehmen."

Nur für 15 400 Exemplare haben die Briten Papier bewilligt, und sie werden reißend abgesetzt – das Blatt ist sofort ausverkauft. Dass die Londoner Zentrale die massive Kritik an ihrer Deutschlandpolitik nicht gerade erfreut, versteht sich von selbst, zumal die Briten *Diese Woche* schließlich finanzieren. Aber der Unmut wächst, weil das neue Magazin nicht nur die englische Politik, sondern auch die der anderen Alliierten aufs Korn nimmt und diese sich darauf prompt bei den Briten als den Herausgebern des unbequemen Blattes beschweren. Im Kontrollrat klagen die Sowjets wegen eines Berichts über die Deportationen ganzer Belegschaften von Siemens, Zeiss und Junkers nach Sibirien, die Franzosen protestieren gegen eine Enthüllungsgeschichte über die Arbeit deutscher Kriegsgefangener in französischen Bergwerken, auch eine Story über die Anwerbung deutscher SS-Männer für die Fremdenlegion erregt allerhöchstes Missfallen am Quai d'Orsay. Das Foreign Office wiederum zeigt sich von einem Bericht über den Diebstahl deutscher Patente durch britische Firmen betroffen. So kommt bald allerhöchste Order, jeder Artikel müsse vor Erscheinen über Fernschreiber der britischen Presseabteilung in Berlin übermittelt werden. Wer die folgenden Nummern von *Diese Woche* liest, kann allerdings über die Toleranz und Liberalität der englischen Zensoren nur staunen: Zwar sind die frechen Überschriften und manche gar zu überspitzten Formulierungen verschwunden, aber in der Sache berichtet das Blatt nicht weniger kritisch als zuvor. Bald sind die zuständigen Briten die

Querelen um *Diese Woche* für immer leid und trennen sich ganz von dem Geschöpf des respektlosen Majors Chaloner. So erfolgt kurz nach der Fertigstellung der fünften Nummer, was nach den Direktiven der britischen Besatzungspolitik eigentlich schon vor dem Andruck des ersten Heftes hätte geschehen müssen: Die Wochenschrift geht in die Hände von Deutschen über. Lizenzträger werden Rudolf Augstein, Roman Stempka und Gerhard Barsch, ein Verlagskaufmann, den die Militärregierung, weil die beiden anderen vom Journalismus kommen, wohl als Verlagsleiter ausgewählt hat. Weil das Blatt nicht unter dem alten Namen fortgeführt werden soll, stehen zwei Titel zur Wahl: *Das Echo* oder *Der Spiegel*. Augstein fragt seinen Vater, der sich für letzteren Titel entscheidet. Kein Zweifel: Der „Kleine", wie er in der Redaktion, allerdings mit größtem Respekt genannt wird, hat sich in dem nur drei Monate und fünf Ausgaben währenden Leben von *Diese Woche* zu dem nach Übervater Bohrer wichtigsten Kopf des ganzen Teams entwickelt. So versteht es sich, dass er im Impressum des ersten *Spiegel*-Hefts mit der „vorläufigen PR/ISC-Genehmigung 600/PR vom 1. Januar 1947" allein als Herausgeber aufgeführt wird, indes er zusammen mit Stempka, Toll und Willi Gerberding, dem Leiter des Auslandsressorts, ebenfalls als Redakteur des Blatts genannt wird. Erst als die Lizenz definitiv erteilt ist, im Juli 1947, werden Augstein, Barsch und Stempka dann gemeinsam im Impressum als Lizenzträger vermerkt.

Chefredakteur Harry Bohrer und Geschäftsführer Henry Ormond müssen abtreten, werden aber, wenn auch aus der Ferne, die Weiterentwicklung des Blattes aufmerksam verfolgen – ganz wie ihr Ideengeber und ehemaliger Vorgesetzter Major Chaloner, der wegen seiner Insubordination scharf gerügt wurde und sofort die Finger von seinem „Baby" zu lassen hatte – „nothing whatever", nichts, aber gar nichts dürfe er mehr mit *Diese Woche* zu tun haben, hatte der Befehl des zuständigen Vorgesetzten nach Erscheinen der ersten Nummer gelautet.

Allerdings erweisen der Major und die beiden Stabsfeldwebel der britischen Rheinarmee ihren deutschen Freunden von *Diese Woche* einen letzten gemeinsamen Dienst. Als Bohrer erfährt, die künftigen Lizenzträger hätten für ihre Lizenz 30 000 Reichmark aufzubringen, legen die drei zusammen. Für sie handelt es sich bei diesem Betrag um eine Lappalie, der durch Verkauf von Zigaretten auf dem Schwarzen Markt schnell beschafft ist. Chaloner wird später zu Leo Brawand sagen: „Jeder von uns hat ein Drittel beigesteuert, und damit Augstein nicht mit dem Bargeld bei dem Finanzoffizier aufkreuzen musste, was verdächtig hätte aussehen können, wurde das Geld in einen Bankscheck umgetauscht und mit einem Begleitbrief bei dem Finanzoffizier präsentiert."

Es sind wohl zwei Gründe, die sie bewogen haben, dies zu tun: Einmal gehen sie von der Annahme aus, dass die Deutschen diese Summe nicht aufbringen könnten; zweitens ist ihnen daran gelegen, dass Augstein und Stempka das Blatt übernehmen, weil nur so garantiert scheint, dass die ursprüngliche Konzeption gewahrt bleibt, ihre Arbeit mithin nicht umsonst geblieben ist. Spielt, drittens, die Erwartung eine Rolle, mit diesen 30 000 Mark hätten sie das Anrecht erworben, bei einem wirtschaftlichen Erfolg des Blattes stille Gesellschafter und an dessen Gewinnen beteiligt zu werden? Die Frage wird 1950 aktuell, als *Spiegel*-Chef Augstein daran denkt, sich mit John Jahr zusammenzutun und nach Hamburg überzusiedeln. Aber das ist lange hin. Erst einmal muss der *Spiegel*, dieses „ursprünglich nachgeäffte Magazin, das andere vergeblich nachäffen werden" – so Augstein 1987 – seine Kinderkrankheit überwinden, die Währungsreform überstehen und reüssieren. Das aber scheint vielen sehr ungewiss, vor allem dem frischgebackenen dreiundzwanzigjährigen Lizenzträger selbst.

EHRFURCHTSVERWEIGERUNG
ALS PROGRAMM
Wie der frühe *Spiegel* zu sich selber findet

Wie ein „publizistisches Sittenstück der Gründerphase" mutet die Entstehungsgeschichte des *Spiegel* an, denn Phantasie und Beharrungsvermögen, Improvisationsgeist und Chuzpe haben schließlich zum Erfolg geführt. So urteilt treffend der Kulturhistoriker Hermann Glaser, und in der Tat sind Gründung wie Aufstieg des Blattes nur unter den Bedingungen der frühen Nachkriegsjahre denkbar. Die ersten *Spiegel*-Jahrgänge „spiegeln" die frühe Mentalitätsgeschichte der Westdeutschen mit all ihren Vorbehalten gegen Entnazifizierung, gegen Siegerjustiz, gegen die Verurteilung deutscher Soldaten als Kriegsverbrecher oder gegen demokratische Parteien als Handlanger der Alliierten wider. Beim Durchblättern der Hefte meint man förmlich zu spüren, wie sich die Redaktion vorsichtig von Position zu Position vorwärtstastet: Wie soll man es mit dem Föderalismus halten, wie mit der Gründung eines Weststaats und wie, als dieser einmal beschlossen ist, mit der Aufrüstung, die von Augstein öffentlich schon im Oktober 1948, gut ein Jahr also vor Konrad Adenauers berühmtem Interview mit dem *Cleveland Plain Dealer*, öffentlich zur Debatte gestellt wird? Stimmt es wirklich, wie der *Spiegel* zum 50-jährigen Jubiläum von sich behauptet wird, dass er mit seinen Beiträgen „immerdar" und konsequent „antifaschistisch" gewesen sei – „von Anbeginn"? Politisch zeugen die ersten Jahre des *Spiegel*, durchaus verständlich bei jungen Redakteuren, die im NS-Regime aufwuchsen und 1945 aus dem Krieg gekommen sind, von einem Prozess der Selbstfindung und Selbstvergewisserung. Bis der *staff sergeant* Bohrer es ihm erklärte, so Augstein im Rückblick, habe er nicht gewusst, was eine Gewerkschaft ist. Gilt das im Kleinen für den Alltag einer Demokratie, die noch im Werden ist und mit deren Institutionen, auch ihren verschiedenen Funktionen man erst vertraut werden muss, gilt im Großen, dass der *Spiegel* erst mit der Gegnerschaft zur Außenpolitik des ersten Kanzlers Format gewinnt. Adenauer und die Seinen boten dem *Spiegel* „die neue große Chance zu einem neuen großen Nein", meint Erich Kuby einmal.

Unter dem Pseudonym *Jens Daniel* formuliert Augstein dieses Nein gegen die Politik der Westintegration, gegen des Kanzlers deutschlandpolitische Passivität dann so vehement, dass er bald zu den besten und meistbeachteten Leitartiklern der Republik gehört. Der „Frechdachs" Augstein habe mit seiner Kritik „das Adenauer-Bild einer ganzen Generation von mehr oder weniger linksgewirkten Intellektuellen" geprägt, schreibt Adenauer-Biograph Hans-Peter Schwarz; nach dem frühen Tod Kurt Schumachers sei Jens Daniel der intellektuell ernsthafteste und wichtigste unter den politischen und publizistischen Gegenspielern des ersten Kanzlers gewesen. Es ist dieses radikale Nein, das den *Spiegel* nach seiner Selbstfindungsphase in der frühen Bundesrepublik einen rasanten Aufstieg nehmen, ihn Statur gewinnen und, als eine frustrierte SPD-Opposition aufs Trittbrett der Adenauerschen Bündnispolitik aufspringt, schließlich zu einer Art quasi-institutionellem Oppositionsersatz werden lässt. In einem dialektischen Prozess, der Bonn und die späte Frucht von Chaloners Laune aufs Engste miteinander verbindet, finden beide, Republik und *Spiegel*, aus ärmlichsten Anfängen zu Einfluss und Bedeutung, zu Macht und wirtschaftlichem Erfolg – Augsteins Blatt, das Skandale aufdeckt und politische Heuchelei entlarvt, allerdings stets als Widerpart, der Katharsis bewirkt und damit zweifellos zur Kräftigung und zur Stabilität der neuen demokratischen Institutionen beiträgt.

Dabei hatte sich der *Spiegel* mit Rudolf Augstein anfangs sehr viel bescheidenere Ziele gesetzt als die meisten anderen Blätter der „Ruinenvegetation", wie Walter von Cube die frühe publi-

zistische Nachkriegs-Landschaft einmal nannte. Es gab ja geradezu eine „Zeitschrifteneuphorie" in der deutschen Trümmerwüste, auch wenn von den Neugründungen die wenigsten die
Währungsreform überstehen sollten. Sie nannten sich *Besin-
nung, Begegnung, Neue Ordnung* oder *Neues Abendland,* allein
ihre Titel verrieten „idealistisches Engagement" (Hermann Glaser), und in dem nächst dem *Merkur* und der *Gegenwart* wohl
gewichtigsten Blatt neuen Typs, der von Dolf Sternberger redigierten Zeitschrift *Die Wandlung,* schrieb Karl Jaspers präzis,
worum es den Neugründern im Kern nach der Katastrophe von
1945 ging: „... sich denkend in dieser ungeheuren Not zurecht-
zufinden." In der *Wandlung,* die sich vor allem an ein intellek-
tuelles, gebildetes Publikum wendete, wies Hannah Arendt die
These von der deutschen Kollektivschuld zurück, wurde Dolf
Sternberger nicht müde, für das Personen- und Mehrheitswahl-
recht zu plädieren, um eine Parteienzersplitterung à la Weimar
zu verhindern, und Alfred Weber forderte die Umwandlung
des Deutschen „aus einem geduldig gehorsamen Massentier"
in einen selbstbewussten, „auf Freiheitsrechte eifersüchtigen
Menschen".

Wenn diese kühne demokratische Vision vom Deutschen
der Wirklichkeit schließlich ein großes Stück nahe kommt, ist
dies nicht zuletzt das Verdienst des von Weber damals kaum
beachteten *Spiegel.* Ganz unwissenschaftlich und weit weniger
anspruchsvoll als die Autoren der *Wandlung,* die den Dezember
1949 nicht überstehen wird, aber doch beharrlich und gelegentlich fröhlich arbeitet Augsteins *Spiegel* daran, die traditionelle
Autoritätsgläubigkeit der Deutschen zu unterminieren.

Die meisten, heute zu Recht vergessenen Blätter, die in der
Noch-Reichsmarkzeit sprießen, wenden sich bewusst an die
jüngeren Deutschen, so etwa *Ja,* eine Berliner *Zeitung der jungen Generation,* herausgegeben von Hans Schwab-Felisch, oder –
ebenfalls in Berlin – *Horizont;* es gibt *Pinguin,* ein Blatt, das in
Stuttgart unter der Leitung Erich Kästners erscheint, oder die

katholisch-soziale Zeitschrift *Ende und Anfang* aus Augsburg, die selbstverständlich ebenfalls als *Zeitung der jungen Generation* firmiert.

Für das Verständnis des frühen *Spiegel* ist am ehesten der Vergleich mit dem legendären *Ruf* wichtig, jener von Alfred Andersch und Hans Werner Richter herausgegebenen, von den Amerikanern protegierten Zeitschrift. Im Untertitel nannte sie sich *Unabhängige Blätter der jungen Generation*, kam mit einer Startauflage von 35 000 Exemplaren im August 1946 auf den Markt und wollte vor allem die demobilisierten Soldaten ansprechen. Schon das erste Heft, das auf der Titelseite das Foto eines deutschen Soldaten zeigte, der, beide Arme empor haltend, sich ergibt, wurde ein sensationeller Erfolg. Ab der vierten Nummer verkaufte der *Ruf* 100 000 Exemplare, lange vor dem *Spiegel* galt er als das Blatt einer unbequemen, betont nationalen Opposition. Begonnen hatte er übrigens als zwar amerikanisch geleitete, aber von Deutschen geschriebene Lager-Zeitschrift in den USA, die auf die demokratische Umerziehung der deutschen Kriegsgefangenen zielte. Andersch und Richter, die in Nettuno bzw. Monte Cassino in amerikanische Gefangenschaft gerieten, arbeiteten schon in den USA am *Ruf* mit und wurden als Heimkehrer 1946 mit Unterstützung der amerikanischen Militärregierung dessen Neubegründer. Zweifellos erhofften sich die Amerikaner von ihnen, die als Kriegsgefangene ja aktiv an demokratischen Aufklärungsaktionen gegen den Nationalsozialismus teilgenommen hatten, sie würden sich im besetzten Deutschland als Herausgeber und Redakteure im amerikanischen Sinne betätigen. Die Hoffnung trog, wie sie bald erfahren mussten.

So unterschiedlich der *Ruf* als Monatsschrift und der *Spiegel* als wöchentlich erscheinendes Nachrichtenmagazin nach der Art ihres Journalismus auch immer gewesen sind, bleibt der Vergleich beider Zeitschriften doch in vielem lehrreich. Beide kritisieren vehement die Besatzungsmächte, beide kämpfen für die nationale Einheit, gegen Gebietsabtretungen, Separatismus und eine Teilung Deutschlands – der *Ruf* als Meinungsblatt sehr direkt in seinen Kommentaren, was ihn zweifellos angreifbarer macht, der *Spiegel* als Nachrichtenmagazin eher indirekt durch Auswahl der Themen sowie Dramaturgie und Stil der entsprechenden Geschichten. Sowohl Augstein wie auch Andersch und Richter zählen nach dem Zusammenbruch des Dritten Reichs zu jener jungen Generation, die den „Alten" grundsätzlich misstraut, weil sie verantwortlich sind für Krieg, Verwüstung, Hekatomben von Opfern und – für Rudolf Augstein wichtig! – den Untergang des Reiches. Und doch trennen den 23-jährigen Augstein vom 32-jährigen Andersch und dem 38-jährigen Richter nicht nur Jahre, sondern das bewusste Erleben der politischen Kämpfe der Weimarer Republik, in denen die beiden späteren Ruf-Redakteure sich linksaußen engagiert hatten – Andersch als kommunistischer Jugendfunktionär, Richter als Trotzkist bei der SAP, der damals auch Willy Brandt angehörte. Linke bleiben sie auch nach dem Krieg, jedoch demokratisch geläuterte, die ihr Blatt offensiv für ihre Ideen einer Synthese von West und Ost und der Einheit Europas auf sozialistischer, demokratischer Grundlage nutzen.

Weil sie die Politik der Sieger als „vorgestrig, als kolonialistisch und als menschenunwürdig, kurz: als uneuropäisch" brandmarken, wie es in einem Rückblick im „Lesebuch der Gruppe 47" heißt, die Andersch und Richter später gründen, gelten sie bei den Amerikanern bald als „irrational nationalistisch". Im Frühjahr 1947 soll dem widerspenstigen Blatt die Lizenz entzogen werden, doch haben die Amerikaner „ein Einsehen", wie der *Spiegel* in seiner Geschichte über das Beinahe-Verbot des *Ruf* damals schreibt; sie begnügen sich mit dem Hinauswurf der Herausgeber Andersch und Richter und sagen „zum weiteren Erscheinen der Zeitschrift ‚o. k.'". „Im *Ruf* wehte frischer Wind, hier wurde wirklich frei von der Leber weg geredet und furchtloser Journalismus betrieben", rühmt der *Spiegel*, „ganz gleich, wer der Gegner auch sein mochte". Als Chefredakteur führt jetzt kurze Zeit Erich Kuby das Blatt, auf ihn folgt der eher rechte Querkopf Walter von Cube, der es im anhebenden Kalten Krieg auf „abendländisch"-antikommunistischen Kurs bringt; im April 1949 schließlich stellt es sein Erscheinen ein.

Dem *Ruf* Hans Werner Richters und Alfred Anderschs, meint Erich Kuby im April 1949 in einem Nachruf in der *Süddeutschen Zeitung*, habe von Anfang an „ein starker Heimkehrer-Geruch" angehaftet, vermischt mit einem feinen Rüchlein Nationalismus, und dies beides in Verbindung mit theoretisierendem orthodoxem Marxismus". Das mag so sein, auch wenn Kuby, was den Marxismus angeht, übertreibt, denn Andersch und Richter vertraten durchaus unabhängige linke Vorstellungen. Es ist indes nicht die linke Programmatik, es ist der Heimkehrer-Geruch mit der beigemischten nationalen Duftnote, der den frühen *Ruf* – und nur diesen – zum Mythos im frühen Nachkriegs-Deutschland hat werden lassen. „Ich fühle mich als Deutscher, ich bin Deutscher, ich kann nicht aus meiner Haut heraus", hatte Hans Werner Richter geschrieben. „Aber ich bin nicht für Hitlers Verbrechen verantwortlich und für den Chauvinismus vergangener Zeiten. Und die jungen heimkehrenden Soldaten sind es ebenso wenig, ganz gleich, ob sie an den Nationalsozialismus geglaubt haben oder nicht. Ich bin auch nicht bereit, die imperialistischen Ansprüche der Siegermächte kritiklos hinzunehmen."

Wer die Faszination des frühen *Ruf* verstehen will, sollte in ihm vielleicht eine Art Zentralorgan für das Fühlen, Denken und die Stimmung der Millionen Heimkehrer aus Krieg und Gefangenschaft sehen – der „verlorenen" Generation von Wolfgang Borcherts „Draußen vor der Tür". Ein Vorwurf der Amerikaner gegen die von ihnen lizenzierte Zeitschrift lautet denn auch, dass sie die junge Generation auf gefährliche Weise „verherrliche". In der Tat: Schwingt nicht ein wenig vom Frontkämpfermythos der Weimarer Zeit mit, wenn es in der ersten

Ausgabe des Ruf heißt, diese Generation sei von den Älteren „getrennt durch ihre Nichtverantwortung für Hitler", von den Jüngeren „durch Front- und Gefangenschaftserlebnis, durch das ‚eingesetzte' Leben also"? Richter fühlte sich als – wenn auch selbsternannter – Sprecher einer jungen Generation, die nach Jahren der Diktatur ihre Gedanken und Wünsche frei entwickeln will, die keine Furcht vor Besatzungsherren kennt, die sich missbraucht und verheizt fühlt und nach vorn schaut, ein von der Jugend aller Länder gemeinsam gebautes einiges Europa erstrebt – einer Heimkehrer-Generation auch, die frei von Schuldkomplexen ist, die den Krieg verurteilt, aber allen Untaten der Naziführung zum Trotz doch Stolz auf ihre militärische Leistung empfindet. Anders versteht sich jener Satz wohl nicht, der mit Blick auf die Nürnberger Kriegsverbrecher-Prozesse geschrieben wurde und ebenfalls in der ersten Nummer des *Ruf* nachzulesen ist: „Die erstaunlichen Waffentaten junger Deutscher in diesem Kriege und die ‚Taten' etwas älterer Deutscher, die gegenwärtig in Nürnberg verhandelt werden, stehen in keinem Zusammenhang."

Sieht man von Anderschs und Richters linken Überzeugungen und ihren Europa-Visionen ab, findet sich manches von dieser frühen Nachkriegsstimmung im *Spiegel* wieder, wenn auch, der Form des Wochenmagazins entsprechend, nicht in Kommentaren, die bei Richter ja programmatischen Charakter annahmen, sondern in Adjektiven, Nebensätzen oder Pointen von Geschichten versteckt. Auch der *Spiegel* unterliegt ja, bis der Lizenzzwang entfällt, der Nachzensur, und so wird Rudolf Augstein nach kritischen Artikeln über die Alliierten regelmäßig zum Sterling House, dem Sitz des früheren hannoverschen Generalkommandos zitiert, um sich vor britischen Presseoffizieren zu verantworten. Weil der *Spiegel* seine kritische Linie gegenüber den Alliierten nicht ändert, erwägen die Briten, so Leo Brawand, im Frühjahr 1947 ernsthaft, ihm die Lizenz zu entziehen und sie Achilles Markowsky, einem alten Ullstein-

Mann, zu übertragen. Doch dieser lehnt offenbar ab – er hat zuvor die Lizenz für das *Neue Tageblatt* in Osnabrück erhalten und zieht eine sichere regionale Tageszeitung dem unsicheren Geschäft mit einem Nachrichtenmagazin vor, mit dem man bislang in Deutschland keine Erfahrung gesammelt hat.

Mit Unschuldsmiene fragt Augstein bei Beschwerden zurück, ob es denn nicht zum Wesen der Demokratie gehöre, dass man die Wahrheit schreibe, und ob die Presseoffiziere etwa alliierte Zeitungen, deren kritischer Zitate sich der *Spiegel* bedient hatte, der Lüge zeihen wollten. Gemessen am Schicksal des *Ruf* kommt der *Spiegel*, andauernder, bewusst gepflegter, stilistisch geübter Aufmüpfigkeit gegen Besatzer und Besatzungsmächte zum Trotz, relativ ungeschoren davon, was nur zum Teil mit dem vermeintlich so objektiven Magazin-Charakter seiner Artikel zu erklären ist. General Clay, meint Augstein später, hätte anstelle der Briten längst brutal zugeschlagen – doch diese zeigten sich, sei es aus eingefleischt liberaler Überzeugung, sei es aus Bequemlichkeit oder angeborener Lässigkeit, dem Bastard ihres Offizierskameraden Chaloner gegenüber als die toleranteren Zensoren. Obwohl der *Spiegel* immer und immer wieder Ärger machte, versuchten sie nicht, was damals durchaus in ihrer Macht gelegen hätte, das Blatt durch geringere Papierzuteilungen zum Hungertod zu verurteilen.

Abgesehen von Toll und Hühne besteht die Redaktion aus ehemaligen Soldaten, Twens, wie Brawand schreibt, oder Landsern, wie Hans Dieter Jaene sie nennt: „... junge Leute in alten Wehrmachtsuniformen, die Ende der vierziger Jahre nichts zu verlieren hatten und deshalb unbekümmert ... losschreiben." Vieles von den Erfahrungen, die sie im Kriege machen mussten, wird sich in den Artikeln des frühen *Spiegel* finden – bis hin zum Landser-Jargon, der dem klassischen Spiegel-Jargon gelegentlich beigemischt wird. So, wenn es am 26. Juni 1948 heißt: „Berlin liegt wieder in der HKL [Hauptkampflinie] zwischen Washington und Moskau"; oder am 3. Juli desselben

Jahrgangs, in einer Meldung über die Gründung eines gemeinsamen Generalstabs der West-Europäischen Union (WEU): „Die West-Verteidiger legen langsam den Sicherungsflügel um"; oder am 10. Juli, als der britische „Luftbrückenfuhrmann Paterson Mehlsäcke, Fleischbüchsen und Butterfässer „in den Kessel Berlin" karrt; oder 1950, als der Präsident des Deutschen Bundestages, Köhler, schlicht als „Bundestagsspieß" bezeichnet wird – eine Formulierung, die Harry Bohrer, der auf Einladung Augsteins sein *Spiegel*-Kind gelegentlich aus der Ferne kritisiert, zu der Bemerkung veranlasst, hier habe es leider der Delikatesse ermangelt: „Auch ein ungeschickter Bundestagspräsident soll mit mehr Respekt umgeben werden als ein Kutscher." Der *Spiegel* sei nie als „Dreckschleuder" oder als „Schmutzpresse" geplant gewesen „und sollte in der Zwischenzeit gemerkt haben, dass es so etwas wie die Würde des Amts gibt".

Aber in welcher Redaktion sitzen damals nicht abgemusterte Soldaten? Hans Joachim Werbke, einer der ersten *Spiegel*-Redakteure, der unter Augstein schon bei *Diese Woche* das ganze Deutschland südlich des Mains bearbeitet, ist selbst Leutnant a. D. Als er zum Hannover-Studio des NWDR an den Maschsee wechselt, findet er dort neben dem Studiochef, einem Major im Generalstab, als Kollegen einen Hauptmann der Panzertruppe, einen Hauptmann der Luftnachrichtentruppe und einen weiteren Major im Generalstab vor. Daran gemessen ist der *Spiegel* mit dem Leutnant a. D. Rudolf Augstein keineswegs ranghoch besetzt, zumal dessen bald engste Mitarbeiter, Hans Detlev Becker, Leo Brawand, Hans Dieter Jaene und Johannes K. Engel es nur zum Unteroffizier, zu Obergefreiten bzw. Gefreiten gebracht haben. Offiziere und Oberfähnriche stoßen erst später dazu, als der *Spiegel* seine Geburtswehen weitgehend überstanden hat – mit Conrad Ahlers, Hans Schmelz, Claus Jacobi oder Hermann Renner.

Ein gewisser Stolz auf das, was der *Ruf* die „erstaunlichen Waffentaten" nannte, findet sich zweifelsohne in den ersten *Spiegel*-Jahrgängen, nur meist als Lob der Tapferkeit, der Ritterlichkeit oder schlicht Verurteilung jener heuchlerischen, doppelten Sieger-Moral verpackt, die Soldaten der Alliierten ausschließlich als Helden, Deutsche meist als Kriegsverbrecher sieht. Worüber später beschämtes Schweigen herrschen wird, weil der Kampf von Millionen deutscher Soldaten im Osten von der nationalsozialistischen Führung dazu missbraucht wurde, hinter den Linien den industriellen Massenmord an den europäischen Juden durchzuführen, war in den ersten Nachkriegsjahren kein Tabu: Die deutschen Soldaten, zu denen ja, freiwillig oder gezwungen, auch die ehemaligen „Landser" des *Spiegel* gehörten, hatten ohne Zweifel tapfer gekämpft, in den letzten Jahren des Krieges zudem gegen eine unerhörte Übermacht, und der Schild der Wehrmacht war, im Bewusstsein der überwiegenden Mehrheit der Bevölkerung, damals noch rein und unbefleckt.

So zitiert der *Spiegel* 1947, als Feldmarschall Kesselring in Venedig wegen Kriegsverbrechen vor einem britischen Militär-Gericht steht, das Urteil seines Gegners, des britischen Feldmarschalls Alexander: der Angeklagte habe „anständig und ritterlich gekämpft". Als der Fallschirmjäger-General Ramcke 1951 vor ein französisches Tribunal gebracht wird, erinnert der *Spiegel* an dessen militärisches Bravourstück in Nordafrika, wo er seine Brigade über 350 Kilometer zu Rommel durchboxte und einer britischen Nachschubkolonne auflauerte, um deren Benzin zu erbeuten – ohne dass er in der Wüste liegen geblieben wäre. Ein Entlastungszeuge für Ramcke, ein US-General, der die Atlantik-Festung Brest belagerte, ist diesem *Spiegel*-Artikel zufolge in seiner zweijährigen Dienstzeit im Kriege „auf keine bessere Kampftruppe gestoßen als auf diese deutschen Soldaten bei Brest" – sie hätten ausgezeichnet Disziplin gehalten, seien tadellos ausgebildet gewesen und für ihren Festungs-Kommandeur Ramcke durchs Feuer gegangen.

1951 moniert das Blatt in seiner Kritik am Rommel-Film mit James Mason, dass Montgomerys große Übermacht bei

El Alamein peinlich verschwiegen werde. Die „Verweich-
lichung" der GIs wird 1953 am Beispiel des Korea-Kriegs aufs
Korn genommen: Wenn der Feind angreife, kämpften und
schössen 50 Prozent der Greenhorns nicht, sondern glotzten
„mit offenem Maul" und würden deshalb wegen „Frontneurose"
behandelt. Der *Spiegel*: „Was bei den Preußen markig innerer Schweinehund hieß, nennen die Amerikaner Frontmüdig-
keit (wenn des GIs Knie zittern) oder Front-Neurose (wenn
der Soldat einen Nervenkollaps bekommt und durchbrennt).
Für den deutschen Mann, der seinen inneren Schweinehund
nicht bezwingen konnte und der an der Front Mätzchen
machte, war der Kriegsgerichtsrat zuständig. Der ‚frontmüde'
GI aber war bis jetzt ein klinischer Fall." Im Jahr 1952 spottet
das Blatt über die Wehrmoral des französischen Volkes, die
seit 1940 angeschlagen sei, um 1954 im Stile von PK-Berichten
den Mut deutscher Landser der Fremdenlegion im Endkampf
um Dien-Bien-Phu zu loben: „manche der schmutzverkrus-
teten Gesichter" hätten sich noch geregt, die Legionäre seien
auf ihre zerfetzten Sandsackbrustwehren gekrochen und hätten
in rasender Wut MG-Garben und Handgranaten in die anstür-
menden Rotten der Feinde geworfen. „… die Flüche, mit
denen sie ihr Grauen niederschrien, waren deutsch. Doch
der Ruhm des Sterbensmutes der Verlorenen war der Ruhm
Frankreichs."

Als die Leser Augstein nach dem triumphalen Wahlerfolg
Konrad Adenauers 1953 fragen, ob der *Spiegel* bei seiner regierungskritischen Linie bleibe, bedient sich der *Spiegel*-Chef
selbst eines militärischen Bilds: „Wir waren", schreibt er in
seinem *Jens Daniel* zum Wahlausgang, „in der Situation eines
Leutnants, der im Gefecht zu weit vorgeprescht ist. Plötzlich
sieht er sich allein auf weiter Flur, und die Blicke der Kompa-
nie sind auf ihn gerichtet. Kann er zurück? Er will es nun auch
nicht mehr." Dass es ehemalige Landser sind, die den jungen
Spiegel machen, wird auch in der bissigen Kritik am Drill der

neuen westdeutschen Armee deutlich. Als Anthony Eden im Juni 1952 den Bundeskanzler besucht, schreibt der *Spiegel* von einem Präsentiergriff, der jeder Beschreibung spotte: Der Posten habe „kein wehrbeitragswürdiges Bild" geboten, als er den Karabiner mit dem linken Daumen umklammerte, „statt den Daumen gestreckt parallel zum Visier am Schaft anzulegen"; auch habe seine rechte Hand vorschriftswidrig über „statt vorschriftsmäßig unter dem Abzugsbügel gelegen". Kein Zweifel, die Herren des *Spiegel* kannten sich bestens aus.

Augstein denkt, anders als Andersch und Richter, nicht in Programmen und hat keine Ideologie, auch wenn er, wie sich bald zeigen wird, allen Ideen von Planwirtschaft oder Sozialisierung ablehnend gegenübersteht. Als er Lizenzträger und redaktioneller Chef des *Spiegel* wird, verfügt er über nicht mehr als die allerdings gründliche und umfassende humanistische Bildung, die ihm zwei hannoversche Gymnasien bis zum Kriegsabitur vermittelt haben; dazu kommen die Erfahrungen von drei Jahren Artillerist im Krieg im Osten und knapp zwei Jahren Journalismus – erst als „Schriftleiter in Ausbildung" im Dritten Reich, später als Redakteur eines Nachrichtenblatts der britischen Militärregierung.

Wie viele Journalisten der ersten Stunde – Gerd Ruge, Klaus Bölling, Klaus Harpprecht oder Thilo Koch – zählt er zu den Nichtstudierten, die nach Kriegsende direkt zum Journalismus stoßen und damit die Chancen nutzen, welche die Alliierten mit dem Schreibverbot für NS-belastete Journalisten jungen, unbelasteten Berufseinsteigern bieten. Mit seinen Kontrolloffizieren kann Augstein sich englisch nicht verständigen, denn als Altsprachler lernte er vor allem Altgriechisch und Latein, dazu ein wenig Französisch, das für eine minimale Konversation gerade ausgereicht haben mag; aber Englisch wurde in seinem Abiturzeugnis nicht benotet, weil es am Ratsgymnasium in Hannover für seine Klasse offenbar keinen oder nur rudimentären Unterricht in der Sprache Shakespeares gegeben hatte. Auch wenn er sich später müht, die Weltsprache Nr. 1 zu erlernen, wird sein Englisch stets zu wünschen übrig lassen.

Über Fragen der politischen Verfassung haben seine Gymnasiallehrer nicht unterrichtet – selbst wenn sie es gewollt hätten, wäre es im „Tausendjährigen Reich" kaum möglich gewesen. Das heißt nicht, dass er sich darüber nicht früh Gedanken gemacht hätte, denn in seinem Tagebuch von 1943 findet sich der Eintrag, die britische Konstitution sei vielleicht die beste, aber für Deutschland „nicht geeignet". Wenn er unter britischer Verfassung die Herrschaft des Parlaments verstanden hat, stellt sich natürlich die Frage, ob bei seinem Urteil jene Verachtung der gescheiterten Weimarer Demokratie, jene Aversion gegen „Parteiengezänk" und „Parlamentschaos" mitschwingt, die im Bürgertum weit verbreitet war und noch den demokratischen Neuanfang bis zum Wirtschaftsaufschwung unter Ludwig Erhard überschattet. Politisch ist er ein Lernender und Suchender wie fast alle seiner Generation, einer, der sehr viel besser weiß, was er nicht will, als dass er wüsste, wie er die Zukunft gern politisch gestaltet sähe. Als er 1946/47 anfing, sei all das, was den späteren Rudolf Augstein ausmache, „noch unausgesprochen und wenig durchdacht gewesen", meint Hans Dieter Jaene.

Augstein selbst schreibt, sie seien Praktiker ohne Praktikum gewesen, „am lebenden Objekt" hätten sie sich „mühsam" ein gedankliches Konzept für das neue parlamentarische Staatswesen erarbeiten müssen. Unter dem unausgesprochenen Fahnenschwur „Dies nie wieder!", so der *Spiegel*-Chef 1961, hätten sie sich als „blutjung-blutige Zeugen der Vernichtung" zusammengetan und sich „halb bewusst das Instrument", den *Spiegel*, geformt, „um von niemandem gehindert zu sagen, was ist: Rebellen von der Art des Gerhart Hauptmannschen Hamlet, gefallene Engel, verlorene Kinder Gottes, die gezwungen sind, die grausame Wahrheit der menschlichen Blindheit aufzudecken". Das klingt hochfliegend-pathetisch, und strittig bleibt sicher, ob Hamlet als gefallener Engel gesehen werden kann – doch unstrittig ist, dass für den Pessimisten Hauptmann Gottes Schöpfung, die Welt, missraten ist, denn sie wird vom Satan regiert. In der Hauptmannschen Bearbeitung des Shakespeare-Originals bleibt Hamlet deshalb nur Chirurgen-Arbeit: Fäulnis aus dem Körper des (dänischen) Staates zu schneiden, was man durchaus als Entsprechung zur Rolle des investigativen *Spiegel*-Journalismus verstehen mag. Der will aufdecken, was faul im Staate ist.

Hat Augstein in den ersten Nachkriegsjahren, als das eigene Weltbild noch nicht gefestigt ist und niemand, ihn eingeschlossen, an die Zukunft des Blattes glauben will, mit Alternativen zum Beruf des Redakteurs und Herausgebers geliebäugelt? Glaubt man der Publizistin Uta von Kardorff, mit der er damals gelegentlich auf dem Steinhuder Meer segelte, wollte er anhand von Heines Briefen über dessen Religiosität schreiben und seine redaktionelle Tätigkeit als Sprungbrett für eine Karriere als Schriftsteller nutzen. Er setzte, schrieb sie 2003 in der *Zeit*, seine „Hoffnung oder fast schon seinen Glauben daran … als Schriftsteller und Publizist in die Nähe Heinrich Heines zu gelangen". Nun sind seine Ziele bescheiden wahrlich nie gewesen, hat er doch schon als Schüler gedichtet: „O Gott, ich habe das Große gewollt, ich wollte den Himmel offenbaren …" Ob es sich bei dem, was Uta von Kardorff herausgehört haben will, um einen festen Karriere-Plan handelt, steht allerdings dahin. Den Augstein jener Tage schildert sie als Mann „schillernden, manchmal romantischen, manchmal witzigen, immer mitreißenden Temperaments", aber auch als einen der Widersprüche, Launen und der Sprunghaftigkeit, weshalb sie von einem „gespaltenen Charakter" spricht. Seine Sterne, sagt er zu der jungen Kollegin, die jetzt – wie früher er – als Volontärin bei Dr. Rasche arbeitet, stünden so günstig, wie er es sich nie habe träumen lassen.

Warum sollte diesem bisher vom Glück so begünstigten Augstein da nicht ein weiterer Griff nach Anerkennung als Dramatiker gelingen? Jedenfalls setzt er sich hin und schreibt ein Theaterstück, ganz durchweht vom existentialistischen Zeitgeist, nach dem nur der Mensch selbst seinem sinnlosen Dasein Sinn zu geben vermag. Das Stück hat den Titel „Die Zeit ist nahe" und spielt in einer vagen italienischen Stadt zur Zeit der Renaissance, in welche die Pest als eine Art Strafgericht für die verrottete Menschheit einbricht. Keiner glaubt mehr an Gott, Missbrauch der Macht wird angeprangert. Erstmals gibt sich der frühere Messdiener Augstein hier auch als radikaler Kritiker der katholischen Kirche zu erkennen, denn teilnahmslos schaut der Kardinal, eine wichtige Figur in seinem Stück, zu, wie die Juden, vermeintlich an der Pest schuldig, vom abergläubischen Pöbel der Stadt als Sündenböcke abgeschlachtet werden. Es fehlt also nicht am Zeitbezug, was den bis dato in der Literaturgeschichte unbekannten Gattungsbegriff „szenisches Gleichnis" erklären mag, als das er sein Œuvre verstanden wissen will.

Augsteins Gönner und väterlicher Freund Rasche, auch der hannoversche Kritiker Gerhard Schulz-Rehden, inzwischen Leiter der Niedersächsischen Landsbühne, ermuntern das junge Talent bei der Arbeit. Weil der Theatermann, der Augstein bewundert und in dessen Zuneigung sich ein Schuss Homoerotik mischt, selbst die Bühnenfassung besorgt und das Stück inszeniert, ist er nicht unschuldig an dem Debakel, das Anfang November 1947 über den hoffnungsfrohen Autor hereinbricht: Bei der Premiere im Ballhof werden dem jungen Ikarus Augstein, der zur Sonne literarischen Ruhms hat fliegen wollen, die Flügel so versengt, dass er das Stückeschreiben für immer lassen wird. Drei Stunden sitzt das Publikum ziemlich ratlos da, am Ende spendet es zögerlichen, verquälten, müden Beifall – eher Pflichtdank für die Schauspieler und das noble Bühnenbild, keinesfalls Anerkennung für den Autor. Dabei muss sich Augstein seiner Sache ursprünglich sicher gewesen sein, denn aus Anlaß der Uraufführung hat er alle Korrespondenten zu einer Konferenz nach Hannover gebeten, für die der *Spiegel*-Verlag beim „Wein- und Trinkverband Hannover" hundert Flaschen Wein und 5 Flaschen Trinkbranntwein bestellt.

Um so größer der Schock, als die Kritik das Stück verreißt: Nichts gebe es, was eine Szene zu nennen wäre, aber viel „Gespräche ohne Ziel, die leeres Stroh dreschen", meint Kurt Bölke in den *Hannoverschen Neuesten Nachrichten*. Auch Hans J. Toll, den die Briten zu *Diese Woche* holten und der noch immer zweiter Mann beim *Spiegel* ist, schont seinen Chef nicht und schlägt hart zu: Laut Goethe sei alles Vergängliche ja nur ein Gleichnis, doch das szenische Gleichnis Augsteins mache „einen sehr vergänglichen Eindruck". Die Figuren nennt er „personifizierte Zeitungsartikel", die „Woolworth-Wahrheiten" publik machten und sich dabei eines „in Brokat schreitenden Schreibedeutschs von angestrengter Gehobenheit" bedienten. „Kühnerweise" drohe der Verfasser, ein nicht sehr großer Herr, der älter als seine 24 Jahre aussehe, Rudolf Augstein, „Lizenzträger und Chefredakteur der viel besseren Zeitschrift DER SPIEGEL", mit einem neuen Stück. Dass dieser ebenso bissig wie elegant formulierte Verriss im *Spiegel* erscheint, werten einige Leser als „souveräne Selbstdistanz", andere als Beweis für das, was sie am *Spiegel* schätzen oder in ihn hineindeuten: absolute Aufrichtigkeit, gnadenloses Aufdecken von Schwächen, auch der eigenen, das Infragestellen jedweder Autorität, auch der des eigenen Chefredakteurs.

Hat diese Kritik zum Zerwürfnis zwischen Augstein und Toll beigetragen, der ja das Blatt Anfang 1950 verlässt? Es ist schwerlich vorstellbar, dass ein tief gekränkter Augstein seinen Zorn mehr als zwei Jahre in sich hineingefressen haben soll, um schließlich späte Rache zu üben – zumal er als Chef ja das Erscheinen des Artikels hätte verhindern können. Laut Brawand hat Toll ihm angeboten, das Stück nicht zu besprechen und „das unangenehme Ereignis einfach zu übergehen". Augstein habe dies abgelehnt, weil er sich mit Duldung solch harscher Kritik „als ebenso souveräner wie toleranter Chef und Zeitgenosse"

habe darstellen können. Typisch Augstein also, der sich darauf
versteht, eine erlittene Blessur quasi spielerisch zum eigenen
Vorteil zu wenden? Der die Blamage, die er im intellektuellen
Milieu Hannovers erlebte, dazu nutzt, allen zu beweisen, dass
er nicht so sehr der durchgefallene Autor, sondern der *Spiegel*-
Herausgeber ist, der sich, so Jaene, „über sich selbst erheben
kann"?

Im Zweifel ist es nicht Tolls, es ist der vernichtende Verriss
seines Mentors Friedrich Rasche, der ihn zutiefst kränkt und
den er, glaubt man Uta von Kardorff, als persönlichen Verrat
empfindet. Hat er, als er an dem Stück arbeitete, mit Rasche
nicht immer wieder über das Vorhaben gesprochen, war dieser
nicht ein Eingeweihter, der ihn stets aufgefordert hatte, weiter-
zuschreiben? Ausgerechnet aus der Feder dieses „väterlichen
Freundes" muss er nun lesen: „Nein, diese Uraufführung durfte
nicht sein. Wir wollen sie so schnell wie möglich vergessen."
Augsteins Stück, schreibt Rasche, entwickle keine Handlung,
von ihm bleibe nichts als ein „Häuflein raschelndes Papier".
Ein junger, aufgewühlter Dramatiker müsste „im wankenden
und zerrissenen Boden unserer Zeit sein ,hic Rhodus, hic salta!'
sehen, und wenn es ihm auch die Fußsohlen verbrennt". Greife
er aber, wie Augstein, in die Kostümkiste, um die Gegenwart ins
Vergangene zu transportieren, so baue er ein wildes Szenarium,
versuche er eine gewagte Dramaturgie, spreche er eine Sprache, der man anhört, dass hier eine Stimme aus dem Abgrund
schreit. Nein, so jugendlich die „Schwächen dieses Stückes sind,
so wenig jung und gegenwärtig wirkt das Ganze".

Ohne Zweifel hat Augstein mit Rasches Kritik eine entscheidende Verletzung erfahren; auf Uta von Kardorff wirkt er jetzt
verdüstert und unruhig. Vor sich selbst weiß er genau, dass der
Traum von einer alternativen Existenz als Literat und Künstler
jäh zu Ende ist, und mit um so mehr Energie wirft er sich ganz
auf die Arbeit am *Spiegel*. Als ihn Klaus Harpprecht zwanzig
Jahre später in seiner „Dialog"-Reihe im ZDF fragt, warum

Augstein das Stückschreiben so schnell aufgegeben habe, erhält
er die Antwort: Das Stück sei zu schlecht gewesen, er wolle sich
da gar nichts vormachen, man merke schon, „ob man etwas
exorbitant Schlechtes gemacht habe". Eine Lehre aber bleibt
von seinem gescheiterten Aufbruch ins Reich von Literatur und
Theater. Rasche hatte in seiner Kritik geschrieben, er befinde
sich in einem Dilemma: er sei dem Autor wohlgesonnen und
halte ihn für einen sehr begabten jungen Mann, doch dürfe
die Schärfe des Blicks nicht von der Mattscheibe persönlicher
Befangenheit getrübt werden. „Und deshalb", so der Mentor
Rudolf Augsteins, müsse „ohne Ansehen der Person und um
der Sache willen, nun einiges Böse gesagt werden". Genau so
wird sich der *Spiegel*-Herausgeber bald selbst verhalten. Er wird
keine Rücksicht nehmen, wenn eine Sache Kritik gebietet und
er selbst oder einer seiner Redakteure die Feder spitzt, um einen
Freund erbarmungslos aufzuspießen.

Mehr als einmal schlichen sie nach dem Umbruch mit „hän-
genden Ohren" nach Haus „angesichts des unzulänglichen
Produkts", das da fabriziert worden war – so Augstein über
seine und die Stimmung seiner Mannschaft im sechsten Stock
des *Anzeiger*-Hochhauses am Ende des ersten Jahres. Maga-
zin-Machen sei vor allem Handwerk, wird er später seinem
Wunschpartner Bucerius bedeuten, als er die Hälfte der *Zeit*
übernehmen will und um Verständnis für die Zwänge wirbt,
denen er sich beim *Spiegel* ausgesetzt sieht. Beim Sichten der
frühen *Spiegel*-Jahrgänge fällt auf, wie viele Mängel dieses
Handwerk damals hatte. Formal fehlt es noch an der Geschlossenheit, die später für das Blatt so charakteristisch wird: Die
„leads", jene Sätze, die am Beginn einer *story* das Thema wir-
kungsvoll anreißen sollen, sitzen nur selten und wenn, haben
sie nicht die spätere Prägnanz; die Geschichten sind im Aufbau
oft unbeholfen, „dramaturgisch unausgereift" und erreichen
erst in den sechziger Jahren ihren hohen Grad an Perfektion,

wie Dieter Just in der ersten Dissertation feststellt, die 1967 über den *Spiegel* erscheint. Jener *Spiegel*-Jargon, eben die „eigentümliche, außerhalb ihrer Spalten nicht existierende Sprache", die Hans Magnus Enzensberger 1957 kritiert und die schließlich bis hin zur *Spiegel*-Soße pervertieren wird – die Redaktion entwickelt sie erst in einem Verfahren, das stark an *trial and error* erinnert und gelegentlich den Spaß an der Freud' beim Erfinden zeigt. Enzensberger etwa nimmt Anstoß daran, dass das Magazin von einem Schlagersänger schrieb, er sei „sextraordinär" und „transportiere" seine Zuhörer „von Dixieland nach Kinseyland" – das sei „zwar miserables Deutsch, aber gewiss nicht ohne eine gewisse Komik".

In frühen Ausgaben finden sich solche charakteristischen Stilblüten kaum. Erst langsam schleichen sich Wortmischungen nach *Time*-Vorbild in die *Spiegel*-Schreibe ein – etwa „Grusical" oder „Cinemogul"; dazu kommen bald neu gebildete Verben wie „lichthupen" oder „wahlkämpfen", auch spielerische Lehnsübersetzungen aus dem Angelsächsischen wie „Weißkragen" (von *white-collar-worker*), „panik-geritten" (von *panic-ridden*). Just, der die Entwicklung der *Spiegel*-Schreibe bis Mitte der sechziger Jahre analysiert, weist auf den wachsenden Gebrauch von Wortkompositionen wie „Zukunfts-Kanzler", „DDR-Film-Fertiger" oder „Innen-Bürokraten" hin, auch auf häufiger werdende Inversionen, bei denen der Autor vor Zitaten Subjekt und Prädikat vertauscht – etwa: „Meuterte Exkanzler Figl:..." oder „Alberte (NRW-Ministerpräsident) Meyers:...". Geradezu dramatisierend werde so auf den Aussagenden und dessen Aussage hingewiesen. Welche Verrenkungen die Redakteure damals in ihrem Streben nach origineller *Spiegel*-Sprache unternehmen, dafür mag der Anfang einer Geschichte über den Besuch des britischen Außenministers Anthony Eden stehen:

„Die Krawatte war tief grün und hell gepunktet. Vor ein paar Wochen hatte ihr Double den gemeinsamen Träger Anthony Eden, Englands Konservativen nach Churchill, beinahe um seinen Ruf

*als bestangezogenen Engländer gebracht: angeknittert wirkte sie
schier erschütternd.*

*Glattgebügelt entstieg die neue mit dem Ex-Außenminister
auf dem holsteinischen Flugplatz Uetersen elegant einer Privat-
maschine. Den Homburg auf dem Kopf, einen kurzen schwarzen
Überzieher über dem von leichten Streifen durchzogenen dun-
kelblauen Anzug, grüßte Mr. Eden lächelnd und händeschüttelnd.
Um sogleich den Krawattensitz über beigefarbenem Hemd zu
regulieren."*

So nachzulesen im *Spiegel* vom 17. Juli 1948.

Der Versuch allerdings, auch einfache Nachrichten zu Erzählungen aufzubauschen, wird schon bald als „pseudoliterarischer
Irrweg" erkannt. Die Entwicklung von Story und Stil ging nur
mühsam vor sich, in Extremfällen, so Leo Brawand, „führte
er bis zu Schreikrämpfen, Depressionen und Aufenthalt in der
Psychiatrie".

Im Frühjahr 1947 stößt Hans Detlev Becker zur kleinen
Redaktion, die zusammengepfercht in einem außerordentlich
geräumigen Zimmer des Anzeiger-Hochhauses arbeitet, nach
heutigen Begriffen ein Großraumbüro. Über einen eigenen
Raum verfügen nur Augstein und Werner Hühne, der Chef vom
Dienst, der sein Zimmer mit dem Archiv teilen muss, das in dieser Anfangszeit allerdings noch einen sehr bescheidenen Umfang
hat. Verlag und Buchhaltung hausen in einem kleinen Raum im
zweiten Stock, in dem zeitweilig auch der Wirtschaftsredakteur
Unterschlupf finden muss. Nur vier Redakteure stehen im ersten *Spiegel*-Impressum: Neben Rudolf Augstein und Hans J. Toll
sind dies Willi Gerberding, der das Auslandsressort betreut, und
Roman Stempka, der für Fotos und Illustrationen verantwortlich ist. Spätere *Spiegel*-Veteranen wie Hans Dieter Jaene und
Leo Brawand werden noch als zwei der insgesamt 38 alphabe-
tisch aufgeführten Mitarbeiter und Korrespondenten genannt.

Einer dieser Mitarbeiter ist Hans Joachim Werbke, der im
Deutschland-Ressort unter Augstein arbeitet und seinen Chef

damals nicht nur für äußerst begabt, sondern auch für extrem launisch hält. Er erinnert ihn als wechselnd freundlich oder zynisch und als durchweg sprunghaft von Charakter, doch sei er nie förmlich gewesen; auf dem Redaktionstisch sitzend, die Beine baumeln lassend, habe Augstein stets gründlich Pro und Contra einer Geschichte, ihre Dramaturgie und ihre mögliche Pointe mit ihm erörtert. Dieser Chef, am Ende des Impressums mit vorläufiger Genehmigung der Besatzungsbehörden als Herausgeber genannt, spricht mit „hannöverschem" Akzent, den er sich später nur mühsam abgewöhnt; er radelt auf einem alten Wehrmachts-Drahtesel in einem Wehrmachts-Kradmantel und Wehrmachts-Röhrenstiefeln zur Arbeit, im Sommer trägt er khakifarbene Uniformreste auf und erscheint gelegentlich in kurzen Hosen. Modisch ist dies ohnehin die Zeit des Heimkehrerlooks, des gefärbten Wehrmachttuchs, nur Hans J. Toll, der Elegant der Redaktion, hebt sich mit seinen Maßanzügen ab und, wenn auch völlig anders als Toll, Hans Detlev Becker, der – so die Erinnerungen Jaenes – im „schreiend bunten Lumberjack" erscheint, den er mit Mühen aus Amerika besorgt hat, „auf dem Kopf eine Strickmütze mit vorn hochgeklapptem Schirm".

Becker, der „Neue", ist zuvor als besonders kritischer Leser aufgefallen, der „mit geschliffener Bosheit" einige Ausgaben „zerfetzte", wie Augstein später schreiben wird. Ein Angebot, beim *Spiegel* anzuheuern, hat er zunächst ausgeschlagen, weil er, damals Redakteur des Osnabrücker *Neuen Tageblatts*, auf eine Karriere als Chef vom Dienst bei einer Wilhelmshavener SPD-Zeitung hoffte. Als er dann Mitte Mai 1947 doch zum *Spiegel* kommt und kurz darauf das Deutschland-Ressort übernimmt, werden Augstein und Becker bald ein Herz und eine Seele, sie werden Kastor und Pollux des jungen *Spiegel* – in der redaktionellen Führung des Blatts habe es seither nie ihn allein, so Augstein 1959, „sondern immer nur meinen Freund Becker und mich gegeben".

Wenn stimmen sollte, was die Fama raunt, dass nämlich John Chaloner auf der Suche nach einem führenden Kopf für das deutsche Team seines neuen Magazins zunächst nicht auf Rudolf Augstein, sondern auf Hans Detlev Becker zugegangen sei, läge die Versuchung nahe, die *Spiegel*-Geschichte kontrafaktisch zu betrachten, sich also einen Ressortleiter Rudolf Augstein unter einem Herausgeber und Chef Hans Detlev Becker vorzustellen. Doch enden solche Gedankenspiele spätestens bei der Lizenz-vergabe, denn der britische Controller, Staff Sergeant Henry Ormond, entdeckte, dass Becker – wenn auch unwissentlich, wie er selbst beteuert – im April 1941 Mitglied Nummer 8 348 041 der NSDAP geworden war, was ihn als Lizenz-Träger eines Nachfolgeblatts von *Diese Woche* von vornherein ausschließt. Wahrscheinlich, so Becker, hat er als Hitlerjunge einmal einen entsprechenden Antrag unterschrieben, doch sei er als Soldat vom Wirksamwerden des Parteieintritts nie benachrichtigt wor-den, habe also nie davon erfahren. Von Fragebogen-Fälschung, die ihm Ormond vorwirft, könne deshalb keine Rede sein.

Dem Castor Augstein hat Pollux Becker zwei Jahre voraus. Er konnte vor seinem Wehrdienst drei Semester Jura studieren und brachte es im Krieg bis zum Unteroffizier in einer direkt dem Oberkommando der Wehrmacht unterstellten Funküber-wachungs-Kompanie, die den Funkverkehr feindlicher Agenten aufspüren und aufnehmen soll. Von hier datiert eine geheim-nisumwitterte Nähe zum Nachrichtendienst-Milieu, die später zu vielen Spekulationen Anlass gibt und spätestens während der *Spiegel*-Affäre offenbar wird. Becker ist jedenfalls unstreitig der Autor des ersten großen Berichts über den Bundesnachrichten-dienst und „des Kanzlers lieben General", den der *Spiegel* als Titelgeschichte im Herbst 1954 veröffentlicht. Und zur Zeit des Kanzlers Willy Brandt wird dessen Kanzleramtsminister Horst Ehmke mit Becker ein Gespräch über seine Berufung zum Vize-präsidenten des Bundesnachrichtendienstes führen – allerdings bleibt es bei Gedankenspielen.

In den Akten des jungen *Spiegel*-Chefs Augstein findet sich ein Briefwechsel vom Oktober 1947 mit Becker, in dem dieser zwar der Chefredaktion bescheinigt, sie habe dem Blatt ein eigenes Gesicht geben können und diese Feststellung „beim Vergleich mit dem, was über die meisten anderen neudeutschen Druckerzeugnisse zu sagen wäre", ausdrücklich als Lob gewertet wissen will. Doch hart tadelt er stilistische Mängel und meint, sie gäben dem *Spiegel* zumindest in der Fachwelt den „Charakter der Zweitrangigkeit". Gleich drei Schnitzer in einem Artikel des Deutschland-Ressorts führt er als Beispiele an und spricht von „schrecklichen Dissonanzen" für alle Leser, „die das Instrument der deutschen Sprache vorsichtig zu handhaben gewohnt sind". Solange dieser Zustand nicht überwunden sei, so Beckers Befund, werde der *Spiegel* einen Platz in der ersten Reihe der deutschen Zeitschriften nicht erkämpfen können, „mag der sachliche Inhalt Ihres Blattes noch so exklusiv und interessant sein".

Augstein kann nicht anders, als die Kritik auf sich selbst zu beziehen, denn obschon längst übergreifender Redaktionschef, nimmt er sich doch des Deutschland-Ressorts besonders an. Entsprechend süßsauer fällt seine Antwort aus: „So wichtig in einer Zeitschrift peinliche Akribie und Federfuchserei ist, noch wichtiger ist der Gesamtjargon, der ihr das Gepräge gibt." Ausdrücklich bekennt er sich also zu jenem *Spiegel*-Stil, der noch in der Phase des Entstehens und Experimentierens ist und von dem er sich später gern distanzieren wird. Dass Becker, obschon seit Mitte Mai 1947 Redaktionsmitglied, die Briefform wählt und seinen früheren Wohnort Nordhorn als Absenderadresse angibt, um Augstein seine Einwände mitzuteilen, mag eine seiner vielen exzentrischen Schrullen sein. Möglich auch, dass er zu diesem Zeitpunkt noch nicht ganz der von Castor Augstein später so hymnisch besungene Pollux ist und meint, sich besser als im internen Redaktionsgespräch auf schriftliche Weise Gehör zu verschaffen. Dass er jedenfalls bald der wichtigste

Mann nach Augstein wird und Erscheinungsbild wie Inhalt entscheidend mitbestimmt, steht außer Frage.

Zunächst Chef des Deutschlandressorts, dann als „Geschäftsführender Redakteur" und Ende der fünfziger Jahre auch formell „Chefredakteur", achtet er auf Grammatik, Dramaturgie und bildhaften, kurzen Stil. Seine bissigen Anmerkungen auf Manuskripten, stets in grüner Tinte geschrieben, sind gefürchtet, selbst hartleibige und routinierte Schreiber, berichtet Brawand, sei gelegentlich das Würgen gekommen, wenn sie einen von Becker, aber auch von Augstein redigierten und abgelehnten Artikel in ihrem Postfach vorfanden und sich daran machten, die Begründungen am Manuskriptrand zu studieren. *Spiegel*-Veteran Jaene schreibt, es sei zunächst in der Reaktion chaotisch zugegangen, weil Augstein keinerlei Sinn für technische und zeitliche Notwendigkeiten eines Zeitungsbetriebs hatte. Erst mit Becker ändert sich dies. Fried Wesemann, ein Kollege aus der hannoverschen Nachkriegszeit, den Augstein anfangs als Mit-Lizenzträger in Erwägung gezogen hat, nennt den geborenen Preußen Becker einmal den „Schlagmann" – also einen, der beim Rudern der Mannschaft den Takt vorgibt.

Stellt man sich den *Spiegel* nicht gerade als Galeere vor, mag dies einigermaßen neutral klingen; andere übertreiben ins Negative und sprechen von „Augsteins Zuchtmeister", der – so Günter Gaus, von 1969 bis 1974 selbst *Spiegel*-Chefredakteur – das Blatt in einen „Kasernenhof" verwandelt habe, oder von der Redaktion unter Beckers Rute als der „Strafkompanie des deutschen Journalismus", wie Ferdinand Simoneit, der frühere *Spiegel*-Redakteur und spätere Chef des Wirtschaftmagazins *Capital*. Aber völlig unstreitig ist, dass ohne Becker das Blatt nicht zu jenem scharf geschliffenen Schwert geworden wäre, welches das Establishment der Republik das Fürchten lehrt, ohne ihn hätte es kaum zu jener Geschlossenheit und Perfektion gefunden, die es befähigen werden, auch die existenzgefährdende *Spiegel*-Krise nach Erscheinen des Fallex-Artikels 1962 durchzustehen,

denn da bewährt sich, was Becker selbst Dieter Just zu Proto-
koll gegeben hat: Der Apparat sei wichtiger als der einzelne
Redakteur, zumal – Augstein ausgenommen – alle Redakteure
austauschbar seien. In diesem Apparat, an dessen Aufbau keiner
so große Verdienste wie Becker hat, wird der einzelne *Spiegel*-
Autor nicht allein gelassen, er arbeitet oft im Team, und die
Spiegel-Dokumentation gibt ihm „ein Gerüst vor, in dem er
Halt finden kann".

Wenn Becker sich um „plausible, straffe und grammatika-
lisch einwandfreie ‚Schreibe'" und die Dramaturgievorschriften
für eine Magazingeschichte kümmert, sorgt er für eine gewisse
Uniformität der Darstellung, die Erich Kuby einmal als die
„Darstellung der Freiheit im Nein" bezeichnet hat: Ein *Spiegel*-
Stil-Schreiber könne ebenso wenig konformistisch schreiben
„wie ein noch so blonder, blauäugiger Deutscher mit jüdischer
Großmutter SS-Mann werden konnte". Nach der grässlichen
zwölfjährigen Brüllerei der Deutschen unter Hitler, nach dem
ganzen emotionalen Positivismus-Schwindel des Dritten Reiches sei das „artistisch kühle, prinzipielle, von Time erborgte
Spiegel-Nein eine wahre demokratische Erholung". Scharfen,
aber finsteren Blicks scheine der *Spiegel* die Welt zu mustern
und vorauszusetzen, sie sei „eine miese Welt". Den Objekten
seiner Beobachtung billige das Blatt keine Gnade zu.

Als schmächtigen, bleichen Jüngling mit Silberblick erinnert
Michael Thomas den Chef dieses Blatts bei seinem ersten Besuch
in Hannover. Thomas heißt eigentlich Ulrich Hollaender, ist der
Sohn des Theaterregisseurs und -kritikers Felix Hollaender, der
Dramaturg von Max Reinhardt am Deutschen Theater war, und
entzog sich als rassisch Verfolgter dem Zugriff der Nazis durch
die Emigration nach England. Als britischer Presseoffizier hat er
nun Kontakt zu führenden Politikern und zur Lizenzpresse zu
halten, der beißenden Kritik etwa des *Spiegel* an Demontagen
oder den Hungerrationen entgegenzuwirken und Verständnis
für die britische Besatzungspolitik zu wecken. Neben Augstein,

so Thomas, standen bei dieser ersten Begegnung seine beiden älteren Mitlizenzträger Stempka und Barsch, doch hätten sie den viel Jüngeren „deutlich als Vorgesetzten" behandelt. Trotz seiner Anfang zwanzig habe Augstein im Wesentlichen das Wort geführt und das Sagen gehabt, zweifellos sei er die dominierende Figur gewesen. In seinen Erinnerungen schreibt Thomas, der mit dem *Spiegel*-Chef bald Freundschaft schließt, er habe bei diesem stets eine jungenhaft-schüchterne Unsicherheit bemerkt, die auch von dessen späterem Einfluss und seinem großen Reichtum nie ganz kompensiert worden seien. „Der Zwiespalt zwischen glänzenden Erfolgen und mimosenhafter Sensibilität" habe Augstein früh gekennzeichnet „und ihn in rastlose Unruhe getrieben".

Auch wenn von Reichtum im Herbst 1947 noch keine Rede sein kann, klettert das Blatt doch auf der Leiter des Erfolgs trotz Währungsreform langsam, aber stetig nach oben. Liegt die Auflage 1947 bei rund 20 000 Exemplaren, steigt sie im folgenden Jahr schon auf 65 000, 1949 auf 85 000 und erreicht 1950 eine Druckauflage von knapp 100 000. Zwar bietet der *Spiegel* bis zum Oktober 1950, als er die Bestechungsaffäre um die Wahl Bonns zur Bundeshauptstadt aufdeckt, keine besonderen Sensationen; doch sein bewusst schnoddriger, zuweilen salopper Ton, sein Mangel an Respekt gegenüber den neuen Obrigkeiten, seine Kritik an den Besatzungsmächten sowie eine betont nationale Grundposition finden Anklang bei den Lesern. Einige deutsche Politiker, so umschreibt Augstein in seinem ersten, an die „*Spiegel*-Leser" gerichteten Brief Ende 1947 den Erfolg des Blattes, hätten versucht, ihm und seinen Redakteuren klarzumachen, dass man ihre Reden im Landtag mit „respektvollem Ernst" behandeln müsse. Dagegen hätten sie sich allerdings zu verteidigen gewusst, denn eine ihrer vornehmsten Aufgaben sei es ja, „den tierischen Bierernst und die politische Wichtigtuerei in den neuen deutschen Kleinstaaten in aller Offenheit bloßzulegen". Ironisch macht er die Despektierlichkeit seines jungen

Magazins gar zum Programm: Weil der *Spiegel* mit Selbstironie am wenigsten vor sich selbst halt mache – siehe Tolls Verriss von Augsteins „Szenischem Gleichnis"! –, habe er sein „Scherflein zur demokratischen Erneuerung des deutschen Volkes beigetragen".

Augstein ist unermüdlich beim Schreiben, Umschreiben und Redigieren von Geschichten, oft bleibt er bis tief in die Nacht in der Redaktion, gelegentlich findet die Putzfrau ihn morgens eingeschlafen an seinem Schreibtisch vor. Und weil nahezu alles, was in den frühen Jahren des *Spiegel* gedruckt erscheint, von ihm gelesen, bearbeitet, gebilligt oder von ihm selbst geschrieben ist, scheint es durchaus erlaubt, vom Inhalt dieser Hefte auf die geistige und mentale Verfassung des Mannes zu schließen, der seit September 1946 nicht nur als einer von drei Lizenzträgern, sondern auch als Chefredakteur im Impressum steht. Da fällt zunächst auf, dass die politischen Positionen des Blatts erst langsam an Kontur gewinnen. Das gilt nicht so sehr für die Kritik an den Besatzungsmächten, die sich in ihrer Schärfe nahezu gleich bleibt oder steigert, zumal sich die Hunger-Aufmacher häufen. „Steine statt Brot" heißt eine Story im April 1947, in der Briten und Amerikanern vorgeworfen wird, sie kämen ihrer völkerrechtlichen Verpflichtung zur ausreichenden Versorgung eines besiegten, einer eigenen Regierung beraubten Volks – eben des deutschen – nicht nach. Die beiden „größten seefahrenden Nationen" seien „dreiundzwanzig Monate nach Waffenstillstand, drei Monate nach der Zonenfusion und einen Monat nach der Hungererkundung Expräsident Hoovers" nicht imstande, genug Getreide in die Länder zu transportieren, „über denen ihre Fahnen als bedingungsloses Gebot aufgepflanzt sind".

In den Jahren 1947 und 1948, in denen die künftige Gestalt Deutschlands noch unbestimmt scheint, zeigt sich der *Spiegel* betont offen gegenüber allen Richtungen. Politikern, aber auch Künstlern wie etwa Max Pechstein, Verlegern wie Ernst

Rowohlt und Kirchenmännern wie Bischof Lilje räumt er jeweils eine Seite ein, auf denen sie ihre Ansichten darlegen können. Zu Wort kommen „Ochsensepp" Josef Müller von der CSU, Carlo (damals noch Karl) Schmid und Fritz Heine von der SPD, Theodor Heuss von der FDP, Adolf Süsterhenn und Ferdinand Friedensburg von der CDU, Joseph Baumgartner von der Bayernpartei. Selbst ein Verfechter der konstitutionellen Monarchie wie Erwein von Aretin, der den Schutz der Demokratie „durch die Autorität der Krone" wünscht, findet sich unter den Autoren. Auch ein Kommunist wie Johannes R. Becher – „Wer meine Gedichte liest, wird mein Leben kennen lernen" – oder ein (damals noch) SED-Funktionär wie Erich Gniffke, der als Sozialdemokrat im Frühjahr 1946 für Ulbrichts Einheitspartei stimmte, dürfen da schreiben, weil es im Zeitalter des Eisernen Vorhangs doch eine gute Sache sei, sie „auf einer und derselben Plattform in der gleichen Aufmachung und Länge zu Wort kommen zu lassen". Augsteins Motiv für derlei Offenheit ist Sorge um die Einheit der Nation. „Wie sollte die Spaltung der Welt überwunden werden", fragt er seine Leser, „wenn wir Deutschen es geschehen ließen, dass der Schnitt mitten durch unsere Herzen und unsere Zunge geht?"

Beim unkommentierten Abdruck der verschiedenen Meinungen unterläuft ihm allerdings eine Panne. So darf Hjalmar Schacht, Hitlers Wirtschaftsminister der Jahre 1934 bis 1937, in Nürnberg freigesprochen und von der Entnazifizierungs-Berufungskammer Ludwigsburg als entlastet eingestuft, den *Spiegel*-Lesern versichern, sein ausschließliches Ziel sei stets die soziale und wirtschaftliche Wohlfahrt der Deutschen gewesen – mit den Nationalsozialisten habe er deshalb nur zusammengearbeitet, solange er noch „auf die Erhaltung von Recht, Ordnung und persönlicher Freiheit" hoffen konnte; als dies nicht mehr der Fall war, sei er „zu Staatsstreichversuch und Hochverrat" übergegangen. Dass die Verfolgung der linken Opposition schon mit dem Reichstagsbrand begann und 1933 die ersten Konzen-

trationslager eingerichtet und Parteien verboten, dass 1935 die
jüdischen deutschen Staatsbürger mit den Nürnberger Gesetzen entrechtet wurden, hat Schacht bis zum Ausscheiden aus
dem Amt des Reichswirtschaftsministers Ende November 1937
offenbar mit Recht, Ordnung und der Garantie individueller
Freiheiten durchaus für vereinbar gehalten.

Heute ist kaum vorstellbar, dass dies Augstein oder seinen
Redakteuren vor der Drucklegung nicht aufgefallen sein sollte –
als Erklärung bietet sich lediglich an, dass ihre Einschätzung
der Person Schacht wohl ganz dem bürgerlich-deutsch-rechts-
konservativen Klischee entsprach, demzufolge der Finanzmann
nicht so sehr Helfer Hitlers war, der ihm mit seinen Mefo-Wech-
seln erst die Wiederaufrüstung großen Stils ermöglichte, sondern der Inflationsbekämpfer der zwanziger Jahre, vor allem
aber der Mann, der unstreitig die Wirtschaft nach der großen
Krise wieder in Schwung brachte und damit die Massenarbeits-
losigkeit wirksam bekämpfen half. Dass dies vor allem durch
kreditfinanzierte Rüstung geschah, wird von Augstein und der
Spiegel-Redaktion 1948 offensichtlich nicht hinterfragt. Aber die
Reaktion auf den Fauxpas erfolgt prompt: Empört weist Fritz
Heine, der Pressesprecher der SPD, Augsteins Einladung zurück,
auf Schachts Ausführungen Stellung zu nehmen: Schacht sei der
„böse Geist der Weimarer Republik" gewesen, „und er war es
auch danach". Zweimal habe sein Rat „wesentlich zu Deutschlands Unglück beigetragen. Wir wünschen ihn nicht zum dritten Mal." Und ein erboster Harry Bohrer schreibt aus London,
niemals hätte er Hjalmar Schacht eine *Spiegel*-Seite eingeräumt:
„Der Mann war ein Schwein und ist es heute auch noch. Legale
Freisprüche ändern nichts daran."

Wenn Hubertus Prinz zu Löwenstein, der nach 1933 in die
USA emigrierte Zentrums-Politiker, im *Spiegel* über die Deutschen und ihr Zögern vor der neu sich abzeichnenden Ordnung
schreibt, wird viel von der Stimmung jener frühen Nachkriegsjahre deutlich: „Nicht ohne Grund", so der ehemalige Reichs-

bannerführer, „leben heute Millionen der besten Deutschen in einer Art von ‚Innerer Emigration'. Sie fühlen sich hilflos gegenüber den lizenzierten Parteien, oder sie lehnen es ab, einheimischen Tetrarchen und ausländischen Landpflegern zu dienen. Dazu kommt die Vergiftung und Aufspaltung des Volkslebens durch den modernen Hexenwahn, genannt ‚Entnazifizierung', mit einem Spitzel- und Erpressersystem übelster Art in seinem Gefolge". Viele verstehen die Entnazifizierung damals als Purgatorium einer von den Siegern verordneten Demokratie, und es sind vor allem die bürokratische Vorgehensweise und die Spruchkammerverfahren, die auf breiten Widerstand stoßen: 16 Millionen sechsseitige Fragebögen mit je 131 Fragen werden in den drei Westzonen ausgefüllt und sollen detaillierte Auskunft über die Mitgliedschaft in allen nationalsozialistischen Organisationen geben.

Spruchkammer-Verfahren gleichen oft genug einer Farce oder dienen der Weißwäscherei, wie im Falle des Kugellagerfabrikanten Willy Sachs aus Schweinfurt. Der Wehrwirtschaftsführer, Parteigenosse seit 1. Mai 1933, SS-Obersturmbannführer, Großspender für die NSDAP und Jagdgenosse Himmlers wird von einer Spruchkammer, in der ihm wohlgesinnte Arbeiter und Antifaschisten aus seinen eigenen Fichtel-&-Sachs-Werken in Schweinfurt Beisitzer sind, als Mitläufer eingestuft. Schon im Frühjahr 1946 murrt Konrad Adenauer vernehmlich, die Entnazifizierung dauere zu lange und nütze niemanden; statt zu Reue zu führen, stimuliere sie vermutlich eher nationalistische Gegenwehr. Am allgemeinen Spott über die Fragebögen beteiligt sich auch der *Spiegel*. Unter dem Titel „Schmeling darf wieder" berichtet er über die Entnazifizierung des Boxers und beteuert, die ihm ehelich verbundene Anny Ondra habe zwar eine Passion fürs liebe Federvieh, doch sei sie „nie irgendeinem NS-Enten-, Gänse- oder Perlhühnerverein beigetreten".

Deutlich wird Augsteins Ressentiment gegen das Regime der Alten, die ja für das Scheitern der Weimarer Demokratie verantwortlich sind, eine Einstellung, die er mit der ersten Redaktionsmannschaft des *Ruf* zu teilen scheint: Im Februar 1947 errechnet der *Spiegel,* der Deutsche müsse im Schnitt 58 Jahre und 8 Monate alt sein, um Parteichef werden zu können, der unerschütterliche Antisozialist Adenauer sei sogar schon 71 Jahre alt. Das aber sei „die Generation der Männer und Frauen, deren Wiege noch im Kaiserreich" gestanden habe – es sei also kein Zufall, wenn viele dieser älteren Politiker, etwa Külz, Pieck oder Hoegner den Vornamen Wilhelm trügen.

Zwei Jahre später, als in Braunschweig im Januar 1949 von „Feinden des Ismus" und „Undoktrinären" eine „Deutsche Union" gegründet werden soll, wird Augstein in einer seiner frühen Jens-Daniel-Kolumnen das Lob der Jungen singen. Zwar hält er nichts von der Gründung einer neuen Partei, aber er teilt die Kritik von undogmatischen Vertretern der jungen Generation an den existierenden Parteien: Sie seien zu sehr Weltanschauungsparteien und zu wenig auf praktische Politik ausgerichtet. Abhilfe verspricht er sich von einem Club junger, undoktrinärer Politiker, der junge und junggebliebene Parteipolitiker auf überparteilicher Basis zusammenführen soll. Zustimmend zitiert er den Zentrumspolitiker Carl Spiecker, der als Beobachter nach Braunschweig kam und in der Emigration für britische Propaganda-Sendungen tätig gewesen war: „Dieser oder jener würde mich interessieren. Sie waren aktiv in der HJ und in der Wehrmacht – wo sollten sie auch sonst aktiv gewesen sein? Die haben die Zukunft vor sich, und sie werden dann auch die Jungen hinter sich haben."

Ähnlich denken damals Kurt Schumacher und Carlo Schmid, die sich um die Integration ehemaliger Hitler-Jugendführer und selbst von Soldaten der Waffen-SS bemühen. Weil diese jungen Menschen nichts anderes gekannt hätten als die NS-Ideologie, seien sie heute ohne jede Orientierung. Schuld tragen in den Augen Schumachers die „Alten", weil sie „nicht die richtigen Einsichten und Erkenntnisse" vermittelten. Wenn einige der

Braunschweiger Tagungsteilnehmer erklären, „Politikbeamte und Greise", unfähig zu handeln und ohne Mut und Initiative, verwalteten ein Land, „das noch betäubt zu sein scheint", ist das nach dem Geschmack Augsteins zwar überzogen, aber ein Körnchen Wahrheit sieht er doch darin. In seinem Kommentar zum Ausgang der ersten Bundestagswahlen 1949 schreibt Augstein alias Jens Daniel, „vier Jahre Altersregierung in Bonn" würden vielleicht nichts schaden, „wenn die jüngeren Deutschen" es derweil fertigbrächten, „sich auf sich selbst … zu besinnen". Der Gedanke, die deutsche Politik gehöre in die Hände einer jüngeren, tatkräftigeren Generation, wird, wie wir sehen werden, noch bei seiner engen Freundschaft mit dem Düsseldorfer Freidemokraten Wolfgang Döring eine Rolle spielen.

Es sind die *Spiegel*-Serien, derer sich Rudolf Augstein besonders annimmt und mit denen sich das Blatt völlig vom Vorbild *Time* entfernt. Sicher gibt es zuvor schon Unterschiede: Anders als die amerikanische „Mutter der Magazine", die das Wichtigste des Wochengeschehens für Nichtzeitungsleser übersichtlich und knapp zusammenfassen will, versucht der *Spiegel* nicht, ein möglichst komplettes Nachrichtenbild zu geben. Er setzt voraus, dass seine Leser über die laufenden Ereignisse durch Tageszeitungen informiert sind und konzentriert sich darauf, die Ereignisse in einen Kontext zu stellen; er liefert ergänzende Aspekte, hellt den Hintergrund auf, legt die Motive der Handelnden bloß. Dass sich dabei in objektiv wirkende Darstellungen, in denen peinlich genau auf die Exaktheit von Zahlen, Daten und Details geachtet wird, oft Tendenziöses einschleicht, gibt dem Blatt bald seinen typischen, unverwechselbaren Eigengeschmack.

Schon die ersten Serien, von Politikern oder Zeitzeugen verfasst, bezeugen Augsteins wachsendes Interesse an historischen Zusammenhängen und der beklemmenden Frage, die den „Amateurhistoriker", wie er sich später selbst nennt und zu dem er sich über die Jahre entwickelt, bis an sein Lebensende umtreiben wird: Wie konnte es geschehen? Wie war es möglich, dass eines der führenden Kulturvölker in den Bann eines der größten Verbrecher der Geschichte geriet, ihm gläubig und bedingungslos folgte bis hin zu jenem Genozid, den man später zu Recht einen beispiellosen Bruch aller Zivilisation nennen wird? Die ersten Serien bearbeitet er selbst, redigiert oder schreibt sie, wenn nötig, von Hand, denn Maschinenschreiben oder Diktieren war nie seine Stärke. Katja Kloos, genannt „Klößchen", die Sekretärin seiner hannoverschen Jahre, entziffert sein „Sütterlin", tippt es ab und macht es für den Setzer lesbar.

Im Januar 1948 laufen Auszüge aus den Memoiren Stanislaw Mikolajzyks an, jenes Chefs der polnischen Exilregierung in London und Führers der Bauernpartei, der nach Kriegsende nach Warschau zurückkehrt. Seine Erinnerungen sind eine Art Lehrstück des Kalten Krieges, denn der westlich orientierte Pole, in Warschau zunächst stellvertretender Ministerpräsident eines erweiterten Kabinetts der nationalen Einheit, wird Zeuge der sowjetischen Gleichschaltungspolitik im Ostblock, geht mit seiner Partei in die Opposition, die es nach Moskauer Vorstellungen eigentlich gar nicht geben darf, und flieht nach massiven Wahlfälschungen durch die polnischen Kommunisten wieder nach London. Höhepunkt dieser Serie ist Mikolajzyks Bericht über einen sowjetischen Oberst, der zeigen soll, wie eroberungslüstern die Sowjets denken. Ihr Masterplan, den der Obrist dem Polen erläutert, sehe vor, mit einer den Schülern moderner Kriegführung unbekannten Geschwindigkeit – nämlich in Stunden, nicht in Tagen – quer durch Europa zum Atlantik vorzustoßen. In Polen, so Mikolajzyk, habe ein noch schrecklicherer Krieg als der letzte begonnen: „ein Krieg gegen die Würde und die Freiheit aller demokratischen Völker", und wieder einmal stehe Polen in vorderster Linie.

Entspricht dies ganz dem Geist des Kalten Krieges, der im Juni dieses Jahres mit der Berliner Blockade einem Höhepunkt zustrebt, begibt sich Augstein mit der nächsten Serie Anfang

1949 in eine, wie man heute sagen würde: geschichts- oder erin-
nerungspolitisch höchst brisante Auseinandersetzung, denn es
geht um das „National-Komitee Freies Deutschland" (NKFD),
das sich nach Stalingrad in sowjetischen Gefangenenlagern aus
Offizieren bildet, die sich gegen Hitler erklären. Auch hier fehlt
nicht der Bezug zum Kalten Krieg, denn um jene Zeit geis-
tert das Gerücht von einer Armee durch die westliche Welt,
die Feldmarschall Paulus, der Verlierer von Stalingrad, angeblich aus deutschen Kriegsgefangenen in der Sowjetunion aufbaut, um die Sowjets bei ihrem Griff nach Westdeutschland
zu unterstützen. Die Serie ist aber auch insofern aktuell, als
noch viele deutsche Soldaten in sowjetischen Lagern sitzen und
jener Kameradenschinderei ausgeliefert sind, die Oberleutnant
Gerhard Philipp Humbert, der letzte Adjutant des Generals
von Seydlitz, in seinem Bericht anprangert. Unter dem Titel
„Ich bitte, erschossen zu werden" macht er die Mitglieder des
National-Komitees dafür verantwortlich, dass Tausende deutscher Soldaten in Arbeitslagern zu Tode gepeinigt wurden. Wer
sich darüber wundere, wie deutsche Generäle zu Männern des
Nationalkomitees wurden, schreibt Augstein in seiner Einführung, und wer sich dafür interessiere, „wie man in aussichtloser
Lage als russischer Strafgefangener Leben, Freiheit und Ehre
behalten kann", für den habe Humbert seinen Bericht zu Papier
gebracht. Ohne Zweifel ergreift er damit Partei für jene, die
sich dem Nationalkomitee nicht anschlossen, die Humbert die
„Unkäuflichen nennt" und damit, auch wenn er vor dem Wort
Verräter zurückschreckt, doch unterstellt, die NKFD-Offziere
hätten sich von den Sowjets kaufen lassen.

Einen der Anführer von NKFD-Rollkommandos, die solche „Unkäuflichen" hätten strafen sollen, nimmt Humbert –
und damit der *Spiegel* – namentlich aufs Korn: den Leutnant
Dr. Walter Wilimzig, der bei Stalingrad in Gefangenschaft geriet
und den Weg über die Antifa-Schule zum Frontbevollmäch-
tigten des NKFD mit schwarz-weiß-roter Armbinde gegangen

sei. Angeblich hat er nach Kriegsende als Lagerältester im Lager Sysran junge deutsche Kriegsgefangene auf Holzschemel binden lassen und selbst ausgepeitscht. 1947 in den Westen entlassen, ist der „böse Geist von Sysran" (Humbert) zur Zeit der *Spiegel*-Veröffentlichung Regierungsrat in niedersächsischen Diensten und als kommissarischer Leiter des Jugend- und Strafgefängnisses Wolfenbüttel tätig. Die Serie führt zu einer Flut von Leserbriefen ehemaliger Kriegsgefangener, mit denen der *Spiegel* – nicht ohne Stolz – eine ganze Seite füllt und so nach Kräften dazu beiträgt, dass die Staatsanwaltschaft in Göttingen ein Ermittlungsverfahren eröffnet.

Viele Leser, etwa Richard Winterhof aus Bonn, zeigen Unverständnis dafür, dass „Dr. Wilimzig hier in den Westzonen frei herumläuft – es sei langsam an der Zeit, ihn zur Rechenschaft zu ziehen. Augstein selbst meint in einem Brief an seine *Spiegel*-Leser, er sehe hier den Tatbestand der „Ausnutzung einer Gewaltherrschaft zu körperlichen und seelischen Grausamkeiten erfüllt", welche die Richter im Falle Veit Harlans vergeblich gesucht hätten. (Veit Harlan, Regisseur des Films „Jud Süß" und deshalb als psychologischer Wegbereiter des Holocaust wegen Verbrechen gegen die Menschlichkeit angeklagt, war kurz zuvor freigesprochen worden). Die Justiz, so der *Spiegel*-Chef weiter, müsse zeigen, dass „Verbrechen gegen die Menschlichkeit auch dann strafwürdig sind, wenn sie nicht unter Hitler begangen wurden".

Ist schon der Vergleich des Falls Wilimzig mit dem Harlans kraus und unverständlich, greift der 25-jährige *Spiegel*-Chef wohl eine Etage zu hoch, wenn er Wilimzig wegen Verbrechens gegen die Menschlichkeit angeklagt wissen will – die Richter werden sehr viel nüchterner wegen Körperverletzung verhandeln. Vergebens sucht Wilimzig, dem auch seine Gegner scharfen Verstand und die Gabe der freien Rede bescheinigen, die Auseinandersetzung vor der 2. Strafkammer des Landgerichts Göttingen auf eine politische Ebenen zu heben. Er stellt sich als ostpreußisches Arbeiterkind und Antifaschisten von Hause aus dar, Humbert zeichnet er als einen „Naziaktivisten" und einen jener „faschistischen Offiziere", die ihm wiederholt androhten, ihn als „Helfershelfer der Bolschewiken" später an einem Laternenpfahl aufzuknüpfen. Das Gericht zeigt sich auch durch Wilimzigs Behauptung nicht beeindruckt, er habe Kameradendiebstähle ahnden müssen, die damals offensichtlich in den Lagern grassierten; auch sein Hinweis, ihm sei es als Lagerführer gelungen, die schlechte Verpflegung zu verbessern, verfehlt seine Wirkung: Wegen gefährlicher Körperverletzung in 21 Fällen wird er am 15. Dezember 1950 zu vier Jahren und sechs Monaten Gefängnis verurteilt, ein Spruch, der vom Bundesgerichtshof im August 1951 bestätigt und damit rechtskräftig wird.

Nach den Aussagen der Betroffenen, von denen einige im Urteil aufgeführt werden, fällt es schwer, Sympathie für den Verurteilten aufzubringen. Aber für die frühe Mentalitätsgeschichte der Bundesrepublik ist der Fall symptomatisch, ja geradezu ein Beleg für die These des Jenaer Historikers Norbert Frei von der „Nachwirkung der volkgemeinschaftlichen Bindung" der NS-Zeit bis in die frühen fünfziger Jahre. Dass der Zeitgeist bei dem Urteil Pate gestanden, dass die Ost-West-Konfrontation im Kalten Krieg eine Rolle gespielt hat, scheint so sicher wie die Tatsache, dass die „Landser" vom *Spiegel*, die im Osten gekämpft hatten, nicht das geringste Verständnis für Offiziere aufbrachten, die in Kriegsgefangenschaft mit den Sowjets paktierten.

Andernfalls hätte Rudolf Augstein wohl kaum Passagen geduldet, in denen über den Grafen Heinrich von Einsiedel, nach 46 Luftsiegen über Stalingrad abgeschossen, geradezu vernichtend hergezogen wird: Wie ein „Märchenprinz", heißt es im *Spiegel*, sei Einsiedel, genannt „Bubi", einhergegangen – „mit weißem, nach innen gekehrten Schafspelz ... und Pelzbarett, mit weißen Filzstiefeln über schwarzen Pluderhosen".

Ein seltsamer Anblick inmitten der abgehärmten und schäbig gekleideten Kriegsgefangenen, so Humbert – sein Wachtposten, ein tartarischer Bauernjunge, habe große Augen gemacht und gefragt: „Das ein deutscher Kommissar? Ich nickte." Schon 1948 wurde Einsiedel vom *Spiegel* als „degenerierter Graf" und „abtrünniger Leutnant" bezeichnet, im September 1949, als er sich vom Kommunismus lossagte und vom Berliner Ostsektor in den Westen wechselte, nennt ihn das Magazin schlicht den „Komitee-Deserteur Graf Einsiedel". Der so vom *Spiegel* Bedachte, der sich damals nicht wehrte, meint heute zu dem Humbert-Bericht, an den er sich nur vage erinnern kann, es habe sich wie bei den meisten Artikeln über das NKFD „um ein Gemisch von Wahrheiten, Halbwahrheiten und Lügen" gehandelt, mit denen sich auseinanderzusetzen ihm „unter den Bedingungen des gerade ausgebrochenen Kalten Krieges ziemlich sinnlos zu sein schien".

In vielen Kriegsgefangenen-Lagern, auch solchen in Amerika, kam es ja nach der Kapitulation der Stalingrad-Armee zu einer Art Bürgerkrieg zwischen jenen, die sich von Hitler lossagten und ihn bekämpften, und denen, die sich für an ihren Eid gebunden hielten oder überzeugte Nationalsozialisten blieben. Die wildesten Auseinandersetzungen gab es offenbar in den sowjetischen Lagern. Unter der Überschrift „Wirrnis um die Justiz" schreiben Eugen Kogons *Frankfurter Hefte* vom 2. Februar 1950 zum Fall Wilimzig, die Kriegsgefangenen hätten in Russland Schlimmes und Schlimmstes" erlebt, unter Bedingungen, die „in manchem denen in nationalsozialistischen Konzentrationslagern ähnlich" gewesen seien: Das Nationalkomitee Freies Deutschland habe „da und dort mit hineingewirkt". Unter anderem Vorzeichen, so die Notiz, werde der Kampf nun fortgesetzt: „Man bedient sich nationalsozialistischer Elemente in der Justiz, politischer Kampf- oder Sensationsartikel, um Leute, die einem nicht gefallen oder nicht gepasst haben, durch staatsanwaltschaftliche Untersuchungen zu Fall zu bringen." Wie jemand zermürbt werden könne, der in die Maschinerie gerate, wisse man ja.

Die Zeilen sind offenbar von Kogon selbst geschrieben, der freilich weder Wilimzig noch den *Spiegel* beim Namen nennt. Der ihm bekannte Psychologe Bondy von der Hamburger Universität, bei dem Wilimzig studierte, hat seine Aufmerksamkeit offenbar auf diesen Fall gelenkt. Kogons abschließendes Urteil: „In der britischen Zone hat man einen uns glaubwürdig als anständigen Charakter bezeugten Mann fast vollendet um seine Existenz gebracht. Das reinste Kesseltreiben!" Ein Strafverfahren, das Wilimzig wegen Verleumdung gegen Humbert und den *Spiegel* anstrengt, wurde übrigens wegen der ersten Amnestie der jungen Bundesrepublik, dem Straffreiheitsgesetz vom 31. Dezember 1949, eingestellt.

Ernste politische Schwierigkeiten erwachsen Augstein und dem *Spiegel* mit der dritten Serie des Blatts, die im Mai desselben Jahres unter dem Titel anläuft: „Die Nacht der langen Messer fand nicht statt". Autor ist kein anderer denn Rudolf Diels, der als Görings Stellvertreter das neu geschaffene Geheime Staatspolizeiamt in der berüchtigten Berliner Prinz-Albrecht-Straße Nr. 8 leitete, bis es im Frühjahr 1934 von der SS übernommen und er auf den Posten eines Regierungspräsidenten abgeschoben wurde. Im Grunde handelt es sich bei der Diels-Serie um ein Stück autobiographischer Rechtfertigungs-Literatur: Was der *Spiegel* bringt, sind Auszüge aus seinen Erinnerungen, die unter dem Titel „Lucifer ante portas" in der Schweiz erschienen sind und deren deutsche Ausgabe die Stuttgarter DVA dann im kommenden Jahr herausbringen wird. Schon der Titel der Serie spielt auf die Selbstdarstellung des Autors an, der sich nach 1933 sofort in den Dienst von „Hitlers treuestem Paladin Göring" stellte und über gute persönliche Beziehungen zu ihm verfügte; anderthalb Jahre war er sogar mit Ilse Göring, der Witwe von dessen verstorbenem Bruder Wilhelm, verheiratet.

Aber Diels nimmt für sich in Anspruch, was aus heutiger Sicht beim ersten Chef der Gestapo grotesk bis zum Irrwitz klingen muss: dass er zusammen mit etlichen Polizeibeamten, die er aus der Zeit des sozialdemokratischen preußischen Innenministers Severing kannte, einen „Kampf des Rechtsstaates" gegen den reinen Terror der SA geführt und das „Umgreifen des Bösen" zumindest verzögert habe – andernfalls, so Diels, wäre die nationalsozialistische Bartholomäus-Nacht, wie er die Morde an SA-Chef Röhm und dessen engstem Gefolge, an Gregor Straßer, General Schleicher und Papens Redenschreiber Edgar Jung vom 30. Juni 1934 nennt, schon Anfang 1933 losgebrochen. Da selbst ein Mann wie Eugen Kogon ihm bescheinigt, er habe sich mit einigem Erfolg bemüht, die von der SA eingerichteten ersten „wilden" Konzentrationslager aufzulösen, mag in dieser Behauptung ein Körnchen Wahrheit enthalten sein. Als Kronzeugen dafür, dass Himmler in ihm stets einen Saboteur der nationalsozialistischen Revolution gesehen habe, führt Diels Göring an, der in Nürnberg aussagte, er habe ihn von der Erschießungsliste der SS-Mordkommandos vom 30. Juni gestrichen. Nach dem 20. Juli 1944, als seine Beziehungen zu den Verschwörern Planck und Popitz bekannt wurden und ihn jene Gestapo, die er vor 1933 aufbauen half, verhaftete, soll es wiederum Göring gewesen sein, der ihn vor dem Henker bewahrte.

Etliche Leser monieren den Plaudertaschen-Ton der ganzen Serie, denn ausführlich verbreitet sich Diels über den Hofstaat der NS-Größen, deren intime Feindschaften, Rivalitäten und auch Liebschaften. Wer freilich bedenkt, dass Mitte 1949 in Deutschland seriöse, kritische Literatur über den Nationalsozialismus kaum vorhanden war, ja nicht einmal die erste, im Exil 1936 erschienene bedeutende Hitler-Biographie von Konrad Heiden in einer deutschen Ausgabe vorlag, wird den Informationswert der Diels-Serie für die damalige Zeit nicht gering veranschlagen, zumal sie eine durchaus beachtenswerte

Charakterstudie Görings enthält und wichtige Einblicke in die Frühgeschichte des Dritten Reiches bietet. Karl von Schumacher, Chefredakteur der schweizerischen *Weltwoche*, nennt die Erinnerungen des Göring-Intimus das „Interessanteste und Wesentlichste", was ihm über Hitlers Epoche bisher unter die Augen gekommen sei. Dass der 25-jährige Rudolf Augstein da zugreift und einen großen Teil des Buchs als Serie vorabdruckt, ist also durchaus nachzuvollziehen.

Aus heutiger Sicht können Diels' Erinnerungen aus zwei Gründen lehrreich sein. Einmal wird in den „Leitsätzen", die Diels seinem Buch voranstellte und die der *Spiegel* unkommentiert abdruckt, deutlich, warum sich deutschnationale und konservative Beamte vom Schlage eines Rudolf Diels oder eines Bernd Gisevius den braunen Machthabern 1933 zur Verfügung stellten, denn es heißt da: „Wir konnten das Heraufkommen Hitlers weder fördern, noch hatten wir die Absicht, als er an die Macht gekommen war, ihn zu stürzen. Hitler war für diese Beamten [der preußischen Polizei] wie für alle Deutschen der neue Reichskanzler, der vierte nach Brüning, der mit einem Präsidialkabinett regieren sollte. Was ihn für verfassungstreue Deutsche von seinen Vorgängern auszeichnete, war die Tatsache, dass nur ihm die Zustimmung des Reichstags beschieden war."

Zweitens datiert Diels den Beginn der „reinen Gewaltherrschaft" der Nationalsozialisten auf den 30. Juni 1934 und exkulpiert damit sich und die von ihm geleite Gestapo, als ob sie nicht Kommunisten, Sozialdemokraten und Gewerkschafter, zum Teil in Zusammenarbeit mit der von Diels verachteten „proletarischen" SA, unmittelbar nach dem Reichstagsbrand in „Schutzhaft" genommen hätte – eine Aktion, mit welchem der nationalsozialistische Terror ja begann. Da Augstein damals gute Beziehungen zu Kurt Schumacher unterhält, dessen Parteihauptquartier in der Odeonstraße nur wenige hundert Meter vom *Anzeiger*-Hochhaus entfernt liegt, bleibt es einigermaßen unverständlich, dass er dieser Darstellung in seinem Brief an die *Spiegel*-Leser, mit dem er die Diels-Serie einleitet, nicht ausdrücklich widerspricht. Immerhin saß Schumacher, der 1932/33 der sozialdemokratische Hauptgegner der Nationalsozialisten in Württemberg gewesen war, im Juli 1933 in einer Einzelzelle der von Diels geleiteten Prinz-Albrecht-Straße in Berlin, ehe sein elfjähriger Leidensweg durch die Konzentrationslager des Dritten Reiches begann.

Von den britischen *Spiegel*-Gründern meldet sich nur Henry Ormond mit einem Leserbrief – ohne Anrede! – zu Wort, in dem er auf Gisevius verweist, der Diels „brutal, zynisch und zum Letzten entschlossen" nannte und als Erfinder der Gestapo bezeichnete. Augstein druckt den Brief kommentarlos ab. In seiner Antwort an Ormond – ebenfalls ohne Anrede! – dankt er für den Hinweis, meint aber, „ein derart umstrittener Charakter wie Rudolf Diels" könne von einem „Manne ebenfalls strittigen Charakters" wie Gisevius kaum hinreichend beurteilt werden. Ernster zu nehmen ist da schon eine offizielle Missbilligung des Abdrucks der Diels-Memoiren durch den Beratenden Presseausschuss beim Niedersächsischen Ministerpräsidenten, der befürchtet, bei den Lesern würden „nazistische Gefühle angesprochen und wieder wachgerufen". Augstein verweist in seiner Antwort auf die eingegangenen Leserbriefe, die überwiegend ablehnend seien: „… die früheren oder auch die jetzigen Nazis ließen in ihren Briefen Verachtung für Diels erkennen, da er ein Opportunist sei und da er die Sache des Nationalsozialismus verraten habe." Seine Argumente machen indes wenig Eindruck. Die Memoiren-Serie, so der Ausschuss am 30. Juni in einen Einschreibe-Brief an die drei Lizenzträger Augstein, Barsch und Stempka, müsste bis zum 7. Juli eingestellt werden, andernfalls werde er den Ministerpräsidenten bitten, „die erforderlichen Schritte zur Aufhebung der Lizenz einzuleiten". Angesichts dieser Drohung zeigt sich Augstein folgsam, veröffentlicht statt der ursprünglich vorgesehenen minimal 12, maximal aber 20 Folgen nur acht Fortsetzungen und stellt die Serie, wie gefordert, mit der Ausgabe vom 7. Juli ein.

Doch Diels, der Mann, der 1930 dem Reichskanzler Papen das Material für den Preußenschlag gegen die geschäftsführende Regierung Braun-Severing besorgte, mit dem das Ende der Weimarer Republik begann, macht bleibenden Eindruck auf Augstein, wie umgekehrt der *Spiegel*-Mann auf den früheren Gestapo-Chef. Für Augstein, der sich zeitlebens mehr für Männer, die Geschichte machen, interessiert als für die strukturelle Seite der Historie, ist Diels, dieser zwielichtige alte Korpsstudent, ein „unerschrockener Abenteurer zwischen den Regimen", ein unersetzlicher Zeitzeuge, denn er kann aus erster Hand über einige Handelnde und über Interna des Dritten Reichs berichten. Diels wiederum sieht in Augstein den, wie es in einem Brief an diesen heißt, „von der Sorge um unser Vaterland sich verzehrenden Publizisten" und in seinem *Spiegel* das Blatt, das wider den Stachel löckt und sich nicht der damals herrschenden *political correctness* von Besatzungsfrommheit und *reeducation* unterwirft. So planen „Diels und der SPIEGEL-Verlag" eine Hitler-Biographie von 300 bis 400 Seiten – ein Werk, welches das „psychologische Phänomen Adolf Hitler in prägnanter und durch persönliche Schilderungen illustrierter Form erläutern will", wie es im Vertrag vom Oktober 1950 heißt. Der *Spiegel* zahlt Diels Recherche-Kosten von rund 2000 Mark und die Anschaffung von Literatur für den Autor, der sich, durch seine enge Bekanntschaft mit Göring bestens eingeführt, zunächst auch auf eine Recherche-Reise zu Winifred Wagner in Bayreuth, zu Hitlers Fotograf Heinrich Hoffmann in München und zu „Putzi" Hanfstaengel begibt. Wenn aus dem Projekt schließlich nichts geworden ist, mag das seinen Grund darin haben, dass sich der Prozess um Diels' Entnazifizierung bis 1953 hingezogen hat.

„Wir wollen's nicht wieder tun", versichert Rudolf Augstein den Lesern Mitte April 1950 – 30 Fortsetzungen für Arthur

Nebe und seine Kriminalpolizei seien entschieden zuviel gewesen. Ende September 1949 war die Serie um eine der widersprüchlichsten Gestalten des Dritten Reiches angelaufen – um den Chef der Deutschen Kriminalpolizei Arthur Nebe, der im Reichsicherheitshauptamt (RSHA) Heydrichs und später Kaltenbrunners das Amt V (Kriminalpolizei) leitete, als Polizeigeneral im Rang einem SS-Obergruppenführer angeglichen wurde, mit Verschwörern gegen Hitler paktierte und so „der einzige SS-General" war, der je vor dem Volksgerichtshof stand und gehenkt wurde. Wie bei Diels faszinieren Augstein nicht nur unbekannte Interna des Dritten Reichs, sondern die Widersprüche im Handeln, die Brüche in Charakter und Person; aber anders als bei Diels schreibt er die ganze Serie weitgehend selbst, übernimmt also eine Rolle, die er im Brief an die *Spiegel*-Leser als die eines „zeitgenössischen Chronisten" definiert, der ein Stück gelebte Wirklichkeit in seinem Bericht festhält und für den der Historiker sei, was der Kriminalist für den Richter ist: „Er karrt das Quellenmaterial zusammen, über dem der unfehlbar Thronende (Historiker) jetzt und in ferner Zukunft sein Urteil spricht."

Die Idee zu dieser Serie stammt von Dr. Bernhard Wehner, einem alten Kriminalbeamten, der in Bad Harzburg als Kraftfahrer für die britischen Militärbehörden arbeitet. Wie alle Männer vom Amt V des RSHA wurde auch er automatisch im Rang der SS angeglichen – aus dem Kriminalrat ist so der SS-Hauptsturmführer Wehner geworden – und verlor wegen formeller SS-Zugehörigkeit nach Kriegsende seinen Job. Wehner bietet Mitte Mai 1949 „kriminalistische Kunststücke" an, die eigentlich Kriminalkurzgeschichten sind, dazu will er vom „schwierigen und oft gefährlichen Kampf" erzählen, den die Kriminalpolizei unter Nebe gegen Widerstände aus der Parteikanzlei oder Hitlers Hauptquartier führen musste, um Verbrechen von Personen aufzuklären, die NS-Größen nahe stehen und die von ihnen geschützt werden. Augstein greift sofort zu und verarbeitet die gelieferten Informationen zu einer nicht enden wollenden Serie über den Aufbau, die Erfolge, die wichtigsten Fälle, auch die angeblich weltweit bewunderten Fähigkeiten der deutschen Kriminalpolizei und stellt in den Mittelpunkt die Figur Nebe. Zum Honorar für Wehner gehört offenbar, dass der *Spiegel* ihn zeitweise als Kraftfahrer anstellt.

Nebe wird in der Serie als betont nationaler und kaisertreuer Offizier geschildert, der in die NSDAP eintritt, sozialistisch denkt wie alle Anhänger Gregor Straßers, zeitweilig den Begleitschutz Görings übernimmt, seit 1934 Kontakt zur konservativen, militärischen Opposition gegen Hitler knüpft und schließlich die Rolle eines Fouché spielen will, der er in keinem Augenblick seines Lebens gewachsen ist. Fabian von Schlabrendorff zählt ihn zu den Männern des 20. Juli: Er sei einer der wenigen innerhalb der SS gewesen, die den Kampf gegen Hitler auf ihre Fahnen geschrieben hätten, aber selbstverständlich habe er sich nach außen nichts anmerken lassen. Doch ist es ein Gebot der Tarnung, sich als Chef der Einsatzgruppe B im Osten selbst hinter's MG zu legen, weil seine Leute sich weigern, in die „schreienden, hilflosen Haufen hineinzuknallen"? Als in Nebe der Plan entsteht, Irre, die seine Einsatzgruppe liquidieren soll, in eine Garage zu sperren und die Auspuffgase eines LKW hineinzuleiten, habe er sich, so der *Spiegel*, mit dem Gedanken getröstet, „ordentliche Männer seiner Einsatzgruppe vor der Durchführung der grauenvollen Exekutionen zu bewahren". Aber wo ist der Unterschied zu Himmler, der durch „humanere" Methoden des Massenmords nicht etwa die Opfer, sondern die Gefühle seiner SS-Männer schonen wollte und deshalb die Gaskammern von Auschwitz bauen ließ?*

---

* Laut Munzinger hatte Nebe bereits 1939 im Auftrag Himmlers begonnen, für das Euthanasie-Programm Versuche über Tötungsverfahren durch Gase anzustellen. Nach dem Krieg wurde in Nebes Wohnung ein Amateurfilm gefunden, der Ermordungen durch Gase zeigt.

Augstein, der alte Russlandkämpfer, meint, Nebe habe der kämpfenden Truppe im Osten als Leiter einer Einsatzgruppe „einen schlechten Dienst" erwiesen, sich dagegen in allen anderen besetzten Ländern Europas „ehrliche Verdienste" um die „Aufklärung kriminalistischer Tatbestände" erworben. Ohne Zweifel schimmert hier das Bild vom sauberen Schild der Wehrmacht durch, das in den fünfziger und noch in den sechziger Jahren im kollektiven Bewusstsein der Bundesdeutschen vorherrschend ist. Überhaupt: War dieser Nebe der „ängstliche, anständige, ehrgeizige Beamte", der vor der Gewalt zurückwich, „bis er sich selbst nicht mehr ins Gesicht gucken konnte", wie Augstein am Ende der Serie an seine Leser schreibt?

Als sie endlich zu Ende ist, schickt *Spiegel*-Mitgründer Harry Bohrer ein befreit-aufatmendes „Gott sei Dank" an Augstein, für den er gerade eine Englandreise vorbereitet. Er hat den zweifellos richtigen Eindruck, dass seine Schüler vom *Spiegel* ihrem Thema in diesem Fall nicht gewachsen waren, denn er spricht von einer „verwirrten Biographie des Herrn Nebe" und fragt in Anspielung auf Augsteins These, alle Deutschen seien „größere oder kleinere Nebes" gewesen: „... war er (nun) der deutsche Jedermann, nicht gut, nicht schlecht, ein bisschen unehrlich, ein bisschen grausam, ein wenig ehrgeizig, ängstlich, der nie direkt des Böse wollte, aber zum Werkzeug des Infernalen wurde?" Bohrer moniert zu Recht, dass Augsteins Endlos-Serie eigentlich vier Serien in einer gewesen seien, deren vierte er in Art einer Gruselkabinett-Reklame glossiert: „Sensationelle Enthüllungen Über die Grausamsten und Größten Verbrechen des Letzten Vierteljahrhunderts Mit Gründlichster Beachtung Aller Derjenigen Aspekte Die Ein Sexualneurotisches Publikum Zu Begeisterter Kauflust Treiben Und So Fuer Den Wegfall Der Pornographischen Titelseite Garantiert Entschädigen." Treffend schreibt Lutz Hachmeister von einem „surrealen Pandämonium", zu dem sich Untaten von Mördern, Räubern, Tresorknackern und Sittlichkeitsverbrechern mit den

Einsatzgruppen-Verbrechen der Nebe, Ohlendorf und Bobel vermischt hätten.

Mit seinem ausgesprochenen Hang zum Paradoxen sieht der unerbittliche Realist und Zyniker Augstein in Arthur Nebe den Mann, der gerade dadurch, dass er „die Probe, der alle Deutschen ausgeliefert waren, nicht bestand", also an führender Stelle an den NS-Verbrechen mitschuldig wurde, eine „hervorragend angelegte Organisation" gerettet hat. Er meint damit natürlich jenes Reichskriminalamt, das erst in der nationalsozialistischen Zeit gegründet, in Nürnberg ausdrücklich von der Verurteilung der SS als verbrecherischer Organisation ausgenommen wurde und dessen Professionalität Nebe ob seines Rangs und seiner Funktion im nationalsozialistischen Staat dem Zugriff von Partei und Ideologen offenbar weitgehend hat entziehen können. Wenn Augstein in Briefen an die *Spiegel*-Leser wiederholt fordert, die Kriminalpolizei der jungen Bundesrepublik müsse zentrale Weisungsbefugnis für das ganze Bundesgebiet haben und „auf ihre alten Fachleute zurückgreifen" dürfen, auch wenn diese „mit einem SS-Dienstrang ‚angeglichen' worden waren", gibt er nur einer in Westdeutschland damals weit verbreiteten Stimmung Ausdruck. Dass die Polizei ausschließlich Ländersache ist, wird überwiegend als Rückschritt betrachtet, und wenn durch demokratische Ämterpatronage „Parteibonzen" in wichtige Polizeiämtern gelangen, die der Aufgabe der Verbrechensbekämpfung nicht gewachsen sind, gilt dies als Symptom einer von den Siegern erzwungenen neuen Kleinstaaterei.

Der Aufbau des Bundeskriminalamts und das 131er-Gesetz vom April 1951 macht aus seinen Wünschen Wirklichkeit und ebnet den beamteten Sherlock Holmes des Arthur Nebe den Weg zur Wiederverwendung. Wehner selbst, der übrigens schon 1931 Mitglied von NSDAP und SA geworden war, amtiert 1954 wieder als Chef der Düsseldorfer Kriminalpolizei, und ein Kollege von ihm, der im Rang angeglichene SS-Sturmbannführer Dr. Walter Zirpins, leitet schon seit 1951 das Referat

Kriminalpolizei im niedersächsischen Innenministerium der sozialdemokratischen Regierung Kopf. Einst mit den Ermittlungen zum Reichstagsbrand beauftragt, wird er zum wichtigen Gewährsmann für Fritz Tobias, der unter den Nazis Stellung, Beruf und Heim verlor und sich dennoch vornimmt, 1959 in der *Spiegel*-Serie „Stehen Sie auf, van der Lubbe" die bis zu seiner Arbeit in der Öffentlichkeit vorherrschende These zu widerlegen, die Nazis hätten den Reichstag selbst angezündet.

Dass einige wenige ehemalige Nationalsozialisten von Rudolf Augstein als Informanten des *Spiegel*, als Mitarbeiter oder gar Redakteure beschäftigt werden, kann den nicht wundern, der die Grundstimmung der Zeit in Rechnung stellt. Selbst ein liberaler Geist wie der Freiburger Nationalökonom Wilhelm Röpcke vergleicht die Ausgrenzung der Deutschen nach dem Krieg durch die Besatzungsmächte dem Verhalten der Nationalsozialisten gegenüber den Juden – eine Analogie, die heute ohne Zweifel monströs wirkt. Doch sie wird nachvollziehbar, meint der amerikanische Historiker Jeffrey K. Olick, wenn man bedenkt, dass in den ersten Nachkriegsjahren Gradmesser für die deutsche Schuld nicht der Holocaust, sondern die deutschen Kriegsverbrechen sind. Anfang der fünfziger Jahre, schreibt Norbert Frei, hätten die Deutschen beschönigend von den „Wirrnissen der letzten Jahre" und von der Notwendigkeit gesprochen, „Vergessen über die Vergangenheit zu decken". So erklärt Konrad Adenauer in einer der ersten Kabinettsitzungen 1949, die Deutschen hätten so verwirrte Zeiten hinter sich, dass es sich empfehle, „generell tabula rasa zu machen". Entsprechend wird die erste Amnestie, die aus solcher Einsicht folgt – das Straffreiheitsgesetz für geringere Straftaten, begangen vor dem 15. September 1949 –, als Abrechnung mit der verhassten Entnazifizierung wahrgenommen.

Einigen allerdings, etwa *Christ und Welt*, geht diese Abrechnung nicht weit genug: Das Wochenblatt des evangelischen Kon-

sistorialrats und CDU-Politikers Eugen Gerstenmaier behaup-
tet, der „Zustand des Bürgerkrieges", unter dem die Deutschen
litten, sei damit nicht beendet. Selbst für einen Mann wie Fritz
Erler versteht sich, dass man einen „Schlußstrich unter das
Kapitel der politischen Säuberung" ziehen muss: Ein Großteil
der Anhänger des Nationalsozialismus habe das NS-Regime aus
Irrtum bejaht, andere hätten aus Verblendung, aus Profitsucht
Bequemlichkeit oder in Nachahmung vermeintlich klügerer
Köpfe mitgetan – allerdings auch zu einem nicht unerheblichen
Teil „aus echtem Idealismus".

Die FDP war 1949 mit dem Slogan in den Wahlkampf gezogen:
„Schlußstrich drunter! Schluß mit Entnazifizierung, Entrech-
tung, Entmündigung, Schluß mit dem Staatsbürger 2. Klasse.
Wer die staatsbürgerliche Gleichberechtigung will, wählt FDP!"
Wenn der Bundestag unter ihrem Druck, aber auch dem der
Deutschen Partei, jenes anderen Koalitionspartners des ersten
Kanzlers, 1950 über den geforderten Schlussstrich debattiert, ist
eines der Motive dafür zweifellos die Erkenntnis von der Frag-
würdigkeit der Spruchkammerverfahren, die ja selbst Jeffrey
K. Olick als rechtsstaatlich zweifelhaftes Instrument bezeichnet.
Ein anderes, nicht minder wichtiges Motiv ist die Überlegung,
dass es auf die Dauer nicht möglich sein wird, einer Gruppe
von Entnazifizierten die bürgerlichen Rechte vorzuenthalten,
aber gleichzeitig Loyalität aller Staatsbürger gegenüber der
neuen Ordnung zu erwarten. Im Dezember 1950 empfiehlt der
Bundestag schließlich den für die Entnazifizierung zuständigen
Ländern, den von der Rechten lautstark geforderten Schlussstrich zu ziehen, kriminelle Vergehen aber vor die ordentlichen
Gerichte zu bringen.

Der Kriminalrat Bernhard Wehner, den Augstein auf Reisen
schickt, damit er Informationen sammelt, sei an Politik „nicht
sonderlich interessiert" und alles andere als ein Nazi gewesen –
so der *Spiegel*-Herausgeber in einem Vermerk vom Dezember
1996. Ist es Wehner, der den Kontakt zwischen dem *Spiegel*

Die Eltern: Gertrude und Friedrich Augstein
zogen kurz vor dem Ersten Weltkrieg aus dem
katholischen Bingen nach Hannover in die
protestantische Diaspora.

Wie die Orgelpfeifen: Rudolf wächst, als zweitjüngster, mit
sechs Geschwistern auf: Ingeborg (später in das Foto einkopiert),
Rudolf, Irmgard, Gertraud, Margret, Josef und Anneliese (von
links); unten die Eltern mit Anneliese, Rudolf und Ingeborg im
Karnevalskostüm.

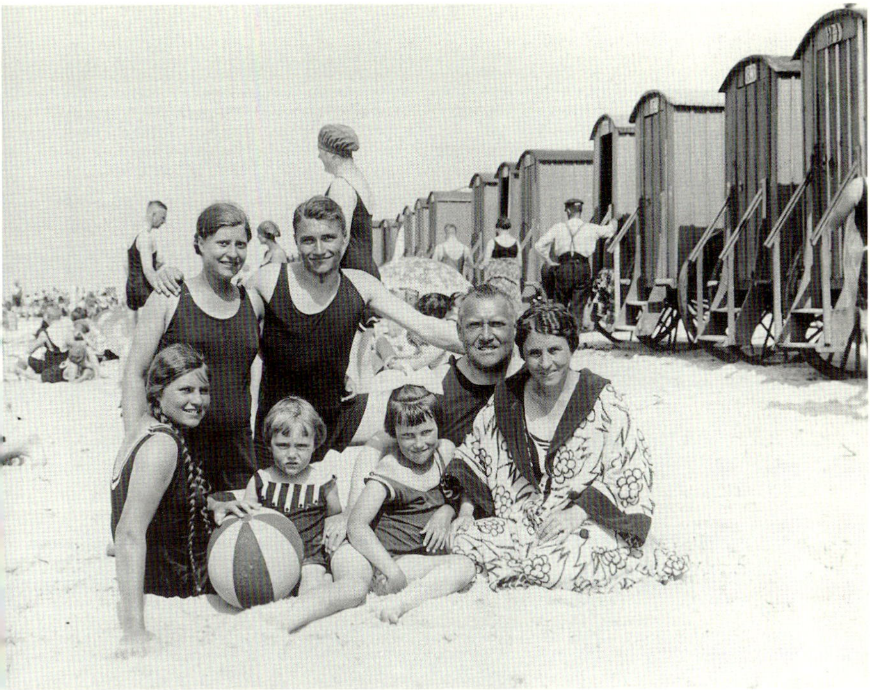

Der Spiegel

Der Spiegel

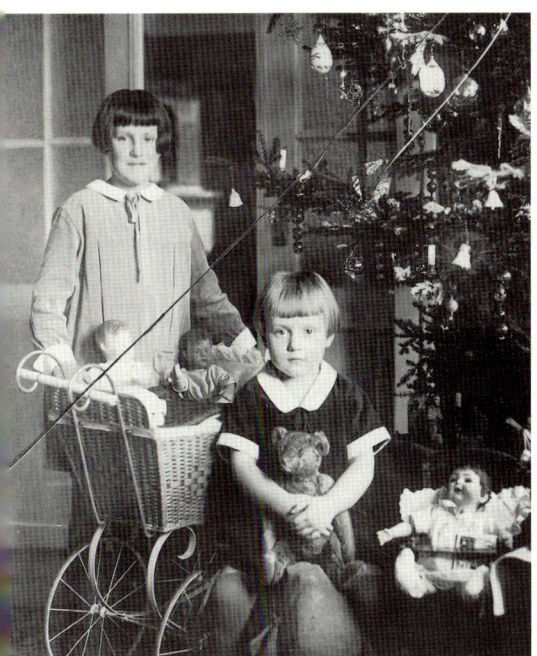

1926 in den Sommerferien auf Borkum: die Eltern mit Anneliese und Josef (kniend), Margret, Rudolf und Irmgard; links Margret und Rudolf am Weihnachtsbaum.

Rudolf Augstein (rechts) als Kanonier im Zweiten Weltkrieg.

Das Soldbuch, das ihn ab 1. August 1943 als Gefreiten führt.

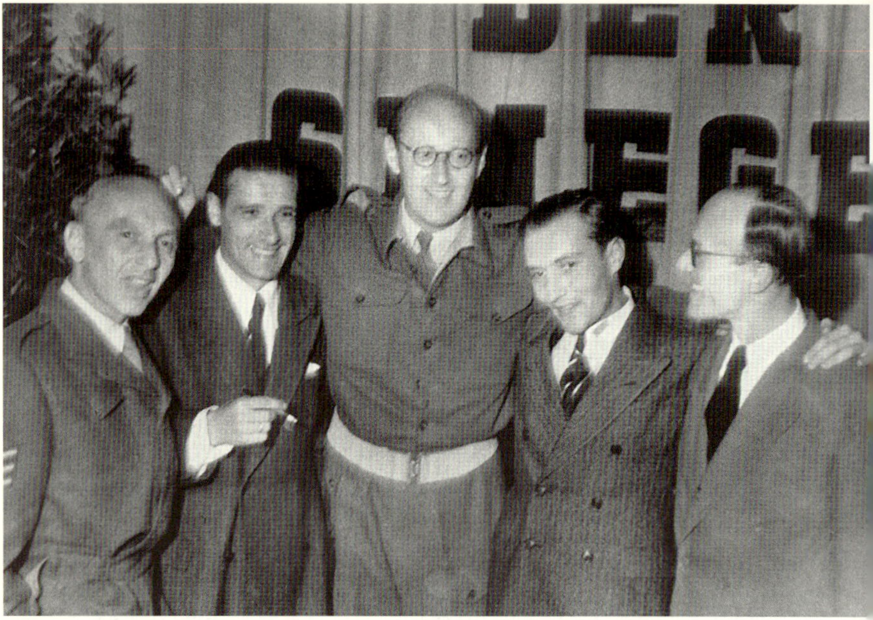

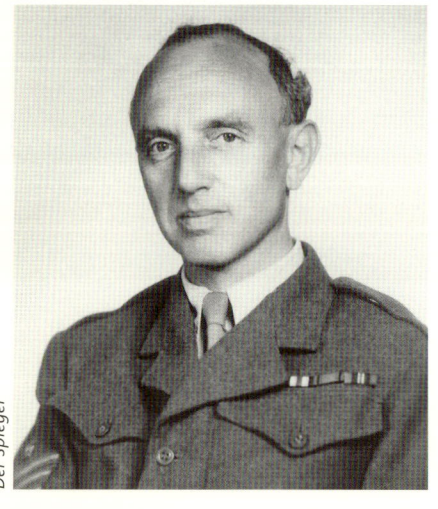

Die Lizenzträger des neuen *Spiegel* mit ihren britischen Geburtshelfern: Henry Ormond, Roman Stempka, Harry Bohrer, Rudolf Augstein und Gerhard Barsch.

Der Spiegel

Stabsfeldwebel Henry Ormond fungierte in dem von dem britischen Major John Chaloner herausgegebenen Nachrichtenmagazin als Geschäftsführer.

Harry Bohrer als kommissarischer Chefredakteur: Er lehrte die
jungen deutschen Redakteure den Magazin-Journalismus.

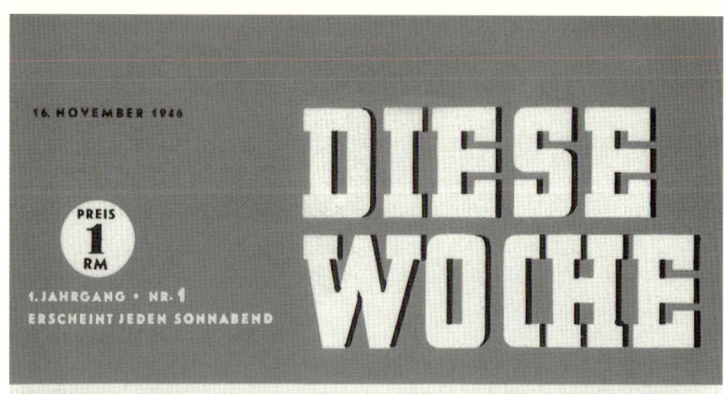

DIE STIMME SEINER HERREN
UNO-CHEFDOLMETSCHER KAMINKER SORGT SICH UM DIE SPRACHE — DIE UNO UM DIE VERSTANDIGUNG (SIEHE „AUSLAND")

Am 14. November 1946, einem Samstag, erschien die erste Nummer des Nachrichtenmagazins *Diese Woche* zum Preis von 1 Reichsmark – noch als eine Publikation der britischen Besatzungsmacht. Aus ihr ging im Januar 1947 der *Spiegel* hervor.

Der 24-jährige Rudolf Augstein als Redakteur des *Spiegel* 1947
in Hannover.

Reinhold Leßmann / *Der Spiegel*

Im *Anzeiger*-Hochhaus an der Goseriede in Hannover arbeitete
die *Spiegel*-Redaktion in beengten Räumen bis zum Umug nach
Hamburg im Herbst 1952.

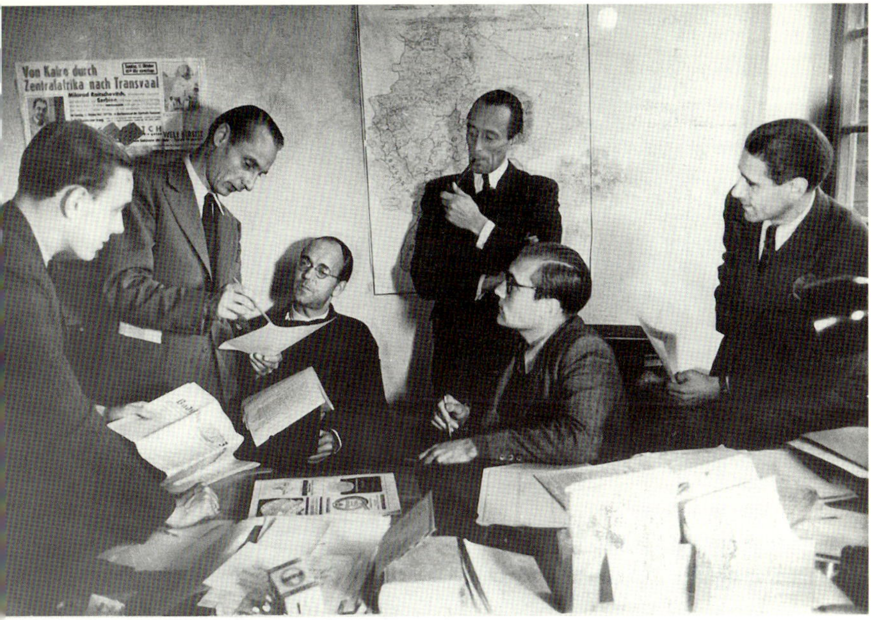

Der Spiegel

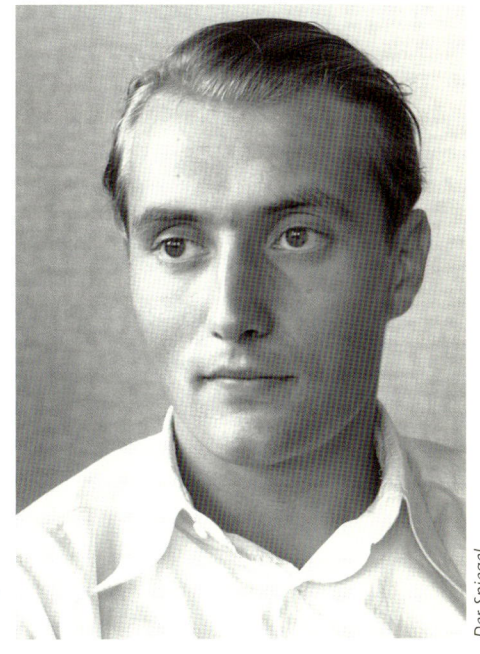

Augstein (zweiter von rechts) in seinem Büro in Hannover mit den Redakteuren Hans Detlev Becker, Karlwerner Gies, Werner Hühne, Hans J. Toll und Roman Stempka (oben von links).

Der Spiegel

Spiegel-Herausgeber Rudolf Augstein im Jahr 1949.

Augstein mit seiner ersten Sekretärin Katja Kloos 1947
in Hannover.

Rudolf Augstein
in der Setzerei.

Mitlizenzträger
Roman Stempka (links)
war für die Bildredaktion
und die grafische Gestal-
tung verantwortlich.

Hans J. Toll war in der Redaktion, praktisch der zweite Mann des Gründungsteams nach Augstein, für Feuilleton, Kunst und Wissenschaft verantwortlich.

Augsteins Theaterstück
„Die Zeit ist nahe..." (oben
Augstein mit Regisseur
Gerhard Schulz-Rehden)
wurde am 31. Oktober 1947
in der Landesbühne Hanno-
ver uraufgeführt und nach
harschen Verrissen der Kritik
bald wieder abgesetzt.

143

Der Spiegel

Als „Jens Daniel" zieht Augstein gegen die Westpolitik
Adenauers zu Felde. Er fürchtet, dass der Kanzler alle Chancen
für eine Wiedervereinigung zunichte macht. Oben Augstein mit
Hans Detlev Becker und Hans Dieter Jaene 1957 bei DDR-Staats-
chef Walter Ulbricht im Haus der Einheit in Ostberlin, unten
Adenauer bei einer Wahlkundgebung im Mai 1958.

Der Spiegel

und den früheren SS-Hauptsturmführern Dr. Horst Mahnke und Georg Wolff knüpft? Sehr wahrscheinlich, denn Wehner kennt sich im Netzwerk der „Ehemaligen" aus und wird von Mahnke und Wolff gehört haben, zumal sie 1949 als Sicherheitsbeauftragte des Kaffeegroßhandels im Hamburger Hafen den Schwarzhandel mit Kaffee unterbinden sollen. Vielleicht ist Wehner auch bei seinen Recherchen für die Nebe-Serie auf Mahnke gestoßen, denn dieser gehörte ja jenem „Vorkommando Moskau" an, das Teil der von Nebe geführten Einsatzgruppe B gewesen ist. Unter Leitung des SS-Brigadeführers Prof. Alfred Six sollte es nach der Besetzung Moskaus Listen führender Sowjetfunktionäre zusammenstellen – ein Auftrag, der sich mit dem Scheitern der deutschen Offensive im Winter 1941 erledigte.

Bei diesem Professor Alfred Six, einer wissenschaftlich außerordentlich schillernden Figur, hatten Wolff und Mahnke in Königsberg studiert – Wolff bereits nebenher, denn er ist Lutz Hachmeister zufolge seit März 1938 hauptberuflich als Referatsleiter beim Königsberger SD mit der „Observation der kulturellen und ökonomischen Lebensgebiete" befasst. Nach der Besetzung Norwegens wird er Referatsleiter beim Befehlshaber der Sicherheitspolizei in Oslo und bleibt dort bis Kriegsende. Mahnke aber folgt seinem Professor auf Schritt und Tritt – erst nach Berlin als Lehrbeauftragter, denn Six wird Dekan einer eigens für ihn geschaffenen „Auslandswissenschaftlichen Fakultät" an der Friedrich-Wilhelms-Universität; dann als SS-Hauptsturmführer und Adjutant des Leiters des Vorkommandos beim Marsch auf Moskau, schließlich in Ribbentrops Auswärtiges Amt, wo Six als Gesandter I. Klasse die kulturpolitische Abteilung übernimmt. Für den *Spiegel* schreiben Mahnke und Wolff, die sich nach dem Krieg in Niedersachsen wiedertrafen, dann jene Serie „Am Caffehandel beteiligt – Deutschlands Schmuggler", die im Sommer 1950 anläuft – wie schon bei der Nebe-Serie ohne Angabe der Verfasser.

Harry Bohrer, 1950 zeitweise *Spiegel*-Kritiker im Auftrag Rudolf Augsteins, nennt die erste Folge einen „interessanten Beginn" für das, was „eine klassische Grenzschmuggelgeschichte zu werden verspricht". Nur eine Woche später, unter dem Eindruck der ersten Fortsetzung, korrigiert er sein Urteil und zeigt sich entsetzt über viele antisemitische Passagen: Die Serie sei, schreibt er jetzt, „ein erfolgreicher Versuch, jede jüdische Beteiligung so auszulegen, dass man fast automatisch vom Einzelnen auf das Allgemeine Schlüsse zieht". Da einige am *Spiegel* sich bewusst sein müssten, „dass sie ihre Berufsausübung und ihren relativen Wohlstand teilweise solchen zu verdanken haben, die auch von der Pogrompolitik betroffen waren", könne man „diese Art von Journalismus nur als dreckig bezeichnen".

Wenn die Kaffeehandel- und Schmuggelserie ausführlich schildert, wie sich *displaced persons (DPs)* der deutschen Gerichtsbarkeit entziehen, sich nicht um Bauverbote kümmern und Strafbefehle missachten, greift sie zweifellos ein Problem auf, das viele Deutsche damals empört, das jedoch in der Öffentlichkeit meist unerörtert bleibt. Denn bis zur ersehnten Auswanderung nach Israel oder in die USA fühlen sich die DPs praktisch als Exterritoriale. Einige sind frühere KZ-Häftlinge, nicht wenige nach Deutschland verschleppte Zwangsarbeiter, die nicht in ihre Heimatländer unter stalinistischer Herrschaft zurückkehren wollen; viele zählen zu den rassisch Verfolgten und wollen sich nicht den Gerichten ihrer ehemaligen Verfolger, sondern ausschließlich der alliierten Militärjustiz stellen. Selbst der nationaler Neigungen oder fortlebender faschistoider Stereotypen völlig unverdächtige katholisch-demokratische *Rheinische Merkur* greift dieses Problem auf und beklagt, viele DPs seien führend am Schwarzhandel mit Kaffee, Tee, Schokolade und Tabak beteiligt, der sich vom Lager Bergen-Belsen ins deutsche Zollgebiet ergießt. Allerdings dürfe man nicht verkennen, dass es „eine echte Tragik" unter diesen Menschen gebe, die oft seit zehn Jahren wurzellos seien – eine Sensibilität, die der *Spiegel* vermissen lässt. Statt dessen häufen sich rassistische Klischees, die übel an die Wortwahl des „Dritten Reiches" erinnern – Gesetzesbrecher sind oft von „südländischem Typ", „Menschen fremdrassigen Ursprungs" oder stammen von obskurem „Grenzvolk" ab.

Weil Joseph Klibansky, der „Anwalt der bayrischen Judenheit", wie ihn Augstein nennt, per einstweiliger Verfügung die Einstellung der Serie verlangt, kommt es zu einem Zivil-Verfahren vor dem Landgericht Frankfurt. Es endet mit einem Vergleich, bei dem der *Spiegel* etliche Vorwürfe gegen den Präsidenten des Bayrischen Landesentschädigungsamtes, Dr. Philipp Auerbach, und gegen Landesrabbiner Aaron Ohrenstein, die Mandanten Klibanskys, zurücknehmen muss. So habe der *Spiegel*, heißt es da, nicht zum Ausdruck bringen wollen, „dass vornehmlich Menschen jüdischen Glaubens am Kaffeeschmuggel beteiligt sind", auch habe dem Blatt „jede Absicht der Beleidigung" von Ohrenstein und Auerbach fern gelegen. In einem Brief an die lieben *Spiegel*-Leser, in dem er die im Vergleich niedergelegten *Spiegel*-Rückzieher erklärt, kann Augstein indes das Sticheln nicht lassen. So beschreibt er den Anwalt Klibansky als „Zwischending von einem römischen Volksredner und einem Teppichhändler aus Smyrna", als kleinen dicken Mann, der „mit der Behendigkeit eines Waschbären und dem Habitus eines Pinguins" den Gerichtssaal durchmesse und sich als „Gerichtsspieler mit einer unwahrscheinlichen Klaviatur" erwiesen habe. Wenn er sich befriedigt zeigt, dass Auerbach im Gerichtssaal seine Promotionsurkunde vorgezeigt habe, ruft er genüsslich „die alte publizistische Streitfrage" in Erinnerung, ob der bayerische Staatskommissar denn seinen Doktortitel überhaupt zu Recht trage.

Es gibt ähnlich anstößige *Spiegel*-Geschichten, die wiederum auf Informationen des „Kriminalreporters" Bernhard Wehner beruhen und entweder von Auseinandersetzungen zwischen „Ehemaligen" handeln, vor Lockspitzeln der amerikanischen

Abwehr – „Merkt euch den Namen Hirschfeld" – warnen oder
von einem Braunschweiger Nachtclubbesitzer, einem „staaten-
losen DP mosaischen Glaubens" namens Zenobjucz Messing,
handeln, der in Lodz Zuträger der Gestapo gewesen sein soll
und deshalb vor Gericht stehen wird. Dass es in den meisten
dieser Geschichten, wie ja im Kern auch in der Kaffeehandel-
Serie, um juristische Fragen geht, mag erklären, warum Augstein, der lebenslang peinlichst auf Recht, korrekte Einhaltung
der Rechtsordnung und Rechsstaatlichkeit achtet, geholfen hat,
sie ins Blatt zu heben. Der *Spiegel* habe, wird er im November 1985 rückblickend in einer Kolumne schreiben, „Krach mit
einzelnen Juden und Krach mit Vertretern der Judenheit in
Deutschland gehabt". Das sei insofern normal gewesen, als in
den Zeiten des Umbruchs Leute hervorgetreten seien, „denen
man eine bürgerliche Gesittung auch bei bestem Willen nicht
attestieren konnte".

Sorge um Rechtsstaat und Rechtsstaatlichkeit kann jene
Geschichte allerdings nicht entschuldigen, in welcher der *Spiegel*
im Dezember 1949 den *agent provocateur* Hirschfeld mit seinem
„verpickelten Gesicht" und der „Blutwarze auf der Knollnase"
an den Pranger stellt – mit genauer Anschrift samt Kennzeichen seines uralten 2-Liter-Adlers, damit mögliche Femerächer
ihn auch ja finden können. Denn der frühere SS-Untersturm-
führer, jetzt in amerikanischen Diensten, hatte sich als Liebhaber und „alter SS-Kamerad" das Vertrauen der Schwester des
SS-Brigadeführers Six erschlichen und so dessen Decknamen
und Versteck erfahren. Nach einem Verhör durch die Amerikaner in Heidelberg, bei der sie von der Rolle Hirschfelds erfährt,
wird sie am Neckar tot aufgefunden.

In einem Brief an die *Spiegel*-Leser bezichtigt Augstein die
zuständige Staatsanwaltschaft, die Todesursache nicht geklärt
und Hirschfeld als möglichen Täter nicht einmal vernommen
zu haben. Mag dies ein Motiv gewesen sein, so bleibt beim Lesen
gerade dieser Geschichte doch ein fahler Geschmack ob ihres

hämisch-denunziatorischen Untertons und einer untergründig spürbaren Sympathie für die von Hirschfeld verratenen
SS-Leute, die sich schon aus der Dramaturgie nahezu jeder
Verrats-Geschichte ergibt. Einer der Verratenen: Six-Adjutant
Dr. Horst Mahnke, den britische Geheimdienstler nun verhaften
und in Bad Nenndorf scharfen Verhören bis hin zu Quälereien
und Misshandlungen unterziehen. Nach dem Motto: „Er hat
schon genug gesühnt" schreibt ihm die letzte Spruchkammer-
Instanz bei seiner Entnazifizierung diese Misshandlungen dann
als Entlastung gut und verurteilt den früheren SS-Hauptsturmführer lediglich zu einer Geldstrafe von 400 D-Mark.

Im Herbst 1951 werden er und sein Co-Autor und Studien-
freund Wolff, der bei der Sicherheitspolizei in Oslo Berichte
über die Einstellung der Norweger für die RSHA-Führung in
Berlin verfasste und sich sonst nichts hat zuschulden kommen
lassen, beim *Spiegel* angestellt und rücken bald zu Ressortchefs auf – Mahnke für „Internationales", Wolff für „Ausland".
„Witzig und dynamisch" findet der junge *Spiegel*-Redakteur
Wilhelm Bittorf die beiden, die sich offenbar betont kollegial
in die Redaktion einfügen – „im Casinoton auftretend, wie
viele alte Nazis sympathisch einnehmend". Möglich, dass für
die Betrauung beider mit internationalen Aufgabenbereichen
die Tatsache ausschlaggebend ist, dass der eine Deutschland
schon einmal „von draußen" gesehen hat, der andere einer
oder zweier Fremdsprachen mächtig ist und durch sein Stu-
dium beim „Auslandswissenschaftler" Six einige Kenntnisse
in auswärtiger Politik vorweisen kann. Auch wenn es bereits
Redaktionsvertreter in London, Paris und in Wien gibt, ist die
Auslandsredaktion um diese Zeit noch immer ein Stiefkind, das
weitgehend vom Ausschlachten der *New York Times*, der *Time*,
gelegentlich auch von *Newsweek* zehrt. Glaubt man Brawand,
dann ist Rudolf Augstein, was Details der Auslandsbericht-
erstattung betrifft, in den ersten Jahren des Blattes von geradezu gemeingefährlicher Gleichgültigkeit: „Fauzi el Khauki aus

Arabien dementiert sowieso nicht", habe sein Standardsatz über die zumeist aus ausländischen Zeitungen zusammengestoppelten Artikel gelautet.

Mahnke siedelt nach wenigen Jahren in die Bonner Redaktion über und verlässt das Blatt 1959, um zu Springer zu gehen. Wolff bleibt bis zu seiner Pensionierung, leitet später das Ressort Geisteswissenschaft und knüpft für Augstein Kontakte zu den Philosophen Karl Jaspers, Martin Heidegger und Arnold Gehen. Für lange Zeit ist er ein wichtiger Dialogpartner Augsteins innerhalb der Redaktion. Wenn Hachmeister und andere, die in den neunziger Jahren mit der Absolutheit und Radikalität nachgeborener Antifaschisten die Mitarbeit einiger ehemaliger Nationalsozialisten am Spiegel anprangern, entgegnet Hans Detlev Becker kühl: „Damals galt, wer entnazifiziert war, gegen dessen Mitarbeit lag nichts mehr vor." Wenn es selbst einem Horst Mahnke gelang, entnazifiziert zu werden, mag das sehr wohl gegen das ganze System sprechen, aber so miserabel es auch gewesen sein mag – es hat damals eben die Kriterien für eine Beschäftigung geliefert. Georg Wolff war einige Monate bei den Norwegern interniert, die ihn kaum ohne Gerichtsverfahren hätten laufen lassen, wenn gegen ihn etwas Stichhaltiges vorgelegen hätte. Nach langen Gesprächen mit ihm stellt ihn Augstein ein und versichert im Dezember 1996 seinem Chefredakteur Stefan Aust: „Sein Entsetzen über die Untaten, von denen er ja nur zum Teil wissen konnte, war echt." Und Wilfred von Oven, letzter Adjutant von Joseph Goebbels, in der Weimarer Republik Rätekommunist, der mit einem Presseausweis des *Spiegel* 1951 nach Südamerika reist? Er hatte einen Leserbrief zum 20. Juli geschrieben, auf den hin ihn Augstein, stets begierig, von Insidern zu erfahren, wie es im inneren Zirkel um Hitler zuging, nach Hannover einlud. In Lübeck entnazifiziert, plant von Oven, nach La Plata zu gehen, und Augstein hofft, dass er einen Korrespondenten für den südamerikanischen Kontinent gefunden hat. Doch die Zusammenarbeit endet schnell, und als von

Oven später auf Veranstaltungen von Rechtsextremen spricht, wird er vom *Spiegel* an den Pranger gestellt. Zu den ehemaligen Natio-nalsozialisten beim *Spiegel* zählt auch sein zeitweiliger Berlin-Korrespondent Karl Friedrich Grosse, der im Auftrag des Reichsaußenministeriums einst den Auslandsclub in der Berliner Fasanenstraße leitete, sowie ein früherer Angehöriger der Waffen-SS in der Bildredaktion, auch hat einer der *Spiegel*-Stenographen früher für das Führerhauptquartier gearbeitet. „Wer die damalige Zeit miterlebt hat", so Augstein wiederum an Aust, „wo hohe und höchste Nazis hohe und höchste Posten bekamen, wird dem *Spiegel* schwerlich Vorwürfe machen können."

Nein, Berührungsängste gegenüber ehemaligen Nationalsozialisten hat Rudolf Augstein nicht, dazu ist er viel zu neugierig, *crime stories* aus der NS-Welt oder Interna aus der Zeit des verflossenen „Dritten Reiches" zu erfahren, mit denen er neue Leser locken kann. Verspricht er sich von Diels, wenn auch vergebens, einen Hitler aus der Nähe gesehen, versucht er Hans Werner Fritzsche, den ehemaligen Leiter der Rundfunkabteilung im Propagandaministerium, für einen Bericht über seine Erfahrungen bei den Nürnberger Prozessen zu gewinnen. Denn dort saß der Radio-Kommentator, den nahezu jeder deutsche Radiohörer von seiner wöchentlichen Sendung „Hier spricht Hans Fritzsche" kennt, quasi als Goebbels-Ersatz auf der Anklagebank, wurde jedoch freigesprochen. Der Plan zerschlägt sich, da für Fritzsche noch immer ein Schreibverbot des Landes Bayern gilt.

Doch wegen zweier einstiger NS-Funktionäre und SD-Leute die ersten 15 *Spiegel*-Jahre in Bausch und Bogen zu verwerfen und die „mentale Gründung" des *Spiegel* als aufklärerisches, „liberales, im Zweifel linkes Blatt" auf den Tag der Durchsuchung der *Spiegel*-Redaktion am 26.Oktober 1962 zu datieren, wie Lutz Hachmeister dies tut, ist eines der für viele Achtundsechziger typischen unhistorischen Urteile. Richtiger ist wohl, dass auch für den *Spiegel* zutrifft, was Karl-Heinz Janssen einmal für die frühe *Zeit* festgestellt hat: Er war ein Kind seiner Zeit, verteidigte deutsche Interessen und verstand sich mit Recht als Sprachrohr der großen Mehrheit des Volkes. Und in diesem Volk, wäre hinzuzufügen, weichen Überzeugungen, Vorurteile und Ressentiments aus der Zeit des „Tausendjährigen Reichs" erst langsam, zumal einige – etwa die Bolschewikenfurcht und die Ablehnung alles Russischen – durch den Kalten Krieg am Leben gehalten werden, andere aber – etwa der so genannte kulturelle, also der nicht eliminatorische Antisemitismus, sehr viel ältere, tiefer reichende Wurzeln haben. Sie stammen aus dem mentalen Traditionsreservoir des deutschen Bürgertums und waren – und sind – deshalb besonders resistent.

Ehemalige NS-Funktionäre oder Wegbereiter des Nationalsozialismus gibt es in der deutschen Publizistik damals auch anderswo, und sie sitzen häufig in wichtigeren Positionen als Mahnke oder Wolff beim *Spiegel*: Der SS-Sturmbannführer Giselher Wirsing, Mitarbeiter an Rosenbergs Institut zur Erforschung der Judenfrage, wird Chefredakteur von *Christ und Welt*; beim *Sonntagsblatt* des Bischofs Hanns Lilje arbeiten Hans Zehrer und Ferdinand Fried, die vor 1933 in der Zeitschrift *Tat* der konservativen Revolution das Wort redeten und sich nach Kräften mühten, den Untergang der Weimarer Republik herbeizuschreiben. Ernst Samhaber, einer der ersten leitenden politischen Redakteure der *Zeit*, gehörte von 1933 bis 1937 dem Propagandaministerium an, muss deshalb nach einer Intervention der Militärregierung im Juni 1946 abtreten und darf den Beruf des Journalisten nicht mehr ausüben. Sechs Jahre lang, von 1950 bis 1956, gelang es dem SS-Brigadeführer Erwin Ettel, nach dem Urteil des früheren Gauleiters Bohle ein Mann von „wirklich fanatischer Nationalsozialistischer Einstellung" und zeitweilig NS-Gesandter im Iran, sich unter dem Pseudonym Ernst Krüger unerkannt in der *Zeit* einzunisten, die unter Chefdedakteur Tüngel bis in die zweite Hälfte der 50er

Jahre nationalistische Ressentiments erkennen ließ und „ausgesprochen deutschnationale Töne anschlug", wie *Zeit*-Autor Frank Bajohr schreibt. Fast nahtlos habe sich Ettel alias Krüger bei diesem Blatt in ein „Milieu Ehemaliger" eingefügt, zu dem u. a. Hans-Georg von Studtnitz aus der Informationsabteilung des Auswärtigen Amts (AA) und der SS-Obersturmbannführer Paul Karl Schmidt, der ehemalige Leiter der Presseabteilung und Gesandter I. Klasse des AA gehörten.

Bei der *Zeit* schreibt Schmidt auch unter dem Namen P. C. Holm, als Paul Carell veröffentlicht er Bücher und Bildbände über den Russlandfeldzug, strickt an der Legende von der sauberen Wehrmacht mit und wird schließlich Chefredakteur der Springer-Illustrierten *Kristall*. Für den *Spiegel* schreibt er eine Serie über die Rajk-Prozesse im Ostblock, und Augstein beauftragt ihn, der als guter Schreiber gilt, im Jahr 1959, die Serie über den Reichstagsbrand von Fritz Tobias umzuschreiben, was dieser nach Erhalt der ersten, von Schmidt umgearbeiteten Manuskripte allerdings empört zurückweist. Übrigens: Ob Schmidt alias Carell entnazifiziert wurde, ist ungewiss, aber er sagte im Nürnberger Prozess als Belastungszeuge der amerikanischen Anklage aus. Wenn etwas Ernstes gegen ihn vorgelegen hätte, wäre er wohl kaum auf freiem Fuß geblieben.

Wer aufmerksam den *Spiegel* der frühen Jahre studiert, findet mehr Licht als Schatten, aber eben auch Schatten. Treffend urteilt Harry Bohrer aus der Distanz, der *Spiegel* sei „lebhaft, lebendig, witzig, abwechslungsreich, offenherzig, manchmal mutig, oft lehrreich", und er lese ihn gern. „Ab und zu ist er nazistisch", schreibt er an Augstein, „aber da er aus Deutschland im Jahr 1950 kommt, kann man wahrscheinlich kaum etwas anderes erwarten. Es ist noch immer diese alte Überheblichkeit allem gegenüber, was nicht deutsch ist; ein ziemliches Unverständnis für alles, was nicht Macht und Profit als Motiv hat; eine unanständige Rücksichtslosigkeit gegenüber allen, die irgendwelcher Verfehlungen beschuldigt werden, auch wenn es noch gar nicht zu einem Verfahren, geschweige denn einer Verurteilung gekommen ist ... "

Wenn er von einer „Regelmäßigkeit" spricht, „mit der eine jüdische Abstammung bei all denen erwähnt wird, die in einem unangenehmen Licht erscheinen", spießt er in der Tat eine grobe Unart des frühen *Spiegel* auf. So verbreitet sich das Blatt im Oktober 1950 gleich sieben Spalten lang genüsslich über eine Affäre bei der „Jüdischen Wiedergutmachungsbank" in Frankfurt, deren Geschäftsführer die Einleger um ihr Kapital brachten und sich dann ins Ausland absetzten – ein Skandälchen, das bestenfalls eine Spalte wert gewesen wäre, wenn nicht Joseph Klibansky, der Gegner in der Auseinandersetzung um die Kaffeeserie, am Beiseiteschaffen des Geldes angeblich mitgewirkt hätte. Vom sozialistischen französischen Verteidigungsminister Jules Moch, dem besondere Aversionen gegen Deutschland unterstellt werden, heißt es, er stamme aus einem alten jüdisch-elsässischen Offiziersgeschlecht. Und der SPD-Bundestagsabgeordnete Otto Heinrich Greve führt zu Recht Klage, es sei offenbar „schon wieder soweit" dass ein französischer Ministerpräsident als Jude apostrophiert werde. In der Tat gibt der *Spiegel* Ende August 1954 eine merkwürdige Erklärung für den Versuch Adenauers, einem Gespräch mit Mendès-France auszuweichen: Der „Instinkt" des Kanzlers, liest man erstaunt, habe es ihm verboten, „sich mit dem zappligen, kühlintellektuellen Franzosen semitischen Geblüts auf eine Privatkonferenz einzulassen, wie er sie mit den aussterbenden Großvätern des ‚Europa-Gedankens' hatte führen können". Greve: „Wir sollten uns endlich einmal daran gewöhnen, dass jeder, wer es auch sein möge, wenn es sich um einen Staatsmann handelt, nur der Repräsentant seines Volks und seines Landes ist."

War hier die Handschrift der „Ehemaligen" Wolff oder Mahnke zu erkennen? Wenn ja, dann hat doch Rudolf Augstein, der damals offenbar alle Manuskripte las, ehe sie in Satz gingen, an der empörenden Charakterisierung von Mendès-France keinen Anstoß genommen. Übrigens lehnt er die Veröffentlichung der Zuschrift ab, weil damit der Sache Greves nur ein „schlechter Dienst" erwiesen werde. Viele hätten den Lapsus – und das sei er – schlicht überlesen. Doch beinahe trotzig beharrt er darauf, das Wort vom „semitischen Geblüt" sei nicht unangebracht gewesen, denn der Kanzler habe nun einmal „instinktiv" Vorbehalte „gegen das Naturell von Mendès-France". Weil allerdings „die alten Wunden mit Recht noch frisch" seien, empfehle es sich, in Deutschland derlei nicht zu schreiben. Reicht er den Vorwurf Greves damit nur an Adenauer weiter, dem er damit indirekt Antisemitismus unterstellt?

Für einen *durchgängig* offenen oder auch nur subkutanen Antisemitismus im frühen *Spiegel* finden sich trotz solcher Zitate allerdings keine Beweise, im Gegenteil. Im Oktober 1947 veröffentlicht das Blatt einen sehr engagierten Bericht über Nazi-Verbrechen im KZ Sachsenhausen; im April 1948, in einem Artikel über das Urteil im Einsatzgruppen-Prozess, das 12 von 22 Angeklagten zum Tod verurteilt, werden die abscheulichen Verbrechen der Angeklagten überzeugend geschildert – allein Ohlendorf habe 90 000 Menschen auf dem Gewissen. Je eine *Spiegel*-Seite wird 1947 dem Vorsitzenden des Komitees der befreiten Juden der Britischen Zone, Norbert Wollheim, dem Bayerischen Staatskommissar für die rassisch, religiös und politisch Verfolgten, Dr. Philipp Auerbach, und dem VVN-Vorsitzenden der Britischen Zone, Franz Heitgress, zur Verfügung gestellt. Wollheim, mit dem Augstein häufig korrespondiert, hatte Anstoß an der Geschichte über den jüdischen Gestapo-Spitzel Zenobjzucz Messing genommen, weil der *Spiegel* hier „um der Befriedigung von Sensationshunger willen einen Kriminalreißer an das unkritische Lesepublikum" gebracht habe. Doch spricht er Augstein seine Anerkennung über die „wohlwollende Objektivität" aus, mit welcher der *Spiegel* in Nr. 9 vom 28. Februar 1948 die Rolle der jüdischen Untergrundarmee Haganah im noch britisch verwalteten Palästina beschreibt. Der

Artikel hebe sich wohltuend von der Berichterstattung in den meisten deutschen Presseorganen ab, die „entweder in verzerrter, oder aber offen feindseliger Haltung" über die Palästinafrage berichteten.

Allerdings folgt Augstein stets der Devise „Schreiben, was ist"; er will einen Gauner, wie er es redaktionsintern formuliert, auch als Gauner bezeichnen dürfen, wenn er Jude ist. Im Zweifel macht er damit gegen die *political correctness* der ersten Nachkriegsjahre Front, die er selbst – er ist eben ein Mann der Widersprüche – in einem Brief an Norbert Wollheim im August 1947 einmal auf die betont verständnisvolle Formel bringt: „Das deutsche Volk ist innerlich noch zu sehr von der Naziideologie befangen, um leidenschaftslos in der Zeitung lesen zu können, dass es auch unter Juden und ehemaligen KZ-Opfern Dinge gibt, die besser anders wären."

Wer behauptet, das Magazin habe eine aufklärerische und liberale Funktion erst nach der *Spiegel*-Affäre übernommen, kann die Jahrgänge bis 1962 kaum aufmerksam gelesen haben. Im August 1952 berichtet das Blatt über das Vorhaben der rechtsextremen Sozialistischen Reichs-Partei (SRP), Tarnorganisationen aufzubauen und so das erwartete Verbot der Partei durch das Bundesverfassungsgericht zu unterlaufen – Projekte, die nach dem Urteil der Schweizer *Tat* „in ihrer ursprünglichen Form" durch die *Spiegel*-Veröffentlichung „zunichte gemacht worden" sind. Wegen antisemitischer Äußerungen spießt es Dr. Eberhard Taubert, den zweiten Vorsitzenden des vom Steuerzahler subventionierten „Volksbundes für Frieden und Freiheit" auf, der einst leitender Funktionär im Goebbels-Ministerium und ehrenamtlicher Beisitzer des Volksgerichtshofes war.

Überhaupt mehren sich ab Mitte der fünfziger Jahre die Attacken gegen das Erstarken der Ehemaligen, zumal wenn sie in Bonner Ministerien tätig sind. „Nach Ostland reiten" heißt der Titel vom April 1954 über Flüchtlingsminister Oberländer, der einst Gauamtsleiter und SA-Hauptsturmführer gewesen ist und einen früheren Reichspropaganda-Redner, Träger des goldenen Parteiabzeichens, mitsamt anderen ehemaligen Nationalsozialisten in seinem Stab beschäftigt. Im November 1959, der Vertriebenenminister ist immer noch im Amt, legt das Blatt mit einer weiteren Titelgeschichte – „Nachtigall in Bonn" – nach und setzt sich erneut kritisch mit der Person Oberländer, aber auch den Vertriebenverbänden auseinander. Im Januar 1960 fordert der *Spiegel* schließlch den Rücktritt des „wie mit Uhu an seinen Posten geleimten Mannes": „Werft die Nazis aus der Regierung", schreibt Augstein als *Moritz Pfeil*, „pensioniert die Blutrichter, und dann säubert die Rinnsteine!" Gemeint ist damit natürlich auch Dr. Hans Globke, über den das Magazin schon im April 1956 eine Titelgeschichte unter dem Motto „Böse Erinnerungen" bringt und die keinen Zweifel daran lässt, dass der *Spiegel* den engsten Mitarbeiter und Berater des Kanzlers für eine untragbare Belastung hält.

Zwar gibt die Story fairerweise alle Argumente wieder, die den Kommentator der Nürnberger Rassegesetze entlasten können, aber Globke wird keineswegs geschont: Freisler, heißt es da, habe Globkes Kommentar als besonders wertvoll bezeichnet, und in mindestens zwei Punkten habe Globke die bestehenden Gesetze nicht gemildert, sondern verschärft. Überhaupt sei grotesk, so der *Spiegel*, was dabei herauskomme, wenn ein preußischer Beamter mit überkommener Akribie die „widerlichen Paragraphen der Rassegesetze" kommentiere. Da sei dann von „Dreiachteljuden" zu lesen, die, wenn sie „einen volljüdischen und einen halbjüdischen Großelternteil" besäßen, „als Mischling mit einem volljüdischen Elternteil" gälten. Im März 1961 greift Augstein (Moritz Pfeil) den Fall Globke noch einmal auf: Sein Name stehe „unter so vielen abscheulichen Dokumenten", dass die Frage dringlich sei, „wie lange wir unsere Versuche, dem Ausland den Mann schmackhaft zu machen, noch fortsetzen wollen". Im Dezember 1957 prangert der *Spiegel* den Offenburger Studienrat Zind wegen antisemitischer Schmähreden an, eine Affäre, die 1958 mit der Verurteilung Zinds endet.

So gewiss also die *Spiegel*-Affäre eine Zäsur in der Geschichte des Blattes darstellt, wie wir noch sehen werden, ist es doch falsch, sie zur Trennlinie zwischen einem frühen und einem aufklärerischen *Spiegel* zu machen. Die Wandlung des Magazins von einem aufmüpfigen, respektlosen, gegen die Besatzungsmächte opponierenden national gesonnenen Blatt, in dem sich in den ersten Jahren immer wieder Haltungen, Ressentiments und Vorurteile der Besiegten oder Besetzten, der zu Umerziehenden und der Frontgeneration, eben der „Landser", finden, die Wandlung hin zum nicht minder respektlosen, unerbittlichen Kritiker der bundesdeutschen Restauration, der Diskrepanz zwischen Worten und Taten der Politiker, autoritärer Bürokraten, des Fortlebens alten NS-Gedankenguts samt alter NS-Eliten – diese Wandlung vollzieht sich seit 1949, dem Ende der Jahre der Improvisation, schrittweise und legt ab Mitte der fünfziger Jahre an Tempo zu. In dem Maße, in dem die neue demokratische Ordnung Gestalt gewinnt und die bundesrepublikanischen Institutionen sich festigen, wächst auch das Profil des *Spiegel* dank jenem „kämpferischen Temperament" für die Freiheit, das ihn in den Augen Erich Kubys schon 1953 zur Institution hat werden lassen.

Als Kuby dies in den *Frankfurter Heften* feststellt, hat Augsteins Blatt sich bereits mit Erfolg im Aufdecken von Skandalen erprobt, in jenem investigativen Journalismus also, der bald das Markenzeichen des *Spiegel* werden soll. „Klug sein und Mund halten" ist jene *Spiegel*-Story vom 27. September 1950 überschrieben, in der – an Hand eines Gedächtnisprotokolls des Abgeordneten Josef Baumgartner – behauptet wird, dass bei der Wahl zur Bundeshauptstadt rund zwei Millionen Mark an zahlreiche Bundestagsabgeordnete geflossen sind, um eine Mehrheitsentscheidung für Bonn und gegen Frankfurt herbeizuführen. Es ist der erste große Coup, der dem *Spiegel* auf der Bonner Bühne gelingt. Voller Stolz meldet Augstein seinen Lesern, die 115 Exemplare der Zeitungshändler des Bonner Bundeshauses seien binnen 48 Minuten ausverkauft worden; der Bundestag beschließt einen Untersuchungsausschuss, der bald nur noch „*Spiegel*-Ausschuss" heißen wird. Das Blatt ist damit in aller Munde, Herausgeber und Redaktion sonnen sich in ihrem Erfolg und – die Auflage steigt.

Zwei Jahre später, mit der Ausgabe vom 9. Juli 1952, gelingt der zweite Coup, und weil er zur Beschlagnahme des Blattes führt, wird der *Spiegel* noch mehr beachtet als zur Zeit der Bonner Bestechungsaffäre. Der Bundeskanzler fühlt sich verleumdet, weil Hans-Konrad Schmeißer alias René Levacher, Agent der französischen Abwehr, des Service de Documentation et Contre-Espionage (SDECD), in einer Geschichte behauptet, Konrad Adenauer habe für den Fall eines russischen Vorstoßes an den Rhein von den französischen Behörden verlangt, dass seine sämtlichen Familienangehörigen in Sicherheit und er mit einem Wagen nach Spanien gebracht würde. Schmeißer beschuldigt auch Herbert Blankenhorn, einen der engsten Mitarbeiter Adenauers, der inzwischen als Ministerialdirektor die Politische Abteilung des Auswärtigen Amts leitet, er habe dem französischen Dienst Informationen geliefert und dafür regelmäßig Honorare erhalten. Die *Spiegel*-Story spielt in jener hohen Zeit des Kalten Krieges, in der Eisenhower die amerikanischen Generäle ermahnt, sich im Fall einer sowjetischen Invasion nicht auf das Halten der Ardennen-Vogesen-Linie zu versteifen, sondern notfalls auf die Pyrenäengrenze zurückzuweichen, um die Kampfkraft ihrer Truppen zu bewahren, damit sie, verstärkt durch transatlantische Kontingente, später zum Gegenstoß antreten könnten.

Ganz sicher ist der Zeitpunkt der Veröffentlichung sorgsam gewählt, denn die Behauptungen Schmeißers platzen wie eine Bombe am Vorabend der Debatte über den General- oder Deutschlandvertrag, mit dem Adenauers Politik der West-

integration praktisch besiegelt wird. Augstein isst gerade eine
Bouillonwurst im Rasthaus Rimberg am hessischen Knüll, als
er Zeuge wird, wie ein „grüner hessischer Landpolizist" die
letzten drei Exemplare des *Spiegel* beschlagnahmt. Weder die
Kanzler des Kaisers noch die der Weimarer Republik, schreibt
er seinen Lesern, kein amerikanischer Präsident, kein Premier
Englands oder Frankreichs hätten seit 1870 je beschlagnahmen
lassen, weil sie sich verleumdet fühlten: „Ein Verleumdungsver-
dacht rechtfertigt noch keine Staatsaktion!", klagt er und fragt
ironisch: „Wohin sind die unkomplizierten Zeiten, da Wilhelms
Staatssekretär Kiderlen-Wächter den Bismarck-treuen Redakteur des *Kladderadatsch*, Wilhelm Polstorff, wegen eines belei-
digenden Gedichts im Duell erschoß?" Augstein übertreibt:
Kiderlen-Wächter wurde nur an der Schulter verletzt.

Der Prozess mit Adenauer schleppt sich über Jahre hin und
endet schließlich mit einem Vergleich, denn ganz so sicher,
wie der Artikel glauben machen wollte, ist sich der *Spiegel* des
Wahrheitsgehalts seiner Informationen denn doch nicht, zumal
der ehemalige französische Agent sich während des Prozesses
als bedenklich schillernder Charakter erweist. In der Hauptsache aber erzielt der *Spiegel* einen Achtungserfolg: Die ver-
fassungsrechtliche Prüfung ergibt die Unrechtmäßigkeit der
Beschlagnahme.

Augstein befindet sich auf einer Reise in die Schweiz, als
Hans Detlev Becker den Schmeißer-Artikel ins Blatt hebt. Dieser sein Pollux, so schreibt Hans Dieter Jaene, ist vehementer
Verfechter eines investigativen Journalismus und des Konzepts
einer *crusading press*, die „mit Kreuzzugselan" alles aufgreift
und vor dem Leser ausbreitet, „was den Verfechtern einer Westintegration Westdeutschlands das Leben sauer machen" kann.
So wird er auch zum willkommenen Verbündeten Augsteins in
dessen Auseinandersetzung mit der so genannten Boulevard-
Fraktion, die eine weniger aggressive Gangart der Berichterstattung wünscht, und selbstverständlich unterstützt er den *Spie-*

gel-Chef nach Kräften bei Meinungsverschiedenheiten mit den Ko-Lizenzträgern Barsch und Stempka. Denn so unbestritten Rudolf Augstein auch der führende Kopf der Redaktion sein mag, alles allein bestimmen kann er damals keineswegs.

Hans J. Toll und Dr. Werner Hühne beklagen beide Schadenfreude, Häme, schnoddrigen Ton und eine prinzipielle Aufmüpfigkeit des Magazins selbst da, wo nach ihrer Meinung „wirklicher Grund zu Ehrfurcht und Achtung besteht" – eine Überlegung, welche den aus dem Krieg heimgekehrten „Landsern" unter den jungen Redakteuren aus einer fernen, heilen Welt zu kommen scheint und sie höhnisch lachen lässt. Hühne will etwas vom neutralen Umgang mit Nachrichten, wie er vom Zeitungstyp des Generalanzeigers geübt wird, in das neue Magazin eingebracht wissen, wünscht sich einen *Spiegel* „bunt, harmlos und nett, der niemandem weh tut", meint Becker im Rückblick. Und der gestandene Feuilletonist Toll zieht seine äußerst gepflegte, aber sanfte Ironie, eben die Kunst der leichten Hand, auf die er sich so trefflich versteht, allen direkten Attacken vor.

Bei solchen Auseinandersetzungen wirken die beiden anderen Lizenzträger wie eine *fleet in being*, auf die sich die Augstein widerstrebende Redaktions-Fraktion im Zweifelsfall stützen könnte, zumal Barsch und Stempka sich immer wieder besorgt zeigen über die heftige Kritik ihres Blattes an den westlichen Alliierten. Nach Aufhebung des Lizenzzwangs werden aus den Lizenzträgern ja Gesellschafter, die Augstein im Zweifel 2:1 überstimmen können.

Früh erkennt der Mann mit der „rasiermesserscharfen Intelligenz" (Kuby) diese Gefahr und versucht, die Gesellschafts-Verfassung entsprechend zu ändern. Als er Kündigungsfristen und Abfindungsregeln berücksichtigt wissen will, wittern die beiden Mitgesellschafter seinen Griff nach der alleinigen Macht und lehnen ab. Für Augstein aber geht es bei seinem Kampf um Charakter und Stoßrichtung des Blatts auch um die Zukunft des ganzen Unternehmens. Erstmals zeigt er, der im persönlichen Umgang eher scheu bis schüchtern ist und freundliche Formen wahrt, sich als knallharter Geschäftsmann, der seine Gegner mit raffiniertem Kalkül, aber auch mit brutaler Entschlossenheit mattzusetzen versteht. In einem bitterbösen Brief, der als klare Kampfansage zu werten ist, erinnert er seine Partner daran, „dass die tatsächlichen Entscheidungen im Geschäftsleben nicht allein nach den Stimmanteilen fallen, sondern nach dem Gewicht, das ein Partner mitbringt". Für Augstein ergibt sich dieses Gewicht selbstverständlich aus den Verdiensten um das Unternehmen – und da es sich schließlich um eine Wochenzeitung handelt, die sich ausschließlich durch ihre journalistische Arbeit verkauft, legt er Wert auf die Feststellung, „dass ich nicht für mich allein spreche, sondern für die Redaktion".

Hebt er damit schon auf einen möglichen Rechtsstreit ab? Das spätere Beispiel des Verlegers Gerd Bucerius lehrt, dass Augsteins Argumente durchaus juristisches Gewicht haben. Denn als Bucerius sich mit seinen Partnern Tüngel und Schmidt di Simoni 1960 um die Besitzverhältnisse bei der *Zeit* streitet, entscheidet ein hanseatisches Schiedsgericht zu seinen Gunsten, weil er nachweislich die größere Leistung für das Unternehmen erbracht habe. Da Augstein sich eines Sieges über seine Partner jedoch nicht absolut gewiss sein kann, bereitet er vorsorglich einen Notplan vor. In einem „Umlauf an die Damen und Herren der Redaktion" vom Juli 1950 spricht er von einer „allerdings entfernten Möglichkeit", dass sich die „zwischen den drei Gesellschaftern des *Spiegel* aufgetretenen Spannungen" nicht anders lösen ließen als durch „eine völlige Trennung". Für diesen Fall, so Augstein zu seinen Mitarbeitern, werde er zusammen mit dem *Constanze*-Verleger John Jahr und auf den Maschinen von Axel Springer in Hamburg „unabhängig vom *Spiegel* in Hannover" ein „Blatt von der Art des *Spiegel* herausbringen". Die Damen und Herren der Redaktion, die „im äußersten Falle" mit ihm gehen würden, fordert er auf, sich für den möglichen Exodus nach Hamburg vorsorglich auf einer Liste einzutragen. Natürlich weiß er, dass die junge Mannschaft, die unter seiner und Beckers Leitung das Blatt prägt, im Zweifel mit ihm ziehen würde – seine Mitgesellschafter behielten dann zwar den *Spiegel*, aber als quasi hohlen Titel, den sie nicht so zu füllen verstünden, wie eine treue Leserschaft es erwartet.

Es ist diese Drohung, die Redakteure wie Toll zum Ausscheiden veranlasst und Barsch wie Stempka schließlich zum Einlenken bringt. Im Abstand eines Jahres willigen beide ein, ihre *Spiegel*-Anteile zu verkaufen, wenn auch gegen erkleckliche Abfindungen. Immerhin beläuft sich die *Spiegel*-Auflage im Jahr 1950, in dem diese Auseinandersetzung spielt, schon auf 86 000 Exemplare. Heute, wo sie um die Millionengrenze pendelt, mag dies erbärmlich wenig erscheinen. Bedenkt man allerdings, dass die Startauflage 1947 ganze 15 400 Exemplare betrug, ist sie in drei Jahren um das Fünffache gewachsen – ein schöner Erfolg, der gewiss nicht der sanft-ironischen Nettigkeitsstrategie von Toll/Hühne, sondern der scharf geführten Feder, der kämpferischen Berichterstattung und jener Rundumkritik der Jungen um Augstein und Becker zu danken ist, die keinen und nichts verschont: „… keiner weiß, wofür er ist", zitiert Leser Werner Sonnemann aus Bremen Anfang 1955 aus einem Bericht des *New Yorker* über den *Spiegel*, er sei „gegen die Kommunisten und gegen die Neonazisten, gegen die Regierung und gegen die Opposition, gegen die Amerikaner und gegen die Russen, gegen die Engländer und gegen die Franzosen". Er habe sich nur noch nicht „gegen Gott und die Mutterschaft gewandt, aber niemand in Deutschland wird überrascht sein, wenn er es tut".

Haben Stempka und Barsch versucht, auch die britischen „Väter" des *Spiegel* in dieser Auseinandersetzung zu ihren Gunsten zu mobilisieren? Beweise dafür gibt es nicht, und doch fällt auf, dass Chaloner, Ormond und Bohrer justament um diese Zeit Augstein vor einer geplanten Allianz mit John Jahr warnen und ihren Besuch zu dritt in Hannover ankündigen. Könnte nicht Jahr eines Tages, und zwar ohne dass Augstein ihn daran zu hindern vermöchte, „Stempka bestimmen, sein Drittel ihm ebenfalls zu überlassen?" Diese Frage, meint Henry Ormond, solle Augstein doch bitte bedenken, ehe es zu spät sei – denn leicht könne er sich dann selbst „in der hoffnungslosen Minorität" wiederfinden.

Ganz uneigennützig richten die drei britischen Geburtshelfer diese „letzte große Warnungstafel" vor Augstein allerdings nicht auf. In einem Brief vom 14. August 1950 an die drei Gesellschafter Augstein, Stempka und Barsch schreibt Ormond einigermaßen widersprüchlich, sie hätten für ihre Unterstützung bei der Gründung des *Spiegel*, die weit über das Dienstliche hinaus gegangen sei, „nie einen Dank in materieller Form" verlangt – nur um dann fortzufahren: „Wir haben dagegen der Hoffnung Ausdruck gegeben, dass, wenn einmal die rechtliche Möglichkeit dazu gegeben sei, wir Gesellschafter mit je 10 % Geschäftsanteil würden. Das ist bedingungslos von Ihnen gutgeheißen und als Selbstverständlichkeit anerkannt worden." Um der Klarheit willen fügt der Jurist Ormond allerdings hinzu, dass bei der „seinerzeitigen Besprechung … von einer Rechtspflicht nicht die Rede" gewesen sei, indes habe die „allseits anerkannte moralische Pflicht" zu einem *gentlemen's agreement* geführt. Die Bemühungen der drei, begründet Ormond, „waren derartig, dass John Chaloner die Sache beinahe die Stellung gekostet hätte" und Harry Bohrer deshalb nicht zum Offizier befördert worden sei. Diese „Bemühungen" apostrophierend vermerkt Augstein in Sütterlin am Rand: „Man sieht jetzt, weshalb."

Kein Zweifel: Die drei Gentlemen kommen nicht nur nach Hannover, um dreieinhalb Jahre nach der *Spiegel*-Gründung den Einstieg Jahrs zu verhindern, sie möchten den Geschäftsanteil von Barsch offenbar zu je einem Drittel übernehmen – wobei in ihren Augen wohl selbstverständlich ist, die Anteile als Entlohnung früherer Dienste geschenkt zu bekommen. Wie ernst es ihnen damit ist, die damalige mündliche „Vereinbarung" auf eine „gesetzlich einwandfreie Basis zu bringen", geht schon aus der Tatsache hervor, dass sie vor ihrem angekündigten Besuch Bilanzabschriften für die Jahre 1947 bis 1949 fordern, dazu „eine Detailaufstellung für Mai und Juni 1950 über Einnahmen von Vertrieb und Anzeigenabteilung sowie Ausgaben der Redaktion, Gehaltsliste, allgemeine Unkosten, Spesen usw.".

Wenn dies ein wenig danach klingt, als ob drei ehemalige Besatzer in ein vermeintlich noch besetztes Land zurückkehren wollten, kann es Augstein nur in seinem Widerstand bestärken. Aber er, der von sich einmal sagt, er hätte auch gern Jura studiert, erkennt sofort die Problematik, die im Verlangen der drei *Diese Woche*-Gründer steckt: Bekommen sie jetzt Anteile, erhält alles, was sie damals für das Projekt unternommen haben, nachträglich den Ruch der Korruption. So heißt es in seiner von Bruder Josef, dem Anwalt, entworfenen, in Stil und Ton eher brüsken Antwort: Natürlich seien sie bereit, materiellen Dank abzustatten, doch würden mögliche Zuwendungen stets „freiwillig, ohne Anerkennung einer Rechtspflicht" gezahlt. Mit dem Geschäftsbetrieb des *Spiegel* hätten die drei ehemaligen Rheinarmee-Kameraden früher nichts zu tun gehabt, und er werde sie ganz gewiß auch in Zukunft „nicht berühren". Die Umorganisation – das heißt: der Abgang Barschs und der Eintritt Jahrs – werde zur Zeit durchgeführt und gehe ausschließlich die jetzigen Gesellschafter etwas an. Ormond nennt die Verhandlungen unerfreulich, spricht von unnötiger Schärfe, von einer menschlich enttäuschenden Härte Augsteins und – in dessen Schlepptau segelnd – auch Stempkas.

In weitaus versöhnlicherem Ton wirbt Augstein in einem persönlichen Brief um die weitere Freundschaft Bohrers, setzt ihm nichtsdestoweniger seinen Standpunkt „klar und kompromißlos" auseinander: Wenn dieser glaube, „durch das Pochen auf angebliche Rechte" Dinge verhindern zu können, „die wir für richtig halten" – gemeint ist das Zusammengehen mit John

Jahr –, dann werde er von ihm nur „ein ungeschminktes Nein bekommen". Doch wäre er froh, wenn sie beim nächsten Besuch Bohrers „über diese unerquicklichen Dinge, die Sie keinesfalls mehr ändern werden", nicht zu sprechen brauchten.

Am Ende steht zwar eine Einigung, aber sie ist weit von dem Ziel entfernt, das die ungebetenen Besucher von der britischen Insel hatten erreichen wollen: John Chaloner und Harry Bohrer erhalten jene Reichsmarksumme voll in D-Mark umgewertet, die sie für die Lizenzerteilung seinerzeit vorgeschossen hatten – sechs Monate lang je 500 D-Mark. Henry Ormond, inzwischen Rechtsanwalt in Frankfurt, verzichtet auf diese Summe – ob er sie nicht nehmen will, weil er sie als Almosen betrachtet, oder aus juristischen Gründen, bleibt ungeklärt. Immerhin hatte er von Anfang an darauf hingewiesen, dass es sich bei diesem *gentlemen's agreement* nicht um eine rechtlich verbindliche Verpflichtung handele. Doch zeigt sich Augstein, wo wirklich Not am Mann ist, keineswegs kleinlich. Als der Journalist Bohrer in Großbritannien nicht recht reüssiert, wird er Mitte der siebziger Jahre als Repräsentant des *Spiegel* angestellt, erhält ein stattliches Gehalt samt großzügig bemessener Pension, auch für seine Witwe wird später gut gesorgt.

Nicht von Undankbarkeit, sondern vom Wunsch nach Unabhängigkeit ist Rudolf Augsteins unerbittliche Haltung gegenüber den britischen Geburtshelfern des *Spiegel* bestimmt: Ausländer als Gesellschafter eines Blattes, das sich unter seiner Führung der Vertretung nationaler Interessen verschrieben hat, sind für ihn undenkbar, aber auch Partner, die sich noch immer als Vormund fühlen oder ihn an der Verwirklichung seiner journalistischen Konzeption hindern würden. Erstmals zeigt er sich in dieser Auseinandersetzung als der „unerschrockene, kalte und strategisch denkende Kopf", als den ihn Claus Koch später charakterisieren wird. In dem Hamburger John Jahr, der zusammen mit Axel Springer die Frauenzeitschrift *Constanze* verlegt, findet er schließlich den geradezu idealen

Partner: Der um vieles ältere Jahr hat schon in der Weimarer Republik eine florierende Annoncen-Expedition betrieben, ist durch und durch liberal gesonnen, kaufmännisch mit allen Wassern gewaschen und versteht es, durch gezielte Anzeigenwerbung das Blatt wirtschaftlich auf sichere Füße zu stellen. Für künftige Stürme wird das entscheidend sein, denn Augstein weiß: Nur wenn finanzieller Rückhalt vorhanden ist, wird ein Verbot oder eine Beschlagnahme wie im Fall Schmeißer nicht gleich zur Vernichtung des Blattes führen.

Hans Huffzky knüpft den Kontakt zu Jahr, nachdem er und Augstein sich auf einer jener *reeducation*-Reisen getroffen haben, mit denen die britische Regierung deutsche Journalisten mit den demokratischen Institutionen der Insel vertraut machen will. Weil Augstein eine Verbindung mit Springer der eigenen Unabhängigkeit wegen scheut, übernimmt nicht der *Constanze*-Verlag, sondern John Jahr persönlich den 33,33-Prozent-Anteil von Barsch. Und als schließlich auch Stempka, von Augstein gedrängt, das Blatt verlässt und im August 1952 seinen Drittelanteil ausbezahlt erhält, teilen sich Rudolf Augstein und John Jahr dessen 33,33 Prozent und halten damit das Kapital des *Spiegel* im Verhältnis 50:50. Die zehnjährige Ehe zwischen Augstein und Jahr bekommt dem Blatt: Nicht nur, dass die Auflage auf rund 340 000 Exemplare klettert und sich damit verdreifacht; Jahr baut einen wohlfunktionierenden Verlagsapparat auf und weitet das Anzeigenaufkommen pro Heft so erheblich aus, dass der *Spiegel* bald glänzende Gewinne erwirtschaftet. Bei alledem aber, das rühmt Hans Dieter Jaene zu Recht, bewahrt er „die *Spiegel*-Journalisten um Rudolf Augstein vor Pressionen der Industrie".

Als der „junge, freche Vogel" namens *Spiegel* auf Anraten Jahrs im Oktober 1952 das provinzielle Hannover verlässt und sein Nest „auf den Klinkerhöhen des Anzeiger-Hochhauses" mit der sechsten Etage im Hamburger Pressehaus tauscht, hat Augstein ihn fester denn je im Griff. In einem Abschiedsbrief an seine Leser nennt er Hannover den zufälligen Geburtsort, Hamburg ist von ihm als Bleibe des Übergangs, gedacht, als ein „Jünglingsexil", wie er sagt, wenn auch ein von John Jahr sorgfältig vorbereitetes. Denn im Grunde sei Berlin, „diese potentielle Quelle gegen das Provinzlertum", der richtige Ort für ein Blatt, wie es der *Spiegel* sein wolle. Aber er meint nicht das fiebernde, entzweigerissene Berlin, die vorderste Bastion im Kalten Krieg, er denkt an ein Berlin, wie es sein wird, „wenn wir die deutsche Hauptstadt wieder von den Rebhügeln weg in die Streusandbüchse des Reiches verlegt haben". Nur von Berlin aus werde der *Spiegel* seine „publizistische Aufgabe für die Freiheit und Unabhängigkeit aller Menschen deutscher Nation" wahrnehmen können. Hat es, wenn diesen stolzen Worten nach der Wende keine Taten folgen, vielleicht damit zu tun, dass der *Spiegel* dann zu reich und zu behäbig sein wird?

Zur Zeit des Aufbruchs nach Hamburg jedenfalls ist der 23-jährige Chef, der im Sommer 1947 noch mit kurzen Hosen in der Redaktion erschien, zum elegant gekleideten 29-jährigen mutiert; statt des alten „Adler", den er zu Beginn in Hannover fuhr, lenkt er nun einen „Kaiser-Frazer", einen riesigen amerikanischen Schlitten, lässt sich meist jedoch von seinem Fahrer chauffieren. Als Erich Kuby ihn im Frühjahr 1953 besucht, findet er einen Mann voll innerer Spannung vor, „dessen zur Schau getragene Blasiertheit Rüstung ist". In der „Haltung des Fechters" und mit dem „Charme eines strahlenden blonden Jungen" sitzt er hinter einem Schreibtisch mit drei Telefonen und einer Sprechanlage, und wenn der Charme einmal abfällt, so Kuby in den *Frankfurter Heften*, kommt ein altes Gesicht „voller Degout" zum Vorschein.

Hat Augstein, wie er vermutet, „Ekel an der Welt"? Sicher ist, dass sein *Spiegel* die Missstände dieser Welt bekämpft, so er sie sieht, dass er Korruption aufdeckt, Bankskandale durchleuchtet, bürokratische Arroganz anprangert – dass, wie Augstein es in seiner Rede vor dem Rhein-Ruhr-Club in Düsseldorf formulieren wird, „viele faule Eier in Deutschland nicht ausgebrütet werden, weil es Zeitungen wie den *Spiegel* gibt". Sicher ist auch, dass sein Blatt, gerade weil es die Funktion eines gesellschaftlichen und demokratischen Purgativs übernimmt, zur Zuflucht und Hoffnung aller sich benachteiligt oder ungerecht behandelt Fühlenden wird, zur Fluchtburg der Michael Kohlhaase der Republik, selbst Insassen geschlossener Anstalten erwarten vom *Spiegel*, er könne sie aus ihrer misslichen Lage befreien.

Erfolg bringt Macht. Und so bleibt zu sehen, wie und wofür Rudolf Augstein, der in den Jahren des Anfangs doch ein eher Suchender war, diese Macht als politischer Publizist nutzen wird.

JENS DANIEL
Der Nationale und der Liberale

Man kann sich die Sache natürlich leicht machen und im Nachhinein den persönlichen Feldzug, den Rudolf Augstein alias „Jens Daniel" in den fünfziger Jahren für die Wiedervereinigung und gegen die Westintegration unternimmt, schlicht als fern dem damals Erreichbaren und somit irrelevant abtun, als Irrweg, den die Geschichte letztlich widerlegt hat. Aber war diese publizistische Kampagne bloße Don-Quichotterie? Was einmal Geschichte wird, ist ja nicht von Anfang an in Stein gemeißelt, sondern wächst erst heran, ist das Produkt einer Entwicklung, die Charaktere und Kalküle der Staatsmänner wesentlich prägt, Ergebnis eines Prozesses, in dem Stimmungen und Timing, Fakten oder vermeintliche Fakten, vor allem ihre unterschiedliche Beurteilung durch die handelnden Verantwortlichen eine Rolle spielen. Auch Konrad Adenauer, dessen politischer Weg heute so geradlinig wie einfach und klar erscheint, kennt nach dem Krieg, als Deutschland in Ruinen und seine Zukunft im Dunkeln liegt, im Sommer 1948 Phasen erheblicher Irritationen – bis zum Auseinanderbrechen der Anti-Hitler-Koalition jedenfalls. Und wer meint, er habe als Kanzler stets unangefochten Kurs halten können, irrt: Seine Deutschlandpolitik wird nicht nur von der Opposition, sondern auch von eigenen Parteifreunden und auch von Koalitionspartnern immer wieder in Frage gestellt – so von der FDP, deren „Jungtürken" in Düsseldorf mit dem Sturz des Christdemokraten Karl Arnold 1956 und einer Koalition mit der SPD, unter großem Beifall und kräftiger Mithilfe des *Spiegel* und Jens Daniels, für die Zeit nach den Wahlen von 1957 das Terrain für eine Bonner Regierung ohne Adenauer vorbereiten wollen.

Auch der junge Rudolf Augstein kennt Phasen der Irritation, Jahre des Lernens und auch des Umdenkens, wenn man so will. Ein Beispiel sind zweifellos Vorbehalte gegenüber dem 20. Juli und dem Attentäter Graf Stauffenberg, wie sie in der Nebe-Serie deutlich werden. Da heißt es zwar einschränkend, die Ermordung Hitlers wäre in jedem Falle ein Verdienst gewesen, da sie den hoffnungslos verlorenen Krieg „einem irgendwie gearteten schnellen Ende zutreiben musste". Aber Stauffenberg wird – bei allen menschlichen und geistigen Qualitäten – als „politischer Wirrkopf" bezeichnet: Wäre er voll zum Zuge gekommen, liest man da, stünden die Russen „heute nicht an der Elbe, sondern am Rhein".

Entspricht dies dem damals in der jungen Bundesrepublik vorherrschenden Zeitgeist? Im frühen Kalten Krieg, im dem das fatale Wort von den „verlorenen Siegen" Konjunktur hat, erscheint vielen Deutschen Stalingrad wie ein „vorweggenommener Blutzoll", den die „unerledigte Gefahr des Bolschewismus" forderte. Dies schreibt der Jenenser Historiker Norbert Frei und weist darauf hin, dass in weiten Kreisen der westdeutschen Gesellschaft die Männer des 20. Juli damals noch immer als Eidbrecher, als Hoch- und Landesverräter galten, denn für das Millionenheer der ehemaligen Soldaten warf ihre Anerkennung die „dramatische Frage nach Sinn und Anerkennung ihres Kriegseinsatzes" auf.

Deshalb steht Theodor Heuss, meint der Berliner Historiker Heinrich August Winkler, auch vor einer besonders schwierigen Aufgabe, als er am Vorabend des zehnten Jahrestags im Auditorium Maximum der Freien Universität über die Attentäter spricht: Einerseits will er die inneren Motive und den Symbolcharakter ihres Opfergangs würdigen und rechtfertigen, andererseits jedoch – schon mit Blick auf die neue Bundeswehr, die Offiziere und Unteroffiziere braucht – jene nicht verletzen, die bis zur Schlusskatastrophe weiterkämpften und „glauben mochten, dass ihr Kämpfen Deutschland vor dem Äußersten rette" (Heuss). Der erste Bundespräsident unternimmt damit den Versuch einer positiven Traditionsstiftung und hat zumindest bei Rudolf Augstein Erfolg, denn in seiner Kolumne zum Fall John im August 1954 spricht dieser – entgegen früheren negativen Einlassungen des *Spiegel* zu Stauffenberg – jetzt von einer Zeit, in welcher „der Aufstand gegen das Staatsoberhaupt ... sittliche Pflicht gewesen" sei.

Auch die ersten Kommentare, die Rudolf Augstein alias Jens Daniel schreibt, sind noch Zeugnisse der Orientierungssuche im anhebenden Kalten Krieg. Sein Pseudonym klingt ebenso norddeutsch wie alttestamentarisch, denn Daniel ist der Name jenes Propheten aus der Zeit des jüdischen Exils in Babylon, der den Fall von vier großen Weltreichen weissagt und den der Herr wundersam errettet: Weil er seinem Gott nicht abschwören will, wird Daniel vom König in die Löwengrube geworfen, doch die hungrigen Bestien fressen ihn nicht. Soll die Wahl des Namens auf ausgeprägtes Rückgrat, auf die besondere Standfestigkeit des Kommentators gegen alle Versuche einer von ihm kritisierten Autorität oder Exekutive hinweisen, ihn zur Räson zu bringen? Oder auf eine beinahe prophetische Deutungskraft?

Doch der frühe Jens Daniel ist noch nicht der Mann des *ceterum censeo*; die ersten Beiträge unter diesem Namen haben wenig Prophetisches an sich, sie belegen eher Selbstzweifel des Autors angesichts jener Kriegs- und Russenangst, die nach der Gleichschaltung der Tschechoslowakei und dem Beginn der Berliner Blockade im Westen grassiert und von der auch die *Spiegel*-Redaktion keineswegs frei zu sein scheint. War nicht schon im Januar desselben Jahres in Mikolajzyks Memoiren zu lesen, dass die Sowjets binnen Stunden alles überrennen und am Atlantik stehen würden? Leo Brawand erinnert sich, dass selbst der sonst so nüchterne Motorrad-Narr Hans Detlev Becker seine kostbare Zündapp dem Wirtschaftsvolontär Müller für den Fall verwettet hat, „dass in einem Jahr die Rote Armee noch nicht Hannover besetzt hat". In seiner Weihnachtsausgabe

1950 schätzt der *Spiegel* sogar, Russland könne die Weltherrschaft erringen, indem es Westeuropa erobert, einem amerikanischen Atombombardement standhält und dann, mit Hilfe asiatischer Satelliten, über eine größere Produktionskapazität als die USA verfügt. Kein Wunder, dass in einem solchen Klima der Angst siegreiche alliierte, aber auch geschlagene und abgerüstete deutschen Kriegshandwerker im Stillen Pläne für einen deutschen Verteidigungsbeitrag diskutieren.

Als noch kein deutscher Politiker solche Gedanken verlauten lässt, im Oktober 1948, wagt der noch 24-jährige Augstein sich mit seinem ersten Jens-Daniel-Artikel vor und fragt: „Soll man die Deutschen bewaffnen?" Er wägt die Möglichkeiten ab, ist unentschlossen, auch wenn man bei seinem Für und Wider eine klitzekleine Vorgabe für eine Wiederbewaffnung erkennen mag. Einerseits: Die Politik von Russen und Amerikanern kann zum Kriege führen, und weil „das Westeuropa-Blöckchen mit dem französischen Weich-Eisen-Kern" kein ernsthaftes Gegengewicht gegen eine sowjetische Invasion darstellt, wäre es das primitivste Erfordernis, „den Deutschen Westeuropas die Möglichkeit zu geben, an ihrer eigenen Verteidigung und der Westeuropas mitzuwirken". Andererseits: Viele „Nach-Kapitulations-Deutsche" wollen, was verständlich ist, kein Gewehr mehr anfassen, und sie dürfen durch keinerlei Wehrpflicht, auch nicht durch „Kalorien-Sanktionen", dazu gezwungen werden. Einerseits: „Eine Armee ist das Überflüssigste, was es gibt." Anderseits: „Sie ist das Wichtigste, was es gibt, wenn die Sklavenhalter schwer bewaffnet die Zähne fletschen." Einerseits: „Nichts würde die Russen so sicher vom Kriege zurückhalten wie eine deutsche Armee. Andererseits: „Nichts würde sie sicherer in einen Krieg treiben als eine deutsche Armee ...", denn „das Misstrauen der Asiaten" (sic!) könnte sich durch sie „schlicht zur Wahnsinnstat steigern". Selbst im Schlussabsatz findet er zu keinem klaren Ja oder Nein: „Es darf erst eine deutsche Freiwilligen-Armee geben, wenn der Krieg als unvermeidlich erkannt wird. Dann aber muss es eine geben – und dann ist es zu spät. ‚Hänge dich oder hänge dich nicht – bereuen wirst du beides.‘"

Als er dies geschrieben hat, unternimmt er eine Rundreise zu deutschen Experten, meist ehemaligen Generalen wie Hasso von Manteuffel, dem früheren Kommandeur der Panzerdivision Großdeutschland, die übereinstimmend etwa 30 deutsche Divisionen zur Verteidigung der Bundesrepublik für nötig halten. Es ist eine Lage-Einschätzung, die Konrad Adenauer, damals Präsident des Parlamentarischen Rats, für angemessen hält, obwohl er von strategischen und militärischen Fragen erwiesenermaßen nicht viel versteht. Augstein klopft nach seiner Rundreise eines Abends unangemeldet in dessen Rhöndorfer Villa an und wird trotz der späten Stunde empfangen, weil Adenauer den *Spiegel*-Chef seit einem dreistündigen Gespräch für eine durchweg freundliche Titelgeschichte über den „Rheinischen Gartenfreund" – Bild: Adenauer mit breitkrempigem Strohhut – in guter Erinnerung hat. „Der alte große Mann in den altmodischen Trauerkleidern", heißt es da, erzähle mit einer „erstaunlichen Erinnerungsgabe und bestechendem Freimut" und habe beste Aussichten, „Staatspräsident des neuen amerikanisch inspirierten westdeutschen Staates zu werden".

Schon im Frühjahr hatte der *Spiegel* keineswegs abwertend über den „langjährigen Kölner Oberbürgermeister mit dem ehrwürdigen Tatarenkopf" berichtet, dessen Name im Rheinland Klang hat und der einen Zusammenschluss der Länder Rheinland-Pfalz und Nordrhein-Westfalen befürwortet. Das neue Land soll nach seinen Vorstellungen Träger einer fruchtbaren Begegnung zwischen Deutschland und Frankreich werden, zudem solle es ein vermittelnder Faktor zwischen dem nüchternen, zentralistischen Norden und den von starken landsmannschaftlichen Eigenwilligkeiten geprägten Ländern des deutschen Südens sein. Zwar wird schon hier an Adenauers Pläne von 1919 erinnert, denn damals wollte er das Rheinland von Preußen lösen, aber es sollte, wie er später erklärte, im Reichsverband bleiben. Doch der Hinweis geschieht nicht in abwertender Form, noch ist er nicht der geschworene „Separatist", zu dem ihn Augstein später stempeln wird.

Die Atmosphäre an jenem Abend in Rhöndorf ist also gelockert, wie überhaupt beider Beziehungen ausgesprochen gut bleiben, solange der *Spiegel* nicht gegen Adenauers Integrationspolitik anrennt. Bis dahin, so erinnert sich Augsteins erste Sekretärin, rief ihr Chef gelegentlich im Palais Schaumburg an und wurde, wenn der Kanzler zu sprechen war, anstandslos zu ihm durchgestellt. Wie Augstein es erinnert, hat er damals in Rhöndorf zu Adenauer gesagt: „Wir müssen was tun, wir können doch nicht abwarten, bis die Russen uns überfallen." Adenauer habe ihm geantwortet: „Dat is genau dat, was ich sage." Allerdings sei nur Augstein als Journalist frei, darüber zu schreiben, er als Politiker könne solche Gedanken derzeit öffentlich nicht äußern: „Nehmen Sie die Frage der deutschen Divisionen. Wir müssen sie erst einmal ins Gespräch bringen und dann das Weitere abwarten." Augstein bringt sie ins Gespräch.

Als er nur zwei Monate später, im Dezember 1948, das heiße Thema erneut aufgreift, dauert die Berliner Blockade schon mehr als fünf Monate. Die USA und die westeuropäischen Staaten bereiten die Gründung der NATO vor, und die Debatte über einen deutschen Wehrbeitrag wird schon sehr viel konkreter geführt. So behauptet Eugen Kogon fälschlich, die Amerikaner bildeten bereits deutsche Soldaten aus, der französische *Le Monde* spekuliert über eine gemeinsame französisch-deutsche Streitmacht, und der antipreußische, den Franzosen nahe stehende *Rheinische Merkur* – „Ein Hundsfott, wer Frau oder Tochter oder Schwester dem Iwan zu überlassen bereit wäre" – fordert die Bewaffnung der Deutschen „bis zum Pak-Geschütz". Mit „gebundenen Händen" sieht Augstein die Deutschen zwischen den Kriegern von Ost und West in der Mausefalle sitzen, und weil es nicht jedermanns Sache sei, mit Anouilh „gelassen das Ende zu erwarten", meint er, hätte manch einer, der seine Pistole mit Freuden wegwarf, sie gern wieder.

Plädiert er damit, wenn auch vorsichtig abwägend, für einen deutschen Wehrbeitrag? Die offene Flanke nach Osten klafft so erschreckend, heißt es in seiner Kolumne „Niemandsland", der Komplex, eine bloße Schachfigur auf dem weltpolitischen Brettl zu sein, sitze so tief, „dass viele Deutsche, die den Kommiß bitter leid sind, Sicherheit und politisches Eigengewicht höher schätzen als die große Errungenschaft, den Marschstiefel los zu sein". Doch bezieht er eine Position des „Ja, aber", hält es mit den Zauderern unter den deutschen Generalen, die nicht blind dem Ruf des Westens folgen wollen, sondern politische Bedingungen an ihre Bereitschaft knüpfen. So müsse der Westen mindestens die wirtschaftliche Gleichberechtigung bieten und alles daran setzen, nicht nur Westdeutschland zu halten, sondern Ostdeutschland möglichst schnell zu gewinnen. Im Grunde wird hier vorweggenommen, wofür deutsche Generale sich nach der Aufnahme der Bundesrepublik in die Nato dann bei den alliierten Partnern unermüdlich einsetzen müssen: eine Vorne- und Vorwärtsverteidigung, damit Deutschland nicht Schlachtfeld wird und die eigenen Waffen nicht zerstören, was verteidigt werden soll. An einem „amerikanischen Atomstreifen quer durch Deutschland" mitzuwirken, „sei ohne Reiz", schreibt Jens Daniel und verlangt, dass man den Deutschen sage, was man mit Deutschland militärisch vorhabe: „Dem militärischen Niemandsland, und hier haben die Strategen recht, entspricht haargenau ein politisches Niemandsland in den Köpfen des verwirrten Volkes."

Es bleibt einige Zeit bei dieser ambivalenten, widersprüchlichen Haltung, bis seine Position langsam klarer wird. Es sei besser, kampflos als kämpfend überrannt zu werden, schreibt er Anfang März 1950 in „Waffen für den Butzemann". Einen deutschen Wehrbeitrag lehnt er ab, solange Westeuropas Rüstung in einem „bejammernswerten Missverhältnis zu der des

Ostblocks" steht und solange die westliche Welt den deutschen Export nicht annähernd aufsaugen kann. Am Schluss jedoch lenkt er wieder ein: „Wird die westliche Welt kräftig genug, den deutschen Export zu verdauen und Deutschland die nötigen Waffen zu liefern, dann werden sich die Deutschen im eigenen Interesse dazu verstehen, für den Westen auf Wache zu ziehen. In dieser Branche sind sie fit." Das einschränkende wirtschaftliche Argument entfällt nur zu bald, denn der Koreakrieg heizt die Konjunktur an und gibt den Weg für Aufschwung und Exporte frei.

Mitte Oktober 1950 vergleicht er das Drängen auf die Teilnahme der Bundesrepublik an einer westeuropäischen Armee mit der römischen Sitte, die Sklaven freizulassen und zu bewaffnen, wenn irgendein „Hannibal vor den Toren" stand. Er bedauert, dass es das Instrument der Volksbefragung nicht gibt, denn „als persönlich freie Menschen wünschen wir der Regierung und dem Ausland zu sagen, ob wir eine eingeschränkte Bewaffnung Westdeutschlands gutheißen oder nicht". Dazu stellt er einen langen Artikel über Hasso von Manteuffel, den „zweifellos tapferen Ziethen unter Hitlers Panzergeneralen", Träger des Ritterkreuzes mit Eichenlaub, Schwertern und Brillanten. Als Sprecher einer größeren Gruppe ehemaliger Generale befürwortet Manteuffel die Einbeziehung Deutschlands in das atlantische System, weil das Menschenpotential Deutschlands „im Kampfe gegen die fortdauernde bolschewistische Revolution ausschlaggebend für die Errettung der europäischen Völkerfamilie" sei. Er und die Generale sind zum Verzicht auf eine deutsche Luftwaffe und Marine bereit, verlangen dafür aber die Aufstellung rein deutscher Einheiten unter deutscher Führung bis zum Korpsverband. Es sind dies Überlegungen, die in Augsteins Kampf gegen die geplante Europa-Armee und die Europäische Verteidigungsgemeinschaft noch eine wichtige Rolle spielen werden.

Erst im Dezember 1950 zeichnet sich langsam jene Position ab, die er dann jahrelang vehement vertreten wird – dass nämlich ein westdeutscher Wehrbeitrag eine Trumpfkarte in Deutschlandverhandlungen sei und ein Verzicht auf westdeutsche Divisionen die Sowjets im Tausch zum Abzug aus ihrer Zone bewegen könnte. Als DDR-Ministerpräsident Grotewohl, ohne Zweifel autorisiert von der sowjetischen Führung, Verhandlungen anbietet, wünscht Jens Daniel, die Offerte solle angenommen werden und fragt, wovor jene, die sie ablehnen, eigentlich Angst haben: „Fürchtet man, dass die Verhandlungen Erfolg haben könnten, weil die Russen unter Umständen bereit wären, Ostdeutschland zu räumen unter der Bedingung, dass Westdeutschland nicht aufgerüstet wird?" Als Grotewohl erneut Gespräche, und diesmal über gesamtdeutsche Wahlen fordert, stößt er im Februar 1951 nach: „Absurd und lächerlich" sei es, wenn die Bundesrepublik sich für zu fein halte, mit Grotewohl zu reden, weil er vom Kreml ferngelenkt werde – schließlich handele es sich bei ihr auch nur um einen „unselbständigen Teilstaat". Seine Haltung versteift sich in dem Maße, in dem Adenauer die Einbeziehung der Bundesrepublik in das westliche Bündnis und die Politik der wirtschaftlichen Integration ohne Rücksicht auf die Wiedervereinigung voranpeitscht.

Anfang Januar 1952 schließlich, am Vorabend der Bundestags-Debatte über den Schuman-Plan, erscheint jene Kolumne, mit der er Konrad Adenauer erbitterte Fehde ansagt, weil er dessen politischen Kurs für einen „tödlichen Fehler" hält. Nichts hätte der Kanzler getan, die Sowjets mit ihrem Angebot freier Wahlen beim Wort zu nehmen, dafür aber alles, „ihnen durch überstürzte Integration nach dem Westen ein weiteres Einlenken unmöglich zu machen". Schon Augsteins Überschrift – „Ein Lebewohl den Brüdern im Osten" – muss provozieren, und wenn er als Motto einen Satz aus der Neujahrsansprache des Bundeskanzlers wählt, nach dem das oberste Ziel seiner Politik die deutsche Einheit bleibe, dann einzig in der Absicht, ihn als Heuchler und Verhinderer aller wirksamen Schritte in Richtung deutscher Einheit bloßzustellen. Auf gleich drei Seiten bläst er

zur Generalattacke gegen die Politik des Kanzlers, alle wichtigen
Elemente seiner Opposition in den kommenden Jahren – ausgenommen den Seufzer, zu Adenauer falle ihm nichts mehr
ein – sind hier bereits zu finden:

➤ Der Schuman-Plan sei nur der erste Akt einer „Politik gegen
die nationale Existenz";

➤ wenn Westdeutschland erst Teil einer umfassenden westeuropäischen Wirtschafts- und Verteidigungsunion sei, hätten die
Sowjets kein Interesse mehr, die Grenze dieser Gemeinschaft an
die Oder-Neiße oder noch weiter nach Osten vorzuverlegen;

➤ 18 Millionen Deutsche jenseits der Elbe seien mit der Politik
der Westintegration dazu verurteilt, „ihre Kinder in den Klauen
eines unmenschlichen, lebenserstickenden Systems aufwachsen
zu sehen, ihnen fremd und uns allen fremd"; und schließlich
sein *ceterum censeo*:

➤ wer die Politik des Kanzlers unterstützt, sagt den von der
offiziellen Politik immer wieder beschworenen Brüdern und
Schwestern im Osten endgültig Lebewohl – „Wenn wir den
Schuman-Plan ratifizieren, haben wir uns auf 50 Jahre von der
Sowjetzone separiert".

Nun wissen wir heute, dass von der Debatte über den Mon-
tan-Vertrag bis zum Bruch der Mauer und der Implosion der
DDR nicht ganz 38 Jahre vergehen. Aber verschätzt sich sein
großer Gegner nicht um vieles mehr? Zwar wird sich Adenauers
strategischer Kalkül als richtig erweisen, demzufolge eine Wiedervereinigung nur dann erreichbar ist, wenn sich die Verhältnisse in Russland grundlegend ändern. Für den Kanzler ist die
wirtschaftliche und militärische Konsolidierung des Westens
absolut vorrangig, weil er Gespräche mit den Sowjets erst von
einer Position wiedererlangter Stärke für nützlich hält. Doch
als ihn eine Gruppe britischer Journalisten im Juni 1952 ebenso
skeptisch wie ironisch fragt, ob er den Zeitraum für das, was
er als sinnvolle Verhandlungen mit der Sowjetunion bezeichne,
auf 25 oder gar 100 Jahre ansetze, antwortet er kühl, er werde

sich auf nur fünf bis zehn Jahre belaufen. Handelt es sich hier um Zweckoptimismus oder um die fahrlässige Überbewertung der Wirkung und der Durchschlagskraft seiner eigenen Politik und Strategie? Jedenfalls irrt Augstein mit seiner Prognose nur um 12, der Kanzler immerhin um 27, wenn nicht gar 32 Jahre: die grundlegende Änderung, auf die er hofft, wird erst 23 Jahre nach seinem Tod eintreten.

Als er sich derart verschätzt, befindet sich die Debatte um die Stalinnote vom März 1952 auf dem Höhepunkt, die einen Friedensvertrag, den Abzug aller Besatzungstruppen und ein wiedervereinigtes Deutschland in Aussicht stellt, das jedoch neutral bleiben muss und sich keiner Koalition gegen einen seiner früheren Gegner anschließen darf. Auf eine Art sieht Jens Daniel damit sich und seine Forderungen, zum Teil freilich auch die bisherige Politik des Kanzlers bestätigt. Denn mitnichten sei es falsch gewesen, schreibt er Anfang März 1952, den westdeutschen Staat zu gründen, weil nur so „die tückischen Sowjets mit dem Problem der deutschen Einheit" konfrontiert werden konnten. Auch die geleisteten Vorleistungen finden seine Zustimmung – ein besiegtes Land habe nun einmal keine andere Wahl, und es sei durchaus vernünftig gewesen, die Bewaffnung Westdeutschlands zu erwägen: „Ohne die knochentiefe, übersteigerte Furcht vor deutschen Divisionen in amerikanischer Ausrüstung wären die Sowjets vermutlich nie auf die Idee gekommen, Deutschlands Wiedervereinigung vorzuschlagen."

Stalins Vorstoß führt nicht nur zu einer tiefen Verunsicherung national gesonnener Konservativer in Adenauers christdemokratischer Gefolgschaft, er findet auch ein positives Echo bei Leitartiklern der konservativen Presse. Paul Sethe, einer der fünf Herausgeber der *Frankfurter Allgemeinen*, schreibt über die „jähe Wendung der sowjetischen Politik", dass er sich des Eindrucks des „Gespenstischen" nicht erwehren könne: Plötzlich tue sich die Chance der Freiheit für alle Deutschen, die Möglichkeit eines ungeteilten Staats, deutscher Souveränität, einer ungehemmten Entwicklung der deutschen Wirtschaft und „einer eigenen deutschen Wehrmacht mit einer eigenen Waffenproduktion" auf. Stalins Vorstoß, so Heinrich August Winkler, gehört zu den „umstrittensten Ereignissen in der Geschichte des geteilten Deutschland". Und Manfred Görtemaker meint, nach Öffnung der östlichen Archive deute vieles darauf hin, dass die Offerte vor allem als propagandistischer Auftakt für eine Massenbewegung gegen die Regierung Adenauer gedacht war, zumal die Sowjets offenbar nicht bereit gewesen seien, die SED-Herrschaft in ihrer Zone zur Disposition zu stellen, sondern sie vielmehr stärken und ausbauen wollten.

Haben Adenauer und der amerikanische Außenminister Acheson also Recht, wenn sie die ganze Note als Störmanöver abtun, welches die Aufstellung westdeutscher Militärverbände nicht verzögern dürfe? Historisch wahrscheinlich ja, aber genau wissen können sie das damals keineswegs. Das erklärt auch, warum der Streit über die Frage, ob die Stalinnote eine echte Chance zur Wiedervereinigung bietet, so heftig und so emotional geführt wird und schließlich das politische Klima zwischen Kanzler und der Opposition nachhaltig vergiftet; jahrelang wird man der Regierung Adenauer vorwerfen, sie hätte bei den Westalliierten nicht auf eine Viererkonferenz gedrängt und bewusst unterlassen, die Ernsthaftigkeit des Angebots bei den Sowjets auszuloten. Klingt es nicht wie ein verzweifelter Hilfeschrei, wenn Jens Daniel in seiner Kolumne vor der Unterzeichnung des Deutschlandvertrags Mitte Mai 1952 fragt, ob hier etwa nicht „elementare Fragen der nationalen Existenz" auf dem Spiel stünden? „Wir wollen ja integrieren und aufrüsten", versichert er, aber erst müsse bewiesen sein, dass eine friedliche Wiedervereinigung auf lange Sicht unmöglich sei: „…warum suchen Adenauer und Acheson den Nachweis zu verhindern?".

Der Ton, mit dem er gegen Adenauer zu Felde zieht, wird schärfer, mehr und mehr mausert Augstein sich, wie der Adenauer-Biograph Hans-Peter Schwarz spitz-ironisch anmerkt, zu Adenauers „Verfolger vom Dienst". So greift Jens Daniel Schumachers böses Wort vom „Kanzler der Alliierten" auf, eine Entgleisung, die der *Spiegel* im November 1949, als es um den Beitritt zum Ruhrstatut ging, heftig verurteilt hatte und fragt: „... würden wir mit der gleichen inneren Überzeugtheit protestieren können, wenn der Zwischenruf heute fiele?" Er bezichtigt Adenauer, einen „wahnwitzigen Kurs gegen nationalen Interessen" zu steuern, einen „verbissenen, menschenverachtenden Kampf" zu führen, einen „katholisch-föderalistisch gezähmtem Rheinstaat" einem protestantisch-orientierten Gesamtdeutschland vorzuziehen, und greift gar zu einem dräuend-pathetisch-nationalen Ton, wenn er die Folgen dieser Politik ausmalt: „Die maßlose Not der 18 Millionen Menschen, die wir ... preisgegeben haben, wird düster über unserer politischen Zukunft hängen, und wer die Hand dazu geboten hat, wird sich verkriechen müssen" – so Jens Daniel Mitte Oktober 1952. Ist dies etwa weit von Schumachers Invektive entfernt, wer dem General(oder Deutschland)-Vertrag zustimme, habe „aufgehört, ein Deutscher zu sein?"

Es sind solche Jens-Daniel-Kolumnen, die dem *Spiegel* mehr und mehr Profil verleihen und ihm Aufmerksamkeit bis weit ins konservative Lager hinein sichern. Zweifel an Adenauers Politik nisten ja auch in der Partei des Kanzlers, auch wenn sie nicht immer offen ausgesprochen werden. Den Vorwurf, der Bonner Regent sei ein karolingisch gesinnter Rheinländer und habe mit dem „Kolonialgebiet im Osten", den deutschen Provinzen jenseits der Elbe-Saale-Linie, wenig im Sinn, finden weder der norddeutsch-protestantische Flügel der Union noch Berliner wie Ernst Lemmer, Johann Baptist Gradl oder Jakob Kaiser, nicht einmal der süddeutsche, aber national denkende Eugen Gerstenmaier völlig aus der Luft gegriffen. Die Regierung des Rheinländers Adenauer habe noch nie gewusst, was

sie mit der Ostzone anfangen solle, schreibt Jens Daniel Ende
September 1951.

Als Augstein dann im April 1953 im Rhein-Ruhr-Club in Düsseldorf über den *Spiegel* spricht – die Auflage seines Blattes liegt
inzwischen bei knapp 150 000 Exemplaren –, ist er bereits der
unumstritten einflussreichste publizistische Gegner Adenauers
und rühmt sich der Rolle eines getreuen Ekkehards der nationalen Sache. Ohne Furcht rühre sein *Spiegel* das „gefürchtetste
Tabu Nachkriegsdeutschlands" an und zerre es ins Licht der
Diskussion: „die deutsche Spaltung und die Möglichkeit, sie zu
überwinden". Seit Gründung der Bundesrepublik, so Augstein
vor den Industriellen, habe sein Blatt das Bewusstsein wach-
gehalten, dass sie „ihre Daseinsgrundlage einbüßt, wenn sie
das Ziel der deutschen Einheit aus ihrem politischen Handeln
verdrängen lässt". Angesichts der Naivität aller Parteien, die so
täten, als sei die deutsche Wiedervereinigung ein Hauptanlie-
gen westlicher Politik, habe sich der *Spiegel* gezwungen gesehen,
„dauernd die Kehrseite der Medaille zu präsentieren".

Dieser Grundlinie bleibt er treu, er wird, wo immer er auch
nur das geringste Zipfelchen Hoffnung sieht oder auch nur
zu sehen meint, nach Vierer-Konferenzen und Deutschland-
Verhandlungen rufen. So ventiliert er, als sich bei der Außen-
ministerkonferenz 1954 in Berlin und 1955 beim Gipfel in Genf
herausstellt, dass die Sowjets mit den westlichen Alliierten über
Deutschland nicht mehr verhandeln wollen, den Gedanken
einer „Wiedervereinigung von unten" mit technischen Vereinbarungen zwischen den Zonen: „Die Nuschke und Grotewohl
sind doch nicht schlichtweg Verräter, wie unser Provinzjargon
uns glauben machen will, sondern sie sind unglückselige Expo-
nenten eines schrecklichen Schicksals, das wir, die Deutschen
alle, über Ostdeutschland heraufbeschworen haben."

Als die EVG in Paris scheitert, setzt er seine Hoffnung auf
Mendès-France, und kaum hat der polnische Außenminister
Rapacki der UN-Vollversammlung seinen Plan für eine kern-

waffenfreie Zone in Deutschland und Polen vorgelegt, schöpft er erneut Hoffnung, denn er stellt in Rechnung, dass die Amerikaner ohne Atomwaffen nicht in der Bundesrepublik bleiben werden. Und doch weiß er, dass aus alledem nichts werden kann, denn der Kanzler, dieser „Garant für die Nicht-Wiedervereinigung" (Jens Daniel im August 1957), der das Geschick der Nation mit einer „undestillierbaren Mischung aus Böswilligkeit und Dilettantismus" behandelt (Februar 1958), sitzt nach den Bundestagswahlen fester denn je im Sattel. Und entgegen allen Bemühungen Rapackis wünscht dieser Kanzler, von einer Woge der Zustimmung mit absoluter Mehrheit im Amt bestätigt, im Verein mit Dulles und dem amerikanischen NATO-Chef General Norstad, auch noch westdeutsche Atomstreitkräfte.

Gibt Augstein sich, wenn er Gespräche mit Grotewohl, Ulbricht oder den „Kuhhandel mit den Sowjets" fordert, betont antikommunistisch, um dem Vorwurf des *fellow travellers* zu entgehen? Jedenfalls scheut er den dicken Pinsel nicht: Die 18 Millionen Landsleute in der Zone sind für ihn „Staatssklaven" (Februar 1951); sie sind „unter die Räuber gefallen" (März 1952), und es gilt, sie aus „unwürdigster und drückendster Knechtung der Körper und Seelen" (Juni 1953) zu befreien.

Woher kommt dieses beinahe blindwütige Engagement für die „Brüder im Osten"? Hat es damit zu tun, dass die Entfernung Hannover-Zonengrenze nicht einmal 100 Kilometer beträgt, die von Bonn oder Rhöndorf dagegen gut 400? Er hat keine Verwandten in „Mitteldeutschland", wie man das Gebiet des realsozialistischen Teilstaats nennt, bis der definitive Verlust der Ostprovinzen im kollektiven westdeutschen Bewusstsein mit allen Konsequenzen eingespeichert ist. Handelt es sich bei ihm um einen ganz traditionellen deutschen Nationalisten, wie Arnulf Baring nach seinem Streitgespräch mit Günter Grass über die deutsche Einheit Mitte Februar 1990 in der *Frankfurter Allgemeinen* behauptet wird? Verbirgt sich unter der Narrenkappe, die er sich gern überstreift, der „Nationalist *pur sang*",

wie Hans-Peter Schwarz meint, meldet sich mit ihm, „wenngleich schlau getarnt, nochmals das alte, 1945 überwältigte
Deutschland zu Wort"?

Ein Journalist lebt nicht im luftleeren Raum, und so schleicht
sich in etliche seiner frühen Kolumnen der Zeitgeist des Kalten
Krieges. In einem Kommentar zu Koestlers „Sonnenfinsternis"
im April 1950 setzt er NS- und KPdSU-Totalitarismus gleich:
der „lederknirschende Kommissar Gletkin", der den alten
Revolutionär Rubaschow im Verhör zum Gestehen zwingt, sei
„ein asiatischer (sic!) Zögling des bolschewistischen Regimes
wie die SS-Generale Ohlendorf und Schellenberg mitteleuropäische Zöglinge des Naziregimes" gewesen seien. Von Asien,
genauer seinen Grausamkeiten, ist auch im Juli dieses Jahres die
Rede – in der „Koreanischen Epistel", in der Jens Daniel die USA
auffordert, endlich eine „imperiale Politik" zu führen wie die
Römer. Diese hätten die Hellenen etliche Jahrhunderte „vor der
asiatischen Grausamkeit des Vorderen Orient" geschützt. Mehr
Entschlusskraft der Amerikaner, so seine Folgerung, könne „uns,
den modernen Hellenen", dazu dienen, „der Unmenschlichkeit
der asiatischen Stalinisten kühler, klarer und entschlossener
zu begegnen".

In Übereinstimmung mit dem üblichen westdeutschen
Sprachgebrauch schreibt er von der DDR, die es zurückzuge-
winnen gilt, anfangs als Ostzone, Sowjetzone, Zone oder Pan-
kow, im rheinischen Singsang Adenauers verächtlich „Pankoff"
genannt; ab Mitte der fünfziger Jahre spricht er dann von der
„sogenannten DDR" und setzt das Kürzel DDR gelegentlich in
Anführungszeichen; als selbstverständlicher Begriff ganz ohne
Gänsefüßchen und ohne das „sogenannt" taucht das Wort
DDR erstmals in einer Kolumne Mitte 1955 auf. Gegen Barings
Bewertung, er sei ein ganz traditioneller deutscher Nationalist,
wird er sich in einem Brief an die Herausgeber der *FAZ* zur
Wehr setzen: Sei er nicht der Erste gewesen, der die Oder-Neiße-
Linie anerkannt wissen wollte? Sehe so ein Nationalist aus? In

der Tat erkennt er früh, dass eine deutsche Wiedervereinigung nur um den Preis des Verzichts auf die Ostgebiete möglich ist – sehr viel früher jedenfalls als die parlamentarische Opposition: Als diese 1964 in der Karlsruher Schwarzwaldhalle ihren Wahlparteitag abhält, prangen auf der Stirnseite die Umrisse Deutschlands in den Grenzen von 1937 einschließlich Ostpreußens; es gibt nicht das geringste kartographische Zeichen, dass eine DDR existiert, dafür steht unübersehbar groß geschrieben: Erbe und Auftrag.

Schon nach dem polnischen Frühling von 1956 und der Rückkehr des als angeblicher Titoist davongejagten Gomulka in das Amt des Generalsekretärs der Polnischen Arbeiterpartei will er „unsere Realpolitiker" aus ihren „Großmannsträumen" auf die Erde zurückholen: „Wir werden zu überlegen haben", schreibt er noch vorsichtig wägend, „ob wir die nicht unwichtige Hilfe Polens bei der Wiedervereinigung Zug um Zug mit einer Anerkennung der Oder-Neiße-Grenze erkaufen wollen – das ist die neue Situation." Mitte Februar 1958 erklärt er dann, „ohne Hinnahme der Oder-Neiße-Grenze" wäre jeder Gedanke an Wiedervereinigung „schon 1951 so illusorisch gewesen wie heute". Damit, aber auch, wenn er erst Gespräche, dann Verhandlungen mit Grotewohl, der SED, mit Ulbricht oder „Pankow" fordert, ist er der deutschen Politik ein Jahrzehnt, wenn nicht mehr voraus. Im August 1962, ein Jahr nach dem Bau der Mauer, die Berlin die Betonpfähle und Stacheldraht „mitten ins Herz der deutschen Einheit" rammt (Willy Brandt), nimmt er praktisch wichtige Teile von Egon Bahrs Programm des „Wandels durch Annäherung" vorweg, das dieser in Tutzing im Juli 1963 proklamiert, und fordert Kredite an die DDR. Sie sei zwar ein „widerwärtig regierter Staat", aber wenn man mit ihm Handel treibe, könne man eine „Wandlung von innen heraus" in Gang setzen, welche die Lebensverhältnisse allmählich, aber unaufhaltsam verbessere. Quasi als Nebeneffekt würden ihr „Keime appliziert", an denen sie „ersticken" müsse.

All dies lässt sich wahrlich nicht nationalistisch nennen, wohl
aber ist es national gedacht. Augstein zeigt sich als Patriot, will
die Spaltung seines Landes nicht, sondern seine Einheit, wenn
nötig und erreichbar innerhalb der Grenzen der beiden deutschen Staaten. Und wenn die Spaltung vorerst nicht behoben
werden kann, wünscht er wenigstens so viele Kontakte zwischen Deutschland-Ost und Deutschland-West wie möglich.
Typisch für diese Denkhaltung ist der Schluss jener Kolumne,
die er nach dem Scheitern der enttäuschenden Berliner Konferenz Ende Februar 1954 unter dem Titel „Die Quittung" veröffentlicht: „Wir wollen unsere Freunde nicht vergessen. Wir
wollen sie besuchen und ihnen schreiben. Wir wollen ihnen
ohne Rücksicht auf Prestige jede Verbesserung ihrer Lage einhandeln, die sich einhandeln lässt. Wenn unsere Politik ihnen
einstweilen nicht helfen kann, soll unsere Zusammengehörig-
keit ihnen helfen. Wir können sie nicht trösten. Wir können
sie nur bitten: Seid tapfer!" Wenn er seine Epistel mit einem
markig-sentimentalen „Gott mit uns und mit Euch!" beschließt,
mag dies heute befremdlich wirken, aber es passt zu dem historischen Pathos, dessen er sich bedient, weil er das Scheitern
der Konferenz als „historische" Zäsur empfindet: Da ist vom
„Siegerschwert" die Rede, das uns Deutsche trennt, und von
einem „günstigen Wind", der allein „uns jetzt wieder versammeln" kann. Die Weltgeschichte, so Augstein, kenne beklagens-
wert viele Beispiele einer gelungenen Vergewaltigung: „Unsere
Landleute im Osten sollen weiter zu fremden Götzen beten, sie
leben in einer babylonischen Gefangenschaft, die noch Jahre
dauern kann."

Mit seinem verbissenen Kampf gegen die Integration und die
europäische Verteidigungsgemeinschaft gewinnt Augstein die
Statur eines Sprechers der nationalen Opposition. „Mit wem
verbinden wir uns, mit wem wollen wir uns integrieren?", fragt
Jens Daniel im Oktober 1951 und gibt die Antwort: „Mit den
eingeborensten [sollte es vielleicht heißen: eingeschworensten?]

Feinden der deutschen Einheit, die in der Welt existieren, mit
den Franzosen." Stillschweigende, dafür aber „umso unum-
stößlichere Voraussetzung für den französischen Konsens zur
bedingten Aufrüstung Westdeutschlands" sei die Überzeugung
gewesen, „dass sie die Wiedervereinigung mit Ostdeutschland
für unübersehbare Zeit unmöglich" mache. Seine Haltung
ist – wie übrigens die Kurt Schumachers – von dem Misstrauen
bestimmt, Frankreichs Politik bewege sich auch nach dem Zweiten Weltkrieg ganz in den Bahnen des „Tigers" Clemenceau, der
den Rhein als militärisch-strategische Grenze forderte und die
Rheinlande wenn nicht politisch, dann wenigstens wirtschaftlich mit Frankreich verbinden wollte.

Finden sich auch Gedanken Heinrich Brünings in seinen
Kolumnen, der im Frühsommer 1950 durch Deutschland reist,
davor warnt, sich begeistert in die Aufrüstung zu stürzen und
meint, statt selbst Divisionen anzubieten, müsse man sich möglichst lange bitten lassen, um einen höheren Preis zu erzielen?
Wenn Jens Daniel rügt, Adenauer habe deutsche Divisionen
„wie türkischen Honig" feilgeboten, befindet er sich im Einklang mit dem einstigen Reichskanzler, der dies dem Herrn
im Palais Schaumburg als schwere taktische Sünde ankreidet.
Brüning lobt Japan, das sich vier Jahre tot stellte und dann
plötzlich das amerikanische Angebot zu einem Schutz- und
Trutzbündnis erhielt. Augstein rügt Adenauer, weil dieser es
nicht fertiggebracht habe, seinen neuen Alliierten gegenüber
auch nur ein einziges Mal „Nein" zu sagen – „wie der japani-
sche Premier Yoshida". Wenn Frankreich von Union rede, sagt
Brüning zu seinen Gesprächspartnern Jakob Kaiser und Robert
Lehr, dann bedeute dies in der Tradition des Quai d'Orsay stets
Beherrschung.

Gilt das nicht auch für den Schuman-Plan und die EVG?
Augstein jedenfalls wittert vor allem die Gefahr – und ganz von
der Hand zu weisen ist sie ja anfänglich nicht –, dass durch
die industrielle Verzahnung qua Montanunion die deutsche

Produktion gedrosselt werden soll. Und wenn Frankreich, um das Entstehen nationaler deutscher Streitkräfte zu verhindern, das amerikanische Drängen nach westdeutscher Bewaffnung mit einem Plan beantwortet, der kleinstmögliche deutsche Kampfeinheiten im Rahmen einer europäischen Armee vorsieht, läuft dies selbst nach Meinung Churchills auf eine riesige Fremdenlegion unter französischer Führung hinaus. Ministerpräsident Pleven schlägt der *Assemblée Nationale* nämlich eine multinationale Armee vor, in der als größte nationale Einheit das Bataillon von maximal 1200 Mann vorgesehen ist. Unter dem Druck amerikanischer Generale, die nur national geführte deutsche Divisionen für kampfkräftig halten, gelingt es der amerikanischen Diplomatie zwar, diese Maximalgrenze auf *combat teams* heraufzusetzen, Kampfgruppen von 6000 Mann, aber das Grundproblem bleibt: die mangelnde Gleichberechtigung. So klagt Jens Daniel im Dezember 1951, die Deutschen müssten ohne Generalstab bleiben, denn sie „sollen über ihre Truppen nichts zu sagen haben"; überstürzt werde an einer politischen Organisation gezimmert, damit sie „ihre eigenen Truppen nicht in die Hand bekommen". Alle Deutschen wüssten, dass deutsche Truppen Deutschland nicht schützen könnten, solange die „maginotbesessenen Franzosen" die erste Geige spielten (September 1951), auch der „Völker-Haufen" nicht, wie er die EVG nennt (Mai 1952), und so ist die Europa-Armee für ihn „die Knochen eines deutschen Panzergrenadiers nicht wert" (März 1952).

Mit vielen seiner Einwände gegen die französische Deutschland-Politik kann er sich als Wahrer berechtigter deutscher Interessen fühlen, und doch mischen sich ressentimentgeladene Töne in seine und des *Spiegels* Polemik: Deutsche Truppen dürften nicht in das „permanente Desaster einer Armee des Generals de Gaulle mit einbezogen" werden, so Jens Daniel im April 1950; Frankreich in seiner Schwäche sei kein „tragbarer Bundesgenosse", schreibt er im Oktober 1951; Rücken an Rücken mit einem Land den Sowjets entgegenzutreten, das

„voller Defaitismus" stecke, von „Minderwertigkeitskomplexen und hysterischen Ängsten geschüttelt" werde, habe keinen Zweck, setzt er im März 1952 nach – die Franzosen hätten ja „mehr Angst vor den verbündeten Deutschen als vor den Sowjets". Die „Wehrmoral des französischen Volkes" sei angeschlagen; im Januar 1954 rügt sein Blatt die Franzosen wegen ihrer „verkalkten" Wirtschaft als „Fußkranke"; Anfang Juni schließlich erklärt Jens Daniel, nur England und Deutschland seien „kräftig genug, sich an die Spitze der europäischen Einigung zu setzen", da Frankreich und Italien eine unüberwindliche Scheu an den Tag legten, „auf eigenen Füßen zu stehen". Natürlich spielt er damit auf die starken kommunistischen Parteien in Frankreich und Italien an, auch auf die chronische Instabilität der IV. Republik, doch gilt auch hier: Der Ton macht die Musik. Wenn Nationalismus bedeutet, dass eine Nation sich über die anderen erhebt, mag man ihn hier finden.

Hat die zweifellos vorhandene deutsche Überheblichkeit, über die schon Harry Bohrer klagte, mit den Erinnerungen der „Landser" in der Redaktion an die siegreichen Schlachten von 1940 und den schnellen Zusammenbruch Frankreichs zu tun? Mit der Vorstellung, wie sie in vielen deutschen Köpfen der fünfziger Jahre zu finden ist – dass dieses geschlagene Frankreich sich an den Tisch der Sieger geschlichen hat und eine Machtrolle spielt, die ihm nicht gebührt? Die Überheblichkeit gegenüber den Italienern vielleicht mit deren verachteter militärischer Tüchtigkeit, mit dem Abfall vom Achsenbündnis 1943, der im Bewusstsein vieler Deutscher lange als „Verrat" gespeichert ist? Jedenfalls labt sich der *Spiegel* im April 1952 genüsslich an einer herabsetzenden Bemerkung von NATO-Generalsekretär Lord Ismay: Als die Italiener 1943 mit Badoglio die Seiten wechselten, habe dieser gestöhnt: „Um Gottes willen, jetzt ist der Krieg verloren!"

Dieser Rudolf Augstein zeigt ein erstaunliches nationales Selbstbewusstsein, das sich vor allem auf das „Wirtschaftswunder", die erstaunliche Aufbauleistung nach 1945 stützt: Trotz Krieg und Niederlage sieht er die Kräfte der Deutschen keineswegs erschöpft und denen von Franzosen und Italienern im Zweifel immer überlegen. Stolz stellt er dem Bild eines schwachen, zerrissenen Frankreich mit seiner laxen Arbeits- und defaitistischen Wehrmoral die „tüchtigen und potenten" Deutschen gegenüber, denen die Amerikaner bescheinigen, sie hätten „Stalin schon einmal verhauen" (Dezember 1951), ein Deutschland, das voller Kraft steckt, wie er dem amerikanischen Hochkommissar McCloy versichert (März 1952). Wenn die Bundesrepublik in den letzten Jahren wieder ein Gewicht geworden sei, das auf dem Markt der Großen in die Waagschale geworfen werden könne, solle nur ja keiner – und natürlich zielt er auf Adenauer – hingehen und sich das alleinige Verdienst zuschreiben. Man habe ein tüchtiges Volk arbeiten lassen, ihm die Fesseln abgenommen und keine neue Zwangsjacke verpasst – das sei alles. Mit dem Wiederaufbau, so sein Kommentar vor den Bundestagswahlen 1953, wurde die „materielle Basis zu einer Regeneration unseres Volkes" gelegt; er bezweifelt indes, ob eine seelische Erneuerung möglich ist, solange die Spaltung andauert. Ende Februar 1957, als er von einer möglichen Erhebung in der Sowjetzone nach dem Beispiel des ungarischen Volksaufstandes schreibt, nennt er die Bundesrepublik gar „ein vor Vitalität berstendes Staatswesen", dessen Grenzschützer bei einem SBZ-Aufstand mit der Zonen-Polizei oder mit sowjetischen Truppen handgemein werden und so den dritten Weltkrieg auslösen könnten.

Augstein ist ganz auf die Wiederherstellung eines autonomen deutschen Nationalstaats fixiert, den er als Nachfolger der klassischen Mittelmacht zwischen Ost und West sieht und den völlig zu zerschlagen und zu entwaffnen ein Fehler gewesen sei. Das deutsche Volk, schreibt der Bismarck-Verehrer im Februar 1956, müsse „sich selbst verwirklichen", und zwar, „um Europa wieder jenen Widerstandskern zu geben, den der Kontinent billigerweise von der angelsächsischen Politik nicht verlangen kann". Wenn überhaupt, dann kann erst Gesamtdeutschland in Europa aufgehen, auch wenn es dann mehr Gewicht einbringt als das kränkelnde Frankreich. Von übernationalen europäischen Organisationen hält er wenig, und falls er es erkennt, würdigt er doch das visionär-partnerschaftliche Element nicht, das zweifellos im Schuman-Plan steckt, auch wenn es erst Schritt für Schritt in der Praxis Gestalt gewinnen muss. Selbst im Gemeinsamen Markt erblickt er vor allem das „weitere Hindernis", das sich aus seiner Sicht vor der Wiedervereinigung auftürmt (März 1957). Meldet sich mit ihm, so Hans-Peter Schwarz, „das alte, überwältigte Deutschland zu Wort"?

Das mag übers Ziel hinausgeschossen sein, doch wer die beiden Kolumnen liest, die Augstein im Mai und August 1955 über die Bundeswehr schreibt, die nach dem Scheitern der EVG ja als Nationalarmee entsteht, wenn auch in die NATO eingebunden, stößt einigermaßen verblüfft auf einen überzeugten Anhänger deutscher militärischer Tradition. Bissigere Kritik an der Inneren Führung, am Konzept des Bürgers in Uniform, an der von der klassischen deutschen Armeebekleidung betont abgesetzten Montur der neuen Bundeswehr und an der atlantischen Abwehrstrategie ist kaum vorstellbar. Da schreibt der Wehrmachts-Leutnant von einst von der „übertriebenen Furcht, eine Offiziersmütze zu kreieren, die auch nur im leisesten früheren Mützen ähnlich sehen könnte", von einem „grotesken Hang, selbst die Gamaschenknöpfe supranational und avantgardistisch auszugestalten und unsere Treue zum atlantischen Hauptquartier auch auf diesem heute nicht mehr ungewöhnlichen Wege zu manifestieren".

Vertrauensleute der Mannschaften sollen in die Einheiten? Er nennt das „Betriebsratdenken". Der Bürger in Uniform? Er mag 1923 aktuell gewesen sein, auf eine Armee im Atomzeitalter passt die Vorstellung nicht. In seinen Augen ist die Armee immer ein Stück Macht, sie als Ohnmacht installieren zu wollen, pran-

gert er als „verschwenderischen Widersinn" an. Warum, fragt
Jens Daniel, beschwören wir die wilhelminischen Gespens-
ter, warum den Unteroffizier Himmelstoß oder den Leutnant
Häbä-Fatzke? Innere Führung – schön und gut. Aber die Weimarer Republik, und damit hat er sicher recht, sei doch nicht
an der Reichswehr zugrunde gegangen, sondern am mangelnden Vertrauen der Staatsbürger in den Staat. Deutschland sei
unter Hitler nicht am Drill, nicht am ladestocksteifen Rückgrat
der Offiziere zerbrochen, vielmehr an deren Bereitschaft, sich
allzu opportunistisch dem „Führer" unterzuordnen. Zutrauen
zur Bundesrepublik, Vertrauen in die politischen, selbst in die
demokratischen Kräfte der Deutschen nennt er die mögliche
politische Plattform der neuen Armee, kritisiert indes zugleich,
die Atmosphäre in Bonn sei verderbt: weil es von einer Parteien-
GmbH regiert werde, fehlten die „achtunggebietenden Institutionen", die das Heranwachsen eines neuen Staatsbewusstseins
fördern könnten. Missfällt ihm die parlamentarische Demokratie Bonner Typs, fehlt es ihm an einer übergeordneten Autorität
des Staates über allen Krisen hinweg, wie es sie in Monarchien
gibt – oder in einer Präsidialdemokratie?

Er plädiert indirekt für die damals heftig diskutierten Pläne
des Obersten Bogislaw von Bonin, der vom Verteidigungsminister Theodor Blank entlassen wurde – nicht auf ehrenhafte,
anständige Weise, wie Augstein vermerkt –, weil er die Vertei-
digungskonzeption der NATO für Deutschland in Frage stellte.
Bonin hatte den Verzicht der NATO-Planer auf eine gestaffelte
Abwehrfront unmittelbar an der Zonengrenze kritisiert, die
in etwa der Defensivstrategie der Sowjets in der Panzerschlacht
von Kursk entsprechen sollte; damit wendete er sich gegen
den vom NATO-Hauptquartier in Fontainebleau geplanten
beweglichen Abwehrkampf mit Panzertruppen auf deutschem
Boden, der Westdeutschland zum Schlachtfeld hätte werden
lassen.

Journalismus ist, wie das Wort sagt, ein Tagesgeschäft, Einschätzungen und Bewertungen werden oft genug von der Entwicklung widerlegt, Fehleinschätzungen unterlaufen auch den Besten vom Fach. Aber Augsteins Kolumnen zur neuen Armee im Werden enthalten Überlegungen, die auf seine prinzipielle Einstellung schließen lassen, und da besteht kein Zweifel: Sein Denken kommt ganz vom Nationalstaat her. Eine deutsche Armee, schreibt er, wird sich auf eine „deutsche Plattform der europäischen Mitte stützen, oder sie wird sich als eine Söldnertruppe des atlantischen Hauptquartiers fühlen", sie benötige eine politische Grundlage, die „nicht auf den einleuchtenden Interessen der nichtkontinentalen Seemächte" fußt. Die Armee müsse einen Geist haben, der sie zusammenhält, und der „arg strapazierte Lückenbüßergeist der christlich-abendländischen Kultur", der noch die Kreuzfahrer verpflichtete, könne dies heute nicht sein.

Dass Westdeutschland nicht als kontinentales strategisches Glacis der Seemächte behandelt werden soll – so weit, so gut. Doch wer seine Ansichten über die entstehende Bundeswehr liest, muss sich fragen, ob Augstein eigentlich eine Parlaments- und Koalitions-Armee im Sinne hat, die sich die junge Bundesrepublik schaffen will, oder eine eigenständige, nationale Ziele anstrebende Kraft. Die Armee, schreibt er, müsse „im Verfolg ihrer selbstverständlichen, legitimen Interessen darüber wachen, dass ihre Soldaten niemals in den Geruch kommen, ein Symbol der Spaltung zu sein", und er fragt: „Hat man gewusst, was man tat?"

Offenbar verspricht er sich von den neuen deutschen Streitkräften, dass sie „Dynamik" in die deutsche, ja in die europäische Politik zurückbringen, vor der alle Welt Angst zu haben scheine – „alle Welt außer den Russen" –, und meint zweifelsfrei eine Politik, die auf die Wiedervereinigung zielt. In einem allerdings ist sein Zugriff ganz nach vorne gewandt und noch heute aktuell. Er hält den Trend zur freiwillig längerdienenden,

hochtechnisierten, einsatzbereiten Kampftruppe, „die auch
nach Alaska geworfen werden kann", für unaufhaltsam und
will ihr einen „milizähnlichen Heimatdienst" für die verschiedensten Ordnungsaufgaben an die Seite stellen. Vom Soldaten
der Zukunft erwartet er, „dass er auf fremder Erde und nicht in
unmittelbarer Verteidigung der Heimat kämpft" – eben weil er
kein „Bürger in Uniform" mehr sei.

Seine Haltung zu Verfassungsfragen ist nicht starr, sie entwi-
ckelt sich, wie auch das Grundgesetz und die demokratischen
Institutionen erst nach und nach Gestalt gewinnen und sich
in der Praxis bewähren müssen. In seinem Kampf gegen die
Westintegration neigt er sogar dazu, seinen Frieden mit dem
Föderalismus zu machen, den er anfangs *in toto* ablehnt. Als
das Grundgesetz im Mai 1949 verabschiedet wird, nennt der
Spiegel den Bundesrat ein „Stück Tragikomik" in Bonn: Er sei
ein ständig tagender Gesandten-Kongress, das „Unikum einer
Gesellschaft von Interessenvertretern" und völlig ungeeignet,
die Aufgaben einer echten zweiten Kammer wahrzunehmen.
Die müsse verzögerndes Element der Regierungspolitik sein
und dem Bundestag, jenem „stürmischen Volksgesetzgeber",
als konservatives Element gegenüberstehen. Zweifellos hätte
Augstein statt des Bundesrates lieber einen direkt gewählten
Senat gesehen und befand sich mit diesem Wunsch in Gesellschaft Kurt Schumachers und selbst Konrad Adenauers, bis
man sich mit den süddeutschen Föderalisten schließlich auf
die Kompromissgeburt einer Ländervertretung einigte. Zwei
Jahre darauf, im Juni 1951, spricht er davon, der „jetzige Län-
derföderalismus" diskreditiere die Demokratie und fragt: Wie
soll das „karge" Schleswig-Holstein – er nennt es einmal den
„Invalidendom" – genügend tüchtige Männer auf die Beine
bringen, die eine Regierung und eine Opposition bilden können, ohne dass ein unwürdiges Theater zustande komme? Als
er sich im Frühjahr 1951 seine ideale Partei erträumt, die streng
antikommunistisch sein, aber natürlich auf Verhandlungen mit

Moskau über die Wiedervereinigung drängen soll, bezeichnet er als einen ihrer wichtigsten Programmpunkte die „Abschaffung der Länder".

Doch in der „Sturm- und Drangzeit" der Debatte um Aufrüstung oder Wiedervereinigung, Ende 1952, will er plötzlich „mit ruhigem Gewissen" die Vorteile des Föderalismus in Kauf nehmen. Dem Bundesrat präsidiert inzwischen der schwäbische Freidemokrat Reinhold Maier, der in Stuttgart einträchtig mit der SPD regiert. An ihn, den keineswegs begeisterten Anhänger der Adenauerschen Politik, appelliert Augstein, er solle als Zünglein an der Waage die Westverträge notfalls aufhalten: Der Ministerpräsident möge sich als der „getreue Ekkehard des deutschen Volkes fühlen" und dem Kanzler klarmachen, dass der Bundesrat sich gezwungen sehen könnte, mit „Nein" zu stimmen. Findet er sich langsam, wenn auch unter Mühen und Ächzen, mit der konstitutionellen Wirklichkeit ab? Ausgerechnet Bayern wird ihm bald zum Trost. Nach dem großen Wahlsieg Adenauers 1953, als er giftet: „Noch ein solcher Sieg, und die deutsche Demokratie ist verloren", liest man doch tatsächlich bei Jens Daniel: „Einzig die (unabänderliche) föderalistische Staatsform, einzig ihr Vorkämpfer Bayern setzen der Bonner Regierungsmaschinerie noch gelinde Dämpfer auf."

War Kurt Schumacher einer seiner frühen Ideengeber? Wer die Argumente des SPD-Chefs und die des Kommentators Jens Daniel gegen den Integrationskurs Adenauers vergleicht, wird die Frage sicher bejahen. Ohne Zweifel sind etliche Überzeugungen Augsteins von dem „Mann mit dem leeren, flatternden Ärmel" beeinflusst, von dem er im April 1988 schreibt, er sei bis zu seinem Tod im Sommer 1952 der „bekannteste, beliebteste und meistgehasste Politiker Westdeutschlands" und Adenauer dagegen „ein Nichts" gewesen. Beide, Schumacher wie Augstein, machen Front gegen den Separatismus, beide lehnen den von den Alliierten per Oktroy erzwungenen Föderalismus ab. Schlägt ihn Schumachers unerhörtes Charisma in seinen

Bann? Wohl kaum, Schumachers Fanatismus und sein Hang zu demagogischen Ausfällen haben ihn immer gestört. Aber er bestaunt den Mann von umfassender Bildung, Schlagfertigkeit und einer Formulierungskunst, welche punktgenau komplizierte Sachverhalte beschreiben kann; er schätzt Schumachers analytische Fähigkeiten – den Mann also, der intellektuell sezieren kann, den Analytiker, in dem, wie er einmal schreibt, „ein Feuer brennt, das es ihm unmöglich macht, einer großen Wahrheit, sieht er sich einmal mit ihr konfrontiert, auszuweichen".

Vor allem Patriotismus ist es, der sie verbindet. Denn Schumacher, der Mann mit der absolut glaubwürdigen Biographie, der für die Idee und den moralischen Anspruch, den er erhebt, schwere Opfer brachte und zehn seiner besten Jahre in Konzentrationslagern geschunden wurde, wirft nach 1945 nicht, wie manche andere, den Begriff der Nation auf den Müllhaufen der Geschichte. Die deutsche Einheit besitzt für ihn absolute Priorität, für ihn ist es ein Gebot der nationalen Solidarität, die 18 Millionen Deutschen in der Sowjetzone durch eine Politik der Wiedervereinigung aus ihrer misslichen Lage zu befreien. Mit dem Stolz eines Sozialdemokraten, der Hitler schon bekämpfte, als die Westmächte im Zuge ihrer *Appeasement*-Politik noch den Frieden mit ihm suchten, bläut er seinen Funktionären ein, sie sollten „bei aller notwendigen Zurückhaltung, die einem Angehörigen eines besiegten Volkes geziemt", den Offizieren der Militärregierung nicht unterwürfig, sondern aufrecht entgegentreten. Wann immer er den deutschen Untertanengeist kritisiert – und er tut dies häufig – verfehlt das seine Wirkung auf Rudolf Augstein und seine junge *Spiegel*-Mannschaft nicht, die ja gegen die Hungerrationen der Besatzer wie gegen überkommene autoritäre Züge im deutschen Charakter zu Felde zieht.

In der hannoverschen Trümmerwüste, wo der ausgemergelte, von KZ-Haft gezeichnete einarmige Kriegsfreiwillige des Ersten Weltkrieges in der Stunde Null zur ersten politisch-mora-

lischen Instanz der Deutschen wird, kommen beide, Augstein
und Schumacher, einander auch persönlich näher. In Hannover
hat der SPD-Chef bis zur Übersiedlung in die Bonner „Bara-
cke" sein Partei-Hauptquartier, und was liegt näher, als dass
ein junger hannoverscher Journalist aus dem Anzeiger-Hoch-
haus, der noch lernen muss, wie eine Demokratie und ihre sich
langsam herausbildenden Institutionen funktionieren, Kontakt
mit dem „Prediger" der Demokratie sucht, der vergebens gegen
den Untergang Weimars angekämpft hat? Schumacher liebt den
Dialog mit jungen Menschen. Schon in seiner Stuttgarter Zeit
vor 1933 hat er den Kontakt mit ihnen gesucht, nach dem Krieg
hält er es für eine moralische und patriotische Pflicht, sich einer
Jugend anzunehmen die „verlassen und arm ist" und nicht mehr
gekannt hat, als „was man ihr in der Hitlerjugend beigebracht
hat". Nächtelang diskutiert er mit den Jungen, in denen er vor
allem Verführte sieht; er sei, so lobt Augstein 1988 im Rückblick,
ein Mann gewesen, „der sich mit einem jungen Menschen noch
unterhielt, solange der kein alter Mensch geworden war", und
vor allem habe er zuhören können.

Dass der SPD-Vorsitzende, wenn an seinem Geburtstag ein
Blumenstrauß kam, ihn rückwärts mit seiner einen Hand auf
einen Schrank geschmissen" und gesagt hat, „er sei doch nicht
der parfümierte Sachse Richard Wagner", hat auf Augstein, wie
er einmal im Fernsehen bekannt, bleibenden Eindruck gemacht.
Offenbar war er einer von Schumachers Geburtstagsgästen. Als
besonderer Gunstbeweis darf die Tatsache gelten, dass Anne-
marie Renger, Schumachers Sekretärin und Gefährtin, den
25-jährigen *Spiegel*-Chef als ersten Besucher an das Krankenbett
Schumachers führt, als man diesem im Herbst 1948 das linke
Bein amputiert hat.

Aber ein kritikloser Knappe des SPD-Chefs ist Augstein
damals keineswegs. Zwar lobt der *Spiegel* Schumacher als „marmornen Logiker" an der Spitze der Partei und rühmt ihn nach
dessen Tod im Sommer 1952 als den „brillantesten, einfallreichs-

ten und gründlichsten Verstand in Nachkriegsdeutschland".
Aber als Schumacher, noch nicht ganz genesen, vom Hannoverschen Krankenbett aus den Alliierten sein donnerndes Nein zum Grundgesetz entgegenschleudert, geht Jens Daniel unübersehbar auf Distanz. Zwar ist er in der Sache, um die es geht, mit dem SPD-Chef völlig einig, denn dieser behauptet ja, „die partikularistische Aufsplitterung Deutschlands leiste dem Bolschewismus Vorschub". Schumacher wird letztlich Erfolg mit seiner Intervention haben und so eine bundesstaatlichere Verfassung durchsetzen. Aber als Augstein im April 1949 dieses „Nein" kommentiert, ist der Ausgang noch völlig ungewiss; ihn dünkt Schumachers Spiel viel zu riskant, denn er fürchtet das völlige Scheitern der Grundgesetz-Verhandlungen. So rät er, die deutschen Parteien sollten, wenn die Alliierten auf der „Aufsplitterung" Deutschlands bestünden, die Verfassung annehmen, auch wenn sie nach Meinung der Ratsmehrheit unsinnig sei; doch führe sie wenigstens „aus dem vertraglosen Zustand des ‚Vae victis'" heraus. In einer Präambel könne man ja klarstellen, dass sie nur bis zum jenem Tag Gültigkeit habe, „an dem man den Deutschen die Rechte freier Staatsbürger wieder zurückgibt".

Obschon in der Ablehnung der Adenauerschen Westpolitik meist mit ihm einig und aller Bewunderung der Kämpfernatur, der politischen Leidenschaft und des überragendes Verstandes zum Trotz, schont der *Spiegel* Schumacher nicht und nicht seine Partei, wo beide aus der Sicht Augsteins Kritik verdienen. Der SPD-Wahlkampf 1949, heißt es in Jens Daniels Kolumne zum Wahlausgang, habe von „edler Selbstgefälligkeit nur so getroffen", sie habe sich als „alleinseligmachende" Partei „intoleranter als alle anderen politischen Bekenntnisse" aufgeführt; Kurt Schumachers „Starre" wird gerügt, die ihre unzulängliche Ergänzung in dem „Organisationsgenie" Fritz Heines gefunden habe, und weder der SPD-Chef noch irgendeiner der SPD-Kandidaten habe es vermocht, den Wählern klarzumachen, wie die

von der Partei geforderte Sozialisierung präzis aussehen und
wie eine von ihnen geforderte geplante Wirtschaft funktionieren solle. Die Wahl sei die erste verlorene Sozialisierungs-
schlacht auf deutschem Boden gewesen, und sie werde auch
die letzte sein.

Als die Sozialdemokraten Ende 1950 bei den Wahlen in Hessen und Nord-Württemberg-Baden Siege einfahren und sich für
einige die Frage nach dem Bestand der ersten „kleinen" Bonner
Koalition aus CDU, FDP und DP stellt, schreibt Jens Daniel, es
wäre sinnlos, Adenauer und Schumacher, „zwei Autokraten",
in einer großen Koalition zusammenzusperren. Die Denkmo-
nologe des egozentrischen Parteiführers Schumacher hält er
für „noch gefährlicher als die Sentiments Adenauers, weil er
(Schumacher) sich auf den Kader-Apparat der Parteisekretäre
stützen kann, dessen Sterilität beinahe schon etwas Erhabe-
nes-Archaisches hat". Er spricht von Schumachers „perfekter
Demagogie", vermisst „echte politische Leistung" bei ihm wie
seiner Partei und meint, solange sich dies nicht ändere, gehöre
Adenauer, diesem „Magier der menschlichen Kommunal-Seele",
die Macht. Allerdings gibt er Adenauer, wenn er schreibt,
dieser müsse diese Macht halt „nach den Spielregeln der
Demokratie zu Ende abwirtschaften", eine große Zukunft auch
wieder nicht.

Wahrlich: Freundlich schreibt er über keinen der beiden,
und so grüßen ihn beide im Bundeshaus bald nur noch mit
Herablassung. Aber wenn sich seine Kritik an der SPD in den
Jahren nach Schumachers Tod verhärtet, hat dies vor allem mit
ihren Vorstellungen über Wirtschaft und Wirtschaftspolitik zu
tun. Dass die Funktionäre aus SPD und Gewerkschaften mit
ihren wirtschaftspolitischen Plänen ausgespielt hätten, so Jens
Daniel zum Wahlsieg Adenauers 1953, sei gewiss kein Nachteil.
Im Oktober schreibt er dann unter dem Motto „Lehren einer
Wahl", der Marxismus, zu dem die Brücken nicht eindeutig
genug abgebrochen worden seien, habe die Partei daran gehin-

dert, „selbst endlich die Mehrheit oder doch wenigstens Verbündete zu gewinnen". Und kategorisch wendet Augstein sich gegen jede Art von Mitbestimmung: Nichts habe der Partei so sehr geschadet wie das Konzept der so genannten Wirtschaftsdemokratie, an der „auch Kurt Schumacher sein Teil" habe. Der Arbeiter müsse überzeugt werden, dass es auf die Lohntüte ankomme, nicht auf Positionen wirtschaftlicher Macht.

Mit Augsteins Kommentaren und seiner Grundsatz-Opposition gegen Adenauers Westpolitik findet das Blatt zunehmend internationales Echo, es wird in der *New York Herald Tribune*, der Londoner *Sunday Times*, in der skandinavischen wie in der Schweizer Presse ausführlich zitiert. Einen „célèbre journaliste allemand", das „enfant terrible de la presse d'outre-Rhin" nennt *Le Monde* den Kommentator Jens Daniel und beurteilt den *Spiegel* als eine der wenigen Zeitungen, die im öffentlichen Leben Westdeutschlands eine Rolle spielten. Ironischvergnügt vermag Augstein seinen Lesern am Jahresende 1951 zu berichten, dass selbst Moskauer Blätter wie die *Prawda* und die *Iswestija* seine Kritik an Adenauers Politik wiedergäben und aus dem „Hannoverschen Hetzblatt", als welches der *Spiegel* in der sowjetamtlichen *Täglichen Rundschau* in Ostberlin noch vor Jahresfrist figuriert habe, inzwischen nahezu wertneutral „die westdeutsche Wochenschrift" geworden sei – wohl weil er gesamtdeutsche Kontakte nicht ablehnt, auf die der Osten drängt. Doch moniert er zugleich, „sinnentstellende Kürzungen und Verdrehungen" in der Ostblockpresse hätten deshalb nicht abgenommen.

Beachtung in Deutschland erregt der *Spiegel* aber nicht allein als Stimme der nationalen Opposition oder sein Kolumnist Augstein als Siegelbewahrer nationaler Interessen. Mindestens soviel Aufsehen erregt der *liberale* Jens Daniel, der anschreibt gegen das, was ein Günter Grass den Muff der fünfziger Jahre oder ein Heinrich Böll die unheilige Allianz von Kirche und Industriemilliarden nennt. Dieser liberale Jens Daniel findet mehr und mehr Zustimmung im linksliberalen Spektrum wie auch in der bürgerlichen Mitte. Denn nach den ersten Einübungsjahren in Demokratie wächst Skepsis vor allem bei der Intelligenz gegenüber der demokratischen Bonner Praxis, und zwar nicht nur, weil alte Feldherrnhallen-Marschierer oder Gauamts-Walter wie Oberländer Minister oder ein Globke, Kommentator der Nürnberger Rassegesetze, engste Mitarbeiter Adenauers sind, wie der *Spiegel* seit 1956 immer wieder anprangert. Die Ursachen des Unmuts reichen tiefer. Zwar hat das Land im Zeichen des Wirtschaftswunders eine erstaunliche technische und materielle Modernisierung erlebt, und es bildet sich, wenn auch langsam, eine nivellierte Mittelstandsgesellschaft heraus, doch die Mentalität scheint in Vielem – auch unter dem starken katholischen Einfluss in dieser „rheinischen" Republik, wie Jens Daniel sie so gern nennt – im Wilhelminismus stehen geblieben.

Tradierte autoritäre Züge in Gesellschaft wie im deutschen Charakter sind noch überall anzutreffen, Homosexualität wird bestraft, der Kuppeleiparagraph untersagt, dass eine Freundin auf der Bude des Studenten schlafen darf; Intellektuelle gelten weithin noch als „zersetzend" oder „entwurzelt". Hinzu kommt, dass der Kalte Krieg exzessives Freund-Feind-Denken begünstigt: Linksabweichler erregen beinahe automatisch Verdacht, der Zeitungswissenschaftler Walter Hagemann in Münster wird vom Kultusminister bezichtigt, durch ostdeutsche Kontakte die Freiheit der Lehre zu untergraben, und ein weltweit berühmter Dramatiker deutscher Zunge, Bert Brecht, wird wegen seiner offenen Sympathien für den Kommunismus von vielen westdeutschen Bühnen verbannt. Gerät die zweite deutsche Demokratie, die nach dem durchaus verständlichen Willen der Verfassungsväter nicht so instabil hatte geraten sollen wie die von Weimar, vielleicht ein wenig zu stabil? Der Rhythmus des Wandels fehlt, stellt Ralf Dahrendorf fest und warnt, die Stabilität könne zur Starre ausarten.

Mit dem ihm zur Verfügung stehenden Elan und Scharfsinn zieht der Nonkonformist Augstein gegen die autoritäre Verkrustung der Kanzlerdemokratie zu Felde, setzt sich für Rechtsstaatlichkeit, für Meinungsfreiheit, gegen Hexenjagd und politische Verbote ein. Und diese Kampagne beginnt früh: Schon im Juni 1950 wendet er sich gegen Thomas Dehler, den Justizminister, mit dem er auf eher freundschaftlichem Fuße steht, and attackiert die „bombastischen Staatsschutzparagraphen", die dieser vorbereitet. Dehler beabsichtigt, sowohl die rechtsextreme Sozialistische Reichs-Partei (SRP) als auch die KPD für illegal zu erklären, was, so Augstein, nur von der „katastrophalen Blindheit" zeugen kann, mit der Bonn auf alle untergründigen Strömungen zu reagieren pflegt. Warum wohl, fragt er provozierend Thomas Dehler, hätten die hervorragendsten europäischen Geister beim Kommunismus hospitiert, „bis Meister Stalin ihnen die Flausen austrieb"? Es sei wahr, dass die KPD gegen die Verfassung arbeite, aber wahrer noch sei, „dass man weder Faschisten noch Kommunisten mit Verboten beikommen kann" – Brust an Brust müsse man sie widerlegen und niederringen.

Zwar werden beide Parteien auf Antrag der Regierung vom Bundesverfassungsgericht schließlich doch verboten – die SRP 1952, die KPD 1956, doch schon hier schlägt Augstein den Grundton an, der seine späten Kolumnen auszeichnet und dem er als Streiter für Meinungsfreiheit und lebendige Demokratie immer treu bleiben wird: „Die unfreie deutsche Jugend, die Pfingsten auf Geheiß des georgischen Rattenfängers in Berlin demonstrieren musste, wird in fünf Jahren nicht von den Kreppsohlen und den Speckseiten in unseren Läden angezogen werden – vielleicht gibt es drüben dann auch Krepp –, sondern von der unfasslichen Tatsache, dass hier der letzte Schreiber den amtierenden Bundeskanzler einen Ignoranten nennen darf. Nichts wird uns retten, wenn uns diese Freiheit nicht teurer ist als Brot und Leben, teurer als Ehrgeiz und Macht, teurer selbst

als die bequemen Formeln einer Demokratie, die nicht schein-
tot ist, wie unter Hitler, sondern die nur scheinbar lebt."

Natürlich ist die Behauptung, dass diese Demokratie nur
„scheinbar" lebe, überzogen – und doch: Selbst wohlmeinende
Kritiker glauben noch in den sechziger Jahren, die Bundesrepublik sei den echten Nachweis einer stabilen Demokratie
schuldig geblieben – der bestehe eben darin, dass die demokratischen Kräfte mit einer legalen, nicht verbotenen oder in den
Untergrund gedrängten Systemopposition im Lande – Beispiel:
Großbritannien, Frankreich, England, selbst Italien – zu leben
und sich wie selbstverständlich zu behaupten wüssten. Später,
im Januar 1957, wird er von einer Bürgerkriegsgesetzgebung
sprechen, die man endlich abschaffen müsse, weil sie einem
Walter Ulbricht wohl zu Gesicht stehe und ihm von uns aus
zuviel Ehre gebe.

Sein besonderer Zorn gilt allen Versuchen von Politikern
oder Parteien, sich in der jungen Demokratie besondere Pri-
vilegien zu verschaffen und damit vom Wähler zu entfremden.
Im Sommer 1951 warnt er vor einem „Blitzgesetz" Dehlers, das
einen Sonderschutz für Personen vorsieht, die „im politischen
Leben des Volkes" stehen, denn er wittert Gefahr für die Gleichberechtigung zwischen Normal-Bürger und Politiker. Verleumdung sei nicht mehr gleich Verleumdung, wenn die Strafe bei
übler Nachrede gegen einen Abgeordneten mit Gefängnis nicht
unter drei Monaten, gegen einen Normalbürger dagegen mit
Geld-, Haft- oder Gefängnisstrafe ohne Mindestklausel geahn-
det werde. Nicht minder entschieden wendet er sich – unter
seinem zweiten Pseudonym *Moritz Pfeil*, das ab 1957 im Blatt
auftaucht – gegen die Steuerbefreiung der Diäten: Damit die
Abgeordneten nicht jedes Maß für die Steuerlast des einfachen
Mannes verlören, dürften sie sich nicht außerhalb des Gesetzes
stellen und müssten ihre Bezüge versteuern (Mai 1958). Nicht
viel anders die Gründe, die Moritz Pfeil zwei Jahre später gegen
eine Pensionsregelung für Abgeordnete anführt (und ein Blick

in die Zeitungen zeigt: sie sind noch heute aktuell). Zwar unterstütze Carlo Schmid die Regelung, aber ein honoriger Mann mache „eine „unhonorige Sache nicht redlich". Der Abgeordnete solle gefälligst selbst für sein Alter vorsorgen, auch wenn dazu eine Erhöhung der – zu versteuernden – Diäten nötig sei. Wer dies nicht wolle, versuche nur, „das wirkliche Leben vom Abgeordneten fernzuhalten und ihn zum Staatsmandarin zu machen" (Februar 1960).

Mehr und mehr wird eine militant-antiklerikale Tendenz in seinen Kolumnen bemerkbar, denn er sieht die Gefahr heraufziehen, dass die Bundesrepublik schrittweise ein „katholischer, ein ständestaatlicher, ein antiliberaler, ja ein undemokratischer Staat … wird". Solange die Protestanten weiter im politischen Schlepp der Katholiken gezogen würden, sei diese Entwicklung kaum zu bremsen. Er schreibt dies als Moritz Pfeil im Juli 1961 in vehementer Opposition zum neuen Eherecht, welches der Bundestag verabschiedet hat und das faktisch eine Scheidung gegen den Widerspruch eines schuldlosen oder minderschuldigen Ehepartners unmöglich macht. Die CDU schildert er düster als eine „mit Protestanten garnierte katholische Partei". Er für seinen Teil habe sie früher einmal für eine kühne parteipolitische Schöpfung gehalten, aber heute, so Jens Daniel im Wahlkampf 1957, sage die Gott und meine Kattun. Unter beifälliger Assistenz der Prälaten und Oberkirchenräte habe das Wirtschaftswunder sie zu einem „Monstrum an unaufrichtiger Gesinnung" pervertieren lassen, zu einem „Bastard aus sogenanntem abendländischen Geist und Steuererleichterungen für den Export".

Im Eifer seiner Attacken – und wohl auch, weil er sich als Amateur-Historiker inzwischen intensiv mit dem Bismarckreich und dessen fatalem Griff nach der Weltmacht beschäftigt – geht er öfter bis in die Kaiserzeit zurück: Die „Liebedienerei gegenüber dem Souverän" habe selbst damals nicht so „verächtlich-bizarre Formen" angenommen wie die „durchgängige Heuchelei", wie die „konfessionsarithmetisch zur Schau getragene Frömmigkeit", die er in Bonn am Herrschen sieht. Zu Recht rügt er Kanzelmissbrauch und Hirtenbriefe, in denen die Kirche die katholischen Wähler mehr oder weniger verschleiert zur Wahl der CDU-Kandidaten auffordert. So fragt das Zentralkomitee der Deutschen Katholiken die Gläubigen im Wahljahr 1957: „Wem ist die Anerkennung der Konkordate mit dem Heiligen Stuhl Selbstverständlichkeit?", und es mahnt in diesem Zusammenhang: Auch über die Wahlentscheidung des katholischen Wählers werde „Gott einmal Rechenschaft" fordern. Geradezu wütend holt Augstein daraufhin eine berühmt pejorative Vokabel aus der Kiste des Bismarckschen Kulturkampfs und schreibt, die Katholiken stempelten die CDU damit zur „ultramontanen Partei".

Den eher Protestanten treffenden Begriff der „Ehe von Thron und Altar" dagegen wandelt er zeitgemäß-konfessionell ab, wenn er von einem „heillos gewordenen Bündnis von Bürgerthron und Altar" spricht. Und als der in Wahlkämpfen wahrlich nicht zimperliche Kanzler einen möglichen Sieg der SPD mit dem „Untergang Deutschlands" gleichsetzt, zögert er nicht, wie dieser unter die Gürtellinie zu schlagen: Von Wilhelms „vaterlandslosen Gesellen" führe ein gerader Weg über Hitlers Gefängnisse bis zum „Untergang Deutschlands", „nur dass der Rheinstaat, anders als die von Preußen beherrschten deutschen Staatsgebilde, Gefahr läuft, einem klerikal-faschistischen Bewusstsein zu erliegen".

Mit den katholischen Bischöfen von Nordrhein-Westfalen legt er sich an, als dort 1958 der Landtag gewählt wird und die von den Düsseldorfer Jungtürken und seinem Freund Wolfgang Döring 1956 aus der Taufe gehobene SPD-FDP-Koalition sich zur Wiederwahl stellen muss. Im Wahlaufruf der Bischöfe des Landes hatte es geheißen, vom Landesgesetzgeber hänge ab, ob die Kirche „ihre seit Jahrhunderten so segensreich entfaltete Lebens- und Erziehungstätigkeit weiterführen kann oder nicht".

Der gläubige Christ solle sich deshalb bei der Wahl „von den Einsichten und Forderungen seines katholischen Gewissens leiten lassen". Die Lehren der Kirche, schilt ein empörter Jens Daniel, gipfeln offenbar in schierer Parteipolitik, und beinahe wütend fragt er, warum die Bischöfe uns ein Heer zur Pflicht machen, dem „nichts fehlen darf, was unerlässlich ist für eine mutige, rasche und entschlossene Verteidigung des Vaterlandes..." Nicht ohne Grund wertet er dies als indirektes Plädoyer für die Atombewaffnung der Bundeswehr und hält dem Klerus vor, dass Atomwaffen, zumal „die Anwendung, ja die Herstellung der H-Bombe mit dem katholischen Sittengesetz nicht in Einklang zu bringen" seien, weil Neutrale und Nicht-Kriegführende im Kriegsfall unterschiedslos der Vernichtung anheim fielen. In der „göttlichen Ordnung", für die katholische Bischöfe eineinhalb Jahrtausende „vom Leder gezogen" hätten, erblickt er „das nackte Interesse der katholischen Partei". Und sie – eben diese göttliche Ordnung – „besteht auch nicht fort, wenn ein Rüstungskurzschluß den Erdball unter den Salben-Sprüchen politisierender Kirchenmänner in eine unbewohnbare Marslandschaft verwandelt. Mit Gottes Reich auf Erden könnte es dann, und nur dann, sehr wohl zu Ende sein."

Wenn diese bitterböse Kolumne, die eher einem Brandbrief gleicht, die Düsseldorfer Koalition retten sollte, dann hat sie ihr Ziel nicht erreicht: Die SPD-FDP-Regierung in Düsseldorf, als Signal für einen Wechsel in Bonn gedacht, wird schmählich abgewählt. Einmal mehr verspürt Augstein die Ohnmacht des Publizisten, und obschon er in seinem jahrelangen, aussichtslosen Kampf gegen die Politik der Westintegration diese Erfahrung immer wieder machen muss, lässt ihn dies nicht resignieren – im Gegenteil: Je vergeblicher sein Schreiben, desto schärfer der Ton, desto ätzender die Kritik, in die sich nun oft Zynisches mischt. Als sich Konrad Adenauer im Wahlkampf 1957 rühmt, über die politischen Ansichten des Gegenkandidaten Erich Ollenhauer, die er nicht begriffen habe, kaum Stunden –

Augstein: also nur Minuten – nachgedacht zu haben, schreibt
er von einem „Misthaufen", der im „Hinterhof der deutschen
Seele" dämmere und scheut sich nicht, Adenauer in die Nähe
Hitlers zu rücken: Beide, Hitler wie Adenauer, hätten jeder nach
seinem Zeitgeist diesen Misthaufen aufgestöbert und sich mit
atavistischem Instinkt nutzbar gemacht. Offenbar empfinde der
Deutsche Genugtuung, „wenn die jeweilige Opposition vom
starken Mann an der Spitze durch die Gosse geschleift wird,
leibhaftig in faschistischen Zeiten, stellvertretend im Zeichen
eines recht eigenwillig verstandenen Kattun-Christentums".
Und er bedauert die SPD-Führung, die von den Christdemokraten als „volksfremde Schädlingsclique" apostrophiert wird, weil
sie sich so richtig nicht wehren könne. Stelle sie Adenauer im
Gegenzug als Autokraten und halben Faschisten hin, falle die
Aktion notwendig ins Wasser, denn Faschist sei bei uns offenbar
kein Schimpfwort, und die Deutschen glaubten niemals, „dass
der starke Mann ein Schädling sein könnte".

Erstmals im Wahlkampf 1957 kreiert, taucht das Wort vom
„Misthaufen" im Wahlkampf 1961 wieder auf, nur ist er diesmal
gleich in „etlichen Winkeln der deutschen Seele" versteckt – und
auf sie zielt, so Moritz Pfeil, der „sorgsam inszenierte Feldzug"
der CDU in die Vergangenheit des Kanzlerkandidaten Brandt.
Nun stellt die Giftküchen-Kampagne gegen den „Emigranten",
der im spanischen Bürgerkrieg auf Seiten derjenigen gewesen
sei, „die für den Sieg des Weltbolschewismus gekämpft haben"
(Dr. Jaeger, CSU), in der Mentalitätsgeschichte der Bundesrepublik zweifellos einen Scheitelpunkt dar. Hätte Brandt besser
in der Legion Condor gekämpft, um als Kandidat rechts von
der Mitte respektiert zu werden, wie Augstein einmal spöttisch
fragt? Da gibt es die einen, die wie Strauß erfahren wollen, was
Brandt in zwölf Jahren eigentlich „draußen" gemacht habe –
er jedenfalls wisse, „was wir drinnen gemacht haben". Damit
spielt er auf die norwegische Staatsbürgerschaft an, die Brandt
annahm, als er von Hitler ausgebürgert wurde, auf vermeintlich

antideutsche Schriften und auf frühe linkssozialistische, volks-
frontverdächtige Neigungen; und natürlich spekulieren Strauß
oder Jaeger offen auf faschistische Residuen in den Köpfen der
Wähler – eben jenen von Augstein apostrophierten Misthaufen
in den versteckten Winkeln der deutschen Seele: Haben Emigranten nicht das bessere Schicksal erwählt, Leben und Gesundheit weder an der Front noch in Bombennächten aufs Spiel
gesetzt, Not und Entbehrung der „deutschen Schicksalsgemein-
schaft" nicht geteilt? Sind solche Leute etwa gute Deutsche und
geeignet, uns zu regieren?

Augstein hat gegenüber dem „profillosen Kandidaten" Brandt
1961 durchaus seine Vorbehalte: Er vermisst eine klare Alternative des Kanzlerkandidaten zur Politik Adenauers, zumal nach
dem 13. August, als Brandt für eine möglichst große Koalition
des deutschen Notstands plädiert; er wirft ihm vor, er wolle
kampflos und überparteilich als der große Gemeinschaftskan-
didat ins Palais Schaumburg einziehen – als einer, der hoch über
dem Politikergezänk stehe und „nur noch Deutsche und keine
Parteien mehr kennt". Ihm geht auch jedes Verständnis dafür ab,
dass Brandt an seinem Kampfnamen aus der Zeit der Illegalität
festhält, unter dem er in der Arbeiterbewegung schrieb und mit
dem er bekannt und groß geworden ist, und er bekundet damit
ein eher konservativ-traditionelles Vorurteil: Die Bevölkerung
habe nicht nur Nazivorbehalte, der Kandidat müsse gegen sich
gelten lassen, dass sie einen Kanzler wolle, „der unter dem
Namen seines Geburtsscheins ins Amt einzieht".

Wenn er sich dennoch gegen die CDU-Kampagne engagiert,
dann nicht nur, weil Brandt, gemessen an Adenauer, für ihn
schließlich doch das kleinere Übel und der Demokratie för-
derlich ist. Achtet Brandt nicht die Institutionen und diskutiert,
wozu Adenauer schlicht unfähig ist? Er votiert vor allem für
Brandt, weil dieser „niemals niederträchtig" sei und weil mit
ihm als Kanzler Wahlen zu einer echten Auseinandersetzung
werden dürften, da er ja auf Unterstützung weder vom Kle-

rus noch von der Industrie hoffen könne. Mag es sich hierbei auch um gedämpftes Lob handeln, nimmt Moritz Pfeil in der Schmutz- und Verleumdungskampagne über Brandts Vergangenheit doch eindeutig Partei: Im Gegensatz zu allen Kritikern habe Brandt gegen die Unrechtsherrschaft Stellung bezogen, ohne jemals Kommunist zu sein. Empört wendet Augstein sich auch gegen jene, welche die Vergangenheit Brandts mit der Globkes vergleichen. So meint etwa die *Zeit*, man müsse die „Tatbestände" in beider Vergangenheit einwandfrei feststellen und „aus den damaligen Verhältnissen heraus sehen". Augstein alias Moritz Pfeil fragt dagegen, ob dies wirklich miteinander zu vergleichen und in einem Atemzug zu nennen sei. Willy Brandt, schreibt er, „hat im Kampf zwischen Demokratie und Unfreiheit auf der richtigen Seite gestanden, Globke auf der falschen".

Sicher finden sich auch im frühen *Spiegel* Residuen aus der Zeit von Krieg und nationalsozialistischer „Volksgemeinschaft", die in den Köpfen dieses oder jenes Redakteurs nisten mögen, doch damit steht das Magazin im nachkriegsdeutschen Blätterwald wahrlich nicht allein. Kritiker, die zu Recht darauf hinweisen, sollten sich allerdings fragen, ob das überhaupt anders hätte sein können? Lässt sich über Jahrzehnte Tradiertes, über zwölf Jahre Anerzogenes durch Umlegen eines Hebels so einfach aus- und demokratisches Bewusstsein mit allen seinen Finessen einschalten, so, wie man Licht an- oder ausknipst? Schließlich sind die jungen Männer, die das Blatt machen, weder politische KZ-Häftlinge noch antifaschistische Widerstandskämpfer noch gelernte Weimarer Demokraten, es sind von nationalsozialistischen oder, wie bei Rudolf Augstein der Fall, doch von national-konservativen Lehrern unterrichtete und verbildete Heimkehrer, geprägt von Hitlerjugend, Arbeitsdienst und Fronterlebnis. Die völlig fremde Demokratie ist ihnen bester Vorsatz und kann, bei so kurzer Anleitung durch Besatzungsfeldwebel, zunächst auch kaum mehr sein. Aber wie sehr sich demokratisches Bewusstsein im Laufe der Jahre entwickeln und schärfen kann, Augstein alias Jens Daniel alias Moritz Pfeil macht es mit seinen Kolumnen vor. Er und sein Blatt haben maßgeblichen Anteil daran, wenn in dem großen Konsumverein, in den Wirtschaftswunder und soziale Marktwirtschaft Westdeutschland in den fünfziger Jahren verwandeln, die Demokratie tiefe Wurzeln schlägt und ein modernes, aufgeklärt-demokratisches Bewusstsein entsteht.

„O DU MEIN MAX" ist jener Kommentar überschrieben, der die Umbenennung einer Straße als Weg zurück in „geistige Inferiorität und kasernenhafte Intoleranz", ja als Tat „klerikaler Spießer und wohlstandstrunkener Kleinfaschisten" geißelt. Was war geschehen? Der Stadtrat der – provisorischen – Hauptstadt Bonn hatte, wohl mit Blick auf den Bau der Mauer am 13. August und auf Antrag eines CDU-Stadtverordneten, aus der Karl-Marx-Straße durch Weglassen des Vornamens und Streichen eines „r" schlicht die Maxstraße gemacht, die nun an den letzten Herrscher des Kurfürstentums Köln, den seligen Kurfürsten Max-Franz erinnern sollte. Korrekterweise hatte der Stadtrat zuvor die Bewohner, zumeist Handwerker und Kleinbürger, befragt, die sich, was Wunder, mit Dreiviertelmehrheit für den einstigen Fürsten entschieden – und dies, obschon parallel zu ihrer Straße die ebenfalls nach diesem historischen Fürsten benannte Franzstraße verläuft.

Die Umbenennung erfolgte nicht zum ersten Mal. In der Weimarer Republik war aus der Max-Straße die Karl-Marx-Straße geworden, eine Sünde der „Systemzeit", die von den Nazis, kaum an der Macht, umgehend getilgt wurde: Sie machen aus Marx wieder Max, bis neue Stadträte nach dem Krieg das „r" wieder einfügen, um an den weltberühmten ehemaligen Bonner Studenten Karl Marx zu erinnern. Ein Schildbürgerstreich, eine Kleinstadtposse – wohl ja, aber eine mit tieferer Bedeutung, meint Moritz Pfeil. Wenn ein Allerweltsvorname an die Stelle eines Namens trete, unter dem so großartige Impulse wie horrende Irrtümer in die Welt gegangen seien, wertet er dies als Indiz und Fanal. Als Indiz dafür, dass Deutschland den Weg der geistreichen Auseinandersetzung offenbar nicht gehen will, und als Fanal, „dass Bilderstürmerei und Bücherverbrennung, dass Unduldsamkeit und Enge dem deutschen politischen Charakter unverlierbar eingebrannt wurden". Wenn es so nicht bleiben wird, ist das auch Augsteins Verdienst. Die Moritz-Pfeil-Kolumne erscheint im Januar 1962, jenem Jahr also, in dem das Schicksal Augsteins und seines *Spiegel* auf des Messers Schneide steht – und zwar an jenem Ort, in dem diese Ma(r)x-Posse spielt, wo Unduldsamkeit regiert und ein Franz Josef dem Magazin und seinem Chef den Garaus machen will.

EIN „ABGRUND VON LANDESVERRAT"
Adenauer, Strauß und die *Spiegel*-Affäre

Wenn er Konrad Adenauer, den Erzgegner seiner Jens-Daniel-Kampagne, einmal einen „ganz großen Häuptling" nennt, klingt Respekt mit. Wenn er fragt, welcher alte Herr je einen Pepita-Hut so graziös getragen habe, hört sich das versöhnlich an, und wenn er das Gesicht des regierenden Kontrahenten sich vom Mongolen über einen rheinischen Indianer schließlich zu dem eines „altmodischen Kinderdrachen" wandeln sieht, das sich „in tausend Lachfältchen" verzweigen könne, liegt der Verdacht nahe, es habe nie so etwas wie erbitterte politische Feindschaft gegeben – Auseinandersetzungen, die oft in üble Nachrede mündeten oder in persönlichen Anwürfen gipfelten.

In der Tat bedient sich Augstein meist milder Ironie, wenn er nach Adenauers Abgang von der politischen Bühne 1963 über seinen großen Kontrahenten schreibt. Im Dezember 1966 raucht er mit ihm im Bundeshaus die „Friedenspfeife", und beider eher belanglose Plauderei wird – nach dem Tod des großen Gegenspielers – in Form eines Gedächtnisprotokolls im *Spiegel* veröffentlicht. Es zeigt einen heiteren, aufgekratzten, sprunghaften und wenig konzentrierten Altkanzler, der sich im Zeichen der Großen Koalition plötzlich – und ausgerechnet! – um die Gesundheit Herbert Wehners sorgt, den er jahrelang verdächtigt hat, als Exkommunist die Geschäfte Moskaus zu betreiben. Wenige Wochen vor seinem Tod 2002 wird Augstein zu seinem Interviewer Hans Halter über diesen letzten Besuch bei Adenauer sagen: „Er war der größte Politiker, dem ich je begegnet bin. Wir haben uns umarmt und versöhnt. Ich war sehr bewegt, sentimental sogar, aber er auch."

Vorausgegangen ist dieser Begegnung eine Besprechung Augsteins über den zweiten Band der Adenauer-Memoiren, für die sich der Altkanzler handschriftlich mit „ausgezeichneter Hochachtung" bedankt: „Mit großem Interesse" habe er die Kritik gelesen, auf die Augstein viel Arbeit und Mühe verwendete. In der Tat legt sich der *Spiegel* -Herausgeber bei dieser Besprechung Zügel an, denn einen Verriss des ersten Bandes seiner Memoiren durch Heinrich Böll im Dezember 1965 im *Spiegel* hatte Adenauer zum Anlass genommen, Augsteins Wunsch nach einem Termin beim Altkanzler abschlägig zu bescheiden: Er mache auf die „nicht qualifizierbare Besprechung von Herrn Böll" aufmerksam und wolle „unter diesen Umständen von einer Zusammenkunft absehen". Des Ex-Kanzlers Reserve ist verständlich, denn Bölls Kritik liest sich so, als habe er den ganzen Zorn, der sich in den 14 Jahren der Regierungszeit Adenauers in ihm angesammelt habe, gleich kübelweise über dem Haupt des Memoirenschreibers ausgeleert. Sein Deutsch nennt er ärmlich – jeder Deutschlehrer würde zögern, ob er es noch mit plus 5 benoten könne; Adenauers möglicherweise mundfertiger Humor sei in geschriebener Form zu „spießiger Nichtigkeit vertrocknet"; er bezichtigt ihn der „Hinterlist und Niedertracht", behauptet, der Altkanzler habe nicht den geringsten Sinn für Ethos und nennt die Lektüre schlicht „niederschmetternd". Schrieb Böll dies über den ersten Band, nennt Augstein den zweiten den „wichtigsten Memoirenband ..., der in Deutschland seit Bismarcks ‚Gedanken und Erinnerungen' erschienen ist" und – bekommt den Termin, der dann zum Versöhnungsfest gerät.

Schließt sich Ende 1966, als sie die Streitaxt begraben, also der Kreis, kehren sie an die Anfänge ihrer Bekanntschaft im Jahr 1948 zurück, als beide einmal einig waren, die Deutschen im Westen dürften sich nicht ohne Gegenwehr, nicht ohne Wiederbewaffnung, nicht ohne die Aufstellung deutscher Divisionen einfach von den Sowjets überrollen lassen? Im persönlichen

Verhältnis beider mag das so sein. Doch wird Augstein an seinen Einwänden, vor allem denen, die er gegen die Politik Adenauers in den Jahren 1952 bis 1955 vorbrachte, als Verhandlungen mit den Sowjets über die deutsche Einheit noch möglich schienen, sehr lange festhalten, und auch der freundlichste *small talk* im Bundeshausbüro des „Alten" kann die bittere Fehde nicht vergessen machen, die sie über mehr als ein Jahrzehnt geführt haben – und zwar beide ohne Glacéhandschuhe.

Allerdings denkt Augstein mit wachsender zeitlicher Distanz zu seinen politischen Sturm-, Kampf- und Kampagne-Jahren auch kritisch über die eigene Rolle und die verbissene *médisance*, mit der er gegen den „Machthaber" in Bonn angeschrieben hat. Als der Kanzler 1963 das Palais Schaumburg verlässt und der *Spiegel*-Chef seinen ersten großen Essay – „Adenauer und seine Epoche" – veröffentlicht, meint er nicht ohne Selbstzweifel, allein aus der von Adenauer in der Sache verfolgten Politik ließen sich die Erbitterung, ja der Zorn, den er in seinen besseren Tagen hervorgerufen habe, wohl kaum erklären. Den wahren Grund für das „methodische, ja fast mechanische Neinsagen", das er und andere gegen Adenauers Politik praktiziert haben, sieht er jetzt in dessen Unfähigkeit, seine Politik gegenüber Kritikern argumentativ zu verteidigen, in der „Undifferenziertheit seines Denkens und der Ausdrucksarmut seiner Argumente". Der Häuptling habe nicht diskutieren wollen oder, schlimmer, es nicht können, denn er habe nur Schwarz und nur Weiß gekannt und auf Einwände mit „apodiktischen, der rationalen Erkenntnis nicht zugänglichen Floskeln, wenn nicht härenen Witzen" geantwortet. „Wer seine Politik nicht guthieß", so Augstein, „war entweder ein Dummkopf oder Verräter" (Bad Reichenhall 1951), oder er betrieb den „Untergang Deutschlands" (Bundestagswahlkampf 1957), wenn er nicht „ein bezahlter Verräter" war (*Spiegel*-Affäre 1962).

Hans-Peter Schwarz hat die Vorwürfe Augsteins gegen den ersten Bundeskanzler einmal aufgelistet: Der *Spiegel*-Mann habe Adenauers deutschlandpolitische Passivität gerügt und gegen einen „inflexiblen", „verantwortungslosen", „ängstlichen", amerikahörigen und einfallslosen Kanzler vom Leder gezogen, „der nicht mit fünf Bällen zu jonglieren wusste, sondern nur mit einem". Ein Realist ohne Inspiration sei Adenauer für Augstein gewesen, „intellektuell unfähig, anders als taktisch zu reagieren", ein „nicht sehr gedankenstarker Greis von großer Willenskraft". Der „Greis" fackelt nicht lange und schlägt zurück: „Dreck-*Spiegel*" und „Schundblatt" nennt er Augsteins Magazin in seinen Teegesprächen mit ausgewählten Journalisten, die Redakteure des Blatts bezeichnet er schlicht als „Bande".

Doch Augsteins bitterste Invektiven fehlen in der Aufzählung des Adenauer-Biographen. Konsequenz, so zitiert Jens Daniel einmal den von Augstein bewunderten Bismarck, „Konsequenz für einen Staatsmann ist umso leichter, je weniger politische Gedanken er hat. Wenn er nur einen hat" – und hier zielt sein Zitat natürlich auf Adenauer – „ist es ein Kinderspiel". Er nennt ihn den „wortarmen Plattitüden-Kanzler", bescheinigt ihm einmal „den Wortschatz eines Medizinmannes", mit dem ein großes Volk auf die Dauer nicht regiert werden könne, ein andermal führt er dessen „Nicht-Willen und Unfähigkeit, sich gegenüber einem intellektuellen Gesprächspartner zu artikulieren", darauf zurück, dass er über bestenfalls 1000 Wörter verfüge, wobei noch offen bleibe, wie viele davon seinem Bürovorsteher Kilb gehörten – der Wortschatz des großen Churchill dagegen habe mindestens 15 000 Wörter betragen. Doch wie Augstein es sieht, versteht es Adenauer, seine offenbare „Ausdrucksschwäche" stets in „Schamanenstärke" umzuwandeln. „Sterile Denkart" wirft der *Spiegel*-Chef dem Kanzler vor, nennt ihn einen „Abendlandphantasten" mit dem „Horizont eines Zaunkönigs" und bezichtigt ihn einer „unaufrichtigen Klein-Erna-Philosophie"; einmal behauptet er, Adenauers Regierung sei ein Rumpf ohne Kopf, dann wieder attackiert er „seine katholische Majestät in Bonn", sie habe jeden Sinn für die

Realität verloren, denn sie führe eine Politik nicht so, „als seien wir besetzt und geteilt, sondern als hielten wir Sowjetrußland besetzt und geteilt". Gelegentlich mischen sich in dieses negative Crescendo Zeichen von Respekt und Anerkennung, meist für die physische Leistungsfähigkeit des Achtzigjährigen, aber auch für sein souveränes Auftreten auf internationalem Parkett. Ein „großer Stammesfürst" sei zum Palaver erschienen, schreibt Augstein, als Adenauer 1955 in Moskau weilt, wie ein „Erzvater des Alten Testaments" habe er auf dem Flughafen Scheremetjewo gestanden. Er bedenkt die schwache Verhandlungsposition des Kanzlers und meint, dieser habe sich seiner Aufgabe „mit großer Würde und nicht ohne Geschick" entledigt. Doch sind dies Ausnahmen.

Augsteins Ton wird bitterer, seine Kritik schärfer und ätzender, je weniger seine furiosen Attacken etwas bewirken – „hilflose Wut" habe er empfunden, schreibt er in einer Besprechung von Peter Kochs Adenauer-Biographie, weil er diese Erfahrung immer wieder erleiden musste. Ist Adenauer nicht der Teflon-Kanzler, an dem alle Vorwürfe, ja selbst frühere Skandale abprallen, deren Aufdeckung jedem anderen Politiker unerhört geschadet hätten? So berichtet der *Spiegel* im Januar des Wahljahres 1961, Adenauer habe in den zwanziger Jahren mit Aktien auf Kredit spekuliert und dabei sein Vermögen verloren; ein Aktienpaket, das den Verlust ausgleichen sollte und das er auf sein Bitten vom Generaldirektor der Glanzstoffwerke daraufhin erhielt, habe er praktisch wie ein Geschenk kassiert und den Wert nie zurückgezahlt. Augstein glaubte, schreibt der Berliner Historiker Henning Köhler, „mit dieser Story eine wirksame Waffe im Kampf gegen Adenauer" zu besitzen: „Musste es nicht auf die Deutschen befremdend und abschreckend wirken, wenn sie erfuhren, dass ihr Bundeskanzler, diese Verkörperung eines prinzipienfesten Patriarchen, sich auf höchst waghalsige Börsenspekulationen eingelassen hatte, also auf etwas Unse-

riöses, vor dem der brave deutsche Bürger zurückschreckte?"
Kein Zweifel, jedem anderen Spitzenpolitiker hätten Berichte
um derart dubiose und zwielichtige Verbindungen zum großen
Geld nur zum Nachteil gereicht – aber Bundespressechef von
Eckardt gelingt es mit bewundernswerter Chuzpe, die peinliche Story aus der Kölner Oberbürgermeister-Vergangenheit
einfach vom Tisch zu wischen. Auf eine Frage in der Bundespressekonferenz antwortet er gespielt gelassen, es sei ihm trotz
seiner Bemühungen nicht gelungen, die Aufmerksamkeit des
Herrn Bundeskanzlers auf diese Angelegenheit zu lenken. Die
Journalisten, in wirtschaftsrechtlichen Fragen und Finanztrans-
aktionen offenbar wenig bewandert, quittieren dies mit heiterem Gelächter, und damit hat sich die Angelegenheit, sehr zur
Enttäuschung Augsteins, erledigt.

Als Adenauer 1959 erwägt, Bundespräsident, also Nachfolger
von Theodor Heuss zu werden und den Plan wie eine heiße
Kartoffel fallen lässt, weil er erkennt, dass die Verfassung dem
Einfluss des Präsidenten auf die aktuelle Politik zu enge Gren-
zen zieht, bezweifelt Augstein, ob der „machtverbissene alte
Herr" noch im „Vollbesitz seiner geistigen Kräfte" ist. Er schlägt
ein konstruktives Misstrauensvotum mit Erhard als Kanzler-
kandidaten vor und nennt die Geschichte der Adenauerschen
Präsidentschaftskandidatur einen „einzigen Akt närrischer
Verkindung". Im übrigen bekundet er seinen Überdruss, „über
einen Mann schreiben zu müssen, an dessen Entschlüsse die
Elle normaler menschlicher Vernunft nicht mehr zu legen ist".
Deutschland, kommentiert Jens Daniel boshaft, habe endlich
„Anspruch auf einen Kanzler, der in der geistigen Verfassung
ist, für seine Handlungen zur Rechenschaft gezogen zu wer-
den". Rückt er im Herbst desselben Jahres Adenauer gar in die
Verdachtszone des Kriminellen? Immerhin schreibt er: „Wer die
Hand zum Wiedervereinigungsschwur erhob, obwohl er jede
Art Wiedervereinigung für unmöglich hielt, dem fällt ein poli-
tisches Verbrechen zur Last."

Mehrfach bringt er den Kanzler, der seit Ende des Ersten Weltkrieges die Aussöhnung mit Frankreich für unerlässlich hält, in den Ruch des Separatismus, weil dieser 1918/19 mit Plänen für die Loslösung des Rheinlands von Preußen und dem Gedanken einer Rheinischen Republik oder eines westdeutschen Bundesstaats schwanger ging. Allerdings sollte dieses von ihm in Gedanken angestrebte Staatsgebilde einem bundesstaatlich gegliederten Reich verbunden sein – ob mehr oder weniger locker, bleibt, was Adenauers Intentionen angeht, historisch im Zwielicht. Doch dass in der ganzen rheinischen Zentrumspartei, und nicht nur dort, nach der Revolution vom 9. November 1918 lebhaft über eine Neustrukturierung des Bismarckreichs, über eine föderalistische Reichsreform und über die Aufteilung Preußens nachgedacht wurde, bleibt bei Augstein im Eifer des Gefechts gegen den „Rheinbündler" Adenauer unerwähnt. Wie überhaupt Augsteins Treue gegenüber Preußen für einen Katholiken aus dem Hannoverschen merkwürdig berührt: Wie, fragt der *Spiegel*-Herausgeber in seiner Titelgeschichte über „100 Jahre Adenauer" im Dezember 1975, „wie konnte man Preußen auflösen, ohne das Reich zu gefährden; wie ein Omelett braten, ohne das Ei zu zerschlagen?"

War das Reich, wie Augstein es verstand, ohne den Fortbestand Preußens mitsamt seiner rheinischen Provinz etwa nicht denkbar? Hatte nicht Hugo Preuß, der Schöpfer der Weimarer Verfassung, der Nationalversammlung ursprünglich die völlige Neugliederung des Reichsgebiets bei weitgehender Zerschlagung des preußischen Staates empfohlen, und war es nicht ausgerechnet das Veto Bayerns gewesen, das diese Neugliederung verhinderte und Preußen am Leben hielt? Zeigt sich ein Rudolf Augstein, der sich das Reich ohne Preußen nicht vorstellen kann, hier noch ganz als Produkt einer nationalkonservativen, Bismarck-treuen, durch und durch preußisch-deutschen Erziehung? Übrigens weist der Speyerer Historiker Rudolf Morsey in seiner Arbeit über die deutsche Zentrumspartei darauf hin, dass die „Los-von-Berlin-Bewegung" 1918/19 im Rheinland auch eine Antwort auf das „Willkürregiment" der sozialistischen „Berliner Novembermänner" gewesen ist, vor allem auf die Erlasse des – freilich nur kurze Zeit amtierenden – ultralinken Sozialdemokraten und preußischen Kulturministers Adolf Hoffmann, die eine Neuauflage des Kulturkampfs befürchten ließen.

Ein zweites Mal spielt Adenauer mit dem Gedanken an einen Weststaat, als die Kommunisten 1923 den „deutschen Oktober" planen, die Rechtsextremen in Bayern zum Putsch gegen Berlin blasen und das Reich in eine Krise gerät, die viele um seinen Fortbestand bangen lässt. Weil die Regierung Stresemann nicht weiß, wie es die Rheinlande finanziell über Wasser halten soll, werden die verschiedensten Pläne diskutiert. Beispielsweise die „Versackungstheorie" von Karl Jarres, Innenminister im Kabinett Stresemann, der alle Lasten des besetzten Rheinlands und auch des Ruhrgebiets, in das Frankreich einmarschierte, um sich ein Faustpfand für Reparationen zu sichern, den Besatzern übertragen will, frei nach dem Motto: Sollen die Franzosen doch sehen, wie sie damit fertig werden. Gegen seine Überlegungen steht ein Plan Adenauers und seines Freundes, des Kölner Bankiers Louis Hagen, die beide schon deshalb von der „Versackung" der Rheinlande nichts halten können, weil das damit verbundene Chaos sie unmittelbar betroffen hätte. Beide erwägen, so der Historiker Hagen Schulze, ob in dieser Situation nicht die provisorische Bildung einer rheinischen Verwaltungsspitze mit eigener Finanzhoheit von Nöten sei.

Inwieweit dieses Provisorium für Adenauer seinem von alters her geliebten Weststaat geglichen oder sich zu einem solchen entwickelt hätte, muss unklar bleiben, zumal der Kölner Oberbürgermeister schon damals verbale Festlegungen gern vermied und vage, vieldeutige Äußerungen bevorzugte. Der unerwartete Erfolg der neu eingeführten Rentenmark und die Stabilisierung der deutschen Währung erübrigen dann solche

Notstandspläne. Doch dringt Hagen in seinen Erkundungs-
Gesprächen mit Vertretern der Französischen Militärverwal-
tung stets darauf, Frankreich hätte sich von den bei der Bevölkerung verhassten separatistischen Putschisten zu trennen, die
ohne jedes Zutun von Adenauer Ende Oktober in Koblenz eine
„Rheinische Republik" ausgerufen hatten. Und er besteht darauf,
dieses von ihm, Adenauer und einigen rheinischen Zentrums-
politikern theoretisch angedachte neue Staatsgebilde müsse im
Rahme des Reiches bleiben. Ist all dies wirklich geeignet, Adenauer in den Ruch des Vaterlandsverrats zu bringen, rechtfertigt es Augsteins Satz, man habe den Kölner Oberbürgermeister
in diesem kritischen Jahr, als die schiere Existenz der Weimarer Republik auf dem Spiel zu stehen schien, „schwerlich" von
einem „echten" Separatisten unterscheiden können, der sich
in seiner Besprechung über Henning Köhlers Buch „Adenauer
und die rheinische Republik" aus dem Jahr 1986 findet?

Und doch wandelt sich, auch wenn Augstein weiter fest zu
vielen Urteilen, auch zu prononcierten Vorurteilen Jens Daniels
und dessen Anti-Adenauer-Sturmlaufs steht, seine Einschätzung der Adenauerschen Politik mit der Distanz der Jahre. Das
hat natürlich damit zu tun, dass die Bundesrepublik, von ihren
Vätern als Provisorium entworfen und von Augstein, der so
lange die Wiedervereinigung und damit ein neu und anders
verfasstes Deutschland im Visier hatte, bewusst nur als solches
verstanden, über die Jahre feste Gestalt, ja dass sie mit wach-
sendem Wohlstand und zunehmender Wirtschaftskraft innere
Stabilität, äußeres Gewicht und außenpolitisches Ansehen
gewinnt. Wie sehr es vor allem die Person des patriarchalischen
Kanzlers ist, welche die Bundesrepublik international wieder
„salonfähig" macht, schreibt er Adenauer, obschon auf dessen
Abwahl hoffend, bereits im Wahlkampf 1953 gut. Zehn Jahre
danach, als der erste Kanzler das Palais Schaumburg räumen
muss, sieht Augstein die von ihm einst so heftig bekämpfte Entscheidung für den Schuman-Plan in milderem Licht, zumal er

plötzlich das partnerschaftliche Element darin entdeckt, das er damals eifrig übersah: Kein denkbarer bürgerlicher Kanzler, schreibt er nun, hätte es sich erlauben können, den Schuman-Plan zurückzuweisen, „der aus den Fehlern von Versailles das Resümee gezogen hatte, dem vom Kommunismus freien Teil Deutschlands statt Kontrolle Partnerschaft anzubieten". Selbst die Behauptung, Adenauer habe die Wiedervereinigung verhindert, scheint ihm 1963 wenn nicht völlig falsch, dann doch dubios zu sein, auch wenn er sich, als er dies einräumt, reichlich gequält ausdrückt: „Man wird nicht mit letzter Sicherheit ausschließen können", schreibt Augstein, „dass die Wiedervereinigung erreicht worden wäre, wenn es keinen Adenauer gegeben hätte". Aber das „Gesamt" der gegen eine Wiedervereinigung gerichteten, also „negativen Imponderabilien" bezeichnet er als „so groß", „dass die Behauptung, er (Adenauer) habe sie verhindert, obsolet erscheint".

Eine der wichtigsten dieser Imponderabilien ist für Augstein die ihn wohl enttäuschende Haltung der westdeutschen Bevölkerung, die nicht energisch auf eine Politik der Wiedervereinigung drängt. Hätten Verhandlungen mit den Sowjets nicht bedeutet, so fragt er sich und seine Leser, dass die Westdeutschen eines Tages doch einen Teil der Rechnung für jene Verbrechen mitbezahlen müssten, die Hitler hauptsächlich im Osten an „slawischen und jüdischen Untermenschen" begangen hatte? Jedes Abkommen mit den Sowjets über Deutschland hätte dazu geführt, dass die Westdeutschen indirekt an den Reparationen für den Osten beteiligt würden. Trifft er vielleicht den Nagel auf den Kopf, wenn er schreibt, um genau dies zu vermeiden, flüchteten die Westdeutschen in jedes „europäische, in jedes atlantische Asyl"? Vor diesem Hintergrund nimmt er Adenauer gegen den Vorwurf Schumachers in Schutz: Nein, dieser sei nicht der Kanzler der Alliierten, aber doch eben nur teildeutscher Regierungschef gewesen: „Er war der Bundeskanzler der Westdeutschen, deren auf unpolitische Existenz erpichtes

Phlegma er richtig eingeschätzt, bestärkt und manipuliert hat." In dieser Beschränkung sieht er die große Achtung begründet, die Adenauer im Ausland genoss, aber auch das weltweite Ansehen, das er der Bundesrepublik verschafft hat.

Nun ist es wahrlich nicht so, dass er Adenauer nach dessen Abgang von der politischen Bühne von den Fehlern freispräche, derer er ihn für schuldig befand. Wenn er behauptet, unter ihrem ersten Kanzler hätten die Deutschen das „geistfeindlichste, das geistunempfindlichste Regiment" seit dem Soldatenkönig Friedrich Wilhelm I. geschaffen, und zwar „beispiellos in der westlichen wie der östlichen Welt", mag das im Ost-West-Vergleich zwar maßlos übertrieben sein, aber ein vernichtenderes Urteil über die Ära Adenauer ist kaum vorstellbar. Doch gilt auch im Falle Adenauer offenbar, dass nichts erfolgreicher ist als der Erfolg. Schon 1963 findet Augstein, die Art, in der Adenauer die Stalin-Note abfertigte und anstelle des Bismarckschen Nationalstaats die ausgreifende Idee des vereinigten Europa bis zum Ural proklamieren ließ, sei „von großartiger Konsequenz" gewesen in einer Zeit, reif „für einen geborenen Führer, der sein Ziel kannte". Großen Männern gilt von jeher sein Respekt, und so bewundert er zwölf Jahre später die „innere Courage und Kraft", mit der Adenauer die „bedingungslose Entscheidung für den Westen", ob falsch oder richtig, ob zur damaligen Zeit zulässig oder nicht, durchgezogen habe.

Im Jahr 1975, als er dies schreibt, ist England von Inflation, und Pfundkrisen heimgesucht, im wirtschaftlichen Niedergang und auf bestem Wege, der kranke Mann Europas zu werden; in Italien sind die Kommunisten im unaufhaltsamem Vormarsch, und der so genannte historische Kompromiss, die Beteiligung der KPI an der Regierung, scheint nahezu unausweichlich. Dieses europäische Panorama im Blick, stellt Rudolf Augstein auf einmal selbstkritisch sein frühes, ungestümes Engagement für die Wiedervereinigung und gegen die Westintegration in Frage: „... auch mir", schreibt er in seiner Titelgeschichte „100 Jahre

Adenauer" im Dezember 1975, „scheint heute zweifelhaft, angesichts des Verfalls in England, Italien und wer weiß demnächst
wo, ob Europa mit einem neutralen vereinigten Deutschland
besser dastünde."

Ohnehin wird seine Gegnerschaft zu Adenauer ab Ende der
fünfziger Jahre überlagert von der zu Franz Josef Strauß, weil
dieser mit seinem Griff nach Atomwaffen Augstein ungleich
gefährlicher dünkt als Adenauer. In Augsteins Sicht ist es ja
nicht der Kanzler, der das atomare Begehren der Bundesrepublik
erfunden, formuliert und durchgesetzt hat. „Adenauers Linie",
so schreibt er 1961, war „Limes-Politik, Sicherungspolitik". Erst
Strauß habe sich mit seinen Atomplänen in das Adenauerkon-
zept hineingefressen wie der Wolf in das Pferd des Barons von
Münchhausen. Das Pferd – Adenauer – galoppiere zwar noch,
aber der Wolf, Franz Josef Strauß, schaue ihm bereits aus dem
Rachen heraus. In „Adenauer und seine Epoche" betont er
1963 die Gemeinsamkeiten zwischen beiden, arbeitet aber den
für ihn entscheidenden Unterschied heraus. Zwar seien beide
geneigt, das Recht zu manipulieren, und zu jedem Mittel bereit,
ihre Macht zu erhalten oder zu mehren; beide seien demago-
gisch bis zum Exzess und hätten ein gestörtes Verhältnis zur
Wahrheit, und dennoch bestehe ein fundamentaler Unterschied
zwischen den Persönlichkeitsstrukturen: „Bei Adenauer konnte
man immer sicher sein, dass er für seine Person einen Krieg
in Mitteleuropa nur riskieren wollte, wenn die Bundesrepublik
selbst angegriffen würde." Und bei Strauß? Er überlässt die Folgerung dem Leser, den indes die zuvor veröffentlichten Daniel-
Kolumnen und die geballte Anti-Strauß-Berichterstattung des
Spiegel nicht im Zweifel lassen können: Bei Strauß war man sich
dessen eben nicht gewiss.

War bislang Konrad Adenauer jener Haupt- und Erzgegner,
mit dem Augstein sich maß, dabei selbst an Profil, Aufmerksamkeit, politischer Bedeutung gewann – und sein Blatt natürlich an Auflage –, avanciert jetzt der „studierte Metzgersohn

aus der Münchner Schellingstraße" zum alles überragenden Feindbild. Dabei hatte die Beziehung Strauß/*Spiegel* einmal so unvorbelastet begonnen wie einst die von Augstein und Adenauer. Was nämlich Golo Mann dem Kanzlerkandidaten Strauß im Wahlkampf von 1980 bezeugen wird, klingt auch in den ersten *Spiegel*-Geschichten an: Respekt vor einem in hanseatischen Augen exzentrischen, weil bodenständigen, heimatverwurzelten, echt „bayrischen Mannsbild". So heißt es im *Spiegel*-Bericht über Kanzlerwahl und Kabinettsbildung 1953, Strauß demonstriere das „bayerisch-urgemütlich-rabiate Selbstbewusstsein" der CSU; als er mit seinen Händen „auf die Pultplatte patschte", habe er „eine Vorstellung christbayerischer Urgewalt" und Unbekümmertheit gegeben. Und positiv bewertet der Bericht sein ungestümes Drängen auf möglichst viel CSU-Einfluss im Kabinett gegenüber der Unterwürfigkeit, welche die FDP-Kabinettsunterhändler Franz Blücher und Hermann Schäfer auszeichne. Als Strauß zwei Jahre später Atomminister wird, spricht der *Spiegel* von ihm eher positiv-neutral als „jugendlichem" Minister, der kein Mann von übertriebener Zurückhaltung sei.

Auch nach der Kabinettsumbildung im Herbst 1956, als Strauß zum Verteidigungsminister avanciert, ist das Urteil des Blattes noch keineswegs negativ. Zwar habe Strauß stets in „bewährter ‚Wies'n'-Manier mit Haut-den-Lucas-Hieben" in Richtung des Vorgängers gedrängt; doch was immer man über den „Holzhacker-Siegfried" sagen möge, er sei eben „frischer und stärker als Theo Blank". Und als ein Porträt von Strauß, von dem russisch-amerikanischen Titelgestalter Boris Artzybasheff entworfen, im Januar 1957 erstmals den *Spiegel*-Titel ziert, erfährt der Leser vom rundum gelungenen Einstand des neuen Verteidigungsministers beim Nato-Ausschuss in Paris. Artzybasheff zeigt den Bayern, umringt von einem Kranz, in dem der Sepplhut zu einem Stahlhelm mutiert. „Primus" Strauß, der Mann mit dem bayrischen Naturcharme, wird gelobt, weil er fließend Englisch spreche, wenn auch mit gemischt bayrisch-amerikanischem Akzent. Frankreichs Nato-Botschafter wird mit dem Satz zitiert, es sei erstaunlich, „wie wach" Strauß sei, wie er Zusammenhänge und Reaktionen sofort erfasse. Der Tenor der Geschichte ist kritisch, aber wohlwollend: „Der neue Verteidigungsminister", so der *Spiegel*, „weiß nicht nur schlagfertigere Antworten für seinen Kanzler, er findet auch geschicktere Lösungen für delikate Amtsaufgaben."

Ist der Beginn jenes Duells, das zwischen Strauß und Augstein wenige Wochen später entbrennt, sich zu einer Kampagne gegen Strauß steigert, die klar auf den Abschuss des stattlichen bayrischen Jagdwilds zielt und schließlich zur *Spiegel*-Aktion führt, wirklich auf jene lange, durchzechte und inzwischen legendäre Hamburger Nacht vom Samstag, dem 10., auf Sonntag, dem 11. März 1957, zurückzuführen, in der Augstein und die *Spiegel*-Redakteure einerseits, Strauß andererseits „über Kreuz kamen", wie der *Spiegel*-Chef das später ironisch-zartfühlend nennen wird? Auf die Tatsache, dass der seines Einflusses bewusste barocke Machtmensch Strauß, um seine Verspätung wissend, aber auf seine Bedeutung als Bundesminister verweisend, die pünktliche Abfahrt des Nachtzugs von Hamburg nach Bonn durch die Intervention seines Referenten beim Fahrdienstleiter – vergeblich – hatte verhindern wollen? Oder gar auf die Tatsache, dass Gastgeber Augstein, getrieben vom Minister-Gast Strauß, die Verkehrsordnung für Normalsterbliche in wilder Fahrt missachten und eine rote Ampel überfahren musste, um den 22:10-Uhr-Zug nach Bonn doch noch zu erreichen? Was wirklich geschah in jener Nacht, wird sich heute nur schwer aufklären lassen. Gesichert ist, dass die Party in Augsteins Haus am Maienweg 2, das er vom deutschen Boxidol Max Schmeling gekauft hat, nun weitergeht, dass Strauß ein Hähnchen in provencalischer grüner Sauce verzehrt, angeblich eine seiner Leibspeisen, dass die Gläser oft und reichlich gefüllt werden und drei *Spiegel*-Redakteure den ziemlich betrunkenen

Gast um 3:30 Uhr in der Früh beim Hotel Prehm am Alsterufer abliefern. Alle anderen Berichte scheinen subjektiv gefärbt zu sein. Am verlässlichsten ist noch Leo Brawand, neben Hans Detlev Becker, Hans Schmelz, Horst Mahnke und Johannes K. Engel einer der Teilnehmer jenes Herrenabends, denn er fertigte stenographische Notizen für sein Tagebuch.

Danach macht der Minister, als man beginnt, über Militärisches zu sprechen, sich zunächst über die Engländer lustig, die vor Monaten mit ihrem Suez-Unternehmen gescheitert sind: „Vier Tage auf See liegen und abwarten", notiert Brawand, „dann fünf Tage angreifen und doch nicht weiterkommen" – ja mei, das seien ja „schöne Helden". Dann wendet Strauß sich den Sowjets zu: „Kruzifix, was seien die gefährlich", und in diesem Zusammenhang spricht er über das „christliche Sittengesetz" als Grundlage der eigenen Politik. Hans Schmelz, der es im Krieg zum Major brachte, will dabei gehört haben, dass Strauß die Sowjets mit Sittlichkeitsverbrechern vergleicht, die man ja auch nicht frei herumlaufen lasse, und schnarrt im Kasinoton zurück: „Dann schlagen Sie sie doch zusammen." Strauß protestiert wutentbrannt und behauptet, er habe dies nie gesagt.

Wenig später macht *Spiegel*-Redakteur Horst Mahnke eine Bemerkung über das „Dritte Reich", die Strauß so aufbringt, dass er ihn wie der klassische preußische Polizeibüttel der Karikatur anschnauzt und wissen will, wer er eigentlich sei und wie er heiße. Gastgeber Augstein, in diesem Fall eher ein autoritärer Chef, schickt Mahnke „auf die Strafbank vor der Tür", wie zuvor auch seinen Redakteur Hans Schmelz. Was Mahnke gesagt hat, bleibt im Dunkel, auch wenn es angesichts seiner SS-Vergangenheit, um die wir inzwischen wissen, von besonderem Interesse wäre. Als Augstein und Mahnke wieder hereinkommen, erklären sie nach Brawand jedenfalls unisono, „niemand sei hier im Raum, der etwa nicht die Meinung vertrete, dass Hitler ein Lump und Verbrecher sei; Mahnke sei missverstanden worden." Nur halb versöhnt, erwidert der Bajuware darauf: „Sonst, wann's so reden wollt, ladet's euch Zuhälter oder Ganoven ein, aber nicht einen Minister der Bundesregierung."

Kein Zweifel: Es ist ein lauter, ein trunkener Abend, der keineswegs immer harmonisch verläuft, auch wenn er ursprünglich so begonnen hat. Denn so wie Augstein den jungen CSU-Aufsteiger, geschliffenen Redner und gefürchteten Polemiker bei Bier, Sekt und kleinen Häppchen in Augenschein nehmen und sich ein Urteil über ihn bilden will, sucht Strauß auszuloten, wie weit er mit den *Spiegel*-Leuten zusammenarbeiten, bei ihnen vielleicht Unterstützung für seine ehrgeizigen Pläne zum Auf- und Umbau der Bundeswehr finden kann. Doch allein, dass die preußisch-nüchternen „Nordlichter" immer wieder die Politik Adenauers kritisieren und fordern, man solle sich nicht so überstürzt und „servil" an die Amerikaner binden, muss den leicht aufzubringenden Strauß in Rage versetzen.

Wenn dieser Abend den Ausschlag für den von Augstein bald eröffneten Kreuzzug gegen Strauß auch nicht gibt, bestätigt er doch alle Vorbehalte gegenüber dem urig-barocken Machtmenschen aus Bayern, der sich von seiner Rednergabe und seinem Temperament immer wieder hinreißen lässt – Vorbehalte, die der *Spiegel*-Herausgeber schon zuvor gehegt haben muss. Hat er, als er mit Strauß diskutiert, ein Zitat von Walter Henkels im Sinn? Der verglich, nachdem Strauß 1952 einen schwächlichen Adenauer in der Wehrdebatte des Bundestags bravourös herausgepaukt hatte, den Bayern mit einem Panzer, „der jederzeit aus dem Unterholz hervorbricht und alles, was sich ihm in den Weg stellt, überrollt". Weiß er um die Spezi-Wirtschaft des CSU-Politikers, der ja schon im ersten Bundestag zusätzlich zu seinen Diäten ohne erkennbare Gegenleistung erkleckliche Summen von bayerischen Firmen bezieht und dem eine „Volkswirtschaftliche Gesellschaft" in Bayern einen persönlichen Dispositionsfonds von monatlich 5000 Mark ab 1952 zur Verfügung stellt? Von „Ihren Spezis", den Amerikanern, hatte Hans Schmelz zu dem Gast aus Bonn ja an jenem Abend im Hause seines Herausgebers anzüglich gesprochen. Richard Stücklen behauptet in seinen Memoiren, Augstein habe schon 1956 erklärt, „er würde alles tun, um Strauß als Bundeskanzler zu verhindern".

Entscheidend für den *Spiegel*-Chef sind weniger das Wortgeprassel, die Unbeherrschtheit, die Skrupellosigkeit, das Machtstreben und was noch man alles Strauß nachsagt oder an ihm beobachtet – nicht zu Unrecht, wie dieser Abend ihn belehrt; entscheidend ist die Kombination all der Charakter-Defizite, die er bei Strauß sieht, mit der Machtfülle, die ein Mann genießt, der nach Atomwaffen für die Bundeswehr greift und sich als potentesten Nachfolger Adenauers empfiehlt. So attackiert Jens Daniel vordergründig zwar den Kanzler, als dieser vor der Bundespressekonferenz am 5. April, knapp einen Monat nach der durchzechten Nacht am Maienweg, sein berühmt-berüchtigtes Wort von den taktischen Atomwaffen als der „Fortentwicklung der Artillerie" spricht – aber seine Kolumne über den „Atomschreck Bundesrepublik", mit der er seine Kampagne gegen Strauß beginnt, zielt geradewegs auf den Verteidigungsminister. Adenauer hatte in seiner Pressekonferenz erklärt, bei der starken Fortentwicklung der Waffentechnik könne die Bundesregierung nicht darauf verzichten, dass „unsere Truppen auch bei uns – und das sind ja besondere normale Waffen in der normalen Bewaffnung – die neuesten Typen", also Atomwaffen haben. Zugleich freilich sucht der Verteidigungsminister die Öffentlichkeit mit dem Hinweis zu beruhigen, die Bundeswehr werde zunächst ja „nur" mit „taktischen" Atomwaffen ausgerüstet. Der ehemalige Artillerie-Leutnant Augstein kommentiert diese Versicherung „unseres Franz Josef" mit dem Aufschrei: „Ihr ahnungslosen Engel!" – die Bombe von Hiroshima sei „die drittkleinste Atombombe und vorwiegend für den taktischen Einsatz vorgesehen". Sehe so etwa die „Weiterentwicklung der Artillerie" aus, von der Adenauer gesprochen habe?

Vielleicht ist dies eine seiner bestgelungenen Kolumnen aus den ersten zehn *Spiegel*-Jahren überhaupt, und sie erklärt glasklar, was den Herausgeber des *Spiegel* und den Verteidigungsminister in der Sache voneinander scheidet. Augstein hält es für eine „Todsünde wider das friedliche Weiterleben der Menschheit", dass ausgerechnet die Deutschen einen Teil des atomaren Schreckens ausüben sollten, denn wenn überhaupt, dürfte dies „erstens nur eine Weltmacht und zweitens nur eine Macht mit vergleichsweise reinen Händen" tun. Strauß dagegen hält es für eine Todsünde, gegenüber den Sowjets auch nur das geringste Zeichen von Schwäche zu zeigen. Er ist, nach einem Wort Henry Kissingers aus jener Zeit, „nuclear obsessed", von Atomwaffen geradezu besessen. Augstein meint, ausgerechnet Deutschen Atomwaffen in die Hand zu drücken heiße, das Gefahrenrisiko für einen großen Atomkrieg grundlos hochzutreiben, und will das Pulverfass Deutschland nicht radioaktiv aufgeladen sehen. Für Strauß dagegen, der ganz auf totale Abschreckung setzt und am liebsten potentielle sowjetische Invasoren schon beim ersten Gewehrschuss an der Grenze mit Atomkrieg überziehen möchte, kommt jeder Verzicht auf Atomwaffen einer Einladung zum Überfall auf Westdeutschland gleich. „Leider", schreibt Augstein, müsse man das fatal entmutigende Gefühl haben, „der Kanzler und seine Knappen schipperten auf den Restbeständen einer mehr als unzeitgemäßen Befürchtung: Der Befürchtung, die Teutonen könnten bei einer Metzelei nicht standesgemäß, nicht rechtzeitig vertreten sein. ‚Im letzten Gefecht' noch wollen die ‚Germans to the front', Blücher im Herzen, der es seinem Freund Wellington versprochen hatte, und Waldersee, den Boxer-Helden. O heilig Herz der Völker, o Vaterland!"

Die Auseinandersetzung gewinnt an Schärfe, als Moskau erklärt, wenn die USA ihre Alliierten mit Atomwaffen ausstatten sollten, werde es auch die Verbündeten des Warschauer Pakts nuklear aufrüsten. Ohnehin beunruhigt Augstein seit dem

Ungarn-Aufstand das Szenario, im Falle eines zweiten 17. Juni
der DDR könnten sich Flüchtlingsströme nach Westen ergießen,
und westdeutsche Grenzschützer, die ihnen helfen wollten –
Motto: „Deutsche für Deutsche" – würden in Gefechte mit der
Zonen-Polizei oder gar mit sowjetischen Truppen verwickelt.
Wie man die Deutschen kenne, so Jens Daniel im Februar 1957,
sei dann der Dritte Weltkrieg da. Nach der Erklärung Moskaus
über die mögliche Atom-Bewaffnung seiner Satelliten wird für
ihn dieses Szenario noch bedrohlicher: Zwei gegnerische deutsche Armeen im Besitz taktischer Atomwaffen – heißt das nicht,
„die Initialzündung für den Superkrieg" aufzubereiten? „In der
DDR sind sie stalinistischer als Stalin, in der Bundesrepublik
Nato-besessener als die USA – da braucht es nur einmal Unruhen im Lande Ulbrichts zu geben, und der Knall ist da."

Augstein steht mit seinen charakterlichen Vorbehalten
gegenüber Strauß keineswegs allein da. Selbst in der Spitze der
CDU gibt es deutliche Reserven gegenüber dem schlagfertigen
Energiebündel mit dem unbezähmbaren Ehrgeiz. Obschon
Konrad Adenauer Strauß in sein Kabinett geholt hat, weil er
dessen dynamische, unverbrauchte Kraft erkennt und schätzt,
misstraut er ihm doch stets: Strauß müsse endlich besonnener
werden, sagt er einem amerikanischen Besucher und erhofft
sich von einer Heirat, dass der Junggeselle zu mehr Ruhe finde.
Als der Atomminister Strauß das offensichtliche Chaos bei der
Aufstellung der ersten Bundeswehrverbände kritisiert und die
Kompetenz des biederen, aufrechten, aber mit dieser Aufgabe
überforderten westfälischen Gewerkschafters Theodor Blank
beim Kanzler in Frage stellt, spricht Adenauer pikiert von
„enttäuschendem Ehrgeiz" des Ellenbogengenies aus München
und erklärt mit schneidender Stimme: „Solange ich Kanzler bin,
werden Sie niemals Verteidigungsminister."

Das ändert sich schlagartig 1956, als er Strauß im Herbst
doch ins Verteidigungsministerium beruft. Da ist der Kanzler
längst auf die kritische Linie von Strauß gegenüber Blank ein-

geschwenkt und mit dem Bayern einig, dass man sich nicht mehr auf die amerikanische Nuklearabschreckung allein verlassen kann, sondern selbst über Atomwaffen verfügen muss, ja sie gemeinsam mit Franzosen und Italienern entwickeln und bauen will. Und doch hat, wie Hans-Peter Schwarz betont, Strauß selbst dann stets mächtige Feinde in der CDU: Fraktionschef Heinrich Krone, auf dessen Urteil der Kanzler viel gibt, Heinrich von Brentano und nicht zuletzt Kanzleramtschef Hans Globke. Brühwarm hinterbringen sie Adenauer jeden Ausrutscher des Verteidigungsministers, um dem ohnehin nie ruhenden Misstrauen Adenauers Nahrung zu geben. Der Kanzler wertet Strauß inzwischen als politische Belastung. Zeigt Augsteins *Spiegel*-Kampagne gegen Strauß Wirkung selbst im Kanzleramt? Gut dreißig Jahre später wird Martin Walser seinem Freund Augstein vorhalten, der *Spiegel* habe ihm Angst vor Franz Josef Strauß als dem „schlechthin Bedrohenden" gemacht. Im Nachhinein bedauert er, dass er den Bajuwaren „falsch erlebt" habe und wertet dies als Beispiel für die eigene Verführbarkeit – durch die Kampagne des *Spiegel*. Als er dies sagt, hat Walser sein Damaskus längst hinter sich und spricht auf Tagungen der CSU.

In der Tat gelingt es Augstein in einem jahrelangen Kreuzzug, Franz Josef Strauß für die eher linke Intelligenz der Republik zur Inkarnation von Gefahr und Aggressivität, von Korruption und Machtbesessenheit, zum Abziehbild des Bösen schlechthin zu machen. Gerd Schmückle, lange Zeit Sprecher des Verteidigungsministeriums und enger Vertrauter von Strauß, nennt Augsteins Einfallsreichtum im „publizistischen Zersägen" seines Gegners „unerschöpflich", aber der intelligente, sinnliche, zielstrebige und lebenslustige Strauß habe sich „zum Zuschlagen" auch hervorragend geeignet. Natürlich ist des *Spiegels* Strauß, diese Schöpfung Augsteins und seiner Mitarbeiter, ein negatives Kunstprodukt oder die „Verfertigung eines kollektiven Feindbildes mit den Mitteln der Publizistik", wie Werner

Biermann in seiner Strauß-Biographie zu Recht bemerkt. Und natürlich hilft Strauß, der Mann mit den vielen Affären, dem *Spiegel*-Herausgeber nach Kräften selbst dabei, ihn zum atomfeuerspeienden Drachen aufzublasen, der alle bundesrepublikanischen Freiheiten zu verschlingen droht: „Der Minister", sagt Augstein einmal, „war höchst eilfertig, seinen Ruf zu ruinieren, man konnte ihm kaum folgen." Aber das überdimensionierte Feindbild Strauß, das der *Spiegel* Heft für Heft und Jahr für Jahr aufbaut, verfehlt letztlich seine Wirkung nicht. Dass Augsteins Kampagne im *Stern*, in der *Süddeutschen Zeitung*, in der *Frankfurter Rundschau* und etlichen Provinzblättern, von der gesamten regierungskritischen Presse also und selbst vom neuen Medium Fernsehen, dort etwa von Magazinen wie „Panorama" und „Monitor" aufgegriffen wird, führt letztlich dazu, dass nicht nur der Kanzler hofft, Strauß möge die Bonner Bühne möglichst bald verlassen. Selbst Franz Josef Strauß, durch den *Spiegel* in heftige Abwehrkämpfe und langwierige juristische Auseinandersetzungen verwickelt, denkt in resignativen Phasen offenbar daran, einem Ruf der CSU zu folgen und das Amt des bayerischen Ministerpräsidenten zu übernehmen.

Als Augstein seinen Kreuzzug beginnt, hat sich der *Spiegel* aus bescheidenen Anfängen mit keineswegs eindeutigen, oft einander widersprechenden Meinungen und Tendenzen zu einer von Hans Detlev Becker hochgezüchteten, gut geölten, zuverlässig schnurrenden Redaktionsmaschine entwickelt, deren präzise Sachkenntnis beeindruckt. Die Ergebnisse ihrer Recherchen sind meist zutreffend, und die inzwischen eindeutige Meinungsvorgabe der Artikel füttert all jene, die gegen die Allmacht der Staatspartei CDU opponieren, mit immer neuen Argumenten. Weil sich die Sozialdemokratie, die institutionelle Opposition im Parlament, anschickt, den Gedanken auf Ablösung der CDU von der Regierung als nahezu aussichtslos aufzugeben und statt dessen eine Koalition mit ihr, also das Mitregieren anzustreben, wird die Bedeutung des *Spiegel* als zwar nicht einzige, aber doch wichtigste Stimme der Opposition im Land gewichtiger.

Ende der fünfziger Jahre gebietet Augstein über erhebliche publizistische Macht: Die Auflage des Blattes marschiert 1957, als er die Feindseligkeiten mit dem Verteidigungsminister eröffnet, auf immerhin knapp 300 000 Exemplare zu, es wird weithin beachtet und gefürchtet, weil es Korruption aufdeckt, die Vergangenheit ehemaliger Nazis durchleuchtet oder die Amtsanmaßung von Ministern geißelt. Als der Staatsapparat 1962 zurückschlägt, Polizeibeamte die *Spiegel*-Redaktion besetzen und Augstein verhaften, ist die verkaufte Auflage schon auf rund 450 000 Exemplare geklettert. Die Redakteure im fünften Stock des Hamburger Pressehochhauses sind von Erfolg verwöhnt, sie können auf eine lange Reihe von „scoops" zurückblicken, die 1950 mit der Bestechungsaffäre um die Wahl Bonns zur Bundeshauptstadt beginnt, über die Fälle Schmeißer, Zind und andere bis zum Rücktritt eines Landesfinanzministers reicht, den man des Amtsmissbrauchs zu persönlichen Zwecken überführt.

Verleitet soviel Erfolg zu Übermut? Muss ein Mann wie Rudolf Augstein, der sich stets den Sinn fürs Spielerisches bewahrt, muss das Glückskind, das bislang nie ernstliche Rückschläge einzustecken hatte, nicht versucht sein, die Schlagkraft seiner publizistischen Kampfmaschine gnadenlos an dem Mann zu erproben, den er für ein bundesrepublikanisches Verhängnis hält? Und lädt Strauß durch die Blößen, die er sich gibt, nicht geradewegs dazu ein, über ihn herzuziehen? Im Fall Strauß jedenfalls begnügt sich der *Spiegel*-Chef nicht mehr mit der Rolle des kritischen Beobachters und Kommentators, er macht den *Spiegel* zur Kampfpresse und operiert bedenklich nahe an der Grenze zum Agitator, der auch den geringsten Anlass nutzt, Strauß anzuprangern, um ihn endlich aus dem Amt zu jagen. Als Politiker wollte er ihn in Bayern sehen – nirgends sonst, sagt er rückblickend 1988 zu Stefan Aust in „Spiegel TV": „Das Überbordende, kaum zu Kontrollierende an diesem Mann, der die Sowjets mit Sittlichkeitsverbrechern verglich, das konnte uns nicht gefallen." Strauß, der Begabte, sei ganz unbegabt gewesen, „mit der Macht maßzuhalten". Und ihm, Augstein, sei klar gewesen, dass es nur eine Möglichkeit gegeben habe, diesen Franz Josef Strauß, der „dampfwalzenartig" nach der höchsten Macht strebt, auf seinem Weg ins Kanzleramt zu stoppen – „eine Möglichkeit nicht ohne Risiko".

Er geht das Risiko ein und eröffnet eine gnadenlose Jagd auf Strauß. Wenn man so will, beginnt sie schon im November 1957, als das Magazin sich an einer Sitzung der CSU-Landtagsfraktion weidet, in der Strauß, obschon er dem Gremium gar nicht angehört, ebenso erregt wie lautstark gegen die Kandidatur Alois Hundhammers als Landwirtschaftsminister polemisiert. Grund: Hundhammer hatte das Pamphlet einer Berliner SED-Zeitung verlesen, demzufolge Strauß fünf Geliebte gleichzeitig unterhalte und häufiger in Bordellen als an seinem Arbeitstisch anzutreffen sei. Nun ist eine SED-Zeitung für wahrheitsgetreue Berichterstattung wahrlich kein Garant, aber der *Spiegel* nutzt – wie Hundhammer – die Chance, dem Strauß der vielen Liebesaffären eins auszuwischen.

Ein Jahr später, im April 1958, gibt sich Strauß eine echte Blöße – als der Bundesminister, der nicht „wie irgendein beliebiges Waschweib" behandelt werden will, für den die normalen Spielregeln offenbar nicht mehr gelten sollen und der, berauscht von Macht und eigener Bedeutung, auf Sonderrechte für sich pocht. Konkret geht es um den Bonner Polizeibeamten Hahlbohm, der dem Minister-BMW mit dem Stander am Kotflügel vor dem Kanzleramt ein Stoppzeichen gibt, welches Strauß-Fahrer Kaiser jedoch bewusst missachtet. Der Beamte notiert sich das Kennzeichen. Strittig bleibt, ob der Strauß-Chauffeur, der sich vor Kollegen brüstet, es mit den Verkehrsregeln nicht so genau zu nehmen, und über ein entsprechendes Vorstrafenregister verfügt, eigenmächtig handelt, wie der Bonner Historiker Stefan Finger schreibt, oder ob Strauß ihn anweist, das Stoppzeichen nicht zu beachten, wie der *Spiegel* behauptet. Unstrittig dagegen ist, dass Strauß seinen Fahrer zu decken sucht. Bei der Rückfahrt – der Wachtmeister Hahlbohm regelt noch immer den Verkehr vorm Kanzleramt – kurbelt Strauß das Fenster herunter und fragt, ob er etwa Anzeige erstatten wolle. Als der Beamte seine Frage bejaht, fordert Strauß dessen Namen und schnauzt: „Ich werde dafür sorgen, dass Sie von dieser Kreuzung verschwinden." Er verlangt tatsächlich, wenn auch ohne Erfolg, vom nordrhein-westfälischen Innenminister Dufhues, dass Hahlbohm nicht länger in Bonn Verwendung finden dürfe.

Handelt Augstein, der im Gymnasium ja Griechisch gelernt hat, nach der Devise Plutarchs, dass über den Charakter eines Menschen unbedeutende Handlungen oft mehr als blutige Schlachten Auskunft geben? Der Spiegel enthüllt das Straußsche Amigo-System – Kreditzusagen für einen alten, im Rüstungsgeschäft gänzlich unerfahrenen Freund, der plötzlich einen Raketentreibstoff entwickeln soll, oder Vermittlungsaufträge für einen Freund der Familie seiner Frau, „Onkel Aloys", der es durch die Strauß-Beziehungen zum Rüstungslobbyisten mit erklecklichen Gewinnmargen bringt. Ihren Höhepunkt erreicht die Enthüllungs-Kampagne mit der Fibag-Affäre, an deren Anfang ein Brief des Verteidigungsministers an den amerikanischen Heeresminister Gates im Pentagon steht, in dem er ihm für den geplanten Bau neuer amerikanischer Kasernen das zwielichtige Architekturbüro eines Münchner Architekten, die „Finanzbau Aktiengesellschaft" (FIBAG), empfiehlt. Strauß, der selbst nach Meinung der ihm eher freundlich gesinnten *FAZ* mit diesem Brief „den wesentlichen Unterschied zwischen Deutschland und dem Balkan" aus dem Auge verliert, wird hier in bester Spezi-Manier zum Lobbyisten des Freundes eines Freundes, denn sein Amigo Hans Kapfinger, CSU-Mitglied und Verleger der *Passauer Neuen Presse*, hält 25 Prozent des FIBAG-Kapitals. Manches bleibt unklar an dieser Affäre, zumal dem

Spiegel der Nachweis, Strauß wäre an einem möglichen Gewinn Kapfingers aus dem Kasernengeschäft beteiligt worden, nie gelingen will.

Die Affäre zieht sich über viele Monate hin und macht immer wieder Schlagzeilen, schon weil es dem *Spiegel* gelingt, immer neue Details aufzudecken. Wieder einmal treffen sich Augstein und Strauß vor Gericht, und wieder einmal schließen sie einen Vergleich. Er untersagt dem Blatt zu behaupten, was es zwar wörtlich so nie geschrieben hatte, was der Leser aber nach all den langen *Spiegel*-Artikeln wohl vermuten musste: dass Strauß sich an der FIBAG hatte bereichern wollen. Formell betrachtet, schreibt der Politikwissenschaftler Christian Søe in seiner Verlaufsanalyse der *Spiegel*-Affäre, kommt Strauß über alle Skandale, die einen vermuteten Amtsmissbrauch mit nachfolgender Irreführung des Parlaments gemeinsam hatten, glimpflich hinweg. Selbst der Bundestagsabgeordnete und frühere Generalbundesanwalt Güde, dessen Integrität der *Spiegel* nie bezweifelt und dessen korrekte, liberale Amtsführung in Karlsruhe er immer wieder unterstreicht, spricht in der abschließenden Debatte des Bundestags nachsichtig von „kleinen Ungeschicklichkeiten" und von „Missgeschicken ... die einem impulsiven und initiativen Mann passieren können". Strauß sei, so erklärt Güde, im Großen und Ganzen völlig gerechtfertigt aus diesem Untersuchungs-Ausschuss hervorgegangen.

Doch die entscheidende Auseinandersetzung zwischen Strauß und Augstein kreist um militärpolitische Weichenstellungen, sie wird um Rüstung, Strategie und das moderne Kriegsbild im Zeitalter der Atomwaffen ausgetragen, wobei der Wechsel der amerikanischen Verteidigungsphilosophie, der sich mit Amtsantritt Kennedys vollzieht, eine nicht unwichtige Rolle spielt. Spätestens seit dem Sputnik-Schock sind ja die Zeiten vorüber, in denen die Anwesenheit amerikanischer Truppen auf westdeutschem Boden einem Stolperdraht gleichkamen, der – von den Sowjets verletzt – einen vernichtenden Gegenschlag mit nuklearen Waffen ausgelöst hätte. Zweifel an der Strategie der massiven Vergeltung wachsen in dem Maße, in dem Amerika seine Atomdominanz einbüßt und es mit der Entwicklung der Raketentechnik durch Atomwaffen des Gegners selbst verwundbar wird. Mit dieser neuen Verwundbarkeit stellt sich die Frage, ob die USA wirklich bereit sind, die Auslöschung ihrer großen Städte zu riskieren, nur um einen konventionellen Vorstoß der Sowjetunion in Europa zu beantworten. Um auf örtlich begrenzte Vorstöße nicht gleich mit einem Schlag von apokalyptischen Ausmaßen antworten zu müssen, und natürlich, um einen ebensolchen Gegenschlag so lange wie möglich zu vermeiden, haben die amerikanisch geführten NATO-Militärs zunächst einmal taktische Atomwaffen in ihre Pläne einbezogen. Aber ist ein räumlich begrenzter Atomkrieg überhaupt denkbar, provoziert der Einsatz der ersten „kleinen" Nuklearwaffe nicht automatisch den einer größeren durch den Angreifer, steht er damit nicht am Anfang einer fatalen, unaufhaltsamen Eskalation, die zu einem dritten Weltkrieg führt?

Es sind solche Überlegungen, welche die Kennedy-Administration bestimmen, die unter Eisenhower gültige Verteidigungsdoktrin für Europa einer gründlichen Revision zu unterziehen. Eisenhower bot den europäischen Verbündeten den Kauf von Polaris-Raketen an, wollte ihre Truppen mit Atomwaffenträgern ausstatten, deren Sprengkörper im Spannungsfall aus amerikanischen Depots auf deutschem Boden kommen würden. Bis zur Bataillonsebene war die Ausrüstung mit nuklearen Granatwerfern geplant. Kennedy indes erkennt die Gefahr einer atomaren Apokalypse, zu der sich eine örtliche Konfrontation in Mitteleuropa entwickeln könnte, will sich dem fatalen Eskalationszwang entwinden und besteht auf Optionen, die Spielraum für Verhandlungen gewähren sollen. Beraten von General Maxwell Taylor, zieht er das amerikanische Polaris-Angebot zurück und plädiert für eine Strategie der *flexible response*, nach der einem konventionellen Vorstoß des Gegners zunächst konventionell begegnet werde soll. Weil diese Strategie mehr schlagkräftige konventionelle Truppen in der vordersten Linie fordert, ist der Konflikt mit dem deutschen Verteidigungsminister vorprogrammiert. Die Amerikaner wollen die Atomschwelle anheben, Strauß dagegen, der die Atombombe, auch die taktische, als politische Waffe versteht, möchte sie so niedrig wie möglich legen, damit ein Angreifer von vornherein weiß, dass er den großen, den totalen nuklearen Krieg riskiert. Der deutsche Verteidigungsminister hält es für aussichtslos, den an Zahl enorm überlegenen Heeren des Ostblocks ohne atomare Waffen entgegenzutreten, doch ist seine Konzeption bei den eigenen Generalen umstritten – und geschickt nutzt Augstein die Chance, die sich ihm damit bietet.

Schon Anfang April 1961, nach der Wahl von Strauß zum CSU-Vorsitzenden, hat er den „Endkampf" gegen diesen eingeläutet. Er glaubt Gefahr im Verzuge, denn der Verteidigungsminister, der in den Sowjets den „fleischgewordenen Antichrist" sieht, ist nun auch „unumschränkter Chef seiner Hausmacht" geworden – und damit aussichtsreichster Kronprätendent. Das Kanzleramt, meint Augstein, liegt für Strauß jetzt zum Greifen nahe. „Endkampf" überschreibt er die Titelgeschichte über den neuen CSU-Chef, das Wort entlehnt er einem Redebeitrag vor dem Bundestag, in dem Strauß den Sowjets unterstellte, ihre Rüstung ziele darauf, „nach Ausschaltung des Amerikanischen Bündnis-Systems" die entscheidende militärische Auseinandersetzung mit den USA zu wagen – eben den „Endkampf", der den Sieg der Weltrevolutionäre krönen soll.

Der Endkampf-Titel stellt die wohl schärfste Polemik gegen einen deutschen Politiker dar, die in der Bundesrepublik bislang je veröffentlicht wurde und kommt einer Kriegserklärung gleich, die zu endlosen juristischen Verwicklungen führt. Entgegen allen *Spiegel*-Usancen liest er sich wie ein nicht enden wollender Kommentar, nach Aufbau und Diktion, so Wolfram Bickerich, kann kein Zweifel daran bestehen, dass der Verfasser niemand anderer als *Spiegel*-Herausgeber Augstein persönlich ist. Natürlich fehlt kein Skandalon aus der langen Liste der Straußschen Verfehlungen und Charaktermängel, und selbstverständlich hat die *Spiegel*-Dokumentation alle pejorativen Adjektive und Wertungen zu und über Strauß aus aller Welt zusammengetragen. Des *Spiegels* amerikanische Urmutter *Time* wird mit der wenig schmeichelhaften Bemerkung zitiert, der Minister habe ein Gesicht wie ein „stein of beer", wie ein irdener Maßkrug also, auch die *Tribune* mit der maliziösen Behauptung, Strauß habe das Gesicht eines der „gefährlichsten Männer in Europa"; und William S. Schlamm, wahrlich kein Lieblingsfreund Rudolf Augsteins, darf mit der Feststellung nicht fehlen, Strauß sei rein äußerlich „fast genau das, was die Franzosen meinen, wenn sie sachlich ‚boche' sagen".

Im Wesentlichen argumentiert Augstein in seiner Titelgeschichte allerdings politisch: Mit der Wahl von Strauß seien beide Chancen – die „nicht übergroße Chance, den Frieden zu erhalten" und die „noch geringere Chance, die deutsche Politik zu zivilisieren" – erheblich gemindert worden. Welche Schranke, fragt Augstein, wäre einem 45-jährigen oder 50-jährigen Bundeskanzler Strauß eigentlich gezogen und – spekuliert dann munter provozierend drauflos, um den Lesern eine Strauß belastende Antwort zu suggerieren. Könne ein Regierungschef Strauß sich nicht mit Hilfe von Wahlrechtsmanipulationen eine Zweidrittelmehrheit schaffen, die Verfassungsgerichtsbarkeit personell und institutionell aus den Angeln heben und den Bundesrat unterlaufen? Würde dann nicht eine einzige Krise genügen „um die Unabsetzbarkeit dieses geübten Panikmachers" zu begründen? Kommen seine Pläne für den Ernstfall nicht einem Militärputsch gefährlich nahe? Weil es stichhaltiges Material für derlei böse Verdächtigungen nicht gibt, schreibt Augstein, mit Blick auf mögliche juristische Verwicklungen wohl vorsichtshalber: „Der Prätendent Strauß kann bisher beweisen, dass er nichts dergleichen beabsichtigt."

Strauß setzt sich mit einer Einstweiligen Verfügung durch das Landgericht Nürnberg zur Wehr und behauptet, die Titelgeschichte enthalte insgesamt 62 Beleidigungen. Als das Gericht davon zunächst acht verbietet, breitet der *Spiegel* prompt alles, was nicht verboten wurde, erneut vor seinen Lesern aus. Dabei werden in diesem „Endkampf"-Artikel zwar all diese persönlichen Webfehler und Charakterschwächen, die vermeintlichen oder tatsächlichen Verfehlungen des Verteidigungsministers genussvoll aufgelistet, doch im Zentrum der Attacke stehen nicht sie, sondern die Straußsche Rüstungs- und Militärpolitik, genauer: Fragen nach der nuklearen Ausrüstung der Bundeswehr und die Rolle von Atomwaffen in der westlichen Defensivstrategie.

Die Überlegungen der Kennedy-Administration, die Augstein um diese Zeit eher erahnen als detailgenau kennen kann, nennt er „vernünftiger" als die derzeit geltende NATO-Doktrin, weil sie „die erhöhte Explosionsgefahr in Mitteleuropa" berücksichtige. Und dass Strauß seiner innersten Natur nach gegen die von Kennedy geplante Revision sein müsse, ist für ihn ausgemachte Sache. Schließlich zitiert er ihn mit dem Satz, die Amerikaner würden sich für die Bundesrepublik nur dann schlagen, wenn ein „lokaler Angriff sofort auf eine vernichtende Gegenwehr mit taktischen Atomwaffen" stoße, der „das Risiko des totalen Krieges" wieder wirksam werden lasse. Aus der Sicht von Strauß – und so wird er immer gegenüber seinen Kritikern argumentieren – sind nukleare Granaten oder taktische Bomben allein wegen ihrer riesigen Zerstörungskraft friedenssichernde Waffen, denn ein potentieller Angreifer werde, wenn er um ihren Einsatz durch den Verteidiger wisse, das Risiko des Selbstmords scheuen. Zwar weiß auch Strauß, dass im Zeichen des atomaren Patts begrenzte konventionelle Konflikte wieder denkbar werden, weil beide Supermächte den großen Atomkrieg nicht riskieren wollen. Gerade deshalb strebt er danach, entweder die NATO zur vierten Atommacht auszubauen oder die Franzosen beim Bau einer europäischen Bombe zu unterstützen, an der die Deutschen teilhaben können. Doch Ersteres stoppt Kennedy, der die Entscheidung über jeden Einsatz von Atomwaffen dem amerikanischen Präsidenten vorbehalten will, das Zweite de Gaulle, der die in Pierrelatte in der Entwicklung begriffene „europäische" Bombe nicht teilen mag, sondern sie französisch nationalisiert.

Als die Pläne der Kennedy-Administration konkrete Gestalt annehmen und Verteidigungsminister McNamara auf die verstärkte Bereitstellung deutscher konventioneller Verbände drängt, trägt Augstein mit seinem *Spiegel* die militärstrategische Debatte, die deshalb innerhalb der Bundeswehr entbrennt, an die Öffentlichkeit. Denn Offiziere des Heeres, unterstützt von deutschen Offizieren im NATO-Hauptquartier, plädieren für die amerikanischen Überlegungen, die Bundeswehr zum stärksten Faktor der konventionellen europäischen Landverteidigung auszubauen. „Stärker als 1939" heißt die *Spiegel*-Geschichte, die sich in der Ausgabe vom 13. Juni 1962 mit dem Kampf zwischen Heeres- und Luftwaffenoffizieren *intra muros* der Bonner Ermekeil-Kaserne befasst, in der die Führung der Bundeswehr und das Verteidigungsministerium damals untergebracht sind. Geschrieben von Conrad Ahlers, der als früherer Pressereferent von Strauß-Vorgänger Theodor Blank über beste Kontakte zu Stabsoffizieren verfügt, stellt sie nüchtern die Argumente von Heer und Luftwaffe, von McNamara-Befürwortern und Strauß-Anhängern einander gegenüber.

Die Offiziere des Heeres treten für die beschleunigte Aufstellung der von McNamara gewünschten zusätzlichen Heeresverbände und deren modernste Ausrüstung ein, und sie fordern die vorläufige Beschränkung der Luftrüstung auf Jagdbomber-Verbände, welche die eigenen Truppen unterstützen sollen. Der Westen, so ihre Begründung, verfüge bereits über genügend Atomsprengköpfe einschließlich Trägerwaffen, und eine glaubhafte Abschreckung könne nur erreicht werden, wenn durch

Stärkung der konventionellen Abwehrbereitschaft die Notwendigkeit eines sofortigen Atomwaffen-Einsatzes ausgeschlossen werde. Aber die Heeresoffiziere argumentieren auch politisch. Sie behaupten, die Bundesregierung könne im Bündnis nur an Gewicht gewinnen, wenn die Deutschen das lieferten, was kein anderer westlicher Staat in diesem Augenblick zur Verfügung stellen könne: gut ausgebildete, modern ausgerüstete Soldaten in dem für Europa entscheidenden Frontabschnitt.

Strauß hingegen, der die Luftwaffe mit dem Aufbau von Pershing-Bataillonen mit 600 Kilometer Reichweite bedacht hat, hält an seinen Atomwaffen-Plänen fest. Durch Verkleinerung der Mannschaftsstärke will er die Zahl der Verbände vergrößern und versucht so, McNamaras Forderungen zu unterlaufen. Mit seinem Luftwaffenchef Kammhuber – auch er ein Bayer – besteht er auf der Ausrüstung der Luftwaffe mit dem Starfighter F-104 G – einem hervorragenden Abfangjäger, der jedoch als Atomwaffenträger im Gegenschlag eingesetzt werden soll. Dafür auf Wunsch der Deutschen zum Mehrzweckflugzeug umgebaut, ist er allerdings schwer zu fliegen und stark unfallgefährdet. Zwei Nummern später, nachdem bei einem Kunstflug in Nörvenich vier Starfighter miteinander kollidierten und zerbarsten, geht der *Spiegel* ausführlich auf die Mängel des umgebauten Flugzeugtyps ein: Der Starfighter sei nicht ausgereift, die Mehrzweckelektronik versage und das Navigationsgerät erlaube keinen Start bei schlechtem Wetter. Außerdem habe sich die Umrüstung zum Atomwaffenträger als Millionengrab erwiesen, sie sei unsinnig, zweckwidrig und gefährlich.

„Mit Raketen an Stelle von Brigaden und mit Atomgranatwerfern an Stelle von Soldaten ist eine Vorwärtsverteidigung der Bundeswehr nicht möglich, eine wirksame Abschreckung bleibt fraglich." So lautet das Fazit der nächsten *Spiegel*-Geschichte, welche breiter noch und gründlicher die militärstrategischen Gegensätze zwischen McNamara und Franz Josef Strauß, zwischen Heer und Luftwaffe in der Bundeswehr herausarbeitet.

EIN „ABGRUND VON LANDESVERRAT"

Mit dem Titel „Bedingt abwehrbereit" geht Augsteins Blatt am
10. Oktober 1962 mit der Behauptung von Strauss ins Gericht,
dass eine Atombombe – frei nach dem Motto: *more bang for
the buck* – soviel wert wie eine Brigade und obendrein billi-
ger sei. Den Umschlag ziert das Porträt des Generals Friedrich
Foertsch, jenes Generalinspekteurs der Bundeswehr, der Strauß
in seinem Griff nach Atomwaffen unterstützt, und mit dieser *Spiegel*-Story wird jene innenpolitische Lawine losgetreten,
die zur Besetzung der *Spiegel*-Redaktion und zur Verhaftung
der Redaktionsspitze wegen Verdachts auf Landesverrat führt –
einer Lawine, die Franz Josef Strauß aus dem Amt fegt und
um ein Haar auch Konrad Adenauer mitgerissen hätte. Auch
sie stammt aus der Feder des Stellvertretenden Chefredakteurs
und Militärspezialisten Conrad Ahlers, der als Fallschirmjäger-
leutnant bei Monte Cassino gekämpft hat, ergänzt allerdings
durch Passagen von Hans Schmelz aus dem Bonner *Spiegel*-
Büro, der vor seiner Zeit beim *Spiegel* als Redakteur beim sozialdemokratischen *Hamburger Echo* arbeitete und seither über
gute Kontakte sowohl zu Herbert Wehner als auch zu Helmut
Schmidt verfügt.

Ausführlich schildern die Autoren das Szenario des kürzlich
abgehaltenen NATO-Manövers „Fallex", das mit einem sowjetischen Atomschlag mittlerer Stärke gegen einen Fliegerhorst der
Bundeswehr beginnt: Atomare Vergeltungsschläge der NATO
können die rote Aggression nicht im Keim ersticken, die Sow-
jetarmee besetzt Hamburg und Schleswig-Holstein, weite Teile
Englands und der Bundesrepublik werden im Zuge von Kampf-
handlungen verwüstet, die in beiden Ländern zehn bis fünfzehn
Millionen Tote fordern. Fallex enthüllt auch, wie ungenügend
die Vorbereitungen der Bundesregierung sind: Das Sanitäts-
wesen bricht als Erstes zusammen, denn es fehlt an Ärzten, Hilfs-
lazaretten und Medikamenten, auch erweist sich jede Lenkung
der einsetzenden Flüchtlingsströme als undurchführbar. Vor
allem aber: Die neun mobilen Divisionen der Bundeswehr sind

personell nicht aufgefüllt, und für Hunderttausende Reservisten, die sich zum Wehrdienst melden, fehlen nicht nur die Offiziers- und Unteroffizierskader, sondern auch die Waffen. Nach sechs Jahren Amtsführung ihres Oberbefehlshabers Strauß, so Ahlers in seinem Bericht, erhält die Bundeswehr am Ende des Manövers die niedrigste von vier Noten, die an die Verteidiger zu vergeben waren: „Zur Abwehr bedingt geeignet".

Die *Spiegel*-Geschichte ist sorgfältig und umsichtig recherchiert, Tatsachen aus dem Manöverbericht von „Fallex" werden mit dem deutsch-amerikanischen Disput über die Strategie und die Rolle von Atomwaffen verwoben. Conrad Ahlers steht bei seinen Kollegen im Ruf, besonders vorsichtig zu sein, hat sich bei amerikanischen Offizieren vergewissert und sogar mit dem als Falke bekannten Paul Nitze sprechen können, einem der einflussreichsten amerikanischen Verteidigungsexperten. In seine Geschichte geht auch ein, was ihm Oberst Alfred Martin in mehreren Informationsgesprächen berichtet, einer jener Offiziere aus der Ermekeil-Kaserne, welche die Rüstungspolitik ihres Ministers, verbunden mit dessen rhetorischer Kraftmeierei, zunehmend in Gewissenskonflikte stürzt. Martin setzt Ahlers von den Bedenken und Einwände der Heeres-Offiziere in Kenntnis, vor allem aber erzählt er von einer Kriegsbildstudie, die er, weil sie als geheim klassifiziert wurde, zwar nicht im Detail kennt, über die man gerade deshalb aber unter führenden Offizieren in der Ermekeil-Kaserne umso mehr raunt. Ahlers macht sich Notizen von diesen Gesprächen, die Teil eines Exposés für seine Titelgeschichte werden, das sich in Kopie dann, als die Bundesanwaltschaft den Safe von Rudolf Augstein leert, unter den dort aufbewahrten Papieren finden. Im Auftrag von Strauß von einem Offizier der Luftwaffe erstellt, kommt die Kriegbild-Studie zu dem Ergebnis, dass bei einem sowjetischen Atomangriff rund 75 Prozent des westdeutschen Industrie-, Transport- und Arbeitspotentials vernichtet würden. Soweit jedenfalls der erste Teil, über den Gerd Schmückle,

Pressesprecher und Vertrauter von Strauß, schon im Januar 1962 in *Christ und Welt* unter dem Titel „Veränderungen der Apokalypse" schreibt, ohne allerdings Geheimes zu offenbaren. Ziel von Schmückles Artikels war es zweifellos, die militärstrategischen Überlegungen der Kennedy-Berater zu widerlegen, die erwägen, vor dem ersten Atomwaffeneinsatz des Westens eine (Denk?-)Pause einzulegen – eine gefährliche Idee, meint Schmückle, denn sie räumt den Sowjets „einen berechenbaren Manövrierraum für konventionelle Angriffe" ein.

Im zweiten, von Schmückle nicht in seinem Artikel erwähnten Teil der Studie geht es um den so genannten *preemptive strike*, einen vorbeugenden Schlag gegen Bereitstellung eines zum Angriff unzweifelhaft entschlossenen Gegners also, durch den sich die Zerstörungen in der Bundesrepublik angeblich von 75 auf 50 Prozent reduzieren ließen. Die „Strauß-Obristen", wie der *Spiegel* diese Verfasser der Studie nennt, haben damit Gedankenspiele amerikanischer Militärs aufgegriffen, von denen sich die Regierung in Washington allerdings distanziert, weil sie den ersten atomaren Schlag nicht führen will. Hat David Schoenbaum in seiner Untersuchung der *Spiegel*-Affäre recht, wenn er behauptet, die unausgesprochene Folgerung dieser Studie sei gewesen, die Bundeswehr so zu bewaffnen, dass sie „einen nuklearen Gegenschlag seitens der Alliierten auslösen, ja selbständig einen vorbeugenden Angriff unternehmen könne"? Auch wenn Ahlers dies in seinem Titel nicht schlankweg behauptet, deutet er es doch an: Er verweist auf Luftwaffenchef Kammhubers These, dass die Bundeswehr eine Waffe mit einer Reichweite bis zum Ural brauche, andernfalls die Bundesrepublik stets auf eine Satellitenrolle beschränkt bleibe. Sind seine Starfighter-Staffeln nicht geradezu prädestiniert für einen vorbeugenden Schlag?

Über die *Spiegel*-Affäre ist viel und gründlich geschrieben worden – dass nicht Strauß persönlich sie auslöste, auch nicht Offiziere des Führungsstabs, die zwar den *Spiegel*-Titel mit

Schrecken lasen und über die Lecks in den eigenen Reihen besorgt waren, aber lieber über ihn hinwegsehen wollten, als ihn durch juristische Schritte ins Zentrum der öffentlichen Aufmerksamkeit zu rücken.

Auch steht dahin, ob der Würzburger Jura-Professor Friedrich August Freiherr von der Heydt, Träger des Ritterkreuzes mit Eichenlaub und Reserve-Oberst der Bundeswehr, am 1. Oktober jene Anzeige beim Bundesanwalt wegen Landesverrat, welche die Nacht-und-Nebel-Aktion gegen das Blatt letztlich ins Rollen bringen sollte, überhaupt erstattet hätte, wenn der *Spiegel* nicht zuvor mit einer Verfügung gegen einen seiner Artikel in der katholischen, CSU-nahen und Strauß-freundlichen *Würzburger Tagespost* vorgegangen wäre. Von der Heydt hatte, vor allem auf den Ahlers-Artikel „Stärker als 1939?" vom Juni 1962 zielend behauptet, Augsteins Blatt verletze absichtlich offizielle Geheimhaltungsvorschriften. Dass der *Spiegel* sich dagegen wehrte, mag verständlich sein – doch im Nachhinein stellen sich Zweifel ein: Welchen Aufmerksamkeitsgrad genießt schon ein dreimal wöchentlich erscheinendes Provinzblatt mit einer Auflage von 16 000 Exemplaren? Erst als ihm die einstweilige Verfügung untersagt, die Behauptung des Geheimnisverrats gegen den *Spiegel* zu wiederholen, wendet sich der Jurist und ehemalige Fallschirmjäger mit seiner Anzeige an die Bundesanwaltschaft in Karlsruhe – dies war ihm durch Gerichtsbeschluss schließlich nicht verboten. Kaum dass der *Spiegel* mit dem Foertsch-Titel erschienen ist, schiebt er dann eine weitere Anzeige nach – aus Liebe zu seinem deutschen Vaterland, wie er im *Rheinischen Merkur* bekennt.

Zu fragen ist auch, ob Ausmaß und Dramatik des Vorgehens der Bundesanwaltschaft – man denke nur an den martialischen Einmarsch von etwa fünfzig Polizeibeamten in der Nacht vom 26. auf den 27. Oktober in die Redaktionsräume – ohne die sich zuspitzende Kubakrise und das Klima drohender Kriegsgefahr weniger extrem ausgefallen, der Aufschrei der Öffentlichkeit entsprechend nicht unüberhörbar, sondern verhaltener gewesen wären. Kennedy kündigte seine Seeblockade ja am 22. Oktober an, Chruschtschow erklärte sich jedoch erst am 28. Oktober bereit, seine Raketen aus Kuba abzuziehen. Bis dahin hielten sowjetische Frachter, weitere Mittelstrecken für die sowjetischen Abschussrampen auf Kuba an Bord, unbeirrt Kurs auf Castros Zuckerinsel, und die Welt hielt den Atem an: Würde es, wenn sie am 27. Oktober den Blockadering der US-Navy zu durchbrechen suchten, zum Äußersten, zum großen Armageddon kommen?

Dass gerüchtweise vermutet wurde, Augstein habe sich nach Kuba – (ausgerechnet nach Kuba!) – abgesetzt, mag einiges vom Übereifer der Bundesanwälte und der Kriminalbeamten erklären. Doch dass die Sicherheitsbehörden bei ihrem Einsatz gegen den *Spiegel* effizient, gut vorbereitet oder gar wohlinformiert vorgegangen seien, wird kein Kenner der Aktion behaupten. Erst verhaften sie einen falschen Rudolf Augstein in Düsseldorf, nur weil dieser, ein Anzeigenvertreter des Blattes, einen auf den *Spiegel*-Verlag zugelassenen voluminösen Mercedes mit Hamburger Nummer fährt; dann fahnden sie vergeblich nach Rudolf Augstein in Hamburg, obschon dieser sich nachweislich in einer seiner Wohnungen, nämlich am Leinpfad in Hamburg-Winterhude, aufhält. Und die Staatsschützer beginnen eine wilde Verfolgungsjagd auf ein Automobil, in dem sie die Chefredakteure Jacobi und Engel vermuten – bis zum Kleingartenverein „Kolonie Goldkoppel", wo dem Wagen ein Maurerpolier entsteigt.

Am Jahresende wird Georg Wolff – sein Herausgeber sitzt inzwischen als Untersuchungshäftling nicht mehr in Hamburg, sondern in Koblenz ein – im *Spiegel* schreiben, die Bundesanwälte seien verpflichtet, „wo und wann immer ihnen eine Tat durch Gutachten als des Landesverrats verdächtig bezeichnet wird", von Amts wegen einzuschreiten – die Frage sei allerdings, „ob das Gutachten stimmt, ob es jemals gestimmt hat oder ob es noch stimmt". Ist die Tatsache, dass Wolff der Bundesanwalt-schaft, der Bundessicherungsgruppe und dem Bundeskriminalamt ausdrücklich die Legitimität ihres Handelns bestätigt, ein Anzeichen von Verunsicherung der *Spiegel*-Redaktion, die damals – und davon wird noch zu sprechen sein – beträchtlich gewesen sein muss? Mit der Erwähnung des Gutachtens setzt Wolff allerdings den Punkt aufs i: Ohne diese Expertise, welche die Bundesanwaltschaft beim Verteidigungsministerium angefordert hat und die den Verdacht auf die Preisgabe wichtiger Geheimsachen bestätigt, hätte die ganze Aktion gegen den *Spiegel* nicht stattfinden können.

Inzwischen weiß man, dass Strauß, der den Bundeskanzler in einem Vier-Augen-Gespräch acht Tage vor Beginn der Aktion gegen den *Spiegel* über dieses Gutachten und die Ermittlungen unterrichtet, sich auch bei der Festnahme von Ahlers in Spanien – „etwas außerhalb der Legalität" – der Unterstützung des Bundeskanzlers sicher wähnen durfte. Denn dieser ist, wie Hans-Peter Schwarz schreibt, in Staatsschutzsachen nie „zimperlich" und stimmt deshalb etlichen Verfahrensverstößen ausdrücklich zu – etwa der Ausschaltung des angeblich durch den *Spiegel* erpressbaren, aber nach der Geschäftsordnung der Bundesregierung zwingend zu informierenden FDP-Justizminister Stammberger. Strauß solle bei allem, so die mündliche Ermächtigung Adenauers, energisch „ohne Ansehen von Namen und Person" vorgehen.

Auch in der für Strauß' Sturz dann entscheidenden Nacht, ehe er mit dem Militärattaché Oster in Madrid telefoniert und ihn anweist, die Festnahme von Ahlers durch die spanischen Behörden zu veranlassen, erteilt der Kanzler seinem Verteidigungsminister offenbar eine Blankovollmacht: Als Strauß ihm in Rhöndorf über Telefon berichtet, Ahlers befinde sich in Spanien und fahre am nächsten Tag nach Tanger, ermächtigt ihn Adenauer – nach seinen eigenen Worten – alles zu tun, was er „für möglich, für nötig und für verantwortlich halte". Landesverrat ist für ihn eines der „abscheulichsten Verbrechen", und die gutachtliche Stellungnahme aus dem Verteidigungsministerium, gedeckt von dessen Staatssekretär Volkmar Hopf, „einem Beamten von altem Schrot und Korn", reicht ihm völlig aus, um einer spektakulären Verhaftungs- und Durchsuchungsaktion die Bahn freizumachen. Augstein und den Redakteuren vom *Spiegel* traut er alles zu. Viele Jahre später, bei Tisch in Rott am Inn, fragt der Bankier Hermann Josef Abs, ob „der Alte" denn gewusst habe, dass Strauß mit Madrid telefonierte. Strauß daraufhin: „Gewusst, er hat es von mir verlangt!"

Nicht zu Unrecht vermutet Alfred Grosser in seinem Essay „Aspekte der Affäre", dass Strauß, obschon er sich in der Fragestunde des Bundestages um Kopf und Kragen redete, im Amt überlebt hätte, wenn die CDU die FDP als Koalitionspartner nicht gebraucht hätte. Doch so sicher man sein mag, dass Strauß mit dem Anlaufen der Ermittlungen der Bundesanwaltschaft nichts zu tun hat, so gewiss ist andererseits, dass er die ohne ihn begonnene Aktion dann nach Kräften vorantreibt und als Rache an Augstein deftigst genießt. Schon zwei Tage nach Erscheinen des Fallex-Artikels hatte Strauß in einem Brief an Adenauer geschrieben, der „publizistische Terror ist genauso eine kriminelle Angelegenheit wie der gewaltsame" und auf „energischen Maßnahmen" beharrt. Als er in der Nacht der *Spiegel*-Aktion und nach seinem Telefonat mit Madrid sich morgens gegen sechs Uhr in den Dienstwagen fallen lässt, um nach Hause chauffiert zu werden, schlägt er sich „mit unbändiger Freude auf die Schenkel" und ruft: „Die Schweine – jetzt haben wir sie endlich." Anschließend berichtet er seinem Fahrer Otto Finger, was sich ereignet hat: „Der wichtigste Verräter sei in Spanien ergriffen worden, er und die anderen Beteiligten könnten bald vernommen werden. Damit könne er, Strauß, endlich beweisen, dass es sich bei den ‚*Spiegel*-Banditen' um vaterlandslose Gesellen handele, die erst Staatsgeheimnisse verraten und sich dann abgesetzt hätten." Da Stefan Finger, der Sohn des Fahrers Otto

Finger, diese Geschichte in seiner Strauß-Biographie erzählt, dürfte ihr Wahrheitsgehalt kaum zu bezweifeln sein.

Bis heute allerdings gibt es Ungereimtheiten, und dazu zählt die dubiose Rolle, die BND-Chef Reinhard Gehlen in der Affäre spielt. So schreibt Gerd Schmückle, damals Pressereferent von Strauß, Gehlen habe auf ein Verfahren gegen den *Spiegel* gedrängt, weil Augstein geheimste Unterlagen der NATO besitze und es in der Redaktion eine kommunistische Spionagezelle gebe. Auch dass Justizminister Stammberger bei den Ermittlungen ausgeschaltet wurde, geht auf eine Empfehlung von Gehlen zurück. Er behauptet, Stammberger sei wegen Verfehlungen in seiner Wehrmachtszeit durch den *Spiegel* erpressbar. Und doch ist der BND-Chef dem Verteidigungsminister zutiefst verdächtig, denn nach dem Krieg hat er mit Mitarbeitern seiner Wehrmachts-Abteilung „Fremde Heere Ost" die Spionage gegen die Sowjetunion zunächst in amerikanischem Auftrag weiterbetrieben. Aus der Sicht von Strauß scheint Gehlen deshalb amerikanischen Einflüsterungen geneigt, er betrachtet ihn als erklärten Gegner seiner Politik. Wie Erich Schmidt-Eenboom schreibt, ist dieser Verdacht nicht unberechtigt, denn Gehlen hat offenbar Material gegen die von Strauß betriebene Atomrüstung der Bundeswehr lanciert.

Dazu passt, dass Conrad Ahlers den guten Draht, über den Hans Detlev Becker seit seiner Gehlen-Titelgeschichte aus dem Jahr 1954 zum BND verfügt, nutzen kann, als er seine Fallex-Story gegen den Vorwurf des Geheimnisverrats absichern will. Über den Hamburger BND-Residenten Wicht bittet er um Klärung, ob insgesamt dreizehn von ihm aufgelistete militärische Passagen der Geheimhaltung unterliegen könnten – eine oder zwei beanstandet der BND, und sie nimmt Ahlers aus seiner Geschichte heraus. Als nach Erscheinen des Artikels dann Gerüchte über Ermittlungen im Verteidigungsministerium zu Ahlers dringen, wird Wicht von Becker gebeten, der Sache auf den Grund zu gehen. Zwei Tage später, am 18. Oktober, bestätigt der Hamburger BND-Resident die Gerüchte und versichert: Auch wenn sein Dienst nicht die Verantwortung für den ganzen Artikel übernehmen könne, den er ja nicht kenne, werde Pullach doch für die Beantwortung der von Ahlers eingereichten Fragen geradestehen. Dass Wicht das Anlaufen von Ermittlungen gegen den *Spiegel* bestätigt, veranlasst Ahlers, seine Fallex-Unterlagen seiner Sekretärin zu übergeben, die sie zu sich nach Hause nimmt, ehe er in den Urlaub nach Spanien fährt. Treibt der BND also doppeltes Spiel, rät er einerseits eine Aktion gegen den *Spiegel* an, unterstützt andererseits Augsteins Blatt und lässt ihm eine Warnung zugehen?

In seinen Memoiren erklärt Gehlen, dass die Kontakte zum *Spiegel* wie zu anderen Blättern einem legitimen Interesse entsprangen. Sein Dienst habe sich gegen übertriebene, ja phantastische Angaben über „Jagderfolge" wehren müssen, welche die Hauptabteilung Aufklärung des ostdeutschen Staatssicherheitsdienstes angeblich gegen Gehlens Agenten erzielte – Erfolge, welche die westdeutsche Presse kritiklos aus östlichen Quellen übernahm. Zwar stimme, dass die von Ahlers schriftlich fixierten Einzelfragen von leitenden Mitarbeitern in Pullach geprüft wurden, doch diese hätten nicht wissen können, dass sie in einem Artikel Verwendung finden sollten, „der sich in seinem Hauptteil auf geheime, besonders schutzbedürftige Manöver-Unterlagen" stützte, die nicht vom BND gekommen seien. Das klingt plausibel, zumal zu fragen wäre, ob wirklich von einer „Warnung" durch Oberst Wicht die Rede sein kann. Als Wicht am 18. Oktober bestätigt, was Ahlers gerüchtweise gehört hat, dass nämlich Ermittlungen bei der Bundesanwaltschaft angelaufen seien, war nicht abzusehen, zu welchen Konsequenzen sie führen würden, denn der Beschluss, der zu der Nacht-und-Nebel-Aktion vom 26. Oktober führte, war ja noch keineswegs gefasst. Ist das Verdachtsgespinst eines engen Zusammenspiels von *Spiegel* und Gehlen also weitgehend das Produkt Strauß-schen Verschwörungs- und Verfolgungswahns?

Das Misstrauen des Verteidigungsministers gegenüber dem BND-Chef hat vor allem damit zu tun, dass der BND das Kanzleramt rechtzeitig und pflichtgemäß auf einen drohenden Konflikt mit Washington hingewiesen hat. Denn in Pullach hält man eine ernste Belastung des deutsch-amerikanischen Verhältnisses für unvermeidlich, falls Strauß an seinen ehrgeizigen Atomplänen festhält. So versucht der Verteidigungsminister alles, um Gehlens Einfluss zu mindern: Er will das Feindaufklärungsmonopol des BND gegenüber dem Ostblock brechen und die Kompetenzen des Militärischen Abschirmdienstes (MAD) erweitern, der bei der Bundeswehr ressortiert, nur im Inland tätig wird und für den er zuständig ist; und er verlangt, dass die Auswertung der vom BND beschafften Nachrichten nicht diesem überlassen bleibt, sondern im eigenen Ministerium vom MAD vorgenommen wird.

Ein Konflikt zwischen beiden Diensten ist damit vorprogrammiert, und auf ihn spielt der FDP-Abgeordnete Wolfgang Döring, ein enger Freund Rudolf Augsteins und nach zuverlässigen Quellen selbst ein Informant des BND, in der Debatte des Bundestags über die *Spiegel*-Affäre an. Er spricht vom Kampf zweier Institutionen und fragt, welcher Nachrichtendienst es für zweckmäßig gehalten habe, mit dem *Spiegel* zu arbeiten, und welcher gegen ihn. Es ist eine eher rhetorische Frage, denn natürlich kennt Döring die Antwort sehr genau. Als die Ermittler der Bundesanwaltschaft bei der Durchsuchung von Beckers Büro Notizen finden, die der Verlagsdirektor von seinen Gesprächen mit Wicht und dessen Vorgänger Worgitzky fertigte, hegt Strauß den Verdacht, der BND habe, im Bund mit der CIA, dem *Spiegel* Material gegen seine Pläne geliefert. Will Gehlen, als er von der Durchsuchung im Hamburger Pressehaus erfährt, der Straußschen Verschwörungstheorie den Boden entziehen, versucht er, zu retten, was zu retten ist, und setzt deshalb seinen Agenten Langemann eilends nach Hamburg in Marsch? So unwahrscheinlich dies auch klingt: Frank Heigl und

Jürgen Seipe stützen sich auf Aussagen Langemanns, wenn sie behaupten, dieser habe sich mit seinem Dienstausweis einen Weg in das Büro von Rudolf Augstein gebahnt und – unter den Augen eines Staatsanwalts – belastendes Material in seine Manteltaschen gesteckt.

So entwickelt sich die *Spiegel*-Affäre, wie Hermann Zolling und Heinz Höhne schreiben, vorübergehend auch zu einer Affäre Gehlen. Weil Strauß dem Kanzler einredet, CIA, BND und *Spiegel* hätten sich verschworen, seine Politik zu Fall zu bringen, muss sich der BND-Chef, mit seinen wichtigsten Mitarbeitern am 12. November ins Kanzleramt zitiert, vor Konrad Adenauer rechtfertigen. Der Kanzler hat eigens den Bundesjustizminister und einen Bundesanwalt aus Karlsruhe ins Amt bestellt und verlangt von Stammberger nun, was wie eine Farce aus Absurdistan wirkt: Er möge Gehlen sofort verhaften lassen. Da Gehlen sich nüchtern mit Fakten zu verteidigen weiß, löst sich der höchst theatralische Konflikt schließlich in Wohlgefallen auf. Doch ein Stachel bleibt: Adenauer findet zu Gehlen, dem er früher beinahe blind vertraut hatte, nie wieder das enge Verhältnis wie zuvor.

„Den größten Politkrimi in der Geschichte der Bundesrepublik Deutschland" nennt Dieter Wild die Aktion gegen den *Spiegel*: Am 26. Oktober 1962, kurz nach 21 Uhr, stürmen acht Kriminalbeamte der Bonner Sicherungsgruppe des Bundeskriminalamts die Redaktionsräume im Hamburger Pressehaus, verstärkt durch drei Überfallkommandos und 20 Hamburger Polizisten. Sie sollen 170 Räume in sieben Stockwerken durchsuchen, insgesamt 2900 Quadratmeter, den Inhalt von 17 000 Leitzordnern und 4000 Schnellheftern, insgesamt 5,5 Millionen Blatt Papier, sichten, dazu 6000 Bücher, 500 000 Bilder und 10 000 Meter Mikrofilm. Durchsucht, verschlossen und versiegelt, so Wild, wurde schließlich alles: „Toiletten und Besenkammern, die Anzeigenabteilung und die Kaffeeküche". Um in der Lage zu sein, Schriftproben zu vergleichen, beschlagnahmt die Polizei sämtliche Schreibmaschinen. Sieben *Spiegel*-Redakteure werden verhaftet, von denen zwei nur einen Tag in Untersuchungshaft verbringen: Hans Dieter Jaene, der Bonner Bürochef, und Johannes K. Engel, einer der zwei Chefredakteure. Engels Chefredakteurs-Compagnon Claus Jacobi sitzt 18, Hans Detlev Becker 35, der Verfasser des inkriminierten Artikels, Conrad Ahlers, 56, Mitautor Hans Schmelz 81 und Rudolf Augstein 104 Tage im Gefängnis ein.

Die Stimmung in der Redaktion ist keinesfalls heroisch, sondern eher beklommen, wie Dieter Wild sich erinnert: „Wir waren jung, Augstein 39, das Durchschnittsalter der Redaktion lag bei Mitte 30, und wir waren wohl doch nicht so kampfwütig und abgebrüht, wie der schnoddrige, oft arrogante Ton des Blattes glauben machte." Sämtlicher Arbeitsmittel beraubt, schien den Redakteuren die Zukunft düster, der Vorwurf des Landesverrats schüchterte viele ein. Der *Spiegel* operierte damals noch auf einer dünnen Kapitaldecke, so Claus Jacobi, für mehr als drei Nummern hätte sie nicht gereicht. Wären nur ein paar Hefte ausgefallen, hätten die Anzeigenkunden ihre Annoncen zurückgezogen und die Leser sich abgewandt – „es wäre das endgültige ‚Aus' gewesen". Doch die Illustrierte *Stern* mit Henri Nannen, die Hamburger *Zeit* und ihr Verleger Gerd Bucerius, beide Nachbarn des *Spiegel* im Pressehaus am Speersort, erklären sich sofort solidarisch und gewähren Asyl, sie stellen Räume, Fernsprecher, Schreibmaschinen und ihre Telefonzentralen zur Verfügung.

Selbst konkurrierende Blätter, auch dem *Spiegel* keineswegs wohlgesinnte, bekunden ihre Solidarität, denn sie werten die hochdramatische Kriminal- und Staatsaktion als schweren Eingriff in die Pressefreiheit, ja als Versuch, ein unbequemes oppositionelles Blatt mit Existenzvernichtung zu strafen. Christian Kracht, der wichtigste Mann in Springers Zeitungs-Imperium, der für den *Spiegel*-Vorgänger *Diese Woche* und den ganz frühen *Spiegel* kurze Zeit als Hamburger Korrespondent gearbeitet hat und seither ein gutes Verhältnis zu Augstein, vor allem aber zu Becker pflegt, bietet Hilfe an. Er erklärt sich bereit, *Spiegel*-Manuskripte in Satz zu geben und die kommende Ausgabe zu drucken. Zwei Tage später fühlt er sich bis auf die Knochen blamiert, denn er muss bekennen: „Der Verleger will das nicht." Axel Springer denkt in diesem Fall, was seine *Bild*-Zeitung schreibt: Landesverrat ist ein schweres Verbrechen, und wer in diesem Verdacht steht, verdient keine Beweihräucherung. Die Freiheit in der Bundesrepublik werde „nicht vom Bundesgericht in Karlsruhe bedroht", sondern „von Chruschtschow, Ulbricht und seinen Helfershelfern". So pfeift Springer seinen Bevollmächtigten Kracht zurück, zumal Bonner Springer-Redakteure mit guten Kontakten zu den Sicherheitsbehörden den Verleger in einem vertraulichen Memorandum wissen lassen, die Bundesanwaltschaft sei ihrer Sache „vollkommen sicher", an der Verurteilung von Augstein und Ahlers gehe kein Weg vorbei.

„Keiner von Ihnen ist bei Al Capone engagiert, sondern bei Rudolf Augstein sind Sie tätig. Die Nr. 45 ist in Arbeit, wir wollen sie in vollem Umfang, etwas unkonventionell im Umbruch pünktlich, in erhöhter Auflage mit dem Titelbild Rudolf Augstein herausbringen." Mit diesen Worten sucht Hans Detlev Becker, in den ersten Tagen der Krise noch auf freiem Fuß, die verunsicherten Redakteure aufzurütteln und ihnen Mut zuzusprechen. Doch auch er wird bald verhaftet, weil die Bundesanwaltschaft in seinem Büro angeblich belastende Unterlagen gefunden hat. Als Claus Jacobi, der in Becker das „Herz und Hirn unser aller Verteidigung" sieht, auf dem Transport von Hamburg zum Gefängnis in Düren von dessen Festsetzung **erfährt**, beginnt er zu zweifeln, ob der *Spiegel* und die verantwortlichen Redakteure je ungeschoren davonkommen können. Und dass sich Rudolf Augstein in den ersten Wochen seiner Haft nicht gerade wie ein Held verhält, trägt zur Verunsicherung der *Spiegel*-Mannschaft weiter bei. Die Nachricht von der Besetzung seiner Redaktion erreicht den *Spiegel*-Chef durch einen Anruf seines Bruders Josef in seiner Zweitwohnung, wo er mit seiner neuen Freundin Maria Carlsson-Sperr Moselwein trinkt. Auf Anraten Josef Augsteins stellt sich der *Spiegel*-Herausgeber am nächsten Tag um 12 Uhr freiwillig dem Polizeipräsidenten und wird in das Hamburger Untersuchungsgefängnis „Santa Fu" gebracht. Zunächst verteidigt er sich damit, dass er die Titelgeschichte vor Erscheinen überhaupt nicht gekannt hat, dann behauptet er, ein Drehschwindel habe ihn daran gehindert, sie zur Kenntnis zu nehmen. „Jedenfalls", so Erich Böhme, „war es nicht der Herausgeber, den die Redakteure sich erhofft hatten: nicht einer, der sich bekannt hätte." Die Redaktion wollte einen Volkstribun, aber Augstein versuchte, sich wegzuducken.

Dass der erste *Spiegel*-Beitrag, den er aus der Untersuchungshaft schreibt, keine kämpferische Philippika gegen die Polizei-Aktion und die sie verantwortende Regierung ist, sondern sich mit dem Alten Testament auseinandersetzt, rüttelt die Mannschaft des *Spiegel* auch nicht gerade auf. Zwar ist es ein blendendes Feuilleton, das er aus der Zelle liefert, aber die Redaktion veröffentlicht es nicht als Kolumne, sondern in Form eines Briefes an die Leser. Beinahe vergnüglich-heiter beschreibt Augstein, dass er auf der „durchaus kommoden Matratze" liegt und, nachdem man ihm das Messer abgenommen hat, das Alte Testament liest – ihm oft gerühmt als „einzigartige Lektüre für jemanden, der guten Gewissens im Gefängnis einsitzt". Er entdeckt, dass es im Buch der Bücher keine Gerechtigkeit gibt, bestenfalls „eine à la Adenauer", dafür einen grausamen „Willkür-Gott", der nach patriarchalischem Gutdünken lohnt, straft, befiehlt und ausrotten lässt. In Vielem nimmt er die Kritik vorweg, die später Karlheinz Deschner in seiner „Kriminalgeschichte des Christentums" an einem eifernden Jahwe üben wird, der Flammen sprüht, Schwefel regnen lässt, vor Rache und Eifersucht schäumt und den Israeliten empfiehlt, nach geglückter Eroberung einer Stadt keine Seele am Leben zu lassen – auch Frauen und Kinder nicht. Der Gedanke, dass ein Gott von derart „singulärem Blutdurst" (Deschner) hinter der ganzen Geschichte des Christentums steht, wird den ehemaligen Ministranten von Herz-Jesu in Hannover nicht mehr loslassen. „Mein Gott ist's nicht", schreibt Augstein, „der aus dem Opferrauch von Hekatomben getöteter Menschen spricht. Mir hat er zu viel Ähnlichkeit mit der ‚Vorrsehung'."

Seine Bibelglosse löst eine Flut von Leserbriefen von Pastoren, Professoren und Vikaren aus, die gelegentlich viel Sympathie, aber überwiegend Bedauern über den „Unverstand" äußern, den sie seinen Zeilen entnehmen. Theologische Werke, die ihm die Bibel erklären sollen, türmen sich bald in seiner Zelle. Ein Leser schickt ihm Albert Schweitzers „Leben Jesu" ins Gefängnis und legt damit den Keim zu jenem Buch „Jesus Menschensohn", das er Anfang der siebziger Jahre als persönliche Absage an den christlichen Glauben vorlegen wird. In Redaktion und Öffentlichkeit allerdings fragt man sich nach der Lektüre seines ersten Haft-Beitrags, was aus diesem lustvollen Streiter, dem vorwitzigen, harten Kritiker aller Autorität, dem wagemutigen, unermüdlichen Vorkämpfer der Opposition geworden ist, wenn er seine Zuflucht plötzlich in der Bibel sucht. Hat ihn alle Zuversicht verlassen, lastet der Verdacht des Landesverrats so schwer auf ihm, dass er mutlos, dass er „weich" geworden ist? Er hätte nicht gedacht, schreibt der Leser Fritz Feder aus Speyer, dass Augstein „schon nach drei Wochen Haft zu spinnen beginnt"; Roswitha Knopf aus Kaufbeuren empfiehlt Karl May als Gefängnis-Lektüre, weil dort garantiert die Gerechtigkeit siege, ein anderer wünscht ihm „eine lange Ruhe hinter Gittern", damit er „durch gründliches Bibelstudium aus den Windeln herauskommt".

Ist es das überwiegend kritische Echo, das ihn sein Bibelfeuilleton vier Wochen nach Erscheinen, und wiederum in einem Brief an die *Spiegel*-Leser, schlicht als „Fehldruck" bezeichnen lässt? Er habe diesen Beitrag, führt der Untersuchungshäftling zu seiner Entlastung an, unter äußerstem Zeitdruck schreiben müssen – in seinem Büro, während die Beamten seine Papiere „umkrempelten"; als Zeuge hatte er mehrere Wochen bei der Durchsuchung durch Kriminalpolizei und Staatsanwalt ja anwesend zu sein. Wenn er, auf den Bibel-Kontext der viel kritisierten Glosse zurückgreifend, zum Schluss halbwegs ironisch den „geduldigen Hiob" zitiert, kommt dies einer Entschuldigung vor den Lesern gleich: „Darum verabscheue ich mich und bereue es in Staub und Asche." Nach seiner Entlassung wird er sagen, die Redaktion hätte diesen Beitrag nie drucken dürfen. Das von der Redaktion erbetene Zeichen der Ermutigung liefert er damit jedenfalls nicht.

Viel spricht dafür, dass der *Spiegel*-Herausgeber am Anfang keine klare Verteidigungsstrategie hat, außer dass er versucht, alle Schuld von sich zu weisen und sich rauszuwursteln. Anders verhalten sich Ahlers und Schmelz. Der eine befindet sich, nach der telefonischen Intervention von Strauß beim Militärattaché Oster in Torremolinos verhaftet, in spanischem Gewahrsam, der andere weilt auf Dienstreise in Ungarn. Da eine Auslieferung, wenn sie überhaupt möglich ist, ein langwieriges Unterfangen wäre, erklärt sich Ahlers bereit, freiwillig mit der Lufthansa nach Deutschland zu fliegen. Auch Schmelz – „dann heizt mal schon meine Zelle!" – kommt anstandslos zurück, um sofort im Gefängnis einzusitzen. Während andere ihre Haut zu retten suchen, handelt Ahlers umgekehrt: Er versucht die Haut anderer zu retten. „Zu einer Zeit, als noch niemand den glückhaften Ausgang absehen konnte", so erinnert sich Claus Jacobi, waren die meisten Beteiligten bemüht, mögliche Mitschuld von sich zu weisen, und einige, mögliche Mitschuld auf andere zu verlagern. Um Dritte zu decken, nimmt Ahlers mehr Verantwortung auf sich, „als er zu vertreten hatte". Augstein dagegen lässt sich in Vernehmungen oft kontraproduktiv ein, begeht Ungeschicklichkeiten, und dass er alle Mitverantwortung an dem Artikel leugnet und behauptet, er habe ihn vor der Veröffentlichung nicht gelesen, macht die Sache für den zweiten Hauptbeschuldigten, eben für Ahlers, keineswegs leichter. Denn es war keine Frage, dass Augstein den Ahlers-Titel vor der Veröffentlichung genau kannte, zumal er, schon weil die Stoßrichtung auf Strauß zielte, die verschiedenen Phasen seines Entstehens vom Entwurf bis zur Endfassung genau verfolgt hatte. Noch in seinem Einstellungsbeschluss 1965, der die *Spiegel*-Affäre beendet und die Verdächtigen außer Verfolgung setzt, wird der Bundesgerichtshof vermerken, Augsteins anfängliches Leugnen habe den Verdacht gegen ihn eher bestärkt.

Unzweifelhafte Widersprüche bei den Vernehmungen von Augstein, Ahlers und Schmelz veranlassen den „Schweitzer-(Presse-)Dienst", von „Einbrüchen" bei der Verteidigung und von „Enttäuschung" über die Haltung Augsteins zu sprechen – worauf Augstein antwortet: „Ich schlage vor, Sie warten mit Ihrer Enttäuschung, bis Sie wissen, was ich gesagt habe und welche Motive ich hatte." Dass der *Spiegel*-Chef sich wegduckt, wenn Unannehmlichkeiten auf ihn zukommen, dass er gern Lückenbüßer sucht, all das habe ohnehin in seiner Natur gelegen, sagen Vertraute, die ihn aus Jahrzehnten der Zusammenarbeit kennen. Und doch stellt sich die Frage, ob es sich nicht, wenn er jede Kenntnis des Fallex-Artikels verneint oder einen Drehschwindel ins Feld führt, um den völlig legitimen Versuch handelt, einer Anklage zu entgehen. Muss der Chef eines Unternehmens, dessen Fortbestand so offensichtlich auf der Kippe steht, nicht alles tun, selbst freizukommen, die Verteidigung der Kollegen zu organisieren und die Fortführung des Betriebs zu sichern, zumal es um die Moral der Mitarbeiter anfänglich nicht zum Besten steht?

Die Verunsicherung reicht bis in die höchsten Spitzen, erinnert sich Leo Brawand, der Ausgang der Verfahren ist ungewiss, einige führende Redakteure verhandeln, wenn auch nur vorsorglich, mit anderen Blättern, ob durch Abwerbungsversuche animiert oder aus eigener Initiative, sei dahingestellt. So macht der *Stern* Engel ein Angebot, Jacobi intensiviert seine ohnehin guten Kontakte zu Springer; und Hans Detlev Becker, Sohn eines königlich-preußischen Zollbeamten, Reserveoffiziers und Hindenburg-Verehrers, fühlt sich durch die Beschuldigungen gegen ihn und durch seine 34-tägige Haft so beschwert, dass er nach seiner Entlassung einige Wochen braucht, um das Steuer wieder zu ergreifen und „den Kurs (zu) nennen". Er leidet unter schweren Schlafstörungen und kann einfach nicht damit fertig werden, „weiterhin unter den Verdacht gestellt zu sein, ein Verbrechen begangen zu haben". Unter einem so ungeheuerlichen Vorwurf nicht seelisch zusammenzuklappen, schreibt er dem Freund und Herausgeber wenige Tage vor Weihnachten, koste ihn in der Freiheit „nicht weniger Kräfte als in der Haft". Er zweifelt daran, je „seine volle innere Freiheit" wiederzugewinnen und denkt offenbar an seinen Rückzug vom *Spiegel*: Im Verlag stehe ohnehin alles zum Guten, und „tüchtige Manager und Managergehilfen gibt es ja mehr als genug". Deutet Augstein, den man inzwischen ins Untersuchungsgefängnis auf der Festung Koblenz verlegt hat, dies als Zeichen von Fahnenflucht? Unwirsch antwortete er: „Wir werden das Schiff durch den Sturm bringen, das erwartet man von uns – und dann können wir ja weitersehen." Ende Januar, regeneriert und wieder zu Kräften gekommen, beteuert Becker, seine Äußerung sei missverstanden worden: Natürlich werde er nicht von der Fahne gehen, selbstverständlich stehe er zum Blatt und damit zu seinem „Anteil an der Verantwortung für seine bisherige und zukünftige Entwicklung".

Und Rudolf Augstein selbst? Weil die Chefredakteure Jacobi und Engel sich in eigener Sache schlecht äußern können, solange Ermittlungsverfahren wegen Verdachts des Landesverrats gegen sie laufen, hat er Leo Brawand zum „Chefredakteur" für alle Beiträge ernannt, die sich mit der *Spiegel*-Affäre befassen. Brawand gehört zu jenen Redakteuren, die unerschüttert ein trotziges Nun-erst-recht proklamieren: Sie würden so weiterschreiben, als ob „unsere inhaftierten Kameraden noch bei uns wären, und alle ‚Spezis', die glauben, sie kämen jetzt um einen Artikel über sie herum, haben sich geschnitten".

Im liberal-sozialdemokratischen Klima der Hansestadt war Augstein, soweit bei einem Häftling möglich, zuvorkommend behandelt worden: Die Zelle, in die man ihn sperrte, war frisch geweißt, er hatte das Gefühl, das Personal stehe auf seiner Seite. Ins linksrheinische Koblenz verlegt, erlebt er den großen Schock seiner drei Knastmonate, muss bei der Einlieferung nachts Gürtel und Schnürsenkel abgeben, wird in eine uralte Zelle ohne Lokus gelegt, morgens um sechs durch lautes Gebrüll „Raustreten!" geweckt und erhält gleich den ersten Anpfiff – er möge sein Hemd gefälligst in die Hose stecken. „Einzelzelle und Hofgang sind natürlich kein Vergnügen, aber auch nicht der Vorhof zur Hölle", wird er kurz vor seinem Tod in einem Interview erklären, die Jahre im Krieg und an der Front seien viel schlimmer gewesen. Will man den Herrn der öffentlichen Meinung, von dem Strauß behauptet, man müsse ihn stoppen, andernfalls bestimme er bald allein, wer welche Posten im Staat bekleiden dürfe, bei der Einlieferung in Koblenz gezielt demütigen? Doch auch hier bessern sich die Haftbedingungen: Ohne dass er krank wäre, wird er in eine Zelle im Krankenrevier verlegt, wo er mehr Freiheiten genießt und einer der Ärzte, einst Kapitän bei der Kriegsmarine, ihn sogar täglich mit einigen Büchsen Bier, ein katholischer Priester ihn mit Schlaftabletten versorgt.

Als Leo Brawand seinen Chef im karg eingerichteten Zimmer des Untersuchungsrichters in Koblenz besucht, findet er einen ungebrochenen Augstein vor – etwas verwahrlost wirkend, mit Hausschuhen bekleidet, aber „sonst topfit". „Ein Glück, dass Dich die Haft, wie ich mich überzeugen konnte, nicht kleingekriegt hat", schreibt er seinem Chef vor Weihnachten ins Gefängnis und richtet ihn auf: „Unser Konto für das Wohl der Deutschen in der Bundesrepublik hat einen ansehnlichen

Aktivsaldo." Nahezu alle Besucher rühmen Augsteins seelische, geistige und körperliche Widerstandsfähigkeit, der *Spiegel*-Chef zeigt Haltung, gibt sich auch im Gefängnis unbeirrt, ja optimistisch, denn er glaubt an einen guten Ausgang des Verfahrens. Aber wieviel davon ist nur zur Schau getragen, um Selbstzweifel und Depressionen zu verbergen, die fast jeden länger Inhaftierten in der Einsamkeit der Zelle überfallen? Wenn immer wieder Augsteins hervorragende Verfassung betont werde, schreibt ihm der inzwischen ebenfalls hafterfahrene Hans Detlev Becker, dann schwanke er „zwischen gierigem Glauben an solche Nachrichten und dem stummen Einwand, dass ich Dich vielleicht doch besser kenne und dass es vielleicht nicht gut um Deine Kräfte steht". Die wenigen Personen, denen Augstein sich öffnete – falls er sich überhaupt je ganz öffnen konnte –, Frauen vor allem, bezeugen, dass die Haft, auch wenn er sich dies im Gefängnis nie anmerken ließ, ihn psychisch damals schwer belastet hat.

Ob sie von Freunden oder gänzlich Unbekannten kommen – über einen Mangel an Zuspruch, aufmunternden Signalen und Durchhaltebriefen kann der Häftling wahrlich nicht klagen. „Come hell oder high water", schreibt sein Freund Wolfgang Döring: Er werde Augstein nicht im Stich lassen, auch wenn er nebenan einsitzen müsste; was immer man ihm vorwerfe, er wisse, dass sein Motiv „aus der Sorge um unser geprüftes Volk geboren ist". Die 77-jährige, fromme Mutter ist mit ihren „Gedanken und Gebeten" viel bei ihm und hofft, dass seine Zelle wenigstens gut geheizt sei. Fritz Raddatz schickt – „mit gefalteten Zähnen" – Briefe von Tucholsky als Lektüre, Freund Henri Regnier die Zeichnung eines Rosinenkuchens, in dem eine Feile versteckt ist – damit Augstein rechtzeitig ausbrechen kann, um sich zum Schlittschuh-Rendezvous bei „Planten und Blomen" einzufinden. Ein Viktor Rosina aus Heilbronn bietet an, als Bürge statt Augstein über Weihnachten und Neujahr im Gefängnis zu sitzen; der Filmregisseur Wolfgang Liebeneiner versichert, der Häftling verbringe die Tage und Wochen „für eine gute Sache" im Gefängnis, und Gustaf Gründgens, der den *Spiegel* für die „interessanteste und informierteste Zeitschrift der Bundesrepublik" hält, fragt, was er für Augstein tun könne.

Aufheiternd-vergnügt der Weihnachtsgruß seiner Sekretärinnen, der mit der Anrede „Lieber, guter Chef" beginnt und erzählt, dass sich Sympathiebeweise – Wunderkerzen, große, kleine, dicke, dünne Bücher – in seinem Büro stapeln, auch Freiheitsstatuen, Muschelenten, Schallplatten, Schnapsflaschen und viele, viele Wünsche aus allen Himmelsrichtungen. „Wie lange sollen wir denn noch diesen großen Haufen für Sie hüten?", fragen die Damen und möchten ihren Chef „endlich wiederhaben", denn ohne ihn sei es trostlos: „Keiner schimpft mehr mit uns". Auch aus dem Ausland kommen Sympathiebezeugungen: Mit einem knappen „Liberté, Egalité, Fraternité" übermittelt Giacomo Feltrinelli telegraphische Grüße zum Jahreswechsel; ein Dr. Dr. H. C. Joksch aus Kalifornien schickt 50 Dollar für die Verteidigung, ein anderer Amerikaner Artikel zum Sachverhalt Landesverrat, welche die Strategie der Augstein-Anwälte vor Gericht stützen sollen.

Die Haftbedingungen des Untersuchungshäftlings sind relativ komfortabel – er hat das Recht, sich seine eigene Verpflegung kommen zu lassen, er erhält Bücher und Zeitungen, in denen allerdings Beiträge, die das Verfahren gegen ihn betreffen, vom Ermittlungsrichter zuvor herausgeschnitten werden; er kann Post empfangen, Artikel für sein Blatt schreiben und Besucher sehen. Selbst die *Spiegel*-Debatten im Bundestag kann er hören – auch die Vorverurteilung durch Konrad Adenauer, der von einem „Abgrund von Landesverrat" spricht und Augstein Profitsucht als niederes Motiv unterstellt: „Auf der einen Seite", so der Kanzler, „verdient er (Augstein) am Landesverrat; und das finde ich einfach gemein. Und zweitens, meine Damen und Herren, verdient er an allgemeiner Hetze gegen die Regierungsparteien …"

Weil Adenauer ganz unverblümt auf die werbende Wirtschaft zielt, die durch Anzeigen den *Spiegel* bei seinem ach so verräterischen Tun unterstütze, fürchtet Augstein, man habe es auf die Existenzvernichtung des Blattes abgesehen. Eine Verlagsmitteilung wirkt da für den Häftling beruhigend. Die Stimmung in der Werbewirtschaft sei „keineswegs gegen uns", meldet Rolf Poppe schon am 3. Dezember. Nachdem die ersten turbulenten Wochen hinter ihnen lägen, könne dem *Spiegel* – in absehbarer Zeit und „nach menschlichem Ermessen" – in finanzieller Hinsicht nichts widerfahren. Die Liquidität sei vorzüglich, 1,3 Millionen Mark seien fest angelegt, auf den Konten befänden sich weitere 630 000 Mark, zudem seien, wie Augstein ja wisse, Wertpapiere vorhanden. Mitte Januar 1963 zeigt sich, dass dies zuviel des Optimismus war, denn in Seiten gerechnet ergibt sich doch ein Minus von 13 Prozent Anzeigen. Allerdings, so Hans Detlev Becker, werde der Verlust durch einen erhöhten Seitenpreis ohne Schwierigkeiten aufgefangen. Die Auflage macht unmittelbar nach der Besetzungs- und Verhaftungsaktion zunächst einen großen Sprung nach oben, pendelt sich nach einem leichten Rückgang dann bei 550 000 (Druckauflage) ein – zu Beginn der *Spiegel*-Affäre hatte sie bei 470 000, im Jahr 1961 noch bei 430 000 gelegen.

Was Augstein und die Redakteure hinter Gittern unbeirrt aushalten und die *Spiegel*-Redakteure Hoffnung schöpfen lässt, ist der unerwartete Sturm der Entrüstung, der in der Öffentlichkeit losbricht. Weil das brutale Vorgehen der Staatsgewalt Erinnerungen an die Nazi-Zeit wachruft, hagelt es Protestaufrufe, Demonstrationen oder Sit-ins an den Universitäten. „*Spiegel* tot, Freiheit tot" und „Augstein raus – rein mit Strauß" skandieren Studenten in seiner fünften Haftnacht vor dem Hamburger Untersuchungsgefängnis. Er nennt es ein „unbeschreibliches Gefühl, nachts in seiner Zelle nicht schlafen zu können, weil der Lärm der Demonstranten durch die dicksten Mauern dringt", äußerst „ungewöhnlich" für „einen Deutschen der letzten hundert Jahre".

Ungewöhnlich in der Tat, dass Menschen, von denen sich viele zuvor politisch nie betätigt haben und die keineswegs alle

Freunde des *Spiegel* sind, dass Wissenschaftler, Schriftsteller und Künstler sich für ihn, die verhafteten Redakteure und die Pressefreiheit in die Bresche werfen – 35 Rechts- und Staatswissenschaftler an der Universität Münster, 54 in Tübingen, 285 Professoren und Dozenten in Heidelberg unterschreiben Protestaufrufe, 43 Mitglieder des Nationaltheaters Mannheim fordern den Rücktritt von Adenauer und Strauß. Ralf Dahrendorf sammelt mit Ludwig Raiser und anderen Professoren auf der Eberhardsbrücke in Tübingen Unterschriften gegen das Handeln der Bundesregierung. Trotz Kriegsangst und Kubakrise, so Dieter Wild, füllt der Konflikt zwischen *Spiegel* und Staatsgewalt zeitweilig ein Drittel des politischen Teils der *Frankfurter Allgemeinen* und der *Welt*, und Journalisten, die eher Verfechter der Adenauer-Politik und Gegner des *Spiegel* sind, solidarisieren sich: „Wenn die deutsche Öffentlichkeit sich das gefallen lässt, wenn sie nicht nachhaltig auf Aufklärung drängt, dann adieu Pressefreiheit, adieu Rechtsstaat, adieu Demokratie", empört sich Sebastian Haffner in der „Panorama"-Sendung Gert von Paczenskys und spricht von einem „kriegsähnlichen Überfall der Staatsgewalt auf missliche Staatsbürger, wie sie dem Deutschen aus der nationalsozialistischen Zeit geläufig ist". Etwas betulicher, wie es dem Stil der *FAZ* ansteht, spricht Friedrich Sieburg von einer „Freiheitsregung", die fast immer ausgeblieben sei, „wenn man auf sie zu hoffen wagte. Aber nun ist die da." Selbst Hans Habe, der im *Spiegel* sonst eine Art Gottseibeiuns des Journalismus sieht, macht in angelsächsischen Blättern mobil und bezeichnet das Vorgehen gegen den *Spiegel* als „größten Skandal seit der Verhaftung Carl von Ossietzkys". Verfehlt all das seinen Eindruck auf Ermittler, Bundesanwälte und Richter nicht? Ob Augstein, ob sein *Spiegel* dem mit großer Wucht geführten Stoß ohne diesen Aufstand der Öffentlichkeit, ohne die Rebellion von FDP und SPD im Bundestag standgehalten hätten – daran sind Zweifel wohl erlaubt.

Am Ende siegen die Verfolgten, und ihre Verfolger treten von der Bühne ab. Strauß, auch wenn er vermeintlich ehrenvoll mit dem großen Zapfenstreich verabschiedet wird, muss demissionieren, weil er dem Parlament trotz drängender Fragen der Opposition nicht die Wahrheit über seine Intervention zur Festnahme von Conrad Ahlers durch die Polizei in Franco-Spanien sagte. Und Konrad Adenauers „katholische Demokratur", wie Augstein den Regierungsstil des Kanzlers gern apostrophiert, neigt sich dem Ende zu. Weil der Koalitionspartner FDP darauf besteht, regiert er nur noch als Kanzler auf Zeit und muss das Ruder im Herbst 1963 an Ludwig Erhard abgeben. Für die Entwicklung der Bundesrepublik markiert die *Spiegel*-Affäre damit eine entscheidende Zäsur: Sie steht am Anfang eines Jahrzehnts, in dem die deutsche Demokratie schließlich ihre große Bewährungsprobe, den Machtwechsel ohne Gewalt, besteht. Anatole France schrieb einmal, weil sie die Kräfte der Vergangenheit und der Zukunft konfrontierte und aufdeckte, habe die Affäre Dreyfus Frankreich einen unschätzbaren Dienst erwiesen. Denselben Dienst, so Theo Sommer, hat die *Spiegel*-Affäre der jungen Bundesrepublik geleistet: „Was wir damals im Pressehaus erlebten, war der Epilog auf den deutschen Obrigkeitsstaat und zugleich die Ouvertüre der modernen, freien, von Untertanengeist entlüfteten deutschen Demokratie."

Allerdings ist mit Augsteins Haftentlassung am 7. Februar 1962 das Verfahren gegen ihn nicht beendet. Weiterhin als dringend des Landesverrats verdächtig, bereitet die Bundesanwaltschaft zielstrebig die Anklageerhebung gegen ihn und Ahlers vor, und wie ernsthaft sie dies betreibt, zeigt die Tatsache, dass noch im Januar 1965 gegen Rudolf Augstein ein weiteres Ermittlungsverfahren wegen „Verdachts des Verrats eines Staatsgeheimnisses (§§ 99, 100 Abs. 1 StGB)" eingeleitet wird. Es geht dabei um die Artikel „Schießen mit allem, was er hat" und „Die Lust zum Tode hin", die er Ende 1964 und in der ersten Nummer des Jahrgangs 1965 veröffentlichte und die zeigen, dass weder

Haft noch schwebendes Verfahren ihn entmutigt oder gar eingeschüchtert haben. In einem dieser Beiträge wird wiederum der *preemptive strike* erörtert, den er in seiner Stellungnahme für die Bundesanwälte als eine Frage bezeichnet, die mehr eine „des Todes als des Lebens" sei. Dass in einer Demokratie Fragen über Leben und Tod diskutiert werden müssten, hält er für selbstverständlich, und bei einer solchen Diskussion falle ins Gewicht, dass der *„preemptive* Atomschlag" im Frühjahr 1962 „in der gesamten NATO wie auch bei der Mehrheit der Bundeswehr-Generalität als politisch, militärisch und moralisch unverantwortlich erkannt worden" sei.

Die Mühlen der Justiz mahlen also langsam, ja unerbittlich weiter. Bis zuletzt, so Claus Jacobi, steht die Partie auf Messers Schneide, als der 3. Senat des Bundesgerichtshofs im Mai 1965, zwei Jahre nach der *Spiegel*-Aktion, darüber zu befinden hat, ob gemäß dem Antrag der Bundesanwaltschaft das Hauptverfahren gegen Ahlers und Augstein eröffnet werden soll. Nach *Spiegel*-Informationen sind vier Mitglieder des siebenköpfigen Senats für die Eröffnung, drei eher dagegen, doch nehmen an den wöchentlichen Sitzungen in der Regel nur fünf Richter teil, während zwei sich anderen laufenden Geschäften widmen. Wieder einmal lässt sein sprichwörtliches Glück Rudolf Augstein nicht im Stich – oder ist es in diesem speziellen Fall vor allem der Kalender, der ihm hilft? Die Entscheidung fällt an einem Tag, an dem ausgerechnet zwei der vier angeblichen Prozess*befürworter* anderweitig beschäftigt sind, die Prozess*gegner* in dem fünfköpfigen Gremium also die Mehrheit haben. Augstein und Ahlers werden außer Verfolgung gesetzt – nicht wegen erwiesener Unschuld, sondern aus Mangel an Beweisen, so dass ihnen, auch wenn die Kosten des Verfahrens der Staatskasse auferlegt werden, keinerlei Haftentschädigung zusteht. Auch wenn die *Spiegel*-Affäre also nicht mit einem klaren Freispruch endet, darf sich Rudolf Augstein, der zweieinhalb Jahre der geballten Staatsmacht trotzte und sich behaupten konnte, doch als Sieger fühlen.

Gut ein Jahr später, im August 1966, muss er allerdings eine Niederlage einstecken, denn das Bundesverfassungsgericht lehnt eine Verfassungsbeschwerde des *Spiegel* ab. Ausgearbeitet von Horst Ehmke, dem Freiburger Jura-Professor und späteren Justiz- und Kanzleramtsminister unter Willy Brandt, zielt sie darauf, die Haftbefehle gegen Augstein und die *Spiegel*-Redakteure sowie die Durchsuchungs- und Beschlagnahmungsaktion im *Spiegel* für grundgesetzwidrig zu erklären. Es sei reine Willkür gewesen, argumentiert Ehmke in seiner Beschwerde, dass die Ermittlungsrichter Haftbefehle ausstellten, ohne von der Materie die geringste Ahnung zu haben, und die Beschlagnahme der meisten Unterlagen nennt er schlicht unzulässig, weil sie nachweislich für die Ermittlungen keine Relevanz besaßen. Als Paradebeispiel für diese These führt er ein Hemingway-Manuskript an, das mit dem Satz begann: „Der Schuß fiel morgens um halb acht". Mit Fleiß und Ironie entblätterten die *Spiegel*-Anwälte die angemaßte Autorität der Strafverfolgungsbehörden, deren Vorstellungen von Sicherheitspolitik und Staatsgeheimnissen sich als völlig antiquiert erwiesen, zumal sie sich blind auf ein Gutachten aus dem Verteidigungsministerium verließen, das von einem Juristen und Nicht-Militär erstellt worden war.

Wichtig für die Begründung der Verfassungsbeschwerde ist auch ein dicker Dokumentationsband, der schon für die Verteidigungsstrategie vor dem Bundesgerichtshof eine Rolle spielte und den Nachweis erbringen soll, dass der Fallex-Artikel fast nichts enthielt, was nicht anderswo in irgendeiner Form bereits veröffentlicht und nachzulesen war. Mehr als 34 000 Zeitungsausschnitte und 49 Fachbücher waren gesichtet worden, der Band umfasste 8731 Seiten – „keine schöne Beweisarbeit für das *Spiegel*-Archiv und dem Ruhm der Zeitschrift nicht gerade zuträglich", wie Leo Brawand trocken und zu Recht bemerkt. Doch zeigen sich immerhin vier der acht Verfassungsrichter, die über die Beschwerde zu befinden haben, von Ehmkes Argumenten beeindruckt. Zwar gilt bei einer 4:4-Entscheidung die Verfassungsbeschwerde als abgelehnt, juristisch ist sie mithin klar verloren. Aber rechts- und verfassungspolitisch wertet Ehmke das gespaltene Votum als einen Sieg für den Rechtsstaat, denn erstmals in der Geschichte des Verfassungsgerichts legen die vier Abweichler ihre Gründe offen dar, obschon das damalige Recht eine *dissenting opinion* gar nicht kennt. Langfristig, so der ehemalige Verfassungsrichter Dieter Grimm, habe sich die Auffassung der damals unterlegenen Richter durchgesetzt, denn 1968 differenzierte das 8. Strafrechtsänderungsgesetz als Konsequenz aus der *Spiegel*-Affäre zwischen dem gemeinen und dem publizistischen Landesverrat. Auch sei – durch Ausschluss der Mosaiktheorie – der legale Begriff des Staatsgeheimnisses enger gefasst worden.

Aber auch das Urteil selbst erweitert, selbst wenn es die Beschwerde ablehnt, den rechtlichen Freiraum der Presse. Nach Meinung des Gerichts kann der militärische Bereich von der öffentlichen Diskussion, einem Wesenselement der Demokratie, nicht ausgenommen werden: Über das Verteidigungskonzept einer Regierung, über Schlagkraft und Mängel von Streitkräften zu berichten, wird als legitime Aufgabe der Presse bezeichnet, zumal die Aufdeckung von verteidigungspolitischen Schwächen auf lange Sicht möglicherweise dem Wohl der Bundesrepublik dienen könne. Und es stellt ausdrücklich fest, dass die Tat eines Publizisten mit der Agententätigkeit für einen anderen Staat nicht zu vergleichen sei. Erst seither, meint Horst Ehmke, sei es in der Bundesrepublik möglich, „ungefährdet eine offene sicherheitspolitische Debatte zu führen".

Weil das Verfahren gegen Augstein und seine Redakteure sich so lange hinzieht, beginnt die Chefredaktion des *Spiegel* eine psychologische Entlastungsoffensive, um den Ruch des Verrats beim konservativen Establishment von sich abzuschütteln. Claus Jacobi nimmt Kontakt zu US-General Julius Klein auf, der PR-Berater Konrad Adenauers ist und 1965 dessen Begegnung mit

David Ben Gurion im Waldorf-Astoria Hotel eingefädelt hat.
Von ihm stammt die Idee, anlässlich Adenauers Rücktritt am
15. Oktober 1963 eine *Spiegel*-Sonderausgabe mit 42 Würdigun-
gen in- und ausländischer Prominenter, darunter Staatsmänner
wie Harry S. Truman und Harold Macmillan herauszubringen.
Ein halbes Jahr später, am 1. April, 1964 überreichen Hans
Detlev Becker und Chefredakteur Claus Jacobi die Originale
der Schreiben, gebunden nach dem künstlerischen Entwurf
eines Buchbindermeisters in Adenauers Heimatstadt Köln, dem
früheren Bundeskanzler in dessen Büro. Mappen mit original-
getreuen Reproduktionen, gleich 2500 an der Zahl, stellt der
Spiegel, wie er Adenauer wissen lässt, zu Dokumentations-
zwecken im In- und Ausland zur Verfügung. Bei der Übergabe – die Bundesanwaltschaft rechnet um diese Zeit noch fest
mit einem Verrats-Prozess gegen Augstein und Ahlers – kommt
es zu einem ausführlichen politischen Gespräch zwischen den
Spiegel-Leuten und Adenauer, in dem Verlagsdirektor Becker
den Wunsch Augsteins nach einem Termin bei dem Altkanzler
vorbringt. Grundsätzlich erklärt dieser sich dazu bereit, wegen
der Böll-Kritik des ersten Bandes der Adenauer-Memoiren
findet die Begegnung freilich, wie erwähnt, erst im Dezember
1966 statt. Klein gelingt es auch, dem *Spiegel* ein Interview mit
US-Präsident Eisenhower zu vermitteln, das Jacobi und Ahlers
führen. Wer das Foto von Eisenhower, Ahlers und Jacobi sähe,
so Klein, könne nicht umhin zu denken: Landesverräter empfängt der Schutzpatron des Westens nicht. Verfehlt all dies seinen Eindruck auf die Richter nicht, die über die Eröffnung des
Hauptverfahrens zu entscheiden haben? Steckt dahinter vielleicht mehr als der Versuch, der lädierten Reputation bei den
Konservativen aufzuhelfen, wieder *comme il faut* als ehrenwerte
Mitglieder der Gesellschaft akzeptiert zu werden? Wer den Brief
liest, den Conrad Ahlers am 17. September an Konrad Adenauer
schreibt, nachdem ihn der Ex-Kanzler zuvor empfangen hatte,
wird zumindest nachdenklich.

Auch den ersten Kontakt nach der *Spiegel*-Aktion zwischen Conrad Ahlers und Konrad Adenauer hatte Klein geknüpft. Schriftlich und auch im Namen Augsteins bat Ahlers um ein *Spiegel*-Gespräch nach den Wahlen, und dreieinhalb Monate nach Einstellung des Verfahrens wurde er von dem Alt-Kanzler dann auch empfangen, um über seinen Wunsch zu sprechen. Dafür bedankt sich Ahlers in seinem Brief, erneuert seine Bitte um ein *Spiegel*-Gespräch und deutet einen Kurswechsel seines Blattes an. Mit Augstein sei er sich völlig einig, dass die „Auseinandersetzung mit Herrn Franz Josef Strauß nach dem Wahlkampf gleichsam ein natürliches Ende finden" werde; einig sei er sich mit seinem Herausgeber weiter, „den *Spiegel* zu einer *Time* zu entwickeln", was „in Zukunft bestimmte Formen politischen Kampfes ausschließen wird". Abschied von der Kampfpresse also, hin zu einem weniger polemischen, sachlicheren *Spiegel*-Stil?

Offenbar teilt Ahlers, von Adenauer dazu aufgefordert, diese Absicht auch Augsteins Feind Nr. 1, Franz Josef Strauß, persönlich mit. Jedenfalls schreibt er Adenauer am 24. September in einer erneuten Bitte um das *Spiegel*-Gespräch, er habe Kontakt mit Strauß aufgenommen und ihm bedeutet, „dass die *Spiegel*-Redaktion ihre Beziehung zu ihm versachlichen und auch zu gegebener Zeit ein Gespräch mit ihm führen möchte". Strauß seinerseits habe erklärt, dass er dies ebenfalls wünsche und dass seine – offenbar positive – persönliche Einstellung zu Ahlers „sich auch während der *Spiegel*-Affäre und ihrer Folgen bis heute nicht geändert hätte". Manche Akzente in diesem Briefwechsel mögen auf das Konto einer gewissen Ehrpusseligkeit von Conrad Ahlers gehen, der als ehemaliger Offizier und zeitweiliger Sprecher des Straußvorgängers Theodor Blank offenbar besonders schwer am Vorwurf des Landesverrats trägt. Im Gegensatz zu Augstein, der nach außen keine Rückzieher macht und sich kämpferisch gibt, so Horst Ehmke, fühlt sich Ahlers als republikanischer Patriot beleidigt und redet unentwegt über

DER SPIEGEL
10. OKTOBER 1962 · NR. 41
16. JAHRGANG · 1 DM
ERSCHEINT WÖCHENTLICH
IN HAMBURG · C 6380 C
BUNDESWEHR-
GENERALINSPEKTEUR
FOERTSCH

Der Spiegel

Der Auslöser der *Spiegel*-Affäre: Mit der Titelgeschichte „Bedingt abwehrbereit" im *Spiegel* vom 10. Oktober 1962 eskalierte die Auseinandersetzung zwischen Strauß und dem Nachrichtenmagazin.

Im „größten Politkrimi in der Geschichte der Bundesrepublik"
stellt sich der *Spiegel*-Herausgeber selbst. Das Foto zeigt ihn bei
der Vorführung am Bundesgerichtshof in Karlsruhe.

Darchinger

Das Duell: Die Kampagne des *Spiegel* gegen Franz Josef Strauß
ist nicht denkbar ohne die Blößen des bayerischen Vollblutpolitikers
(Foto aus dem Jahr 1969).

Augstein bewahrte nach außen stets Haltung in der Haft. Aber
bei diesem Haftprüfungstermin am 8. Januar 1963 in Karlsruhe
ist ihm anzusehen, wie schwer es ihn trifft, dass die Richter
sein weiteres Verbleiben im Gefängnis anordnen.

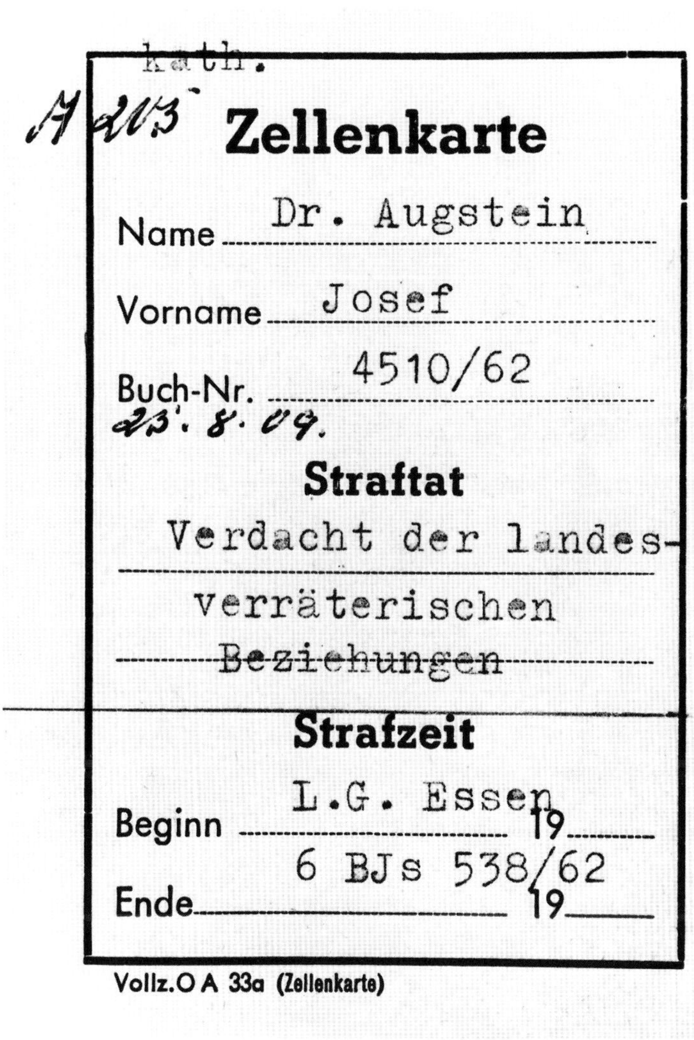

A 403

Zellenkarte

Name **Dr. Augstein**

Vorname **Josef**

Buch-Nr. **4510/62**

23. 8. 09.

Straftat

Verdacht der landes-

verräterischen

~~Beziehungen~~

Strafzeit

Beginn **L.G. Essen** 19

6 BJs 538/62

Ende 19

Vollz.O A 33a (Zellenkarte)

Stern

Auch Augsteins Bruder Josef, der den *Spiegel* in vielen Prozessen vor Gericht vertrat, wurde – wenn auch nur für wenige Tage – verhaftet.

Die beiden Brüder Augstein auf dem Weg zu einem der vielen
Gerichtstermine in Sachen Franz Josef Strauß.

Über drei Monate Untersuchungshaft:
Augstein am 7. Februar 1963 nach seiner Entlassung mit
dem stellvertretenden *Spiegel*-Redakteur Conrad Ahlers,
der mit seinem Artikel „Bedingt abwehrbereit" die
Spiegel-Affäre ausgelöst hatte.

„Wer etwas zum Einsturz bringen will, muss sich selbst etwas ein-
fallen lassen." Augstein unterstützt die Studenten in ihrem Protest
gegen die Lebenslügen der Politik nur sehr partiell. Im Audimax
der Hamburger Universität diskutiert er mit dem Studentenführer
Rudi Dutschke über das Thema: „Revolution 1967 – Studentenulk
oder Notwendigkeit?".

Augstein mit Günter Gaus, dem *Spiegel*-Chefredakteur
der Jahre 1969–1973. Beide unterstützen nach Kräften die
Regierung Willy Brandt.

Augstein zeigt zeitlebens eine Vorliebe für riesige amerikanische Schlitten: unten mit seinem Kaiser-Frazer.

Ausflug in die Politik: 1972 bewirbt sich Rudolf Augstein
um ein Bundestagsmandat (links oben als FDP-Kandidat beim
Wahlkampf in Rheda-Wiedenbrück). Im Wahlkreis Paderborn
unterliegt er Rainer Barzel (oben gratuliert er seinem
Konkurrenten im Bundestag).

Augstein, Erich Böhme und Klaus Wirtgen im Mai 1975
beim *Spiegel*-Gespräch mit dem früheren Bundeskanzler
Willy Brandt in dessen Büro im Bonner Bundeshaus.

1981 reist Augstein (auf dem Roten Platz) zum *Spiegel*-Gespräch
mit dem sowjetischen Staatschef nach Moskau.

Im Kreml empfängt Leonid Breschnew Rudolf Augstein,
Johannes K. Engel und Dieter Wild zum *Spiegel*-Gespräch.

Darchinger / Der Spiegel

Anschließend wird der Text mit den Breschnew-Beratern
Walentin Falin und Nikolai Portugalow für die Veröffentlichung
bearbeitet.

Der Amateurhistoriker als Aufklärer: Augstein (mit einer kleinen Friedrich-Statue) schreibt viel beachtete Bücher über Friedrich den Großen und Jesus. In zahlreichen Artikeln beschäftigt er sich mit Hitler, der für ihn *der* „Terrorist des Jahrhunderts" ist.

seine „verletzte Ehre". Doch wenn Ahlers in diesen Briefen an Adenauer den Abschied des *Spiegel* von der Kampfpresse andeutet, ist dies kein Alleingang des auf öffentliche Rehabilitierung und auf die Wiederherstellung seiner Ehre bedachten stellvertretenden Chefredakteurs. Die *Spiegel*-Affäre beschleunigt nur, was das Chefredakteurs-Gespann Jacobi/Engel, das Anfang 1962 auf den Chefredakteur Hans Detlev Becker, den Verfechter der *crusading press,* folgt, ohnehin beabsichtigt – das Blatt wieder mehr am Vorbild *Time* auszurichten. Das aber heißt: Sie wollen kein Kampagnenmagazin.

Am Ende der *Spiegel*-Affäre ist Rudolf Augstein zu einer Figur von nationaler Bedeutung, zum Helden der Pressefreiheit avanciert, und der *Spiegel* hat an Bedeutung, Auflage und Macht gewonnen. Doch Rudolf Augstein ist nicht der Typ, sich auf seinen Lorbeeren auszuruhen. Er wird, nachdem alle juristischen Verfahren beendet sind, nach neuen Aufgaben, einer neuen Identität suchen, in der er sich verwirklichen kann. Eine Phase wachsender Distanz des Herausgebers zu seinem Blatt ist damit vorgezeichnet.

FÜR FESTE BEZIEHUNGEN UNGEEIGNET
Persönliche und publizistische
Ausbruchsversuche

Als er 1965 außer Verfolgung gesetzt wird, zählt er gerade einmal 41 Jahre und steht auf dem Gipfel seines Erfolgs: Augstein ist jetzt die Ehre der linken und liberalen Altäre in Deutschland, sein Ruhm als Kämpfer für die Pressefreiheit und Opfer deutscher Obrigkeitsstaats-Tradition weit über Deutschlands Grenzen hinausgedrungen; Studenten und Universitäten reißen sich um ihn als Vortragenden oder Debattenredner, und sein *Spiegel* klettert munter auf eine Druckauflage von 689 000 Exemplaren zu. Selten wurde Kapital so gut investiert wie die dreieinhalb Monate seiner Haft. Zwar verliert er rund 15 Pfund Gewicht, bedauert es aber nicht, sondern will versuchen, wie er Reportern nach der Haftentlassung versichert, die abgespeckte Form zu halten.

Wenn er die Zeit im Gefängnis psychisch ungebrochen übersteht, hat das auch mit Elke Maria Carlsson zu tun, seiner jüngsten Gefährtin, mit der er seit Anfang 1962 zusammenlebt. Während der Haftzeit schreiben sie sich fast täglich Briefe. Um ihm nahe zu sein, mietet sie sich auch in kleinen, keineswegs vornehmen, ja „ekligen" Hotels ein, wenn sie nur dem jeweiligen Gefängnis benachbart sind; sie besorgt anständiges Essen und bringt es, zusammen mit Zeitungen und gelegentlich einer Flasche Bier, persönlich in die Haftanstalt – im „Henkelmann", wie sie heute sagt. Zweimal die Woche sehen sie sich von Angesicht zu Angesicht, häufiger darf er sie zu Besuch nicht empfangen, und über beider Zusammensein wacht, wie die Gefängnisvorschrift es will, stets ein Justizvollzugsbeamter. Auch sie bewundert die Haltung, die er in der Haft meist zeigt: Geradezu wahnsinnig habe er sich zusammengenommen. Aber sie sieht auch, wie er nach den drei Haftprüfungsterminen, auf die er jeweils seine ganze Hoffnung setzt, verzweifelt in sich zusammensinkt, weil es – wegen des angeblich weiter bestehenden „dringenden Verdachts des Landesverrats" – doch immer „Zurück in die Zelle" heißt.

Marias außergewöhnliche Schönheit schmückt ihn, ihre musischen und literarischen Interessen erschließen ihm, dessen erste 15 *Spiegel*-Jahre überwiegend von Politik und Zeitgeschichte bestimmt waren, eine neue Dimension. Sie übersetzt Romane aus dem Amerikanischen, vor allem John Updike für den Rowohlt Verlag, und wird dafür mit Preisen ausgezeichnet. Mit so viel Einfühlungsvermögen und Sprachbegabung geht sie dabei vor, dass Kenner Updikes meinen, gelegentlich übertreffe die Übersetzung die sprachliche Qualität des Originals. Sie macht Augstein mit Schriftstellern wie Martin Walser, Friedrich Dürrenmatt oder Heinrich Böll bekannt, sie schleppt ihn ins Theater und vermittelt ihm, der sich dank gründlicher Gymnasialbildung vor allem in den Werken der Klassiker auskennt und meist historische Bücher liest, Einblick in die moderne westliche Literatur. So gibt sie ihm Saul Bellows „Herzog" und Werke anderer Autoren zu lesen, Lektüre, der er sich brav, ja „rührend" unterzieht – bis auf einige Wälzer, die er nach zwei oder drei Kapiteln gelangweilt zur Seite legt.

Er hat Maria Carlsson in München kennen gelernt, als die Geliebte, später Frau des Journalisten Hans-Joachim Sperr, der das – ob seines Niveaus weithin angesehene – Feuilleton der *Süddeutschen Zeitung* redigiert und über beste Kontakte zu Literaten und Münchner Künstlerkreisen verfügt. Wenn er an die Isar kommt, trifft sich Augstein regelmäßig mit ihm und dessen Freundin zum Essen, schickt Maria von Hamburg aus immer wieder Rosensträuße, und nur zu bald entwickelt sich der Freund beider zum Rivalen und Nebenbuhler Sperrs. Schlank von Gestalt und brünett, besticht Maria mit einer unwiderstehlichen Mischung aus Intellektualität und Sensualität, sie trägt stets ausgewählte Kleidung und ist, was für nahezu alle seine Frauen zutrifft, größer als er.

Wie früh Augstein ihren Reizen verfällt, zeigt die Tatsache, dass er sie, als Sperr und Maria Carlsson 1959 heiraten, wissen lässt, in der Hochallee im vornehmen Hamburg-Harvestehude stehe stets eine Wohnung für sie bereit. Umgekehrt verfehlt er, der als blendender Erzähler und charmanter, schlagfertiger, witziger Gesprächspartner schnell Mittelpunkt jeder Gesellschaft wird, seine Wirkung nicht auf sie. Marias Ehe mit Sperr währt nur kurz, nach ihrer Scheidung zieht sie zu Rudolf Augstein nach Hamburg, der eine Zweitwohnung mit Alsterblick angemietet hat. Hans-Joachim Sperr verwindet das nur schwer, er stirbt schon 1963 an den Folgen einer vernachlässigten Blutvergiftung und – wie Angehörige sagen – an mangelndem Lebenswillen.

Augstein und die Frauen ist ein, zugegeben, äußerst kompliziertes, schwieriges Kapitel. Alle Beziehungen des notorischen Fremdgängers bleiben unstet. Als er sich mit Maria zusammentut, ist er noch mit Katharina Luthardt verheiratet, einer drei Jahre älteren Journalistin, die als Reporterin für den sozialdemokratischen *Telegraf* in Berlin arbeitet und – gelegentlich – Informationen für den *Spiegel* liefert. Gemeinsam bewohnen sie das Haus am Maienweg 2, das dem Grundstück John Jahrs benachbart ist, und so entwickeln sich bald freundschaftliche Beziehungen nach Art einer Großfamilie: Die Augsteins und die Jahrs sehen sich oft zum Frühstück oder Mittagessen, John Jahr und Michael Jahr, die Kinder des Verlegers, spielen mit Rudolf Tennis, Katharina und Mrs. Elli, wie Augstein die Frau Jahrs gern nennt, lesen die Bälle auf, und Tochter Angelika Jahr, die er auf manchem Ausritt begleitet, rühmt Rudolf noch heute als mutigen, galanten Reiter.

Michael Thomas, als Offizier der britischen Besatzungsmacht mit dem Kontakt zu deutschen Politikern und Presseorganen beauftragt, nennt Katharina „eine sinnliche, begabte Journalistin, die Rudolf um Haupteslänge überragte". Augsteins jüngste Schwester Ingeborg meint gar, von allen Frauen habe sie am besten zu ihm gepasst – beide hätten „auf der gleichen Wellenlänge gesendet"; Katharina sei humorvoll, tolerant und ein „intellektueller Partner" gewesen, „attraktiv, sexy und auf Männer wirkend"; manches an ihm habe sie kritisch gesehen, doch zugleich viel Verständnis für ihn aufgebracht. Leo Brawand charakterisiert sie als „in sich ruhende, warmherzige Intellektuelle" – „für Rudolf die Richtige". Zwischen den beiden, Rudolf und Katharina, und Michael Thomas entwickelt sich eine enge Freundschaft, mitunter fahren sie zu dritt in die Ferien.

Thomas hatte vor 1938 in Tübingen studiert, nach seiner Demobilisierung bleibt er in der Bundesrepublik und lässt sich in Hamburg als Im- und Export-Kaufmann nieder. Im Jahr 1950, noch ist er Offizier Seiner Britischen Majestät, unternimmt er mit Rudolf und Katharina eine Italienreise, und weil der kleingewachsene Augstein zeitlebens einen Hang zu offenen, riesigen amerikanischen Schlitten hat, fahren sie, wie Thomas schreibt, in Augsteins „für damalige Verhältnisse pompösem amerikanischen ‚Kaiser-Frazer'" bis nach Positano. Unter den vielen Wagen, welche der *Spiegel*-Chef nacheinander oder gleichzeitig sein eigen nennen wird, finden sich neben einfacheren VWs und etlichen luxuriösen Mercedes-Karossen ein roter Ford Hudson, ein Lincoln mit weißem Klappverdeck, ein grüner Thunderbird und auch ein goldmetallicfarbener Cadillac, die meisten von ihnen Cabriolets. Auf ihrer Italienfahrt leben die drei äußerst sparsam, einschließlich des Benzins kommen sie mit zwölf Mark am Tag aus. Als Katharina die nicht gegessene Frühstücksbutter für das Strandpicknick einpacken will, geht diese Sparsamkeit Thomas allerdings zu weit.

Eleganz und Weltläufigkeit des kultivierten, äußerst gebildeten und acht Jahre älteren britischen Majors machen auf den in der hannoverschen Provinz aufgewachsenen Rudolf Augstein so großen Eindruck, dass er jahrelang das gleiche Haarwasser, die gleiche Seife, die gleiche Zahnpasta benutzt und zum gleichen Schneider geht. Seine Begründung für diesen Habitus-Klau: „Warum soll ich mich anstrengen und alles ausprobieren, wo du es doch schon getan hast?" Aus dem Redakteurs-Jüngling, der im Heimkehrer-Look in die *Spiegel*-Redaktion im *Anzeiger*-Hochhaus zur Arbeit kam, ist zwar kein Beau geworden, dazu taugt er nicht; doch trägt er elegante Maßanzüge und solides, teures englisches Schuhwerk. Den provinziellen, modischen Schick von „Terner", dem ersten hannoverschen Modehaus am Platz, den er sich Anfang der fünfziger Jahre leistete, hat er unter dem Einfluss von Thomas hinter sich gelassen.

Es ist auch der Freund Michael Thomas, der Mitte der sechziger Jahre Augsteins Sommersitz in Südfrankreich ausfindig macht – ein Grundstück in einer Bucht von St. Tropez, direkt am Meer gelegen und an das Anwesen von Brigitte Bardot grenzend. Noch heute vermittelt es den Eindruck von Einsamkeit und unverfälschter Natur, ein seltenes, kostbares Privileg an dieser überlaufenen Küste. Häufigste Besucher sind Wildschweine, die mit ihren Rüsseln im Mondschein nach Würmern wühlen, Eicheln fressen oder Pinienzapfen knacken. Auch hier verlässt sich Augstein völlig auf den Geschmack des Freundes, der das Grundstück in seinem Auftrag kauft. Thomas und seine Frau Elizabeth erhalten von Augstein freie Hand und lassen, wenige Schritte vom Meer entfernt, auf einem Felsplateau, umgeben von Korkeichen, Pinien und Mimosenbüschen, einen einfachen, bescheidenen Bungalow bauen, in dem sie selbst oft ihre Ferien verbringen, bis sie schließlich eine große, alte, prachtvolle Bastide in der Nähe ihr eigen nennen.

Lebensphasen, die von einer einzigen Frau bestimmt sind, gibt es für Rudolf Augstein nicht. Als er Katharina kennen lernt, ist er mit der ein Jahr jüngeren Lore Ostermann verheiratet, die zunächst in der Buchhaltung des *Spiegel* arbeitet und die er zur Volontärin macht. Aus der Ehe mit ihr stammt sein erster Sohn Stefan. Später wird Rudolf Augstein sagen, er habe die

Ehe mit ihr nur wegen des Kindes geschlossen – Abtreibungen seien damals in Hannover nicht möglich gewesen. Ob das die reine Wahrheit ist, steht dahin, denn die Hochzeit fand am 14. Januar 1949 statt, Stefan wurde am 9. September 1949 geboren. Sicher dagegen ist, dass Rudolf Augstein kurze Zeit nach der Eheschließung seinen Freund Thomas fragt: „Was macht man, Michael, wenn man gerade geheiratet hat und dann die Frau seines Lebens trifft?"

Es war seine „Sturm- und Drangzeit", sagt beinahe entschuldigend seine erste Sekretärin, die ihm, kaum dass er geehelicht hat, immer wieder Hotelzimmer für Katharina und ihn reservieren muss. Aber wird ihn das stürmische Verlangen nach anderen Frauen als der, an die er sich gerade mehr oder weniger fest gebunden hat, je verlassen? Warten nicht immer schöne, intelligente Frauen „in the wings" – nur zu bereit, sich mit dem charmanten Herrn der öffentlichen Meinung zusammenzutun, der so schüchtern, so jungenhaft und so schelmisch wirken kann und dessen Position als *Spiegel*-Chef das Aphrodisiakum der Macht verströmt?

Die Geburt von Stefan verläuft nicht ohne Komplikationen, das Baby bleibt lange krank und muss fast ein Jahr im Hospital verbringen. Bald trennen sich Rudolfs und Lore Augsteins Wege auch offiziell, die junge Mutter zieht 1952 nicht mit dem *Spiegel* nach Hamburg um, sondern geht nach München – als Mitarbeiterin von *Constanze*, einer Frauen-Zeitschrift, die im Verlag von Augsteins neuem Partner John Jahr erscheint. Rudolf Augstein verschafft ihr den Job und kauft in der Münchner Ainmillerstraße ein Haus, das er ihr zur Verfügung stellt. Stefan bleibt zunächst bei seiner Mutter, bis ihn Augsteins älteste Schwester Anneliese Bruder im Alter von neun Jahren in ihre Familie aufnimmt. Lore Ostermann hat sich oft über die streng katholischen Gebräuche im Hause Augstein mokiert, als Protestantin spürte sie offenbar, dass Rudolfs Mutter sie nur mit größter Reserve als Ehefrau ihres jüngsten Sohnes akzeptiert.

Hat der *Spiegel*-Chef sich auf Drängen von Mutter Gertrud das alleinige Sorgerecht in den Scheidungsvereinbarungen vom Juli 1954 vorbehalten? Stefan wird im Hause der Bruders liebevoll aufgenommen, als sei er ihr fünftes Kind, aber die Erziehung ist streng katholisch geprägt. Da sein Ziehvater Heinrich Bruder Richter am Amtsgericht ist, kreisen die Gespräche bei Tisch oft um Juristisches – eine Atmosphäre, welche die Berufswahl von Rudolf Augsteins Erstgeborenem bestimmt: Er studiert Jura, wird Staatsanwalt und – nach einer Geschlechtsumwandlung in Singapur – zur Anwältin Maria Sabine Augstein, die sich auf Rechtsprobleme der Transsexualität spezialisiert. Ihre Eltern haben sich mit dieser Tatsache nur schwer abgefunden – Lore Ostermann lässt Maria Sabine deutlich spüren, dass sie stets nur einen Sohn als Kind wollte, und dem Vater, diesem Macho von echtem Schrot und Korn, geht jedes Verständnis dafür ab, zumal Maria Sabine nach der Umwandlung mit einer Frau zusammenlebt, Augstein jedoch die Welt von Lesben oder Schwulen wenn nicht unheimlich, so doch fremd und voller Rätsel bleibt. Als Axel Springer Schuldgefühle wegen des Freitods seines Sohnes Sven Simon plagen, eines hochbegabten Fotografen, der von Augstein die besten Bilder „schoss", sucht der *Spiegel*-Chef seinen Freund-Feind Axel zu trösten: „Wie Du vielleicht weißt, hatte ich mit meinem ältesten Kind auch Probleme, die dicht am Rande des Abgrunds lagen. Oft habe ich mich gefragt, was hätte ich anders und besser tun können. Immer wieder kam ich zu dem Ergebnis: nichts. So hoffe ich sehr, dass sich Deine Schuldgefühle inzwischen auf das nun einmal unerlässliche Maß reduziert haben."

„Dicht am Rande des Abgrunds" – die Formulierung zeigt, wie tief ihn die Entscheidung des Sohnes getroffen haben muss. Dabei bewundert Stefan seinen Vater: Seit er zehn Jahre alt ist, verschlingt er den *Spiegel* von der ersten bis zur letzten Seite, und von bleibendem Eindruck ist für ihn der Besuch im Koblenzer Untersuchungsgefängnis, den er dem Häftling Rudolf

Augstein an der Seite seines Onkels Josef, des Rechtsanwalts, abstatten darf. Finanziell zeigt sich Augstein immer großzügig – aber in den Arm genommen hat er den Sohn offenbar nie oder doch nicht oft genug, und so gibt es stets „eine gewisse Fremdheit" zwischen Vater und Sohn, die sich durch die Geschlechtsumwandlung nur steigern kann.

Das Verhältnis bessert sich spät, weil Rudolf Augstein berufliche Tüchtigkeit und Erfolg respektiert. Maria Sabine führt Prozesse bis hin zum Bundesgerichtshof und setzt durch, dass die Krankenkassen für die Kosten von Geschlechtsumwandlungen aufkommen müssen. Schließlich mahnt auch Augsteins fünfte Ehefrau, Anna Hürtgen, mit der er – *on and off* – seit Anfang der achtziger Jahre zusammen ist, zu mehr Toleranz: Maria Sabine müsse nach ihrer eigenen, nicht nach Rudolfs Façon selig werden. Maria Sabines Mutter aber, Lore Ostermann, heiratet in München zunächst den dortigen *Spiegel*-Korrespondenten Claus Hardt, danach den Regisseur und Generalintendanten der Kölner Oper, Arno Assmann. Als Hoffnungen sich zerschlagen, die Assmann ihr auf eine eigene Regiearbeit im Theater gemacht hat, setzt sie ihrem Leben 1979 selbst ein Ende.

Im Rückblick, sagt Maria Carlsson-Augstein, war es ein „leichtes Leben", das sie und Rudolf Augstein in der ersten Hälfte der sechziger Jahre führten – „wenn nicht gerade eine andere Frau dazwischenfunkte". Zusammen mit Freunden aus ihrer Münchner Zeit fahren sie mit dem Wagen oft nach Italien, geben Diners mit Schauspielern und Literaten, schließlich ziehen sie in den Maienweg 2 neben den Jahrs, denn die noch angetraute Frau Augstein wohnt lieber in einem Apartment am Leinpfad. Doch die Scheidung erfolgt erst 1967, ein Jahr danach geht Katharina Augstein-Luthardt als *Spiegel*-Korrespondentin für Mode nach Paris.

Als Augsteins Tochter Franziska im September 1964 geboren wird, kommt Rudolf Augstein, die Mutter ist kaum aus der Narkose erwacht, mit einem riesigen Blumenstrauß ans Bett und drängt auf ihre Einwilligung zur Adoption, weil er meint, das würde für die Tochter vieles leichter machen. In den wilden sechziger Jahren, möchte man denken, sollte eine uneheliche Geburt für den Konventionsverächter Rudolf Augstein eine Petitesse gewesen sein – und doch besteht er auf dem bürgerlichen Schein und nimmt das Kind formell in eine Ehe, die praktisch längst nicht mehr existiert. Weil aber seine Noch-Ehefrau Katharina zustimmen und unterschreiben muss, Franziska sei nun ihre Tochter, hat Maria Carlsson das Gefühl, ihr werde ihr Kind genommen.

Vier Jahre später, als 1967 ihr Sohn Jakob geboren wird, ist von Adoption deshalb nicht die Rede, aber um das Verhältnis zwischen Maria und Rudolf Augstein steht es schon nicht mehr zum Besten; so sehr sie sich einerseits mögen, verfügen beide doch über das größtmöglich denkbare „Destruktionspotential", wie eine nahe Verwandte diagnostiziert. Als Maria sich mit Rudolf zusammentat, war sie 25 Jahre alt – viel zu jung, meint sie rückblickend, um mit Augsteins geradezu anarchischer Libertinage richtig umzugehen, und: zu bedingungslos-eifersüchtig, zu schnell und zu tief verletzt. Dazu kommt, dass sie ihm nachspürt, als er sie immer öfter allein lässt, dass sie zu Szenen neigt und – wenn sie es will – dann auch auf Männer zugehen kann wie Rudolf Augstein auf Frauen. Die Eheschließung mit Maria ist eine bloße bürgerliche Formalie, und ehe der Kontrakt juristisch perfekt wird, kommt man denn auch verbindlich überein, sich umgehend wieder scheiden zu lassen. Das ist eiskalt und doch höchst anständig, juristisch sogar fürsorglich gedacht, denn die Formalie schafft – und mehr soll sie nicht – „geordnete Verhältnisse" mit Rechtsansprüchen für Maria und Sicherheit, auch in der Erbfolge, für die Kinder.

Als Augstein, inzwischen mehrfacher Millionär, sich 1966 ein Statussymbol zulegt, wie es für die wohlhabenden Bankiers, Reeder und Kaufleute Hamburgs seit alters Brauch ist, das Anwesen Elbhöhe 1 in Nienstedten, von dem er auf die vorbeiziehenden Schiffe auf dem Fluss blicken kann und das er von Marion Bohlen für 1,65 Millionen Mark erwirbt, beaufsichtigt Maria zwar die nötigen Umbauten samt Einrichtung eines Schwimmbads, ahnt indes schon, dass sie dort nie mit ihm wohnen wird. Die Inneneinrichtung mit Louis-Seize-Möbeln und großen antiken Spiegeln besorgen dann Anni von Alvensleben und Gisela Stelly, Augsteins vierte Frau.

Andererseits erfolgt die Trennung von Maria wieder nicht so radikal, als dass er nicht in den siebziger Jahren mehrmals zusammen mit ihr und den beiden Kindern auf Sardinien oder in St. Tropez Urlaub macht, auch wenn Franziska und Jakob sehr wohl zu spüren bekommen, welch tiefe Risse die heile Welt durchziehen, die ihnen hier, auf einige Wochen befristet, vorgespielt wird. In Hamburg kommt es immer wieder zu Auseinandersetzungen über sein Besuchsrecht, die einmal selbst ein Gericht beschäftigen. Doch bemüht sich Augstein, wenn er die Zeit dafür findet, den Kindern wenigstens in den Ferien ein guter Vater zu sein – vor allem den kleinen, an denen er einen Narren gefressen hat. Aber einfach ist das Verhältnis nicht, denn die gekränkte Mutter pflanzt ihnen viele Vorurteile gegen Rudolf Augstein ein. Sie wachsen als typische Scheidungskinder auf. Am Grab ihres Vaters wird Franziska an den „Kleinen Prinzen" erinnern, in dem zu lesen steht, Kinder müssten mit großen Leuten viel Nachsicht haben. Im Nachsicht-haben, so die Tochter, „haben die Kinder meines Vaters, der ja zu den großen Leuten wirklich gehörte, eine ausgezeichnete Schule durchlaufen".

Sind die Kinder größer, ist er nie der Kuschelvater, sondern eher der pädagogische Gesprächspartner, der Sohn Stefan auf einem Waldspaziergang seine Abneigung gegen die Große Koalition begründet oder Franziska Anekdotisches aus dem Krieg erzählt. Überhaupt spricht er oft vom Krieg – aber meist so, dass die Ereignisse ins Komische rutschen. Er schmückt gern aus und erfindet vieles dazu, Gisela Stelly erinnert dies an Grimmelshausens Simplizissimus – etwa, wenn er wieder und wieder seinen „persönlichen Rückzug aus der Ukraine" schildert, wo er auf dem Rücken eines schwangeren Pferdes saß.

Ist er eigentlich ein *family man*, wie Hermann Schreiber einmal behauptet – wenn auch ein verhinderter? Bewundert er seinen langjährigen Geschäftsführer Karl Dietrich Seikel, weil dieser seit über 36 Jahren mit derselben Frau verheiratet ist, zwei Kinder und eine intakte Familie hat? Sagt er deshalb voller Respekt, aber auch resigniert zu ihm: „Das habe ich leider nie geschafft"? Ist für ihn, der aus einer intakten, durch und durch katholisch geprägten Großfamilie kommt, die heile Zweierbeziehung mit Kindern immer noch das erdrückende Über-Ich-Ideal, und ein für ihn schlechthin unerreichbares dazu? Schickt ihn dies für immer und ewig auf die Jagd nach der vermeintlich idealen Frau, spricht er deshalb seinen Freundinnen immer wieder vom Heiraten, obschon er doch weiß, dass er für feste Bindungen so wenig taugt wie der Teufel für den Dienst als Ministrant bei Herz-Jesu in Hannover?

Zu behaupten, er habe seine Familie in Hannover geliebt und bewundert, wäre zuviel gesagt, dafür wächst er zu früh, schon als Gymnasialschüler, über den bescheidenen intellektuellen Horizont von Friedrich und Gertrude Augstein hinaus. Doch achtet er sie und hilft, wo er kann – dem Vater, indem er, wenn der *Spiegel* eine Kamera und Filme braucht, sie über dessen Fotoladen bestellen lässt, oder der jüngeren Schwester, der er einen Ferienjob bei seinem Blatt verschafft, deren Fahrkarten er über den *Spiegel* verrechnen lässt und der er gelegentlich mit Geld aushilft, während sie in München studiert. Dem Vater und seiner Reisebegleiterin, seiner ältesten Schwester Anneliese, finanziert er 1956 die Fahrtkosten nach Zermatt in der Schweiz „plus 15 DM pro Tag und Nase", kurzum: er gibt sich als treu sorgender Sohn und Bruder und übt, nebst Josef, dem Ältesten und Rechtsanwalt, jene familiäre Solidarität, die von erfolgreichen Kindern im Clan der Augsteins nahezu selbstverständlich erwartet wird.

Psychologen mögen vermuten, dass der Schlüssel zu Rudolf Augsteins problematischen Beziehungen zu Frauen in der frühen Jugend zu suchen ist, als er oft kränkelt, um die Aufmerksamkeit seiner Mutter zu erzwingen. In einer Familie mit sieben Kindern kann sie sich nicht ausschließlich um ihn kümmern, liebt den Knaben Rudolf möglicherweise nur zu ihren eigenen Bedingungen und vermag es nicht, sich in dessen Bedürfnisse einzufühlen. Sucht er die ihm vorenthaltene Liebe durch seine zahllosen Liebschaften zu kompensieren? Geht ein Riss durch seine Persönlichkeit, deutet nicht schon die Schielstellung seiner Augen auf eine schizoide Veranlagung, wie seine alte Freundin Ute von Kardorff meint?

Frauen, die ihn gut kennen, attestieren dem luziden Analytiker, dass er zuhören, sich einfühlen, sich gut in andere hineinversetzen kann, dass er feinnervig ist und über Intuition verfügt. Dabei bleibt er stets der hocheinsame, hochkränkbare Mensch, der im Verhältnis zu Frauen zwar Vertrauen sucht, sich selbst dagegen nie vertrauensvoll öffnet, sondern hermetisch verschließt, damit ihm nur ja keine zu nahe kommt. Natürlich misstraut der Ironiker stets eigenen großen Gefühlen, doch Geld und Macht, über die er bald verfügt, lassen ihn instinktiv vor Frauen auf der Hut sein: Meinen sie ihn, oder meinen sie sein Geld? Und der Zyniker im älteren Augstein liebt es dann, seine Macht auszuspielen und Frauen, die er mag, in Abhängigkeit zu bringen – durch Geld oder Wohnungen, die er immer wieder verspricht und auch schenkt, nicht ohne daran Bedingungen zu knüpfen.

Auf einige wirkt das großzügig angelegte Haus mit seinem ausgedehnten Grundstück zum Elbufer hin pompös, das er sich 1966 zugelegt hat. Im Landhausstil gebaut und mit Reet gedeckt, hat es zwei große Flügel, aber kein eigentliches Zentrum: Über Wendeltreppen geht es zum Obergeschoss, in dem die Schlaf-

und die Kinderzimmer untergebracht sind. Im Erdgeschoss bietet es weitläufige Räume, die sich hervorragend für Gesellligkeiten eignen. Hier gibt er mit der Filmemacherin und Autorin Gisela Stelly Abendessen für Künstler und Politiker. Seinen 50. Geburtstag feiert er mit einem überbordenden, nachthellen Fest, wie sich Hellmuth Karasek erinnert: Abgeschirmt von Sicherheitspolizisten, hat sich „die Creme der deutschen Gesellschaft" eingefunden, Minister wie Genscher und Maihofer, Literaten wie Peter Handke und Peter Rühmkorf, Filmschaffende wie Fassbinder, Schlöndorff oder Wicki, Verleger, Filmstars, Publizisten. Der Champagner fließt in Strömen, ein Shuttle-Dienst von Taxis holt die Gäste ab und fährt sie anschließend nach Hause. Durch die hohen Fenstertüren des Hauses Elbhöhe 1 sind die Werften auf dem anderen Elbufer zu sehen, auch die Frachter und Schlepper, die elbaufwärts zum Hafen oder elbabwärts zur Nordsee tuckern. Es ist das Bilderbuch-Hamburg der sprichwörtlichen hanseatischen Pfeffersäcke, jener also, die schon immer an der Spitze der Reichtumspyramide standen, aber auch derer, die es gerade erst an die Spitze geschafft haben und sich nicht schämen, es zu zeigen.

Günter Gaus, *Spiegel*-Chefredakteur der Jahre 1969–1973, der sich in seinen leider unvollendeten Memoiren als „linken Konservativen" bezeichnet, nennt Augsteins Elbvilla ironisch „ein Karinhall hoch über der Elbe", auf dem Weg nach Blankenese gelegen. Halb belustigt berichtet er von einer Szene, die auch „aus einem Film über die Herren der öffentlichen Meinung" stammen könnte: Da rollen an einem frühen Juniabend „drei schwere, luxuriöse Wagen durch einen Privatpark zu einer weiß gekiesten Auffahrt vor einem langgestreckten Haus im NS-Stil der dreißiger Jahre". Eine dieser Luxuslimousinen steuert er selbst, die anderen werden von Hans Detlev Becker und Johannes K. Engel gelenkt. Alle drei wurden von durchweg standesgemäßen Hobbys der Hamburger *crème de la crème* zum Krisengipfel bei Rudolf Augstein abberufen – der eine kommt vom Reiten, der andere vom Golfen, der dritte vom Segeln, und bei diesem dramatischen Treffen geht es um die Forderung der Redaktion nach Mitbestimmung, worüber später zu berichten ist.

Doch sind Zweifel angebracht, ob Rudolf Augstein sich in dieser Luxusumgebung wirklich wohl fühlt. Ist es das schauspielerische Element in ihm, das ihn bestimmt, einmal den Herrn der öffentlichen Meinung zu geben – allen herkömmlichen Klischees entsprechend? Meint er, an der Seite der jungen, attraktiven und rotblonden Gisela Stelly repräsentieren zu müssen? Oder versucht er den großen Frust zu überwinden, der unermüdlich an ihm nagt, weil er dem selbst geschaffenen Käfig namens *Spiegel*, dem Handwerk des Magazinmachens mit all seiner Routine, nicht entrinnen kann? Denn in Wahrheit braucht Rudolf Augstein, auch wenn er neben der Unabhängigkeit vor allem die Bequemlichkeiten schätzt, welche Reichtum nun einmal mit sich bringt, all diesen Luxus nicht. Er bleibt, ganz das Produkt einer spartanisch-bürgerlichen Erziehung, der Mann einfacher Genüsse und schlichter Bedürfnisse: Er schätzt Bouletten oder Bratkartoffeln mit Rührei und Speck, er zieht das Bierglas dem Champagnerkelch vor; was er wahrhaft benötigt, um glücklich zu sein, sind ein Platz zum Lesen und zum Schreiben, sind Bücher, ein Tisch und einige Blätter Papier. Nicht zufällig setzt er sich in seinem „Karinhall" über der Elbe abends oft auf eine Holzbank in der schmalen Küche, wo er bei einem Glas Pils fernsehen oder mit Freunden Skat spielen kann.

Wenn ihn Frustrationen plagen, hat das viel mit zu frühem Erfolg, mit *Spiegel*-Überdruss und seinen fehlgeschlagenen Versuchen zu tun, sich an anderen Objekten der Verlagsbranche zu erproben, um sich ein kleines Imperium zu zimmern. Während eines Urlaubs in den Cinque Terre, Augstein ist gerade einmal 27 und sein *Spiegel* dreieinhalb Jahre alt, gesteht der vom Glück Verwöhnte seinem Freund Michael Thomas auf einem Felsen über der Grotta Byron, er habe im Leben alles erreicht, was man erreichen könne, jetzt fange der *Spiegel* an, ihn zu langweilen: „Das einzige, was mich wirklich noch reizen würde, wäre eine Tageszeitung."

Die Szene spielt im Jahre 1950, und es sollen knapp zehn Jahr vergehen, bis er einen ernsthaften Anlauf dazu unternimmt. Dabei hat es lange vor diesem hochgemuten Seufzer Versuche gegeben, auf mehr als dem einen Bein des Magazins zu stehen. Kaum dass der *Spiegel* die ersten Geburtswehen überstanden hat, im November 1947, bittet Augstein mit seinen Partnern Stempka und Barsch die britische Licensing Section in Hannover um Erteilung einer Lizenz für eine „*Spiegel*-Pressedienst-G.m.b.H.", die neben Artikeln und Nachrichten auch Bilder vertreiben soll. Wer bedenkt, dass die wichtigsten Auslands-Korrespondenten des *Spiegel* noch Redakteure im hannoverschen *Anzeiger*-Hochhaus sind, die *Newsweek*, *Time* und englische Blätter rücksichtslos ausschlachten, auf den wirkt die Begründung dieses Antrags geradezu hochstaplerisch: „Durch unser im In- und Ausland bestehendes Korrespondentennetz", heißt es da, „erhalten wir laufend aktuelle Berichte auf dem Gebiet der Politik, Kultur, Wirtschaft und des Sports ..." Beabsichtigt sei, diesen Pressedienst „nicht nur deutschen Verlagen anzubieten, sondern darüber hinaus auch in Europa und Übersee Verbindungen anzuknüpfen".

Daraus wird so wenig wie aus der Gründung jener hannoverschen Illustrierten namens *Test*, für welche der inzwischen zuständige Presseausschuss beim Niedersächsischen Ministerpräsidenten zwar 1948 eine Lizenz erteilt, die über eine Probenummer allerdings nie hinauskommen wird. Augsteins Konzept geht von einem Umfang von 24 Seiten, wöchentlichem Erscheinen und einem Preis von 30 Pfennigen bei einer Startauflage von 150 000 Exemplaren aus. Wie sehr sich das Profil der neuen Illustrierten vom *Spiegel* unterscheiden sollte, wenn es sie denn gegeben hätte, geht aus dem Lizenzantrag hervor:

Danach soll sie nicht kritisch, sondern optimistisch sein, die Wirklichkeit zwar nicht beschönigen, aber den Leser doch mit ihr „aussöhnen" – und zwar dadurch, dass er mit ihr „im Bild Bekanntschaft macht".

Leicht ist es nicht, Journalisten mit Illustrierten-Erfahrung für diese Aufgabe zu gewinnen, zumal Experten, welche die Nazi-Zeit ohne braune Flecken an ihrer Weste überstanden haben, kaum zu finden sind. So beabsichtigt Augstein, als Chef für das neue Blatt einen früheren Redakteur der *Berliner Illustrierten* zu verpflichten, der während des Krieges stellvertretender Chefredakteur des *Signal* war, einer Propaganda-Zeitschrift der Wehrmacht, die in ungewöhnlicher Druckqualität erschien und im Ausland für eine vermeintlich „europäische Mission" des Nationalsozialismus werben sollte. Als dessen engsten Mitarbeiter will er einen Bildjournalisten, PK-Leutnant, Kriegsberichter der Luftwaffe und Autor des Buches „Flieger, Ritter, Helden" beschäftigen, das während des Krieges bei Bertelsmann erschien.

Auch sein dritter Anlauf in den hannoverschen *Spiegel*-Jahren führt nicht weit: Der *Sport-Spiegel*, eine *Illustrierte Sport-Zeitung*, die im Oktober 1948 lizenziert wird, mit einer Startauflage von 50 000 Stück wöchentlich erscheint, 30 Pfennige kostet und deren – damals lebenswichtig! – monatlicher Papierbedarf von ca. 10 bis 12 Tonnen genehmigt ist, stellt sein Erscheinen bereits mit der fünften Ausgabe ein.

Gut fünf Jahre später, John Jahr ist inzwischen *Spiegel*-Verleger und das Blatt nach Hamburg übergesiedelt, erwägt der tatendurstige Augstein die Gründung einer illustrierten Zeitschrift mit dem Titel *Post*, die einen Umfang von 36 Seiten, eine Startauflage von 150 000 Exemplaren haben und am Kiosk 60 Pfennige kosten soll. Er scheitert an den Bedenken des alten Verlagshasen Jahr, der die Kosten – mit Vorarbeiten – für die ersten zwölf Monate auf rund eine Million Mark schätzt. Zwar entwickle sich der *Spiegel* erfreulich, schreibt er Augstein im

November 1953, denn das Blatt sei dabei, ein Polster anzulegen, das auch „über Krisen hinweghelfen könnte". Aber finanziell könne der *Spiegel*-Verlag für ein Projekt wie die *Post* bestenfalls 500 000 Mark riskieren, und selbst dafür sei eine sehr sparsame Wirtschaft nötig, die „eine ganze Reihe von Abstrichen nötig macht". Unter diesen Umständen die *Post* herauszubringen sei ein „Va-banque-Spiel", auf das man sich nach kaufmännischem Ermessen nicht einlassen dürfe. „Wir können uns", schreibt er dem immer wieder vom Gründungsfieber befallenen Partner, „nicht von unseren Wünschen leiten lassen und uns deshalb in kaufmännische Abenteuer stürzen, sondern wir müssen sachlich und realistisch die Situation abschätzen."

Zwei Jahre später begründen Augstein und Jahr eine Zeitschrift mit dem Titel *Starrevue* – eine „glücklos am Markt operierende Filmpostille", wie der *Spiegel* 1960 ironisch-selbstkritisch schreiben wird. „Unter zyklischen Kursschwankungen" dümpelt sie zwischen „tantenhafter Filmstar-Bewunderung und Teenager-Remmi-Demmi" deutlich „unterhalb des Rentabilitätsäquators" dahin, überlebt gerade einmal fünf Jahre und geht 1961 in *Brigitte*, einer der Frauenzeitschriften des Jahr-Verlags, auf. Augstein hätte die *Star-Revue* von Anfang an gern als Film- und Fernsehzeitschrift herausgebracht, was dem Blatt wahrscheinlich eine bessere Marktchance geboten hätte. Doch Jahr sieht sich an ein *gentlemen's agreement* mit Axel Springer gebunden, in dem sich beide Verleger verpflichtet hatten, einander gegenseitig nicht Konkurrenz zu machen: Springer nicht mit Frauenzeitschriften gegenüber Jahr, dieser nicht mit Rundfunk- und Fernsehzeitschriften gegen Springers *Hörzu*. So bleibt die *Star-Revue*, obschon das Fernsehen ab Mitte der fünfziger Jahre die deutschen Wohnstuben erobert und langsam zum Heimkino wird, auf das Marktsegment Film und Filmtheater beschränkt – statt eines zweiten Beins, das sich Augstein zulegen will, gerät sie zur „ungelenken Prothese", wie der *Spiegel* später spottet.

Ohnehin ist die Zeitschrift wohl eher das Wunschkind von Katharina Luthardt, was die Wahl eines Mannes aus ihrem Freundeskreis, des Filmjournalisten, Drehbuchautors und früheren SS-Kriegsberichterstatters für die Deutsche Wochenschau, Heinz Kuntze-Just, als Chefredakteur erklären mag. Zwar macht dieser sich später einen Namen als Filmautor und Produzent, auch wirkt er an so einträglichen Produktionen wie Grzimeks „Serengeti darf nicht sterben" mit, doch als Chefredakteur der *Star-Revue* bleibt ihm mangels Ideen und Konzept der Erfolg versagt.

Im Sommer 1954, als Eugen Kogon, der Herausgeber der *Frankfurter Hefte,* mit seiner Frankfurter Verlagsanstalt vor der Pleite steht, sondiert Jahr nach Absprache mit Augstein, ob sich der Erwerb der überschuldeten Frankfurter Verlagsanstalt lohnt – das Ergebnis ist negativ. Überlegungen, die Monatszeitschrift *Merkur* zu kaufen, zerschlagen sich, und Pläne, aus dem von Hans Magnus Enzensberger gegründeten Reportage-Magazin *Transatlantik* einen deutschen *New Yorker* zu machen, werden bald aufgegeben. Zwar übernimmt der *Spiegel*-Verlag das Magazin und führt es einige Zeit weiter. Doch schon im Mai 1981 entschuldigt sich Augstein bei Enzensberger, er habe wohl „den Mund zu voll genommen": Nach „intensiven Gesprächen hier im Hause" sieht er kein „tragfähiges Konzept" und hofft, dass Enzensberger und seine Mitarbeiter „zu irgendwelchen anderen Bedingungen überleben" könnten. Das gelang *Transatlantik* ohne Unterstützung durch den mächtigen *Spiegel*-Verlag eher schlecht als recht, und so wurde es 1991 eingestellt.

Von all den Versuchen und Anläufen zur Übernahme oder Neugründung von Zeitungen der Zeitschriften wird schließlich nur einer gelingen: Das *Manager Magazin,* das 1971 das Licht der Welt erblickt, seinen Schwerpunkt in der Berichterstattung über Unternehmen sieht, sich damit an ein speziell interessiertes Publikum wendet und heute noch existiert.

Morgenluft wittert Augstein, als Mitte der fünfziger Jahre bei der *Zeit* ein Streit um den politischen Kurs entbrennt, der schließlich zu einer gerichtlichen Auseinandersetzung zwischen den Teilhabern Gerd Bucerius auf der einen, Chefredakteur Richard Tüngel und Ewald Schmidt di Simoni auf der anderen eskaliert. Bietet sich hier die Chance, nach der er seit Langem sucht – aus dem Magazin-Korsett auszubrechen, von der *Spiegel*-Masche loszukommen, die nach Enzensberger vom Urchristentum bis zur Rockmusik alles über einen Leisten schlägt, um endlich eine journalistisch-seriöse Zeitschrift zu gestalten, die im Grundton liberal ist, aber neben abwägenden Analysen eine Vielfalt der Meinungen bietet?

Von der späteren Freundschaft mit Marion Gräfin Dönhoff, welche die *Zeit* damals verlässt und erst nach Amerika, dann nach England geht, weil sie die rechtsnationale Linie von Richard Tüngel nicht mittragen will, ist damals bei Rudolf Augstein nichts zu spüren. Die Gräfin verließ die *Zeit*, weil Tüngel, entgegen der Warnung seiner Politik-Chefin, einen Artikel des Staatsrechtlers Carl Schmitt ins Blatt brachte – eines unbestritten brillanten Juristen, der jedoch die von Hitler und Göring befohlenen Morde vom 30. Juni 1934 nachträglich gerechtfertigt hatte („Der Führer schützt das Recht") und den die Gräfin völlig korrekt einen erklärten Gegner des „bürgerlich liberalen rationalen Rechtsstaats" nannte. Ihr Chefredakteur dagegen, geblendet von den Analysen des viel bewunderten Schmitt, sah keinen Anlass, diesen konservativen Verächter des Parlamentarismus weiter zu diskriminieren.

In Briefen an Bucerius ergreift Augstein im Sommer 1955 klar Tüngels Partei, nennt den Chefredakteur der *Zeit* ausdrücklich „gutartig" und beteuert, er könne schwerlich glauben, „dass Herr Tüngel die Nazis begünstige". Warum, so fragt Augstein in einem seiner Briefe Bucerius, solle Tüngel eigentlich Marion Dönhoff zurückrufen, wenn diese doch selbst gekündigt habe? Übertreibt er seine Sympathie für den Bucerius-Gegner, weil er inzwischen mit diesem verbündet ist? Dass er mit Tüngel darin einig ist, falls dieser obsiegt, den rechtsnationalen Walter Petwaidic (Pseudonym „Fredericia") zurückzurufen, der im Kriege Hauptschriftleiter eines Naziblattes in Ludwigshafen war und der regelmäßig zu Carl Schmitt ins sauerländische Plettenberg pilgert, spricht eher dagegen. Der *Spiegel*-Verlag zahlt die Rechtsanwälte von Tüngel und Schmidt di Simoni, die Bucerius aus dem *Zeit*-Verlag herausdrücken wollen und gibt ihnen sogar zinslose Darlehen, damit sie ihren Streit durchfechten können. Im Gegenzug versprechen die beiden, den *Spiegel*-Inhabern die Hälfte ihrer *Zeit*-Anteile abzutreten, falls sie aus der rechtlichen Auseinandersetzung als Sieger hervorgehen sollten.

Auch mit Bucerius erörtert Augstein Kaufmöglichkeiten, parallel dazu verhandelt John Jahr mit dem Drucker Richard Gruner, wieweit sich dieser an einem Ankauf der Bucerius-Anteile beteiligen würde. Denn im Gegensatz zu seiner Haltung gegenüber Augsteins *Post*-Projekt legt der kaufmännisch vorsichtige Jahr diesmal kein Veto gegen eine Beteiligung ein, weil der *Spiegel* inzwischen wirtschaftlich sehr viel besser dasteht und die Druckauflage 1956 bei rund 250 000 Exemplaren liegt. Dennoch mahnt er seinen Partner Augstein zu Zurückhaltung: Ein kompletter Erwerb der *Zeit*-Anteile, rechnet er ihm per Hausmitteilung vor, werde fünf Millionen Mark erfordern und die finanziellen Möglichkeiten des *Spiegel*-Verlags bei Weitem übersteigen. Er empfiehlt deshalb, das finanzielle Engagement auf zwei Millionen Mark zu begrenzen und andere Partner, etwa Richard Gruner, mit ins Boot zu nehmen.

In der Tat kommen Gruner und Jahr schließlich vertraglich überein, für den Fall einer juristischen Niederlage von Bucerius sämtliche Geschäftsanteile des *Zeit*-Verlags zu erwerben, dazu auch den 87-Prozent-Anteil, den Bucerius am Nannen-Verlag hält, der die Illustrierte *Stern* herausgibt. Nach ihren Plänen soll Henri Nannen mit zehn Prozent beteiligt werden, als Geschäftsführer ist neben Jahr und Gruner auch Rudolf Augstein vorgesehen, der wiederum die Hälfte des Jahrschen Anteils an dem neuen Verlag übernehmen will. Die Eroberung der *Zeit* oder

FÜR FESTE BEZIEHUNGEN UNGEEIGNET

doch der Kauf so beträchtlicher Anteile am *Zeit*-Verlag, dass sie Augstein großen, wenn nicht bestimmenden Einfluss sichern würden, scheint damit greifbar nahe.

Angesichts dieser finanzstarken Allianz gegen ihn verliert Bucerius offenbar Contenance und Nerven, er setzt eine einstweilige Verfügung durch, die dem *Spiegel* auferlegt, einen „etwa vorgesehenen Artikel" über den Streit um den *Zeit*-Verlag mit Details aus dem Privatleben des Ehepaars Bucerius „vor der Veröffentlichung vorzulegen und beanstandete Textstellen oder Bilder zu tilgen". Was Bucerius verlangt, so der empörte Kommentar des *Spiegel*, läuft auf nichts anderes hinaus, als dass erstmals in der Pressegeschichte ein Verlag versucht, „eine Vorzensur über Veröffentlichungen eines anderen Verlags auszuüben". Es ist in der Tat ein sehr eigenartiges Verhältnis zur Pressefreiheit, das der Verleger und Rechtsanwalt Dr. Gerd Bucerius hier offenbart, und Augstein fragt Bucerius auch einigermaßen verblüfft: „Warum schlagen Sie so wild um sich?" Natürlich fällt es dem *Spiegel* nicht schwer, sich in der mündlichen Verhandlung zu behaupten: Der *Zeit*-Verlag muss seinen Antrag zurückziehen und sämtliche Verfahrenskosten übernehmen.

Doch Augsteins kühne Träume von einer zweiten journalistischen Chance zerschlagen sich, als das Hanseatische Oberlandesgericht März 1957 per Schiedsspruch den gesamten *Zeit*-Verlag Dr. Gerd Bucerius mit der Begründung zuspricht, er habe das Unternehmen „unter Einsatz seines persönlichen Vermögens und seiner Fähigkeiten in Zeiten der Not" am Leben erhalten. Allerdings wird ihm auferlegt, die ausscheidenden Gegner Tüngel und Schmidt di Simoni mit jeweils einer Million Mark auszuzahlen. Nach dem Tag des Schiedsspruchs, behauptet Hans Dieter Jaene, trug Augstein „eine Hand im Verband": Er hatte sich verletzt, „als er voller Wut mit einem Brieföffner in einen Polstersessel stechen wollte". In seinem Nachruf auf den „Hanseat, Freund, Feind" wird Augstein 1995 selbstkritisch anmerken, sein Versuch, Bucerius damals aus dessen Lebenswerk, eben der *Zeit* „rauszubringen", sei zwar legal, aber „nicht legitim" gewesen.

Nach einem freundlich-friedlichen Zwischenspiel, in dem beide Seiten sogar eine enge Zusammenarbeit vereinbaren, wird die Fehde Augstein-Bucerius 1961 erneut aufleben, ja so erbittert ausgetragen werden, dass juristisch die Fetzen fliegen und Ralf Dahrendorf in seiner Bucerius-Biographie sogar von einem „Kampf bis aufs Messer" spricht. Bis dahin allerdings gibt sich Augstein gleich zweimal der Hoffnung hin, er könne sich den alten Traum von einem neuen Blatt, von dem er seinem Freund Michael Thomas 1950 einst über der Grotta Byron schwärmte, doch noch erfüllen.

Ende Oktober 1955, so Hans-Peter Schwarz in seiner Adenauer-Biographie, legt Staatssekretär Hans Globke seinem Kanzler eine Meldung vor, nach der sich FDP-Chef Thomas Dehler und Rudolf Augstein einig geworden sind, eine große liberale Wochenzeitung mit Richard Tüngel als Chefredakteur und dem Adenauerkritiker Paul Sethe als politischem Kommentator im *Spiegel*-Verlag herauszubringen. Die nordrhein-westfälischen FDP-Politiker Rubin, Achenbach und der frühere NS-Botschafter Rahn hätten für das Projekt zwei Millionen Mark an Industriespenden gesammelt und mit Augstein Kontakte geknüpft, „um so ‚eine schärfere Kampfstellung gegen Adenauer' zu erreichen". Die Meldung ist halb richtig, halb falsch, denn sie beruht auf Gerüchten, die in der Branche schwirren und Augsteins Griff nach der *Zeit* mit Plänen der nordrhein-westfälischen FDP durcheinander bringen, eine große liberale Tageszeitung aus der Taufe zu heben. Wahr ist allerdings, dass ein Kreis liberaler Politiker um Willi Weyer, Walter Scheel, Wolfgang Rubin und Ernst Achenbach in Düsseldorf 1955 an die Gründung einer liberalen Tages- oder Wochenzeitung denkt und dafür bei der Industrie Spenden sammeln will. Initiator dieser Idee ist FDP-Landesgeschäftsführer Wolfgang Döring, ein guter Freund Rudolf Augsteins.

Dass sich der *Spiegel*-Herausgeber den so genannten Düsseldorfer „Jungtürken" verbunden fühlt, hat viel mit deren Kritik an Adenauers Deutschlandpolitik zu tun, aber auch mit deren Bemühen, die einseitige und starre Bindung der FDP an die CDU zugunsten einer Flexibilität zu lockern, die der Partei mehr Spielraum verschaffen, im Zweifel sogar einen Wechsel des Koalitionspartners und eine Ehe mit der SPD erlauben soll. All das kommt den Vorstellungen Augsteins entgegen, der in seinen Kolumnen der FDP immer wieder koalitionspolitische Offenheit empfiehlt. Was liegt da näher, als dass sich Döring und Freunde bei ihren Plänen mit Augstein kurzschließen?

Der *Spiegel*-Chef sondiert, wie sein Magazin 1969 rückblickend schreibt, „im Zusammenhang mit einer an der Ausbreitung liberaler Vorstellungen interessierten Düsseldorfer Gruppe" – im Klartext: der FDP um Döring und Weyer –, ob „Journalisten durchschlagenden Kalibers" für eine Wochenzeitungsgründung zu haben wären. Wolfram Dorn behauptet in seiner Döring-Biographie, ein Grundstück sei bereits gekauft und Paul Sethe, dem die Wiedervereinigung oberstes Gebot aller Bonner Politik ist, vertraglich für die Chefredaktion verpflichtet gewesen, als das Projekt in letzter Minute scheitert, weil sich die Auseinandersetzungen zwischen Thomas Dehler und Konrad Adenauer über die Deutschlandpolitik in der Bonner Koalition zuspitzen. Bitter müssen die Düsseldorfer FDP-Rebellen erfahren, dass die Schlot-Barone an Rhein und Ruhr Spenden im großen Stil nur für eine Partei locker machen wollen, die sich fest zum Bürgerblock bekennt – genau das aber haben Döring und Weyer eben nicht im Sinn. Wegen Adenauers Plänen für ein „Grabenwahlrecht" stürzen sie den CDU-Ministerpräsidenten Karl Arnold, gehen eine Koalition mit den Sozialdemokraten ein und empfehlen ihr Düsseldorfer Modell gar für Bonn nach den Bundestagswahlen von 1957.

Knüpft Augstein an diese alten FDP-Zeitungspläne an, als er 1959/60 die Herausgabe der *Deutschen Allgemeinen Zeitung*

(DAZ) vorbereitet und ebenfalls Paul Sethe für sein Projekt gewinnt? Die Idee zur Wiederbelebung eines durch und durch bürgerlichen, liberal-konservativen, von Augstein wegen seiner „nationalen Gradlinigkeit" besonders geachteten Blattes, das Fürst Bismarck einst von Friedrichsruh aus benutzt hatte, um das persönliche Regiment von Wilhelm II. in der Außenpolitik zu attackieren, wird in einer Silvesternacht 1959 am Esstisch im Ferienhaus von Augstein-Freund Henri Regnier, des NDR-Unterhaltungschefs, auf der dänischen Insel Fanø geboren. Dort fragt Gert von Paczensky, der außenpolitische Ressortchef von Springers *Welt*, was Augstein denn mit dem kürzlich erworbenen Titel „Deutsche Allgemeine Zeitung" vorhabe. Es dauert nicht lange, und beide sitzen vor einigen großen Bögen Papier und entwerfen eine Wochenzeitschrift, weil an eine Tageszeitung schon aus Kostengründen nicht zu denken ist. Die einschlägigen Silvestergetränke, meint Paczensky, hätten beider Phantasie und Schwung erheblich angekurbelt.

Er signalisiert Augstein, dass bei der *Welt* nicht nur er mit der Politik seines „Großverlegers" und dessen Chefredakteur, Hans Zehrer, unzufrieden ist. Seit Springer bei seinem Moskau-Besuch im Januar 1958 Chruschtschow zur deutschen Wiedervereinigung bekehren wollte und ein knallhartes Nein zu hören bekam, verwandelte sich der Anwalt einer Entspannungspolitik in einen kalten Krieger, der seinen Chefredakteuren befiehlt, aus allen Rohren gegen den Osten, vor allem gegen die DDR und gegen Ulbricht zu feuern – eine Kehrtwende, die auch Paul Sethe so nicht mitvollziehen will. Wegen seiner Adenauer-kritischen Kommentare hatte er die *Frankfurter Allgemeine* verlassen müssen und war Politik-Chef der *Welt* geworden, die sich als liberale Zeitung „für Kontakte mit dem Osten einsetzte", so Paczensky, und „die Chancen einer Wiedervereinigung zu fördern gedachte". Nach seinem Damaskus-Erlebnis an der Moskwa bombardiert der Verleger, der bis dahin seinen Zeitungen viel Spielraum gewährt hat, die *Welt*-Redaktion mit persönlichen Anmerkungen zu Passagen oder Kommentaren, die ihm missfallen haben. Das geht so weit, dass der ihm befreundete Chefredakteur Hans Zehrer, der in einem Leitartikel den Rapackiplan und damit eine atomwaffenfreie Zone in Mitteleuropa gutgeheißen hatte, kurz nach der Veröffentlichung einen zweiten Leitartikel entgegengesetzter Tendenz bringen muss. Springers immer direktere Einmischung in die Redaktionsarbeit und die zunehmende Hörigkeit von Zehrer führen zu nicht enden wollenden Diskussionen, schließlich zu offenem Streit.

Kein Wunder also, dass neben Gert von Paczensky und Paul Sethe auch andere Redakteure, etwa Joachim Besser, der internationale Chefreporter des Blattes, Sportredakteur Horst Peets und Gösta von Uexküll die *Welt* verlassen wollen, kaum dass sie von Augsteins Plänen für die Herausgabe der *DAZ* erfahren. So ergibt sich eine selten günstige Konstellation sowohl für den Gründungsverleger wie für die potentiell Abtrünnigen von der *Welt*: Augstein hätte ohne lange Suche den Kern einer Redaktionsmannschaft aus seriösen Journalisten mit Namen beisammen, was den Start seiner *DAZ* nur erleichtern könnte; und die unzufriedenen *Welt*-Redakteure wüssten sich bei einem Verleger gut aufgehoben, der an ihrer politischen Linie keinen Anstoß nimmt, da er viele ihrer Ansichten gutheißt oder selbst vertritt.

Doch auch hier liegt der Teufel im Detail. Am 10. Februar 1960 schließt Paczensky einen Vertrag mit Augstein, der ihn „mit der Vorbereitung einer wöchentlich erscheinenden Zeitung" beauftragt und ihm zusichert, er werde „Mitglied der die Redaktion leitenden Körperschaft" sein. Die Formulierung deutet auf eine kollektive Chefredaktion hin, die offenbar in Gesprächen mit den potentiell Abtrünnigen von der *Welt* vereinbart war; nicht nur an ihr sollen sich bald Auseinandersetzungen zwischen Paczensky und Augstein entzünden.

Wie ernst es Rudolf Augstein mit diesem neuen Projekt ist, zeigt die Tatsache, dass er den kleinen Vorbereitungsstab um

Paczensky ins Pressehaus holt und ihm Zimmer bei der *Star-Revue* zur Verfügung stellt, jenem Objekt, das er damals praktisch schon abgeschrieben hat. Mit Hilfe des Chef-Layouters der *Sunday Times* in London wird das Gesicht entworfen, mit dem die 24-seitige Wochenschrift auf den Markt kommen soll, und zusätzlich zu dem Kreis um Sethe von der *Welt* werden renommierte Journalisten aus guten Stellungen abgeworben. So schreibt Augstein an Paczensky im Mai 1960, „Herr Hermann Schreiber von der Stuttgarter Zeitung" sei ihm und Paul Sethe „angenehmst aufgefallen", und er würde empfehlen, „ihn vom Fleck weg zu engagieren bzw. ihn zu einem Besuch in Hamburg zu überreden". Hans Schwab-Felisch, Feuilleton-Redakteur, und Joachim Schwelien, Pariser Korrespondent, beide bei der *Frankfurter Allgemeinen* beschäftigt, sind bereits für das Projekt gewonnen, dazu stoßen soll auch Wilhelm Süskind von der *Süddeutschen Zeitung*. Als Herausgeber, so ist dem Briefwechsel zwischen Augstein und Sethe zu entnehmen, werden außer ihnen beiden auch Hermann Proebst von der *Süddeutschen Zeitung* und Ernst Friedländer in Erwägung gezogen.

Das neue Blatt soll zwar im *Spiegel*-Verlag erscheinen, doch sich deutlich vom *Spiegel* absetzen, der nach Meinung der angeworbenen Redaktionsmannschaft mit seiner saloppen Sprache und seinen „eher kessen als zuverlässigen Berichten" (Paczensky) „in nichts ein Vorbild" ist – ausgenommen die Kommentare von Rudolf Augstein, der vollen Respekt genießt. Soweit, scheint es, sind sich Sethe, Paczensky und Rudolf Augstein völlig einig. Nur: Streben die neugeworbenen Redakteure eine utopische Idealverfassung an, wenn sie zwar Augstein als Verleger und Herausgeber akzeptieren wollen, zugleich aber auf der „Entschlussfreiheit" des Redaktionskollegiums als einer „unabhängigen Gemeinschaft" bestehen, wie es Paul Sethe einmal in einem Sitzungsprotokoll formuliert? Liegt hier der Kern zu folgenschweren Missverständnissen? Wer bedenkt, wie sehr Rudolf Augstein seit Jahren darauf brennt, eine seriöse Zeitung

oder Zeitschrift herauszugeben, kann schwerlich davon ausgehen, er werde jetzt, da sein Wunsch sich endlich zu erfüllen
scheint, sich auf die neutrale Rolle des Verlegers beschränken, die Journalisten seines Prestige-Objektes *DAZ* völlig frei
schalten und walten lassen und darauf verzichten, selbst mitzu-
mischen oder den Kurs des neuen Blattes zu beeinflussen.

Als Augstein verlangt, sein Pollux Hans Detlev Becker müsse
als Mitglied der Geschäftsführung jederzeit Zutritt zu den Sitzungen des *DAZ*-Gremiums haben, gilt dies der neuen Mannschaft schon als böses Omen für die anfangs versprochene
Unabhängigkeit. Und als Augstein seinem *DAZ*-Beauftragten
Paczensky mitteilt, er mache sich Sorgen, wie eine kollegiale
Chefredaktion arbeiten solle, in der dieser seinem „manchmal
nicht sehr sachlichen Temperament die Zügel schießen" lasse,
stehen die Zeichen auf Sturm. Augstein sieht plötzlich „nicht
genügend Gewähr" für einen gelungenen Start und bedingt
sich – wider alle ursprünglichen Vereinbarungen – das Recht
aus, in den ersten 15 Monaten nach Erscheinen des neuen Blattes selbst der Chefredakteur zu sein: „Wir brauchen eine eindeutige Verantwortlichkeit, und ich bin derjenige, der noch immer
am ehesten geeignet ist, sie auszuüben", lässt er Paczensky wissen. „Ich habe Erfahrung in der Leitung einer Redaktion und
in der Führung eines wöchentlich erscheinenden Blattes, und
letzten Endes kann mir die Verantwortung gegenüber der *Spiegel*-Redaktion niemand abnehmen." In der Tat fürchten leitende *Spiegel*-Redakteure, Augstein werde die *DAZ*-Gründung
nicht nur auf Kosten der Jahres-Tantiemen betreiben, die an
langjährige Mitarbeiter inzwischen fließen, sondern mit dem
neuen Engagement auch das finanzielle Fundament des *Spiegel*
gefährden.

Wenn auch dieser Augstein'sche Ausbruchsversuch aus der
ihm lästig gewordenen *Spiegel*-Routine scheitert, dann gewiss
nicht an solchen Querelen. Aber sie hätten den Start der neuen
Zeitschrift erheblich belastet, und deshalb fällt Augstein der

Abschied von diesem Projekt vielleicht nicht gar so schwer. Wichtiger ist der Streit um den Titel, der sich als schwer zu nehmende Hürde auftut, weil Springer ebenfalls Ansprüche erhebt und ein Kölner Verlag sich durch die Herausgabe der *DAZ* beeinträchtigt fühlt. Zwar reicht sich Augstein, trotz zweier Gerichtsverfahren, schließlich mit Springer „über die Sappen der Juristen, Referenten und Aktenfuchser hinweg" die Hand, und Springer verzichtet auf den Titel, den ursprünglich seine *Welt* als Untertitel hatte führen sollen. Ernster ist da schon der Einspruch des Schwab-Verlags in Köln, der behauptet, der Titel *Deutsche Allgemeine Zeitung* gefährde wegen Verwechslungsgefahr die Schutzrechte der von ihm herausgegeben *Deutschen Zeitung,* und mit dieser Meinung vor Gericht obsiegt.

Der Frage, ob er dies anfechten oder sich einen neuen Titel für sein Projekt suchen will, wird Augstein indes enthoben, weil sein Partner, der kühl kalkulierende John Jahr, die *DAZ* als verlegerisches Abenteuer wertet, das auf Jahre hinaus erhebliche Zuschüsse erfordern würde. Der *Spiegel* wirft inzwischen stattliche Gewinne ab, die er für das neue Projekt nicht verheizt sehen will, zumal er anzeigenträchtigere Zeitschriften als eine neue Wochenzeitung plant und überlegt, sich im privaten Fernsehen zu engagieren, über das damals erstmals diskutiert wird. So entschließt er sich, Kasse zu machen und seinen Fünfzig-Prozent-Anteil gegen zehn Millionen Mark abzustoßen. Weil Augstein, der vertraglich das Vorkaufsrecht besitzt, diese Summe nicht aufbringen kann, gehen Jahrs Anteile, freilich mit Zustimmung Augsteins, an den Drucker Richard Gruner und an *Zeit*-Verleger Gerd Bucerius. Im Gegenzug zum Eintritt des *Zeit*-Verlegers in den *Spiegel* findet sich Bucerius schließlich dazu bereit, dem *Spiegel*-Herausgeber eine fünfzigprozentige Beteiligung an der *Zeit* einzuräumen.

Anfangs spricht alles dafür, dass die versprochene Verlagsehe mit Bucerius der Verwirklichung eines Traums von Rudolf Augsteins gleichkäme: einen Konzern zu gründen, der es zwar mit dem ungleich erfolgreicheren Springer nicht an Größe, wohl aber – mit der kombinierten Meinungsmacht von *Spiegel*, *Stern* und *Zeit* – an politischem Einfluss aufnehmen könnte. „Persönlich und quantitativ" repräsentierten sie „ein Verlagspotential, das sich sehen lassen" könne, argumentiert Augstein, als er Bucerius, Gruner und Jahr für die Idee eines Anti-Springer-Konzerns zu gewinnen versucht: „Wir sind verrückt, wenn wir nicht alles tun, um den Konzern auf die Beine zu bringen." Zwar zeigt Jahr, der Konflikte mit Springer scheut, kein Interesse, auch sieht Bucerius das Zusammengehen mit Augstein weniger von politischen als kaufmännischen Interessen bestimmt. Angesichts der allgemeinen Konzentration auf dem Zeitungs- und Zeitschriftenmarkt macht er sich ernste Sorgen über die schwächer werdende Marktposition von *Zeit* und *Stern* und hält die Kombination *Spiegel/Stern/Zeit* für richtig und nötig, weil sie allen Partnern ein stärkeres Gewicht geben und den Vertrieb erleichtern würde.

Voll begeistert zeigt sich dagegen Richard Gruner, der Anteile am Nannen-Verlag hält und meint, sie hätten „Tinte gesoffen", wenn sie den Konzern nicht gründen würden. Dem Arrangement, das Augstein den Eintritt in die *Zeit* im Gegenzug zu der Beteiligung von Bucerius am *Spiegel* erlaubt, entspricht der Verzicht beider, mit Konkurrenzprodukten gegeneinander anzutreten: Bucerius hatte noch 1959 die Vorbereitungen für ein Nachrichtenmagazin getroffen, dessen Konzept *Stern*-Kolumnist William S. Schlamm, ein alter *Time*-Mann, entwarf, das *Moment* heißen und den Untertitel *Das Nachrichtenmagazin* führen sollte. Die Nullnummer, am 29. September 1959 gedruckt, zierte ein Titelbild Mao Tse-Tungs, den dazugehörenden Text lieferte Theo Sommer, der allerdings nicht daran glaubte, dass Bucerius das Projekt hätte „wuppen" können und, wie die meisten Redakteure der *Zeit*, froh war, dass der unsinnige Wettlauf abgebrochen wurde. Augstein verzichtet auf seine *DAZ* oder eine entsprechende Wochenzeitung mit anderem Titel, Verluste bei der *Zeit* und Schulden, die im Zuge der Vorarbeiten für die *DAZ* entstanden sind, so sehen es die Bendestorfer Verträge vom 15. August 1960 vor, soll der neue Konzern übernehmen.

Und doch verhält sich, obschon damit alles geklärt scheint, Bucerius von Anfang an ambivalent: Einerseits ist er froh, dass Augstein die *Zeit* „aus dem leidigen Defizit" herausholen will, an dem sie seit Jahren leidet, andererseits befürchtet er, sein liebstes Kind werde zu sehr unter den Einfluss des künftigen Partners geraten, zumal der *Spiegel*-Chef eine „gemeinsame Herausgabe" des Blattes wünscht. So versucht er, seinem Pari-Kompagnon Augstein vorsorglich Grenzen zu ziehen: Die *Zeit*, schreibt er an Augstein, bleibe sein, der *Spiegel* dessen Lebenswerk, jeder der beiden Vertragspartner müsse deshalb das letzte Wort in seinem Blatt haben, auch wenn beide sich freimütig über die Zeitung des anderen äußern könnten und sollten: „In der *Zeit* also bin ich der ‚Erste Mann', der bei Meinungsverschiedenheiten allein entscheidet, und Sie der ‚Zweite Mann', der sich loyal unterordnet. Im *Spiegel* ist es umgekehrt: Sie sind der ‚Erste', ich bin der ‚Zweite'. Seien Sie dabei meiner unbedingten Loyalität versichert." Was er vorschlägt, ist ungewöhnlich unter Partnern, die doch eng zusammenarbeiten wollen. Erwartet Bucerius, der diesen Brief an Augstein als Annex zu den Verträgen einbringt, von dem künftigen *Zeit*-Partner, er werde sich wie ein stiller Gesellschafter verhalten, obschon ihm doch die Hälfte des ganzen Ladens gehört? Zu Recht macht Ralf Dahrendorf hier erste Spuren eines Dissenses aus, der schließlich dazu führt, dass die einander versprochene Verleger-Ehe nie vollzogen wird.

Schon seiner ganzen Natur nach ist es Augsteins Sache nicht, sich dem künftigen Partner unterzuordnen, was er in seiner Antwort auf Bucerius' problematischen Abgrenzungsversuch auch keineswegs verhehlt: Wenn dessen Zeilen besagen sollten, dass die *Zeit* nur nach Bucerius' Vorstellungen zu gestalten sei, könne er dem nicht zustimmen, vielmehr müssten der „überwiegend politisch-humanitäre" Geist von Bucerius mit seinem, Augsteins „überwiegend redaktionellen" Geist schon eine Symbiose eingehen, wenn sie ihr Ziel erreichen wollten: dass die *Zeit* „an der Spitze aller Wochenblätter voranschreiten würde". Auch Bucerius' Scheidung à la Lebensarbeit findet er unzumutbar: Ob dieser den *Spiegel* als Teil seiner Lebensarbeit betrachten wolle, sei in der Tat fraglich, doch letztlich die Sache von Bucerius; er dagegen werde seine Mühe um die *Zeit* „von vornherein als ein Stück [seiner] ‚Lebensarbeit' betrachten".

Wird Bucerius Angst und Bange angesichts der Entschlossenheit, mit der Augstein ein volles Mitspracherecht bei der *Zeit* ansteuert, zumal er ihn mit Vorschlägen geradezu bombardiert? So denkt er an eine kollegiale Leitung des Blattes, der neben Gräfin Dönhoff und dem gegenwärtigen Chefredakteur Müller-Marein auch Paul Sethe und Gert von Paczensky angehören sollen, die er für seine *DAZ* angeworben hatte und die er, Abfindungen sparend, nun unterbringen möchte; Bucerius und sich selbst schlägt er als „assoziierte Mitglieder" dieses leitenden Gremiums vor. Etwas hochtrabend kündigt er an, er werde schon vorexerzieren, „wie man die *Zeit* mit seriösem Journalismus hochbringen" könne, auch sieht er Position und Einfluss der beiden „Partner" beim Blatt des jeweils anderen völlig anders. Bucerius' Rolle gegenüber dem *Spiegel* definiert er als die eines „älteren Ratgebers", der weder die Zeit noch vermutlich den Willen habe, „bestimmte Auffassungen im SPIEGEL in zäher Kleinarbeit gegenüber der Redaktion und mir durchzusetzen". Er dagegen müsse seine Vorstellungen „sachte und zäh" an die Redaktion der *Zeit* und an Bucerius herantragen.

Der sich in diesen Briefen andeutende Konflikt bricht in aller Schärfe auf, als ein mit Grippe daniederliegender Bucerius Muße hat, das Blatt des anderen gründlich zu studieren, und Anstoß nimmt an Häme und herabsetzenden Adjektiven des klassischen *Spiegel*-Jargons. Dass Augsteins Magazin nur Spott übrig hat für eine englische Sonderausgabe der *Berli-*

ner Illustrierten, mit der sich Axel Springer Anfang 1961, im Jahr des Mauerbaus also, an die Amerikaner wendet, um auf die bedrohliche Lage in Berlin aufmerksam zu machen, will ihm nicht schmecken: „Dass da einer eine halbe Million für eine öffentliche Sache ausgibt, attackiert nur ein ‚Selbstmörder‘ (auch wenn man andere Meinung ist)." Die Formulierung „Axel Cäsar Springer aus Altona" gefällt ihm zwar, er findet sie sogar „herrlich!", und doch sieht er „zu Unrecht Schande" auf Springers Haupt „gehäuft". Krupps Bevollmächtigten Berthold Beitz, den, so der *Spiegel*, „nach seiner – hohen – Meinung von sich selbst" die „Attitüde des Rastlosen" kleidet, nimmt er gegen derlei *médisance* in Schutz: Er habe ihn nie selbstgefällig gesehen, der „Glanz der Formulierungen" rechtfertige keinesfalls „die Wunde, die dem Mitmenschen zugefügt wird".

„Bitte seien Sie nicht allzuoft krank", merkt Augstein in seinem Antwortbrief launig an, „damit Sie nicht allzu oft Gelegenheit nehmen, den *Spiegel* so ausführlich zu lesen." In der Sache allerdings sucht er Bucerius' Einwände zu entkräften: Zwar möge er Springer persönlich sehr und halte ihn für den „tüchtigsten Geschäftsmann der Bundesrepublik", aber politisch sei dieser nun einmal eine „fatale Erscheinung". Dass er eine Million für öffentliche Zwecke ausgebe, beeindrucke ihn nicht im mindesten, denn er habe „nicht genug Keller, um das Geld zu scheffeln, was wir ihm gönnen wollen …" Und wenn Bucerius den Kruppbevollmächtigten Beitz nicht für selbstgefällig halte, kenne er ihn offenbar nicht genug.

Es ist nicht dieses Beharren Augsteins, das Bucerius aufbringt, es ist die Art, wie der *Spiegel*-Chef in diesen 14 Tagen, in denen die Briefe zwischen den beiden hin- und herfliegen, seine Rolle gegenüber dem eigenen Blatt definiert. Denn Augstein gibt sich ein wenig wie ein Zauberlehrling, der seiner Kreation nicht mehr Herr werden kann: „Ich bin der Gefangene meines Systems, das mich zwingt, das Handwerk über die Politik zu stellen", erklärt er Bucerius, bittet ihn ironisch, ja scherzhaft,

vor den „Abgründen, die sich hier vor Ihnen auftun", nicht zu
erschrecken, und spielt seinen Einfluss als Herausgeber bewusst
herunter: „Meine Meinung schreibe ich in namentlich gezeichneten Artikeln. Wollte ich anfangen, den Redakteuren meine
Meinung aufzuoktroyieren, so müsste ich einpacken."

Claus Koch wird diese Arbeitsteilung auf die Formel bringen,
der *Spiegel* leiste sich seinen Herausgeber als kritisches Dekor –
wobei der Herausgeber zur Hälfte aus *Spiegel* bestehe „und zur
Hälfte aus sich selbst". Der *Spiegel* sei nun einmal „schillernd
und zwiespältig", räumt Augstein ein, doch dies zu ändern sei er
nicht der Mann. Bucerius hält ihm daraufhin entgegen, so dürfe
selbst ein Stümper nicht Zeitung machen – am allerwenigsten
einer „unserer besten Journalisten", der die Haltung der Nation
beeinflusse. Weil der *Spiegel* Meinung mache – „hundertfach
schallt uns in Diskussionen die vom *Spiegel* geprägte Meinung
entgegen" –, verlange dieser Einfluss nicht Handwerk, sondern
Verantwortung, aus der er seinen „Dear Partner" nicht entlassen könne. Und dann stellt er die für ihn wohl entscheidende
Frage: Wie könne Augstein „mit Abgründen am *Spiegel* und
ohne Abgründe an der *Zeit* arbeiten?" Der Geruch von Trennung liegt in der Luft, meint Claus Jacobi, der erstmals Auszüge
aus diesem Briefwechsel, wie er zwischen deutschen Verlegern
„heute kaum noch vorstellbar" sei, 1991 veröffentlicht.

Hat Bucerius Enzensberger nicht rechtzeitig gelesen, der von
der *Spiegel*-Technik schrieb, allzu offensichtlich spekuliere sie
„auf die Neugier des Schlüsselloch-Guckers", allzu penetrant
mache sie „Neid, üble Nachrede und Schadenfreude zu ihren
Verbündeten"? Wenn die Redaktion den offenen Rufmord ausschließe, so Enzensberger 1957 in seinem Verriss der Sprache
des *Spiegel*, tue sie es wohl nur, um juristische Folgen auszuschließen. Übrigens bezeichnet er den *Spiegel* als unentbehrlich,
jedenfalls solange es in der Bundesrepublik kein kritisches Organ
gebe, das ihn ersetzen könne. Aber er sagt zugleich: „Dass wir
ein Magazin vom Schlage des *Spiegel* nötig haben, spricht nicht

für das Blatt, das die Masche zu seiner Moral gemacht hat; es spricht gegen unsere Presse im Ganzen, gegen den Zustand der Gesellschaft überhaupt: Es spricht, mit einem Wort, gegen uns."

Der schriftliche Schlagabtausch, in dem sich die Positionen von Bucerius und von Augstein ständig verhärten, macht die unterschiedliche Haltung von Verleger bzw. Herausgeber zu ihren Redaktionen deutlich und schließt mit der abrupten Absage von Bucerius: „So *kann* ich einfach nicht." „Wozu", fragt er Augstein, „soll ich überhaupt noch den *Spiegel* lesen und darüber mit Ihnen diskutieren, wenn ich erfahre, dass jeder ‚Fehler' (in Politik und Meinung) damit beantwortet wird, das sei eben ‚Handwerk'?" Durch ihren Briefwechsel sei ihm die „sicher bedeutsame Form" des *Spiegel*-Journalismus „ganz fremd geworden". Auch er sei nicht immer mit der Politik von Marion Gräfin Dönhoff bei der *Zeit* einverstanden – aber die Maßstäbe zwischen ihm und ihr stimmten wenigstens insofern, als beide das „Schillernde" und „Zwiespältige" klarstellen und nicht pflegen wollten: „Die Welt soll (nach unseren bescheidenen Kräften) klarer und eindeutiger werden." Augstein revanchiert sich, indem er auf publizistische Sünden des *Stern*, verweist, der im Nannen-Verlag erscheint, an dem Bucerius ja die Mehrheit hält. Wie, fragt er zurück, bewältige Bucerius eigentlich „die Aufspaltung in verantwortungsloser *Stern*-Verleger und verantwortungsvoller *Zeit*-Verleger"? Werfe er beides in einen Topf, dann vermöge er vielleicht zu ahnen, „welchen Problemen wir im *Spiegel* gegenüberstehen".

Erhellend an diesem Briefwechsel ist vor allem Augsteins Distanz gegenüber der eigenen Schöpfung, dem *Spiegel,* mit dessen Zwang zum „Story-Journalismus", die seinen Wunsch nach einem zweiten, „seriösen" Bein verständlich werden lässt: „Wäre ich ein junger Mann von 23 Jahren", erklärt er Bucerius, „würde ich, sofern ich Journalist werden wollte, schwerlich zum *Spiegel* gehen, sondern viel eher zur *Zeit*". Solange er im *Spiegel* sei, bleibe er „an die Magazintechnik geschmiedet wie Prometheus

323

an den Kaukasus". Er spricht von seinen Sisyphosbestrebungen, den *Spiegel* zu zivilisieren, und den Vorteilen, aber auch den großen Gefahren, welche die Magazintechnik mit sich bringe: Einerseits erlaube sie, anspruchsvolle Informationen an Leute heranzutragen, denen früher nicht im Traum eingefallen wäre, sie zur Kenntnis zu nehmen – andererseits seien die Fehlerquellen enorm, "Takt, Geschmack, innere Wahrheit" würden von seinem Nachrichtenmagazin "häufiger verletzt als von der Tages- oder Wochenzeitung". So gebe es im ganzen deutschen Zeitungsgewerbe keinen seelisch strapaziöseren Posten als den des *Spiegel*-Chefredakteurs, Grund genug für ihn, "diesen Posten so sehr gern einem Geeigneteren" abzutreten. Andererseits: Die ständigen Gefahren seien auch "eine ständige Aufforderung, ihnen nicht zu erliegen", und dies sei "der Reiz" seiner Stellung. Deutlich arbeitet er den Unterschied zwischen einem analysierenden Meinungsblatt und seinem Magazin heraus: Der *Spiegel* müsse angriffiger, respektloser, pfiffiger und hintersinniger sein. Konkret bedeute das: einen druckbaren Magazinartikel in Händen zu halten sei dienlicher als eine lesenswerte politische Meinung, und er selbst fühle sich unter seinen Redakteuren "insofern als Fremdkörper", als es ihn dränge, seiner politischen Meinung in Artikeln Ausdruck zu geben.

Selbst wenn man den ironischen Unterton in Augsteins Antworten in Rechnung stellt, kann es doch keinen Zweifel geben, dass aus diesem Briefwechsel seine Distanz zur eigenen Schöpfung *Spiegel* und seines personalisierten Story-Journalismus überdeutlich wird. Es sind Zweifel, die ihn nie ganz verlassen werden, auch wenn es ihm im Laufe der Zeit gelingt, neben den Kommentaren weitere Korsettstangen der Seriosität einzuziehen: Etwa die langen *Spiegel*-Gespräche, "geklaut aus *U.S. News & World Report*", wie Augstein in einem *Playboy*-Interview bekennt. Zwar monieren Kritiker, mit ihrer inquisitorischen Fragetechnik spielten sich die *Spiegel*-Redakteure oft wie Staatsanwälte auf, aber da keines dieser Gespräche veröffentlicht wird, ohne dass die Partner – Politiker, namhafte Künstler oder Wissenschaftler – zuvor ihr Einverständnis gegeben hätten, bietet diese Form des Interviews stets authentische Information. Sozialreportagen leuchten in die letzten ärmlichen Winkel der Wohlstandsrepublik, und ab Anfang der siebziger Jahre werden für die neue Form des *Spiegel*-Essays auch Autoren von Rang und Namen verpflichtet. Die Gerichtsreportagen von Gerhard Mauz machen Furore, und die Namensbeiträge der *Spiegel*-Reporter Peter Brügge, Hermann Schreiber, später Jürgen Leinemann lockern die Anonymität des Blatts.

Doch Augsteins innere Skrupel bleiben, auch und gerade, weil er um die Wirksamkeit des *Spiegel*-Journalismus weiß. Es gebe gewiss wichtigere Lebensprobleme, schreibt er Anfang September 1978 dem Bundeskanzler Helmut Schmidt, „aber mein Lebensproblem ist die Anonymität vieler im *Spiegel* erscheinender Artikel. Mit diesem Prinzip und nur mit ihm ist der *Spiegel* geworden, wozu er lange Jahre gut war, zu einem Kampfinstrument erster Ordnung. Schließlich haben wir die FDP von der CDU eher abgekoppelt, als das ohne uns möglich gewesen wäre, haben so geholfen, auf dem Umweg über die große Koalition einen SPD-Bundeskanzler zu installieren." Doch so stolz er darauf ist, offenbart er doch Zweifel an den Methoden, mit denen dies erreicht wurde, wenn er Schmidt versichert: „Glauben Sie ja nicht, dergleichen hätte sich nach dem Muster der Kollegen von der *Süddeutschen Zeitung* oder von der *Zeit* bewerkstelligen lassen Das sind piekfeine Leute, und piekfein sind wir nicht. Aber ich denke, auch Sie legen keinen Wert darauf, nur piekfein zu sein …"

Im Schlagabtausch mit Bucerius gibt sich Augstein ironischer, offener, auch zynischer, will jedoch dieses offene Benennen dessen, was ist, auch als moralische Qualität verstanden wissen. Bucerius müsse ihm abnehmen, dass er bei allem, was er tue, nicht nur etwas für den *Spiegel* Gutes, sondern auch „für die Allgemeinheit Moralisches" erreichen wolle. Wie im Sport die Regel

gilt: *never change a winning team*, scheint auch Augstein fest entschlossen, an jener Technik nicht zu rütteln, die sein Magazin
hat groß werden lassen und die weitere Auflagensteigerungen
verheißt. Er könne sein Blatt nicht „umstellen", erklärt er Bucerius, denn Gruner und der *Zeit*-Verleger hätten ihm zur Auflage gemacht, den *Spiegel* rentabel zu halten: „Ich kann ihn aber
nicht rentabel halten", so Augstein, „wenn ich ihn auf einen Zeitungstyp, der Ihren vollen Beifall hätte, „umzustellen versuche".

Aber glaubt er wirklich, Bucerius akzeptiere seine Behauptung, er könne weder seine noch „überhaupt eine politische
Meinung im *Spiegel* durchsetzen"? Nicht nur der Kampagnen-
Journalismus des *Spiegel* gegen Franz Josef Strauß, der zur Zeit
dieses Briefwechsels einem neuen Höhepunkt entgegenstrebt,
straft Behauptungen des 37-jährigen Augstein Lügen, seine
eigene politische Meinung sei ohne Einfluss auf die seiner
Redakteure. In seinem Nachruf auf Bucerius – inzwischen ist
Augstein 72 Jahre alt – bekennt er offen, den *Zeit*-Verleger habe
zeitlebens gewurmt, „dass ich, wenn ich wollte, im *Spiegel* alles
durchsetzen konnte, er in der *Zeit* nicht ganz".

Dass Augstein sich in den Bendestorfer Verträgen ein Jahres-
salär von DM 100 000 als Chefredakteur des *Spiegel* hat bewilligen
lassen, zugleich aber behauptet, er als „Schöpfer, Verleger und
Chefredakteur" sei machtlos gegenüber einem Magazin-Apparat,
der sich verselbständigt habe und eigenen Gesetzen folge, will
auch seinem neuen Partner Richard Gruner nicht recht einleuch-
ten. Die Redaktionsgeschäfte des *Spiegel*, so Gruner Ende März
1961 in einem Brief an Augstein, hätten dem Triumvirat Augstein, Bucerius und ihm, Gruner, bei Stichentscheid für Augstein,
gemeinsam obliegen sollen – aber „die vorgesehene gemeinschaftliche Führung dieser Geschäfte" sei nach Augsteins Ausführungen gegenüber Bucerius „a priori illusorisch" geworden.

Wenn Rudolf Augstein in den Verhandlungen über die
geplante Verleger-Ehe nicht immer mit offenen Karten spielt,
gilt dies mehr noch für Gerd Bucerius. Sind all die morali-

schen Appelle an die Verantwortung des *Spiegel*-Verlegers nur Vorwand, zieht der 16 Jahre ältere, als Advokat gefürchtete, mit allen Wassern gewaschene und listige Bucerius einen um vieles naiveren Augstein über den Tisch, als er diesem den Eintritt in die *Zeit* verwehrt? Nüchtern betrachtet, scheint er aus dem Verleger-Scharmützel eindeutig als Sieger hervorzugehen, denn wegen des in Aussicht gestellten Eintritts in die *Zeit* hat Augstein alle Pläne auf die *DAZ* oder eine ähnliche Konkurrenz zur *Zeit* zunächst aufgegeben. Nimmt ein nachtragender, verschlagener Bucerius mit seiner schnöden Absage in Sachen *Zeit* etwa Rache für die Allianz Augsteins mit Tüngel und den Versuch, ihn aus der *Zeit* herauszudrängen?

Schon als Bucerius 1952 vergeblich versucht, gemeinsam mit Pferdmenges – und offenbar im Auftrag der Bundesregierung – Kontrolle über die britische Tageszeitung *Die Welt* zu gewinnen, wird er in einem Bericht an das Foreign Office, den sein Biograph Ralf Dahrendorf zitiert, als „weder eine reputierliche noch eine sehr attraktive Gestalt" geschildert. Hans Detlev Becker kreidet ihm im *Deutschen Allgemeinen Sonntagsblatt* 1977 „Rache und Ärger als leibliches Bedürfnis nach dem ‚Schuß' (Adrenalin)", dazu „satyrhaftes Genießen der eigenen Verschlagenheit" an. Schon seine Mutter, bekennt Bucerius einmal in einem Fernseh-Interview, habe mit seinem „Mangel an Aufrichtigkeit" Kummer gehabt. Da er im Bundestag als CDU-Abgeordneter lange das Büro mit dem Bankier und Kanzlerberater Robert Pferdmenges teilt, ist durchaus denkbar, dass auch Pressionen aus der CDU ihn dazu bewegen, das Geschäft mit Augstein in letzter Minute abzusagen. Kenner von Bucerius, so Paul Sethe in einem vertraulichen Brief an Augstein, bezeichneten diesen ohnehin als „problematische Natur" (sein Gewährsmann in Bonn habe einen anderen Ausdruck gebraucht, den er jedoch „dem Papier nicht anvertrauen" möge), deshalb sei von Anfang klar gewesen, dass er mit ihm Streit bekommen würde. Außerdem stehe Bucerius inzwischen unter „dem moralischen Druck der Regierung und seiner Fraktion", die ihn anklagten, mit Augstein, dem „der CDU Verhaßtesten unter den Bundesrepublikanern", zusammengegangen zu sein. Dies habe der *Zeit*-Verleger, so meint Sethe, wohl zuwenig bedacht und suche nun „der Verfemung zu entgehen, indem er sich gegen Sie (Augstein)" wende.

Für Sethes These spricht, dass Bucerius sich um diese Zeit noch um Frieden mit der eigenen Fraktion bemüht, auch wenn er, der große Adenauer-Bewunderer, den Kanzler nach dessen Spiel mit der Präsidentschaft und nach dem 13. August 1961 zunehmend kritisch betrachtet. Die Affäre um den *Stern*-Artikel „Brennt in der Hölle wirklich ein Feuer?", der zur offenen christkatholischen Rebellion gegen Bucerius in der Fraktion, wegen „Verletzung christlicher Empfindungen" sogar zu einer offiziellen Missbilligung durch den CDU-Bundesvorstand und schließlich zum Austritt des Verlegers aus Partei und Fraktion führen wird, spielt erst gut elf Monate nach Bucerius' Absage an Augsteins Teilhaberschaft an der *Zeit*.

Wie auch immer: Augsteins Pläne haben sich wiederum zerschlagen. Auch fehlen ihm jetzt, ohne Jahr als Partner, aber zum Kauf des 25-Prozent-Anteils entschlossen, den Bucerius nach Aufkündigung der Verträge per Vergleich zu dem um eine Million Mark geminderten Preis abgeben muss, schlicht die Mittel, eine der *Zeit* konkurrierende Wochenschrift zu gründen. Es ist ein Schlag, meint Hans Detlev Becker, von dem er sich nie wieder richtig erholt und der das Verhältnis zu Bucerius auf viele Jahre trübt. Zwar bleibt man bei aller Bitternis auf „kollegialem Fuß", wie Dahrendorf es nennt: Während der *Spiegel*-Krise zeigt sich Bucerius solidarisch, und 1968 unternimmt Augstein schließlich einen erneuten Versuch für eine Fusion ihrer Unternehmen. Es sei unsinnig, schreibt er an Bucerius, „dass wir beide unser Geld nicht zusammenwerfen", um „gemeinsam eine norddeutsche Tageszeitung" oder eine „auch in Berlin verkäufliche" zu gründen.

Ist es ein taktischer Fehler, wenn er Bucerius, der doch stets auf die Sicherung und Unabhängigkeit seines liebsten Kindes, der *Zeit,* bedacht ist, ankündigt, er, der 16 Jahre Jüngere, sei bereit zur Nachfolge, wenn es gelte, seine Wochenzeitung weiterzuführen? Jedenfalls zeigt sich Bucerius abweisend, wie auch seine Haltung maßgeblich dafür ist, dass der *Spiegel* von vornherein ausgeschlossen bleibt, als sich Nannen- und *Zeit*-Verlag (*Stern* und *Zeit*) mit dem Verlag John Jahrs (*Brigitte, Schöner Wohnen, Constanze* und *Petra*) und dem Drucker Richard Gruner 1965 zur „Gruner und Jahr GmbH & Co. KG" zusammentun – zum damals nach Springer zweitgrößten deutschen Zeitschriften-Verlag. Vor allem seinem alten Freund John Jahr macht Augstein deshalb heftige Vorwürfe: Weder sei er von ihm rechtzeitig informiert noch zum Mittun eingeladen worden.

Diesem letzten Versuch zur Zusammenarbeit mit Bucerius geht die Episode von *Heute* voraus, einem zunächst für Berlin gedachten Wochenblatt, das bestenfalls eine sehr bescheidene Version seines Traums von der großen nationalen Wochenzeitung hätte darstellen können. Aus mehreren Gründen scheint Berlin ihm der rechte Platz zu sein, ein neues Objekt zu erproben: Einmal erfordert der begrenzte West-Berliner Markt den Einsatz eines geringeren Startkapitals als auf dem größeren Gebiet der Bundesrepublik, und zweitens wird Berlin von der Springer-Presse beherrscht, so dass eine gute Chance für ein Blatt besteht, das nicht so stocklangweilig daherkommt wie – damals – der bürgerliche *Tagesspiegel* und das eine andere Deutschlandpolitik als die von Springer gutgeheißene vertritt.

Da zwei Berliner Tageszeitungen außerhalb des Springer-Verlags, das eher CDU-nahe Boulevardblatt Berliner *Kurier* und der sozialdemokratische *Telegraf* inzwischen dahinsiechen, ergibt sich für ihn sogar die Chance, eine der beiden entweder ganz oder doch mehrheitlich zu übernehmen. Eine hundertprozentige Übernahme des *Kurier* erfordere, so rechnet er seinem

Partner Richard Gruner vor, sechs Jahre lang monatlich vier Millionen DM Zuschuss – „Einkaufspreis inbegriffen". Er bietet Gruner eine Garantie an, dass in keinem dieser sechs Jahre „mehr als die Hälfte der *Spiegel*-Gewinne für das ‚Kurier'-Projekt aufgewendet" werden. Andererseits wären auch 51 Prozent des *Telegraf* zu bekommen, ohne dass die bei Arno Scholz, der SPD und ihrer Holding „Presse-Konzentration" verbleibenden 49 Prozent, wie Augstein Gruner versichert, über eine Sperrminorität verfügt hätten.

Für die Übernahme des *Telegraf* sucht er auch Herbert Wehner im Februar 1966 zu gewinnen: Selbst wenn es viel Geld und Mühe verschlingen würde, lohne es sich doch, „in Berlin eine Zeitung zu machen, die etwas mehr SPD als Springer ist", und er selbst wäre bereit, „auch ein, zwei Jahre nach Berlin zu gehen". Allerdings will die Berliner SPD um Willy Brandt, entgegen Augsteins Beteuerungen gegenüber Gruner, mit ihrem Anteil doch ein Mitspracherecht behaupten.

In beiden Fällen erfolgt die Probe aufs Exempel nicht, denn Gruner lehnt die Pläne rundweg ab; der Erwerb des *Kurier* dünkt ihn zu kostspielig, und eine Mehrheit am *Telegraf* hält er für geradezu geschäftsschädigend: Jeder werde sagen, Augstein und der SPD-abhängige Scholz machten zusammen in Berlin eine SPD-Zeitung, was der Glaubwürdigkeit des *Spiegel* nur schaden könne. Wenn schließlich auch *Heute* scheitert, jenes anspruchsvolle Wochenblatt, das Augstein „in Berlin und mit Betonung Berlins, aber auch, später überwiegend, für Westdeutschland" herausgeben will, hat das zwar auch, aber keineswegs ausschließlich mit Richard Gruner zu tun. Die junge Crew, die überwiegend aus West-Berlins linker Szene kommt und in einigen freigemachten Räumen des *Telegraf* an den Probenummern bastelt, schafft es weder, ein zeitungstechnisch überzeugendes, noch gar ein politisch-geistiges Konzept zu entwickeln, das nach Augsteins Meinung eine Wochenzeitung tragen könnte.

Die Idee zu *Heute* war Augstein übrigens im März 1966 von einer Arbeitsgruppe des so genannten „Spandauer Kreises" angetragen worden, zu der unter anderen der spätere APO-Anwalt Horst Mahler, Uwe Johnson und Ekkehard Krippendorf gehörten. Dieser Kreis Westberliner Intellektueller, Schriftsteller und Künstler wünscht seit Langem ein neues Wochenblatt für Westberlin, das den Tendenzen der Springerpresse entgegentreten und die im Kalten Krieg erstarrten Fronten auflockern soll. Zwar müht sich die kleine Redaktion des virtuellen Blattes redlich: Unter Leitung von Stefan Reisner, der ursprünglich von *Konkret* kam und sich vergeblich für die Rettung des *Spandauer Volksblattes* engagierte, schreiben Hannes Schwenger, Dieter Just (der dann die erste Dissertation über den *Spiegel* vorlegen wird), Hermann Gremliza und Sabine Hellwag fleißig Artikel, auch stellen sie eine stattliche Liste potentieller Autoren zusammen, die allesamt im linken Lager Rang und Namen haben: Hans Magnus Enzensberger etwa, Alexander Mitscherlich, Carl Amery, Karlheinz Deschner, Reinhard Lettau, Peter Rühmkorf oder Gerhard Szesny, um nur die wichtigsten nennen. Auch die Namen Sebastian Haffner und Arnulf Baring finden sich auf dieser Phantomliste. Aber die meisten der aufgeführten Autoren können bestenfalls als unverbindlich „angefragt" gelten, in den Probenummern jedenfalls sind sie mit Beiträgen nicht vertreten.

Trotz monatelanger Bemühungen gelingt es dem Redaktions-Nukleus nicht, „auch nur einen bescheidenen Fundus druckfähiger Manuskripte" zu beschaffen. So Walter Busse, einst Kulturchef des *Spiegel* und inzwischen Augsteins rechte Hand, in einer ziemlich gnadenlosen Kritik der dritten und letzten Probenummer: Quer durch das ganze Blatt werde alles Politische ausdrücklich als Funktion des Klassenkampfs aufgefasst, und überall artikuliere sich eine „Pro-Ost-Anti-West-Stimmung". Sehr verwunderlich ist das nicht, denn als rechte Hand von Reisner agieren Carl Guggomoos, ein SPD-Linksaußen, der vom *Vorwärts* kommt, und Walter Barthel, die beide SED-nahe Positionen beziehen und später als IM-Konfidenten der Stasi enttarnt werden. Andere Mitarbeiter, Ekkehard Krippendorf etwa oder Hermann Gremliza, vertreten Thesen der APO oder der Neuen Linken – etwa wenn Krippendorf behauptet, ein möglicher Kanzlerwechsel solle die Bevölkerung lediglich von der Tatsache ablenken, dass die Bundesrepublik ökonomisch von einer Großbourgeoisie beherrscht werde. Hans Detlev Becker, von Augstein um eine Stellungnahme zu Busses vernichtendem Urteil gebeten, spricht einer Redaktion, die ein Heft mit mehreren solcher Beiträge veröffentliche, „die Arbeitsfähigkeit von Grund auf" ab: „Durchweg wird ziemlich bedenkenlos ins Blaue hinein polemisiert, statt Fakten sauber herauszuarbeiten."

So jedenfalls sieht das „feine Intelligenzblatt" keinesfalls aus, das Augstein sich nach Meinung Dieter Schröders versprochen hat, um „Einfluss auf eine kleine Elite" zu nehmen und, so seine verwegene Hoffnung, damit die politischen Verhältnisse in Deutschland zu ändern. Ende Januar 1967 entschließt er sich, das Berliner Vorhaben fallen zu lassen und schiebt – obschon die Leistung der Mannschaft, die das Projekt entwickeln sollte, ihn nie hat überzeugen können – alle Schuld ausschließlich auf Gruner, der seine Zustimmung verweigere. Ganz offensichtlich will Augstein die mit der Entwicklung von *Heute* beauftragten Journalisten schonen, um ihnen bei künftigen Bewerbungen nicht zu schaden. Was von *Heute* für Augstein bleibt? Journalisten wie Hermann L. Gremliza, der zweifellos begabteste, ideologisch freilich weit links stehende Schreiber der *Heute*-Crew, den er in die *Spiegel*-Redaktion übernimmt und der, als einer der prononciertesten Befürworter eines Redaktionsstatuts, seinem Herausgeber schon in wenigen Jahren das Leben schwer machen wird.

Und doch stimmt Augsteins Hinweis auf Gruner, wenn nicht als Alleinschuldigen, dann doch als *Heute*-Verweigerer.

Denn die Lage zwischen den Partnern hat sich inzwischen so zugespitzt, dass Augstein Klage erhebt, um den ihm persönlich befreundeten, aber so sperrigen Gesellschafter aus dem *Spiegel* herauszudrängen. Ein Minderheitsgesellschafter Gruner des mittelgroßen Nannen-Verlags, so eine von Hans Detlev Becker erstellte Argumentationskette, habe als gleichzeitiger Minderheitsgesellschafter des *Spiegel* keine Zweifel an der Unabhängigkeit des *Spiegel* hervorgerufen, wohl aber tue er dies, seit er maßgeblicher Gesellschafter des neuen Großverlages Gruner + Jahr geworden sei.

Zuvor schon hatte Becker in einer Aktennotiz Mitte November bürokratisch-präzis auf den Punkt gebracht, worum es bei der Auseinandersetzung Gruner/Augstein eigentlich geht: Gruner müsse „Herrn Augstein die politische Handlungsfreiheit" einräumen, „die er zur Verwirklichung seiner politisch-publizistischen Fähigkeiten, Ideen und Aktionsansprüche benötige. Die heute weit verzweigte und oft mechanische Arbeitstruktur des *Spiegel* befriedige nicht alle Betätigungsansprüche Herrn Augsteins, und es komme darauf an, ihm die ‚Handfesseln' abzunehmen." Zwar kann sich Augstein schließlich der Fessel Gruner entledigen, doch kommt ihn das teuer zu stehen – so teuer, dass ihm sehr lange das Geld für neue „Betätigungsansprüche" fehlen wird, um im Bilde Beckers zu bleiben. Denn Gruner ficht energisch um seine Rechte und bequemt sich erst dann zu einem Vergleich, als er seine Chancen vor Gericht schwinden sieht. Durch Verhandlungen mit Dritten treibt er den Preis für den Verkauf seines Anteils so geschickt in die Höhe, dass Augstein ihm 40 Millionen Mark zahlen muss, die er sich größtenteils bei Banken borgt. Erworben hatte der Drucker seinen Anteil 1961 von John Jahr für rund fünf Millionen Mark.

Wenn Augstein ausgerechnet in Berlin auf dem von Springer beherrschten Markt gegen den Cäsar der deutschen Zeitungsbranche antreten will, steckt auch ein Stück Gesichtswahrung in diesem Versuch. Denn während Reisner, Guggomoos und

Gremliza an ihrem *Heute* basteln, das ja den Parolen der Springer-Presse entgegentreten soll, verhandeln Hans Detlef Becker und Springers Generalbevollmächtigter Christian Kracht intensiv über den Druck des *Spiegel* auf Springers modernsten Tiefdruckmaschinen in Ahrensburg und Darmstadt. Dass Augsteins Magazin noch im Zeitungs-Rotations-Verfahren bei der sozialdemokratischen Auerdruck im Hamburger Pressehaus hergestellt wird, ist ohnehin ein Anachronismus, seit die Wirtschaft immer mehr farbige Anzeigen möglichst auf Hochglanz-Papier verlangt und die *Spiegel*-Hefte wegen des stetig wachsenden Annoncen-Teils immer dicker werden. Da jedoch die Druckerei des Teilhabers Gruner in Itzehoe den Tiefdruck des gesamten *Spiegel* nicht leisten kann, bleibt als Ausweg nur der Weg zu Axel Springer, auch wenn für den *Spiegel* erhebliche Image-Probleme damit verbunden sind.

Wenn Augstein in seinem Beitrag in einem Gedenkband für den verstorbenen Axel Cäsar Springer sagt: „Damals erhoben die Linken ihr Haupt und schüttelten es", untertreibt er nach Kräften. Die Studenten, die sich schon 1966 mit ersten Protesten meldeten, nennen seinen *Spiegel*, eben jenes oppositionelle Blatt der Bundesrepublik, auf das sie lange wie auf eine Bibel geschworen haben, schon bald „Bild am Montag". Sie tun dies nicht nur ob seines Inhalts, der nach ihrer Meinung ja gerade wegen seiner systemimmanenten Opposition das ihnen verhasste System erhalten hilft, sondern vor allem wegen des Drucks auf Springer-Maschinen, die auch *Bild* herstellen, das nach „Polizeihieben auf Krawallköpfe" ruft, „um den möglicherweise doch vorhandenen Grips locker zu machen". Wirft der *Spiegel* der Springer-Presse 1968 nicht vor, sie berichte in einer Form über die Studenten-Demonstrationen, „die dem Volksverhetzungs-Tatbestand des Paragraphen 130 des Strafgesetzbuches nahekommt"?

Aber auch Springer, der laut Augstein inzwischen 40 Prozent der gedruckten Nachrichten in der Bundesrepublik kontrolliert, hat seine Probleme mit dem, was da zwischen den Golfern Kracht und Becker ausgehandelt wird. Stellt der *Spiegel* nicht die Speerspitze jener Gegenbewegung dar, die Springers Medienmacht und seinen Marktanteil auf dem Zeitungsmarkt gesetzlich begrenzen will? Wird der Verleger Springer nicht immer wieder vom *Spiegel* auch persönlich attackiert, fühlt er sich von ihm nicht „verhöhnt und verteufelt", wie er später den Chefredakteur Günter Gaus wissen lässt, als dieser ihn – vergebens – um ein *Spiegel*-Gespräch bittet? Schreibt Augstein nicht, eindeutig auf Springer zielend, über den „Spezialwahn von Zeitungsdiktatoren" und ihre Beziehungslosigkeit zu den Realitäten, gegen die er seine Zeitungen beharrlich anschreiben lässt? Ist Augstein – nebst Henri Nannen vom *Stern* – nicht der Wortführer jener verhassten Anerkennungspartei, die selbst mit Ulbricht, dem „roten Teufel" in Person, verhandeln will?

Springer neigt zu impulsiven Ausbrüchen, Mitarbeiter aus seiner engsten Umgebung bezeugen, dass er im Jähzorn nicht nur Telefone zu Boden schmettert, sondern auch *Spiegel*-Hefte zerreißt. So gibt er für den Druckvertrag, über den Kracht und Becker verhandeln, erst nach einer Visite Rudolf Augsteins bei ihm auf dem Sylter Klenderhof grünes Licht. Politische Auflagen, soviel ist dem Zeitungszaren klar, kann er dem *Spiegel* nicht machen – aber er nimmt Augstein zumindest *ein* Versprechen ab, das dieser 1985 bei der Trauerfeier für den Toten in Erinnerung ruft: „Rudolf", sagt der Herr über das bald größte Medienimperium Europas, „ich möchte von Ihnen die Gewähr, dass Sie zu meinen Lebzeiten niemals mehr schreiben werden, es hätte keiner an der deutschen Teilung mehr verdient als ich." Ein entsprechender Satz in einem der Kommentare Augsteins hatte ihn offenbar tief getroffen. Der Besucher überlegt einen Moment, kommt dann „ohne Bauchschmerzen" zu dem Ergebnis, dass diese Behauptung ohnehin kaum haltbar sei, und sagt, er sei gesonnen, „diesen Satz weder wörtlich noch sinngemäß zu wiederholen".

Es ist ein goldener Handschlag, mit dem anschließend der Druckvertrag „aus wohlerwogenen Gründen" (Augstein) besiegelt wird: golden für Springer. Die Druck-Auflage des *Spiegel* nähert sich 1967 bereits der Millionengrenze, die sie 1968 durchstoßen wird, und da Augsteins Magazin am Montag erscheint, kann Springer seine Druckereien über das Wochenende auslasten. Die Laufzeit des ersten Vertrages ist auf zehn Jahre bemessen, und schon im ersten Jahr wird Springer dem *Spiegel*-Verlag 250 Millionen in Rechnung stellen. An der politischen Gegnerschaft Springers zu Augstein und umgekehrt ändert sich durch diesen Vertrag indes nichts. Als Christian Kracht, der die Modalitäten mit Becker ausgehandelt hat, *Spiegel*-Leute durch das Druckhaus Ahrensburg führen will und fragt, ob Springer sie empfangen wolle, kritzelt der Verleger als Antwort auf ein Stück Papier: „Führen Sie die Leute zum Scheißhaus."

Wäre *Heute* ein Alibi gewesen, das die Unabhängigkeit des *Spiegel* von Springer trotz Druckvertrag allen sichtbar bestätigt hätte? Gewiss. Aber ist ein solches Alibi überhaupt vonnöten? Im Nachhinein fühlt sich ein Mann wie Otto Köhler zwar als Feigenblatt auf des *Spiegels* Druckvertrags-Blöße missbraucht, als er vom Satire-Blatt *Pardon* zum *Spiegel* wechselt, dort ab Herbst 1966 Medienkolumnen für den *Spiegel* schreibt und sich voller Wollust auf die Zeitungen des Imperiums Springer stürzt. Als Stacheldraht-Barrieren Springers Berliner Zentrale wenige Schritte vor der Mauer in der Kochstraße studentische Demonstranten fernhalten sollen, meint Köhler, Ortsunkundigen falle es schwer, „zwischen Ulbrichts und Springers Machtbereich" zu unterscheiden. „Perfide" nennt Springer diese Bemerkung, denn sie sei darauf angelegt, „die Unterscheidung zwischen dem Stacheldraht einer Diktatur und den polizeilichen Schutzmaßnahmen für ein bedrohtes Zeitungshaus auf dem Boden einer Demokratie zu verwischen".

Aber auch ohne solch maliziöse Zuspitzungen Köhlers ist jedermann klar ersichtlich, dass die beiden Verleger trotz des

Druckvertrags politisch weit auseinander sind – der eine bläst zum Feldzug gegen die neue Ostpolitik, die sich seit den ersten Passierschein-Abkommen in Westberlin langsam abzuzeichnen beginnt, und lässt ab 1969 seine Zeitungen aus allen Rohren gegen die Sozialliberalen und die Ostverträge feuern. Der andere kann sich als Wegbereiter dieser neuen Politik fühlen, stützt sie und kritisiert die Gegenkampagnen des Springer-Verlags als „Aufreizung zur Gedankenlosigkeit". Augstein begreift den Aufbruch in den sechziger Jahren als Chance und setzt sich damit auseinander, schreibt Michael Jürgs, Springer dagegen bekämpft ihn mit publizistischen Kanonen als Gefahr.

Zur Einweihung der neuen Springer-Verlagszentrale an der Berliner Mauer am 6. Oktober 1966 gibt sich die Prominenz der Republik ein Stelldichein: Bundespräsident Lübke, Vizekanzler Erich Mende und der Regierende Bürgermeister Willy Brandt fahren vor der Konzernzentrale vor; Rainer Barzel und Franz Josef Strauß kommen, Max Schmeling und Prinz Ferdinand von Preußen, Oskar Kokoschka und Hans Scharoun, Günter Grass und Herbert von Karajan sowie – neben Verlegern wie Anton Betz und Franz Burda – auch Rudolf Augstein. Auf einem Foto trägt der *Spiegel*-Chef, schelmisch lächelnd, ja mit Lust an der Provokation und für alle unübersehbar, einen *Tagesspiegel* im Arm, als wolle er just an Springers großem Festtag jener kleinen Minderheit beistehen, die sich tapfer auf dem Berliner Markt gegen den Medienzaren behauptet, der ihn seit dem Kauf des Ullstein-Verlags mit seinen Blättern zu achtzig Prozent dominiert.

„Mal waren wir Freunde, mal waren wir Feinde, zu Anfang und zu Ende nur Freunde", beschreibt Augstein sein Verhältnis zu Springer im August 1986. Jedenfalls gab es zu Anfang kaum politische Differenzen zwischen Augstein und Springer, denn der Hamburger Verleger teilt, wie Augstein, die kritische Haltung von FDP-Chef Thomas Dehler gegenüber Adenauers Deutschlandpolitik, ja er hält sogar ein Arrangement mit den

Sowjets für denkbar, das die deutsche Einheit in Freiheit und Neutralität nach dem Modell des österreichischen Staatsvertrages bringen könnte. Es ist der Springer vor seinem Moskau-Erlebnis, vor dem theatralischen Disput mit Chruschtschow, in dem er „die Fratze des Unrechts" erblickte, wie er später gern sagen wird, mit dem Augstein sich befreundet fühlt; an diesen Springer denkt er, als er sich nach der Auszahlung seiner einstigen Lizenz-Partner Barsch und Stempka 1951/52 Jahre auf die Suche nach einem finanzkräftigen Verlagskompagnon begibt, ehe Hans Huffzky, damals Chefredakteur der *Constanze*, ihm auf einer gemeinsamen Englandreise John Jahr als Partner nahe legt.

Am Anfang war Springer auch nicht der unbestrittene Medienzar der Republik, sondern der erfolgreiche Verleger des Goldesels *Hörzu* und des *Hamburger Abendblatts*. Im Jahr 1955 – zwar gehören bereits *Welt* und *Bild* zu seinem „Pressepark" (Augstein), doch ist er noch nicht der politische Missionar, in den er sich nach seinem Moskau-Erlebnis verwandelt – schreibt man einander noch galante Briefe. So, wenn Augstein sich bedankt, *Welt* und *Bild* hätten „in wirklich fairer und großzügiger Weise" über den Schmeißer-Prozess berichtet, nur das *Abendblatt* habe die Bedeutung des Verfahrens für die Pressefreiheit „wieder einmal nicht erfasst". Noch 1960 scheint beider Verhältnis nicht völlig getrübt, denn Augstein schreibt dem „lieben Axel": „Damit die Preise nicht völlig davonlaufen" gebe er bekannt, was ein Redakteur, der von Springer abgeworben werden soll, wirklich beim *Spiegel* verdient. Springer antwortet postwendend, die 5000 DM Gehalt plus Pensionsvertrag seien eine Forderung des potentiellen *Spiegel*-Deserteurs gewesen, kein Angebot, und die Verhandlungen seien wegen „Unerfüllbarkeit des Wunsches" längst abgebrochen. Augstein und Springer – „Verleger unter sich", die ihre Kosten gering halten wollen, wie sie sich beim Druckvertrag denn als „Kapitalisten unter sich" gerieren, frei nach dem Motto: *pecunia non olet?*

Ob Springer vor Abschluss des Druckvertrags auf Sylt nur die eine Forderung an Augstein hat, steht dahin – wahrscheinlicher ist, dass man einander verspricht, bei aller Härte der politischen Auseinandersetzung künftig auf persönliche Invektiven zu verzichten. Zwar fällt Otto Köhler weiter in satirischen Kolumnen über den Zeitungszaren her, aber schließlich sind dies gezeichnete Autoren- und Meinungsbeiträge und damit „Fremdkörper" im Magazin. Augstein dagegen, der seine Kommentare, wie wir seit seinem historischen Briefwechsel mit Bucerius wissen, ebenfalls als „Fremdkörper" im eigenen Blatt betrachtet, zeigt sich betont zurückhaltend. Zwar schreibt er einen Kommentar zu den Fernsehplänen Springers und der *Bild*-Kampagne gegen das Programm der öffentlich-rechtlichen Sender – Titel: „Edle Einfalt, schiere Größe" –, doch ist er, wenn auch in ironisch gebrochenem Ton, deutlich um Zurückhaltung bemüht. „Ja, lieber Axel", heißt es da – „die schiere Größe des Unternehmens ist schon ein Grund, nicht um zornig zu werden, sondern um über das System nachzudenken."

Man schreibt 1967, die Studentenrebellion hat begonnen, und so liest man bei Augstein: „Ich weiß, Sie hören das nicht gern, aber natürlich stellt sich doch die Frage, welche Rolle das Privateigentum und der mächtigste aller Privateigentümer in einer demokratisch verfassten Gesellschaft spielen dürfen." Zwar übt Augsteins Nachrichtenmagazin in seinen Stories weiter heftige Kritik an Springer und dessen Zeitungen, auch pflastern sich *Spiegel* und Springers Gazetten förmlich mit Gegendarstellungsbegehren zu, aber Augstein distanziert sich, wenn auch behutsam, von etlichen *Spiegel*-Sottisen: Manche „redaktionellen Begleitgeschichten" zu seinen Kommentaren, schreibt er Springer, enthielten „Nebentöne", die „in meiner Skala Ihnen gegenüber nicht, oder nicht mehr vorhanden sind".

Beide Verleger, und dabei wird es lange bleiben, hegen gegeneinander tiefe Zweifel, was die Person und die politische Linie betrifft: Springer sieht in Augstein den Zyniker und den politischen Hasardeur, Augstein in Springer den politisch Naiven, den selbsternannten politischen Messias, der mit Schlagzeilen gegen die Realitäten anrennt und wähnt, er könne die Welt nach seinen Vorstellungen ändern. Und doch spricht viel dafür, dass sie mit dem Handschlag auf Sylt vereinbart haben, einander gegen persönliche Angriffe ihrer jeweiligen Redaktionen abzuschirmen. Als Augstein 1978 zu Ohren kommt, Will Tremper plane für ein Dummy der *Berliner Illustrierten* eine Geschichte „Augstein und seine vier Frauen", schreibt er Springer: „Ich habe nichts dagegen, wenn Ihre Leute mich als politischen oder journalistischen oder sonstigen nichtprivaten Menschen durch den Kakao oder sonstwie durch den Dreck ziehen. Das sind Sie gewohnt, das bin ich gewohnt. Aber ich könnte mir eine Geschichte nach dem Leitthema ‚Axel Springer und seine fünf Frauen' in einem von mir zu verantwortenden Blatt nicht vorstellen. Sie würde unter gar keinen Umständen erscheinen. Dies zu Ihrer Kenntnis. Im übrigen, Gospodin, immerwährende Gesundheit!"

Umgekehrt erbittet Springer im Dezember 1979 Augsteins Schutz, als die *Spiegel*-Redaktion, eine Kampagne der extrem rechten *National- und Soldatenzeitung* gegen Springer aufgreifend, den *Welt-* und *Bild*-Verleger schriftlich zu antisemitischen Passagen befragt, die während des Dritten Reichs in den *Altonaer Nachrichten* zu lesen waren. Im Impressum dieser Zeitung, die im Verlag seines Vaters erschien, wurde der junge Axel Springer ab Herbst 1933 geführt – zunächst als Redakteur für Handel, Schifffahrt und Sport, später als Chef vom Dienst und zeitweilig auch als Chefredakteur. Springer antwortet nicht dem *Spiegel*-Redakteur Werner Dähnhardt, der ihm die Fragen gestellt hat, sondern wendet sich in einem fünfseitigen Brief direkt an Augstein, um darzulegen, dass die Zeitung damals „nach nationalsozialistischen Presseanweisungen gemacht" werden musste, dass jedoch die mit großem oder kleinem „S" gezeichneten antisemitischen Artikel nicht von ihm, sondern dem Redakteur Franc Stefanowski stammten. Es wäre, schreibt Springer zweifellos dräuend, wohl „kaum unserem Stand und unseren persönlichen Beziehungen dienlich", den Fall *Altonaer Nachrichten* „mittels der böswillig aufbereiteten Munition der *National Zeitung* vor der breiten Öffentlichkeit aufzukochen und durch den *Spiegel* diesem Blatt das Forum zu geben, um das sich Herr Frey [der Verleger der National- und Soldaten-Zeitung] seit langer Zeit krampfhaft bemüht."

Weil Springers Argumentation nicht nur Augstein, sondern auch die beiden Chefredakteure überzeugt, nehmen Augstein und Erich Böhme, „den schon umbrochenen Artikel wieder aus dem Blatt" und begründen dies damit, dass „man" – gemeint ist zweifellos die zuständige *Spiegel*-Redaktion – Springer „keine Gelegenheit gegeben hatte, die Sache darzustellen". So jedenfalls schildert es Augstein in einem PS zu seinem Kondolenz-Brief zum Tod des Springersohnes Sven Simon, und seine Nachschrift endet mit einer an beide Verleger gerichteten kritischen Frage: „Das Schlimme ist: So verfahren wir mit uns. Aber wie verfahren unsere Leute oft mit anderen?"

Als *Bild* im Sommer 1980 einen Artikel über Augstein plant, wendet dieser sich an Springers Freund und Vertrauten Ernst Cramer und teilt ihm mit, dass er sich bald mit Springer treffen wolle, „um auf den alten, freundschaftlichen Fuß zu kommen, wie er ehedem zwischen uns bestanden hat". Leider habe er Grund zu der Annahme, dass der *Bild*-Artikel sich nicht auf „politische oder handwerkliche Meinungsverschiedenheiten beschränken" werde, und es würde ihn schmerzen, wenn ein Artikel erschiene, der mit seinem Selbstverständnis so kollidierte, „dass die gewünschte Begegnung mit Axel aus Gründen der Selbstachtung nicht stattfinden könnte". Nur einen Tag nach Eingang dieses Briefs versichert Cramer, Augstein werde in der geplanten *Bild*-Folge über außergewöhnliche Deutsche unserer Tage nicht vorkommen: „Die ‚Angelegenheit' ist aus der Welt."

Als sich die Aussöhnung zwischen ihnen anbahnt, sind beide, Springer wie Augstein, älter und milder geworden, auch geht – und das ist wichtig, denn sie gehören beide zur Gattung *political animal* – die Zeit der großen Polarisierung in der deutschen Politik langsam zu Ende, in der sie einander unversöhnlich als politische Gegner gegenüberstanden: Helmut Kohl schickt sich an, die Ostpolitik Brandts, Schmidts und Genschers zu übernehmen und fortzuführen. Ob sie vor ihrer Aussöhnung je wirklich Freunde gewesen sind und deshalb zu alter Freundschaft zurückfinden können, wie Augstein im Gedenkband für Springer beteuert, darf allerdings zu Recht bezweifelt werden. Im Grunde überwiegen doch die Gegensätze, stets bleiben sie Rivalen: Augstein bewundert den genialen Unternehmer Springer, schätzt dessen unerhörtes Gespür für das, was die Leser wünschen, seine kreative Begabung, Zeitungen neu herauszubringen, die auf dem Markt Erfolg versprechen, aber unverhohlen neidet er ihm, dass die Briten ihm die *Welt* überlassen haben.

Umgekehrt neidet Springer Augstein den journalistischen Scharfsinn und den politischen Einfluss des *Spiegel* als Leitmedium, an dessen politischer Linie sich viele kleinere Tageszeitungen orientieren. Wenn Augstein von „Freund" Springer oder „Freund" Bucerius spricht, ist dies ohnehin *cum grano salis* und eher in einem konventionellen Sinn zu verstehen: Man kennt einander als Verleger, trifft sich auf Empfängen und bei offiziellen Anlässen, zeigt sich, bei allen Vorbehalten, auch Vorurteilen, die man gegeneinander hat, aber nur zu Dritten äußert, betont umgänglich, höflich, gelegentlich sogar hilfsbereit. Aber eine Freundschaft, wie sie zwischen dem älteren John Jahr und dem jungen Rudolf Augstein entstand, ist dies alles nicht. An Wahlabenden geht man eben zu „Freund" Bucerius „auf ein Butterbrot", was als Diminutiv für ein Buffet zu verstehen ist, von dem man „mit einigem Geschick eine Woche hätte zehren können", wie Augstein meint. Man gibt sich dort ein Stelldichein, weil man sicher ist, auf etliche VIPs aus dem politischen Establishment der Hansestadt zu treffen. Und wenn Bucerius Augstein zu einem Diner mit dem italienischen Diplomaten und Russlandkenner Pietro Quaroni lädt, sich aber dann lesend ins Bett legt und Augstein bittet, die Rolle des Gastgebers zu übernehmen, spricht dies eher für die Skurrilität von Bucerius denn für wahre Nähe.

Fünf Jahre hat Augstein insgesamt gegen Bucerius prozessiert, eine Tatsache, die Bucerius immer präsent bleibt. Zwar hat sich die Gegnerschaft gelockert, privat sind sie nach einiger Zeit „gut miteinander ausgekommen", wie Augstein zum Geburtstag seines Freund/Feindes schreibt. In seinem Nachruf gedenkt er dieses „außerordentlichen Mannes", den er übrigens für den besseren Verleger als sich selbst hält, „mit Vergnügen". Des Verlustes eines wahren Freundes gedenkt man wohl eher mit Schmerzen.

Mitte der sechziger Jahre enthält der *Spiegel* plötzlich gelbe Seiten, von denen die Chefredakteure Claus Jacobi und Johannes Engel meinen, ihr Inhalt hätte eigentlich im Blatt nichts zu suchen. Um ihren „wohltemperierten, wohlaustarierten *Spiegel* möglichst unbeschädigt zu erhalten", verfallen sie auf die Idee, „die Texte ohne Illustration als Bleiwüste" in der Mitte des Blattes beizuheften. Doch Copy-Tests ergeben bald, dass solche Hefte sich besser als normal verkaufen und die beigehefteten Seiten zu den meistgelesenen Beiträgen gehören. Es handelt sich um Vorträge und Diskussionen an Universitäten, zu denen die unruhig werdenden Studenten den „backfrischen Star" der *Spiegel*-Affäre geladen haben und die Augstein gern in seinem Blatt veröffentlicht sehen möchte. „Einmal mehr", so Jacobi, „war der kleine König klüger gewesen als seine Großwesire." Solange Rudolf Augstein lebt, wird es bei dieser Erfahrung bleiben: Worüber und wie immer er auch schreiben mag, *Spiegel*-Hefte, auf deren Titel ein Beitrag von ihm angekündigt wird, gehen einfach besser als Hefte ohne ihn als Autor.

Es ist die Zeit der Restaurationsdämmerung, als die Studenten ihn in ihre Auditorien rufen: Die Adenauer-Ära ist zu Ende, was auf sie folgen wird, liegt im Nebel und gewinnt erst langsam Konturen. Der Vater des Wirtschaftswunders, Ludwig Erhard, entpuppt sich als schwacher, führungsunfähiger Kanzler, in der CDU/CSU bricht der Streit zwischen Atlantikern und Gaullisten los, Willy Brandt probt in Berlin seine ersten kleinen Schritte für eine neue Deutschland-Politik, doch Herbert Wehner, der große Zuchtmeister seiner Partei, steuert erkennbar Kurs auf eine große Koalition, welche die Brüche eher verschleiern denn offenlegen wird. Die studentische Jugend ist zunehmend vom Anti-Vietnam-Fieber erfasst, und die Zeichen für einen gesellschaftlichen Umbruch mehren sich: Mit der Pille kommt die sexuelle Revolution, mit dem Eichmann- und dem Auschwitz-Prozess wird die Frage virulent, wieweit die Generation des Wiederaufbaus nicht auch eine der Täter ist.

Augstein hat die Aura des Oppositionellen, der die Mächtigen zu besiegen verstand, eines David also, der sich gegen den Goliath der geballten christdemokratischen Staatsmacht behauptet hat. Aber auch sein mangelnder Respekt gegenüber traditioneller Autorität, die ätzende Kritik, die er am patriarchalischen Regime des alten Kanzlers übt, an der Kanzlerdemokratie – die freilich alle seine Nachfolger ungerührt praktizieren werden, weil sie das schwierige Regieren eines föderalistisch aufgebauten Staates erleichtern hilft –, all dies macht ihn zum gefragten Idol der Jugend, die nach Orientierung sucht. Sie ist neugierig auf ihn, will in der Diskussion seine Argumente, seine Schlagfertigkeit und Standfestigkeit prüfen.

Der Augstein, der sich ihnen in ihren Auditorien stellt, ist vor allem ein politischer, genauer: an Tagespolitik gebundener, ein Jens Daniel, der, auch wenn er sich jetzt hinter diesem Pseudonym nicht mehr versteckt, weniger die Christdemokraten – die hat er ohnehin abgeschrieben –, sondern vor allem die Sozialdemokraten attackiert. Sie leisten nicht mehr, was eine Opposition nach des *Spiegel*-Chefs mechanischer, am britischen Modell geschulter Vorstellung von parlamentarischer Opposition leisten muss: ein alternatives Konzept zu dem der Regierung zu entwickeln. 1965/66 spricht er in Berlin und Tübingen, Freiburg und Hamburg, in Bonn, Mainz und in Wien. Ende Februar 1965, der Asta der Freien Universität Berlin hat ihn zum Streitgespräch mit dem Reichsfreiherrn von und zu Guttenberg von der CSU geladen, ist das Auditorium Maximum beängstigend überfüllt, über Lautsprecher muss der Disput in zwei andere Hörsäle übertragen werden. Thema des Abends: „Wege zu einer Wiedervereinigung: Brauchen wir eine neue Deutsch-landpolitik?"

Durch einen Nebeneingang und nur mit Mühe erreichen Augstein und Guttenberg das Podium, auf dem Niels Kadritzke, bald einer der Wortführer der rebellischen Studenten, den Disput moderiert. Seine Einführung macht deutlich, worin die Anziehungskraft eines Mannes wie Augstein liegt: Hätte man Parteivertreter geladen, so Kadritzke, würde sich die Diskussion in „stereotyper Leerformelhaftigkeit" abspielen, wie man sie seit nun 15 Jahren bis zum Überdruss kenne. Heute sei, außer-halb der Parteien und der offiziellen Politik, Neubesinnung im Gange, deshalb habe er Guttenberg geladen, der soeben sein Buch „Wenn der Westen will…" veröffentlichte und den er als „unabhängigen Publizisten" vorstellt; und dazu Augstein als den eigentlichen „Leader der publizistischen Opposition auf dem Felde der Deutschlandpolitik".

Doch im Disput erweist sich einmal mehr, dass Augsteins Stärke im Verneinen, in der Kritik, seine Schwäche dagegen im Schlüssig-Konzeptionellen liegt: Erst langsam nimmt die neue Deutschland-Politik, die er anrät, in der Auseinandersetzung mit den Thesen des Gegendisputanten Gestalt an, der zwar, wie Augstein, ständiges Drängen nach Wiedervereinigung will, aber für die Aufrechterhaltung der Hallsteindoktrin und die Nicht-Anerkennung der DDR ficht, weil er die Wiedervereinigung nur zwischen zwei freien Teilen Deutschlands für möglich erachtet. Seine Hoffnung setzt er auf den Wandel des kommunistischen Systems von innen her und sieht die Wiedervereinigung als einen langwierigen Prozess, der vor allem Geduld erfordere.

Es ist nicht ohne Ironie, wenn Augstein, an seinem Gegner gemessen, zunächst Zuflucht bei den gängigen Überlegungen westlicher Politik sucht, wie sie etwa Anthony Eden noch in Genf 1954 für richtig hielt: Beim Disengagement, beim Aus-einanderrücken der Militärblöcke in Mitteleuropa, bei einem Sicherheitssystem, das die Sowjetunion langsam aus der DDR, aus Polen und Ungarn zurückdrängen soll. Doch bleibt all das vage, und auch Augstein, keineswegs nur Guttenberg, erntet kritische Zwischenrufe und Pfiffe, zumal er besser schreibt als redet und seine Rhetorik, wie Niels Kadritzke es heute erinnert, der Guttenbergs eher unterlegen ist. Beifall für ihn brandet erst auf, als er damals besonders brisante Themen anschneidet, etwa wenn er den Europa-Anhänger Guttenberg fragt, wieso sich die westlichen Partner „künftig mit einem Deutschland zusammentun" sollten, „das Grenzforderungen hat". Nicht direkt und frontal geht er die Anerkennung der Oder-Neiße-Grenze an, sondern eher verschlungen und indirekt, wenn er dafür plädiert, „das, was an der DDR internationale Funktion" sei, „überflüssig" zu machen: Solange die Westdeutschen „in ihrer politischen Willensrichtung nicht zu erkennen geben, dass sie sich mit gewissen Dingen abfinden werden", sagt Augstein, „solange ist die DDR einfach notwendig".

Wenn er dafür starken Beifall erntet, belegt dies nur, wie schwerfällig und zögerlich der Prozess des Umdenkens und Neubesinnens Anfang 1965 in der deutschen Öffentlichkeit noch immer ist. Äußerste Vorsicht lässt er damals walten, wenn er von der DDR spricht: Von einer juristischen Anerkennung distanziert er sich, die Vorstellung von deutschen Botschaftern in den deutschen Teilstaaten hat für ihn „etwas reichlich Komisches", und so spricht er lieber von einer „gewissen Anerkenntnis" dessen, „was da in den letzten 20 Jahren, ja doch nicht ohne unsere Schuld", entstanden sei – Anerkenntnis, ohne die es „keine Besserung geben" werde.

Noch in einem Hearing des Senders Freies Berlin, aufgenommen Ende 1966, ausgestrahlt im Januar 1967 und moderiert von Hans Werner Richter, tritt er zwar für eine De-facto-Anerkennung der DDR ein, lehnt jedoch ihre völkerrechtliche Anerkennung ab – sie sei schon deshalb unmöglich, „weil wir keinen Botschafter nach Ostberlin schicken können und keinen Botschafter der DDR am Rhein empfangen können". Dass die

347

DDR inzwischen eine Position erlangt hat, die es ihr erlaubt, nun ihrerseits gewisse Vorbedingungen für deutsch-deutsche Gespräche zu stellen, bleibt in seinen Überlegungen noch ausgespart. Doch macht seine Haltung in der Anerkennungsfrage eine Entwicklung durch, die den Überlegungen des Außenministers Willy Brandt durchaus entspricht, wenn er im September 1967 vor Hamburger Studenten rät, die Beziehungen zur Sowjetunion schrittweise und von langer Hand zu verbessern und als eine Voraussetzung dafür „normale Beziehungen zur DDR" verlangt.

Besonders starken Beifall spenden die Studenten in Berlin übrigens, als die Disputanten über den Begriff Kommunismus streiten und Augstein, anders als Guttenberg, in ihm nicht nur die freiheitsfeindliche Ideologie und das Böse erkennen will, sondern auch eine positive Kraft – zwar nicht für Europa, wohl aber für Entwicklungsländer geeignet, weil er dort die technische Erschließung ohne „Ausbeutung seitens Dritter" bewerkstellige. Augstein: „Ich selbst habe Zweifel, ob ich, wenn ich in Vietnam wäre, nicht auf der Seite Ho Tschi-minhs stünde."

Im Zentrum der meisten Auftritte steht indes sein Versuch, die SPD von Wehners Umarmungstaktik abzubringen. Unter dem Titel „Verfehlt die Opposition ihre Aufgabe?" ist die Disputation angekündigt, die er im Januar 1965 mit Heinz Kühn in Freiburg führt; „Ist die SPD noch zu retten?" überschreibt er seinen Vortrag im November 1965 in Tübingen; über das Thema „Opposition im 5. Deutschen Bundestag – Abklatsch oder Alternative?" streitet er im Februar 1966 an der Universität Mainz mit Helmut Schmidt, dem stellvertretenden Vorsitzenden der SPD-Bundestagsfraktion. In all diesen Disputationen geriert sich der Zyniker Augstein meist als bedingungsloser Moralist, beinahe naiv-prinzipiell sind seine Argumente, wenn er wider die offizielle Heuchelei in der Politik anrennt: Der Bundestag habe deshalb keine große Bedeutung mehr, weil in ihm „das, was ist, nicht ausgesprochen" werde; man rede dort „immer noch

Dinge", von denen man wisse, „dass sie hinter vorgehaltener Hand" anders lauteten. Seine Forderungen laufen auf eine idealtypische Opposition mit beinahe selbstmörderisch offenem Visier hinaus, für taktische Kurskorrekturen und listige Schleichwege zur Macht scheint ihm jedes Verständnis abzugehen. Auch wenn dies, nicht schlecht für den Absatz des Blattes, Augstein in den Augen der Leser weiter zur moralischen Instanz heranwachsen lässt, wäre doch zu fragen, ob ihm damals wirklich verborgen blieb, dass ein Willy Brandt längst dabei war, die Weichen in eine Richtung zu stellen, die seinen Vorstellungen entgegenkam. Und haben seine guten Kontakte zu Herbert Wehner ihn nicht über dessen wirkliches Ziel – die Partei, um jeden Preis, an die Macht zu bringen, auch mit der Zwischenstation eines Juniorpartners der CDU – aufklären können? Wer bedenkt, dass er so manches Gespräch mit dem „Onkel" in Bonn führt und ihn zum Jahreswechsel 1965/66 sogar in dessen Refugium auf der Insel Öland besucht, den muten seine Einlassungen von damals eigenartig blauäugig an.

Wer nicht mehr ernst nehme, dass die Opposition neue Vorstellungen entwickeln und im Bundestag durchsetzen muss, wer diesen demokratischen „Grundgedanken" mit „Einheitstopf-Parolen suspekt" macht, der entzieht, so Augstein in seinem „Wahlkalender (VII)" von 1965, dem parlamentarischen System die *raison d'être*. Gemeint sind Fritz Erler und Herbert Wehner, aber zweifellos auch Willy Brandt, der nach Augsteins Überzeugung „das Instrument der Opposition entwertet" – alle drei „gute Führer, die sich für eine schlechte Sache herleihen", wie er gegenüber Hellmuth Gollwitzer einmal sagt. Denn die SPD, das haut er Heinz Kühn in Freiburg um die Ohren, mache sich mitschuldig am Verfall der Demokratie, „wenn ihre Führer predigen, was sie selbst nicht glauben, und wenn sie dadurch an die Macht wollen, dass sie an Lug und Trug [der offiziellen CDU-Politik] partizipieren". Während Oppositionsparteien in anderen Ländern Mühe hätten, sich sachlich von der Regierung abzuheben, sich zu profilieren, setze die SPD ihr Bestreben darein, „bestehende Unterschiede einzuebnen und zu verwischen", behauptet er in Tübingen. Wo immer ein Risiko war, wo immer Farbe bekannt werden musste, habe die SPD im vorigen Bundestag „laviert und finassiert", wirft er Helmut Schmidt im Februar 1966 in Mainz vor. Ist es da nicht ein Widerspruch, wenn er die außenpolitische Kurskorrektur ausdrücklich begrüßt, welche die SPD mit Herbert Wehners Bundestagsrede am 30. Juni 1960 vornahm und mit der die Grundlage für ein völlig anderes außenpolitisches Konzept eigentlich entfällt? Schließlich stellen die Sozialdemokraten seit dieser Rede weder die strategische Rolle der NATO noch die Westbindung der Bundesrepublik durch Integration und Verteidigungsbündnis länger in Frage.

Dass er die Große Koalition ablehnt, die mit dem Sturz Ludwig Erhards unausweichlich wird, dass er von jenem Kompromiss nichts hält, der den ehemaligen Nationalsozialisten Kiesinger, den Ex-Kommunisten Wehner und den Emigranten Brandt für die nächsten drei Jahre in einem Kabinett zusammenführt, versteht sich nach alledem beinahe von selbst. In London, wo er im Mai 1967 vor der Anglo-German-Association spricht, macht er sich über die „begrabenen Feindschaften" lustig, an denen es diesem Bündnis nicht mangele: Franz Josef Strauß, der Täter, sitze mit seinem Opfer, dem Sprecher der Bundesregierung Conrad Ahlers, den er widerrechtlich in Spanien habe festnehmen lassen, an einem Kabinettstisch; der jetzige Justizminister und sein Staatssekretär, Gustav Heinemann und Horst Ehmke, hätten den des Landesverrats verdächtigten *Spiegel* gegen die damalige Bundesregierung vor dem Bundesverfassungsgericht vertreten; Kiesingers persönlicher Staatsminister Baron Guttenberg habe 1959 den Deutschland-Plan Herbert Wehners derart aggressiv zerfetzt, dass der jetzige Minister Wehner damals bedauerte, „solch dünkelhafte Adlige" seien in Deutschland nie durch eine Revolution enteignet worden.

Zwar räumt Augstein der neuen Koalition den „psychologischen Vorteil" ein, dass keine der beiden großen Parteien
künftig die politische Vertrauenswürdigkeit des Gegners in
Zweifel ziehen könne, doch überwiegen für ihn eindeutig die
Nachteile: Kontroversen würden verschoben, Konflikte nicht
ausgetragen, Fortschritte seien nur noch dann möglich, wenn
sich breite Mehrheiten für sie fänden. Da nach seinem Demo-
kratie-Verständnis jede Regierung eine kräftige Opposition
braucht, findet er es bedenklich, dass 90 Prozent aller Abgeordneten sich hinter der neuen Regierung versammeln. Ist dies
nicht ein Schwächezeichen der jungen deutschen parlamentarischen Demokratie – und wenn *noch* nicht geschehen, könnte
dies nicht bald zu ihrer Schwächung hinführen? Natürlich hätte
Augstein eine „ganz kleine Koalition" zwischen SPD und FDP
lieber gesehen, die rechnerisch zwar eine winzige Mehrheit
gehabt, aber in der FDP-Fraktion auf zuviel Widerstand gestoßen wäre, um eine alternative Ost- und Deutschandpolitik zu
tragen, wie sie dann 1969 mit dem Kabinett Brandt/Scheel möglich wurde. Und doch gibt er der Kiesinger-Brandt-Koalition,
kaum hat sie „den Kopf aus dem Ei" gesteckt, die Chance, seine
pessimistischen Erwartungen zu widerlegen und hegt – „wider
alle Erfahrung", wie er behauptet – doch Hoffnung: Würde die
neue Regierung die Beziehungen zu Warschau und Prag nor-
malisieren, die Oder-Neiße-Grenze anerkennen, „so wäre sie
gleichwohl durch Taten gerechtfertigt": Nichts sei angenehmer,
„als von dieser Regierung selbst widerlegt zu werden".

Natürlich versucht Augstein in letzter Minute, Strauß den
Weg ins Kabinett zu verlegen. Noch sei, schreibt er Kurt Georg
Kiesinger am 11. November 1966 nach Stuttgart, eine Privat-
klage von Strauß gegen ihn in München anhängig, in der es
um „unappetitliche Dinge" gehe wie Korruption oder Kontakte zu Prostituierten, die Strauß während einer USA-Reise
gehabt haben soll. Im Verlauf der Verhandlungen würden die
von ihm, Augstein, angegeben Sachverhalte zweifellos erörtert,

und er wolle nicht, dass Kiesinger von der Münchner Verhandlung überrascht würde. Doch der angehende Kanzler zeigt sich unbeeindruckt, zumal die CSU auf dem Ministeramt für Strauß besteht. Als Strauß dann das Finanzministerium übernimmt, erkennt Augstein auf seine Weise die neu geschaffenen Realitäten an: „Natürlich müssen wir mit ihm reden, wenn er das Amt bekleidet", sagt er zu seinen Mitarbeitern und führt, zusammen mit Leo Brawand, alsbald ein *Spiegel*-Gespräch mit dem Finanzminister.

Schon Anfang Januar 1967 veröffentlicht, nur vier Wochen nach Beginn der Großen Koalition, stellt es einen merkwürdigen Zwitter von einem Brawand- und einem Augstein-Interview dar: der größere Teil, für den der Chef des Wirtschafts-Ressorts zuständig ist, kreist um Steuerpolitik, die Stabilisierung des Haushalts und Einsparmöglichkeiten bei Sozialausgaben, der andere und kleinere (Augstein-)Teil um Europa, de Gaulle, den britischen EWG-Beitritt und das deutsch-französische Verhältnis.

Durch betont harte Fragen soll dem Eindruck von einem Zuviel an Versöhnung vorgebeugt werden. Aber ein erster Schritt zur Aussöhnung ist dieses Gespräch doch, auch wenn das Foto, das der *Spiegel* dazu stellt, einander betont distanziert gegenübersitzende Partner mit wenn nicht betreten, dann doch bedenklich ernsten Gesichtern zeigt. Zehn Jahre später, nach einem weiteren *Spiegel*-Gespräch, diesmal zwischen Augstein, seinem Chefredakteur Böhme und dem CSU-Chef, ist die Atmosphäre schon aufgelockerter, allerdings besteht da auch schon Klarheit darüber, dass der Weg von Franz Josef Strauß als Nachfolger von Bayerns Ministerpräsident Alfons Goppel nach München führen wird. So sieht man nur lachende Gesichter, Strauß überreicht eine Silbermünze mit seinem Porträt, die *Spiegel*-Affäre ist offenbar, wie es Augstein später in seinem Nachruf später umschreiben wird, „privat, unter uns beiden ... längst begraben". Beide hatten sogar schriftlich einen

„Kamerad-weißt-du-noch-Abend" vereinbart, denn eigentlich hätten sie sich schon im Kriege treffen können – Strauß war damals südlich von Stalingrad in der Kalmückensteppe stationiert, Augstein lag am Westufer des Don in Stellung – „nur" 750 Kilometer von Strauß entfernt.

In München, als Herr über die bayerische Provinz und „Herzog aus dem Volk", dünkt Strauß den *Spiegel*-Herausgeber ungefährlich, als der Bayer jedoch 1980 als CDU/CSU-Kanzlerkandidat in die Wahlschlacht zieht, flammt die alte Feindschaft sofort wieder auf: Der *Spiegel* übt sich im erprobten Kampagnenjournalismus, greift zu gröbstem Pinsel und grellsten Farben, als er den potentiellen Außenpolitiker Strauß in einer Titelgeschichte als Sicherheitsrisiko porträtiert, Augstein persönlich erklärt den Kandidaten in einem Kommentar bewusst als „zum Frieden nicht fähig".

Sind ihm, kaum dass Kandidat Strauß nach der Macht im Bonner Staate greift, wieder alle Mittel recht? Strauß sei kein zweiter Hitler, versichert er in seiner Kolumne vor dem Wahltag – nur um sofort des Langen und Breiten zu begründen, warum dieser Vergleich mit Hitler, der „einem immer wieder entgegengehalten" werde, ganz aus der Luft gegriffen nicht sei: Strauß glaube, wie Hitler, an die Weltrevolution, „nur ohne Juden und Chinesen"; er denke von sich – „und hier darf man wohl sagen wie Hitler" – dass „er und nur er die Welt oder doch zumindest Europa vor einer Katastrophe bewahren könne"; schließlich halte er sich „für einen Erwählten, für den Messias" – und es gebe leider keinen Zweifel, „dass auch der Führer an seine Mission geglaubt hat".

Kaum freilich hat das gefährliche Sicherheitsrisiko seine verdiente Niederlage erlitten, kaum ist „das Großmaul aus Bayern zu Bett gebracht", signalisiert Augstein seinen Lesern Strauß-Entwarnung: „Nun aber Schluss mit der Schimpferei". Der Kandidat sei, wie Volkes Stimme sage, „ein ganzer Kerl" und habe eine leibliche und seelische Kondition bewiesen, „die man bewundern" dürfe. Als Person gefallen habe den *Spiegel*-Leuten der „flamboyante Altbayer" schon, so Augstein 1988, nach dem Tod von Strauß, nur: „Als Politiker wollten wir ihn in Bayern sehen und nirgends sonst". Sein Ton ist versöhnlich, „Gott mit dir, Franz Josef Strauß!" ruft er dem Hingeschiedenen nach, in der Sache freilich bleibt er bei seinem Urteil: „Ein Außenminister, ein Bundeskanzler Strauß an der Spitze seiner Bayern, er wäre ein Alptraum gewesen."

Als die Große Koalition sich abzeichnet, kramt er Zitate Leopold Schwarzschilds hervor, der scharfsinniger, klarsichtiger und weniger vorurteilsgeladen als die *Weltbühne* in seinem Blatt *Das Tage Buch* die schwierige Lage der Sozialdemokraten in der Weimarer Republik ab der zweiten Hälfte der zwanziger Jahre beschrieb: Die SPD habe noch selten eine andere Wahl gehabt, als „vergewaltigt zu werden – in der Opposition – oder sich hinzugeben – in der Regierung".

Urteilt er auch deshalb gnadenlos wie ein Scharfrichter über die Umarmungsstrategie Wehners, weil er sich schon früh an die FDP gebunden hat? Als er 1955 der Freien Demokratischen Partei beitritt, freut sich Hamburgs FDP-Bürgermeister Edgar Engelhard zwar über das prominente neue Mitglied, das hohe Beiträge zahlen und gewiss mit generösen Spenden nicht knausern wird, fragt sich jedoch nach dessen Motiven: „Im Allgemeinen", schreibt er dem FDP-Fraktionsvorsitzenden Thomas Dehler nach Bonn, „ist doch unter den Verlegern von sogenannten überparteilichen Zeitungen und Zeitschriften und Chefredakteuren die Tendenz vorherrschend, sich ja nicht politisch zu binden." Gibt es im Hause des *Spiegel* etwa Auseinandersetzungen, die zu einer Trennung der Gesellschafter führen könnten? Er verspricht, dies „vorsichtig" zu recherchieren, denn „ein Augstein, der nicht mehr der *Spiegel* ist", wäre natürlich für die FDP „viel weniger interessant". Da Streit zwischen den damaligen Anteilseignern als Motiv ausscheidet, bietet sich nur die Erklärung an, dass Rudolf Augstein, seines *Spiegel* überdrüssig und enttäuscht von der politischen Wirkungslosigkeit seiner publizistischen Opposition, mit einem Einstieg in die Politik liebäugelt. Ein Mann wie Augstein, meint Engelhard, wolle selbstverständlich auch wirken, deshalb empfiehlt er Dehler, ihn zu den Beratungen des außenpolitischen Ausschusses hinzuzuziehen.

Was macht die FDP für Rudolf Augstein interessant? Anders als die SPD steht sie für die Marktwirtschaft und steuert doch mit Thomas Dehler, Karl Georg Pfleiderer und Wolfgang Döring einen nationalen Kurs, wie er ihn sich wünscht: Dehler will zwar die Bindung an den Westen nicht lockern, aber die FDP als nationale Alternative zur europäisch ausgerichteten Union entwickeln und strebt deshalb Gespräche mit der Sowjetunion über Deutschland an, um jede Möglichkeit zu nutzen, „die der deutschen Sache, die der Sache der Befriedung Europas" dienen kann; Pfleiderer verwirft Adenauers Wiedervereinigungspolitik und meint, man müsse den Sowjets einen Ausgleich für die sicherheitspolitischen und wirtschaftlichen Verluste anbieten, die ihnen durch einen Abzug ihrer Truppen aus Mitteleuropa entstehen würden; und der aus Leipzig stammende Wolfgang Döring, Landesgeschäftsführer der nordrhein-westfälischen FDP, ist einer der entschiedensten Gegner Adenauers: weil dieser die deutsche Einheit nicht konsequent genug anstrebt, wendet er sich ab 1955 gegen die weitere Zusammenarbeit der FDP mit der CDU. Auf seine persönliche Initiative finden in Eisenach und Weimar 1956 Gespräche mit der liberalen Blockpartei LDPD statt, in denen er zusammen mit Erich Mende und Walter Scheel sondiert, ob es zwischen den Parteien gemeinsame Vorstellungen über „Wege zur Wiedervereinigung" gibt.

Mit dem betont nationalen, temperamentvollen Dehler, dessen ungezügelte, eruptive Sonntags-Reden gefürchtet sind, der nicht integrierend wirkt und deshalb nach vierjähriger Amtsdauer als Parteichef 1957 abgelöst wird, verbindet ihn bald ein freundschaftliches Verhältnis. Ab und an indes wird es durch kritische Augstein-Kommentare oder *Spiegel*-Beiträge getrübt, denn der impulsive Justizminister und spätere Fraktionschef bietet immer wieder Angriffsflächen. So rät Augstein dem „schlummernden Vulkan Dehler" im Frühjahr 1955, für seine Parlamentsreden doch künftig besser ein Konzept zu entwerfen und es mit Freunden vorher durchzusprechen, damit „die Weisheit des Dichters Matthias Claudius sich erfülle: ‚Sage nicht allein, was du weißt, aber wisse immer, was du sagt'".

Schon 1949 hatte der *Spiegel* das Bild eines erkennbar alkoholisierten Dehler veröffentlicht, der auf einem Presseball wie ein Derwisch mit der gerade zur Miss Germany gekürten Petra Schürmann tanzt. Carlo Schmid rügte damals die Veröffentlichung in einem Brief an Augstein: „Vielleicht haben Sie im Laufe Ihres Studiums der Weimarer Republik erfahren können, welche verhängnisvolle Rolle das sog. Badehosenbild des Reichspräsidenten Ebert gespielt hat." Augstein möge sich bitte vorstellen, was etwa in einem Wahlkampf geschehen würde, sollte dieses Bild auf Plakatsäulen auftauchen.

Enger als mit Dehler, der im Gegensatz zu den späteren Parteichefs Scheel und Genscher gegenüber Augstein stets beim formellen „Sie" bleibt, freundet sich der *Spiegel*-Chef mit Wolfgang Döring an, dem „Raketentreibsatz" der FDP, wie ihn ein Altliberaler einmal genannt hat. Er zählt zu jenen Anführern der nordrhein-westfälischen Freidemokraten, die meist der Frontgeneration angehören und im Kriege junge Offiziere waren. Altliberalismus jedweder Couleur sagt ihnen nichts, meinen Peter Lösche und Franz Walter in ihrer grundlegenden Studie über die FDP, auch das Pathos des Freisinns bleibt ihnen fremd. Ganz Pragmatiker und weder an liberalen Philosophien noch Visionen interessiert, verstehen sie Politik als die Kunst, Spielräume zu erkennen und zu nutzen, um ein Optimum an Macht zu erwerben. Zu den Grundüberzeugungen, die sie einen und von denen viele den Überzeugungen des jungen Herausgebers Augstein ähneln, zählt eine kritische Haltung zum Föderalismus, Ablehnung von Marxismus und staatlicher Planwirtschaft, von Konfessionsschulen und jeder anderen Form des Klerikalismus, Eintreten für Meinungsfreiheit, Demokratie und eine betont nationale, deutschzentrierte Politik, die nicht mit dem Rücken nach Osten stehen, sondern an die alte deutsche Mittlerfunktion im Zentrum Europas anknüpfen soll.

Wenn die Düsseldorfer „Jungtürken", wie Döring, Scheel und Weyer bald genannt werden, in Nordrhein-Westfalen an Einfluss gewinnen und schließlich die Führung der Landespartei übernehmen, hat dies auch damit zu tun, dass sie nach dem Krieg zunächst in den Bann Friedrich Middelhauves, des langjährigen FDP-Landeschefs, gerieten und von ihm nach Kräften gefördert wurden. Middelhauve zählt zu jenen Verfechtern eines scharfen Rechtskurses, der sich ab 1948 in den nördlichen FDP-Landesverbänden Hessen und Nordrhein-Westfalen, aber auch in Niedersachsen und Schleswig-Holstein durchsetzt. Gezielt werden Vertriebene, ehemalige Soldaten und Führer der Hitlerjugend umworben, man verbittet sich Kritik am deutschen Soldatentum, fordert eine Generalamnestie für alle von den Alliierten verurteilten Deutschen und will die Entnazifizierung lieber heute als morgen beendet sehen.

Traditionen der Nationalliberalen und der Deutschnationalen überlappen bei den rechten Freidemokraten des Middelhauve-Typs, auf norddeutschen FDP-Parteitagen der frühen fünfziger Jahre sprechen Ritterkreuzträger und Generale, zum Ambiente gehören Marschmusik, Fackeln, Fanfaren und der Große Zapfenstreich. „In einer Art Pimpfen-Kluft mit Lederknoten und Halsdreieck", erinnert sich der Liberale Burkhard Hirsch, erschien eine Abordnung der „Jungen Adler", wie sich die nordrhein-westfälische Parteijugend nannte, auf einem hessischen Parteitag. „Rechts ran mit Middelhauve" habe ein Wahlslogan der FDP an Rhein und Ruhr geheißen, der Adler und die Farben Schwarz-Weiß-Rot seien Symbole gewesen, die sie bewusst im Wahlkampf nutzte. Als Middelhauve in Bielefeld sein „Deutsches Programm" vorstellt, das eine große nationale Sammlungsbewegung aller antimarxistischen Kräfte schaffen soll, offen für alle, die nicht „sozialistischen Zauberklängen" oder den „stark hervortretenden klerikalen Tendenzen in der CDU" folgen wollen, stellt er seiner Rede Liszts Prélude voran – jene Melodien, mit denen einst Sondermeldungen über Siege der Wehrmacht angekündigt wurden.

Allerdings blendet dieser Mann voller Widersprüche, der Anfang der dreißiger Jahre als bekennender Pazifist Mitglied der Deutschen Staatspartei war und nie Mitglied der NSDAP gewesen ist, liberale Elemente in seinem Programm keineswegs aus. Im Verlag des Buchhändlers und Druckers Middelhauve erscheinen die ersten Novellen Heinrich Bölls, und manches an seinem Deutschen Programm mag einen Versuch darstellen, sich in der frühen Bundesrepublik gegen Konkurrenz von Rechts zu behaupten und sowohl der Deutschen Partei wie der Sozialistischen Reichspartei Wähler abspenstig zu machen.

Auf Wolfgang Döring, Jahrgang 1919, den ehemaligen Berufssoldaten, Panzerhauptmann und Träger des EK I, verfehlen die betont nationalen Töne der Middelhauve-Liberalen ihre Anziehungskraft nicht. Als Augstein ihn kennen lernt, trägt er „die Armbanduhr nach der Mode von 1942 über der Pulsader am Handgelenk", spricht in der Ausdrucksweise eines Wehrmacht-Hauptmanns von den „Kumpeln" und den „Kameraden, die man auf Vordermann bringen" muss, und gefällt dem *Spiegel*-Herausgeber sofort: „Mit diesem offenen Gesicht", heißt es in seinem Nachruf auf Döring, würde er sich „befreunden können". Im Krieg hat Döring in Afrika gekämpft, zuletzt im Osten als Chef einer Panzeraufklärungseinheit der Division Brandenburg, ursprünglich einer Eliteeinheit der Abwehr des Admirals Canaris, ehe sie 1944 in eine normale Panzergrenadierdivision umgewandelt wurde.

Nach dem Krieg habe er, sagt Döring von sich, zu denen gehört, die nichts unbesehen hinnahmen und von der Demokratie erst einmal überzeugt werden mussten. Im Herbst 1949 nimmt er erstmals an einer FDP-Veranstaltung in Bad Godesberg teil, zu der ehemalige HJ-Führer und jüngere Wehrmachtoffiziere geladen sind, am 1. August 1950 wird er bereits Hauptgeschäftsführer des FDP-Landesverbands Nordrhein-Westfalen und beginnt mit dem Aufbau einer Organisation, deren Schlagkraft und Effizienz bald gerühmt wird. Sein Verhältnis zu Middelhauve, so Gerhard Papke, ist zunächst eng, auch zeigt er sich, schreiben Dorn und Wiedner in ihrer Döring-Biographie, von der Formulierungskunst Wolfgang Diewerges, eines Mitarbeiters in Middelhauves persönlichem Büro, besonders beeindruckt. Diewerge, Rundfunkreferent im Reichspropaganda-Ministerium, SS-Standartenführer und letzter Intendant des Reichssenders Danzig, hatte wesentlichen Anteil an der Ausarbeitung von Middelhauves „Deutschem Programm", an dem übrigens auch NS-Rundfunkkommentator Hans Fritsche mitgearbeitet haben soll.

Berührungsängste gegenüber früheren Nationalsozialisten kennt Middelhauve offenbar nicht: Unter seiner Führung nisten sich zahlreiche NS-Chargen als hauptamtlich Beschäftigte im Apparat des Landesverbands ein, die er glaubt, für die junge Demokratie gewonnen zu haben, etwa Heinz Wilke, früher Chefredakteur des HJ-Organs *Wille und Macht*, und – als Pressereferent – Siegfried Zoglmann, einst SS-Obersturmführer. Als die Briten 1953 Werner Naumann, ehemals Staatssekretär bei Propagandaminister Goebbels, verhaften und ihm vorwerfen, er habe mit einem Kreis Ehemaliger die FDP an Rhein und Ruhr nationalsozialistisch unterwandern wollen, gerät auch der Hauptgeschäftsführer Wolfgang Döring ins Kreuzfeuer der Kritik: Zwar hat er nachweislich keine Kontakte zum Naumann-Kreis unterhalten, doch ist er für die Beschäftigung ehemaliger Nationalsozialisten im Parteiapparat zumindest mitverantwortlich. Ein Altliberaler wie Theodor Heuss hält zu dem kantigen Mann mit dem Bürstenhaarschnitt, dem „alten

Hitler-Jugendführer" und Berufsoffizier Döring, stets Distanz. In seinen „Tagebuchbriefen" an Toni Stolper gesteht er Döring zwar zu, ein tüchtiger Manager zu sein, meint auch, er verfüge über ein „politisches *judicium* für Menschen und Situationen", nennt ihn aber „ungebildet" und „historisch ahnungslos"; die „Jungtürken" bezeichnet er gar als „Düsseldorfer Nazi-Demokraten". Mit der Naumann-Affäre verschwinden das „Deutsche Programm" wie die „nationale Sammlung" im Orkus der Geschichte, aber der nationale Grundton bleibt: „Die Reden von Döring, Dehler und Weyer", so Burkhard Hirsch, „hatten damals einen fast schon romantisch-patriotischen Klang, sie suggerierten das Gefühl, die CDU verrate den anderen Teil des Landes." Nach und nach sagen sich auch Middelhauves Zöglinge Weyer, Döring und Scheel von ihrem langjährigen Vorsitzenden los, zumal dieser ihren Schwenk gegen die CDU nicht mitvollziehen will.

Die politische Annäherung Augsteins und Dörings hat ihre Wurzel in beider Erkenntnis, dass die FDP, wenn sie auf Dauer als dritte Kraft überleben und ein ernstzunehmender politischer Partner bleiben will, bereit sein muss, die einseitige Bindung an die CDU notfalls aufzugeben und durch eine Koalition mit der SPD einen Führungswechsel im Bund herbeizuführen. Ihre Stunde kommt, als Adenauer, des Streits mit Dehler um die Deutschlandpolitik überdrüssig, im Spätherbst 1955 mit einem Mehrheits- oder „Graben"-Wahlrecht droht, das den Christdemokraten mit einem Stimmanteil von nur 40 Prozent eine absolute Mehrheit garantiert hätte. „Nibelungentreue gegenüber einer so großen Partei wie der CDU", warnt Jens Daniel als FDP-Kassandra schon im Frühjahr 1955, „ist Selbstmord." Es ist die erste von mehreren Kolumnen, mit denen Augstein, zu Zeiten des Regierungschefs Adenauer stets der Trommler des demokratischen Wechsels, publizistisch vorbereitet, was die Düsseldorfer Jungtürken, an ihrer Spitze Wolfgang Döring und Willi Weyer, im April 1956 schließlich wagen: Sie stürzen den christdemokratischen Ministerpräsidenten Karl Arnold in Düsseldorf – „stellvertretend für seinen obersten Kriegsherren in Rhöndorf", wie ein triumphierender Augstein anmerkt; sie überspringen die für Liberale, auch für Döring, der ja von Rechts kommt, bis dahin unüberschreitbare Barriere zur SPD – und zwar der *vor* Godesberg! – und bilden mit ihr eine Koalition.

Zwar wird ihr Ausscheren aus dem Bürgerblock von den Wählern erst einmal abgestraft, denn im Bund vermag Adenauer, nicht zuletzt wegen Einführung der flexiblen Rente, aber auch als Folge der Ungarn-Krise, 1957 die absolute Mehrheit zu erringen, ein Jahr später verliert die Düsseldorfer Koalition auch die Landtagswahlen, bei denen die Liberalen etwa ein Drittel ihrer Stimmen einbüßen. Doch folgt man Peter Lösche und Franz Walter, dann hat das Manöver der „Jungtürken" zumindest auf mittlere Frist die Landschaft der Bundesrepublik verändert: Ein Tabu ist gebrochen, die Schranke zwischen Bürgern und sozialdemokratischen Arbeitern niedriger gehängt, auch wenn sich die Kräfte, die auf ein sozialliberales Bündnis drängen, erst 13 Jahre später durchsetzen werden.

Ist Augstein ein FDP-Mitglied *à conto* Wolfgang Döring? Jedenfalls wechselt er vom Hamburger Landesverband zu den Freien Demokraten in Nordrhein-Westfalen, und dass der Coup von Düsseldorf, diese um mehr als ein Jahrzehnt vorweggenommene strategische Wende der FDP, ihr beider, Dörings und Augsteins, gemeinsames Werk gewesen sei, wird sich der *Spiegel*-Herausgeber zeitlebens als Verdienst anrechnen. Im Jahr der Bundestagswahl 1957, als das Düsseldorfer Modell noch nicht gescheitert ist und beide noch hoffen, es werde in Bonn Schule machen, unternimmt Augstein seinen ersten Einstiegsversuch in die aktive Politik. Auf Betreiben Dörings, aber auch Willi Weyers wird er von der Kreisversammlung der FDP in Mönchengladbach am 22. Mai 1957 als Bundestags-Kandidat für den Wahlkreis 82 (Rheydt-Mönchengladbach-Viersen) benannt und von der Landesversammlung der FDP in Dortmund am 6. Juli 1957 auf Platz 9 der Landesliste gewählt.

Vorausgegangen ist ein Besuch Augsteins mit seinem Freund Wolfgang Döring und seinen Förderern Weyer und Scheel bei Erich Mende, dem stellvertretenden Vorsitzenden der Bundestagsfraktion in dessen Haus in Bad Godesberg, das nicht ohne Kontroversen verlief, denn der Major a. D. und Ritterkreuzträger Mende gilt eher als Anhänger einer Bürgerblock-FDP. In seinen Memoiren erinnert er Augstein als „eiskalte, brutale Kämpfernatur von eindrucksvoller Härte, voller Ironie und bissigem Spott" – als einzige Alternative habe er „das Bild einer gegen die CDU/CSU gerichteten Mehrheit aus SPD und FDP" mit Reinhold Maier als Bundeskanzler entworfen und dafür die Unterstützung des *Spiegel* in Aussicht gestellt: „… in einen solchen Haß gegen Konrad Adenauer und Franz Josef Strauß" habe er sich gesteigert, dass die „sachlichen Überlegungen einschließlich der allgemeinen Stimmung im Land" zwangsläufig zurückgetreten seien.

Mende, daran kann kein Zweifel bestehen, lehnt die Kandidatur Augsteins ab, schon weil er den Unmut der traditionellen FDP-Wähler über das Bündnis mit den Sozialdemokraten in Düsseldorf spürt. Ganz ohne Einfluss scheint seine Haltung nicht gewesen zu sein, denn Ende Juni schreibt Augstein seinem Freund Wolfgang Döring, er habe den Eindruck, dass es wegen seiner Kandidatur „zu Schwierigkeiten kommen könnte". Doch wenn er dann, sehr zum Ärger Weyers, am 13. Juli, nur eine Woche nach der Bestätigung durch den Parteitag, den sicheren Platz auf der Landesliste aufgibt, hat dies nichts mit Mendes vergeblichen Störmanövern, sondern damit zu tun, dass sich die Anzeichen für einen CDU-Wahlsieg mehren.

Vor die Wahl gestellt, weiter bestimmenden Einfluss auf den *Spiegel* zu behalten oder für eine Partei in den Bundestag zu ziehen, die eine neue Regierung Adenauer doch nicht verhindern kann, entscheidet er sich für das eigene Blatt. Als Herausgeber und Kolumnist, als Warner, Ratgeber und moralische Instanz, als die sich Jens Daniel so gerne gibt, glaubt er der Sache, für die er ficht – die Ablösung Adenauers und eine neue Deutschlandpolitik – besser dienen zu können als auf den harten Bänken der Opposition. Hinzukommen mag, dass er, der inzwischen hoch gestiegen ist, über publizistische Macht gebietet und es zu Reichtum brachte, die Mühen der niederen Ebenen scheut, die keinem neuen Parlamentarier erspart bleiben. Ohnehin waren seine wichtigsten Vertrauten und Mitarbeiter beim *Spiegel*, allen voran Hans Detlev Becker und Verleger John Jahr, von seinem Ausflug in die aktive Politik wenig erbaut.

Mit Döring, einem charismatischen Redner, der vor allem Angehörige der Frontgeneration in seinen Bann zu ziehen versteht, wird Augstein enge Freundschaft halten, auch wenn dessen Stern, der 1956/57 so hell leuchtete, dass die Partei ihn zu ihrem Wahlkampfmanager für die Bundestagswahlen berief, nach dem strahlenden Wahlsieg Adenauers erst einmal im Sinken ist. Die Freien Demokraten büßen knapp zwei Prozent der Stimmen ein, und so heißt ihr neuer Fraktionschef im Bundestag Erich Mende. Es ist die für den Zyniker und Rationalisten Augstein ungewöhnliche emotionale Nähe zu dem vier Jahre älteren Döring, die zu der Frage führt, was diesen für den *Spiegel*-Herausgeber so anziehend macht. Ist es dessen in der Politik ungewöhnliche Aufrichtigkeit, ist es das gemeinsame Kriegserlebnis? Döring sei ihm vorgekommen „wie Marschall Ney, le ‚brave des braves', der sich als letzter hinter den Trümmern der Großen Armee mit den Kosaken prügelt", so Augstein über den Freund, der 1963 einem Herzinfarkt erlag: „Nie wird er den Schlitten besteigen und das Fußvolk in der Eiswüste zurücklassen." Beide wissen, was Krieg bedeutet, beide wollen einen neuen vermeiden, und so verbindet sie der gemeinsame Kampf gegen eine Atombewaffnung der Bundeswehr und gegen Franz Josef Strauß, dessen Politik sie für halsbrecherisch halten.

Im März 1958, während der Atomdebatte im Bundestag, löst Döring bei der CDU/CSU Tumulte aus, als er sagt, einige von Christdemokraten gehaltene Reden seien „zur Heraufbeschwörung eines dritten Weltkriegs" geeignet. Rolf Zundel von der *Zeit* sieht in ihm den typischen Vertreter der Kriegsgeneration, die von Phrasen und Dogmen nichts hält. Nach einer Rede von Strauß im Bundestag fragt Döring: „… wer so wirkt wie er, in einer so schwierigen Lage, wie wird der wirken, wenn er eines Tages auf den Trümmern seines Bunkers sitzt, pulvergeschwärzt, mit zerrissenem Kragen und Anzug, und sagen muss: Das habe ich alles nicht gewollt."

Es ist Döring, der die FDP öffnen, auch für die Arbeiter von der Ruhr wählbar machen, die klassische „Klein-aber-fein-Partei" in eine liberale Volkspartei umwandeln und als große dritte Kraft im Bund etablieren will – was ihm allerdings nicht gelingt. Und es ist Döring, der Mann, der ursprünglich von rechts kam, der in der *Spiegel*-Affäre die Fahne der Liberalen hochhält und die strikte Einhaltung der Rechtsstaatstraditionen fordert. In einer bewegenden, wohl der besten Rede zur Aktion gegen den *Spiegel*, nimmt er seinen Freund Augstein gegen die Vorverurteilung als Landesverräter durch Konrad Adenauer in Schutz. Dem Staatsbürger Augstein, sagt Döring zu Adenauer gewandt, sei er schuldig, „dagegen zu protestieren, dass Sie hier sagen: Herr Augstein verdient am Landesverrat. Dann haben Sie als erster hier ein Urteil gefällt, das zu fällen nur dem Gericht zusteht." Er werde niemals hinnehmen, „dass Leute verurteilt sind, bevor sie überhaupt jemals den Gerichtssaal gesehen haben".

Mit Erich Mende dagegen, der sich in dieser *Spiegel*-Debatte vorsichtig zurückhält, der prinzipieller Gegner jedes Bündnisses mit der SPD ist und ab 1960 auch den Parteivorsitz übernimmt, kommt es immer wieder zu Auseinandersetzungen. Nur einmal stimmt Augstein ihm aus vollem Herzen zu – als Mende Mitte der fünfziger Jahre für eine Berufsarmee und gegen die

Wehrpflicht eintritt. Ansonsten mokiert sich das FDP-Mitglied Augstein über den Major a. D. als Vertreter einer „zackigen Mittelmäßigkeit", bezichtigt ihn des „Mendeschwulsts" oder des „Ressentiments des deutsch-nationalen Kleinbürgers gegen die Roten, gegen die vaterlandslosen Gesellen, gegen die Marxisten, gegen die Leute also, mit denen die FDP in den Wahlen von 1957 die Regierung bilden wollte ..." Als er im November 1960 über die Mende-FDP schreibt, sie wage keineswegs das Versprechen, mit dem „außer Rand und Band geratenen Rübezahl" namens Adenauer nicht zu koalieren, denn „wenn er Ministersitze anzubieten hat", werde sie, „Peitsche hin, Peitsche her, koalieren", schreibt ihm Thomas Dehler empört „Soweit ist es also gekommen: Sie sehen uns – oder sehen Sie wirklich nur noch Mende? – aus dem Blickwinkel des kleinen Mannes, als die käufliche Dirne, die auf den Meistbietenden wartet."

Mitgliedschaft in der Partei macht Augstein weder hörig noch zahm. Geradezu höhnisch beginnt eine Titelgeschichte des *Spiegel* über Mende, am 31. Mai im Wahljahr 1961 veröffentlicht, mit dem Satz: „Ein katholischer Ritterkreuzträger mit deutschen Schäferhunden, protestantischer Ehefrau und einem Eigenheim, das von der Bausparkasse ‚Wüstenrot' finanziert wurde, ist aufgerufen, den deutschen Liberalismus zu retten: Erich Mende, 44." Als selbst Wolfgang Rubin, der Weyer und Döring nahe steht, sich darüber beschwert, dass der *Spiegel* mit diesem Titel ganze Kübel voll Häme über dem Parteivorsitzenden ausgegossen habe, lehnt Augstein, wie er das in solchen Fällen meistens tut, jede persönliche Verantwortung ab und betont die freie Entscheidung der Redaktion: Der Titel sei während eines längeren Urlaubs von ihm ins Blatt gekommen, und er habe die Redaktion ausdrücklich gebeten, „eine positive Geschichte erscheinen zu lassen, sofern ihr das möglich war". So seine offizielle Version, die freilich der Wahrheit nicht entspricht.

Richtig ist vielmehr, dass er seinen Chefredakteur Claus Jacobi, als er die erste Fassung des FDP-Titels zu lesen bekommt,

am 23. Mai per Hausmitteilung ermuntert, pointierter gegen
Mende zu schreiben, denn gerade der Anfang scheint ihm „zu
blass" geraten. Allerdings stellt er sich nach der persönlichen
Distanzierung, und auch das gehört zur Routine, die er bei der
Beantwortung von Beschwerden entwickelt hat, schließlich wieder vor die Autoren: Er müsse der Redaktion konzedieren, „dass
sie sachlich im Recht war, wenn man von einzelnen Überschär-
fungen absieht ..." Er selbst könne aber eine dritte Partei nur
so lange bejahen, „wie es sich tatsächlich um eine dritte Partei
handelt". An einer Partei, von der zu befürchten stünde, dass sie
niemals imstande wäre, den notwendigen Regierungswechsel
mitzutragen, sei er nicht interessiert.

Immer wieder läutet Augstein das Totenglöcklein für eine
FDP, die nicht den Wechsel will, sondern sich mit einem Dasein
als Appendix der CDU begnügt und deshalb aus seiner Sicht
überflüssig ist, immer wieder gerät er deshalb in Schwierigkeiten mit seiner Partei. Es mehren sich die Anfragen aus verschiedenen FDP-Landesverbänden, „ob die Mitgliedschaft in einer
Partei vereinbar ist mit einer so abwertenden und gehässigen
Berichterstattung, wie sie durch das Parteimitglied Rudolf Augstein erfolgte". Dies teilt Mende Mitte September 1958 seinem
Hamburger Parteifreund Engelhard mit und meint, eigentlich
müsse Augstein selbst Wert darauf legen, „nicht mehr Mitglied
einer Partei zu sein, die so schlecht ist, wie er sie in seinen Artikeln gemacht hat ..." Der FDP-Vorsitzende revanchiert sich für
Augsteins Angriffe gegen ihn, nennt den *Spiegel* nur noch eine
„bebilderte Wochenschrift", die Berichte „aus dem Reich der
Romanschriftstellerei" veröffentlicht, und verlangt auf einer
gemeinsamen Sitzung von FDP-Bundesvorstand und Bundestagsfraktion am 6. Oktober 1961, in kleinem Kreis darüber zu
sprechen, „wie wir das Problem des Parteifreundes Augstein
weiter betrachten". Wenn eine Partei es zulasse, dass ein Mitglied der Partei, „auch wenn er Journalist ist und damit die
Pressefreiheit genießt", den Vorsitzenden „mit Rufmord" über-

ziehe, dann treffe diese Art der Behandlung, so Erich Mende, die Mitglieder des Vorstands, „wenn sie sich nicht vor ihren Parteivorsitzenden stellen!" Das Sitzungsprotokoll verzeichnet lebhafte Zustimmung, und doch geschieht nichts – offenbar will es sich niemand mit dem mächtigen Herrn der öffentlichen Meinung verderben. Augstein denkt auch nicht daran, wie Mende heimlich hofft, von selbst die Partei zu verlassen, denn er fühlt sich als Schrittmacher einer innerparteilichen Opposition, die zwar 1958 bestenfalls ein Drittel der Mitglieder umfasst, aber stetig an Gewicht gewinnt.

Deutlich wird das auf dem Hannoverschen Parteitag Anfang April 1966, als Augstein als Gastdelegierter Rederecht beantragt, um für einen deutschlandpolitischen Kurswechsel der Freien Demokraten zu werben. Im Bunde ist er mit den Jungdemokraten und mit *Stern*-Chefredakteur Henri Nannen. Beide sind seit gemeinsamen Zeiten im hannoverschen *Anzeiger*-Hochhaus befreundet, wo auch Nannen nach dem Krieg als Lizenzträger der FDP-nahen *Hannoverschen Neuesten Nachrichten* begann und ab 1948 die Jugendzeitschrift *zick-zack* herausgab, aus der er dann den *Stern* entwickelt. Beide ziehen auf diesem Parteitag an einem Strang, ein oft gedrucktes Foto zeigt Augstein, der Nannen einen Antrag in die Schreibmaschine diktiert.

Ein letztes Mal obsiegt Mende auf diesem Parteitag, mit knapper Mehrheit lehnen die Delegierten ab, den *Spiegel*-Chef anzuhören, aber sie haben die Rechnung ohne die Jungdemokraten gemacht. Diese geben in Hannover einen Parteitagsdienst heraus, der umgehend veröffentlicht, was Augstein gesagt hätte, wenn man ihn hätte reden lassen – und so finden die Delegierten Augsteins flammendes Plädoyer für einen Politikwechsel gedruckt auf ihren Tischen vor. Nur ein Jahr später, in Freiburg 1967, muss Mende dann dem neuen Vorsitzenden Walter Scheel weichen. Was Wolfgang Döring und Augstein schon 1957 anstrebten, hat sich, wenn auch zehn Jahre später, in der FDP endlich durchgesetzt.

Von Jesus über Friedrich bis Hitler
Der Amateurhistoriker als Aufklärer

Sucht Rudolf Augstein geistige Orientierung, etwa Antwort auf ihn bedrängende Fragen, wenn er Mitte der sechziger Jahre Philosophen aufsucht – Karl Jaspers Anfang 1965 in Basel, Martin Heidegger im September 1966 in Freiburg und auf seiner Schwarzwald-Hütte in Todtnauberg? Wohl kaum, denn beide *Spiegel*-Gespräche kreisen nicht so sehr um Philosophisches, sie haben journalistisch legitime, reale Anlässe: die bevorstehende Bundestagsdebatte über die Verjährung von nationalsozialistischen Verbrechen und Heideggers Bekenntnis zur „Größe und Herrlichkeit" des nationalsozialistischen „Aufbruchs" 1933 – ein Thema zu dem der Denker von „Sein und Zeit" sich öffentlich bis dato nicht eingelassen hatte.

Dabei war Augsteins Verhältnis zu Jaspers bis zu ihrer Begegnung in Basel eher ablehnend, denn in seiner Schrift „Freiheit und Wiedervereinigung" aus dem Jahr 1960 hatte der Philosoph den Nationalstaatsgedanken als „das Unheil Europas" und „aller Kontinente" verworfen und die deutsche Einheit für irreal und nicht wünschenswert erklärt, was Augstein, der so National-gesinnte, natürlich nicht hinnehmen konnte. Die Forderung nach Wiedervereinigung bezeichnete Jaspers als „Gespenst aus der Vergangenheit", sie ziele darauf, den Bismarckstaat wiederherzu-stellen – doch der sei unwiderruflich dahin. Eigentlich komme es nur darauf an, einen Zustand zu schaffen, der den Landsleu-ten im Osten ein freies Leben ermögliche. Freiheit statt Wieder-vereinigung, der Gedanke war so neu nicht – dachte Franz Josef Strauß nicht in diese Richtung, nicht auch Konrad Adenauer, als er 1958 bei Sowjet-Botschafter Smirnow einen Neutralitäts-status für die DDR nach dem Vorbild Österreichs ventilierte?

Wenn Jaspers verlangte, die Deutschen sollten die Spaltung aus innerer Einsicht heraus bejahen, weil sie Schuld auf sich geladen hätten, nahm er Günter Grass vorweg, der ihnen 1989/90 wegen Auschwitz das Recht auf den Nationalstaat bestritt.

„Da tritt der Philosoph herein", hieß die Jens-Daniel-Kolumne, in der sich Augstein im Frühherbst 1960 mit Jaspers Thesen auseinandersetzte, und hochmütiger, ja vernichtender ging's nimmer: Der „Windbeutelei" und des „philosophischen Kauderwelsch" bezichtigte er den Philosophen; er riet ihm, es doch besser dem Dorfpastor zu überlassen, praktische Politik „auf die Mißweisung von Schuld und Sühne, auf den Sinn der Geschichte abzulenken", und bezeichnete Jaspers als „stimmgewaltigsten Rufer jener Nato-Ideologie, die den Westdeutschen abgeredet hat, sich um die Ostdeutschen zu kümmern".

Hart ins Gericht war Augstein zwei Jahre zuvor schon mit Jaspers' Buch „Die Atombombe und die Zukunft des Menschen" gegangen: Der Philosoph fordere in seinem „unverbindlichen, abgeklärten Dozieren" auf 500 Buchseiten einen neuen Menschen, der „angesichts der Bombe zur Vernunft" umkehre – aber solche Postulate würden seit tausend Jahren erhoben, geändert habe sich nichts. Das bittere Fazit dieser Jens-Daniel-Kolumne: „O si tacuisses, philosophus mansisses – hättest du nur geschwiegen, wärest du Philosoph geblieben."

Umgekehrt hegt Jaspers Vorbehalte gegen Augstein und den *Spiegel*, vor allem gegen dessen „nihilistischen Geist" und den „negativistisch-hochmütigen Stil": das Blatt habe „keine Spur von Anstand, keine Noblesse", schrieb er Hannah Arendt nach New York. Eine Bitte der *Spiegel*-Redaktion um ein Interview über sein Atombomben-Buch lehnt er 1960 ab, die Art des Magazins, Gespräche zu führen, dünkt ihn noch 1962 „korrupt". Doch ändert er seine Haltung nach der *Spiegel*-Affäre: Der Versuch, das Augstein-Magazin auszulöschen, habe den Erfolg gehabt, dass der *Spiegel* „nun erst eigentlich zu sich selbst kam", schreibt er in seiner Streitschrift „Wohin treibt die Bundesrepublik?". Er nennt den *Spiegel* jetzt einen „wesentlichen Faktor der öffentlichen Erziehung zum Tatsachensinn und zum unabhängigen Urteil", lobt seine „diszipliniert geführten Gespräche", die zeigten, was Männer der Zeit „denken und wie sie argumentieren", und bringe Ereignisse zur Kenntnis, „von denen man sonst nichts erfährt".

Seit seiner Schrift zur „Schuldfrage", in der er zwar die Kollektivschuld an den Nazi-Verbrechen ablehnte, aber den Deutschen die Pflicht zur „politischen Haftung" auferlegte, gilt Jaspers als *die* moralische Instanz der frühen Bundesrepublik. Am Vorabend der Bundestagsdebatte über die Verjährung ungesühnter Morde der Nationalsozialisten spricht er sich im *Spiegel* eindeutig für die weitere Verfolgung von NS-Verbrechen aus und zieht eine klare Grenze zwischen Kriegsverbrechen und Verbrechen gegen die Menschlichkeit auf der einen, *Verbrechen gegen die Menschheit* auf der anderen Seite. „Verbrechen gegen die Menschlichkeit", so Jaspers in seinem Gespräch mit Augstein, „sind alle die Scheußlichkeiten, die Kriegsverbrechen heißen, vollzogen gegenüber dem Feinde." Dagegen stellt er das „Verbrechen gegen die Menschheit", den Genozid, den er mit dem Anspruch gleichsetzt, „darüber zu entscheiden, welche Menschengruppen und Völker auf Erden leben dürfen oder nicht, und diesen Anspruch durch die Tat der Ausrottung durchzuführen". Dieser Grenzziehung entspricht seine Unterscheidung zwischen einem Staat, der Verbrechen begeht, und einem Verbrecherstaat, der anderen Völkern die Daseinsberechtigung auf der Erde abspreche und sie ausrotte. Die Flächenbombardements, die Zerstörung Dresdens und Hiroshimas seien zweifellos Kriegsverbrechen, also Akte gegen die Menschlichkeit. Aber sie lägen nicht auf gleicher Ebene wie der Völkermord der Nationalsozialisten, der ein „Verbrechen gegen die Menschheit" sei.

Das Jaspers-Augstein-Gespräch erregt unerhörtes Aufsehen und bleibt nicht ohne Wirkung auf die Debatte, eine Sternstunde des Parlaments, wie Kritiker loben, auch wenn sie nicht die klare Entscheidung bringt, die Jaspers gefordert hatte – nämlich „überhaupt keine Verjährung". Der Kompromiss, es zwar bei der dreißigjährigen Verjährungsfrist für Mord zu belassen, aber den Beginn dieser Frist erst auf das Jahr 1949 zu datieren, bringt der Strafverfolgung einen Zeitgewinn von nur vier Jahren. So muss das Parlament 1969 erneut debattieren, verlängert die Frist um weitere zehn Jahre, bis 1979 schließlich die Verjährung für Mord – und damit auch die Verjährung von schweren NS-Verbrechen – ganz aufgehoben wird. „An die tausend Leute haben uns geschrieben", meldet Augstein voll Stolz dem Professor in Basel: Offenbar müsse man sich nur den richtigen Zeitpunkt aussuchen, dann könne „der Gedanke immer noch zu den Leuten dringen". Der Philosoph bedankt sich artig mit dem Kompliment, er habe einen „modernen, unabhängigen Menschen" kennen gelernt.

Seiner Freundin Hannah Arendt schildert er Augstein nach dem *Spiegel*-Gespräch als „unscheinbaren, kleinen Mann mit scharfer Intelligenz und enormem präsenten Wissen", der „völlig unabhängig, auch dem *Spiegel* gegenüber", sei. Doch ist sein Eindruck durchweg ambivalent: „Ich kann nicht sagen, dass ich dem Mann vertraue, im Gegenteil, aber ich stehe ihm noch ganz fragend gegenüber. So ein Mann ist mir noch nicht begegnet. Es war, als ob ich Verwandtschaft spüre und dann den Abgrund ..." Bemerkenswert ist, dass Augstein selbst keinen Kommentar zur Verjährung schreibt, allerdings im Gespräch mit Jaspers zu erkennen gibt, dass man, „so wie die Dinge geworden sind", aus „Opportunitätsgründen", wie er sagt, die Verjährungsfrist verlängern müsse. Fast alle Sprecher der Partei jedoch, der er angehört und die seit 1949 eine Generalamnestie und das Ende der Entnazifizierung gefordert hatte, wenden sich aus formalrechtlichen Gründen gegen eine Verlängerung, und der FDP-Justizminister im damaligen Kabinett Erhard, der Freidemokrat Ewald Bucher, tritt nach der Debatte zurück, weil er sich mit

VON JESUS ÜBER FRIEDRICH BIS HITLER

seinem völlig ablehnenden Standpunkt nicht hat durchsetzen können.

Ein Jahr später, im März 1966, entsteht jenes Foto, das Heidegger und den *Spiegel*-Herausgeber Seite an Seite wandernd auf einem Hügel im Schwarzwald zeigt: Beide von hinten aufgenommen, beide etwa gleich groß oder klein, Augstein geht aufrecht und trägt eine Aktentasche, Heidegger gebeugt mit Hut und Rucksack, den Spazierstock hält er in der rechten Hand. Doch Vertrautheit und Nähe, welche die Aufnahme dem *Spiegel*-Leser suggerieren könnte, sind nur vorgetäuscht. Das Gespräch soll Heidegger – „nach zwanzig Jahren Schweigsamkeit zu diesem Thema" – Gelegenheit geben, sich „über seine Beziehungen zum Nationalsozialismus zu äußern"; für des Philosophen Hauptwerk „Sein und Zeit" hat Augstein, wie er sehr viel später bekannt, in einem Vortrag vor der philosophischen Fakultät der Universität Complutense in Madrid 1989, „kein philosophisches Organ", die „Metaphysik als die ‚Lehre vom Sein des Seienden' interessiert ihn nicht.

Vorausgegangen ist der Begegnung im Schwarzwald ein Leserbrief Heideggers an den *Spiegel*, in dem er Vorwürfe zu korrigieren sucht, die wegen seiner spektakulären Parteinahme für den Nationalsozialismus als Rektor der Freiburger Universität 1933 gegen ihn erhoben wurden. Natürlich nutzt der Philosoph die Plattform, die Augstein ihm bietet, er räumt ein, dass er den Nationalsozialismus als „Neues", als „Aufbruch" empfunden habe, zu „einer nationalen und sozialen Einstellung zu finden, etwa im Sinne des Versuchs von Friedrich Naumann". Doch legt er Wert darauf, dass er von Anfang an „widerständig" gehandelt, etwa das Aufhängen antisemitischer Plakate lange verhindert, eine Bücherverbrennung verboten, die Entfernung der Werke jüdischer Autoren aus der Bibliothek seines Seminars verhindert habe. Aber der Parteigenosse von Mai 1933 bis 1945 schönt, färbt, vergisst und verdrängt: Das obstinat Apologetische überwiegt so sehr, dass er die Jahre von 1934, als er das Amt des Rektors niederlegt, bis zum Zusammenbruch des Hitlerreichs „als inneren geistigen Widerstand" interpretiert – so Augstein rückblickend in Madrid.

Entgegen des *Spiegel*-Chefs Absichten mischt sich doch Philosophisches in die Diskussion – Heidegger raunt vom Ende der Philosophie, der „Vorbereitung der Bereitschaft des Offenhaltens für die Ankunft oder das Ausbleiben Gottes", vor allem von der Macht der Technik, die der Mensch nicht bewältige, die ihn entwurzele und die ihn immer mehr von der Erde losreiße. Doch vom *Spiegel* gefragt, wie die Menschen ihr Miteinander in dieser „von ihnen selbst technisierten Welt, die sie vielleicht übermächtigt hat", einrichten sollten, entflieht er ins Vage.

So ist Heidegger für Augstein, der von Jaspers so präzise und glasklare Antworten auf politische Fragen der Zeit gewohnt ist, eine große Enttäuschung, denn er will sich in solche Niederungen partout nicht begeben und verweigert die erbetenen „Hinweise auf Lebensmöglichkeiten": Soweit er sehe, so seine Antwort, sei „ein einzelner vom Denken her nicht imstande, die Welt im Ganzen so zu durchschauen, dass er praktische Anweisungen geben könnte und dies gar noch angesichts der Aufgabe, erst wieder eine Basis für das Denken selbst zu finden". Auch in diesem *Spiegel*-Gespräch, das er erst nach ausgiebiger Überarbeitung seiner Antworten freigibt, verzichtet Heidegger nicht auf seinen „Jargon der Eigentlichkeit" (Adorno). Als Augstein 1987 das Buch von Victor Farias – „Heidegger et le nazisme" – bespricht, nennt er diesen Jargon ein „skurriles Sprach- und Denksystem", das von höchstens hundert Leuten verstanden werde. An Pierre Bourdieu anknüpfend, der auf die Beziehungen von völkischem Denken, revolutionärem Konservatismus und Heideggers Philosophie hingewiesen hat, sieht er in seinem Gesprächspartner in der Hütte von Todtnauberg 1966 nun einen „deutschtümelnden Priesterpropheten" und bezichtigt ihn des „Schamanentums".

Heidegger hatte übrigens darauf bestanden, das *Spiegel*-Gespräch von 1966 dürfe erst nach seinem Tod veröffentlicht werden – nicht aus „Stolz noch Eigensinn", wie er Augstein in einem Brief vom Januar 1967 versichert, sondern allein aus Sorge um seine Arbeit: Als „unum necessarium" für sich bezeichnet er den „Rückzug aus der Öffentlichkeit, Vorbereitung der Wege zu einer Bereitschaft des Wartens, das sich freigibt für die Möglichkeit, dass der Mensch dieser Jahrhunderte von einem geschichtlichen Anspruch dessen getroffen wird, was er selber nicht ist und selbst nie herzustellen vermag". Die Aufgabe des „so verstandenen Denkens", schreibt Heidegger, stehe „in einem äußersten Gegensatz zu dem in gleicher Weise notwendigen Auftrag des *Spiegel*".

Mitte der sechziger Jahre, die *Spiegel*-Affäre ist durchgestanden und alle Versuche sind gescheitert, der Routine des eigenen Blattes durch Gründung einer seriösen Wochenschrift zu entfliehen, erprobt Augstein sich erstmals als Schriftsteller – aus Langeweile, wie Klaus Harpprecht sich erinnert. Von ihm, dem damaligen Leiter des S. Fischer Verlags, stammt die Anregung, Augstein möge den Verdruss über sein offenbar zu eintöniges Dasein beim *Spiegel* dadurch mindern, dass er ein Buch über Friedrich II. schreibe. Im wilden Jahr 1968, als die Studenten alle Autorität in Frage stellen, erscheint dann Augsteins Erstling, „Friedrich und die Deutschen", mit dem er unternimmt, was andere vor ihm, etwa Werner Hegemann, auch schon versuchten – den Preußenkönig vom Sockel zu stürzen.

Es ist eine historische Abrechnung, die er vorlegt, sie hält die Mitte zwischen Biographie und Rezeptionsgeschichte, wobei Augstein, schon um der besseren Dekonstruktion der Preußen-Legende willen, die in zwei Weltkriegen instrumentalisiert wird, sich eher als Ikonoklast betätigt. Ein Werk aus der „besten Pamphletistenschule" nennt es der Romancier Hermann Kesten im *Kölner Stadtanzeiger*, es lebe vom „Furor eines eminenten polemischen Journalisten" und dem „Feuer aller unerlässlichen politischen Ressentiments gegen die schreibenden und handelnden Verderber Deutschlands". Augstein will die Deutschen davor warnen, sich nach der großen Katastrophe, nach der Schwächung des nationalen Selbstbewusstseins ausgerechnet am Geist des Preußenkönigs, an altpreußischer Strenge, Mannhaftigkeit und Zucht wieder aufzurichten, wie einige damals empfehlen.

So ist der Friedrich, wie er ihn schildert, hinterlistig und verlogen, neidisch und eifersüchtig, seine Tapferkeit wird bezweifelt, vom Glanz des aufgeklärten Herrschers bleibt fast nichts. Groß könne man ihn schon deshalb nicht nennen, weil seine Regierung nicht fortschrittlicher gewesen sei als die politischen Systeme vergleichbarer Länder: In Österreich seien Staatsverwaltung und Volksschulen besser gewesen, in Frankreich die Universitäten, in Baden Bildung und soziale Fürsorge, in Braunschweig und Hamburg die Pressefreiheit. Nur den waghalsigen Glücksspieler auf dem Schlachtfeld lässt Augstein gelten und bestreitet ihm den freilich zweifelhaften Rang des großen Eroberers nicht: Die „politischen Verbrechen" seiner Präventivkriege seien „durch deren Erfolge legitimiert". Sein Friedrich, bemerkt Finck von Finckenstein in der *Welt* zu Recht, sei zwar „nicht immer ein echter alter Fritz, aber auf jeder Seite ein echter Augstein". Hans Joachim Schoeps, der aus der Emigration in Schweden heimgekehrte jüdische Preußenverehrer, spricht von einem Versuch, „den Filmschauspieler Otto Gebühr", Darsteller des positiven Heldenklischees vom „Großen Preußenkönig" in propagandistischen Ufa-Filmen, noch „nachträglich zu ermorden" und fragt: „... was kann eigentlich Fridericus Rex für die Ufa und für Alfred Hugenberg?"

Wenn der Friedrich-Biograph den DDR-Staatschef Walter Ulbricht die „symbolisierte Rache der Sachsen" für Friedrichs Überfall von 1756 nennt, wenn er des armen Preußenkönigs „Appetit" auf das reiche Sachsen demjenigen Bethmann Hollwegs auf Belgien 1914 gleichsetzt, zieht er dem Historiker anstößige, dem Essayisten erlaubte Parallelen zur Gegenwart. Als eine

Art Vorhölle zum Zweiten Weltkrieg sieht er Friedrichs Kriege, zumal das berühmte Mirakel des Hauses Brandenburg, das nach der vernichtenden Niederlage von Kunersdorf mit dem Tod der Zarin Elisabeth dem Preußenkönig unverhofft Rettung brachte, von Goebbels 1944/45 immer wieder zwecks Durchhalten beschworen wird. Dass Hitler nur ein einziges Bild, ein Porträt Friedrichs, im Bunker unter der Reichskanzlei hängen hatte, als er in seinem Wahn die eigene und die Rettung Berlins durch die Geisterarmee Wenck befahl, ist für ihn Beleg für seine These von einer direkten Linie, die historisch vom König in Sanssouci zur deutschen Katastrophe führt. Im Grunde will er wohl eher den Sockel, den Friedrich-Mythos der deutschnationalen Barden und was dieser historisch angerichtet hat, nicht so sehr das Denkmal zerstören. Dazu bietet er eine Unmenge Zeugen und Zitate auf, die ihm der Apparat, über den er verfügt, vornehmlich seine brave *Spiegel*-Dokumentation, zugeliefert hat, ohne dass er dieser Mitarbeit gebührend gedächte.

Alle Kritiker sind sich nahezu einig darin, dass sein Erstling eine unerhörte Materialsammlung und Fleißarbeit darstellt. Doch vergleicht Sebastian Haffner seine Methode der des Staatsanwalts, der einen Strafantrag stellt und für die angestrebte Verurteilung des Angeklagten so viel wie möglich belastende Argumente zusammenklaubt: Das Buch sei nicht frei von der „*Spiegel*-Methode", einem „ungeheuren Ansammeln von Tatsachen, um eine vorgefasste Meinung auszustaffieren". Joachim Fest, dem er das Buch zueignet, bedankt sich im November 1968 und schreibt: „... um mich (und vielleicht auch andere) zu überzeugen, müssten Sie wohl gelegentlich ein Kapitel nachliefern, in dem Sie über historische Größe, die Willkür des Ruhms und die Launen der Geschichte reflektieren: also eine Art Summe ziehen." Wer Augsteins Friedrich heute liest, dem fehlt der nötige lange Atem und die logische Stringenz, wie sie für ein 391-Seiten-Buch nötig sind. Nur: Als das Buch erscheint, findet es ein großes Echo, denn es stellt, so der Bochumer Historiker Hans Mommsen, „einen geradezu notwendigen Gegenpol zu der konservativ-etatistischen Interpretation von Theodor Schieder" dar. Weil es nicht auf umfassenden Quellenstudien beruht, gerät es bei Historikern jedoch schnell in Vergessenheit.

Büßt Augstein seine katholische Jugend ab, als er 1972 sein zweites Buch, „Jesus Menschensohn", veröffentlicht? Das Thema Bibel und Heilsgeschichte, Kirche und Christentum lässt ihn nicht mehr los, seit der potentielle Landesverräter 1962 seine Bibelglosse für den *Spiegel* schrieb und ihm ein *Spiegel*-Leser Albert Schweitzers „Geschichte der Leben-Jesu-Forschung" von 1913 ins Gefängnis schickte. Ohnehin prangert er in seinen Kommentaren immer wieder den Missbrauch der Kanzel für politische Zwecke, die Unterstützung der Kirche für Konrad Adenauer an. Als der in frischem Glanz erstrahlende Held der *Spiegel*-Affäre im Februar 1965 zum Vortrag in Berlins „Schwangere Auster", die Kongresshalle, gebeten wird, polemisiert er nach Kräften gegen das C in der CDU und die unheilige Allianz zwischen Kirche und der herrschenden Partei in Bonn: „Gibst du, staatliches Regime, der Organisation Kirche, was sie verlangt, nämlich Kirchensteuer, Religionsunterricht, Bekenntnisschulen, Zuschüsse für soziale Einrichtungen, Mitreden, Aufsichtsratsposten an den Schalthebeln des öffentlichen Lebens, so werden wir, die Kirchen, dir den Gütestempel ‚christlich' und ‚von Gott' nicht verweigern."

Das ihm gestellte Thema lautet: „So stell ich mir die Christen vor", die Halle ist bis auf den letzten Platz gefüllt mit Studenten, Bildungsbürgern und Theologen, der Ratsvorsitzende der Evangelischen Kirche Deutschlands, Präses Scharf, sitzt in der ersten Reihe der Zuhörer. Zwar ist so neu nicht, was er an Kritik vorbringt, doch überrascht er durch die Offenheit und Aggressivität seines „intellektuellen Missvergnügens an gewissen Erscheinungsformen der Kirche", wie die *Frankfurter Allgemeine* schreibt. Er attackiert die Doppelmoral der christlichen Staatspartei, die bei Franco dulde, was sie bei den Kommunisten verdamme, spricht vom „zutiefst Unchristlichen", das im Vertrauen auf atomare Schreckenswaffen liege, und fordert, dass der Christ auch im Kommunisten seinen Nächsten suche.

Wie sehr ihn nicht nur Fragen nach der Kirche und ihrem Missbrauch als Institution beschäftigen, sondern der Glaube selbst, gibt er zu Beginn seines Vortrags zu erkennen, als er sich die „unangenehme Frage" stellt, ob er Christ gewesen sei und zur Antwort gibt: „Getauft war ich, Kirchensteuer zahlte ich auch. Aber wenn es um eine festgelegte Zahl uns überlieferter Glaubenswahrheiten ginge, müsste ich bekennen: Keine der beiden großen Religionsgemeinschaften ... könnte auf ein Glied, wie ich es bin, stolz sein oder auch nur zählen." Aber er räumt ein, christliche Vorstellungen hätten unser Denken über tausend Jahre so stark geprägt, dass Hochmut und Ignoranz dazu gehörten, zu sagen: „Ich bin kein Christ."

Ob es nun die vielen akademischen Einladungen an die *celebrity* der *Spiegel*-Affäre oder die Gespräche auf vermeintlicher Augenhöhe mit den großen Philosophen Heidegger und Jaspers waren – sein Selbstvertrauen ist gestärkt, und vielleicht bordet es über, wenn er sich mit „Jesus Menschensohn" auf ein Gebiet wagt, das bislang Theologen und Religionshistorikern vorbehalten war: Er wird zum Bibelforscher und bestreitet, gewiss nicht als Erster, die Authentizität der Jesus-Gestalt des Neuen Testaments. Der auferstandene Christus sei eine „Erfindung der Gemeinde", ein „spirituelles Kunstprodukt voll poetischer Intensität", geschaffen von den verschiedenen Jüngern, ausgeschmückt oder erdacht von „genial inspirierten Dichtern" oder „hochempfindlichen Seismographen". Die Apostel, aber auch Mitglieder der urchristlich-jüdischen Gemeinde hätten Jesus Worte in den Mund gelegt, die er nie gesprochen, Taten von ihm berichtet, die er nie getan habe.

Mit diesen Thesen wandelt er in den Spuren von Theologen wie Rudolf Bultmann, der das Neue Testament entmythologisiert, zwischen dem historischen und dem kerygmatischen Jesus, dem der Verkündigung, unterscheidet und für den vom Leben des realen Jesus historisch verlässlich nur dessen Kreuzigung überliefert ist. Doch wo für Bultmann Kreuz und Auferstehung immer noch Mittelpunkt des Glaubens bleiben, kommt Augstein zu dem Schluss: Mit gutem Gewissen glauben zu können, ohne dabei intellektuell unredlich zu werden, genau das „geht eben nicht oder nicht mehr".

Auch dieses Buch ist eine Fleißarbeit, Rudolf Bultmann und Ernst Bloch, Adolf von Harnack und Augustinus, Heinz Zahrnt und Helmut Thielicke, Paul Tillich, Albert Schweitzer und C. G Jung, um nur einige für die vielen zu nennen, paradieren in bunter Reihe unentwegt vorbei. Das Bombardement mit Fakten, Zitaten und Sekundärliteratur ist selbst Karlheinz Deschner zuviel, der wahrlich kein Freund der Kirche ist und fragt: „Warum in aller Welt hat Augstein, der im wesentlichen doch so recht hat, sich nicht auf das Wesentliche beschränkt? Warum hat er sein Buch, das doch keine neuen Forschungen bietet, sondern, sehr wichtig, gewiss, das der Fachwelt Bekannte für einen größeren Kreis zusammenfasst, mit einer solchen Fülle nebensächlicher, den Laien verwirrender Details vollgestopft?"

Eigens für die Arbeit am Jesus-Buch war in der *Spiegel*-Dokumentation eine Gruppe von zeitweise fünf bis sechs Mitarbeitern gebildet worden, zu der ein Theologiestudent älteren Semesters stieß. Als „Ergebnis einer Mannschaftsanstrengung" bezeichnet Augstein in einem Interview mit Werner Höfer vom WDR sein Jesus-Buch, denn die Mitarbeiter dieser Arbeitsgruppe haben ihm jahrelang zugearbeitet: „Ich selber hätte nicht alles lesen können, was verarbeitet wurde ... Nachdem 2000 Jahre lang über Jesus gedacht und geschrieben wurde, kann man wahrhaftig nicht alles selber finden oder auch nur suchen ... Der Autor muss aber das Lesen der ‚Fundstücke', das Ordnen und Werten selbst besorgen." Im Buch allerdings, das bei Bertelsmann erscheint, fehlt leider jeder Hinweis darauf, erst als der

Hoffmann & Campe Verlag 1999 eine Neuauflage herausbringt, wird erwähnt, dass „ein Dutzend Mitarbeiter, vom Fachtheologen bis zur Sekretärin", mitgeholfen hätten.

Dass fast alle Theologen ihn in der Luft zerfetzen, stört den selbstbewussten Autor Augstein nicht: „Wäre es anders", gibt er der Schweizer *Weltwoche* zu Protokoll, hätte er das Buch „nicht schreiben sollen". Sebastian Haffner springt ihm in diesem Punkt bei und findet es ungerecht, dass man Augsteins Jesus den Theologen zu rezensieren gibt, weil man so die Angeklagten zu Richtern berufe. Und welch engen Horizont viele dieser „Richter" haben, zeigt Günter Stachel, seines Zeichens Professor für Religionspädagogik in Mainz. Offenbar hält er nur Dispute unter Theologen für seriös, denn er bezeichnet es als „unsauber" und „sachunangemessen", dass Exegeten, Philosophen, Psychoanalytiker und Literaten beliebig durcheinander zitiert würden.

Aber selbst einer der führenden, eher liberalen katholischen Theologen, Jesuitenpater Karl Rahner, der mit seinen Vorstellungen das Zweite Vatikanische Konzil beeinflusste und von dem sich Augstein ein eher mildes Urteil erhofft hat, beklagt die „Lawine von Halbgelehrsamkeit", die auf den Leser niedergehe, und behauptet, der Autor habe sich bestenfalls mit einem höchst vulgären Verständnis des Christentums auseinandergesetzt. Wenn er sich über die schnoddrige Sprache beschwert, die dem Thema nicht angemessen sei, zielt er auf Passagen wie jene über Maria, in der es bei Augstein heißt: „Vierhundert Jahre nach dem Tode ihres Sohnes war hinlänglich sichergestellt, dass kein Penis je in sie eingedrungen sein durfte, dass sie die Leibesfrucht nicht durch die Vagina und auch nicht durch Kaiserschnitt aus sich entlassen hatte, dass Jesu Brüder entweder ‚Vettern' oder Stiefbrüder aus einer früheren Ehe des unglücklichen Joseph gewesen sein mussten …" Günter Gaus, seinerzeit Chefredakteur des *Spiegel*, hat die Kritik bei ihm bestellt, will sie jedoch, weil Augstein 1972 im überwiegend katholischen Wahlkreis Paderborn für die FDP zum Bundestag kandidiert, erst nach den Wahlen drucken. Verärgert veröffentlicht sie Rahner deshalb in der *Frankfurter Allgemeinen*. Der *Spiegel* begnügt sich wenig später mit Auszügen eines Schlagabtauschs im Fernsehen zwischen Rahner und Augstein.

Als 1977 die englische Ausgabe erscheint, rühmt der linksliberale Amerikaner Gore Vidal, der selbst so gern wider alle Stachel löckt, die „kühle Eleganz", mit der Augstein vortrage, wofür er vor 300 Jahren auf dem Scheiterhaufen verbrannt worden wäre. Der Brite Paul Johnson dagegen, ein konservativer Katholik und Verfasser einer zu Recht gerühmten Geschichte des Jüdischen Volkes, rügt die Deutschzentriertheit, ja die „Provinzialität" des Buches: Der Autor habe sich fast ausschließlich auf deutsche Arbeiten gestützt, und es mangele ihm offensichtlich am Verständnis für die wahren Lebensumstände in den Ländern am Mittelmeer um die Zeitenwende. Doch wundert ihn dies nicht. Er sieht in Augstein nicht einen Historiker, sondern einen Propagandisten, der ein „erstklassiges Pamphlet" gegen die Kirchen als eine Form „organisierter Heuchelei" in Nachkriegsdeutschland geschrieben hat.

Mit „Jesus Menschensohn" setzt Augstein einen definitiven Schlusspunkt hinter seinen Abnabelungsprozess vom Katholizismus, der beim dem 15- oder 16-jährigen in der Herz-Jesu-Kapelle von Hannover beginnt und schließlich mit der Absage an alle Religion endet. Spekulationen, er habe die viel beschworene Umkehr vorgenommen und sei in den Schoß der Kirche zurückgekehrt, weist der inzwischen 75-jährige im Vorwort zur Neuauflage zurück, betont jedoch, dass er auch nach dem Tod seiner frommen Mutter und dem danach erklärten Kirchenaustritt die „christliche Jacke" nicht so einfach abgelegt habe. Eine streng katholische Erziehung wirkt eben auch bei freien Geistern lange nach. Den Beginn seiner kritischen Beschäftigung mit Jesus datiert er auf seine Zeit im Gefängnis, wo intensive Lektüre des Alten Testaments ihm den Trennungsstrich nahe legte: „Jahwe, der alte Stammesgott, belohnt, straft, befiehlt, schlägt, rottet aus – nach patriarchalischem Gutdünken. Mein Gott war das nicht."

Die Neuauflage des Buches 1999 wird von *Spiegel*-Redakteur Werner Harenberg und von Irma Nelles, Redakteurin und vertraute Mitarbeiterin in Augsteins Herausgeber-Büro, überarbeitet und – mit Hilfe der *Spiegel*-Dokumentation – auf den neuesten Stand der Leben-Jesu-Forschung gebracht. Sie streichen zeitgenössische Hinweise der frühen siebziger Jahre, etwa auf den Bundespräsidenten Gustav Heinemann, sie fassen einige Kapitel neu und säubern die Erstfassung von überflüssigen polemischen Stellen. Auch in der überarbeiteten Fassung liest man, dass die „große Mutter" der altorientalischen Religionen den Christen bei der Konstruktion ihres Marien-Mythos Modell gestanden habe, doch dass sie auch als „Fruchtbarkeitshure" den Christen Vorbild und Anregerin gewesen sei, wie es früher hieß, fällt dem Rotstift zum Opfer.

Heinrich Böll, dem *Spiegel*-Herausgeber in Sympathie verbunden, formuliert punktgenau, was dieses Buch für die Entwicklung des Autors bedeutet und bezeugt: Augstein habe etwas Irrationales, das ihm verloren gegangen sei, in diesem Buch „mit nur rationalen Mitteln als objektiv und endgültig verloren erklärt". Weil jedoch Religion „kein emotionsneutraler Gegenstand" sei, hält der Nobelpreisträger es für *unsachlich,* sich „ohne Emotion damit zu beschäftigen". Das Poetische, schreibt Böll, hat seine „eigene Sachlichkeit und Vernunft", seine Geringschätzung sei ein „grober Irrtum der Theologen", den Augstein zu seinem großen Kummer übernommen hat. Was der Schriftsteller sagt, liegt auf der Linie der Kritiker Bultmanns, die Ausdruckskraft, Sprachgewalt und Farbigkeit der neutestamentlichen Mythen loben und statt der Entmythologisierung eher die Befreiung des Mythos von der Theologie fordern. Augstein jedoch, prosaischer Realist und fröhlicher Zyniker, zeigt wenig Sinn für das Emotionale und Poetische der Böllschen Religiosität. „Rationale Aufarbeitung", schreibt er im Schlusskapitel, „hat mir gut getan und tut der Gesellschaft not. Von der eigenen Vergangenheit werden wir unbewusst gerade dann beherrscht, wenn wir sie nicht kennen." Mit Jesus Menschensohn hat er sich endgültig von der Vergangenheit des einst gläubigen Ministranten befreit.

Doch ist das Thema mit diesem Buch nicht erledigt, Christentum und Kirche, Jesus, Maria oder die Päpste bleiben im Visier des Autors, der sich nun ganz als Aufklärer fühlt. Als Johannes Paul II. andeutet, er wolle den 2000. Geburtstag der Jungfrau Maria festlich begehen – ein Datum, das nirgendwo überliefert ist –, unternimmt Augstein Weihnachten 1983 einen Ausflug in Religionsgeschichte und -psychologie. In seinem Maria-Titel weist er auf archetypische Traumbilder von Mutter- und Erdgöttinnen hin, auf Parallelen zur unbefleckten Empfängnis im Buddhismus oder bei den Maya, und zeigt, wie uralte heidnische Göttinnen in Form zahlloser, sinnenfroh ausgeschmückter Marienlegenden wieder Einzug ins christliche Bewusstsein halten.

Immer wieder beschäftigt ihn die Rolle der Kirche im Dritten Reich, das Eintreten der deutschen Bischöfe für den Krieg, speziell für den Kampf im Osten. Dass selbst der „Löwe von Münster", Bischof Clemens August Graf von Galen, der doch so mutig gegen die Euthanasie gepredigt hat, den Kampf gegen den Bolschewismus als „neuen Kreuzzug mit dem Feldgeschrei ‚Gott will es'" bezeichnet, dass sich die Kirche um das Schicksal der verfolgten und deportierten Juden nicht kümmert, bleibt für ihn ein ewiges Skandalon. „Was wäre denn gewesen", fragt er 1997 in seinem Titel über Pius XII. und den Holocaust, „wenn der Stellvertreter Christi auf Erden, begleitet von sechs Schweizergarden", sich zu jener Stelle begeben hätte, an der die Juden unter seinen, des Bischofs von Rom Augen zum Transport nach Auschwitz zusammengetrieben wurden? Hitlers Armee, der Millionen Katholiken angehörten, hätte eine Enzyklika gegen den Judenmord, davon ist er überzeugt, nicht ausgehalten: Wäre der Papst ihm in den Arm gefallen, hätte der Diktator zurückweichen müssen, wäre durch eine Enzyklika gegen Rassismus und Rassenmord auch nur ein Viertel der Juden gerettet worden, „die durch vielerlei Schandtaten befleckte römisch-katholische Kirche hätte eine Sternstunde gehabt".

Wenn Joachim Fest ihn für einen „Lehrer an der Sonntagsschule", einen „ebenso verfehlten wie leidenschaftlichen Liebhaber der Geschichte" hält, mag dieses harte Urteil auf den Buchautor Augstein zutreffen. Aber gerade des *Spiegel*-Chefs historische Leidenschaft, sein Hang, Plädoyers zu schreiben, seine Lust an der Provokation schaffen seinen Essays und Titelgeschichten wie der über Pius XII. und den Holocaust erst das große Echo, das bald alle *Spiegel*-Exkursionen Augsteins in die Historie bei den Lesern haben. Das Spektrum seiner Themen ist weit gefasst: Es reicht von der Französischen Revolution und Napoleon über den Ostfeldzug, den 20. Juli und Deutschlands Weg in den Ersten Weltkrieg bis zu Fürst Pückler, von Karl May über den Troja-Entdecker Schliemann bis zu Nietzsche, zu Richard Wagner und Bayreuth. Der Stil ist weniger erzählend denn analytisch-pointiert, mit fortschreitendem Alter trägt er nicht selten apodiktische Züge.

Seit immer mehr Historiker die Geschichte des Nationalsozialismus und seiner Wurzeln aufarbeiten, seit mit dem Eichmann- und dem Auschwitzprozess das ganze, unvorstellbare Ausmaß nationalsozialistischer Verbrechen grell ins deutsche Bewusstsein dringt, lässt auch ihn die Frage nicht los: Wie konnte es kommen, wie war es möglich, dass eines der führenden Kulturvölker den Zivilisationsbruch, den industriellen Massenmord an den Juden beging? Immer wieder schreibt er deshalb über Hitler, seinen Aufstieg, seinen Wahn und das Versagen der deutschen Eliten vor dem Nationalsozialismus. Für ihn ist Hitler *der* „Terrorist des Jahrhunderts", wie 1989, hundert Jahre nach „Führers Geburtstag", eine seiner Titelgeschichten heißt: Von Zerstörungs- und Selbstzerstörungswillen besessen, sei er „seit 1938 auf Mord" aus gewesen, es habe ihn „nach Krieg und Vernichtung" verlangt, kaum dass er eine schlagkräftige Armee in den Händen hatte.

Augsteins Absolutheit unterscheidet ihn von Haffner, der Hitlers Zerstörungstrieb zwar nicht bezweifelt, aber ihn im historischen Kontext zu verstehen sucht – als den Diktator, der sich von Chance zu Chance vorwärts tastet und jede Blöße nutzt, die ihm politische Gegner und andere Mächte bieten. Ein Wort des Widerständlers Henning von Tresckow aufgreifend, nennt der *Moralist* Augstein Hitler einen „tollen Hund" und schreibt, das sei er nicht erst 1939 gewesen, als er Polen überfiel, sondern schon 1923, als er die „Novemberverbrecher" an den Galgen bringen wollte, schon 1932, als er fünf SA-Mördern im Oberschlesischen Potempa ein Treuetelegramm schickte, und schon 1933, als er sich während des nächtlichen Fackelzugs seiner Sturmabteilungen in den „Schlusskampf des weißen Mannes, des Ariers, um die Herrschaft über die Erde" eintreten sah. Der *Realist* Augstein wiederum, der ihn quälenden Frage auf der Spur, warum die Deutschen Hitler begeistert folgten, bescheinigt dem „Führer" eine „enorme taktische Intelligenz" und jene Verstellungskunst, die schon Machiavelli vom Principe gefordert habe. Einmal schreibt er sogar, Hitler habe Jean Jacques Rousseaus *volonté genérale* vollstreckt. Er zählt die unbestreitbaren Anfangserfolge der NS-Regierung auf, hält 1936 mit der Olympiade für das „glücklichste Jahr" nationalsozialistischer Herrschaft und fragt: „Was sollte ein normaler Bürger, der kein Anti-Nazi war, über dieses Regime denken? Nicht nur Gutes, aber doch auch Gutes. Kein einziger Deutscher konnte *wissen*, dass Hitler den Krieg um jeden Preis wollte, auch sein erster Paladin, Hermann Göring, wusste es nicht." Hitlers außenpolitische Ziele, schreibt er in der Besprechung von Hans Jürgen Döschners Studie über „Das Auswärtige Amt im Dritten Reich", sagten bis 1938 „der Mehrheit des deutschen Volkes und ganz gewiss der übergroßen Mehrheit der Generalität und der AA-Leute" zu.

Es ist eine beachtliche Wegstrecke, die von den Vorstellungen des frühen *Spiegel*, etwa der Serie über das National-Komitee Freies Deutschland hin zu jenem Augstein führt, der in den neunziger Jahren über die „Verkommenheit" der Generalität, über die „grauenhafte Symbiose von Heer und Hitlers Mordmaschine" schreibt und die umstrittene Wehrmacht-Ausstellung Jan Philipp Reemtsmas verteidigt. Auf seine Art spiegelt der *Spiegel* damit jenen Bewusstseinswandel im westlichen Deutschland wider, der sich über Jahrzehnte als Ergebnis kritischer Selbstprüfung und historischer Forschung vollzog und bei dem er seit Ende der fünfziger Jahre zu den Schrittmachern zählt. „Der Krieg Hitlers und der Krieg der Wehrmacht waren ein und derselbe Krieg", schreibt Augstein zum 50. Jahrestag des 20. Juli. Seine ganze Hochachtung gilt dem „akribischen und konsequenten Alleintäter", dem Schreiner Johann Georg Elser, der Hitler am 8. November im Münchner Bürgerbräukeller töten wollte und dessen Sprengsatz wie programmiert explodierte – allerdings zu einer Zeit, da sein Opfer, früher als geplant, den Saal schon verlassen hatte.

Den militärischen Attentätern zollt Augstein zwar Respekt, aber erhebliche Vorbehalte schimmern durch: Alle diese Berufsoffiziere, die späteren Attentäter, seien 1939 „fröhlich in den Krieg hineingeritten", und einen „strahlend siegreichen Führer umzubringen" sei unmöglich erschienen. Zu spät, lautet sein Monitum. Zu Recht kritisiert der grimme Realist Vorstellungen des Goerdeler-Kreises als illusionär, die aus der deutschnationalen Gedankenwelt kommen – etwa jene, dass sich nach Hitlers Beseitigung in Verhandlungen mit den Alliierten „dem deutschen Volk die Führung des europäischen Blocks sichern" ließe. Wenn er allerdings den Plan „Walküre", mit dem die Verschwörer die Regierung entmachten wollten, „eine abenteuerliche, nahezu clowneske Idee" nennt, überzieht er seine Kritik. Doch stammt dieser Beitrag zum 20. Juli aus dem Jahr 1994, als viele seiner Beiträge nicht mehr mit der sonst von ihm gewohnten Klarheit und Schlüssigkeit geschrieben sind.

Nicht nur die Person Hitlers, auch die Person Stalins, des anderen großen totalitären Diktators, fesselt ihn, doch beim Vergleich der beiden Blutsäufer und Monstren schneidet der Georgier, bei aller Verurteilung seiner Schandtaten, bei Augstein doch erheblich besser ab. Zwar habe Stalin mehr Menschen als Hitler auf dem Gewissen, allein durch die Zwangskollektivierung und Deportation der Kulaken 1930/31 seien 5 Millionen direkt, 20 Millionen indirekt vernichtet worden, von den Opfern des großen Terrors Mitte der dreißiger Jahre ganz zu schweigen. Aber schon 1974, als er sich mit Solschenizyns „Archipel Gulag" und der Geschichte der bolschewistischen Untaten auseinandersetzt, versucht er Stalin aus dessen damaliger Lage heraus zu verstehen: Ohne die beispiellose Brutalität, mit der er die Sowjetunion Ende der zwanziger Jahre industrialisierte, hätte sie den deutschen Überfall 1941 nicht überstehen können.

Gemessen am wahnbesessenen Hitler sei Stalin nun einmal der „bodenständige Realist", schreibt er 1989 in seiner Titelgeschichte über den „Teufelspakt" der beiden Diktatoren, zwei Jahre später, in einem *Spiegel*-Titel über den 50. Jahrestag des Einfalls in die Sowjetunion, erklärt er sogar, Stalin habe sich im Winter 1939/40 von den Finnen nur geholt, was er zum Schutze Leningrads vor den Deutschen brauchte. Mit dieser Rechtfertigung bewegt er sich allerdings auf dünnem Eis, denn selbst Briten und Franzosen, obschon im Krieg mit Deutschland stehend, überlegten damals, wie sie den Finnen gegen diesen durch nichts gerechtfertigten und die ganze gesittete Welt empörenden Überfall beistehen könnten. Doch Augstein bewundert nun einmal Realpolitik und Realpolitiker. Stalin hat 1936/37 Marschall Tuchatschewski und hunderte Generalstabsoffiziere hinrichten lassen, insgesamt 30 000 höhere Offiziere aus der Armee ausgestoßen, in den Gulag geschickt und mit

diesem Enthauptungsschlag gegen seine Armee Hitlers Blitz-
siege zu Beginn seines Russlandfeldzugs zweifellos erleichtert.
Augstein hält ihm zugute, dass man offenbar mehr aus Nieder-
lagen denn aus Siegen lernt: Er nennt ihn einen „späten, aber
doch lernfähigen Despoten", der ab 1942 den Ratschlägen kluger
Militärs wie Schukow folgt.

Dass er, der „letzte Nationalliberale", wie ihn Ralf Dahrendorf
einmal nennt, als Bewunderer der Realpolitik zu den Bismarck-
Verehrern zählt, gilt vielen als ausgemacht. In seiner Redaktion
kursierte lange das Spottgerücht, er wallfahre, begleitet von
dem nicht minder deutsch-zentrierten Chefredakteur Günter
Gaus, an nationalen Feiertagen zum Grab des Reichsgründers
vor den Toren Hamburgs im Sachsenwald. Wer liest, was er über
die Jahrzehnte immer wieder zu Bismarck geschrieben hat, wird
dem nur mit erheblichen Einschränkungen zustimmen können. Sicher überwiegen, als er sich im April 1950 erstmals in
einer Titelgeschichte mit Bismarck auseinandersetzt, Respekt
und Anerkennung vor dem Außenpolitiker und dessen genialer Meisterschaft im Spiel mit den fünf Kugeln, Bewunderung
vor der großen Persönlichkeit, die Kabinettspolitik alten Stils
treibt und Geschichte macht – einer Grundüberzeugung, von
der Augstein auch später nie ganz abrücken wird. Aber deutlich
setzt er sich vom überlieferten Klischee des deutschnationalen
Wotan seiner Geschichtslehrer am Gymnasium, vom mächtigen,
reckenhaften Hünen und Kanzler von „Blut und Eisen" ab, und
nicht minder deutlich werden Bismarcks Defizite in der Innenpolitik artikuliert: der Kulturkampf gegen die Katholiken und
die Sozialistengesetze, die der reaktionären, demokratiefeind-
lichen Vorstellungswelt des preußischen Junkers entspringen.

Jahrzehnte später, als er sich 1988 mit Lothar Galls Bismarck-Biographie „Der weiße Revolutionär" auseinandersetzt,
wird Bismarck von ihm sehr viel kritischer gesehen: Er ist bei
seinem Abgang von der Bühne dann nicht nur mit seinem
innenpolitischen Latein am Ende und hinterlässt Wilhelm II.

kein arbeitsfähiges Regierungssystem, wie es England und Frankreich lange vor 1914 besaßen, auch sein außenpolitisches System findet der *Spiegel*-Chef jetzt brüchig. Sein Blick wird schärfer, als er 1990 über die Bismarck-Biographie Ernst Engelbergs, 1992 über Gerd Fessers Studie zu Reichskanzler Bülow und 1995 über Klaus Hildebrand und dessen Buch über „Das vergangene Reich" schreibt: Da regiert Bismarck cäsarisch und nicht im Einklang mit der Zeit, heißt es nun, seine größte Verfehlung sei gewesen, dem Reichstag nicht schrittweise mehr Befugnisse einzuräumen; obendrein habe er für das Ineinandergreifen von Politik und Wirtschaft kein Sensorium gehabt, und alle außenpolitischen Fehler des wilhelminischen Kaiserreichs seien noch von ihm selbst angelegt. Doch bei allen Einwänden bewahrt Augstein sich doch stets eine Grundsympathie für seinen „großen Wotansknaben": „Die Person Bismarck ergreift, er übt einen eigentümlichen, nicht recht erklärbaren Zauber aus, sogar noch heute." Zwar sieht er dessen Schwächen und Fehler, und je älter er wird, desto weniger neigt er dazu, sie zu unterschlagen oder zu beschönigen, doch immer wieder betont er, Bismarck müsse an den Maßstäben seiner Zeit gemessen, aus der historischen Situation heraus verstanden werden.

Schon 1950 hatte er ihn gegen den Vorwurf amerikanischer Entnazifizierer in Schutz genommen, er sei einer der „Wegbereiter des Dritten Reiches". Als Johannes Willms, Feuilletonchef der *Süddeutschen Zeitung* und promovierter Historiker, ihn 1997 in seinem Bismarck-Buch als „Dämon der Deutschen" und als „politischen Hasardeur" anprangert, der mit seiner kleindeutsch-preußischen Lösung das „Zusammenwachsen der Deutschen als Nation erfolgreich verhinderte", gibt er, der Nationale, Bismarck geradezu zynisch Kredit für seine unbestrittene Leistung, die Reichsgründung: Niemand sei zu sehen, „der die große Mogelei geschickter hätte in Szene setzen können…" Vehement verteidigt der Realist Augstein Bismarcks Realpolitik mitsamt der Skrupellosigkeit, mit der er sie durchsetzte, gegen den Moralisten Willms: Wenn der glaube, ein Staatsmann dürfe kein skrupelloser Bösewicht, kein geldgieriger und machtbesessener Mehrer seines Eigentums sein, dann begehe er den Fehler, „von Bismarck moralisches Denken zu erwarten". Moralisch, so Augstein, sei Bismarck nur gewesen, wenn es ihm und Preußen zu nutzen schien, skrupellos unmoralisch dagegen, wenn der Gegner Widerstand leistete und seinen Zeitplan durchkreuzte. Sein ernüchterndes Fazit, mit dem er Bismarck gegen dessen Kritiker zu Hilfe eilt: „Es gibt … vor 1900 fast nur große Staatsmänner, die skrupellose Lügner und geldgierige Vertreter ihrer Klasse waren, sieht man von solchen auch nicht zahlreich gesäten Leuten wie George Washington und Abraham Lincoln ab".

Häufig kokettiert er damit, „Amateurhistoriker" zu sein, und sicher wäre er, hätte er auf die Lizenz für den *Spiegel* verzichtet, den Weg nach Göttingen genommen und Geschichte studiert, ein herausragender Vertreter seines Fachs geworden. Die angeborene Sprunghaftigkeit und der unakademische Zugriff, die seine historischen Essays und Rezensionen auszeichnen und sie so lesbar machen, hätten ihm die deutschen Professoren jener Jahre in ihren Seminaren schon ausgetrieben. Doch den größten *Spiegel*-Erfolg auf historischem Gebiet kann sein Magazin nicht mit einer von ihm, dem Amateur-Historiker, verfassten Geschichte buchen, sondern mit der elf Folgen umfassenden Serie eines Amateur-Forschers namens Fritz Tobias, die Augstein weder bearbeitet noch gar umgeschrieben hat. Aber dass er sie im Oktober 1959 ins Blatt hebt, bleibt sein Verdienst. Sie hat den Titel „Stehen Sie auf, van der Lubbe", handelt vom Reichstagsbrand, behauptet die Alleintäterschaft des niederländischen Anarcho-Syndikalisten und stellt die damals kaum bezweifelte These in Frage, die Nationalsozialisten hätten das Parlament selbst in Brand gesteckt.

Tobias' Serie, ein Zwischending zwischen kriminalistisch-historischem Quellenstudium und investigativem Journalismus, beruht auf jahrelangen, minutiösen Recherchen, stößt aber bei Fachhistorikern zunächst auf erhebliche Skepsis. Überzeugt davon, der Tenor sei „volkspädagogisch unwillkommen", nennt Golo Mann den Autor einmal „einen Schuft, den man längst hätte widerlegen sollen". Erst als Tobias nach der Veröffentlichung der *Spiegel*-Serie das Resultat seiner Forschungen in einem dicken Buch vorlegt und an Hand zahlloser Quellen detailliert, ja akribisch genau begründet, rücken die Historiker, wenn auch zögernd, von ihren Vorbehalten gegen den Amateur und Quereinsteiger ab.

Augstein und Tobias, Oberregierungsrat im Niedersächsischen Innenministerium und Referatsleiter für den Verfassungsschutz, kennen sich gut aus hannoverschen Zeiten. Nach einem Regierungswechsel in das weniger arbeitsintensive Referat Katastrophenschutz versetzt, kann sich Tobias endlich seinem Hobby widmen – dem Kriminalfall Reichstagsbrand. Als alter Sozialdemokrat und Reichsbannermitglied, ursprünglich Buchhändler und vom Nationalsozialismus mit Berufsverbot belegt, ist er über jeden Verdacht erhaben, er wolle die Nazis mit seiner Serie weißwaschen. Wenn dennoch Augstein, der *Spiegel* und Tobias dessen immer wieder – und bis heute – bezichtigt werden, hat das mit der Frage *cui bono* und der herausragenden Bedeutung zu tun, die der Reichstagsbrand für die Machtkonsolidierung der Nationalsozialisten spielt, die ja erst seit knapp vier Wochen die Regierung führen. Gestützt auf die Behauptung, er sei von Kommunisten gelegt und die Flammen seien als Fanal für einen kommunistischen Aufstand gedacht, unterzeichnet Hindenburg eine Notverordnung zum „Schutz von Volk und Staat", welche wichtige Grundrechte der Weimarer Verfassung außer Kraft setzt.

Folgt man Hans Mommsen, dann kommt sie einer „staatsstreichartigen Vorwegnahme" des Ermächtigungsgesetzes gleich, mit dem Hitler am 24. März in aller Form vom Parlament, das nun in der Kroll-Oper tagt, zum Diktator bestellt wird. Der Reichstag brennt am Abend des 27. Februar, schon in der folgenden Nacht werden vor allem kommunistische Funktionäre in Haft genommen und ihre Parteibüros geschlossen. Mit der Behauptung, die kommunistischen Brandstifter hätten auch Kontakte zur SPD unterhalten, lässt Hermann Göring als kommissarischer preußischer Innenminister alle sozialdemokratischen Zeitungen und Zeitschriften, aber auch SPD-Flugblätter und Plakate für die Reichstagswahlen am 5. März verbieten – eine Maßnahme, die den Wahlkampf der Sozialdemokraten erheblich behindert. Auch die nationalsozialistische Intellektuellenhatz beginnt: So werden u. a. die linken Schriftsteller und Journalisten Egon Erwin Kisch, Ludwig Renn und Erich Mühsam, aber auch der Rechtsanwalt Hans Litten verhaftet; Carl von Ossietzky, der Herausgeber der *Weltbühne*, wird nach seiner Haft im Spandauer Gefängnis direkt ins Konzentrationslager überstellt.

Haben die Nationalsozialisten als „Virtuosen hurtiger Gelegenheitsarbeit", wie der Historiker Martin Broszat meinte, die unverhoffte „Sternstunde" des Reichstagsbrands nur genutzt, oder haben sie den Brand selbst gelegt, um den Kommunisten die Schuld in die Schuhe zu schieben, ihre radikalsten Widersacher hinter Gitter zu bringen und den Wahlkampf der anderen „marxistischen" Kräfte zu behindern? Um diese Frage tobt der heftige Streit, der mit der Tobias-Serie anhebt. Und wenn Augstein zu Beginn der historischen Folge seinen Lesern apodiktisch erklärt: „Der zynischste Meisterstreich der Nazis, ihre Antrittsschurkerei, fand nicht statt", und es bleibe „nicht der Schatten eines Beleges, um den Glauben an die Mittäterschaft der Nazi-Führer lebendig zu erhalten", heizt er mit solcher Absolutheit diesen Streit erst richtig an. Tobias und der *Spiegel* haben sich ja auf vermintes Gelände gewagt, denn der Reichstagsbrand ist für viele Nazi-Gegner eben kein Kriminalfall, den es aufzuklären gilt, sondern eine Glaubensfrage. Dass die Nazis die Täter, die Schurken waren, hat für sie den Stellenwert einer Heiligenlegende.

In Wahrheit handelt es sich dabei weitgehend um ein Stück
kommunistischer Gegenpropaganda aus der Werkstatt des
Agitprop-Meisters Willi Münzenberg. Im Pariser Exil gibt er
ein „Braunbuch über den Reichstagsbrand" heraus, das voller Fälschungen steckt. Angesichts der späteren, unbezweifel-
baren und auch unvorstellbaren Naziverbrechen jedoch werden
seine Behauptungen bald für bare Münze genommen, bis selbst
seriöse Historiker sie nicht mehr hinterfragen und sie sogar in
deutschen Schulbüchern zu finden sind. Im Grunde geht es um
Glaubensversionen, die beim Streit um den Reichstagsbrand
aufeinander stoßen: Da ist einmal die Nazi-Legende, nach der
van der Lubbe im Auftrag der Kommunisten und mit kommunistischen Helfern den Brand gelegt hat; und da ist zweitens die kommunistische Legende, nach der ein SA-Trupp vom
Reichstagspräsidentenpalais durch einen unterirdischen Gang in
das Parlament gelangte, um das Feuer mit Brandfackeln zu ent-
fachen. Beide Versionen prallen deshalb so heftig aufeinander,
weil sich Nazis und Kommunisten zumindest in *einer* Überzeugung einig sind: Der Brand brach an zu vielen Stellen gleichzeitig aus, als dass ihn *ein einzelner* verursacht haben könnte. Doch
Tobias belegt so nüchtern und so peinlich genau die Alleintäterschaft van der Lubbes, dass Hans Mommsen 1964 die wesentlichen Ergebnisse seiner historisch-kriminologischen Arbeit
in einem Gutachten für die *Vierteljahrshefte für Zeitgeschichte*
bestätigt. Und in einer Vorbemerkung bezeichnet Hans Roth-
fels, neben Theodor Eschenburg Herausgeber der *Vierteljahrshefte*, den „Nachweis der Alleintäterschaft [van der] Lubbes" als
„so weitgehend gesichert, ... wie das nach der Quellenlage zur
Zeit nur immer möglich ist".

Wenn Augstein 1959/60 davon überzeugt ist, sein *Spiegel* habe
mit der Tobias-Serie einer Jahrhundertlegende für immer und
ewig den Todesstoß versetzt, irrt er gewaltig. Eingefleischte
Anhänger der Münzenberg-Legende haben ihren Kampf gegen
die „Entschuldung" der Nazis durch Tobias keineswegs aufge-

geben. Sie polemisieren gegen die „wissenschaftlichen Wei-
hen", die Tobias' Arbeit erhalten habe, und legen immer wieder angeblich neue historische Zeugnisse vor, mit der sie die
Alleintäterschaft widerlegen wollen. Mitte der sechziger Jahre
verkündet das „Luxemburger Komitee zur wissenschaftlichen
Erforschung der Ursachen und Folgen des Zweiten Weltkriegs"
um den angesehenen Schweizer Historiker Walther Hofer und
den zwielichtigen Generalsekretär des Komitees, Edouard Calic,
es habe neue Beweise für die Schuld der Nazis. Aber als Hofer
diese Beweise vorlegt, stellt sich heraus, dass er sich in fahrläs-
siger Weise auf gefälschte Dokumente und erfundene Zeugen-
aussagen beruft.

Neuer Widerstand formiert sich, als bekannt wird, dass im
Spiegel seit Mitte der fünfziger Jahre ehemalige Nationalsozialisten mitgearbeitet haben. Eiferer im Glauben an die linke
Legende behaupten nun, die These von der Alleintäterschaft
van der Lubbes sei das „Konstrukt" einer Seilschaft ehemaliger
SD-Leute und ranghoher Nationalsozialisten im *Spiegel*, um
die Nazis in den Stand der Unschuld zu versetzen. Dass Paul
Carell, der unter seinem bürgerlichen Namen Paul Karl Schmidt
Pressechef des Reichsaußenministers Ribbentrop gewesen ist,
von der *Spiegel*-Redaktion beauftragt wird, die Tobias-Manu-
skripte in eine gekürzte, dem Charakter des Magazins angemessene Form zu bringen, dient den Konspirationstheoretikern als
Paradebeweis.

Nun stimmt zwar, dass der freie Mitarbeiter Carell ursprünglich die elf Folgen von Tobias bearbeitet – aber was er daraus
macht, weist der nüchterne Beamte empört als blumige und
„primitive Illustrierten-Schreibe" im Stil von Lore-Romanen
ab und kündigt den Vertrag mit dem *Spiegel*. Erst als Augstein
Carell ablöst und Tobias seinen erprobten Ressortchef Dr.
Günter Zacharias zur Seite stellt, erhält die Serie jene Fassung,
die im *Spiegel* veröffentlicht wird. Die Mitwirkung von Paul
Karl Schmidt alias Paul Carell an der Tobias-Serie ist stilistisch

wie inhaltlich also gleich null. Allerdings stimmt auch, dass Schmidt alias Carell in einer Folge, die er über die Rajk- und Slansky-Prozesse im Ostblock („Ich bin ein Lump, Herr Staatsanwalt!") für den *Spiegel* schrieb, schon im Januar 1957 auf die Möglichkeit der Alleintäterschaft van der Lubbes hingewiesen hat – ohne sich allerdings eindeutig darauf festzulegen. Acht Jahre vor Carell hatte das auch schon Rudolf Diels getan, der erste Chef der Gestapo, von dem Augstein ja lange Auszüge aus seinen Erinnerungen „Lucifer ante Portas" (im *Spiegel* „Die Nacht der langen Messer") druckte.

Wahr ist natürlich, dass der Oberregierungsrat Tobias bei seiner Arbeit über den Reichstagsbrand gelegentlich mit seinem Kollegen im Innenministerium, dem Oberregierungs- und Kriminalrat Dr. Walter Zirpins gesprochen hat. Warum sollte er nicht? Zwar war auch Zirpins – wie alle Beamten des Reichskriminalamts – im Rang der SS angeglichen worden, aber er kam aus dem preußischen Polizei-Apparat, den der Sozialdemokrat Carl Severing aufgebaut hatte, und Mitglied der NSDAP ist er nie gewesen. Als die Hannoversche Staatsanwaltschaft nach dem Krieg Vorwürfen gegen ihn nachging, weil man ihn für kurze Zeit als Polizeichef in die Stadt Lodz im Generalgouvernement versetzt hatte, konnte sie nichts Belastendes finden. Vom Niedersächsischen Innenministerium wechselte er später als Leiter zur Kriminalpolizei in Hannover. Zirpins war einer jener kriminalistischen Experten, die noch in der Brandnacht an den Tatort eilten, als erster hat er van der Lubbe vernommen und sich einen persönlichen Eindruck von dem holländischen Schwärmer samt seinen Motiven bilden können. Als er dies tat, gab es noch keine Gestapo. Auf dringliches Befragen, ob van der Lubbe Alleintäter sei, sagte er – zur peinlichen Überraschung der Nationalsozialisten – am 27. September 1933 vor dem Reichsgericht unter Eid: „Es steht für mich fest."

Noch im Jahr 2000 unternehmen der Journalist und Historiker Alexander Bahar, ein Hofer-Schüler, und der Physiker

Wilfried Kugel einen neuen Versuch, die These von der Alleintäterschaft zu widerlegen. Sie behaupten, SA-Männer hätten
Brandmittel im Reichstag deponiert, die van der Lubbe in ihrem
Auftrag lediglich angezündet habe. Ihr Buch „Der Reichstagsbrand" stützt sich auch auf Beutedokumente, die von Moskau
freigegeben wurden, doch auch hier findet sich nichts, was die
Schlussfolgerungen von Fritz Tobias erschüttern könnte. Durch
das neue Material, urteilt der Berliner Historiker Henning Köhler, werde das Wissen keineswegs erweitert, dafür würden kritiklos Fälschungen, widerlegte Behauptungen und Phantasien
übernommen. Sein Fazit: „Die Methode, nach der das Mach-
werk verfertigt wurde, ähnelt dem der Holocaustleugner; man
biegt und dreht und fälscht ein Konstrukt zusammen, von dem
man hofft, dass es die von der Schuld der Nazis Überzeugten
neu motivieren wird. Aber deren Zahl wird immer geringer."

Und Hans Mommsen urteilt: „In der Sache gibt es keinen
einzigen neuen Gesichtspunkt." Aber Eiferer im Glauben
beeindruckt das nicht. Wahrscheinlich zählt die Reichstags-
brand-Serie zu den größten journalistischen Erfolgen des
Spiegel überhaupt, sie festigt seinen und seines Herausgebers
Ruf, wenn nötig auch geheiligte Tabus rücksichtslos und radikal
zu hinterfragen. Doch Legenden sind zäh – zäher, als Augstein
und Tobias es erwarten, als sie den Reichstagsbrand aus der
Sphäre des Spekulativen, des Ideologischen und des Glaubens
auf den Boden der Tatsachen holen und ihn als zwar politisch
unerhört relevanten, aber eben doch als Kriminalfall behandeln,
der gerade wegen seiner politischen Folgen nüchterner, vorur-
teilsloser Aufklärung bedarf.

MIT DEM ZEITGEIST EIN RUCK NACH LINKS

Der halbe *Spiegel* als Geschenk
für die Mitarbeiter

Es wundert ihn nicht, dass eine lautstarke außerparlamentarische Opposition Politik und Gesellschaft der späten Wirtschaftswunderjahre aufrüttelt und radikal in Frage stellt, als die Studenten 1967 rebellieren und auf die Straße gehen. Schon seit 1949 plagt ihn das Trauma, Bonn sei doch Weimar. Hat er nicht deshalb wie eine demokratische Kassandra unermüdlich vor einer Krise des parlamentarischen Systems gewarnt – als Adenauer seine Richtlinienkompetenz zum Ausbau der Kanzlerdemokratie nutzte, als die SPD ihre Umarmungstaktik begann oder die Große Koalition die Opposition im Bundestag auf ein kleines FDP-Häuflein, eine *quantité négliable* zusammenschmelzen ließ? Er spricht von Verfallserscheinungen der parlamentarischen Demokratie und den Gefahren des Parteienstaats, irgendeine „Reform der Struktur" erwartet er von den bestehenden Parteien nicht mehr.

Zum Glück erweist sich die junge deutsche Demokratie als stabiler und strapazierfähiger, als sehr viel elastischer und reformierbarer, als Augstein dies glaubt. Aber natürlich hat sie auch Schwächen, und es sind diese Schwächen – die offizielle Heuchelei in Sachen Wiedervereinigung, das Nicht-zur-Kenntnis-nehmen-Wollen der Realitäten, das Sich-Gleichsetzen der Parteien mit dem Staat, an denen sich nach Augstein der Funke der Rebellion entzündet hat. Die Dutschke und Rabehl, die Teufel und Meschkat erkennen, schreibt er in seinem Kommentar „Warum sie demonstrieren" im Sommer 1967, „dass man eine Gemeinschaft durch ständige Missachtung ihrer Grundlagen ruinieren kann". Warum sage kein deutscher Politiker, dass die Vorstellungen der Bundesregierung zur Deutschlandpolitik –

jedenfalls soweit sie ans Licht träten – irreal seien? Warum gebe
es keinen Bundestags-Politiker, der den Leuten klar mache, der
Kommunismus im anderen Teil Deutschlands sei Realität, und
die Wahl für den Westen bestehe entweder in Trennung oder
in Konzessionen? Sei es nicht verständlich, dass den Studenten
eine Bundesregierung lächerlich erscheine, die einerseits mit
der SED-Regierung menschliche Erleichterungen verabreden
wolle, aber sich zugleich weigere, diese SED-Regierung als solche anzuerkennen?

Insoweit die Rebellen gegen Realitätsverweigerung oder
Lebenslügen angehen, die er selbst immer angeprangert hat,
scheint er ihr Bundesgenosse zu sein, aber genau besehen handelt es sich um eine sehr partielle und sehr oberflächliche Allianz. „Wer protestieren will, soll auch denken", meint er, „wer
etwas zum Einsturz bringen will, muss sich selbst etwas einfal-
len lassen." In Hamburg, als Dutschke mit ihm im Auditorium
Maximum auf dem Podium sitzt, insistiert er: „Welches System
will er [Dutschke] an die Stelle des jetzigen Systems setzen?"
Auch wenn sich innerlich in ihm alles dagegen sträubt – mit seiner Kritik an den radikalen Kritikern des Establishments steht
er im Prinzip auf Seiten des Establishments, zu dem er, auch
wenn er immer wieder dessen Fehler und Schwächen benennt,
als erfolgsverwöhnter Verleger und inzwischen mehrfacher Millionär wie selbstverständlich dazugehört.

Steht er mit dem Herzen auf Seiten der Ho-Tschi-Minh-
Rufer, mit dem Verstand aber auf der anderen Seite der Barrika-
den? Er verteidigt sogar Springer gegen die Enteignungsparolen
Dutschkes und seiner Genossen. Wenn er als „Höchstgrenze
für verlegerische Macht" 20 Prozent der Gesamtauflage aller
Tageszeitungen oder aller wöchentlich erscheinenden Zeitungen und Publikumszeitschriften empfiehlt, würde sein Modell
eines Anti-Konzentrationsgesetzes Springer allerdings empfindlich treffen, denn zur Zeit dieses Augstein-Vorschlags hält
dessen Verlag bereits einen Anteil von 26 Prozent aller Tages-

zeitungen und sogar 29 Prozent aller Wochenpublikationen in der Bundesrepublik.

Dass Augstein dem SDS immer wieder mal Geld spendet – einmal spricht Dutschke von „lumpigen 5000 Mark", doch möge der *Spiegel*-Herausgeber sich dafür nur ja keine besondere Rücksichtnahme erhoffen – hat Gründe vor allem in der autoritären, oft geradezu hysterischen staatlichen Überreaktion auf die studentischen Proteste. Er sei selbst Augenzeuge gewesen, so der *Spiegel*-Chef, wie ganze Hundertschaften der Hamburger Polizei ohne Vorwarnung eine auf dem Pflaster sitzende Menge weggeprügelt habe, darunter Frauen und Mädchen; das Verhalten der Polizei sei „brutal und skandalös gewesen". Fritz Teufel nimmt er als Anwalt des Rechtsstaats gegen die fadenscheinigen Gründe seiner Haftrichter in Schutz: „Wundert euch nicht, wenn es weiter Krawall gibt … Die Behandlung des Falles Teufel ist Aufreizung zum Landfriedensbruch."

Eine Grundsympathie ist erkennbar, aber sowohl im Disput mit Dutschke im Hamburger Audimax wie in seinen Kolumnen besteht er darauf, dass die revolutionären Studenten die neue Gesellschaft, die sie anstreben, wenigstens „in Umrissen" vorstellen; und er fragt, welche Mittel sie einsetzen wollen, um die Gesellschaft auf diese Ziele hin zu verändern. Manch einer von uns älteren Angepassten, heißt es in seinem Kommentar „Die Revolution und ihr ABC", wüsste vielleicht gern einen Weg, „wie dem tödlichen Zyklus des Bonner Apparats ein Weg ins Freie eröffnet werden könnte". Doch wenn die jungen Doktoren der Soziologie gleich eine Revolution vorschlagen – „dann bitte eine mit Hand und Fuß". Dutschkes Geschultheit und Denkdisziplin findet er beachtlich, seine Vorstellungen von der künftigen Gesellschaft dagegen „unklar bis wirr".

Lässt er sich von jener Endzeit-Stimmung anstecken, die Dutschke und Genossen verbreiten, was das Wort vom „tödlichen Zyklus" ja nahe legt? Auch als er mit Dutschke in Hamburg diskutiert, vermeint er nicht zu sehen, wie „das Bonner

System sich aus seiner eigenen Verstickung losmachen will". Sein konservativer Freund Michael Thomas, der die Debatte verfolgt hat, ist bestürzt über den Konsens von Podium und Publikum, wonach an unserer heutigen Gesellschaftsordnung „überhaupt nichts mehr dran sei, ja dass Reformen gar nicht erst versucht werden sollten, weil man damit nur „das Leben dieses kranken Körpers verlängern könnte". Auch Augstein, klagt er dem Freund, meine offenbar, das ganze System müsse weg – seine einzige Einschränkung sei, dass man es nicht beseitigen dürfe, „bevor man wüsste, was man an seine Stelle setzen könnte".

Kein Zweifel: Rudolf Augstein galoppiert gelegentlich ziemlich ungezügelt mit dem Zeitgeist und lässt sich von ihm davontragen, wenn es ihm opportun erscheint. Chronischer Pessimist von Natur, sieht er in jeder Krise des parlamentarischen Systems gleich den Keim zu dessen Exitus angelegt: Es könne sich nicht selber retten und müsse auf den Umsturz warten, „der es von außen wegpustet", schreibt er einmal. So weit, wie Hans Magnus Enzensberger, der das politische System der Bundesrepublik für nicht reformierbar hält, nach Kuba emigriert und in einem Gespräch mit der *Times Literary Supplement* jede Reparaturmöglichkeit ausschließt, geht er jedoch keineswegs. Weil er die Massenbasis für eine Revolution nicht erkennen kann, empfiehlt er Dutschke einmal die Gründung einer linkssozialistischen Partei, die über die 5-Prozent-Hürde „staksen" müsse – ein Vorschlag, der sowohl Existenz wie Akzeptanz des vorhandenen parlamentarischen Systems voraussetzt. Doch nimmt Augstein den SDS immerhin ernst, sieht ihn als die größte Herausforderung der Bundesrepublik seit ihrem Bestehen und setzt sich mit der Kritik und den Forderungen der studentischen Rebellen seriös auseinander, auch wenn er ihre Methoden verwirft. Sein „Verständnis für die Lernprozesse des SDS" und dessen „Guerilla-Taktik" endet dort, wo der „lange Marsch in den Bürgerkrieg mal hier und mal da ein Todesopfer" fordert. Ein neuer Faschismus komme keinesfalls zwangsläufig, schreibt er Ende April 1968, aber er komme noch „am ehesten", wenn „zunehmende Unordnung den Ruf nach dem starken Mann anschwellen lässt".

Ende der sechziger Jahre, der *Spiegel* wird immer dicker, der Anzeigenanteil voluminöser und die Druckauflage klettert erstmals über die Millionengrenze, steht er vor einer schwierigen Entscheidung: Soll er sich von dem Mann trennen, dessen unstrittig großes Talent als Blattmacher die Auflage des *Spiegel* nahezu verdoppelt hat, seit er mit Johannes K. Engel die Chefredaktion führt? Kritische *Spiegel*-Redakteure nennen Claus Jacobis journalistisches Konzept gern „Jacos Lunapark", eine Chiffre, die für bunt, unterhaltsam, vergnüglich und ein weites Spektrum steht, doch gewiss nicht für geschärftes oder gar linkes politisches Profil. Augstein spürt, dass der Zeitgeist die bundesrepublikanische Gesellschaft nach links rückt, nach Jahren des Immobilismus gerät sie in Bewegung – böten sich da nicht Chancen zur längst überfälligen Anpassung der Bonner Politik an die Realitäten? Und könnte er mit seinem *Spiegel* diesen Prozess nicht nach Kräften unterstützen oder gar beschleunigen?

Jacobi, aber auch Engel haben das Blatt nach der *Spiegel*-Affäre, ganz wie sie in einem Memorandum an Augstein im April 1963 vorschlugen, von eingefahrener Routine und alten Maschen befreit, „aktueller, lesbarer, interessanter und frischer" gemacht und es mehr in Richtung klassisches Nachrichtenmagazin à la *Time* justiert. Einem Rat von Ahlers folgend, der ja schon Konrad Adenauer den Abschied des *Spiegel* von der *crusading press* angekündigt hatte, steuern sie für die politische Berichterstattung die angeblich so altbewährte *Time*-Formel an: (nur) „51 Prozent gegen die Regierung". Zwar will auch ihr *Spiegel* weiter kritisch sein, aber er soll sich nicht in Kritik erschöpfen. In so genannten positiven Geschichten werden dem Leser

„interessante Tatsachen in einprägsamer, süffiger, lesbarer Form" präsentiert – *story telling at its best* lautet ihr Motto.

Doch der hanseatische Kaufmannssohn Claus Jacobi, der mit Augstein manche Reise unternahm und ihm gelegentlich sogar die Koffer packte, ist von konservativem Naturell, verkehrt gern in altreichen Kreisen des Hamburger Establishments unter Reedern und Bankiers, politisch zählt er eher zu den Torys denn den Liberalen. Sein Nachfolger Günter Gaus wird einmal über Jacobi spotten, dieser habe sich gern „wie ein Gentleman-Farmer aus Neu-England" gegeben. Wo Augstein Verständnis, wenn auch in Grenzen, für die jungen Rebellen und ihren Wunsch nach Veränderung zeigt und einen Rudi Dutschke oder eine Ulrike Meinhof weniger ihrer Taten wegen, sondern als Personen achtet, hält sein politischer Chefredakteur die Welt, in der er lebt, für die beste aller möglichen, und jene, die sie mit Vietcong-Fahnen abschaffen wollen, für fanatisierte Plebs. Bei solchen Gegensätzen können Reibungen auf Dauer nicht ausbleiben, zumal Augstein die Amerikaner in seinen Kommentaren immer häufiger wegen ihrer Vietnam-Politik kritisiert, Jacobi aber, der ehemalige Washington-Korrespondent, als besonderer Freund Amerikas gilt.

Übrigens nicht nur er: Sein Ko-Chefredakteur Johannes K. Engel wurde in der Redaktion als „Kukuruz" verspottet, weil er angeblich gar keinen zweiten Vornamen hatte und sich mit dem K nur den bewunderten amerikanischen Vorbildern anpassen wollte. Erich Kuby, der 1964 bis 1966 als ständiger freier Mitarbeiter für den *Spiegel* gearbeitet hat, behauptet einmal, für Jacobi (aber auch für Engel) stellten die USA eine „strahlende, alles erleuchtende, alles erwärmende Sonne" dar. Auch wenn er damit zweifellos übertreibt, meint er doch, dass mit Jacobi auf Dauer kein *Spiegel* nach dem Geschmack Augsteins zu machen sei. Lange hat er mit dem *Spiegel*-Chef über dessen Dégoût am eigenen Blatt gesprochen. In einem Brief vom 21. März 1965 zeigt Kuby ihm die Alternative auf:

➤ A – entweder dafür sorgen, „dass der Kram gemacht wird, die Auflage hält und steigt, die Penunzen hereinkommen, mit denen Sie dann eine ganz andere Sache machen: in den Bundestag gehen, Kultusminister werden ... und dergleichen" – oder aber:

➤ B – „Sie erkennen und anerkennen, dass Sie sich mit dem S[piegel] an einen Platz katapultiert haben, den Sie vor Ihrem eigenen Gewissen nicht verlassen können, und anerkennen auch, dass das Maximum an Wirkung nur durch den zielbewussten Gebrauch – nicht Missbrauch – Ihres eigenen Instruments ausgeübt werden kann."

Weg A hieße, Augstein ließe Jacobi und Engel das Blatt weitgehend nach ihrem Gusto machen, kassierte die Gewinne und hielte sich aus den redaktionellen Entscheidungen heraus – ein Weg, vielleicht amüsanter und bequemer als Weg B. Aber natürlich empfiehlt Kuby den zweiten Weg im Interesse des *Spiegel*.

Interessant ist vor allem, dass er sieben Jahre, bevor Augstein sich 1972 schließlich dazu durchringt, bereits auf eine mögliche Bundestagskandidatur verweist. Wahrscheinlich hat sie Augstein, der im vertrauten Gespräch spielerisch ewig zu neuen Ufern Strebende, wieder einmal als einen, wenn auch vagen Ausstieg unter mehreren aus einer *Spiegel*-Routine angedeutet, die ihn anödet und bedrückt. Auf die Unterhaltung in Augsteins Haus am Maienweg anspielend, schreibt Kuby: „Ich gebe Ihnen recht, dass keine Erziehung oder Beeinflussung J.'s [Jacobis] möglich ist, nach der mit J. ein Sp.[iegel] gemacht werden könnte, für den sich für Sie die B-Entscheidung überhaupt lohnte."

Kubys Urteil mag voreingenommen sein, denn manche seiner Beiträge waren wegen ihres „Pamphletcharakters" – höchstwahrscheinlich zu Recht – von beiden Chefredakteuren abgelehnt worden. Aber dass Augstein ihn ins Vertrauen gezogen, dass er ihm die eigenen Zweifel am Kurs Jacobis mitgeteilt hat, scheint evident zu sein. Auch dass er, der weithin gefürchtete „Herr der öffentlichen Meinung", sich in einem tiefen persönlichen Zwiespalt befindet, dass er nicht so recht weiß, wie es mit ihm persönlich weitergehen, welcher Aufgabe er sich stellen soll, hat er dem Gesprächspartner offen anvertraut. Sein Gefährte seit frühen *Spiegel*-Jahren und langjähriger Freund Hans Detlev Becker hat die innere Ambivalenz Augsteins einmal mit dem „Hans im Schnakeloch" des elsässischen Volklieds verglichen:

> *De Hans im Schnakeloch*
> *het alles, was er will.*
> *Und was er will,*
> *des het er net.*
> *Un was er het,*
> *des will er nitt.*
> *De Hans im Schnakeloch*
> *het alles, was er will.*

Man schreibt 1968, die Rebellion der Studenten gewinnt an Fahrt und die SPD zeigt auf ihrem Nürnberger Parteitag im März den Willen, mit den alten Tabus der Deutschlandpolitik zu brechen, als Augstein sich entschließt, Kubys alter Empfehlung zu folgen und Weg B einzuschlagen – wenn auch nur auf mittlere Sicht. Ursprünglich hat er sich aus den Redaktionsgeschäften auf die Funktion des Geschäftsführers, Verlegers und Kolumnen-Schreibers zurückziehen und die Redaktion ganz den beiden Chefredakteuren überlassen wollen. Als die politische Landschaft in Bewegung gerät, drängt es ihn jedoch, das Redaktionssteuer wieder selbst in die Hand zu nehmen, um besser mitmischen zu können, und so macht er eine Kehrtwende um 180 Grad.

Dass Chefredakteur Jacobi Artikel von jüngeren, eher linksorientierten Korrespondenten, in denen Sympathie mit den Rebellen durchschimmert, nach Redaktionsschluss von – aus seiner Sicht – „anstößigen Stellen" säubert, führt mehrmals zum Eklat. Mitte Mai lässt Augstein ihn wissen, dass er selbst künftig stärker „die politischen Beiträge und die Redaktionsführung" beeinflussen wolle und fügt gleich hinzu, dass dies wegen des Unterschieds in beider politischem Naturell auf Dauer zu Schwierigkeiten führen müsse. Das sieht auch Jacobi so, der übrigens – wie einige der *Spiegel*-Ressortchefs – meint, die „Anbiederung" Augsteins an den linken Zeitgeist gehe zu weit. Doch wie immer, wenn sich eine Machtfrage stellt, fällt Augstein eine klare und schnelle Entscheidung: Er trennt sich von Jacobi, freilich nobel und mit goldenem Handschlag. In Anerkennung der „wichtigen Dienste", die er dem *Spiegel* geleistet hat, wird der Chefredakteur mit einer Abfindung von einer Million D-Mark verabschiedet und erhält zusätzlich einen voll bezahlten Urlaub von 12 Monaten, der freilich eher einer Zwangspause gleicht. Sie soll ihn daran hindern, allzu schnell zum wichtigsten *Spiegel*-Konkurrenten *Stern* zu wechseln, der ihn als Chefredakteur umwirbt.

Jacobi, ganz Gentleman, scheidet ohne Zorn, denn er ist überzeugt, dass ein Verleger und Eigentümer über den Kurs eines Blattes souverän bestimmen kann und bestreitet dieses Recht auch Rudolf Augstein nicht. Obschon politisch bald völlig anders gepolt, bleibt er doch ein Bewunderer des *Spiegel*-Chefs, seines Scharfsinns und seiner Wortgewalt, nennt ihn in seiner „Privaten Zeitgeschichte" 1991 den „bedeutendsten Journalisten der Bundesrepublik" und sein Blatt wichtig „für die geistige Hygiene der Nation". Doch geht er dann doch nicht zum *Stern*, sondern heuert ausgerechnet bei der großen Feindfigur der Achtundsechziger an: bei Axel Cäsar Springer, der mit seinen Blättern all das bekämpft, was Jacobi in seiner Springer-Biographie den Umsturz der Werte oder den „Kopfstand" nennt, den die Republik seit 1968/69 nach seiner Meinung übt: Da wird aus Gewinn plötzlich Profit, Verbrecher erhalten Ausgang wie Rekruten, Drogen werden schick, und die Straße erhebt ihr Haupt. „Freizeit wurde … manchem wichtiger als Freiheit", so Jacobi,

„die Häßlichkeit der Masse ein neues Schönheitsideal in der Kunst, Grün Modefarbe der Politik. Über Goethe wuchs Grass. In Politik und Presse wurde Fahne auf Fahne in den neuen Wind gedreht. Wer Antikommunist blieb, war ‚Kalter Krieger‘, wer noch an Wiedervereinigung glaubte, war ein Spinner oder Friedensfeind."

Unterschiedlicher geht es wahrlich kaum. Als Jacobi-Nachfolger holt Augstein den exakten Gegentyp: Günter Gaus ist kein so blendender und exzellenter Schreiber, auch kein genialer Blattmacher wie Jacobi, aber ein Mann von analytischer Strenge, der sich klar für Willy Brandt, dessen Ostpolitik und damit für den Umsturz der Werte in der bisherigen Deutschlandpolitik entscheidet. Im Jahr 1958 war er schon einmal zum *Spiegel* gestoßen, verließ das Blatt aber, weil er in dem ihm unbehaglichen „Kasernen-Reglement" des damaligen Chefredakteurs Becker nicht so recht reüssierte, schon 1961 durch den Hintereingang nur um sechs Jahre danach durch das Hauptportal mit Glanz und Gloria zurückzukommen und direkt in die Chefredaktion zu marschieren.

Dazwischen liegen Jahre als innenpolitischer Redakteur der *Süddeutschen Zeitung*, als Programmdirektor des Südwestfunks, vor allem aber als Interviewer der ZDF-Fernsehserie „Zur Person", mit der er sich einen Namen machte und die ihn zum bekanntesten Hinterkopf Deutschlands avancieren ließ. Die eigene Person zurücknehmend, im Bild stets nur von hinten im Anschnitt zu sehen, gelang es ihm, in bohrenden Interviews mit Politikern und Wissenschaftlern, Schauspielern wie Gründgens oder Philosophen wie Hannah Arendt das Denken und die Motive der Gesprächspartner offenzulegen. Wenn Günter Gaus seine drei E-Kameras auf Politiker richtete, geriet sein „Zur Person" nicht selten zum spannend knisternden 45-Minuten-Drama, in dem der Zuschauer am Mienenspiel des Befragten ablesen konnte, ob eine seiner strengen Fragen schmerzte und die Antwort ehrlich, ausweichend oder irreführend war.

Nicht auf Kontroverse, auf die Sache kam es Gaus an, und wenn er seine Gesprächspartner bedrängte, dann nicht, um selbst zu brillieren, sondern um den Zuschauer über das aufzuklären, was der Interviewte beabsichtigte, woher er kam, was ihn charakterlich prägte und wes Geistes Kind er war. Was er bot, war beste, geballte Information. Er kann, was vor und nach ihm wohl keiner im *Spiegel* vermag, den Hans Detlev Becker der frühen Jahre sicherlich ausgenommen: als Chefredakteur mit Rudolf Augstein, gleich zu gleich an politischer Statur, zusammenarbeiten – auf „Augenhöhe", um das politische Modewort von Talkshows aufzugreifen, die seit Gaus oft genug zu substanzlosen Endlosschleifen pervertierten.

Mit ihm, dem sechs Jahre Jüngeren, tut sich Augstein zusammen, um mit dem *Spiegel* jene politische Wende zu befördern und sie – nach der Wahl im September – voranzutreiben, welche den definitiven Punkt hinter die Ära Adenauer setzt. Geschieht jetzt nicht, was Augstein in seinen Kolumnen schon seit Jens-Daniel-Zeiten gefordert hat: Anerkennung der Oder-Neiße-Linie, Aufnahme ernsthafter Gespräche mit Moskau, Akzeptieren der Staatlichkeit der DDR, der Existenz eines zweiten Staats auf deutschem Boden, auch wenn es dafür in Verhandlungen erst einmal die rechte Form auszuloten gilt? Gaus hält seit Langem engen Kontakt zu Herbert Wehner, aber auch zu Willy Brandt, er ist parteilos (in die SPD tritt er erst 1974, nach seiner Zeit beim *Spiegel* ein), aber er gehört zur Wähler-Initiative für Willy Brandt, nimmt also offen Partei: Er steht klar links von der Mitte, und obschon passionierter Reiter und „den Genüssen des Lebens zugetan" (Brawand), wird er nicht müde zu beteuern, dass sein Herz für die kleinen Leute schlägt.

Als erster *Spiegel*-Mitarbeiter kann er Kommentare unter seinem Klarnamen veröffentlichen, und als Augstein und Gaus am 22. September 1969 eine gemeinsame Wahlempfehlung mit ihren Namen zeichnen, hat jedermann den Eindruck, dass sie politisch ein Herz und eine Seele sind. „Wir wollen nicht, dass ein CDU-Kanzler die Regierung bildet", heißt es da, „wir wollen, dass diese beiden Parteien (CDU und CSU) in der Opposition eine Chance bekommen, sich zu erneuern. Wir wollen stattdessen einen Bundeskanzler Brandt an der Spitze einer Koalition aus SPD und FDP, gleichgültig welche Zahlen die Demoskopen dieser Gruppierung voraussagen." Nur eine Koalition dieser beiden Parteien, so ihre Begründung, vermöge die deutsche Politik vom Ballast „heuchlerisch genährter Illusionen" zu befreien. Dass Karl Schiller „neue Maßstäbe für modernes Wirtschaften" setzte, sei ein weiterer Grund. Wenn in dieser Wahlempfehlung auch die Bildungsmisere und die „Benachteiligung der Arbeiterschaft" eine Rolle spielen, gegen die weder Kiesinger noch Strauß angehen würden, ist das wohl eher auf das Konto von Gaus denn von Augstein zu buchen. Glaubt man Gaus, dann hat der Herausgeber Augstein für die Lage gesellschaftlich benachteiligter Gruppen in der Bundesrepublik nie besonderes Interesse bekundet.

Als die kleine Koalition unter dem Kanzler Willy Brandt schließlich steht, schreibt Rudolf Augstein erleichtert, dies sei „die Regierung, die wir gewollt haben". Doch triumphiert er nicht, sondern weist sofort auf ihren Geburtsfehler, ihre innere Schwäche hin. Die Mehrheit ist knapp und die FDP anfällig, denn an die 10 ihrer 30 Abgeordneten sehen lieber eine Koalition mit der CDU/CSU. „Glück zu!", wünscht er den „Damen und Herren dieser Regierung" und rät, nach dem Motto „Gott ist stark mit den Schwachen" zu handeln, das Preußens Friedrich nach dem „Haaresbreite-Sieg von Liegnitz" im Siebenjährigen Krieg auf seine Fahnen schrieb.

Dass der *Spiegel* die Aufbruchstimmung des linksliberalen Lagers Ende der sechziger Jahre widerspiegelt und verstärkt, ist eine Sache, dass er offen die Regierung stützt, geht einigen altgedienten *Spiegel*-Redakteuren wider den Strich. Leo Brawand meint, die allzu enge Bindung an die Bonner Regierenden stehe einem Nachrichtenmagazin „wohl nicht gut zu Gesicht", und Georg Wolff, lange ein wichtiger Partner Augsteins für den Dialog innerhalb der Redaktion, moniert, der *Spiegel* nehme unter Günter Gaus „zuweilen die Diktion eines Kampfblattes der Brandt-Mannschaft" an. Gaus dagegen argwöhnt, das Eintreten für eine bestimmte politische Zielsetzung habe nur „die Schiedsrichterattitüde" vieler Altgedienter beeinträchtigt – eine Haltung, von der er freilich nichts hält: Vermeintlich über den Parteien stehend, entspreche sie „mit dem Tonfall vieler *Spiegel*-Geschichten doch dem Geschmack der schweigenden Mehrheit" und sei insoweit der Tendenz nach eher konservativ.

Dabei kann keineswegs die Rede davon sein, dass Augstein oder Gaus ihrer Wunschregierung kritiklos gegenüberstünden. So rügt Augstein im Winter 1970 seinen FDP-Freund und Außenminister Walter Scheel, als dieser vor Abschluss des Moskauer Vertrages auf einer Berlin-Regelung besteht, spricht von „Kunstfehlern", die einem Bismarck nicht unterlaufen wären, ja er sieht durch Scheels „undurchdachte Stärkenachweise" die Verhandlungen ernsthaft vom Scheitern bedroht. Dass er damit irrt, räumt er ein halbes Jahr später reumütig, aber zutiefst ironisch ein, als er der Regierung gratuliert. Sie habe viel gewagt, ihre Existenz aufs Spiel gesetzt und schließlich gewonnen: „Sie hat sogar, was den ‚Kunstfehler' Junktim anlangt, recht behalten, wie in der Medizin, wenn der Patient überlebt, und also war's kein Kunstfehler."

Kritisch gehen Augstein und Gaus vor allem mit der Innenpolitik der Sozialliberalen um, die der Inflationsgefahr nicht Herr werden. Gaus fordert im Februar 1971 einen Superminister für Wirtschaft und Finanzen, der kraft Amtes eine Art Kanzler fürs Innere wäre und das Wächteramt über Steuerplanung, Konjunktur und Inflation innehaben müsse – und degradiert den Außenpolitiker Brandt damit zum „Teilkanzler", wie er seinen Kommentar überschreibt. Bitter beschwert sich Brandt – „auf die Gefahr hin, dass Sie mich für mimosenhaft empfindlich halten" – bei Gaus, dass ihm seit Langem nichts so geschadet habe „wie Ihr böses Wort vom Teilkanzler". Doch Augstein haut munter in dieselbe Kerbe, wenn er im Mai 1971 den Streit zwischen den SPD-Ressortministern beklagt, die wie Stammesherzöge ihren Ressortegoismus ritten, und Integration anmahnt, zu der das Kanzleramt offenbar unfähig sei.

Die Kritik, die sich im *Spiegel* vor allem an der Innenpolitik der Sozialliberalen findet, ist scharf, aber doch stets von einer Grundsympathie getragen, die in Rechnung stellt, dass die Parteiführer Brandt und Scheel das Abenteuer, auf so schmaler Basis zu regieren, keinesfalls riskiert hätten, wenn es ihnen nicht „um große Dinge" gegangen wäre. Augstein schreibt ihnen gut, dass sie unternehmen, was seit Langem überfällig ist: Sie suchen Entspannung nach Osten und den Dialog mit dem anderen deutschen Staat, um Begegnungen zwischen den Deutschen in West und Ost wieder zu ermöglichen und das Bewusstsein einer Nation lebendig zu halten. An dieser Grundposition des Blattes wird sich bis zum Weggang von Günter Gaus, der nach dem Wahlsieg Brandts als künftiger Ständiger Vertreter bei der DDR zur Regierung stößt, wenig ändern. Erst sein Nachfolger Erich Böhme sucht eine neue Balance: Zwar unterstützt der *Spiegel* auch weiter die Ostpolitik, doch geht er mit innen- und personalpolitischen Fehlern der Regierung ungleich kritischer um und wirkt, als der Autoritätsverfall des Kanzlers Brandt nicht zu stoppen ist, sogar führend an dessen Demontage mit.

In die stürmische Zeit der Achtundsechziger-Revolte fällt Augsteins Bekanntschaft mit Gisela Stelly, einer fast zwei Jahrzehnte jüngeren, intelligenten rothaarigen Schönheit, die er in vierter Ehe 1972 heiratet, und in der Aufbruchstimmung der Sozialliberalen hebt jene Debatte um redaktionelle Mitbestimmung im *Spiegel* an, die zur Kraftprobe zwischen dem Magazin-Establishment und der Redaktionslinken wird. Es ist eine Auseinandersetzung, die ihr verblüffendes Ende mit Augsteins Schenkung der Hälfte aller *Spiegel*-Anteile an die Mitarbeiter finden wird. So sicher beides ursächlich nicht miteinander verknüpft ist, so gewiss finden ältere Männer durch jüngere Gefährtinnen Anschluss an die nachwachsende Generation; es fällt ihnen dann leichter, sich in deren Denken und Vorstellungen einzufühlen oder, in Augsteins Fall vielleicht, mit dem Zeitgeist zu kokettieren.

Nicht, dass Gisela Stelly, Tochter eines Berliner Seidenfabrikanten, etwa zu den Anführern der Studentenrevolte an der Freien Universität gehört hätte. Aber Augstein, von Marxismus völlig unbeleckt, ist Denken in Systemen fremd, die diplomierte Studentin der Psychologie und Soziologie dagegen kommt geradewegs aus einem akademischen Milieu, in dem linke Theorie bis in die tiefsten Nächte diskutiert wird – linker Jargon ist ihr also bestens vertraut. Nach einem Praktikum beim Berliner *Tagesspiegel* arbeitet sie für die Hamburger *Zeit*.

Es ist ein *coup de foudre*, der sie zusammenführt, als sie sich im Aufzug des Pressehauses begegnen. Sie bewundert Augsteins „unglaubliche Lebensenergie", seine Großzügigkeit im Denken, Wahrnehmen und Fühlen, seinen Schalk, seinen Witz, seine Luzidität, auch das Spielerische in ihm. Ihren ersten Film-Beitrag fertigt sie – zusammen mit Stefan Aust, dem späteren *Spiegel*-Chefredakteur – für die Feature-Abteilung des NDR-Fernsehens zu einem Thema, über das sie in der *Zeit* geschrieben hatte. Dass sie anschließend Dokumentarfilme macht, findet Augsteins Zustimmung, zumal sie sein Interesse am Film und an namhaften Regisseuren weckt. So steigt er, gedrängt von Hark Bohm, im Februar 1977 als neuer Mehrheitsgesellschafter beim „Filmverlag der Autoren" ein."

Ursprünglich als Selbsthilfe-Initiative Münchner Filmemacher Anfang der siebziger Jahre für die gemeinschaftliche Produktion von Spielfilmen gegründet, fehlen dem Filmverlag die finanziellen Mittel für Marketing und Verleih. Augsteins Engagement – übrigens als Privatperson, also ohne Beteiligung des *Spiegel*-Verlags – rettet ihn vor dem wirtschaftlichen

Zusammenbruch. Mit seinem Geld baut der neue Geschäftsführer Theo Hinz die Verleihorganisation aus, gründet Filialen in Berlin und Frankfurt, Hamburg und Düsseldorf, setzt mit Auftragsfilmen für das Fernsehen einen neuen Schwerpunkt. Schließlich zeigt der Filmverlag auch politisch Profil: so mit „Deutschland im Herbst" 1978 von Kluge, Schlöndorff, Fassbinder und Reitz, ein Film, der vom Terror der RAF und ihren Opfern handelt. Und rechtzeitig zum Wahlkampf 1980 bringen Schlöndorff, Kluge und Eschwege zusammen mit Stefan Aust den Film „Der Kandidat" in die Kinos, ein polemisches Porträt des Franz Josef Strauß, das Augstein mit einer halben Million Mark aus seiner Privatschatulle zusätzlich fördert.

Mit Gisela Stelly, die ihn um Haupteslänge überragt, ist der Film-Mäzen nun häufiger bei den Festspielen in Cannes, auf der Berlinale, bei Premieren und Preisverleihungen zu sehen. Die Jahre als Mehrheitsgesellschafter des Filmverlags kosten ihn eine zweistellige Millionensumme, allein für 1984 errechnet sein Steuerberater einen Verlustanteil von mehr als acht Millionen Mark. Zwar hat sich der Filmverlag, wie führende Regisseure ihm 1983 bestätigen, „letztlich als der eigentliche Repräsentant des neuen deutschen Films durchgesetzt", aber richtig froh wird der *Spiegel*-Chef seines enormen finanziellen Engagements letztlich nicht.

Als Wim Wenders mit seinem Film „Paris, Texas" international Erfolg hat und in Cannes die „Goldene Palme" erhält, kommt es zu einer Auseinandersetzung um Vertrieb und Einspielergebnisse, die formell zwischen dem Filmverlag auf der einen, Wenders und dessen Produzenten Sievenich auf der anderen Seite ausgetragen wird. Im Grunde wollen Regisseur und Produzent einseitig die vertraglich festgelegte Verteilung der Auslandseinnahmen zu ihren Gunsten ändern, was die Geschäftsführung des Filmverlags, der ja auch Mitproduzent ist, natürlich ablehnt, hat sie doch endlich einen Erfolgsfilm im Programm. Als der Streit eskaliert und in etlichen Veröffent-

lichungen der Eindruck erweckt wird, Augstein als Mehrheitsgesellschafter stecke persönlich hinter dieser unnachgiebigen
Haltung, verliert er schließlich die Lust, weiter den Mäzen der
deutschen Filmkunst zu spielen.

Dass der Filmverlag eine einstweilige Verfügung gegen Wenders erwirkt, die diesem Erklärungen untersagt, „die den
Bestand und die Fortführung des mit dem Filmverlag geschlos-
senen Verleihvertrags zum Gegenstand haben", führt zu der
grotesken Situation, dass ein Interview mit Wenders in der
Kultursendung „Aspekte" nicht im Ton zu hören ist – „wie im
Stummfilm" bewegt Wenders die Lippen, so die *Zeit*, der Ton
bleibt „unter Verschluss". In manchen Feuilletons wird Aug-
stein deshalb verdächtigt, er gefährde die Kunstfreiheit. In
Gegendarstellungen und Leserbriefen wehrt er sich gegen die
Unterstellung, er habe die harte Haltung des Verlags beeinflusst:
Zuständig sei allein die Geschäftsführung, er als Mehrheits-
gesellschafter mische sich nur ein, wenn die Obergrenze der
Zuschüsse wieder einmal überschritten werden sollte.

Besonders trifft ihn die Behauptung von Wenders-Produ-
zent Sievenich, der Streit um die Verleihrechte komme einer
„Vernichtungsstrategie des Mehrheitsgesellschafters Rudolf
Augstein gegen Wenders" gleich. Zwar springen die Regisseure
Hark Bohm, Uwe Brandner und Hans W. Geißendörfer ihm in
einem öffentlichen Appell an Wenders bei: Dieser möge dafür
sorgen, dass über seine Mitarbeiter keine „abwegigen Unter-
stellungen über Rudolf Augstein in die Welt gesetzt" würden;
Wenders wisse so gut wie sie, „dass der Filmfan Augstein" ihn
weder ruinieren noch seinen Film vernichten wolle. Doch auch
wenn er mit Wenders persönlich Frieden schließt, zieht sich
ein beleidigter Augstein bald völlig aus dem Filmverlag zurück.
Ende September 1986, als er mit den Dreharbeiten zu seinem
neuen Film „Der Himmel über Berlin" beginnen will, wendet
sich Wenders mit einem Hilferuf an Augstein und klagt sein
Leid: Die Verrechnung der Erlöse von „Paris, Texas" sei „unsitt-

lich", und er befürchte, er müsse sich „mitsamt neuem Film und Firma an den Nagel hängen".

Augstein antwortet im Ton freundlich, in der Sache aber brüsk: Er habe sich nun vom Filmverlag getrennt und nichts mehr mit ihm zu tun. Wenn Wenders sich mit jemandem auseinandersetzen wolle oder müsse, sei dies der neue Eigentümer Theo Hinz. „Ich habe", so Augstein, „in der Sache genug Geld investiert, was mich nicht kränkt, aber auch genug Kontroverses erfahren, was mich naturgemäß gekränkt hat. Es gibt auch so etwas wie eine seelische Gesundheit, und die werde ich nicht dadurch in Gefahr bringen, dass ich mich um Dinge kümmere, die schon wieder kontrovers wären und die mich nichts mehr angehen. Ein Mäzen bin ich nicht und wollte ich nie sein."

Als Mann, dem weit mehr als der halbe Laden gehörte und der Millionen zuschoss, war er natürlich doch Mäzen, das weiß er genau und zeigt sich gegenüber Wenders auch stolz, wenn er schreibt, „einige gute Sachen, die sonst nicht wären", seien bei seinem Engagement herausgekommen. Aber letztlich war er ein ungeliebter Mäzen, eine Erkenntnis, die seinen Abschied vom Filmverlag der Autoren nach der Wenders-Kontroverse sicher beschleunigt hat.

Natürlich bleibt nicht aus, dass auch die *Spiegel*-Redaktion vom antiautoritären Geist der späten sechziger Jahre erfasst wird. Die 68er, schreibt Günter Gaus, der Chefredakteur von April 1969 bis April 1973, sind „auf ihrem Marsch von den Teach-Ins durch die Institutionen früher als anderswo im *Spiegel* angekommen ... Wir hatten die aufgeweckten Seminaristen engagiert." Einer, wohl der Wichtigste unter ihnen, Hermann Gremliza, war von dem missglückten *Heute* aus Berlin zum *Spiegel* gekommen und zog andere nach: Bodo Zeuner oder Dieter Brumm. Im April 1969, Gaus hat seinen Chefredakteursposten gerade bezogen, kursiert ein anonymes Flugblatt in der Redaktion, das „demokratische Mitbestimmung in der Redaktionskonferenz" fordert. Das „System *Spiegel*", behauptet

eine Aktionsgruppe von sechs Redakteuren, die den Text verfasste, sei ein System der „Gewalt an der objektiven Nachricht":
Dem Journalisten würden politische Erkenntnis und politisches
Engagement systematisch ausgetrieben, und der Stellenwert
journalistischer Arbeit bemesse sich nur nach dem Unterhal-
tungsfaktor. Hohe Gehälter und „optimale" Arbeitsbedingun-
gen in einer „Produktionskaserne", die sich mit „idiotischem
Aufwand" als „menschenfreundlich" kaschiere, verschleierten
dem *Spiegel*-Redakteur seinen „unmündigen Status". Was dem
Spiegel-Redakteur in der politischen Wirklichkeit dieses Staates
widerfahre, so das Flugblatt, gehe ihm nicht unter die Haut, weil
er diese Wirklichkeit „längst zum Stoff eines debilen Klatsch-
Journalismus stilisiert und verinnerlicht" habe.

   Nun ist es nicht ohne Ironie, dass Rudolf Augstein drei
Monate später, nämlich im Juli desselben Jahres, Axel Springer und seinen Konzern klar im Visier, in seiner Kolumne
„Fünfte Ohnmacht" nicht nur schreibt: „Das kapitalistische
Pressesystem beruht auf dem unveräußerlichen Recht jedes
Kaufmanns, dumme Käufer aufzusuchen und noch dümmer
zu machen ..." Er bescheinigt der APO ausdrücklich Nützlich-
keit: Auch wenn sie ihrem Ziel – Enteignung der Presseherren –
nicht näher gekommen sei, habe sie doch gründlich „das Selbstverständnis bei jenen Publikations-Menschen geschüttelt und
gerüttelt, die überhaupt noch bereit waren, ihre eigene Rolle
und ihre Interessen zu überdenken", und er fügt hinzu: „den
autoritär geführten *Spiegel* nicht ausgenommen". Hinterfragt
er also die eigene Rolle in dem von ihm, den Chefredakteuren Gaus und Engel samt der Riege der Ressortchefs, genannt
der „Herrenclub", autoritär geführten Haus? Ja und nein. Die
absolute Kritik der APO nennt er stichhaltig, aber sie sei wie
stets „von allen in Fleisch und Blut wirksamen Bezugssystemen"
losgelöst, und deshalb hält er von den Modellen nichts, die sie
für „Selbsterziehung und Mündigkeit" anzubieten hat. Einerseits geht er mit dem Zeitgeist, biedert sich ihm, wie einige ihm

vorwerfen, sogar an, andererseits widerspricht er entschieden den Formen, in denen dieser Zeitgeist im *Spiegel* Fuß zu fassen sucht.

Entsprechend verhält er sich in der Auseinandersetzung um Mitbestimmung, Redakteursstatut und innere Pressefreiheit, die zu bösartigen Fraktionskämpfen in der Redaktion führt und über die *Spiegel*-Redakteure auf Vollversammlungen heftig und endlos debattieren. Als sieben Redakteure im November 1969 den Entwurf für ein Redaktionsstatut vorlegen, das die Berufung von Chefredakteuren, die Bestellung von geschäftsführenden, leitenden Redakteuren, auch die von Reportern oder Kolumnisten (die mit ihrem Namen zeichnen dürfen) an das Einvernehmen mit einem zu wählenden Redaktionsrat bindet und damit den Redakteuren ein Vetorecht bei allen wichtigen redaktionellen Personalentscheidungen einräumen soll, sagt Augstein: Nein. Dass Eigentums-Übertragungen – also die Veräußerung von Anteilen am *Spiegel*-Verlag – nach diesem Statut künftig der Zustimmung einer Vollversammlung der Redakteure bedürfen sollen, geißelt er als Anmaßung der Redaktion, über den gesamten Betrieb ohne Rücksicht auf die Angehörigen der anderen Verlagsabteilungen zu bestimmen. Früh sieht er die Gefahr, dass eine linke Mehrheit der Redakteure den *Spiegel* auf dem Weg über redaktionelle Mitbestimmung „inhaltlich-publizistisch auf sozialistische oder kapitalismuskritische Ziele" orientieren könnte, wie es später Bodo Zeuner, einer der Wortführer der damaligen *Spiegel*-Linken und früherer Assistent am Berliner Otto-Suhr-Instiutut, in seinem Buch „Veto gegen Augstein" formuliert. Sein Magazin konsequent in eine Plattform der systemkritischen Linken zu verwandeln, heißt aus Augsteins Sicht, es in den sicheren Ruin zu treiben.

Der *Spiegel* ist ja nicht eines von mehreren Objekten eines Großkonzerns wie Bertelsmann oder Springer, als mittelständisches Zeitschriften-Unternehmen ist er auf sich allein gestellt und für Krisen ausgesprochen anfällig, denn er produziert

Freunde und Konkurrenten: Rudolf Augstein und *Stern*-Herausgeber Henri Nannen. Beide begannen ihre journalistische Laufbahn in Hannover.

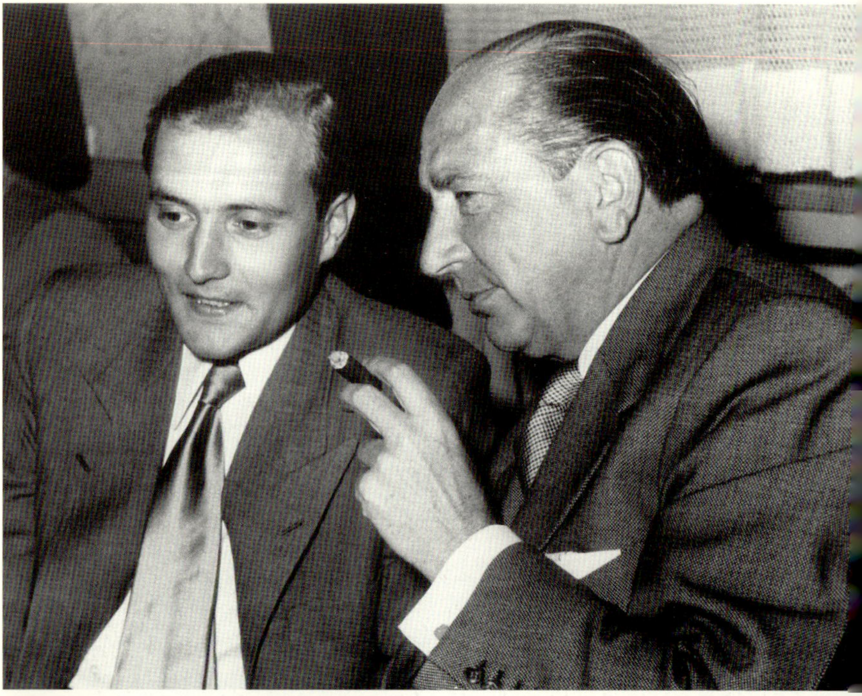

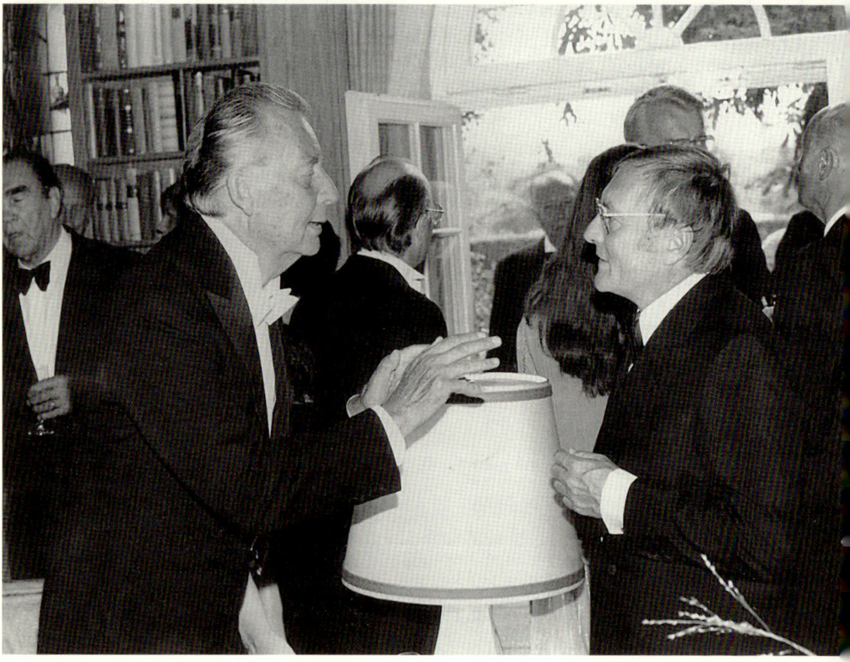

Große Verleger-Persönlichkeiten: Augstein mit John Jahr, der zeitweise 50 Prozent der Anteile am *Spiegel* hält (links oben). Eine Ehe von *Zeit* und *Spiegel* scheitert in letzter Minute an *Zeit*-Verleger Gerd Bucerius (oben 1985 in Hamburg); links mit Freund-Feind Axel Springer, den Augstein für den „tüchtigsten Geschäftsmann der Bundesrepublik" hält.

Zeit seines Lebens zeigt Augstein vielfältiges Interesse über das genuin Politische hinaus: im Gespräch mit dem Philosophen Martin Heidegger (im September 1966 in Todtnauberg)...

1987 in Vermont mit Hark Bohm, Rainer Werner Fassbinder und Bernhard Wicki vom Filmverlag der Autoren.

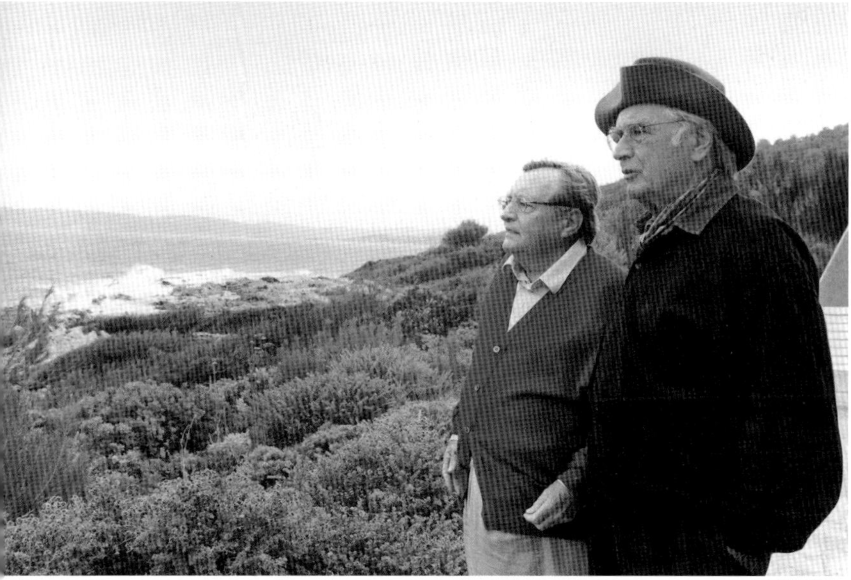

Der Spiegel

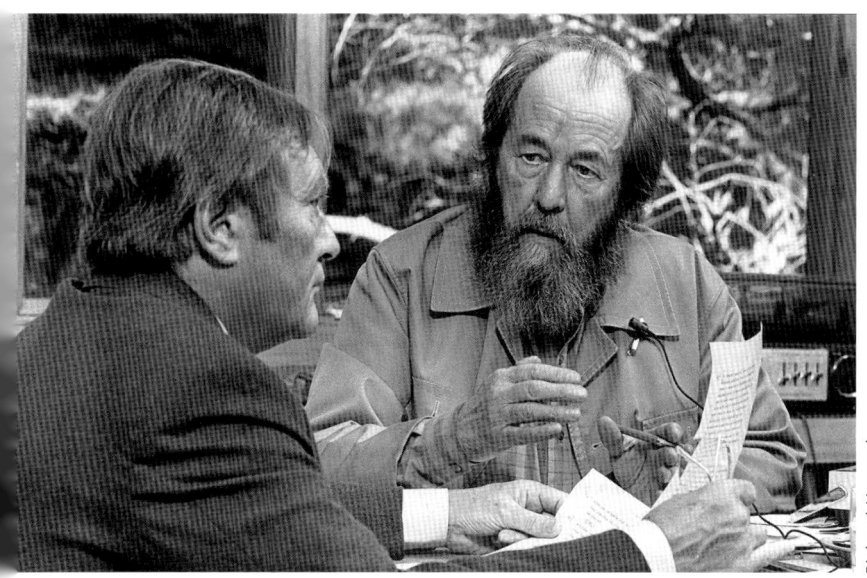

. mit den Schriftstellern Martin Walser . . .

Richard Howard

und Alexander Solschenizyn.

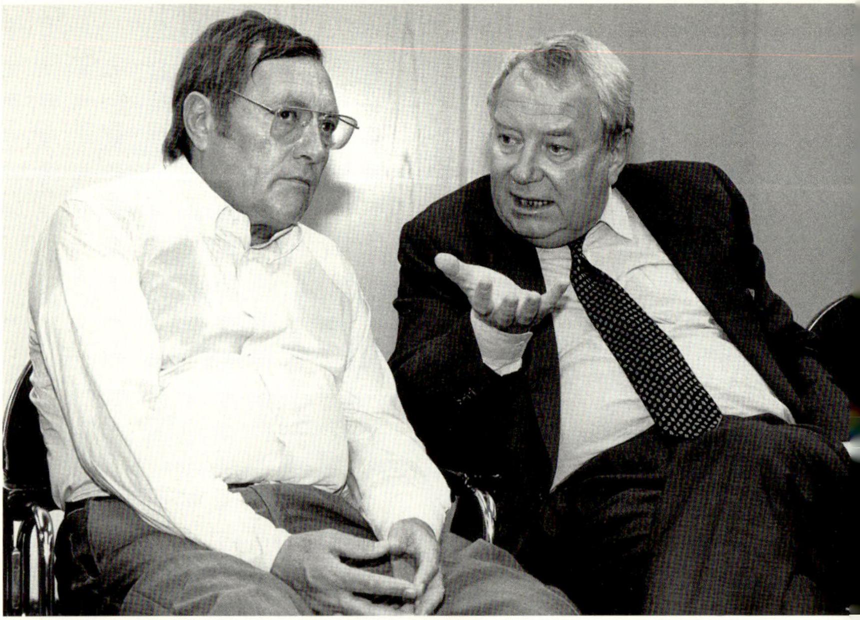

Monika Zucht / *Der Spiegel*

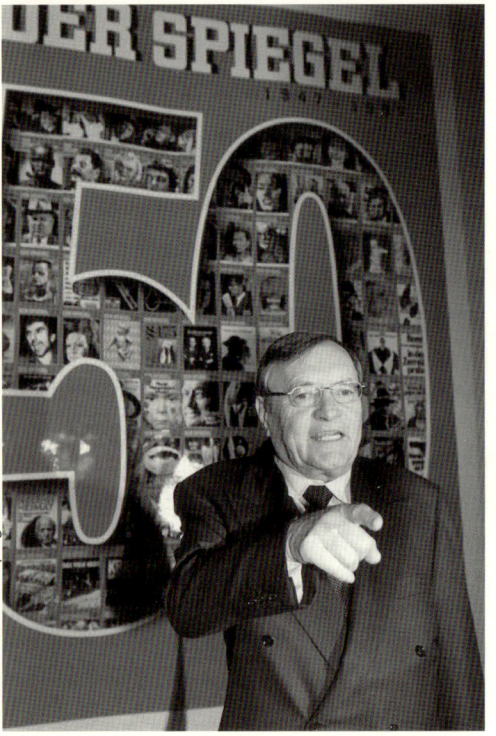

„Mr. Spiegel“ mit den Chefredakteuren Erich Böhme (oben) …

Augstein auf der Feier zum 50-jährigen Bestehen des *Spiegel*.

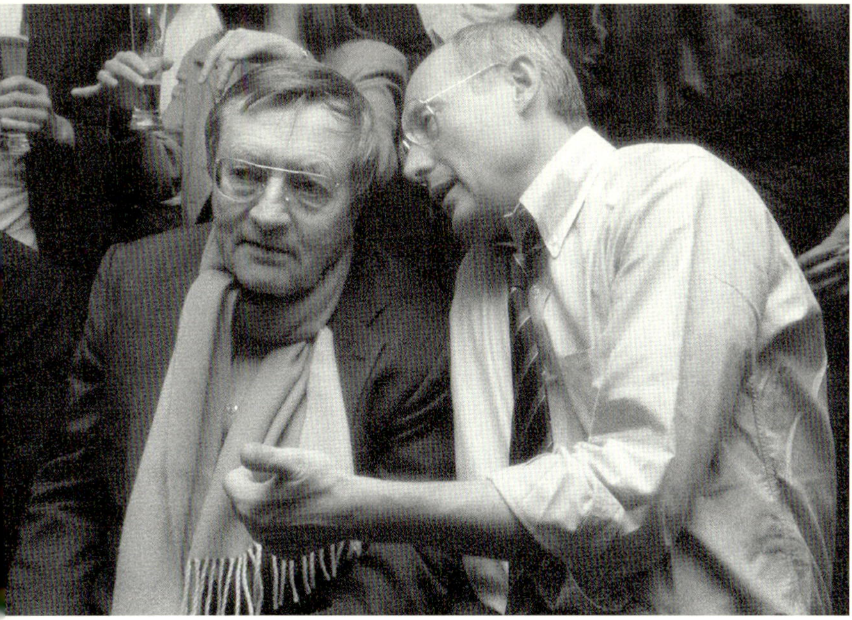

Bernd Fischer / *Der Spiegel*

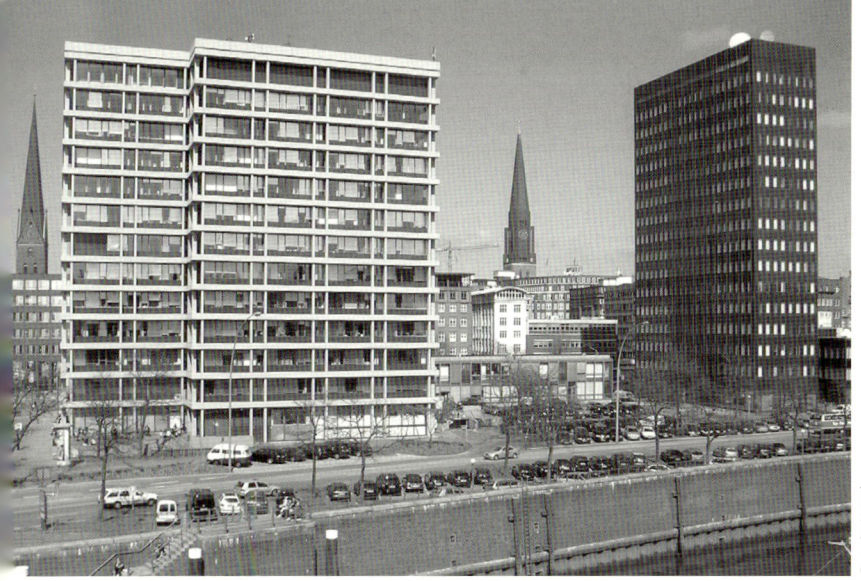

. und Stefan Aust.

as heutige *Spiegel*-Domizil an der Hamburger Brandstwiete.

Der Spiegel

Unstete Beziehungen:
Am 14. Januar 1949 heiratet Augstein Lore Ostermann,
eine Mitarbeiterin des *Spiegel* in Hannover.

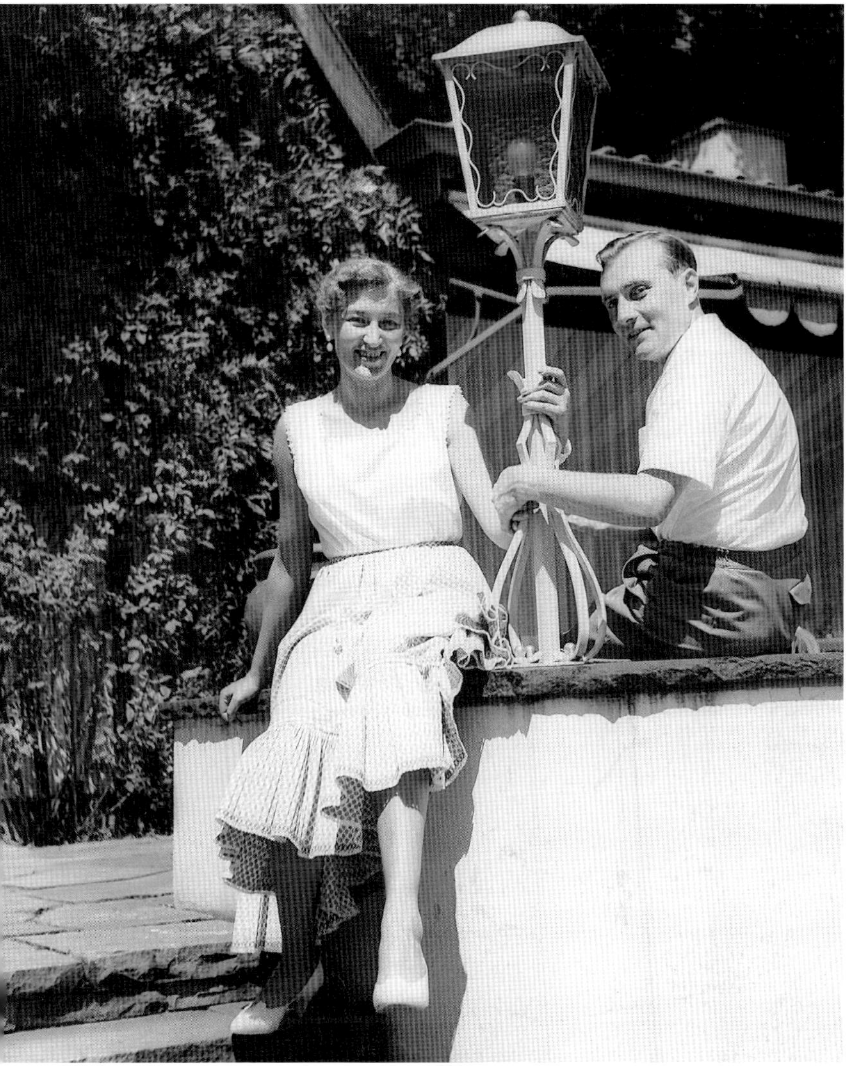

Max Ehlert / *Der Spiegel*

Auf der gleichen Wellenlänge gesendet:
mit der zweiten Ehefrau Katharina Luthardt.

Der Spiegel

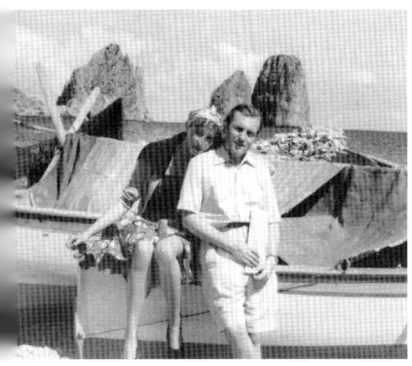

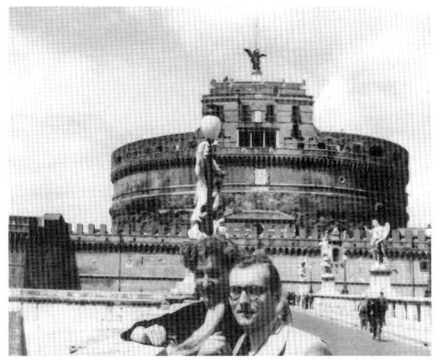

Augstein und seine dritte Ehefrau,
die Updike-Übersetzerin Maria Carlsson.

Ihre Kinder Franziska und Jakob (oben auf Augsteins Sylter Anwesen) wählen später den Beruf des Vaters.

Augstein und seine vierte Ehefrau, die Filmemacherin
und Autorin Gisela Stelly auf dem Weg zu Bundespräsident
Gustav Heinemann.

Frisch und unkompliziert: Im Oktober 2000 heiratet
Augstein im dänischen Tondern Anna Maria Hürtgen,
mit der er die letzten Jahre seines Lebens verbringt.

Dynastisch hat Augstein nie gedacht. Erst in seinen letzten Jahren fragt er sich, ob nicht eines seiner Kinder – Jakob oder Franziska (oben) den Namen Augstein im *Spiegel* präsent halten könnten.

Darchinger / *Der Spiegel*

Sohn Julian (oben 1996 in Augsteins Büro) entstammt der Ehe mit Gisela Stelly.

privat

Augsteins erstgeborener Sohn Stefan studiert Jura, wird Staatsanwalt und – nach einer Geschlechtsumwandlung in Singapur – zur erfolgreichen Anwältin Maria Sabine Augstein.

431

Rudolf Augstein 1996: Das „Verehrungsverweigerungsgenie", hat mit seinem *Spiegel* geholfen, den Deutschen obrigkeitsstaatliches Denken auszutreiben.

besonders aufwendig. Weil das Blatt dem eigenen Anspruch
genügen muss, korrekter und investigativer zu arbeiten, umfassender zu berichten als andere Zeitschriften, beschäftigt es
ungleich mehr Journalisten und unterhält eine riesige Archiv-
und Dokumentationsabteilung, die jede Tatsachenbehauptung
auf ihre Richtigkeit überprüft, aber auch den sofortigen Zugriff
auf relevante Hintergrundinformationen erlaubt. „Wenn hinter
der Arbeitsweise des *Spiegel* zuweilen eine Systematik vermutet wird, die geheimdienstlichen Methoden nicht unähnlich
ist", erklärt Hans Detlev Becker 1960 über die Arbeitsweise
des *Spiegel*, „so trifft das zu, allerdings in einem ganz anderen Sinne, als es der Laie meint." Ein Nachrichtendienst wie
der BND gewinne seine wichtigsten Aufschlüsse nicht durch
V-Männer, Bestechung oder technische Spitzelei, sondern durch
sorgfältigste und detaillierteste wissenschaftliche Analysen all-
gemein zugänglicher Quellen: „… eine unscheinbare Meldung
in einer russischen Provinzzeitung kann über ein bestimmtes
wirtschaftspolitisches Thema mehr aussagen als die Meldungen eines ganzen V-Mann-Stabs." Im *Spiegel*, so Becker weiter,
werde „ungeniert für den Papierkorb gearbeitet": Rund vier von
zehn prinzipiell für druckreif befundenen Beiträgen würden
aussortiert, und nur knapp jedes zweite in Angriff genommene
Titelprojekt führe zu einer fertigen Titelgeschichte. Eine Vollversammlung aller Redakteure und Dokumentationsjournalis-
ten, rechnet der Herausgeber 1971 einmal vor, würde 225 Köpfe
zählen.

Der vergleichsweise verschwenderische, immens kostenträch-
tige *Spiegel*-Apparat, das weiß der Journalist Augstein, der zum
erfolgreichen mittelständischen Unternehmer geworden ist,
lässt sich ohne ein starkes Anzeigenaufkommen nicht finanzieren. Doch schon deutet sich, weil die Kraftprobe zwischen
den Linken und dem Establishment im *Spiegel* in anderen
Blätter Schlagzeilen macht, Zurückhaltung bei der werbenden
Wirtschaft an. Politiker wie Franz Josef Strauß empfehlen einen

Anzeigenboykott, und Claus Jacobi, der jetzt für Springer ein Konkurrenz-Magazin entwickelt, das freilich nie auf den Markt kommen wird, zielt auch auf den *Spiegel*, wenn er Unternehmer beschuldigt, sie hielten mit ihren Inseraten „eine Presse am Leben, die ihren eigenen Untergang fordert".

Mit dem Machtkampf zwischen der Hauslinken und dem *Spiegel*-Establishment werden Augstein und Gaus zum Teil Opfer ihrer eigenen Politik: Um das Blatt nach dem Weggang von Jacobi zu repolitisieren, haben sie sich – auch um den Widerstand einiger „Hauskonservativer", etwa mancher Ressortleiter, zu überspielen – mit der Linken verbündet und sie durch Neuanstellungen gestärkt. Augstein meint, der *Spiegel* brauche dringend frisches Blut und müsse wissen, wie die neue Generation denkt. Vielleicht argumentiert Leo Brawand nicht so abwegig, wenn er schreibt, der *Spiegel*-Chef habe deshalb so gern mit jungen linken Redakteuren wie Hermann Gremliza diskutiert, weil er in ihnen „ein Stück seiner selbst als zorniger junger Mann" erkannte, der er bei Kriegsende einmal gewesen ist. Doch jetzt müssen Augstein und Gaus erfahren, dass die Wortführer dieser Linken eifernde Dogmatiker und Doktrinäre sind, die sich anschicken, den *Spiegel* zu erobern, um ihn für verstiegene Glaubenswahrheiten und radikale politische Vorstellungen zu nutzen.

Nicht nur, um ihre Forderung nach einem Mitbestimmungsveto in der Redaktion zu unterlaufen, macht Rudolf Augstein am 30. Dezember 1969 ein sensationelles Angebot: Künftig sollen 50 Prozent des „Gewinns nach der Handelsbilanz" an alle Mitarbeiter des Betriebs fließen. Er schlägt vor, eine noch zu bildende Mitarbeiter-Gesellschaft solle mit diesen Beträgen Vermögen ansammeln, um denjenigen zusätzliche Leistungen zu zahlen, die seit mehr als 15 Jahren dem Betrieb angehören. Diese Organisation könne auch Eigentümer von 50 Prozent der *Spiegel*-Anteile werden, wenn die darauf lastenden Schulden einmal abbezahlt seien. Augstein stellt damit nichts weniger als die Schenkung der Hälfte des *Spiegel* an seine Mitarbeiter in Aussicht, macht dies allerdings von einem vernünftigen Ausgang von Verhandlungen abhängig, die zwischen ihm, Verlagschef Becker sowie einer noch zu wählenden Kommission der Mitarbeiter zu führen sind. Er handelt aus heiterem Himmel oder wie Ziethen aus dem Busch, keinen seiner engsten Vertrauten, nicht einmal Becker, hat er zuvor eingeweiht, der deshalb argwöhnt, Gisela Stelly habe Augstein die Idee souffliert. Einiges spricht dafür, dass es sich auch um den Versuch handelt, sich als sozialer Arbeitgeber nicht von Freund/Feind Axel Springer überholen zu lassen, dessen Konzernmanagement, wie Augstein gerade zugesteckt wurde, an Plänen für eine betriebliche Altersversorgung seiner Mitarbeiter bastelt.

Viele Verleger hätten noch Verständnis dafür aufbringen können, dass er seinen Mitarbeitern 50 Prozent des Gewinns verspricht – ihnen gleich die Hälfte aller Anteile als Schenkung in Aussicht zu stellen, halten die meisten für glatten Irrsinn. Doch für Augstein geht es nicht nur darum, ein Mitbestimmungsmodell abzuwehren, das notwendige personelle und redaktionelle Entscheidungen hemmen und so zum Ruin des Blattes führen könnte. Er will die Wünsche und Vorstellungen der Redakteure, wie er in seiner Rede vor der Betriebsversammlung sagt, „in eine Richtung lenken, die das Unternehmen nicht aufs Spiel setzt, sondern stärkt". Dazu taugen aus seiner Sicht Vollversammlungen nicht, die fertige Status-Entwürfe verabschieden und ihn dann damit konfrontieren. Seine Überzeugung ist: Wer redaktionelle Mitbestimmung fordert, über den künftigen Erfolg oder Misserfolg des Blattes und damit des mittelständischen Unternehmens *Spiegel* mitentscheidet, das seine Redakteure übrigens weit über Durchschnitt entlohnt und die Längerdienenden durch Tantiemen am Ende des Jahres schon am Gewinn beteiligt –, muss deshalb auch Mitverantwortung tragen, am Risiko teilhaben und folglich Anteilseigner sein.

Seit einem Jahr, nach dem Ausscheiden Richard Gruners, ist
er der alleinige Besitzer des *Spiegel*, der sich allerdings für die
40 Millionen, die er dem Druckereibesitzer für dessen 25-Pro-
zent-Anteil zahlen musste, hoch verschuldet hat. In den Verhandlungen mit der Betriebskommission, die nun einsetzen,
spielt die Tilgung dieser Schulden eine Rolle, auch werden
mehrere Modelle der Beteiligung durchgespielt. Am Ende
wird eine Formel gefunden, die Gewinn- und Kapitalbeteili-
gung plus Mitbestimmung garantiert. Die *Spiegel*-Angestellten,
Redakteure wie Verlagsmitarbeiter, bilden eine Mitarbeiter-KG
und wählen fünf Sprecher oder Treuhänder, die ihren 50-Pro-
zent-Anteil mit allen Rechten in der Gesellschafterversammlung des *Spiegel*-Verlags vertreten. Weil drei dieser fünf nach
einem innerbetrieblichen Schlüssel aus Redaktion und Dokumentation kommen und damit die Mehrheit stellen, bestimmt
die Redaktion in der Gesellschafterversammlung praktisch über
die Bestellung oder Abberufung von Chefredakteuren oder
Geschäftsführern sehr konkret mit – aber nicht als angestellte
Redakteure ohne Risiko, sondern als Anteilseigner, die Gewinn
und Verlust des Unternehmens im Auge behalten müssen. Die
Handlungsfreiheit für die Spitze des Hauses, und das ist für
Augstein entscheidend, der Spielraum, den Geschäftsführer und
Chefredakteure brauchen, damit das Unternehmen konkur-
renzfähig bleibt, wird durch diese Lösung nicht eingeschränkt.
Ein imperatives Mandat für die Vertreter der Mitarbeiter-KG
gibt es nicht: Einmal gewählt, entscheiden sie in der Gesellschafterversammlung frei und stellen sich erst nach drei Jahren
wieder zur Wahl. Einfluss der Redaktion über die Mitarbeiter-
Gesellschaft auf die täglichen Geschäfte der Chefredaktion ist
damit zumindest formell ausgeschlossen.

Als entschiedener Gegner einer redaktionellen Mitbestimmung ohne wirtschaftliche Mitverantwortung gibt er sich
auch zu erkennen, als die sozialliberale Koalition Entwürfe
für ein neues Presserechts-Rahmengesetz vorlegt, an denen

sein FDP-Parteifreund Gerhart Baum führend beteiligt ist. In einem Brief an Bundeskanzler Helmut Schmidt schlägt er sich für das Recht der Verleger, notfalls „sämtliche Angehörigen der Redaktion, Chefredakteure eingeschlossen", bis zur Rechtskraft eines Urteils beurlauben zu können. Wenn dieses Recht nicht mehr gegeben sei, mache er „als Verleger und Geschäftsführer Schluss". Als Alice Schwarzer ihm 1974 die Gründung eine Frauenzeitschrift vorschlägt, schreibt er ihr zurück, in Bonn seien Pressepläne „angeblich emanzipatorischer Natur" im Gange, die „das Herausbringen neuer Zeitschriften als Akte der Verrücktheit erscheinen" ließen.

Dagegen hält er seine Konstruktion, die Mitsprache an Mitbeteiligung koppelt und damit an Mitverantwortung für den wirtschaftlichen Erfolg, für schlüssig und meint, ein Modell für verantwortungsbereite Mitbestimmung entwickelt zu haben, das anderen publizistischen Unternehmen Beispiel sein könnte. Und doch plagen ihn 1971 offensichtlich Zweifel, ob er selbst in einem *Spiegel*-Verlag, der sich zur Hälfte in den Händen der Belegschaft befindet, nicht fehl am Platze sei. So erwägt er den Verkauf des ihm verbleibenden Anteils von 50 Prozent an den Großverlag Gruner + Jahr. Mit dem Erlös will er selbst bei G+J einsteigen, dort zwischen 20 und 25 Prozent Anteile halten, könnte also nur auf Umwegen Einfluss auf das Geschick des *Spiegel* nehmen. Da er sich zugleich bereit erklärt, weitere zehn Jahre Herausgeber zu bleiben, könnte von einem völligen Abschied allerdings nicht die Rede sein. Eine Beteiligung von G+J, begründet Verlagschef Becker den Plan, würde dem *Spiegel* ein finanzielles Polster für Krisensituationen schaffen. Doch die Unabhängigkeit, auf die das Blatt immer so stolz verwies, wäre dahin, zumal auch der Verlagsriese Bertelsmann bei Gruner + Jahr mitzureden hat.

So stemmen sich nicht nur die Hauslinken gegen die Transaktion, die Augstein trotz seiner Schenkungsabsicht weiter mit der Forderung nach einem Redaktionsstatut bedrängen. Auch

Chefredakteur Gaus und der „Herrenklub" der Ressortchefs sprechen sich dagegen aus. Augstein lenkt schließlich ein und verkauft lediglich 25 Prozent an seinen alten Partner Jahr. Verzichtet der *Spiegel*-Chef, wie Gaus vermutet, weil er von Anfang an nur 25 Prozent verkaufen wollte, der Redaktion aber einen vermeintlichen Erfolg gewährt, um sein Ansehen im Hause zu erhöhen? Folgt man Gaus, dann ist Augstein „vernarrt in solche Spielchen", oft habe er ein Bild von sich vermittelt, „in dem sich unentwirrbar – manchmal wohl auch für ihn selber – Wahres und Vorgetäuschtes vermischten".

Wenn es um die Macht geht, fackelt Augstein freilich nie. Das ihm verbleibende Viertel der Geschäftsanteile baut er in der Gesellschafterversammlung zur Sperrminorität aus: Weil Beschlüsse 76 Prozent der Stimmanteile erfordern, kann gegen ihn nichts durchgesetzt werden. Gestützt auf diese Geschäftsordnung, auf seine Herausgeber-Funktion und auf sein unerhörtes journalistisches Prestige bleibt er praktisch Herr im Haus, auch wenn seinen Mitarbeitern dank seiner Schenkung nun doppelt soviel wie ihm an seinem *Spiegel* gehört. Und als Herr im Haus verhält er sich auch, als der Konflikt mit der Linken in der Redaktion eskaliert, weil die Bonner Kollegen, allen voran Bürochef Erich Böhme, sich weigern, länger mit dem Chef des D-I-Ressorts zusammenzuarbeiten.

Alexander von Hoffmann ist schon qua Generation kein Achtundsechziger, aber ein „gläubiger, durch und durch redlicher linker Spätentwickler" (Gaus), der sich der Hauslinken anschließt, ihre Resolutionen unterstützt und von ihr als geachteter Ressortchef gern als Galionsfigur vorgeschoben wird. Mit Böhmes Weigerung entwickelt sich die Konfrontation in der Sache nun zum Personalkonflikt: Die Chefredaktion spricht eine Funktionskündigung für Hoffmann aus, weil die ungestörte Arbeit des Bonner Büros ihr wichtiger erscheint als die Bearbeitung der Bonner Berichte durch D-I in der Zentrale, aber die Hauslinke solidarisiert sich mit dem Chef des D-I-Ressorts und diskutiert erregt über einen Streik. Die Hausspitze beschließt daraufhin eine Zermürbungsstrategie, und es dauert nicht lange, bis Hoffmann, Gremliza, Zeuner und andere aus ihrer Fraktion den *Spiegel* verlassen müssen, wenn auch mit „goldenem Handkantenschlag", wie Brawand dies nennt: Der erzwungene Weggang der Aufrührer kostet Augstein einige hunderttausend Mark an Abfindungen. Handelte Böhme im Auftrag des Herausgebers als *agent provocateur*, damit sich der Fall durch Zuspitzung auf Personelles leichter erledigen ließ? Gaus argwöhnt dies, Böhme bestreitet es, aber sicher ist: Danach kehrt Ruhe ein in die Redaktion.

In Anlehnung an Preußens Friedrich II., der sich gern als den ersten Diener seines Staates sah, bezeichnet sich Augstein in eben der Rede, in der er die Schenkung des halben *Spiegel* in Aussicht stellt, als den „ersten Redakteur" seines Blattes, ein andermal nennt er sich den „dienstältesten Mitarbeiter dieses Hauses". Für sein Selbstverständnis sind Äußerungen aus der Zeit dieser innerbetrieblichen Kraftproben durchaus aufschlussreich. Vor Ressortleitern versichert er nach der Kündigung der linken Wortführer: „Wir sind und bleiben eine liberale, eine im Zweifelsfall linke Redaktion", wobei er links natürlich nicht im parteipolitischen, sondern in einem aufklärerischen Sinn verstanden wissen will. Er sieht sich vorrangig als Journalist, der zwar Kaufmann und Unternehmer geworden ist, der aber auch als Kapitalseigner den *Spiegel* vor allem als „publizistische Potenz" betrachtet: Die Eigentumsrechte, sagt er in seiner Rede vor der Betriebsversammlung am 30. Dezember 1969, hätten „zurückzutreten hinter diesem obersten und wichtigsten Zweck".

Deshalb denkt er auch nicht dynastisch: Der *Spiegel* ist für ihn kein Familienbetrieb, „der von seinen Leibeserben oder sonstigen Verwandten übernommen und weitergeführt werden soll". So jedenfalls lässt er sich am 30. Dezember 1969 vor der Betriebsversammlung ein. Ob er bis an sein Lebensende unbeirrt an dieser Überzeugung festhält, bleibt umstritten. Eine Zeitlang – darüber wird noch zu berichten sein – hadert er mit seinem Schenkungsbeschluss. Und am Ende wird sich einem schon sehr kranken Augstein die Frage stellen, ob er recht daran tat, seinen Kindern und Erben die Abtretung von 1 Prozent seiner Anteile an die Mitarbeiter KG und Gruner + Jahr aufzuerlegen und sie damit um das Vorrecht jener Sperrminorität zu bringen, auf die gestützt er selbst so lange Herr im Hause bleiben konnte.

Im Sommer 1972, die Machtkämpfe im *Spiegel* sind ausgestanden, lässt der Endvierziger Augstein seine Herausgeber-Funktion erst einmal ruhen, denn er unternimmt einen letzten Versuch, seinem Dasein als „Funktionär eines Apparates" zu entrinnen, dem man, wie er seinem Freund Uwe Nettelbeck einmal beichtet, „nicht trauen kann". Er kandidiert für den Bundestag, und dieser Entschluss hat seine Vorgeschichte. Augstein und sein Chefredakteur Gaus haben sich nämlich angewöhnt, während der Parlamentsferien wichtige Politiker aller Fraktionen in ihren Urlaubsquartieren zu besuchen. Sie bleiben meist ein bis zwei Tage und führen ausgedehnte, entspannte Gespräche.

Natürlich suchen sie auch FDP-Chef Walter Scheel auf, fliegen mit einem kleinen Lear-Jet nach Salzburg und fahren von dort mit einem Leihwagen nach Hinterthal, einem Gebirgsdorf, in dem Scheel sich ein Ferienhaus in einem Alpenstil hat bauen lassen, den Gaus „herzig" nennt. Dort – Augstein trinkt Bier, Scheel Whisky und später einen Obstler – erklärt Rudolf seinem Freund Walter, er wolle für die FDP in den Bundestag. Als Scheel sich darob entzückt zeigt, weil er endlich einmal einen Kandidaten vor sich hat, der kein Geld aus der Parteikasse für seinen Wahlkampf braucht, setzt Augstein nach: „Und ich will Fraktionsvorsitzender werden." Nach Gaus hat daraufhin selbst der politische Praktiker Scheel erst einmal die Sprache verloren. Schließlich sagt er, das werde nicht ganz einfach sein, fügt aber dann – Gaus: gegen besseres Wissen – hinzu: „Das kriegen wir schon hin." Eine Bier- und Schnapsidee also, geboren am Kamin eines Ferienhauses? Welche Fraktion wählt sich schon einen Seiteneinsteiger zum Vorsitzenden? Welche einen Publizisten, der ihrer Partei und ihren führenden Politikern in seinem Blatt so oft und hart die Leviten gelesen und so manches Fraktionsmitglied damit verletzt hat?

Es gibt andere Versionen, nach denen es nicht Scheel, sondern Hans-Dietrich Genscher gewesen ist, der Augstein die Illusion des Fraktionsvorsitzes beließ – was Genscher vehement bestreitet. Er behauptet, weil Augstein kein Verständnis für die Eigenständigkeit der Fraktion hatte, habe er ihm den Fraktionsvorsitzenden ausreden wollen. Wenn er etwas bewegen wollte, sagt der frühere Außenminister, dann hätte Augstein dies – wie Hildegard Hamm-Brücher, Burkhard Hirsch oder Thomas Dehler – auch als einzelner Abgeordneter tun können. Andere wieder sagen, Augstein habe das Außenministerium im Visier gehabt, wenn nicht gleich Minister, dann doch Staatssekretär werden wollen. Freunde und Mitarbeiter, die sich in der politischen Alltagspraxis besser auskennen als er, melden alle ihre Zweifel an, aber geradezu störrisch beharrt Augstein darauf, eine Position in der Regierung oder die Macht in der Fraktion zu übernehmen.

Er ist nicht der erste Journalist, den es auf die andere Seite der Barriere drängt, der aus der Rolle des Beobachters und eines Kommentators, dessen Ratschläge nichts bewirken, in die des Handelnden wechseln und „gestalten" will, wie Politiker heute so gern über sich selbst sagen – aber er ist wohl der erste, der gleich nach den Sternen greift. Um so tiefer der Fall nach Zusammentritt des neuen Bundestages: Wolfgang Mischnick, den er vom Fraktionsvorsitz hat verdrängen wollen und den er schon als Minister im neuen Kabinett gewähnt hatte, wird wiedergewählt. Er spricht mit dem Neuling Augstein und meint, dieser solle sich doch bitte schön erst einmal in der

Fraktion bewähren. Die „Kollegen", also die Abgeordneten in
dieser Fraktion, finden sich nicht einmal bereit, ihn zu einem
der drei Stellvertreter Mischnicks zu wählen. Quasi als Trost-
preis schicken sie ihn als FDP-Vertreter in einen Ausschuss des
Bundestags – allerdings nicht in den für Außenpolitik, den er
vielleicht noch für angemessen gehalten hätte, sondern in den
für Medienpolitik.

Auch im Wahlkampf ist er sich treu geblieben. Schon immer
hat er sich an großen Gegnern gerieben, und so tritt er, der
Exkatholik, ausgerechnet im tiefschwarzen Wahlkreis 106 in
Paderborn-Wiedenbrück gegen den Spitzenkandidaten der
CDU, Rainer Barzel, an. Er wollte eben immer, so Hans-Dietrich Genscher, in der Bundesliga, nie in der Kreisliga spielen.
Er und Scheel haben Augstein Platz neun auf der Landesliste
verschafft, so dass sein Einzug in den Bundestag so gut wie
sicher ist. Auch wenn es dagegen zunächst Widerstände, vor
allem bei den Jungdemokraten, gegeben hat, setzen sie diese
Placierung durch, denn sie erwarten ein knappes Rennen im
Bund und werten Augstein als „bunte Feder am Wahlkampfhut"
der Partei, als Kandidaten, der erhöhte Aufmerksamkeit für ihre
politischen Ziele verspricht.

Im direkten Wettbewerb kann er Barzel natürlich nie schlagen, doch sein Ziel ist, die FDP bei den Zweitstimmen über die
Fünfprozenthürde zu hieven, was ihr bei den Wahlen von 1969 in
Paderborn mit nur 3,8 Prozent Stimmanteil nicht gelungen ist.
Viel Geld gibt er aus, „viel mehr Geld, als vergleichbare Bewerber
normalerweise aufwenden können", so *Spiegel*-Reporter Hermann Schreiber in einer Geschichte über den Wahlkämpfer, der
den „Gestaltwandel" vom Opinionleader zum Mandatsträger
versucht und die Chefredakteur Gaus nicht zu drucken wagt –
wahrscheinlich sind es weit über eine Million Mark.

„Der Ketzer bemüht sich auf der Harfe", schreibt die *Frankfurter Rundschau*, er durcheile seinen Wahlkreis wie ein „Ein-
Mann-Jubelchor für die sozialliberale Koalition". Augstein

mietet eine Viehversteigerungshalle und lässt populäre Bands aufspielen, Henning Venske, der Conférencier der westdeutschen *jeunesse dorée*, reißt Witze, aber als der Wahlkreis-Kandidat ein Wahlstatement von dreieinhalb Minuten einschieben will, misslingt ihm dies: Seine Stimme klingt, „als spräche einer seine letzten Worte, bevor er zum Zahnarzt muss", schreibt Jürgen Busche in der *Frankfurter Allgemeinen*: „Scharf, zu hell, zu laut". Außerdem überragt ihn das Mikrophon. Augstein hält den Kopf weit zurück im Nacken und muss noch auf Zehenspitzen stehen. Er wirbt für die Partei, die was „für die jungen Leute tut". „Buh", protestiert die Landjugend. „Mit dem Vokabular des politischen Leitartiklers", so Haug von Kuenheim in der *Zeit*, sei eben schwer zu argumentieren, „wenn es um Probleme des Friseurhandwerks" gehe.

Augstein fliegt jeweils mit einem Charterjet nach Paderborn, an seiner Seite Gisela Stelly, welche die *Bild*-Zeitung als „bildschönes, munteres Wesen, rothaarig und exzentrisch" vorstellt; aber als Wahlkämpfer macht er einen unbeholfenen, ja kläglichen Eindruck, zumal der Ruf, der ihm bei den bibelfesten Bauern und Bürgern seines Wahlkreises vorauseilt, der eines leibhaftigen Gottseibeiuns ist. An Allerheiligen predigt Kardinal-Erzbischof Jaeger gegen ihn im Hohen Dom von Paderborn. Er vergleicht sein Buch „Jesus Menschensohn" mit dem „Mythus des 20. Jahrhunderts" des NS-Ideologen Alfred Rosenberg, der in Nürnberg für Massenmorde verantwortlich gemacht und hingerichtet wurde. Augstein revanchiert sich und bezichtigt den Kardinal, er habe im Krieg den Russland-Feldzug gegen die Bolschewisten befürwortet, die – so zitiert er Jäger 1942 wörtlich – „durch ihre Gottfeindlichkeit und durch ihren Christushaß fast zu Tieren entartet sind". *Dies*, so Augstein, sei die Sprache Rosenbergs – nicht die seines Jesus-Buchs.

Der junge Panorama-Reporter Stefan Aust zeigt im Fernsehen, wie Augstein Flugblätter mit diesem offenen Brief etlichen Nonnen in die Hand zu drücken sucht – natürlich vergeblich. Aust dreht einen durch und durch ironischen Beitrag, in dem der Praeceptor Germaniae völlig verklemmt und unnatürlich wirkt, wenn er sich im Brustton der Überzeugung plötzlich für lokale Belange einsetzt und für Rheda-Wiedenbrück eine Umgehungsstraße fordert. Seinem Gesicht und dem für ihn typischen Schalk in den Augen ist anzusehen, wie sehr ihm diese Schauspielerei innerlich zuwider ist. Die Republik lacht. Augstein hat seinerzeit vergeblich versucht, die Ausstrahlung dieses Beitrags zu verhindern, mit dem Autor hat er acht Jahre lang kein Wort gewechselt. Sein Wahlkampf ist unprofessionell, streckenweise chaotisch und hat keine Leitmelodie. Jene Beobachter des Augstein-Feldzugs, die gekommen seien, ein Idol zu besichtigen, so Hermann Schreiber, „gingen so verdattert heim, als habe ihnen einer auf der Posaune von Jericho ein fröhliches *When the saints go marching in* vorgeblasen".

Es gibt eine Fernseh-Aufnahme aus der ersten Sitzung des neu gewählten Bundestags, die zeigt, wie er auf Barzel zugeht – der übrigens nie im Wahlkreis auf einem Podium mit ihm diskutieren wollte –, um ihm mit gezwungenem Lächeln zum Wahlsieg zu gratulieren. Doch in einer Fraktion, die ihn nicht in Spitzenämter wählt, fühlt er sich fremd. Sein eigenes Mindestziel, die FDP über die 5-Prozent-Hürde zu bringen, hat er mit 0,3 Prozent über dem Limit knapp erreicht und damit 1,5 Prozent zugelegt, aber der Zuwachs bleibt unter dem Bundesdurchschnitt der FDP, der das Doppelte beträgt. Immer häufiger ist er weder in Fraktionssitzungen noch im Bundestagsplenum zu finden, sondern im Bonner *Spiegel*-Büro. Sucht er Unterschlupf in einem ihm vertrauten Milieu, fragt sich Gaus, oder vielleicht „Halt an einer selbstbestimmten Hackordung"?

Auf Dauer einer von vielen oder graue Maus zu sein, das ist seine Sache nicht. Als Willy Brandt den *Spiegel*-Chefredakteur bittet, als beamteter Staatssekretär zu ihm ins Kanzleramt und dann als erster Ständiger Vertreter in die DDR zu gehen und Gaus freudig zusagt, sieht Augstein die Chance, sich ohne vermeintlichen Gesichtsverlust nach Hamburg und zum *Spiegel* zurückzuziehen. In einem Brief an Scheel begründet er seinen Entschluss: Umstände, die er nicht habe voraussehen können, machten es notwendig, dass er sich „wieder aktiv in die Geschäftsführung und die Chefredaktion des *Spiegel* einschalte" und sein Mandat niederlege. „Wenn von drei Leuten, die eine Redaktion leiten, zwei gleichzeitig ausscheiden", rechtfertigt er sich vor seinen lieben *Spiegel*-Lesern – sollte das nicht ein „achtbares Motiv für einen der beiden sein, zurückzukehren?" Die Diäten, die er in acht Wochen erhalten hat – 11 000 D-Mark – spendet er der „Fabrik", einem Kommunikationszentrum für Kinder und Jugendliche in Hamburg. Er hatte beabsichtigt, seine Herausgeberfunktion für die Dauer seiner Abgeordnetenzeit niederzulegen. Nun bleibt er Herausgeber. Sein letzter Ausbruchsversuch ist gescheitert. Für die Persönlichkeit Rudolf Augsteins wird das Folgen haben.

GEGNER JEDER *POLITICAL CORRECTNESS*
Antisemit, Feind Frankreichs
und Fremdkörper im eigenen Blatt?

„Merke, Rudolf Augstein: man soll den Tag loben, denn der Abend kommt bestimmt." Mit diesen spitzen Worten endet eine Hausmitteilung an die *Spiegel*-Leser vom 17. Juli 1972, in der sich unter verschiedenen, dort zitierten Fragen einiger Presse-Kollegen pikanterweise auch folgende findet: „Sie hätten keine Bedenken, Hinterbänkler zu werden, nachdem Sie bisher eine Art Vorsitzender waren?" Augsteins Antwort, jedenfalls laut Hausmitteilung: „In der FDP-Fraktion gibt es derzeit keine Hinterbänkler. Jeder einzelne Abgeordnete hat mehr Aufgaben, als er bewältigen kann."

Sieben Monate später heißt es *business as usual*, als einer der beiden Chefredakteure die große Montagskonferenz im *Spiegel* eröffnet, an welcher der Kurzzeitabgeordnete Rudolf Augstein zum ersten Mal nach seinem Ausflug in die Bonner Politik Ende Januar wieder teilnimmt. Er wirkt bedrückt und verlegen, ein Teilnehmer dieser Montagsrunde hat ihn gar als „verängstigt" in Erinnerung. Natürlich würden seine Redakteure gern vom ihm selbst hören, wie er seinen überstürzten Aufbruch in die Politik und seine nicht minder überstürzte Rückkehr in den *Spiegel*, dem er doch entrinnen wollte, begründet. Doch das *business as usual* signalisiert, dass er, ganz nach Art des klassischen Patrons, der offenen Diskussion mit den von ihm Abhängigen ausweichen will und die Runde ohne Verzug mit der üblichen Blatt-Kritik zu beginnen hat.

Zu vernichtend sind die Kommentare, die er dazu schon in der Presse hat lesen müssen: Die Rosinen, die er vor der Wahl im Kopf hatte, konnte er nach der Wahl im Bonner Kuchen nicht mehr entdecken, schrieb die *Welt* und sprach von „elitä-

rer Arroganz", der *Bayernkurier* von „Wankelmut und Existenz-
angst", selbst die ihm wahrlich freundlich gesinnte *Frankfurter
Rundschau* meinte, wer einen Wählerauftrag für ein Mandat so
gering einschätze wie er, trage dazu bei, „das System der parlamentarischen Demokratie in Misskredit zu bringen". Sein
alter Freund Henri Nannen rügte in einem offenen Brief im
Stern, Augstein habe mit seinem politischen Mandat wie mit
einem Teddybären gespielt, und die *Hannoversche Allgemeine
Zeitung* bescheinigte ihm, er habe als Abgeordneter „versagt, als
Publizist damit ein Stück Glaubwürdigkeit verloren". Treffen-
der als jeder Kommentar fasst eine Karikatur von Murschetz
in der *Süddeutschen Zeitung* die Situation zusammen: Da geht
ein trotziger Augstein in kurzen Hosen nach Hause und lässt
sein Spielzeug – die FDP auf vier Rädern – einfach in der Ecke
stehen.

Seine Redakteure müssen sich, wie die Leser des *Spiegel*, mit
zwei dürren Erklärungen begnügen, die in Heft 4 vom 22. Januar
1973 enthalten sind. Da gibt es einmal eine Hausmitteilung,
die seinen Absage-Brief an FDP-Chef Walter Scheel wiedergibt,
und zweitens einen Brief an die Adresse des geschätzten, des
„Lieben *Spiegel*-Lesers", in dem umständlich dargetan wird, wie
viele Politiker vor ihm ihr Mandat aus den windigsten Gründen zurückgegeben hatten. Gegenüber Scheel argumentiert er,
„Loyalität und Interesse, auch das öffentliche", ließen ihm „keine
andere Wahl als den *Spiegel*", nachdem klar sei, dass Chefredakteur Gaus das Blatt verlasse. Solche Gründe in Ehren – doch
kaum einer seiner Redakteure geht davon aus, dass Rudolf Augstein, Gaus hin oder her, willens gewesen wäre, tägliche Klein-,
ja Kärrnerarbeit als Abgeordneter auf den hinteren Bänken des
Parlaments zu leisten.

Welches Schicksal dem *Spiegel* mit einem Bundestagsabge-
ordneten Rudolf Augstein und ohne den Chefredakteur Gaus
beschieden gewesen wäre, bleibt im Bereich der Spekulation.
Möglicherweise hätte der Nachfolger von Gaus auch so Erich

Böhme geheißen, wahrscheinlich hätte Verlagschef Hans Detlev Becker stärker in die Redaktionsgeschäfte eingegriffen, um sicherzustellen, dass das Blatt seine aufklärerisch-kritische Position hätte voll behaupten können. Dass der *Spiegel* ohne Rudolf Augstein als letzte Instanz dem Untergang geweiht gewesen wäre, ist eher ein Katastrophenszenario, das sich der Gründer und Herausgeber selbst als Rechtfertigung für seinen Rückzug aus Bonn zurechtgeschmiedet hat. Auch der Bundestagsabgeordnete Augstein hätte als Geschäftsführer und Besitzer einer Sperrminorität weiter über erheblichen Einfluss beim *Spiegel*-Verlag verfügt.

Allerdings lehrt das Beispiel seines Rivalen Bucerius, wie leicht Verleger als einfache Abgeordnete mit ihrer Partei und Fraktion in Konflikt geraten können. Als der *Stern* 1962, wie erwähnt, anlässlich des Zweiten Vatikanischen Konzils einen Artikel unter dem Titel „Brennt in der Hölle wirklich ein Feuer?" brachte, geriet nicht Autor Jürgen von Kornatzky oder Chefredakteur Henri Nannen ins Visier der Christdemokraten, sondern Verleger Gerd Bucerius, weil er solche „skandalösen" Artikel in seinem Verlag geduldet hatte. Wegen kritischer Beiträge der *Zeit* über die Regierungspolitik, vor allem aber zum Fall Oberländer, galt er ohnehin als schwarzes Schaf der Fraktion. Die heute schwer verständliche, beinahe hysterische Reaktion von katholischer Kirche und CDU auf den „Hölle"-Artikel führte schließlich dazu, dass Bucerius sich im März 1962 zum Austritt aus der Partei und zur Niederlegung des Bundestagsmandats entschloss.

Auch wenn die Freien Demokraten, schon nach ihrem Selbstverständnis, liberaler sind als die Christlichen – wären Augstein vergleichbare Konflikte erspart geblieben, falls der *Spiegel* mit der gängigen Mischung aus Ironie, Angriffslust und seinen oft als Fakten getarnten, meist negativen Interpretationen die Regierung der kleinen Koalition, einen FDP-Vorsitzenden wie einst Erich Mende oder die Politik seiner Partei aufs Korn genommen hätte? Wäre er nicht schon in Schwierigkeiten geraten, als der *Spiegel* im Herbst 1973 Willy Brandt zu seinem 60. Geburtstag ausgerechnet mit einem Titelbild gratuliert, das ihn als Denkmalskopf zeigt, von Rissen überzogen, fast schon bröckelnd – einen Brandt, den Blick nicht auf Irdisches, sondern die Wolken überragend auf ferne Visionen gerichtet? Schließlich hat er Erfahrungen gesammelt, denn die FDP hatte ihm einmal die Wolfgang-Döring-Medaille zugedacht, nach einem kritischen Artikel gegen den damaligen FDP-Vorsitzenden Mende aber wieder aberkannt. Und Milde lässt der *Spiegel* unter Gaus-Nachfolger Erich Böhme nicht walten, wenn es um den rapiden Autoritätsverfall des Kanzlers nach dem Ölembargo geht.

Dass Brandt die Zügel zunehmend entgleiten, dieser Vorwurf findet sich gleich mehrfach in Augsteins Kolumnen der Jahre 1973/74: Er rügt Brandt ob seines Sich-treiben-Lassens, seiner depressiv-resignativen Stimmung, die ihn nicht kraftvoll entscheiden lässt. Er versteht nicht, dass Brandt nicht auf einem SPD-Kandidaten als Nachfolger Heinemanns besteht oder den Freien Demokraten für das Präsidentenamt wenigstens das Außenministerium nimmt; dass Genscher das Außenamt beansprucht, behagt ihm – wie so vielen anderen Freunden der sozialliberalen Koalition – offensichtlich damals nicht, auch wenn sich dies nach vollzogenen Tatsachen und einigen Jahren bei ihm dann anders lesen wird. Brandt kreidet er Führungsschwäche an und rät ihm, der nach eigenem Bekunden von Wirtschaft nichts versteht, in diesen Zeiten ökonomischer Krise lieber in die Villa Hammerschmidt zu wechseln. Wenn er vorschlägt, Brandt solle statt Scheel Nachfolger Heinemanns als Bundespräsident werden, bedeutet dies natürlich, er habe den Weg freizugeben für einen Kanzler Helmut Schmidt, auch wenn dies Augstein, auf Schonung für Brandt bedacht, nicht ausdrücklich erwähnt. „Dass er den Abgang ins Oberstübchen ausschlug", so der Kolumnist Augstein im Dezember 1973, „hat schon der große Adenauer bedauern müssen". Wenn der *Spiegel*-Herausgeber Parteigänger der Ostpolitik ist und ihr Schrittmacher war, trübt dies doch keineswegs seinen kritischen Blick.

„Scheißblatt" nennt Brandt den *Spiegel* einmal vor der SPD-Fraktion, weil sich das Magazin an seiner Demontage beteiligt. Besonders das Titelbild vom brüchigen Denkmal hat ihn tief verletzt. Wenn die Fotos, die den *Spiegel*-Chef nach Brandts Rücktritt bei einem Waldspaziergang in Norwegen in trautem Gespräch mit dem zurückgetretenen Kanzler zeigen, besondere Nähe suggerieren sollen, dann trügen sie. Egon Bahr meint, bei dem Verhältnis Brandt/Augstein habe es sich um nicht mehr als um eine gute Bekanntschaft, zeitweilig um ein Zweckbündnis gehandelt, aber Intimität hätte es zwischen beiden nie gegeben.

Als Brandt noch im Zenit der Macht stand, hat Augstein ihm sehr verübelt, dass er Henri Nannen auf die Reise zur Unterzeichnung des Moskauer und Warschauer Vertrages mitgenommen hat, zumal der *Stern*-Chefredakteur sich dabei recht in Pose geworfen hat und auf Fotos hinter Brandt und Breschnew zu sehen war, als sei er ein Mitglied der Verhandlungsdelegation. Hätte sein Name, fragt er Brandt in einem Brief Anfang Dezember 1970, „nicht nur dem Namen nach, unter den ersten stehen müssen, wenngleich ich die Leistung Henri Nannens … zu würdigen weiß?" Hätte es „ohne die jahrzehntelange Zersetzungs-Tätigkeit des *Spiegel* im sogenannten bürgerlichen Lager", fragt er einen Monat später den Kanzler, „vielleicht noch keine Heinemann-Wahl und damit auch keinen Polen-Vertrag gegeben …?" Dabei hat Brandts Wahl des Reisegefährten rein persönliche Gründe, denn in der Gesellschaft des unkomplizierten Nannen fühlte er sich einfach wohler, schon weil sich jeder über die Witze des anderen vor Lachen schütteln kann.

Als Augstein und Brandt rund um das norwegische Feriendomizil des Ex-Kanzlers spazieren gehen, spielt auch der Vorabdruck von Teilen des Buches eine Rolle, das Brandt mit Hilfe seines Redenschreibers Klaus Harpprecht verfasste. „Über den Tag hinaus", so der Titel, enthält vornehmlich Brandts Ansichten zu innenpolitischen Themen, aber auch ein hastig zusammengebasteltes Kapitel mit Tagebuchaufzeichnungen über die Ereignisse, die zu Brandts Rücktritt führten. Doch handelt es sich dabei um eine arg parteigeschönte oder, wie Brandt selbst ironisch meint, eine „jugendfreie" Version, die soviel Rücksicht auf den „Erzbösewicht" Wehner und den ehrgeizigen Schmidt nimmt, dass es ihr an Authentizität gebricht. Dem Vorabdruck schickt der *Spiegel* deshalb eine Geschichte voraus, in der er die Dinge, die zum Rücktritt führten, aus seiner Sicht schonungslos offen legt – eine Tatsache, die Brandt Augstein lange verübeln wird.

Ganz auf seinen ungeliebten *Spiegel* zurückgeworfen, schreibt Augstein wieder Kolumnen, Rezensionen und Titelgeschichten, aber ab und zu auch ein *Spiegel*-Essay, ein neues Format, das auf eine Anregung von Joachim Fest zurückgeht und die intellektuelle Auseinandersetzung mit einem Thema in einer Form erlaubt, die es bisher im Blatt mit seinem monotonen Zwang zur *Story* nicht gegeben hat. Fest war Ende der sechziger Jahre mit Winfried Scharlau vom Norddeutschen Rundfunk zum *Spiegel* gekommen, weil Augstein – zeitgeistig wie stets, und *brainstorming* war Ende der sechziger Jahre nun einmal angesagt – eine Art Institute of Advanced Studies gründen wollte, das Anregungen für Themen geben und gründliche Vorarbeit für anspruchsvolle Titel, Serien oder spezielle Berichte leisten sollte. Eine der Aufgaben, so Augstein in einer Hausmitteilung an Fest im Dezember 1968, sollte es sein, eine Untersuchung über „alle Ausbeutungsformen, die es in der bundesrepublikanischen Gesellschaft noch gibt (Lehrlinge, Referendare, Frauen, Landarbeiter etc.)" anzustellen. Als weitere Aufgabe nennt er das Projekt, „die inferiore Stellung der Frau aus der Geschichte sichtbar zu machen". Beides sind klassische Themen, wie sie von den Achtundsechzigern ins bundesrepublikanische Bewusstsein gehoben wurden, und sie bezeugen, wie sehr Augstein damals mit der Zeit gegangen ist.

Als sich Fest, der nun wahrlich nicht zu den Achtundsechzigern gehört, zurückzieht, weil er sich lieber ganz seiner Hitler-Biographie widmen will, übernimmt Fritz J. Raddatz die Arbeitsgruppe – nun unter dem Namen „*Spiegel*-Institut für Projektstudien", das inzwischen in einer Villa mit samtgepolsterten Wänden und gebauschten Vorhängen im vornehmen Hamburger Ortsteil Winterhude residiert. Als Erstes entsteht ein Autorenreport, der auf der Basis von 1700 Interviews die Lage der Schriftsteller und ihr gesellschaftspolitisches Selbstverständnis in Westdeutschland untersucht. Doch Augstein verliert bald die Lust an dem Institut, zumal seine Redakteure, um die Schmälerung ihrer Gewinnbeteiligung besorgt, über den Luxus eines *brainstorm*-Zentrums murren, das sich anmaßt, ihnen Platz im Heft wegzunehmen oder gar Themen vorzugeben. Schon im Juni 1971, Raddatz amtiert wenig mehr als ein Jahr, wird er ins Penthouse des Redaktionsgebäudes an der Ost-West-Straße bestellt, in dem Augsteins Büro untergebracht ist: „Fritz, der Himmel hat sich verdüstert", eröffnet der *Spiegel*-Chef seinem Institutsleiter Raddatz bei Tee und Plätzchen – und das Kind ist begraben. Wie abgeschaltete Legehühner, so erinnert sich Raddatz, kratzten er und seine Mitarbeiter auf dem spiegelnden Parkett ihrer Villa, dann sei diese „Episode der Unbeträchtlichkeit" vorbei gewesen. Der *Spiegel*-Essay aber, welcher das „Angebot an den *Spiegel*-Leser erweitern" und mit Namensartikeln führender Autoren dem Blatt, dies zweifellos Augsteins Intention, eine Bresche zu einem eher intellektuellen Publikum schlagen soll, wird fortgeführt. Noch Hans Magnus Enzensberger wird in einem *Spiegel*-Essay 1991 den Irak-Krieg des ersten Präsidenten Bush rechtfertigen, indem er behauptet, Saddam Hussein sei, wie seinerzeit Hitler, von einem totalen Zerstörungstrieb besessen, ja sei dessen „Wiedergänger".

Den Reigen der Beiträge eröffnet Rudolf Augstein selbst mit einem Blick auf Europa 25 Jahre nach Hitlers Tod. Beiträge von Hannah Arendt, Jean Paul Sartre, Alexander Mitscherlich, Raymond Aron, Herbert Lüthy und Rüdiger Altmann sollen folgen, wie der *Spiegel*-Verlag Anfang Mai 1970 seinen Lesern verheißt. Das Programm ist ebenso hochgestochen wie hochgemut, und nicht alle der genannten Autoren werden bereit sein, für Augsteins Blatt zu schreiben. Aber ein Anfang ist gemacht, und Augstein selbst wird zum fleißigsten Autor von *Spiegel*-Essays: Er schreibt über den „Weiblichkeitswahn", in dem er sich gegen den überzogenen Feminismus einer Shulamith Firestone zur Wehr setzt, oder über den Abschied von der personalen Existenz des Teufels, den der Satanologe und Tübinger Alttestamentler Herbert Haag von Papst Paul II. fordert. Der frühere Katholik und bekennende Kirchenfeind Augstein kommt dabei zu dem ironischen Schluss, wenn der Papst denn Papst bleiben wolle, müsse der Teufel „seinen Bocksfuß und seinen Schwefelgeruch behalten", denn „mit dem Teufel ginge sein Milchbruder: der allgütige Gott". Leviathan und Behemoth, der Staat, der die chaotische Menschennatur niederhält, und die Revolution, welche auf die „anarchische Kraft des ursprünglichen Naturzustands zurückgeht" und den Staat stürzen will, sind das Thema seines Essays über „Hobbes und wir".

Hat er den Ehrgeiz, es einem Maximilian Harden oder einem Karl Kraus gleichzutun, will er sich zu *der* moralischen Instanz der Republik entwickeln, wie es einer seiner treuesten Wegbegleiter ein wenig spöttisch vermutet? Harden war der bekannteste und meistgefürchtete Journalist der späten Kaiserzeit. Auch er konnte Minister stürzen, doch sieht sich Augstein ungern in seiner Nachfolge, schon weil er jene Sittlichkeitskampagnen nicht schätzt, mit denen Hardens *Zukunft* den Grafen Eulenburg und die Hofkamarilla Wilhelms II. öffentlich vernichten wollte und die ihn in ganze Prozesslawinen verwickelten. Karl Kraus wiederum, Aphoristiker, Satiriker und auch Lyriker von hohen Graden, schrieb nahezu sämtliche Artikel seiner *Fackel* selbst, während Augstein mit seinen Essays und Kolumnen letztlich bleibt, was er schon gegenüber Bucerius Anfang der sechziger Jahre beklagte: Fremdkörper im eigenen Blatt – freilich einer, der ihm zur Zierde gereicht und die Auflage treibt.

Kraus war auch ein großer Stilist, und eben dies ist, folgt man Marcel Reich-Ranicki, Augstein gerade nicht. Viele seiner Artikel, so der Altmeister der deutschen Literaturkritik im Nachrufheft des *Spiegel* 2002, sind „auf jeden Fall sachlich und nüchtern geschrieben, doch ganz ohne Charme", sie lassen ihn zu seiner Verwunderung kalt, ja langweilen ihn sogar ein wenig, denn Augstein formuliert „häufiger ordentlich als pointiert". Augsteins Stil sei keineswegs funkelnd, er sei „mehr salopp als federnd, mehr frech als brillant", urteilt auch Fritz J. Raddatz in einem *Spiegel-Spezial* zu Augsteins 70. Geburtstag, aber er bescheinigt ihm, er könne spannend erzählen, seine Serie über die Französische Revolution lese sich wie ein wahrer Geschichtskrimi. Reich-Ranicki wieder lobt des *Spiegel*-Herausgebers selbstverständliche, nie ermüdende und imponierende Logik, betont aber, dass sie seinen „Sinn für das Musische, für die Sprache" überrage: Das Schreiben habe nicht zu den starken Seiten seines Talents gehört, doch fügt er sofort ein „glücklicherweise" hinzu. Was wäre denn gewesen, so fragt er, wenn der Jungdramatiker Augstein mit seinem ersten Theaterstück Erfolg gehabt, wenn er gar ein zweites geschrieben hätte, dazu drei Romane und zwei Erzählungsbände? Wahrscheinlich, gibt er sich selbst zur Antwort, hätten wir einen mehr oder weniger durchschnittlichen Schriftsteller erhalten, „doch statt des *Spiegel* bloß, sagen wir, den *Stern* oder ein ähnliches Produkt". Sein Scheitern als Literat, dies der Kern von Reich-Ranickis im Ganzen treffendem und einleuchtendem Psychogramm, habe Augstein gezwungen, für seinen Ehrgeiz eine Ersatzlösung zu finden, die *Spiegel* hieß.

Es gehört zum Geschäft des Journalismus, dass Irrtümer nicht auszuschließen sind. Auch Augstein bemerkt einmal, dass jeder Journalist – und er nimmt sich nicht aus – Artikel von sich kenne, die er lieber ungeschrieben wüsste. Nur wer nie schreibt, schreibt nichts Falsches. Da werden Ereignisse gelegentlich nicht richtig eingeschätzt, die Motive von Politikern falsch gedeutet oder die Ursachen bevorstehender Konflikte nicht rechtzeitig erkannt, oder es wird zu politischen Konsequenzen geraten, die sich bald als gefährlich oder nicht machbar erweisen. Fehlinterpretationen unterlaufen selbst seriösesten Journalisten, man denke nur an jenen *Zeit*-Report des Jahres 1986, in dem Gräfin Dönhoff, Theo Sommer, Rudolf Walter Leonhard und andere nach einer neunwöchigen Reise durch die DDR dem zweiten deutschen Staat, der damals schon tief in der Krise steckte, bescheinigten, dass der Fortschritt drüben mit Händen zu greifen sei, ja dass es sichtbar aufwärts gehe. Wenn die *Zeit*-Reisenden den ihnen von den DDR-Offiziellen vorgegaukelten Schein für die Wirklichkeit nehmen, ist vielleicht der Wunsch der Vater dieses Reports gewesen, denn Chefredakteur Sommer erhoffte sich, wie er in einem Leitartikel zuvor geschrieben hatte, Zustände, „in denen die Einheit verzichtbar wird". Rudolf Augstein wird man vergleichbare Wunschvorstellungen nicht nachsagen können, aber geirrt hat auch er.

In einer Kolumne zur Kubakrise beschuldigt er John F. Kennedy Ende Oktober 1962, er exerziere eine Faustrecht-Philosophie, und behauptet, die westliche Welt sei in der letzten Woche so regiert worden, „wie man es in Texas gern sieht: aus dem Sattel". Kennedy treibe eine Politik, die jede „Begrenzung des Risikos in der machtpolitischen Auseinandersetzung zwischen den Blöcken unmöglich" mache. Es ist die letzte Kolumne vor seiner Verhaftung; als sie druckt, dringt bereits die Polizei ins Hamburger Pressehaus ein. Sicher liegt damals Krieg in der Luft, und Augstein fürchtet, die Welt gleite in einen dritten Weltkrieg wie in den ersten – „nämlich auf einer Rutschbahn nicht zu Ende gedachter Risiken und erlösender ,Jetzt oder nie'-Emphase". Aber die Überschrift seiner Kolumne – „Weltmacht-Politik aus dem Sattel" – wäre besser auf den Texaner George W. Bush gemünzt, den 43. Präsidenten der USA, als auf Kennedy, den Mann des Ostküsten-Establishments, der sich während der Kubakrise stets des Risikos eines Atomkriegs bewusst war.

Nach dem Attentat von Dallas steht Augstein nicht an, seinen Irrtum vom Oktober 1963 zu korrigieren. „Kein Thema ist in der Kennedy-Runde so beschwörend und überzeugend angegangen worden wie die atomare Kriegsgefahr", schreibt er am 27. November 1963. Jetzt nennt er Kennedy einen Präsidenten der „Stärke und des Friedens", zu dessen weltpolitischen Leistungen auch gehöre, dass er dem Zangendruck Chruschtschows in Berlin und Kuba widerstanden habe. Vor allem aber lobt Augstein, dass der Präsident trotz und nach Kuba konsequent den Weg der allmählichen Entspannung gegangen sei. In der Tat unterzeichnen die großen Atommächte im August 1963, noch vor Kennedys Ermordung, den Vertrag über die teilweise Einstellung der Kernwaffenversuche in der Atmosphäre, im Weltraum und unter Wasser.

Ein Irrtum, und ein schwerwiegender dazu, unterläuft Augstein auch 1968, als er den Reformprozess und die Entstalinisierung in einer Kolumne, die in der Hauptsache freilich Johnson und Vietnam gilt, für „irreversibel" erklärt und damit praktisch eine sowjetische Intervention ausschließt. Als sie dann doch erfolgt, verteidigt er die langfristigen Ziele der Ostpolitik gegen jene CDU-Repräsentanten, die „uns dramatisch-genüßlich vor Augen führen", dass der Traum von der Freiheit nun für immer ausgeträumt sei. Der geschichtliche Prozess, erklärt er und irrt damit nun keineswegs, verlaufe in großen Sprüngen und sei von riesenhaften Rückschlägen begleitet. Aber in Polen, Ungarn und selbst noch in der Tschechoslowakei seien Männer an der Regierung, „die ursprünglich durch die russischen Armeen an die Macht gekommen waren, die aber ihr Streben nach einem eigenen selbständigen Kommunismus auf Jahre ins Gefängnis gebracht hatte". Er gibt dieser Kolumne die Überschrift „Entschieden ist noch nichts".

Als Paradebeispiel für Augstein'sche Irrungen mag die Person de Gaulles dienen, wobei er in seinen Artikeln gern das bei Angelsachsen weit verbreitete Klischee vom ruhmversessenen, allein auf *grandeur* und nationale *gloire* bedachten Störenfried westlicher Allianz-Eintracht übernimmt. In seiner Kolumne „Der Lordprotektor" vom Herbst 1958 nennt er den General ein „zopfiges Monstrum", das sich auf seine Armee stütze wie einst Oliver Cromwell; seine Plebiszite erinnern ihn an die Hitlers und Mussolinis, in deren Nähe er ihn rückt, auch wenn er ausdrücklich betont, dass de Gaulle kein neuer Hitler sei. Wie wenig er Frankreich versteht, zeigt sich, wenn er ausgerechnet den General, der so leidenschaftlich, so bedingungslos und in anfangs nahezu aussichtsloser Position Vichy-Frankreich bekämpft hat, einen Erben Pétains nennt – eines Pétain, „in dessen geheiligtem Autokraten-Namen Militärs und Notabeln, Bischöfe und Industrielle Rache an der III. Republik nahmen".

De Gaulle also ein zweiter Pétain, welcher der französischen Demokratie den Garaus macht? In der Tat sieht Augstein anfangs im Frankreich de Gaulles eine Militärdemokratie vergleichbar jener Francos, die mit dem westlich-parlamentarischen Ideal der Nato so arg in Konflikt steht wie eine Volksdemokratie östlichen Musters. Ernstlich sorgt er sich – so im Sommer 1958 in „De Gaulle, wir folgen!" – um den Zusammenbruch der westlichen moralischen Positionen: Ein Chruschtschow, der auf dem nächsten Gipfel de Gaulle am Tisch sehe, werde nur noch höhnisch grinsen, „wenn die demokratische Legitimation der DDR, der Tschechoslowakei in Zweifel gezogen" werde. Dass de Gaulle nach dem Armeeputsch in Algier mit großer Mehrheit von der Nationalversammlung zum Regierungschef berufen wurde, um einen Bürgerkrieg abzuwenden, spielt für ihn offenbar keine Rolle.

Vor allem die neue Verfassung der V. Republik gilt Augstein gleich in mehreren Kolumnen als abstrus: Sie sei keine Verfassung des Volkes für das Volk, sondern „von einem Mann für einen Mann gemacht", sie sei de Gaulle auf den Leib geschneidert und werde spätestens „mit dem Ausscheiden dieses einen Mannes" umgestoßen. Wenn er ihre Annahme als „schwarzen Tag in den Annalen der westlichen Welt", ja als „Unglücksdatum" in der Geschichte der westlichen Völker bezeichnet, wirkt das nicht nur, als werfe er sich – als Deutscher doch eher ein ziemlich verspäteter Demokrat – zum demokratisch-eifernden Musterschüler Europas auf, er zeigt auch Unverständnis für die wesentlichen Schwächen der IV. Republik, ihre Instabilität und ihre Unfähigkeit, wichtige anstehende Entscheidungen zu treffen. Nach fast fünfzig Jahren hat diese Verfassung, für die sich 79 Prozent aller Franzosen in einer Volksabstimmung aussprachen und die manche Züge mit jener von Weimarer gemein hat, ihren Tauglichkeitstest bestanden und ist von de Gaulles Nachfolgern Pompidou, Giscard d'Estaing, Mitterrand und Chirac, von Männern der Rechten, der Mitte und der Linken also, anstandslos beibehalten worden.

Im Sommer 1962, de Gaulle ist bereits vier Jahre Präsident und schickt sich an, die Bundesrepublik zu besuchen, leistet Augstein zumindest Teilabbitte: „Die Zweifler im eigenen Land und in der Bundesrepublik, darunter dieses Blatt, hat er (de Gaulle) davon überzeugt, dass persönliche Größe in bestimmten Situationen Schlüsselgewalt verleiht." De Gaulle habe sich des geschichtlichen Auftrags, Algerien abzustoßen, entledigt, was keinem Franzosen sonst „ohne die schlimmsten Wirren möglich gewesen wäre". Der Augstein, der schon immer große Männer bewunderte, zieht den Hut und senkt den Degen vor dem Mann und seiner historischen Leistung, Frankreich befriedet zu haben, es wieder zu sich selbst finden zu lassen – keinesfalls aber vor der europäischen Politik, für die de Gaulle steht. Der Franzose wandelt für ihn auf „Wolkenkuckuckspfaden", er sieht ihn in der für die Deutschen gefährlichen Tradition der Kardinäle Richelieu und Mazarin, die Frankreichs Vormacht in Europa samt der Rheingrenze anstrebten und durch ihre Bündnispolitik jenseits des Rheins nicht ein, sondern viele Deutschlands wollten, um sie gegeneinander auszuspielen. Vor allem de Gaulles Veto gegen den Beitritt der Briten zur EWG erweckt seinen Zorn, aber damit befindet sich Augstein – beinahe möchte man sagen: ausnahmsweise – in vollem Einklang mit dem *mainstream* der deutschen öffentlichen Meinung, auch wenn er sie radikaler und offener formuliert.

Vor die Alternative gestellt, sich für das Frankreich de Gaulles oder die Angelsachsen zu entscheiden, optiert er, stets mit Blick auf Berlin, vernünftigerweise für Amerika und dessen treuesten Verbündeten, das Vereinigte Königreich. Auch wenn sich diese Haltung rational mit nationalen deutschen Interessen begründen lässt, scheint untergründig in seiner Einstellung zu Frankreich doch Irrationales mitzuschwingen. Zwar wehrt er sich ausdrücklich gegen die politische Unterscheidung von Frankophobie und Frankophilie, aber im Kern bleibt er doch ein – zumindest politischer – Frankophober, auch wenn Dieter Wild, der langjährige Ressortleiter Ausland und spätere stellvertretende Chefredakteur des *Spiegel* für ihn in die Bresche springt und behauptet, dass Augstein „so antifranzösisch" überhaupt nicht gewesen sei. Sein Herausgeber, schreibt Wild im Nachruf-Heft des *Spiegel*, habe zwar viel gegen den Kult der „unzeitgemäßen Grandeur" gehabt, gleichzeitig aber Frankreich um sein „fabelhaftes Personal", seine ENA-geschulte Elite beneidet – vor allem um das kulturelle Gefälle zwischen französischen und deutschen Politikern, zwischen Balzac-Figuren und Theater-Heroen auf der anderen Seite des Rheins und den „mausgrauen Effizienten" in der Bundesrepublik. In ihrer Extrovertiertheit, meint Wild, hätten weder die Franzosen noch

in ihrer Borniertheit die Deutschen hinter dem „antifranzösi-
schen Rauch" Augsteins dessen heimliche Liebe zu Frankreich
bemerkt.

Wenn es denn wirklich Liebe und Bewunderung gewesen sein
sollte – und leichte Zweifel scheinen angebracht –, dann hat
Augstein, für den der Begriff der Nation keine Sache von ges-
tern war, wohl vor allem das intakte Verhältnis der Franzosen
zur Nation bewundert, auch wenn er dies geschickt hinter einer
gesunden Abneigung gegen Pomp, Pathos und überbordendes
Zeremoniell zu verstecken wusste. Aber seine Grundhaltung
gegenüber Frankreich bleibt stets skeptisch, der Ton teils spöttisch, teils verächtlich, was er über Frankreich schreibt, ist von
tiefstem Misstrauen geprägt. Und immer plagt ihn die Furcht,
die Franzosen wollten die Deutschen für ihr Prestige und ihre
gloire zur Kasse bitten. Als der neugewählte Präsident Chirac
auf dem Mururoa-Atoll neue Atomwaffen testet, geht es dem
gallischen Hahn, so Augstein im Juli 1995, eben um mehr als nur
sein „Kikeriki". Er unterstellt Chirac, Frankreich wolle mit den
neuen Waffen den Schutz des Kontinents übernehmen – „gegen
eine Schutzgebühr seitens der Deutschen", denn die Kosten der
Entwicklung seien für Frankreich hoch gewesen.

Den Griff der Franzosen nach dem deutschen Geld wittert er auch im Maastricht-Vertrag. Er habe seine langjährige
Erfahrung mit Frankreich oder besser mit Paris, schreibt er im
Februar 1992 an Roger de Weck, einen exzellenten Frankreich-
kenner, der von der Chefredaktion der *Zeit* zum *Tagesanzeiger*
in Zürich wechselt: Die französische Mentalität werde „das
deutsche Geld, wie immer es dann heißen möge, unterhöh-
len, und das nicht nur zufällig, das ist auch Absicht". Augstein
liebt sein Feriendomizil in St. Tropez und hält sich oft dort auf,
aber das heißt nicht, dass er mit normalen Franzosen Kontakte
unterhält, die ihn das Land, die Menschen und die Mentalität
besser verstehen ließen. Dazu ist er schon des Französischen
nicht mächtig genug.

Mag sein Verhältnis zu Frankreich von tiefen Zweifeln bestimmt sein, stellt sich mit seinen Kommentaren zu Israel für viele die Frage: Ist dieser Rudolf Augstein ein verkappter Antisemit? Er gelte bei einigen als „Salon-Antisemit", schreibt Augstein beinahe fröhlich an Henry Kissinger im Mai 2000 und hebt damit auf Vorwürfe ab, die sich auf seine unverhohlen kritischen Kommentare zur israelischen Politik, zu Menachem Begin, Ariel Scharon und der systematischen Besiedlung der im Sechs-Tage-Krieg 1967 eroberten Westbank stützen.

Kissinger hatte Augstein getadelt, er sei „viel zu gut" zu Daniel Goldhagen gewesen, dem Autor von „Hitlers willige Vollstrecker", der in seinem 1996 in Deutschland veröffentlichten Werk nicht nur behauptet, die nahezu gesamte deutsche Elite habe sich rückhaltlos den eliminatorischen, den Ausmerzungs-Antisemitismus zu eigen gemacht, sondern auch, dass die große Mehrheit aller Deutschen Hitlers und Himmlers Ausrottungspolitik unterstützt hätte und zum Judenmord bereit gewesen sei. Im Grunde, dies der Kern von Goldhagens These, hat es in Deutschland seit dem 19.Jahrhundert eine antisemitische Grundhaltung des ganz normalen deutschen Bürgers gegeben, wie sie mit ihrer eliminatorischen Konsequenz kein anderes europäisches Land gekannt habe. Nicht nur deutsche, auch angelsächsische Kritiker warfen Goldhagen Nichtachtung der Quellen, selektives, ja manipulatives Zitieren und das bewusste Nicht-zur-Kenntnis-nehmen-Wollen von starken, wenn nicht stärkeren antisemitischen Tendenzen vor, die es vor Hitler in anderen europäischen Nationen gegeben habe.

Goldhagen sei gar kein Historiker, schreibt Augstein in seinem Beitrag „Der Soziologe als Scharfrichter" Mitte April 1996, der Junior-Professor für Soziologie aus Harvard habe einfach ausgeblendet, „was ihm an bisheriger Forschung nicht paßt". Damit befindet er sich in Übereinstimmung mit der Mehrzahl der deutschen Historiker, die Goldhagens Thesen ebenfalls scharf kritisieren. Augstein bestreitet nicht die Grausamkeiten, die Goldhagen in aller Ausführlichkeit ausbreitet, aber er weist die These zurück, der in Deutschland vor Hitler ohne Zweifel vorhandene Antisemitismus sei „auf Ausrottung bedacht" gewesen: „Wir bestreiten das nicht nur", so Augstein, „wir finden die Behauptung allenfalls ignorant, wenn nicht gar bösartig." Und führt Henry Kissinger gegen Goldhagen ins Feld, der einmal sagte: „Die Deutschen waren nicht antisemitischer als andere auch" – was Kissinger natürlich auf die Zeit vor Hitler bezogen wissen will. Als er sieht, dass Goldhagens Thesen Furore machen, greift er das Thema im August erneut auf, lädt Goldhagen zu einem *Spiegel*-Gespräch zu sich nach Kampen auf Sylt – nur um festzustellen, wie schwer eine Verständigung über gerade dieses Thema zwischen nachgeborenen Scholaren und jenen fällt, die das Dritte Reich erlebt haben. In keinem totalitären System dabei gewesen zu sein, so Augstein in seinem Goldhagen-Titel „Hitler: Vollstrecker des Volkswillens?", sei manchmal für den Historiker ein Vorteil, „aber dabei gewesen zu sein manchmal auch".

Es lohnt sich schon deshalb, der Frage nach dem vermeintlichen Antisemitismus Augsteins nachzugehen, weil wir hier jene Tabuzone berühren, die so unauflöslich mit deutscher Schuld und dem Zivilisationsbruch der Nationalsozialisten verknüpft ist, dass ein „normales" Verhältnis der Deutschen zu Juden und dem Staat der überlebenden jüdischen Opfer bis heute schlechterdings kaum möglich ist. Zieht er sich vielleicht gerade deshalb den Vorwurf des Antisemitismus zu, weil er auf Normalität besteht, wo es sie nicht geben kann? Wenn seine Kommentare Aufsehen erregen, dann vor allem, weil er, der kein Parteigänger der Nazis war, sich frei fühlt, offene Kritik an Juden zu üben und jene Elle an das Verhalten des Staates Israel und israelische Politiker anzulegen, mit der er alle anderen, nicht zuletzt Politik und politisches Personal der Bundesrepublik, misst. Dass dabei das für ihn so typische Aufbegehren gegen jede Form von *political correctness* mitschwingt, ist unübersehbar: Eine mit deutscher Schuld begründete besondere Schonung von Juden, von Israel und besonders der israelischen Besatzungspolitik, wie sie in der Bundesrepublik in öffentlichen Reden und in den Medien gängig ist, lehnt er ab. Auch hier gilt seine Devise: Schreiben, was ist, er will die Dinge auch hier beim Namen nennen dürfen. Wenn schon Hans-Dietrich Genscher, dem offiziellen Vertreter der Bundesrepublik und Außenminister, der Mund „wegen Auschwitz verklebt" ist, wie er im April 1991 schreibt, dann will wenigstens er ihn aufmachen dürfen.

Dabei liegen die Sympathien des Kommentators Augstein ursprünglich ganz auf Seiten Israels. Ein Antizionist, wie ihm etliche vorwerfen, ist er keineswegs, aber er unterstreicht, dass die Idee des Zionismus ursprünglich mit bewaffneter Landnahme nicht verbunden war. „Israel soll leben" überschreibt er einen Kommentar nach dem Sechs-Tage-Krieg von 1967, in dem er fordert, Entwicklungshilfe an arabische Staaten sei künftig von deren Bereitschaft abhängig zu machen, die Existenz Israels anzuerkennen. Diese Staaten müssten lernen, was auch der Bundesrepublik nicht erspart geblieben sei: „dass die derzeitigen Grenzen endgültig sind". Von Bonn fordert er jetzt, „da die Israelis nur dank ihrer Bravour einer Katastrophe entgangen sind", ihnen nicht mit Worten, sondern mit dem ganzen wirtschaftlichen Gewicht Westdeutschlands zu Hilfe zu kommen. Den Einwand, dass Ägypter, Syrer und Iraker daraufhin die DDR „vollgültig anerkennen" könnten, hält er für irrelevant, weil sie dies ohnehin „demnächst tun" würden.

Zwei *Spiegel*-Nummern später spricht er ausdrücklich vom „gerechten Krieg, den Israel wegen seines Rechts zu leben anfangen musste", aber er fürchtet, dass es „durch falsche politische Schlüsse den Frieden verliert, den es mittels seines bravourösen Sieges sichern wollte". Deutlich warnt er vor Annexionen und empfiehlt dem Kriegshelden Mosche Dayan, die deutsche Geschichte zu studieren: Bismarck habe den Österreichern 1866 keinen Fetzen Land weggenommen; hätte er dieselbe Mäßigung 1871 bewiesen, wäre Deutschlands Verhältnis zu Frankreich reparabel gewesen. Gerade als Freund Israels erfasst ihn Melancholie, denn er spürt, dass im Jubel über all die gewonnen Schlachten Maß und Vernunft keine Chance haben werden. Nur ein ganz Großer könne den Sieg domestizieren, meint Augstein, ein Mann von der Statur und Autorität Ben Gurions möglicherweise, aber der stehe wohl im anderen Lager. Und er warnt: „Oh, ihr Israelis, denkt an das Schicksal des Landes, das euch, seine Mitbürger, so schamlos behandelt hat. ‚Wir können Straßburg nicht aufgeben‘, ‚Wir müssen Metz und Belfort beherrschen‘, ‚Ein polnischer Pufferstaat ist für unsere Sicherheit unerlässlich‘, so hallt es durch die letzten hundert Jahre. Aber ihr wisst, wir konnten, und noch viel mehr, als wir dann mussten."

Doch der glorreiche Sieg wird nicht domestiziert, wie er hofft, die von ihm beklagte israelische Politik der Landnahme „auf religiös-fundamentalistischer Basis" geht weiter, und es triumphiert, was er die „Überwertigkeits-Arroganz der drei Millionen Israelis gegenüber hundert Millionen Arabern" nennt. So wird sein Blick kritischer, der Ton schärfer, und wenn die Israelis Vorwürfe gegen die Deutschen erheben, scheut er sich nicht, auf einen groben Klotz einen gröberen Keil zu setzen.

Im Mai 1981, als das Kabinett Helmut Schmidt die Lieferung von Leopard-Panzern an Saudi-Arabien erwägt und der israelische Premier Begin den deutschen Kanzler öffentlich als einen alten Wehrmachtoffizier ohne Herz, Gedächtnis, Prinzipien und ohne Menschlichkeit beschimpft, antwortet Augstein mit einer wütenden Philippika. Israel sei ein „erobernder, auf Eroberung programmierter Staat", den man nicht hindern könne, mit Begin und dessen Außenminister Schamir „auf seinen eigenen Untergang bedacht zu sein". Auf die „Bombenleger-Vergangenheit" Begins anspielend, sieht er keinen Unterschied zwischen den palästinensischen Terroristen, die 1972 in München israelische Sportler als Geiseln nehmen, und jenen Israel-Kombattanten, die 1946 das King David Hotel in Jerusa-

lem in die Luft sprengten oder 1948 den UNO-Vermittler Graf
Folke Bernadotte erschossen. Frauen und Kinder seien nicht
geschont worden, als 1948 von den Israelis das Dorf Deir Jassin
ohne jeden Grund vernichtet wurde, und provozierend fragt
er: „War Begin da etwa abseits?" – wohl wissend, dass der spätere Premier zweifelsfrei für den Anschlag auf das King-David-
Hotel wie für das Massaker von Deir Jassin verantwortlich war.
Mit der doppelten Moral, verlangt er, müsse endlich Schluss
sein. Weder Schmidt noch Genscher hätten sich für die Politik Adolf Hitlers zu rechtfertigen, denn „sie haben diese Politik
nicht gemacht".

So weit, so gut oder als Polemik erlaubt, möchte man meinen, selbst wenn die Vergleiche gelegentlich hinken mögen.
Doch schießt er in seiner Empörung über Begin weit übers
Ziel hinaus, wenn er einräumt, Genscher und Schmidt hätten
„mitgemacht", aber zugleich fragt, was anderes sie denn hätten
tun sollen: Sich für den „biblisch Nächsten" opfern, mit seinem
Leben? Helden und Heilige ausgenommen, hätten dies nicht
die Deutschen, aber auch nicht die Juden getan. Sensibilität
ist seine Stärke nicht. Plötzlich gibt es da keinen Unterschied
mehr zwischen der schweigenden Mehrheit der Deutschen und
der schweigenden Mehrheit der von den Deutschen verfolgten
Juden. Augstein setzt das Verhalten des Tätervolks mit dem der
Opfer gleich und schreibt über Schmidt und Genscher, was sich
so nun wahrlich nicht halten lässt: „Sie haben sich so moralisch
verhalten wie die übergroße Mehrheit der jüdischen Opfer auch.
Sie haben (bei minimaler Hilfestellung, wo sie konnten) ihr
Leben für ihre jüdischen Mitbürger nicht geopfert. Das, und
nur das, ist ihre (und unsere) Schuld."

Wer diesen Kommentar Augsteins heute liest, den verwun-
dern nicht die Vorwürfe gegen den Ex-Terroristen Begin, zumal
inzwischen der begründete Verdacht besteht, dass der ehemalige Irgun-Kommandant auch Auftraggeber von drei Atten-
tatsversuchen gegen Konrad Adenauer gewesen ist. Es bleibt

vielmehr unerwähnt, dass der vom Bombenleger zum Premier aufgestiegene Begin zwei Jahre vor seiner Attacke gegen den deutschen Kanzler mit dem Friedensnobelpreis ausgezeichnet wurde, weil er nach den Verhandlungen in Camp David 1978 mit Anwar el-Sadat den ägyptisch-israelischen Frieden schloss. So auf den Untergang Israels bedacht, wie Augstein behauptet, kann die Politik des Premiers Begin also nicht sein, wenn er der Devise Land für Frieden folgt.

Aus israelischer Sicht kranken Augsteins Kommentare denn auch daran, dass er die Weigerung der arabischen Staaten, Friedensverhandlungen mit Israel zu beginnen, nicht genügend berücksichtigt. Dieselben Leute, „die uns und denen, die nach uns kommen, die Erinnerung an die Rampe von Auschwitz für immer ins Gedächtnis brennen wollen", dürften sich den Palästinensern gegenüber nicht als „Herrenmenschen" aufführen, mahnt Augstein im Oktober 1990 in seinem Kommentar „Ist Israel noch zu retten?" Seit dem Ausbruch der Intifada seien hunderte Palästinenser erschossen worden – Opfer der Anmaßung von Leuten, „die in der eigenen Geschichte erfahren haben, wie man mit Minderheiten nicht umgehen sollte und wohin der Mangel an Toleranz führt". Israels Botschafter Benjamin Navon beschwert sich daraufhin: Die Ablehnung des Teilungsplanes 1947 und die Tatsache, „dass während 19 Jahren die Gebiete in arabischer Hand waren und kein Palästinenserstaat geschaffen wurde, dass bis heute alle arabischen Staaten mit Ausnahme von Ägypten, Direktverhandlungen mit Israel ablehnen, sind leider in Ihrem Kommentar nicht erwähnt worden".

Zwanzig Jahre später, mit einer Kolumne in der ersten Nummer des Jahres 2001, zieht er sich wiederum den Zorn des israelischen Botschafters zu, weil er, Ariel Scharon kritisierend, zu einem Vergleich aus der Nazi-Zeit gegriffen hatte. Er unterstellt Scharon die Absicht, den Palästinenserführer Arafat aus dem von israelischen Panzern eingeschlossenen Ramallah für immer zu vertreiben, ohne zu wissen, wer auf ihn als potentieller Verhandlungspartner je folgen werde, bemüht dabei jedoch völlig überflüssigerweise einen Vergleich aus der Zeit des Dritten Reiches: Auch Hitler habe nach dem Pakt mit Stalin ungeduldig auf die Nachricht vom Sturz Chamberlains gehofft – ohne zu ahnen, dass auf ihn nur ein Churchill folgen könne. Shimon Stein weist jeden auch nur annähernden Vergleich zwischen dem Premierminister des jüdischen Staates und „der Unperson, die dieses Volk vernichten wollte", als „Beleidigung für jeden Holocaust-Überlebenden und für das gesamte jüdische Volk" zurück. Doch trotzig beharrt Augstein auf dem Vergleich und erklärt in seiner Antwort: „Bis heute schäme ich mich, einer Generation anzugehören, in der Auschwitz möglich war. Meine Redakteure sind fähig genug, mich darauf aufmerksam zu machen, wenn ich einen so schwerwiegenden Fehler oder auch nur eine Taktlosigkeit begangen hätte. Mit ergebenen Grüßen …" Fähig mögen seine Redakteure sein – nur wäre diesmal mehr Wachsamkeit gegenüber ihrem inzwischen kranken Herausgeber nötig gewesen. (Allerdings gibt es auch Fälle, in denen er sich beharrlich gegen ihre Änderungsvorschläge sträubt und eigensinnig auf Formulierungen besteht, die sie lieber nicht veröffentlicht sähen.)

Er akzeptiert die fatale Gleichung nicht, dass Antisemit ist, wer Israel kritisiert. Als Eli Wiesel sich zu Beginn des Jahres 1990 mit Blick auf das deutsche Jahrhundertverbrechen gegen eine schnelle deutsche Vereinigung ausspricht, hält er ihm entgegen: „Wieso dürfen wir den Holocaust nicht als *das* Jahrhundert-Verbrechen ansehen und gleichzeitig die Knochenbrecher in Israel nicht eben schätzen?" Er nimmt sich das Recht, das Vorgehen der israelischen Besatzungsmacht auf der Westbank als „widerwärtig" zu kritisieren, aber als in Frankfurt Fassbinders Stück „Der Müll, die Stadt und der Tod" aufgeführt werden soll, macht er empört dagegen Front. Die Opfer von Auschwitz, deren Kinder und Kindeskinder, schreibt er im November 1985, dürften durch ein „mittelmäßiges, mißverständliches" Stück" nicht beleidigt werden: „Soweit sind wir noch lange nicht, soweit werden wir in vierzig oder achtzig Jahren nicht sein. Vielleicht nie."

Das Stück spielt auf die Zerstörung des Frankfurter Westend durch Investoren an, und in der Figur des reichen jüdischen Immobilienspekulanten glauben viele den Vorsitzenden des Zentralrats der Juden, Ignatz Bubis, wiederzuerkennen. Ein Theaterskandal, die Besetzung der Bühne durch Frankfurter Juden, verhindert die Aufführung. Als 1998 Intendant Bernd Wilms erwägt, das Stück im Berliner Maxim Gorki Theater aufzuführen, fordert er erneut: „Weg mit dem Müll" und hofft, was die Juden in Frankfurt zuwege gebracht hätten, würden sie diesmal, und noch besser organisiert, „im Vorfeld erledigen".

Er legt sich dabei auch mit Lea Rosh an, der Vorsitzenden des Gorki-Fördervereins, die den „eigenwilligen Weg des Intendanten" und seinen Mut gepriesen hatte, sich „auf unsicheres Terrain" zu wagen. Ihr, der selbstherrlichen „Wunschjüdin" und „Dampfwalze Lea", gehört ohnehin sein ganzer Zorn, weil sie zu den Hauptinitiatoren des Holocaust-Mahnmals zählt, das er in der sich abzeichnenden Form – stadiongroß, monumental, gigantomanisch – als der Sache unangemessen ablehnt. Auch er spricht sich im Juli 1995 dafür aus, der Mordaktion an den europäischen Juden in der neuen deutschen Hauptstadt ein Mahnmal zu setzen. Aber für ihn schließen Ästhetik und Judenvernichtung einander aus, und so will er nichts Pompöses und einen „dezenteren Platz", nicht eine „Mittelpunktstelle, die schlechthin jeder passieren muss". Dass schließlich ein „Monstrum" entsteht, welches er mit György Konrád als „gnadenlosen didaktischen Kitsch" oder mit Walter Jens als „Reichsopferfeld" bezeichnet, führt er nicht zuletzt auf die Dampfwalzen-Rhetorik von Lea Rosh zurück. „Man kann", schreibt er in seiner Kolumne „Zugebaute Scham" im Februar 1998, „ein Monument für eine Sache errichten, aber keines gegen sich selbst. Schmach und Schande, sie vertragen keine Monumen-

talität." Mit allen seinen Kräften wehrt er sich dagegen, dass
Auschwitz zum zentralen Punkt deutschen Geschichtsverständ-
nisses wird.

Bei alledem sieht Augstein stets die Gefahr, dass „fruchtiger
Philosemitismus" (Ernst Bloch) den Antisemitismus da, wo er
nicht sprießt, auch säen kann – durch das gigantische Mahnmal in Berlin etwa, aber auch durch überzogenes, drakonisches
Strafen. Den Fall des Studienrats Zind, der in einer Kneipe
einem jüdischen Textilhändler an den Kopf geworfen hatte, es
sei wohl vergessen worden, ihn zu vergasen, machte 1957 erst
der *Spiegel* öffentlich und setzte damit ein Verfahren in Gang,
das mit einer Haftstrafe und dem Entzug der Beamtenrechte
endete. Dass Zind nicht mehr lehren darf, hält Augstein für
richtig, das Strafmaß dagegen nicht. Als Moritz Pfeil schreibt er
1963: „Wir können nicht wollen und müssen verhindern, dass
Leute wie Zind unsere Kinder unterrichten, aber wir päppeln
den Antisemitismus, wenn wir sie wegen einer Biertisch-Äuße-
rung einsperren." Er sagt das nach den Friedhofsschändungen
und den Hakenkreuzschmierereien in Köln und Düsseldorf
Ende der fünfziger Jahre.

Nur wo Antisemitismus in fassbare Diskriminierung aus-
schlägt, sind für ihn „entschiedene Methoden" am Platz. Einen
„unterschwelligen" Antisemitismus, wie es ihn auch in den USA,
in England oder in Frankreich gibt und dessen Restbestände
„auf so manchem versteckten Misthaufen in so mancher deutschen Seele noch vegetieren", will er lieber „aktiv aussterben"
lassen. Antisemitismus musste ja nicht notwendig dazu führen,
dass Männer, Frauen und Kinder vergast wurden, meint er, und
er will ihn nicht so sehr als Verbrechen denn als „Unterentwick-
lung des menschlichen Selbstbewusstseins" behandelt wissen.
„Man versteife sich nicht darauf, ihn unter Berufung auf die
Hitler-Verbrechen totschlagen zu wollen, sondern lasse ihm
mehr frische Luft, in der er sich zersetzen kann." Denkt er an
den nicht-eliminatorischen Antisemitismus (den es, als er dies

schrieb, als Begriff noch nicht gab), an den gesellschaftlichen, kulturellen oder alltäglichen, wie immer man ihn nennen soll, auf alle Fälle an den im deutschen Bürgertum tradierten und weit verbreiteten „unterschwelligen" Antisemitismus, wie er ihn von seinem her Vater kennt? Ein Antisemitismus, der beim Familienvorstand der streng katholischen Augsteins durch den Antijudaismus der römischen Kirche bestärkt sein mochte?

Augsteins Aussagen darüber variieren und sind widersprüchlich. Einmal sagt er, sein Vater sei bis zum Machtantritt der Nazis Antisemit (im Sinne des „tradierten" bürgerlichen Antisemitismus) gewesen, habe nach 1933 aus Protest gegen die Nazis aufgehört, es zu sein, um es nach 1945 sofort wieder zu werden. Bei der Verleihung des Börnepreises in der Frankfurter Paulskirche 2001 heißt es dann, in seiner Familie habe es keine „jüdische Frage", kein „Judenproblem" und auch keinen Antisemitismus gegeben, auch wenn er in seiner Kindheit antijüdische Sprüche hörte, die seine arglose Mutter im Munde führte. Da ist es nicht ganz einfach, sich ein korrektes Bild zu machen. Das Angebot der jüdischen Familie Rüdenberg in Hannover, ihre Lovis-Corinths zu übernehmen und ihnen die Hälfte davon nach dem Krieg zurückzugeben, lehnte Vater Friedrich Augstein ab, weil er, was die schönen Künste betraf, offenbar selbst der gemäßigten Moderne ablehnend gegenüber stand und ein Kunstbanause war: Solch' „Schweinkram" sollte ihm nicht ins Haus kommen. Sein Vater, sagt Rudolf Augstein, habe auch vermeiden wollen, nach dem Krieg als Besitzer jüdischen Eigentums zur Rechenschaft gezogen zu werden. Aber die jüngste Tochter der Familie erinnert sich, wenn auch dunkel, dass Vater Friedrich Augstein im „Dritten Reich" ein Haus aus jüdischem Besitz erwarb und der frühere Eigentümer nach dem Krieg Ansprüche geltend machte – allerdings vergebens, weil der Kaufpreis völlig korrekt gewesen sei.

Erst nach dem Krieg, versichert Rudolf Augstein im Januar 1979, habe er vom systematischen Massenmord an den Juden erfahren und befindet sich damit in der Gesellschaft von Helmut Schmidt und Richard von Weizsäcker. Zwar habe er von Dachau gewusst, das für „Eingesperrtsein und Nazibrutalität" stand, aber Gerüchten nachzugehen, fehlte „unsereinem die Zeit, die Gelegenheit und die Energie", schon weil man selbst mit der Nazimaschinerie genug zu tun hatte. „Ich habe es nicht gewusst" ist sein Kommentar überschrieben, und was er 34 Jahre nach Kriegsende von sich berichtet, mag als zutreffende Skizze für das Verhalten der schweigenden Mehrheit in Deutschland zur Deportation der Juden gelten, die ja keinesfalls klammheimlich geschah.

Als die den Augsteins in der Podbielskistraße benachbarten Rüdenbergs nach Riga abtransportiert werden, meint er, man stecke sie in ein Arbeitslager und schätzt ihre Chancen, zurückzukehren, auf 50:50 ein, „vielleicht etwas geringer, wenn man ihr Alter bedachte", aber er fügt sofort hinzu: Seine eigenen Chancen, den Krieg als VB-Funker zu überleben, habe er nicht höher eingeschätzt. Erst als er im Sommer 1945 aus dem Feld nach Hause kommt, wird ihm plötzlich bewusst, dass der Krieg ihn stumpf gemacht, dass er sich all die Jahre nur um sein eigenes Schicksal und das seiner Familie gekümmert hatte: „Das Los der Juden war aus meinem Blickfeld herausgetreten." Es gibt allerdings eine Stelle in diesem Kommentar, welche bei genauem Hinsehen geeignet ist, die Überschrift zu dementieren, denn da schreibt er von einer jungen Jüdin, die er als Soldat im rumänischen Woltowka 1944 trifft. Sie erzählt ihm, morgen werde ein Teil der Juden des Orts abtransportiert und fügt hinzu: „Wir werden alle ermordet." Augstein glaubt das nicht, sagt, sie sei jung, und man brauche doch dringend Arbeitskräfte. Sein Urteil dazu 1979: „Ich ahnte also und wusste nichts."

Je älter er wird, desto mehr bedrängt ihn der Massenmord an den Juden, und die Frage: Wie konnte es geschehen? lässt ihn nicht mehr los. Ein *Spiegel*-Essay vom Oktober 1986 – „Die neue Auschwitz-Lüge" – gerät zur Philippika gegen Geschichtsrevisionisten wie Ernst Nolte oder Andreas Hillgruber, von denen der eine einen kausalen Nexus zwischen dem Klassenmord der Bolschewiki und Hitlers Rassenmord herstellt und der andere fragt, ob Hitler die Vernichtung der Juden allein zum Programm erhoben habe – gegen den Willen all seiner Paladine. Vor allem aber rechnet er mit den Generalen der Wehrmacht ab, jenen „teutonischen Kriegern", die wohl gewusst hätten, dass schon die deutsche Besatzungspolitik in Polen vom ersten Kriegstag an Ausrottungs- und Vernichtungspolitik gewesen sei.

Als Beispiel für Männer der administrativen deutschen Elite, die sich Hitler zur Verfügung stellten, nennt er Ernst von Weizsäcker, Ribbentrops Staatssekretär im Auswärtigen Amt. Als dessen Sohn Richard, der vor dem Nürnberger Kriegsverbrecher-Tribunal Assistent der Verteidigung seines Vaters war, sich gegen dieses Urteil verwahrt, antwortet Augstein dem damaligen Bundespräsidenten und Hausherren der Villa Hammerschmidt, er müsse „in vollem Umfang der Meinung sein dürfen, dass Ihr Vater sich wie andere dem Nazi-Regime zur Verfügung gestellt hat. Schon dies bestreiten Sie, und es ist doch die mildeste Form der Beurteilung, die man ihm nach seinem Wirken angedeihen lassen kann." Yohanan Meroz, einst Israels Botschafter in Bonn, gratuliert Augstein zu seinem Essay. Er meint, es sei „einer der hervorragendsten Beiträge zu dem unerschöpflichen Thema", den er je gelesen habe.

Mit Ernst Nolte setzt sich Augstein gleich mehrfach auseinander – in einem *Spiegel*-Gespräch, aber auch in einem neuerlichen Essay („Wie man Auschwitz historisiert"), in dem er Noltes Behauptung aufspießt, Auschwitz sei eine „asiatische Tat" gewesen. Nein, schreibt er ihm „ins Stammbuch", es habe sich eindeutig „um eine „mitteleuropäische, eine deutsch-österreichische Tat" gehandelt. Nolte polemisch überspitzend, fasst er dessen Thesen in der Frage zusammen: „Ohne Stalin kein Auschwitz?" und antwortet: „Die eine, die einzig mögliche Konsequenz aus der radikalen Rassen- und, auf russischer Seite,

Klassendoktrin – das war der Kammerjägermord an Mann, Frau und Kind der europäischen Judenheit eben nicht." Mit Elan also ergreift er im Historikerstreit Partei, der Ende der achtziger Jahre um Nolte entbrennt und nach der Wende bald sehr viel gelassener betrachtet wird. Im Januar 1990, die DDR-Regierung Modrow ist praktisch schon am Ende, urteilt er sehr viel milder und nennt diesen Streit ein überflüssiges Gerangel: Noltes Ansatz sei ja „philosophisch richtig" gewesen, nur habe er ihn „mit kaum glaublichen Beispielen und absurden Ergebnissen (selbst) zerstört". Hinzuzufügen wäre: Vor allem mit seinem Wort von der „asiatischen Tat".

Engagiert wie Anfang der sechziger Jahre, als es um Atomwaffen für die Bundeswehr ging, zeigt sich der *Spiegel*-Chef in der Nachrüstungsfrage, allerdings mit dem Unterschied, dass er gegen Helmut Schmidt, den Kanzler der sozialliberalen Koalition, keinen persönlichen Vernichtungsfeldzug unternimmt wie seinerzeit gegen den Verfechter einer deutschen Nuklearrüstung, Franz Josef Strauß. Bei aller Gegnerschaft in der Sache zollt er dem Kanzler Schmidt doch weiterhin Respekt, auch und gerade, wenn er in ihm zu Recht den Mann sieht, der die Nachrüstung mit seiner Rede vor dem *Institute for Strategic Studies* 1977 in London erst losgetreten hat. Er nennt ihn einmal den „Sachverständigsten aller wichtigen Regierungschefs der Welt", der allerdings, so sein spöttischer Seitenhieb, ohne Ronald Reagan auch der weltweit beste „Politik-Darsteller" sei.

Schmidt sieht die Gefahr, die mit der Aufstellung der sowjetischen Mittelstreckenraketen vom Typ *SS* 20 für Europa heraufbeschworen wird. Während die beiden Supermächte über SALT II verhandeln und damit eine durch Rüstungskontrolle garantierte Balance bei Interkontinentalraketen erreichen wollen, gibt es eine Rüstungskontrolle für Mittelstreckenraketen nicht, und so strebt Schmidt danach, das in Europa bestehende Ungleichgewicht parallel zu den SALT-Verhandlungen abzubauen. Der Doppelbeschluss nun bietet Verhandlungen über

Raketen mittlerer Reichweite an und sieht, falls sie binnen einer gewissen Frist nicht zum Erfolg führen, die Aufstellung von bodengestützten Marschflugkörpern und Mittelstreckenraketen in Westeuropa, vornehmlich aber auf dem Boden der Bundesrepublik vor. Augstein aber bestreitet Schmidt gerade bei der Nachrüstung den Sachverstand, schlägt sich auf die Seite der Friedensbewegung und sieht in der drohenden Nachrüstung vor allem Gefahren für die Bundesrepublik. Seine Argumente:

➤ Mehr atomare Waffen machten den Frieden nicht sicherer, sondern den Krieg wahrscheinlicher.

➤ Künftig werde es Nato-Länder mit einem gezielt größeren Risiko als die Länder anderer Verbündeter geben, und

➤ das gefährdetste Gebiet der westlichen Welt wäre die Bundesrepublik Deutschland.

Als Parteigänger und Schrittmacher der Ostpolitik fürchtet Augstein vor allem um die Entspannung und artikuliert damit die Bedenken und Sorgen der Mehrheit derer, welche als Konsequenz der Nachrüstung eine atomare Auseinandersetzung auf deutschem Boden näherrücken sehen. Die Bundesrepublik, dieses „demnächst mit Atomkraftwerken vollgestopfte Ländchen", schreibt er im Juli 1981, müsse 108 *Pershing 2* und 96 *Cruise Missiles* aufnehmen – Waffen, mit denen amerikanische Offiziere ohne deutsches Mitspracherecht weite Teile der Sowjetunion vernichten könnten. „Wahrhaftig", klagt er, „schlimmer hätten uns Strauß und Kohl auch nicht bedienen können." Die *Pershing 2* wertet er als potentielle Erstschlags-Waffe, dass mit ihr erstmals von deutschem Boden der Sowjetunion mit einem Atomschlag gedroht werden könne, versteht er als höchst gefährliche Änderung der strategischen Balance. Selbst die Aussicht, dass Schmidt der Unterstützung der Mehrheit der eigenen Partei verlustig geht und sich im Amt nicht wird halten können, nimmt er da gelassen hin: Gemessen an der „offenkundig falschen Entscheidung, die Bundesrepublik nolens volens in einen Schießplatz der Supermächte" (das Wort stammt von Heinrich

Albertz) zu verwandeln, sei es ziemlich gleichgültig, „ob wir demnächst eine CDU-Regierung in Bonn haben".

Nachrüsten ist für ihn nur ein anderer Ausdruck für Wettrüsten, denn auf die Nachrüstung in Westeuropa würden die Sowjets mit der Aufstellung von noch mehr Raketen antworten. Anfangs empfiehlt er, die deutsche Außenpolitik solle, „ohne dabei ertappt zu werden, Sand ins Getriebe streuen" und rät „Rettung durch Ungehorsam" an. Je mehr und je länger er über den Doppelbeschluss der Nato schreibt, desto amerikakritischer werden seine Kommentare. „Tödliche Gefahr" sieht er im September 1981 nicht von der Sowjetunion ausgehen, sondern von den US-Amerikanern, „sofern deren ideologische Befangenheiten in Gestalt des nicht gerade feinfühligen und erfahrenen Präsidenten Ronald Reagan zum Tragen kämen". Dies allein sei die wahre Bedrohung, ihretwegen nage „der Drache Nidhögg an den Wurzeln der Weltesche Ygdrasill". Und im November 1982, nach dem gelungenen Misstrauensvotum gegen Helmut Schmidt und Genschers Wechsel zum neuen Kanzler Helmut Kohl, der den Nachrüstungsbeschluss durchsetzen will, fragt er, warum der ihm befreundete FDP-Vorsitzende Genscher „sein politisches Schicksal mit eben dieser antideutschen, antinationalen Politik" verknüpft, er, „der Deutsch-Nationale aus dem sowjetisch besetzten Sachsen"? Geraten da gar zwei Deutsch-Nationale miteinander in Streit?

Es geht bei Nato-Doppelbeschluss und Nachrüstung um Abkoppelung oder Ankoppelung des Schicksals Europas an das der USA, es geht um die Frage, ob ein begrenzter Atomkrieg in Mitteleuropa theoretisch vorstellbar ist, der die USA und die Sowjetunion weitgehend unversehrt gelassen hätte, es geht aber auch um das „Kriegsbild" für den Fall einer solchen Auseinandersetzung. Der in die jüngste Geschichte vernarrte Augstein sieht den Kanzler Schmidt und seinen Außenminister Genscher handeln wie des letzten Kaisers Reichskanzler Theobald von Bethmann Hollweg 1914, der wider besseres Wissen, doch gleichwohl mit „gutem Gewissen" und dem Ruf der preußischen Pflicht folgend, in den großen Krieg geschlittert sei, und er argwöhnt: „Es müsste doch mit dem Teufel zugehen, wenn wir es im dritten Weltkrieg nicht schafften, uns selbst in die Luft sprengen zu lassen, bis zum letzten Hauch von Roß und Mann, Frau und Kind!"

Mag heute und mit gebührendem Abstand auch klar sein, dass letztlich Schmidt, Genscher und Kohl, nicht aber Augstein, Willy Brandt oder die Grünen in diesem Streit historisch recht behalten haben, ist es doch ein Gebot der Gerechtigkeit, auf einen Mann wie Gorbatschow zu verweisen, der 1985 an die Macht kommt, nicht länger auf seine Marschalle hört, ein Mann des „neuen Denkens", ohne den die Rüstungsspirale sich mit Nachrüstung, Nach-Nachrüstung und Nach-nach-nach-Rüstung vielleicht ohne Ende weitergedreht hätte – bis hin zu der dann nicht nur von Augstein befürchteten atomaren Apokalypse.

Als der Bundestag 1983 mit den Stimmen von CDU/CSU und FDP die Stationierung auf Vorschlag der Regierung Kohl billigt, bricht die Sowjetunion die Genfer Abrüstungsgespräche ab, und der Kalte Krieg steuert seinem bislang tiefsten Kältepunkt zu. Als Gegner der Stationierung befindet sich Augstein damals in bester intellektueller Gesellschaft – Heinrich Böll, Günter Grass, Walter Jens und Robert Jungk, die Großen des deutschen Literaturbetriebs, finden sich unter den Demonstranten und blockieren, etwa im schwäbischen Mutlangen, die Aufstellung einer *Pershing 2* in der für sie vorbereiteten Stellung. Nach der eindeutigen Parteinahme für die Regierung Brandt und ihre Ostpolitik findet der *Spiegel* jetzt zu seiner alten Rolle als wichtigstes Blatt der Opposition zurück. Und so paradox das immer klingen mag: Auch wenn der Beitrag schwer messbar ist, hat diese Opposition und haben die Massenaufmärsche der Friedensbewegung doch auch mitgeholfen, dass der Doppelbeschluss 1987 letztlich zu dem von Schmidt angestrebten Erfolg führen konnte – zum beiderseitigen Abzug aller Mittelstreckenraketen aus Europa. Ein starres Festhalten an der Aufstellung der *Pershing* 2 wäre der amerikanischen Regierung angesichts der Massenproteste und einer wachsenden Anti-Nato-Stimmung in Deutschland kaum ratsam erschienen, weil sie letztlich den Bestand der westlichen Allianz an der zentralen Front des Kalten Krieges, in Westdeutschland, gefährdet hätte.

Im Falle der Solidarnosc-Bewegung und nach der Einführung des Kriegsrechts in Polen befindet sich Augstein im Einklang mit Egon Bahr, dem Architekten der Ostpolitik, auch wenn er dessen drastische Sprache scheut. Wie die Deutschen im Namen des Friedens ihren Anspruch auf nationale Einheit zurückgestellt hätten, so Bahr, müssten auch die nationalen und freiheitlichen Ambitionen Polens dem Frieden und der Entspannung zwischen den Blöcken untergeordnet bleiben. Unruhen und Streiks, die auf mehr Freiheit zielen, betrachtet er als Gefahr für Stabilität und Frieden, die er für die weitere Entspannung für unerlässlich hält. Reformschritte, meint auch Augstein, seien im Ostblock nicht gegen, sondern nur mit den kommunistischen Machthabern möglich, zumal Solidarnosc nach seiner Auffassung keinen „vernünftigen Mittelkurs" durchsetzen kann – wie immer der auch ausgesehen haben könnte.

Im Dezember 1981 stellt er die Frage, inwieweit die Polen, eingezwängt zwischen Russen und Deutsche, selbst schuld an der ausweglosen Lage seien, in die sie geraten sind. Kennen die Polen kein Maß, fragt er sich, spielt auf die „Liberum-Veto-Anarchie" des polnischen Adels im 17. und 18. Jahrhundert an – jeder Abgeordnete des Sejm konnte mit seiner Stimme ein Gesetz verhindern – und insinuiert damit, dass „eine Art Nationalcharakter" der Polen – ein Hang zu unbedachtem, realitätsfernen Handeln, von dem die polnische Geschichte der Zwischenkriegszeit gewiss nicht frei ist – dazu beigetragen habe, die gegenwärtige „polnische Tragödie" heraufzubeschwören. Dass er in diesem Zusammenhang von dem „irgendwo doch unverdienten Schicksal" der Polen spricht, ruft den Zorn Alfred

Grossers hervor, der spitz notiert, dass diese katholischen Polen wohl „irgendwie falsch lagen im Feind- und Nichtfeindsystem von Rudolf Augstein".

Glaubwürdiger als Walesa oder andere Solidarnosc-Politiker ist für Augstein – und er befindet sich da ganz im Einklang mit Marion Gräfin Dönhoff von der *Zeit* – ein Mann wie Mieczyslaw Rakowski. Dieser gehört zum Reformflügel der Polnischen Vereinigten Arbeiterpartei und ist eine Art Lieblings-Pole der Deutschen; *Spiegel* und *Zeit* hoffen, dass er das Größtmögliche an Freiheit herausholen kann, welches mit der nötigen Blockstabilität noch vereinbar ist. Von offener Parteinahme gegen das Kriegsrecht und für Solidarnosc hält er nichts und stellt damit Realpolitik über alle Solidaritätsbekundungen für die Menschenrechte: „Wer gegen den General Jaruzelski demonstriert, der demonstriere gefälligst auch gegen Breschnew und alle Sowjetmenschen", schreibt er im Februar 1982. „Der demonstriere gefälligst auch gegen alle Machthaber im russischen Machtbereich, gegen Kádár, gegen Ceauşescu, gegen Honecker. Der handele so, als wolle er die Sowjets aus ihrem Herrschaftsbereich vertreiben. Der eröffne den Kalten Krieg. Nur eines soll er nicht glauben: dass den Polen dadurch geholfen wird." Augstein, aber in Deutschland wahrlich nicht er allein, verkennt damit die Bedeutung, welche Solidarnosc für den gesamten Ostblock haben wird – als Wetterleuchten am Horizont, das die Implosion der kommunistischen Herrschaft über den ganzen, vermeintlich auf ewig fest gefügten Ostblock ankündigt.

Für den Herausgeber Augstein bedeuten die Jahre mit seinem Chefredakteur Böhme eine überwiegend gute, von Freundschaft geprägte Zeit – Freundschaft in den Grenzen freilich, wie sie zwischen dem Chef eines Machtinstruments, das der *Spiegel* ja zweifellos darstellt, und seinen ersten Mitarbeitern nun einmal gezogen sind. Obschon mittlerweile reich und von Erfolg verwöhnt, bleibt Rudolf Augstein scheu, wenn nicht zeitlebens schüchtern, wenn es um erste Kontakte zu Politikern, Männern der Wirtschaft oder Koryphäen aus Literatur und Wissenschaft geht. Um ihm diese Hemmschwelle zu nehmen, laden Böhme und seine Frau Monika, früher ebenfalls *Spiegel*-Redakteurin, mit der Augstein zuvor einmal eine seiner zahllosen flüchtigen Beziehungen hatte, ihn und interessante Gesprächspartner zu sich nach Hause ein.

Böhme ist Südhesse, der studierte Volkswirtschaftler hat das ausgleichende, vermittelnde Temperament eines hoch-intelligenten Dorfschulzen, der über den Parteien steht, er kann zuhören, weiß komplizierte Dinge auf einen einfachen Nenner zu bringen und versteht trefflich, die richtigen Fragen zu stellen. Er ist ein Mann ganz *down to earth*, mit Augstein zusammen führt er so manches *Spiegel*-Gespräch, vor dem der Herausgeber, jahrzehntelanger Erfahrung zum Trotz, regelmäßig von höchster Nervosität und Lampenfieber gepackt wird – vielleicht, weil er meint, er müsse als inzwischen zum Mythos gewordener *Spie-gel*-Gründer durch höchste Sachkenntnis brillieren, sich durch besonders intelligente oder provozierende Fragen vor der eige-nen Redaktion beweisen. Doch manchmal stellt er, der ja meist mit zwei oder drei Redakteuren anreist, nur die erste Frage, und ein Interview mit Leonid Breschnew 1981 im Kreml ist schon vor dem Gespräch nach schriftlich eingereichten *Spiegel*-Fragen von dessen Mitarbeitern fertig ausgearbeitet; beim Zusammen-treffen zum Palaver mit dem obligaten Bild wird es dann um einige wenige Passagen der Unterhaltung ergänzt, die bei der Übergabe des Textes gewechselt werden. Ein klassisches *Spiegel*-Gespräch mit Rede und Widerrede, räumt Augstein in seinen Anmerkungen zu diesem Interview ein, könne es eben mit eini-gen wenigen Persönlichkeiten der Welt nicht geben und nennt neben Breschnew den Papst, aber auch den ersten Mann Chinas.

Anders dann bei einem Gespräch mit Jurij Andropow 1983 im Kreml, das Augstein ausnahmsweise völlig allein führt, weil man ihm die Mitnahme seines erfahrenen, exzellenten Sowjetexperten Fritjof Meyer, eines in der Wolle gefärbten Antikommunisten, verweigert hat. Anders auch bei jenem Gespräch, das er 1987 mit Alexander Solschenizyn während des *Indian Summer* in Vermont führt: Da ist zwar Meyer dabei, aber Augstein redet nahezu allein mit dem Nobelpreisträger und Autor des „Archipel Gulag". Der *Spiegel*-Chef schätzt Tschechow, die beiden älteren Herren tauschen sich über Literatur aus, vor allem aber über die Ursachen des Ersten Weltkriegs, das Ende der Zarenzeit und die Gründe für die Oktoberrevolution. Beide haben den letzten Krieg als Artilleristen mitgemacht, bei den obligaten russischen Küchlein, die Frau Natalja nach russischem Brauch anschließend in der Küche serviert, kommen sie einander menschlich nahe. Später wird Augstein einmal sagen, Solschenizyn sei wahrscheinlich der Mann gewesen, der ihn in seinem Leben am meisten beeindruckt habe.

Ein zweites Gespräch folgt sieben Jahre später und ist nicht rückwärtsgewandt, es kreist um die ungewisse Zukunft und die Frage, wohin dieses Russland ohne Kommunismus treibt. Der Gulag-Autor ist inzwischen nach Russland zurückgekehrt und wohnt in einer einfachen Stadtwohnung in der Moskauer „Ersten Gasse der Werktätigen". Augstein führt dieses Gespräch zusammen mit den Redakteuren Fritjof Meyer und Jörg Mettke, und wenn der nationalkonservative Solschenizyn im Laufe dieses Gesprächs äußert, der deutsche und der russische Charakter seien eng verwandt, ja die Deutschen hätten „unsere [die russische] Seele begriffen, unsere Kultur akzeptiert", spricht er einen unterschwelligen Grundzug im Charakter Rudolf Augsteins an. Denn der deutschzentrierte Schüler deutschnationaler Lehrer auf den hannoverschen Gymnasien ist, bei Licht besehen, ein so überzeugter Mann des Westens nicht.

Schon zu Zeiten von Jens Daniel blickt er nach Osten, wo er den Schlüssel zur deutschen Einheit aufgehoben weiß; nicht zuletzt hatte Bismarck sich stets um ein gutes Verhältnis zu Russland bemüht. Zusammen mit Fritjof Meyer, der die Sowjetunion weitaus kritischer sieht als er, unternimmt er manche Reise nach Russland, teils, um die Gegenden wiederzusehen, in denen er im Krieg stationiert war, teils auf der Suche nach eben jener russischen Seele, von der ihm Solschenizyn so schwärmend gesprochen hat. Im ukrainischen Dorf Gadjatsch besucht er die alte Mühle, in der er einmal als Soldat in Quartier gelegen hat und die – zumindest in seinen Vorstellungen – auch einmal Quartier des schwedischen Königs Karl XII. gewesen ist. Als Gastgeschenke überreicht er einen Elektromotor für das Mahlwerk und dazu einen Röntgenapparat für das Krankenhaus. Und mit dem Dorfältesten, der als einziger den Krieg überlebt hat, trinkt er einen Versöhnungsschnaps.

Sein Verhältnis zu Amerika ist dagegen eher gebrochen, was zum Teil auch an seinen Schwierigkeiten liegen mag, Englisch zu sprechen. Zwar nennt er den gleichaltrigen Kissinger seinen Freund, und tatsächlich sehen sie sich immer wieder, seit er ihn erstmals nach dem Chruschtschow-Ultimatum 1959 zur Berlinfrage interviewte – aber was sie verbindet, ist vor allem das gemeinsame Interesse an der jüngsten Geschichte. Natürlich geht es in ihren Gesprächen auch um Aktuell-Politisches, und keineswegs sind sie da immer einig. So kommt es zu einem langen, im *Spiegel* ausgetragenen Disput zwischen ihnen über die Ausweitung des Vietnam-Kriegs nach Kambodscha, für die Kissinger 1969 Mitverantwortung trug, die zur Zerstörung des Königreichs führte und in die Machtergreifung des mörderischen Pol-Pot-Regimes mündete. Aber beide bewundern sie Bismarck, genauer: die Person, nicht so sehr seine Hinterlassenschaft, und die Frage, wie es zum Ersten Weltkrieg hat kommen können, spielt in ihrer Korrespondenz eine große Rolle. Augstein schickt ihm immer wieder historische Neuerscheinungen nach Amerika und macht ihm Lektüre-Vorschläge.

Ostern 1990 besucht er Kissinger zusammen mit seiner damaligen Freundin und bedankt sich überschwänglich bei ihm und seiner Frau Nancy für die freundliche Aufnahme. „Wäre

ich nicht ein so schrecklicher Provinzler, der nicht wirklich englisch sprechen kann", heißt es in seinem Dankesbrief, „so wäre
alles perfekt gewesen." So aber könne er nur hoffen, dass er
die anderen Gäste nicht zu sehr gelangweilt habe. In kleinem
Kreis spricht Kissinger gelegentlich Deutsch mit ihm, wechselt jedoch ins Englische, wenn er den passenden deutschen
Ausdruck nicht mehr parat hat oder es ihm der Genauigkeit
wegen wichtig erscheint. Als Augstein jedoch 1994 Henry Kissingers „Diplomacy" (in deutscher Übersetzung: „Die Vernunft
der Nationen. Die großen Mächte und ihre großen Männer")
kritisch bespricht und meint, es enthalte „zuviel Angelesenes,
nichts wirklich Verdautes", hüllt sich „Dear Henry" erst einmal
für zwei Jahre in Schweigen.

Doch Augstein hört nicht auf, um die Freundschaft Kissingers zu werben. Im Juli 1996 beschwert er sich, dass er aus
dessen „Gnadensonne herausgefallen" sei, und bittet, den *status quo ante* wiederherzustellen. Als er auch darauf nichts hört,
schreibt er 1997: „Dear Henry, wenn Du mit mir nichts mehr
zu tun haben willst, so muss ich das hinnehmen, schmerzen
würde mich aber, wenn Du mich auch der Beziehung zu Dei-
ner Frau Nancy beraubtest. Schließlich: Ihr beide habt mir in
das politische und gesellschaftliche Leben Amerikas unschätz-
bare Einblicke verschafft." In seiner Antwort räumt Kissinger ein, Augsteins Buchkritik habe ihn zwar verletzt, aber er
versichert, dass die Freundschaft von seiner Seite nie beendet
worden sei.

Dass Augstein Freunde nicht schont, wenn er deren Bücher
rezensiert, zeigt sich auch im Falle Valentin Falins, den er nach
dem Zusammenbruch des Kommunismus in Moskau unterstützt; er hat ihm und seiner Frau geholfen, einige Jahre ein
Leben in der Umgebung Hamburgs zu finanzieren. Falin hatte
1981 das Interview mit Breschnjew vermittelt, war ein wichtiger Gesprächspartner Augsteins und der *Spiegel*-Redakteure
und galt auch für Marion Dönhoff und die Redakteure der

Zeit – allerdings vor Gorbatschows Zustimmung zur deutschen Einheit, der sich Falin widersetzte – als besonders verständnisvoller Gesprächspartner auf russischer Seite. Augstein sieht in ihm, dem Mann mit der lässig-altmodischen Kleidung und dem Kummerkastengesicht, eine eher liebenswürdige, eine „übriggebliebene Tschechow-Gestalt". Doch Falins Buch über die „Zweite Front", das in dem Vorwurf des Verrats gegen die westlichen Alliierten gipfelt, erwähnt mit keinem Wort die massive Unterstützung der Sowjetunion durch westliches Kriegsmaterial, ohne das Russland dem deutschen Ansturm nicht hätte widerstehen können. Völlig zu Recht urteilt Augstein, Falins Behauptungen strotzten vor Absurditäten, sein Buch sei, obschon teilweise interessant zu lesen, letztlich „skandalös".

Die Jahre mit Böhme bringen Augstein und seinem *Spiegel* viele Erfolge: Mit der Flick-Affäre deckt das Blatt die „politische Landschaftspflege" der Großindustrie und den Parteispenden-Skandal auf; die Korruption bei der gewerkschaftseigenen „Neuen Heimat" wird angeprangert und das Desaster des gemeinwirtschaftlichen Gewerkschafts-Unternehmens bloßgelegt; mit seinen Berichten über die Machenschaften und „schmutzigen Tricks" Reiner Pfeiffers in der Kieler Staatskanzlei erzwingt der *Spiegel* den Rücktritt des gerade wiedergewählten Ministerpräsidenten Uwe Barschel.

Aber ausgerechnet im Fall Barschel zeigen sich die Bruchlinien, die der Freundschaft zwischen dem Herausgeber und seinem Chefredakteur schon qua Institution gezogen sind: Augstein plagt in seinem Feriendomizil in St. Tropez offenbar der Zweifel an der Zuverlässigkeit und Glaubwürdigkeit des Informanten Pfeiffer, der Alkohol- und Finanzprobleme hat und wahrlich nicht zu den Seriösesten zählt, auf dessen Aussagen jedoch Freund Böhme nahezu alles setzt. Der Herausgeber befürchtet, dass sein *Spiegel* eines Tages als der Blamierte dastehen könnte, zumal die seriöse Presse offen Zweifel an Pfeiffers Geschichten anmeldet. So fragt Theo Sommer in der

Zeit, warum solle „ein Finsterling, der für Barschel arbeitet, zur Lichtgestalt werden, sobald er dem *Spiegel* dient?"

In einem Interview, das Augstein daraufhin mit Theo Sommer in St. Tropez führt, verteidigt er seinen Chefredakteur Böhme mehrfach. Wenn er jedoch betont, niemand werde „zur Verantwortung gezogen, der nicht leichtfertig gehandelt hat", und zu Protokoll gibt, „niemandem fiele ein Stein aus der Krone, wenn der *Spiegel* sich bei einem zu Unrecht verdächtigten Ministerpräsidenten entschuldigen würde", wertet dies eine empörte Redaktion in Hamburg als vorsichtige Absetzbewegung – obwohl Augstein ausdrücklich hinzufügt, es gebe zu einer Entschuldigung „für uns bisher nicht den geringsten Anlaß". Die Behauptung, der *Spiegel*-Herausgeber habe Sommer auf seine Kosten einfliegen lassen, weist dieser übrigens zurück und sagt, allein die *Zeit* sei damals für den Lear-Jet nach Nizza und den Hubschrauber nach St. Tropez aufgekommen.

Auch wenn Augstein seinem Chefredakteur angeblich nie verziehen hat, dass dieser hinter die Aufmacherzeile „Watergate in Kiel" nicht wenigstens ein Fragezeichen setzte, bleibt das Verhältnis beider doch freundschaftlich. Böhme schreibt, wenn auch seltener als sein Vorgänger Gaus, Kommentare unter seinem Namen, jeder liest die Kolumnen des anderen, ehe sie in Satz gehen, und nicht selten weist der Chefredakteur eine Kolumne seines Herausgebers mit den Worten zurück, die Arbeit sei „nicht Pulitzer-Preis-verdächtig". Er redet Augstein auch manche Formulierung in seinen Kolumnen aus, die ihm erneut den Vorwurf des Antisemitismus eintragen könnten. Augstein akzeptiert dies meist ohne Murren und erklärt, er schreibe dann eben nächste Woche.

Einig sind sich Herausgeber und Chefredakteur Böhme auch in der Gegnerschaft gegen Helmut Kohl, der nach Augstein Denken und Nachdenken „nicht in seinem Repertoire" hat und den er 1984 einen „Kanzler Tunix" nennt, der – so dann 1987 – durch sein „Herumsitzen und Aussitzen" schaffte, „was noch keiner ihm zugetraut hätte, die Kanzlerschaft". Mit Titelgeschichten wie „Kohl kaputt" (1979), „Ist Kohl noch zu retten?" (1985), „Der Minus Kanzler" (1986), „Kohl soll weg" (1989) „Wie lange noch?"(1992) oder „Kohls Macht verfällt. Das Ende einer Ära" (1993) betreibt der *Spiegel* eine regelrechte Kampagne gegen den Dauer-Kanzler, moniert dessen „Dickfelligkeit", ja „Aufsässigkeit gegen jede argumentative Kritik", vor allem jedoch die Tatsache, dass er notwendige Wirtschafts- und Sozialreformen nicht in Angriff nimmt.

Wenn der „Dicke" oder die „Birne", wie er verspottet wird, ungerührt weiterregiert – muss ihn da nicht die Ohnmacht des Kritikers frustrieren, die ihn schon 1957 unter Adenauer auf den Gedanken brachte, in die Politik überzuwechseln? Aber der *Spiegel* baut auch auf, um den Aufgebauten dann als Waffe gegen Kohl einzusetzen – etwa das schwäbische „Cleverle". „Wende in die Zukunft" heißt ein Buch von Lothar Späth, das Augstein und Böhme im Bonner *Spiegel*-Büro vorstellen und das eine Art verkappter Regierungserklärung des Wirtschaftsreformers Späth darstellt. Heiner Geißler, Rita Süßmuth und Kurt Biedenkopf wünschen ja, dass Späth auf dem Bremer Parteitag der CDU 1989 gegen den Vorsitzenden Kohl antritt, um ihn im Parteivorsitz abzulösen und später Kanzler zu werden. Die Hoffnung zerschlägt sich nicht nur, aber auch, weil es Späth am Mut zu einer offenen Kampfkandidatur gebricht. Noch ehe Kohl zum Parteitag abreist, erhält er die Nachricht, dass Ungarn den Eisernen Vorhang zu Österreich für Flüchtlinge aus der DDR öffnen wird. Der Kanzler nutzt die Chance, er spricht vor dem Parteitag die Umwälzungen an, die sich im Ostblock abzeichnen, der deutschen Politik neue Möglichkeiten eröffnen, die deutsche Einheit näher rücken – und wird mit großer Mehrheit wiedergewählt.

Wie hätte wohl der *Spiegel* in der Einheitsfrage Position bezogen, wenn Rudolf Augstein nicht Herausgeber gewesen wäre, fragt Hans-Dietrich Genscher einmal. In der Tat gibt es 1989/90 in der *Spiegel*-Redaktion – wie in ganz Westdeutschland – eine Fraktion der Jüngeren, welche die deutsche Einheit weder für erstrebenswert noch dringlich hält, und es gibt jene Fraktion der Älteren, welche die Einheit vielleicht gern sähe, sie jedoch als einen irrealen Wunschtraum betrachtet. Erich Böhme, ganz *contre coeur* zu seinem Herausgeber und eher europäisch denn national denkend, schreibt seine berühmte Kolumne „Ich will nicht wiedervereinigt werden" und spricht damit vielen seiner Kollegen aus dem Herzen, zumal er als studierter Volkswirt die wirtschaftlichen Gefahren sieht, die mit der Einheit auf alle Deutschen zukommen könnten. Nichts drängt ihn, so Böhme, in jenen Reichsverband zurück, über dessen Wiege das Schwert hing, er hält es für vernünftiger, wenn die Westdeutschen bei der europäischen Stange blieben, die wirtschaftliche und politische Integration Europas vorantrieben, „wie es sich nach den Verträgen gehört". Wer sage eigentlich, fragt er am 30. Oktober 1989, dass ein zusammenwachsendes Deutschland – beneidet oder gefürchtet, hingenommen oder bekämpft – „wichtiger sei als ein zusammenwachsendes Europa?"

Augstein, der Nationale, antwortet eine Woche später: „Wiedervereint, samt ‚Polen raus!', wiedervereint mit Annaberg-Gedenken" wolle auch er nicht werden. Doch mit dem drastischen Freimut des Herausgebers schreibt er, und für manche Leser klingt das schon nahezu chauvinistisch: „Mindestens 250 Jahre waren seine [Böhmes] und meine Vorfahren mit denen auf dem Staatsgebiet der DDR Lebenden vereint, seit 1871 sogar in einem Bundesstaat; mit den Österreichern hingegen nur ganze sieben Jahre. Und darum sollen alle vier Siegermächte aus Berlin verschwinden, sofern sie sich über eine neue Friedensordnung einigen können. Sie werden dann nicht mehr gebraucht, sie fallen uns nur noch zur Last." Mit Verve plädiert er dafür, jenen berühmten Zipfel vom Mantel der Geschichte festzuhalten, wenn man ihn denn erhaschen könne – den Zipfel, der die deutsche Einheit greifbar nahe bringt. Direkter und offener als selbst die konservative Presse steuert er auf die Einheit zu und bestreitet in einem Fernsehgespräch mit Grass dessen These, dass die „grauenhafte und mit nichts zu vergleichende Erfahrung Auschwitz" den deutschen Einheitsstaat für immer ausschließe.

Dabei hat auch er, dieser unentwegte Verfechter nationaler Interessen, Ende der achtziger Jahre sich auf die deutsche Zweistaatlichkeit als lang andauernden Status quo eingerichtet, weil er nicht mehr daran glaubt, es würde eine deutsche Wiedervereinigung zu seinen Lebzeiten geben. Niemand sehe, wie die Sowjets den von ihnen besetzten deutschen Staat verlassen könnten, sagt er 1987 in der Reihe „Reden über das eigene Land" in den Münchner Kammerspielen. Es werde „bei diesen beiden deutschen Staaten in einander feindlichen Bündnissen bleiben" – es sei denn, die Sowjetunion sähe sich gezwungen, ihre Überraschungskarte aus dem Ärmel zu ziehen und das ominöse Tauschgeschäft anzubieten, das da heißt: „Abzug aus der DDR, dafür ein neutrales, mäßig bewaffnetes Deutschland". Doch er fügt sofort hinzu: „Wunder gibt's, aber ich habe in der Politik noch keines erlebt." Noch im Frühsommer 1989 gibt er dem Bordmagazin *Lufthansa's Germany* zu Protokoll, er engagiere sich heute nicht mehr für die Wiedervereinigung Deutschlands, weil er wisse, dass sie nicht auf der Tagesordnung stehe.

Als sich mit dem Zusammenbruch der DDR schließlich die Chance zur Einheit bietet, kritisiert er in seinen Kommentaren vor allem Margaret Thatcher und François Mitterrand, die eine Vereinigung entweder verhindern oder doch erheblich verzögern wollen. Unermüdlich fordert er: *pacta sunt servanda*, immer wieder weist er auf Artikel 7 des Deutschlandvertrags von 1952 hin, in dem sich die Westmächte verpflichtet hatten, mit friedlichen Mitteln das Ziel eines wiedervereinigten Deutschland anzusteuern, das eine Verfassung ähnlich wie die Bundesrepublik besitzt und in die europäische Gemeinschaft integriert ist. Als die Eiserne Lady meint, man könne frühestens in 10 oder 15 Jahren über die deutsche Einheit reden, bezeichnet er ihr Verhalten als „dreist und anmaßend", sie scheine *„out of her mind"* zu sein. Kann man wirklich Verträge unter Freunden schließen, fragt er im Dezember 1989, und sie dann kaltblütig nicht einhalten?

Dass Kohl den Zug zur Einheit beschleunigen will, unterstützt er voll und ganz, zweifelt indes immer wieder an dessen außenpolitischen Fähigkeiten. Noch am 12. März 1990 schreibt er über den damaligen Kanzler: „Er kann es wirklich nicht", nennt ihn einen „unbedarften Trickser", einen „sprachlosen Schwätzer", um vier Monate später, nach dem Treffen Kohls mit Gorbatschow im Kaukasus, den „Vereinigungskanzler" und den „Staatsmann Kohl" zu preisen, den man „nicht mehr von der Landkarte tilgen" kann, und endet mit dem berühmtem Satz: „Glückwunsch, Kanzler!"

Sein langjähriger und enger Freund Heinrich Senfft quittiert dies entsetzt mit dem Stoßseufzer: „Ach, Rudolf, wohin hast du es, wohin haben wir es gebracht?" und behauptet, nur ein paar alte Esel erinnerten sich der Redaktionsmaxime der späten Sechziger, nach der das Blatt „im Zweifelsfall links" stehe. Doch wäre Senfft, wenn er sich wundert, wohl zu fragen: Wie gut kennt er den Freund eigentlich, mit dem zusammen er jahrelang alberte, auf Reisen ging und in den Skiurlaub fuhr? War ihm der Jens Daniel aus den Jahren vor der *Spiegel*-Affäre nicht bekannt, hat er Augsteins zahllose frankreichkritische Artikel nicht gelesen, nicht dessen unerschütterlich nationale Grundorientierung zur Kenntnis genommen? Oder gehört er zu jenen, die in den *Spiegel*, der oft so vielfältig schimmert, hineinlesen wollten, was sie dort zu finden wünschten – eine Überzeugung, die ihre eigene ist? Zehn, elf Jahre später übrigens sieht Augstein die Verdienste Kohls um die deutsche Vereinigung sehr viel kritischer, wenn er behauptet, „die Einheit kam angeschlichen wie ein Dieb in der Nacht" und habe den Kanzler Kohl einfach vorgefunden. Eine zwar witzige, aber historisch kaum gerechtfertigte Behauptung, die sich aus seiner Allergie gegen den Wahlkämpfer als „Kanzler der Einheit" erklären mag.

Ende der achtziger, Anfang der neunziger Jahre kommt Augstein zu der Überzeugung, die Schenkung von 50 Prozent der *Spiegel*-Anteile sei der größte Fehler gewesen, den er in seinem Leben begangen habe. Dass er damals so denkt, bezeugen nicht nur Erich Böhme und andere enge Vertraute, doch wird er später diese Phase, in der er den Rückkauf der Anteile von der Mitarbeiter-KG erwägt und damit seine einst von ihm als Modell gepriesene Mitbestimmung qua Mitverantwortung in Frage stellt, gern leugnen oder erklären, es habe sich nur um die Idee zweier Mitarbeiter gehandelt, die er zu lange gewähren ließ. Tatsache aber ist, dass sich die Sprecher der Mitarbeiter, die mit je zwei Vertretern an der Gesellschafter-Versammlung teilnehmen und den 50-Prozent-Anteil ihrer KG repräsentieren, nach seinem Geschmack zu sperrig verhalten, Personalfragen blockieren oder erst nach langem Zögern mittragen. Ob das wirklich so ist, steht dahin.

Behauptungen des Herausgebers, die Mitarbeiter-KG wolle lediglich Gewinne aus dem Unternehmen ziehen und habe keinen Sinn für Vermögensrückstellungen, treffen, wenn überhaupt, dann nur sehr bedingt zu. Als die Mitarbeiter anstehenden Investitionen einmal zustimmen wollen, scheitern die Pläne an der Bereitschaft des Herausgebers, der seine Macht gern nach den privaten Millionen bemisst, über die er nach Belieben verfügen kann und deshalb bald den Spitznamen „Herausnehmer" trägt. Als Augstein wünscht, die beiden Chefredakteure Erich Böhme und Werner Funk zu Geschäftsführern zu bestellen, blockieren die Sprecher der Mitarbeiter-KG die Pläne: Sie wollen keine Verquickung von Redaktionsleitung und Geschäftsführung, was Augstein erbost, denn er empfindet dies als Niederlage.

Schon in der *Lufthansa's Germany* vom 22. Mai 1989 spricht der *Spiegel*-Chef erstmals die Notwendigkeit einer Neustrukturierung der Unternehmens-Verfassung an, wenn er erklärt, das gegenwärtige Modell sei ganz auf ihn zugeschnitten, in kritischen Situationen bedürfe es seiner ganzen „Kraft und Erfahrung", und für seine Nachfolger werde das sehr schwer sein. „Wer nur am jährlichen Gewinn interessiert ist", heißt es da, werde sich nicht an Verlusten beteiligen wollen. Und: „Ich würde Mitarbeitern, die so denken, eher ihre Anteile wieder abkaufen wollen, auch wenn mich das noch einmal viel Geld kostete!"

Geld, und zwar viel, hätte es in der Tat gekostet: Rund 290 Millionen Mark wären nach den Berechnungen des damaligen Verlagsgeschäftsführers Theobald nötig gewesen, um die Anteile der Mitarbeiter-KG zurückzukaufen. Aber die Bank für Gemeinwirtschaft wäre offenbar bereit gewesen, einen Kredit über diese Summe bereitzustellen, und die Verfechter der Rückkauf-Idee behaupten, er hätte aus den Gewinnen des *Spiegel* binnen acht Jahren getilgt werden können. Mehrfach fliegen Funk und Theobald zu Augstein nach St. Tropez, um über das Modell zu beraten, das sie – „Macht euch mal Gedanken!" – auf seinen Wunsch hin ausarbeiten.

Unkompliziert wäre ein Rückkauf in keinem Fall gewesen, denn die Hansestadt Hamburg, von Sozialdemokraten regiert, die Mitbestimmung und Mitbeteiligung von Mitarbeitern für förderungswürdig hielten, war dem *Spiegel*-Verlag seinerzeit weit entgegengekommen: Statt einer Schenkungssteuer von etwa 40 Millionen begnügte sie sich mit rund 15 Millionen, die in Raten gezahlt werden konnten. Allerdings bestand sie darauf, dass die Anteile später nicht verkauft werden könnten. Für den Fall einer Liquidierung der Mitarbeiter-KG hätte der Erlös deshalb in eine gemeinnützige Stiftung gehen müssen. Zwei Jahre, von Mai 1989 bis April 1991, wird über das Modell einer Stiftung verhandelt, die dem Zweck der Sicherung des *Spiegel* dienen und deren Leitung bei den Geschäftsführern und Chef-redakteuren liegen soll. Theobald hat für den Rückkauf bereits eine Tabelle ausgearbeitet, der Redakteure und Angestellte ent-nehmen können, mit welchem Betrag sie, nach Anciennität und Gehalt gestaffelt, zu rechnen hätten, wobei der Höchstbetrag bei 500 000 Mark liegen sollte.

Wie ernst es Augstein mit diesen Überlegungen ist, geht aus einem persönlich-vertraulichen Privatbrief Reinhard Mohns, adressiert an Augsteins Privatanschrift am Hamburger Lein-pfad, hervor. „Ihre Absicht", heißt es in diesem Schreiben, „die Kontinuitätssicherung mit Hilfe einer Stiftung anzustreben und diese entsprechend mit den notwendigen Rechten auszustat-ten, wird von mir begrüßt." Eine „Gipfelkonferenz", um die Augstein offenbar gebeten hat, schließt Mohn wegen des kom-plexen Sachverhalts aus und rät, „die bisher recht konstruktiv verlaufenen Gespräche" zwischen Augstein und Gruner-+-Jahr-Geschäftsführer Schulte-Hillen fortzuführen. Dass Bertelsmann nur unter der Prämisse zustimmen will, die Gewinne für seinen 25-Prozent-Anteil am *Spiegel* würden frei verfügbar weiter flie-ßen, versteht sich dabei von selbst.

Wenn die Stiftungs-Idee schließlich im Sande verläuft, hat dies mehrere Gründe. Einmal hätte es für einen Rückkauf min-destens der Zustimmung von zwei Dritteln aller Mitarbeiter bedurft, und ob sie je zustande gekommen wäre, bleibt unge-wiss. Die Sprecher der Mitarbeiter-KG, die frei entscheiden können und an keine Rückkoppelung mit den Mitarbeitern gebunden sind, lehnen einen Rückkauf entschieden ab – allen voran der langjährige Wirtschaftsredakteur Peter Bölcke, der das „Interesse kommender Redakteurs-Generationen" im Blick hat, wie er sagt.

Zu einer Abstimmung in der Mitarbeiter-KG ist es also über-haupt nicht gekommen. Aber auch bei Augstein überwiegen am Ende die Zweifel, zumal auch seine Anteile, spätestens mit seinem Tode, in das Stiftungsvermögen hätten eingehen sollen und er sie seinen Kindern nicht hätte vererben können. Entscheidend für ihn ist offenbar die Frage, ob er in einer Stiftung, in der seine Chefredakteure leitende Positionen innehaben würden, weiter so frei hätten schalten und walten können, wie er dies, auf seine Sperrminorität gestützt, bisher tat. Nach der Erinnerung von Peter Bölcke verhält sich Augstein gegenüber den Sprechern der Mitarbeiter-KG nach der Devise: „Sie haben alle Rechte, sie können entscheiden, wie sie wollen, aber sie müssen doch machen, was ich sage."

Seine Macht liegt in der Funktion des Herausgebers; wann immer ein Vorschlag von ihm blockiert wird, droht er an, sich zurückzuziehen, denn er weiß, ohne den Namen Augstein ist der *Spiegel* nicht mehr, was er war. Auch misstraut er dem Ehrgeiz von Werner Funk, der weiter nach der Geschäftsführung drängt, aber auch Theobald, die ihn beide, wie er vermutet, über die Konstruktion der Stiftungsleitung kaltstellen wollen. Am 26. April 1991, so erinnert sich Theobald, bläst er das Projekt mit dem Bemerken ab, Kinder seien doch „auch Menschen", und das Modell sei „nicht ausgereift genug". Es ist die Zeit, in der bereits durch Krankheit gezeichnet ist. Doch sich zurückziehen, auf seine Macht verzichten will er nicht.

LETZTER KAMPF
Sorge um das Lebenswerk?

Es wird einsam um Rudolf Augstein Mitte der achtziger Jahre, auch nimmt jene Alkoholkrankheit zu, die ihn bis drei Jahre vor seinem Ende plagt – bis zu jenem totalen Zusammenbruch, nach dem er jedem Schluck des geliebten Biers für immer abschwören muss. Dabei kann er alles, nur nicht allein sein. Wenn er sich in seinem Haus auf Sylt oder in St. Tropez einsam fühlt, ruft er schon mal einen Mitarbeiter an und sagt: „Ich habe dir eine Maschine hingestellt…" – was dann heißt, dass der oder die Betroffene zum Flughafen eilen, um von dort per Charterjet zu ihm zu fliegen. Wenn er zum Skiurlaub in die Schweiz aufbricht, reist er stets mit einem Tross von Freunden, seinem Hofstaat, wie die Spötter sagen. Fast immer sind die Regniers dabei, häufig ein Ehepaar aus München, das mit Antiquitäten handelt, gelegentlich auch Heiner Senfft und Frau. Sie gehören zu den wenigen echten Freunden, die er hat – weder wollen sie Geld von ihm noch bei ihm oder über ihn Karriere machen, und so misstraut er der Herzlichkeit nicht, die sie ihm entgegenbringen.

Natürlich gehört die jeweilige Partnerin zum Reisetross, gelegentlich auch deren Freunde, und manchmal stoßen seine Kinder Franziska, Jakob oder Julian dazu – ebenfalls mit Freunden. Oft ist die Haushälterin dabei und, solange nötig, auch ein Kindermädchen. Ein rasanter Wintersportler ist er nicht, läuft eher altmodisch Ski und stoppt die Schussfahrt mit der altbewährten Stemmbogentechnik ab; eine seiner Freundinnen meint sogar, er sei die Hänge „wie ein Waldschrat" hinuntergesaust. Einmal, so eine Lieblingsgeschichte aus seinem Ski-Latein, rast er in Schussfahrt unaufhaltsam auf einen anderen Skiläufer zu, da bricht aus einem nahen Gehölz ein Dutzend bewaffneter Männer hervor. Er wirft sich in den Schnee und verhindert so einen Zusammenstoß. Es sind Leibwächter, die „den anderen", den Schah von Persien nämlich, vor einem Attentat zu schützen suchen.

In den achtziger Jahren geht es meist in das auf etwa 1800 Meter Höhe gelegene Celerina im Oberengadin, das über den Flugplatz in Samedan für die von ihm bevorzugten kleinen Lear-Jets leicht anzufliegen ist, in den neunziger Jahren wird dann in Sils Quartier gemacht. Für sich und die Freunde mietet er mehrere Wohnungen an, 1984 sind es gleich fünf, die er vom 15. Februar bis 30. März bei Frau Poloni belegt. Aber in Ferienzeiten „loslassen" kann er nicht, auch während dieser sechs Wochen in Celerina hält er engen Kontakt mit der Redaktion, wie die Telefonrechnung über mehr als 2100 Schweizer Franken zeigt. Ob von Celerina oder Sils-Maria, Sylt oder St. Tropez – immer schreibt er für den *Spiegel*, macht Themenvorschläge und schaltet sich, vor allem, wenn es um Titel und deren Bildgestaltung geht, regelmäßig aus der Ferne ein.

Lange hat er Gisela Stelly idealisiert, war fasziniert von ihrer attraktiven Erscheinung und Intelligenz, von ihrer Ausstrahlung, und doch ist Anfang der achtziger Jahre auch diese Ehe gescheitert. War sie ihm am Ende zu kreativ, zu willensstark, fühlte er sich von ihr dominiert, wie einige Beobachter meinen? Sieben bis acht Jahre ging alles gut, dann begann der Prozess der gegenseitigen Abnabelung. Als Coco und Tony einander kennen lernten, heißt es in Gisela Stellys Roman „Moby", „gehörte die freie Liebe zu den zehn Geboten einer neuen Gesellschaftsordnung. Der Einzelne durfte nicht im Besitz eines anderen sein."

Das 2005 erschienene Buch ist leichtfüßig, unterhaltsam und amüsant geschrieben und handelt von Tony, einem rastlosen „Medienmogul", und Coco, einer 20 Jahre jüngeren, rothaarigen und „lebensklugen Frau". Auch wenn Romanfiguren fiktive Gestalten sind, fällt es doch schwer, die biographischen Bezüge zu übersehen, zumal sich manche Anekdote wiederfindet, die Rudolf Augstein gern erzählte. Ort der Handlung, auf dessen großen, von Platanen gesäumten Platz die alten Männer Boule spielen, ist St. Tropez, auch ist Augsteins Feriendomizil unter Korkeichen und Pinien in der nahe gelegenen einsamen Bucht am Meer unschwer zu erkennen. Coco lobt ihren Tony, der – auch wenn er dies leugne – eine große Seele habe, denn: „er habe die Hälfte seines Unternehmens seinen Mitarbeitern geschenkt, das habe freiwillig noch niemand vor ihm getan, und werde auch keiner freiwillig nach ihm tun". Damit sei er ausgeschert aus der „Reihe der Gierigen und Geizigen …"

Auch wenn Dichtung und Wahrheit in diesem Roman ironisch-selbstironisch miteinander verquickt sind, erlaubt er vielleicht doch einen Blick auf das Beziehungsdrama, das sich zwischen Rudolf Augstein und Gisela Stelly abgespielt haben mag. „Solange sie die Schönste, die einzig wirklich Geliebte ist", so liest man da, so lange fällt es ihr offenbar nicht schwer, über das „wie eine Stichflamme aufschießende und bald wieder erlöschende" Begehren Tonys nach anderen Frauen hinwegzusehen, zumal Tony ihr, wie es dort heißt, „unrettbar" verfallen ist. Doch bald stellt sich heraus, dass die „Neuen Zehn Gebote" der Achtundsechziger-Generation so wenig einzuhalten sind wie die alten: Eifersucht bricht aus, und neue Besitzstände sollen begründet werden. Soweit der Roman. Rudolf Augstein und Gisela Stelly trennen sich, auch wenn sie sich noch lange füreinander verantwortlich fühlen und miteinander befreundet bleiben. Formell geschieden wird die Ehe mit Gisela Stelly erst 1991, als Sohn Julian das Alter von 18 Jahren erreicht.

Schon im August 1979 macht er mit seiner neuen Freundin, einem befreundeten Ehepaar sowie einer Haushälterin Urlaub an der Costa Smeralda auf Sardinien. Und es ist gewiss nicht ohne Ironie, dass er in der Zeit, die er mit dieser Freundin, einer Kriminologin aus Bielefeld, zusammen ist, wegen Rauschgiftbesitz ein italienisches Gefängnis von innen kennen lernen und später in Hamburg mit Erpressern Bekanntschaft machen muss. Während der *Spiegel*-Affäre hatte er erst in Hamburg, dann in Koblenz, zum Schluss in Karlsruhe als Untersuchungshäftling stets in Einzelzellen gesessen, die italienische Justiz sperrt ihn in Tempio Pausania zunächst in eine Zelle mit drei anderen, der verschiedensten ordinären Verbrechen Verdächtigen zusammen. Natürlich lässt sich die *Bild*-Zeitung seine Verhaftung nicht entgehen und trompetet sie mit der Balken-Überschrift: „Augstein im Gefängnis. Rauschgift" in alle Welt hinaus. Einem *Bild*-Reporter schreibt er deshalb nach der Freilassung voller Galgenhumor auf dessen Visitenkarte: „Ich kenne nun vier Gefängnisse von innen. Das in Tempio ist das liebenswürdigste."

Es sind nur zweieinhalb Tage, die er nach einem sechswöchigen Urlaub an der Costa Smeralda 1979 hinter Gittern im Landesinneren Sardiniens verbringen muss, doch wäre ihm die Erfahrung wohl erspart geblieben, hätte er von Anfang an wahrheitsgemäß ausgesagt. Als der italienische Zoll vor dem Abflug am 23. August in Augsteins Koffern ein kleines Päckchen mit 49 Gramm Haschisch samt dazugehöriger Pfeife entdeckt, erklärt er, beides gehöre nicht ihm, sondern Freunden, denen er es mitbringen wolle. Sie seien in dem von ihm angemieteten Landhaus zu Besuch gewesen und hätten es vergessen. Da in Italien eine geringe Menge Haschisch für den Eigengebrauch erlaubt, der Transport für andere über die Landesgrenze jedoch als Drogenhandel strafbar ist, nimmt die Polizei ihn fest. Erst als er auf Anraten seiner italienischen Anwälte seine frühere Einlassung widerruft und erklärt, er habe das Haschisch zum eigenen Gebrauch mitgeführt, wird er auf freien Fuß gesetzt. Doch das Verfahren gegen ihn geht weiter und er wird – in Abwesenheit – schließlich zu zwei Jahren Haft auf Bewährung verurteilt.

Wieder in Deutschland, widerruft er seinen Widerruf sofort: Er habe seine Erklärung auf Anraten seiner italienischen

Anwälte nur geändert, um möglichst bald freizukommen. Der *Frankfurter Allgemeinen*, die behauptet hatte, er führe auf Auslandsreisen zum eigenen Bedarf Haschisch mit und bezeuge dadurch unbekümmert seine Verachtung für die Rauschgiftgesetze, schickt er eine Gegendarstellung: Richtig sei, dass er zu keiner Zeit und an keinem Ort wissentlich Haschisch mit sich geführt und daher auch nicht die von der Zeitung behauptete „Verachtung" für die Rauschgiftgesetze habe bezeugen können. Ob er selbst Haschisch geraucht hat, bleibt nach dieser Gegendarstellung vorsichtigerweise offen. Doch spricht sehr viel dafür, dass die neue Freundin aus Bielefeld versucht hat, ihn auf Sardinien nach einem damals modischen Verfahren des Alkohols mit Hilfe von Marihuana zu entwöhnen – ein Versuch, der allerdings kläglich fehlschlägt, wie sich nur zu bald erweist.

Dass die italienischen Behörden mit ihrem harten Zugriff auch für einen *Spiegel*-Titel Rache nehmen wollen, der 1977 das „Urlaubsland Italien" mit einer Pistole P 38 auf einem Berg Spaghetti zeigte, eine Kriminalgeschichte an die andere reihte und nahezu ausschließlich von Straßenraub, Erpressung und Entführung handelte, ist weder zu beweisen noch auszuschließen. Seit diesem Titel über Bella Italia ist Augstein südlich der Alpen ein verhasster Mann. Jedenfalls lassen die Beamten der Guardia di Finanza auf dem kleinen sardischen Flughafen Olbia den teuer gekleideten, erkennbar reichen Deutschen, auf den ein Privatjet wartet, ihre Macht spüren: Besonders gründlich durchsuchen sie die rund 20 Koffer der Augsteinschen Reisegesellschaft, und dass sie dabei einen kleinen braunen, in Stanniolpapier gewickelten Haschvorrat entdecken, ist ihr unverhofftes Glück, doch Augsteins Pech.

Pikanterweise erscheint der *Spiegel* ausgerechnet am 27. August, einen Tag nach Augsteins Freilassung und Rückkehr nach Hamburg, mit dem Titel „Heroin – Die neuen Lieferanten", so dass Augstein es geraten hält, sich vor einer Versamm-

lung von etwa achtzig Redakteuren und Mitarbeitern zu rechtfertigen. Dem Leser stellt dann eine *Spiegel*-Hausmitteilung
vom 3. September seine Sicht der Dinge dar: Mit Blick auf die
deutsche Rechtslage erklärt er nun, er habe noch nie eine Pfeife
im Mund gehabt, im übrigen stehe im Protokoll ja auch nicht,
dass er „das Zeug geraucht habe".

Die Kriminologin ist auch bei ihm, als Jahre später zwei
Kriminelle in seine Wohnung am Leinpfad einbrechen und
ihn erpressen wollen. Wenn sie als Lösegeld 50 000 D-Mark
verlangen, wissen sie offenbar nicht, wie millionenschwer das
Opfer ist, das sie vor sich haben. Augstein ruft den damali-
gen Chefredakteur Werner Kilz an, bittet um die geforderte
Summe und sagt: „Keine Polizei!" Da in den Kassen des *Spiegel*
jedoch nur ein Teil in bar aufzutreiben ist, muss Gerd Schulte-
Hillen von Gruner + Jahr einspringen und den Rest beisteuern.
Das Lösegeld wird schließlich von *Spiegel*-Geschäftsführer
Theobald in einer Aktentasche in den geöffneten Hausflur
geworfen.

Kilz, der sich hinter einer Hecke versteckt hat, sieht wenig
später einen relativ jungen Mann in Turnschuhen aus Augsteins Haus heraussprinten. Er rennt hinter ihm her Richtung
U-Bahnhof Eppendorfer Baum, kommt jedoch Sekunden zu
spät, um ihn am Einstieg in den nächsten Zug zu hindern. Als
die Polizei später Augstein und seiner Freundin Susanne Fotos
möglicher Verdächtiger vorlegt, identifizieren sie die Täter,
die wenig später gefasst werden können. Wenn diese *crime
and dagger story* ein glimpfliches Ende nimmt, ist dies offenbar dem psychologischen Geschick der Kriminologin zu verdanken, die es verstand, die Erpresser in lange Gespräche zu
verwickeln.

Von seinem alten Gefährten und Pollux Becker, dem Freund,
den er noch 1970 zu seinem Testamentsvollstrecker bestellte,
hat er sich schon Mitte der achtziger Jahre getrennt. Ihr beruf-
liches Verhältnis habe sich „abgelebt", schreibt er dem Verlags-

chef im August 1983: „… wie in einer langen Ehe wäre es ganz absurd, auseinanderzufieseln, wer die größere und wer die kleinere ‚Schuld‘ hat. Schuldzuweisungen helfen hier nicht weiter." Klare Gründe für diese Scheidung nennt Augstein gegenüber Becker nicht, sondern begnügt sich mit vagen Formulierungen: Er habe auf der beruflichen Ebene „kein unbefangenes Verhältnis mehr" zu ihm, „von einer gedeihlichen Zusammenarbeit" könne nur mehr „mit größer Vorsicht gesprochen werden".

Die Ursachen mögen vielfältig gewesen sein, doch eine phobische Herzattacke, die Becker im Januar 1980 erlitt, kann den Ausschlag allein nicht gegeben haben. Sicher ist, dass der Verlagsgeschäftführer Augsteins Alkohol-Problem zunehmend kritisch sah, seinem preußischen Sinn für Korrektheit missfiel allein die Tatsache, dass hier mit zweierlei Maß gemessen wurde: Jedem Angestellten, der regelmäßig ganze oder auch nur halbe Tage wegen Alkoholkonsum ausfiel, wäre gekündigt worden, doch an den Herausgeber wurde kraft seiner Stellung eine andere Messlatte angelegt. Zusehen zu müssen, wie der alte Freund, mit dem zusammen er den *Spiegel* aufgebaut hatte, vor aller Augen der Sucht verfiel, hat ihn mehr und mehr bedrückt. Mit Augstein darüber zu sprechen, war offenbar nicht möglich, obschon der *Spiegel*-Gründer sich des Problems, das sich mit der Alkohol-Krankheit für die Stellung des Herausgebers ergab, offenbar bewusst war. Noch heute sieht Becker die Szene, sie muss Ende der siebziger, Anfang der achtziger Jahre gespielt haben, genau vor sich: Nach einer Besprechung in seinem Büro dreht sich Augstein beim Weggehen im Türrahmen um und sagt: „Entweder bin ich am Jahresende gesund, oder ich trete zurück."

Spiegel-Veteranen glauben allerdings, der alte journalistische Zuchtmeister habe es nie verwunden, dass er zugunsten des Duos Claus Jacobi und Johannes K. Engel aus der Chefredaktion in die Verlagsleitung abgeschoben wurde. Sein Interesse für das Redaktionelle, sein Wunsch, als gleichberechtigter Partner

mitzureden, erlöschen jedenfalls nie, und so bedrängt der Chefredakteur Erich Böhme Anfang der achtziger Jahre den Herausgeber, endlich einen neuen Verlagsgeschäftsführer zu suchen,
der nicht als heimliche Gegenautorität wirken und nicht in
seine Angelegenheiten hereinreden will. Andere meinen, Becker,
der perfektionistische Preuße des Unternehmens, sei zunehmend wunderlich geworden. So habe er, als die sozialliberale
Koalition im Zuge ihrer Gesetzgebung zur Gleichberechtigung
beschloss, dass Männer den Namen ihrer Frauen annehmen
könnten, für sich neue Namen erfunden und Mitteilungen
mit diesen Phantasienamen unterschrieben. War Becker, wie
Böhme glaubt, nicht mehr von der Zukunft des Blattes überzeugt, weil aus seiner Sicht kein Magazin sich länger als dreißig
Jahre marktführend behaupten könne?

Gerd Schulte-Hillen, der Vertreter der Gruner-+-Jahr-Gruppe
in der Gesellschafterversammlung, erinnert sich, Augstein habe
„die Beckerei satt" gehabt – und zwar lange, ehe es zum definitiven Bruch gekommen sei. Als er seinem alten Kumpan Becker
mitteilt, sie beide sollten nicht über den 31. Dezember 1983
hinaus als Geschäftsführer des *Spiegel*-Verlags tätig sein, stellt
der *Spiegel*-Herausgeber, pro forma – und sehr wahrscheinlich
nur, um sein Vorgehen abzumildern – auch den eigenen Rückzug aus Blatt und Verlag zur Debatte: „Dies würde bedeuten",
schreibt er, „ich scheide aus oder Du scheidest aus." Und fügt
hinzu: „Wer für den *Spiegel* mehr getan hat, darüber würden
wir wohl verschiedener Meinung sein. Ich würde sagen: Du. Du
würdest sagen: Ich." Da Augstein von jeher die offene Konfrontation scheut, bittet er Becker, seine Vorstellungen über sein
Ausscheiden schriftlich mit ihm zu erörtern – ein Verhalten,
das angesichts 36-jähriger engster Zusammenarbeit und der
großen Verdienste Beckers um das Blatt gelinde gesagt merkwürdig anmutet.

Allerdings zeigt sich der *Spiegel*-Chef, wenn es um die materiellen Bedingungen geht, wieder von seiner noblen Seite: Der

scheidende Verlagsgeschäftsführer erhält einen Beratervertrag bis 1986 und wird, befristet auf die Jahre 1984 bis 1992, nomineller Gesellschafter ohne Stimmrecht mit 5 Prozent des Kapitals, die zu Lasten von Augsteins 25-prozentigem Anteil gehen. Das bedeutet, dass Becker für diesen Zeitraum 5 Prozent des Gesamtgewinns des *Spiegel* erhält – ein goldener „Handkantenschag", der ihn zum Millionär werden lässt.

Mit der Wahl des Nachfolgers beweist Augstein einmal mehr, dass er ein guter Menschenkenner nicht ist: Er holt den 34-jährigen Mathias Ginsberg, einen Freidemokraten, der ihm seinen Walkampf in Paderborn organisiert und den er zum Dank als Geschäftsführer beim Filmverlag der Autoren untergebracht hatte. Da er der neuen Aufgabe offensichtlich nicht gewachsen ist, folgt auf ihn bald der routinierte Verlagspraktiker Adolf Theobald, Gründer von *Twen* und *Capital*, zeitweilig auch Chefredakteur von *Geo*. Bis heute spricht dieser bewundernd von der „inneren Ordnung", der sich die Journalisten beim *Spiegel* unterworfen hätten, von „Konferenzen ohne Geschwätzigkeit" und sieht in Augstein einen „großen Mann". Doch zerstreitet sich der Herausgeber mit ihm über die Stiftungs-Idee und den Rückkauf der Gesellschafter-Anteile der Mitarbeiter-KG. Erst mit Karl Dietrich Seikel findet er im Sommer 1991 wieder einen Verlagsgeschäftsführer ganz nach seinem Herzen. Seikel versucht auch über Augsteins Tod hinaus die Geschäfte im Sinne des *Spiegel*-Gründers weiterzuführen, bis er Ende 2006 abgelöst wird.

Einsamer wird es um Augstein auch, als Erich Böhme nach 16 Jahren die Chefredaktion verlässt. Wahrscheinlich ist dieser zu Selbstironie neigende, stets moderat wirkende Mann, der hinter seinem gelassenen, gemütlich-hessischen Charme Entscheidungsfreude, Zielstrebigkeit und die für jeden Chef einer Redaktion notwendige Härte zu verbergen weiß, der letzte Chefredakteur gewesen, den Augstein politisch als gleichberechtigten Partner akzeptiert und dem er sich zugleich freundschaftlich verbunden fühlt. So überkommt ihn auf dem Lanserhof, jenem Gesundheitszentrum nahe Innsbruck, in das er alljährlich zum Abspecken, Ausnüchtern und zur Regeneration fährt, die Ahnung, Böhmes Abgang könnte die Vorwegnahme des eigenen gewesen sein. „Einen beliebteren Chefredakteur als Dich", schreibt er ihm, „hat dieses Haus nicht gehabt und wird es nicht haben." Und er versichert: „So lange wir leben, werden wir uns auch treffen und wie üblich alles besprechen." Er spürt, dass die nach Böhme kommen – Werner Funk, Werner Kilz und Wolfgang Kaden – keinen Ersatz für diese Nähe bieten werden. Augstein sei merkwürdig widersprüchlich gewesen, meint Dieter Wild – autoritär in der Führung, zugleich aber konsultativ, dauernd habe er Böhme um Rat gefragt.

Böhme hilft auch bei einer privaten Entscheidung: Auf seine Initiative hin kauft Augstein ein Haus samt Grundstück eines französischen Nachbarn in St. Tropez, vergrößert seinen Besitz und verfügt nun über ein formidables Gästehaus. Dieser Nachbar hatte seit Langem verkaufen wollen, doch der kontaktscheue Augstein erfährt davon erst, als das Ehepaar Böhme ihn besucht, mit dem Besitzer des angrenzenden Grundstücks spricht und so zufällig von dessen Verkaufsbereitschaft erfährt.

Anfang Februar 1990, Böhme ist schon nicht mehr Chefredakteur und wird sechzig Jahre alt, laden er und seine Frau Monika zu einer glanzvollen Geburtstagsparty in ihr Haus in die Altonaer Ehrenbergstraße. Die Kosten übernimmt der *Spiegel*, dessen Herausgeber ebenfalls einer der Einladenden ist und der als Geschenk ein Gemälde von Fernando Botero im Wert von 800 000 Mark überreicht. Unter den Teilnehmern finden sich Hans-Dietrich Genscher, Gerhard Schröder, Lothar Späth, Jürgen Flimm, Peter Glotz, Peter Gauweiler und Joschka Fischer. Es fehlt wahrlich nicht an Gratulationsgirlanden, Lobreden und Geschenken für den Jubilar, allein den Stahlstich-Druck der 275 Einladungskarten lässt sich der *Spiegel*-Verlag mehr als 1500 D-Mark kosten. Und doch wissen alle Eingeweihten, dass

Böhme geblieben wäre, hätte Augstein ihm die Forderung erfüllt, alleiniger Chefredakteur zu werden. Gewiss gab es zum Schluss der 16 Jahre Böhme einige Probleme, wenn nicht Interessenkonflikte mit der Redaktion, weil Frau Monika eine Literatur-Agentur betrieb und von den Büchern einiger Autoren, die sie vertrat, auch Vorabdrucke im *Spiegel* erschienen. Doch Augstein interessierte diese Angelegenheit wenig, und sie wäre, hätte er nur gewollt, leicht auszuräumen gewesen. Entscheidend für ihn war, dass Böhme, hätte er ihm den Wunsch konzediert, für seinen Geschmack zu mächtig geworden wäre.

Seit dem Wechsel Hans Detlev Beckers in den Verlag hatte er immer zwei Chefredakteure bestellt, von denen der eine für den politischen, der andere für den eher populärwissenschaftlichen Bereich zuständig war. Die Aufgabe dieses zweiten Chefredakteurs nahm vom 1. Januar 1962 bis Mitte 1987 durchgehend Johannes K. Engel wahr, ein unbestritten handwerklicher Profi, oft gerühmt für die vielen Titel, in denen der *Spiegel* Ergebnisse und Probleme moderner Wissenschaft, Architektur und Kunst gut lesbar aufbereitet und auf durchweg gehobenem Volkhochschul-Niveau seinen Lesern zu vermitteln weiß. Schon im Spätsommer 1947 stößt er zum *Spiegel*, zunächst als Frankfurter Korrespondent, doch bald schon als Leiter des neu gegründeten Ressorts Wissenschaft und Technik in der hannoverschen Zentrale.

Die eher „politischen" Chefredakteure dagegen wechseln – auf Jacobi folgt Gaus, auf Gaus Böhme, auf Böhme zunächst Funk – aber immer behält sich Augstein das letzte Wort vor. Damit hat die Chefredaktion die Struktur eines Dreiecks, an deren Basis sich die beiden Chefredakteure wie Stellvertreter finden, indessen Augstein über dieser wechselnden Basis als eigentlicher Chefredakteur an der Spitze thront und in allen wichtigen Fragen den Ausschlag gibt. Nach außen ist dies kaum ersichtlich, da er sich laut Impressum auf die Rolle des Herausgebers beschränkt, doch entspricht es der wahren Vertragslage, denn er bezieht nicht nur ein Gehalt als Redaktions-Geschäftsführer im Verlag, sondern ein zweites als Chefredakteur des Blattes.

Nun hätte vor dem Rückzug des Augstein absolut loyal, vielleicht zu bedingungslos ergebenen Engel, eines Mannes ohne politische Ambitionen, kaum einer an dieser Konstruktion rütteln mögen, doch stellt sich mit dem Abgang des alten *Spiegel*-Veteranen die Frage nach der Tauglichkeit der Konstruktion – und dies aus zwei Gründen. Einmal hat er ein „diebisches Vergnügen daran", die beiden Chefredakteure gegeneinander auszuspielen, wie sein langjähriger Verlagsleiter und Vertrauter Michael Nesselhauf sagt. Als Werner Funk und Werner Kilz nach dem Abgang von Böhme die Chefredaktion führen, wollen sie jedem Versuch des Herausgebers vorbeugen, den einen gegen den anderen zu instrumentalisieren. Zusammen gehen sie zu ihm und erklären, dass sie sich ab sofort austauschen würden – Funk werde Kilz, dieser wiederum Funk erzählen, was Augstein jeweils über den anderen gesagt habe. Laut Werner Funk bemerkt der Zyniker Augstein daraufhin erstaunt: „Die vertrauen einander ja" und verhehlt nicht, dass er ein solches Verhalten völlig „widernatürlich" findet. Zum Zweiten erfordert Augsteins Dreieckskonstruktion in Fällen, in denen die beiden Chefredakteure nicht einer Meinung sind, seine Anwesenheit oder doch Erreichbarkeit, eine Voraussetzung, die spätestens ab Anfang der neunziger Jahre nicht immer gegeben ist.

Zunehmend fällt er durch Krankheit oder Alkohol aus, oft erscheint er wochenlang nicht im Büro und arbeitet von zu Hause aus, und wenn er an *Spiegel*-Konferenzen teilnimmt, nickt er gelegentlich ein. All dies wird nach außen, in der Öffentlichkeit, kaum spürbar, denn die Redakteure wissen, wie sehr der *Spiegel* und sie mit ihm inzwischen vom Mythos Augstein leben. Nicht nur sein hervorragend organisiertes persönliches Büro versteht sich darauf, ihn zu schützen. „Die Redakteure und Mitarbeiter", sagt Gerd Schulte-Hillen, haben Augstein „geliebt und auf Händen getragen – er war ihr Übervater, und sie haben alles abgeschirmt." Und wenn Augstein immer seltener die marmornen Treppen heraufklettert, die vom Fahrstuhl im elften zu seinem Büro im zwölften Stock führen, von wo er einen herrlichen Blick auf die Speicher und den Hafen hat, erinnert dies Adolf Theobald an den alten Krupp, der kaum je in seinem Zimmer zu finden und doch in seiner Firma allgegenwärtig gewesen war.

Wann er mit dem Trinken beginnt, wird umstritten bleiben – die einen datieren es auf sein Scheitern in der Politik 1972, andere auf die Zeit der Trennung von Gisela Stelly. Wahrscheinlich beginnt seine Alkoholkrankheit nach seinem Rückzug von Bonn nach Hamburg und verschlimmerte sich, als die Ehe mit seiner vierten Frau in die Brüche geht, und wenn er seit seiner Gefängniszeit immer wieder zu Schlaftabletten greift, verschärft dies die Symptome nur. Jahrzehntelang hat er dem Alkohol nur mäßig zugesprochen, einige erinnern eine Zeit, in der er vorzugsweise Fachinger trank.

Warum flüchtet ein Mann, der den *Spiegel* aus bescheidenen Anfängen groß gemacht und in eine Goldgrube verwandelt hat, der als der bedeutendste deutsche Journalist gilt, über unerhörte publizistische Macht gebietet und nach Günter Grass und Jürgen Habermas auf einem Ranking der wichtigsten deutschsprachigen Intellektuellen in der *Frankfurter Allgemeinen* Platz drei einnimmt, in den Alkohol? Weil er innerlich zutiefst einsam bleibt? Weil ihm, allen Erfolgen bei den Frauen zum Trotz, dauerhaftes privates Glück nicht gelingen will, das dem ihm anerzogenen und katholischen Über-Ich eher entspräche als der ständige Wechsel? All das mögen Motive sein, doch dazu kommt zweifellos, dass sich der luzide Analytiker vom eigenen Erfolg nicht blenden lässt. Das Fehlschlagen seiner frühen Fluchtversuche, nicht länger wie Prometheus an den Kaukasus an sein höchsteigenes Geschöpf, den *Spiegel,* gekettet zu bleiben, spielt zweifellos auch eine Rolle. Dass er besser als jeder andere um die Problematik des *Spiegel*-Journalismus weiß, der zwar als politische Waffe höchst wirksam ist, aber mit seinen handwerklichen Zwängen dem eigenen, besonders hohen Anspruch eines seriösen Journalismus nicht genügt, hat er, wie wir gesehen haben, schon in seinem Briefwechsel mit dem *Zeit*-Verleger Gerd Bucerius zu erkennen gegeben.

Betrachtet er den *Spiegel* als einen Apparat, der sich inzwischen verselbständigt hat und routiniert eigenen, kaum zu ändernden Gesetzen, folgt? Das eigene Blatt langweilt ihn, aber etwas aufregend Neues, nach dem es ihn von seinem Temperament her drängt, will ihm nicht gelingen. Immer wieder trägt er sich mit Rückzugsgedanken, und dass er schon lange vor der *Spiegel*-Affäre damit liebäugelt, sich von seinem Blatt zu lösen, bezeugt Hans Detlev Becker. Auf einem gemeinsamen Spaziergang der Ehepaare Augstein und Becker 1957 sagt der *Spiegel*-Herausgeber plötzlich: „Demnächst werde ich dir wohl den ganzen Laden übergeben." Becker: „Es hatte ihn merklich gedrängt, dies loszuwerden, er sagte es abrupt und sofort." Zeitlich würde dies mit Augsteins erstem Versuch zusammenfallen, protegiert durch seinen Freund Wolfgang Döring und durch Willi Weyer, über die Landesliste der nordrhein-westfälischen FDP in den Bundestag zu gelangen – eine Absicht, die er, wie wir gesehen haben, sofort fallen lässt, als ihm ein Sieg Adenauers so gut wie sicher scheint.

Der dreistellige Millionär trinkt nicht Champagner, nicht kostbare Weine oder alte Brände, er trinkt ordinäres Bier und dies, als die Krankheit schlimmer wird, schon am frühen Morgen und schließlich auch kistenweise. Nach einiger Zeit machen sich die ersten Anzeichen der berauschenden Wirkung schon nach wenigen Gläsern bemerkbar, und so bleiben – etwa bei einem Interview mit Bundeskanzler Schmidt in dessen Ferienhaus am Brahmsee – peinliche Situationen nicht aus. Nach zwei, drei Bieren behauptet Augstein, Schmidt habe eine Wespen-

allergie, schlägt mit einem Küchenhandtuch von Loki Schmidt
auf die Wespen auf dem Tisch ein und kippt eine Kaffeetasse
um, die sich auf die Akten des Kanzlers ergießt. Schmidt ist
wahrlich nicht amüsiert, sagt freilich nichts, weil er – so Erich
Böhme – „die Lebensleistung Augsteins respektiert", wie umgekehrt dieser Schmidts Lebensleistung, obwohl er ihn insgeheim
für einen „Piefke" hält. Während dieses Interviews ist auch
jenes Bild entstanden, das einen Augstein zeigt, der eine Axt
im Rücken des Kanzlers schwingt.

Im Mühlkamper Fährhaus, nicht weit vom Leinpfad entfernt, hat Augstein seinen Stammplatz, den er gelegentlich
zum Büro umfunktioniert. Wie eine verstörte Schildkröte, den
Rücken krumm, den Kopf zwischen die Schultern gezogen, sitzt
er am letzten Tisch neben der Theke – so Christoph Scheuring, der ihn dort zu einem Informationsgespräch trifft: Der
schiefe Mund ist noch etwas schiefer geworden, der junge Mann
scheint in seinem mit den Jahren breiter gewordenen Gesicht
noch immer durch, die Hände sind schmal, bleich und makel-
los, aber auch so feingliedrig und kraftlos, als habe er schon vor
Jahren alles Leben aus den Extremitäten in seine Lebensmitte
gepumpt, die damit „etwas an Form" verlor und beträchtlich
an Umfang gewann. Er trifft sich an diesem Stammplatz auch
mit seinen Chefredakteuren, welche die typischen Erfahrungen mit einem so genannten Pegeltrinker machen. „Nach den
ersten ein oder zwei Gläsern Bier", erinnert sich Werner Funk,
„war er entspannt, aufgeschlossen und konzentriert." Wenn
man redaktionelle Fragen mit ihm besprechen wollte, galt es
offenbar, den richtigen Zeitpunkt zu erhaschen, denn nach dem
vierten oder fünften Bier war es „fast unmöglich, mit ihm sachlich umzugehen".

Der Alkohol werde ihn eines Tages umbringen, sagt Augstein
einmal zu seinem Geschäftsführer Seikel. Weil er in Phasen der
Nüchternheit genau um die Gefahren und Konsequenzen der
Sucht weiß, hat sein fortgesetztes Trinken durchweg selbstzer-

störerische Züge. Will er, wenn er immer häufiger zu Schlaftabletten greift, in einen Zustand der Betäubnis fliehen, um möglichst nichts mehr wahrzunehmen? Mit fortschreitender Sucht
gibt er sich immer öfter enthemmt, findet nichts dabei, im Bei-
sein von Begleitern öffentlich zu urinieren, und sein Vokabular
vergröbert sich, wenn er über Intimes spricht. Vor den Gesell-
schafterversammlungen, die zweimal jährlich stattfinden, lebt
er ein, zwei Tage abstinent und „putzt sich", wie er das ironisch
nennt. Einmal im Jahr fährt er für vier bis sechs Wochen ins
Sanatorium und ist danach für etliche Wochen „trocken".

Meist regiert er von seiner Wohnung am Leinpfad aus, Titel-
entwürfe und wichtige Geschichten werden ihm gebracht oder
in sein weißes Reetdachhaus in Archsum auf Sylt oder nach
St. Tropez gefaxt. Doch was bei Alkoholikern äußerst selten
ist: Sein phänomenales Gedächtnis bleibt, und die Mitarbeite-
rinnen seines persönlichen Büros versichern, er sei nach den
ersten Flaschen Bier noch witzig und charmant gewesen – als
Mann, der die Frauen um seinen Finger zu wickeln versteht
und beeindruckender ist als all die anderen, Nüchternen um
ihn herum.

Im eigenen Blatt ist er das letzte Lebensjahrzehnt durchaus
präsent, doch sind seine Kommentare weniger konsistent, weniger schlüssig, ja sprunghafter gebaut, ihr Stil wird lapidarer, teils
auch anekdotischer. Hans Leyendecker, einer der investigativen
Starreporter des *Spiegel*, der inzwischen bei der *Süddeutschen
Zeitung* arbeitet, bringt dies einmal – und er greift dabei auf ein
Zitat Ludwig Börnes über Jean Paul zurück – auf die treffende
Formel, Augstein sei alt geworden und manches nicht mehr
„mit dem Blut seines Herzens und dem Saft seiner Nerven"
geschrieben. Der verstorbene Peter Glotz, voll größtem Respekt
vor Augsteins frühem Kampf gegen die „abendländische Heuchelei", stellt ein Nachlassen der „luziden Treffsicherheit" fest,
was ihn freilich nicht wunder nimmt: Augstein habe sich das
selbstverständliche Recht vorbehalten, „in seiner Schöpfung zu

schreiben, was er für richtig hielt" – auch „in späteren Jahren der Krankheit".

Greift der *Spiegel*-Herausgeber auf die Zeit als junger Feuilleton-Volontär in Hannover zurück, wenn er Artikel über Fontane veröffentlicht, über Karl May und die Deutschen oder Peter Zadeks Hamlet-Aufführung am Hamburger Schauspielhaus, die in der Übersetzung Elisabeth Plessens das Stück den Jungen nahe bringen will? Er moniert, der Text der Neufassung sei „zu flach" geraten und vergröbere manches bis hin zur Karikatur. Wäre Shakespeare durch Zufall in den Zirkus gestolpert, den Zadek veranstaltet, so Augstein Ende Januar 2000, hätte er sein Stück zwar nicht wiedererkannt, aber sicherlich gedacht: „Donnerwetter, diesen Jungs hier fällt doch etwas ein!"

Vor allem Richard Wagner, dessen Musik er liebt, hat es ihm angetan. 1988 bespricht er Harry Kupfers Inszenierung des „Ring", 1994 die Alfred Kirchners, im Jahr 2000 die seines Freundes Jürgen Flimm in Bayreuth. Der sei damit zwar nicht gescheitert, meint Augstein, hält aber Reparaturen „für dringend angebracht". Gibt er sich als Anhänger werktreuer und modischer, oft verkrampft auf Gegenwartsbezüge anspielender Interpretationen, wenn er rät: „Flimm, bleibe unpolitisch!", auch wenn andere dies anders wollten? Dass er von großer Musikalität ist, steht außer Frage, zeitlebens bedauert er seine Weigerung, das Klavierspiel zu erlernen und zürnt den Eltern, weil sie ihn als Kind damals nicht dazu gezwungen haben. Er singt gern, den Text von Schuberts Winterreise kennt er auswendig, er fährt im Sommer oft ins provenzalische Orange, das im Rahmen seiner Festspiele Opernaufführungen auf der Bühne des gut erhaltenen römischen Theaters bietet, und er zählt zu den regelmäßigen Besuchern Bayreuths. Als Wagner-Verehrer fühlt er sich sogar berufen, einen Text des Meisters zu ändern. So schlägt er Gudrun Wagner im Juli 1998 vor, einen Reim im „Rheingold" zu verbessern. Wo bei Wagner steht:

Gold'ne Äpfel
Wachsen in ihrem Garten,
sie allein
weiß die Äpfel zu pflegen

sollte es nach seiner Meinung besser heißen:

sie allein
weiß die Äpfel zu warten"

Das, so seine Begründung, erwarte man sowohl vom Ton wie vom Text her, im Übrigen klinge es besser. Doch Gudrun Wagner lehnt seinen Änderungsvorschlag für den Fafner-Text ab: Der Meister habe in Alliterationen gedichtet, und für die von Augstein beanstandete Textstelle sei die e-Alliteration von „Äpfel" und „pflegen" ausschlaggebend. Mit „Äpfel" und „warten" gehe das nicht, es würde zudem „sowohl textlich wie gesanglich der Poesie entbehren". Deshalb seien alle Dramaturgen, Linguisten und Kapellmeister und auch ihr Mann Wolfgang der Meinung, Wagners Text sei der richtige.

Im August 1997 erkundet Augstein „Wagners Mythen, Hitlers Wahn" und sucht den großen Musiker gegen die Provokation von Joachim Köhler in Schutz zu nehmen, der in seinem Buch „Wagners Hitler" eine direkte Linie vom antisemitischen Gedanken-Gebräu des großen Musikers zum Holocaust gezogen hat. Zwar stellt er den großen Einfluss nicht in Frage, den Wagner und seine Schriften „im Rahmen des Zeitgeists" auf Hitler ausgeübt hätten, doch meint er, gerade in Rassefragen sei er „schwerlich der entscheidende" gewesen. „Man darf es", schreibt er, „vielleicht zweimal, dreimal sagen: Hätte es Richard Wagner nicht gegeben, so hätte Adolf Hitlers Weg dennoch nach Auschwitz-Birkenau geführt."

Nach Meinung der *Süddeutschen* rennt er mit seinem Artikel weit geöffnete Scheunentore ein, denn Wagners „Ring der Nibelungen" sei ein Lehrstück dafür, dass jedes von Recht und

Gesetz losgelöste Machtstreben unausweichlich in Chaos oder Untergang enden müsse. Allein damit sei jeder Versuch, aus Wagners Musikdramen „faschistische Handlungsanweisungen herauszulesen, ad absurdum geführt". Dass Augstein anmerkt, beide Weltkriege wären „auch ohne die Existenz und die Schöpfungen Richard Wagners losgetreten worden", verspottet das Blatt als „abgrundgescheite Erkenntnis" und sieht in seinem Titel wenig mehr als das „siebenseitig-heillose Aneinanderreihen altbekannter Anekdötchen über Wagners merkwürdig schwankenden Antisemitismus und die Hitlerverehrung des Bayreuther Winifred-Klüngels". In der Tat kommt vieles beim Lesen ziemlich ungeordnet und abrupt daher, und so kann dieser Titel als Beleg für die These gelten, dass – bedingt durch die Alkoholkrankheit – die an Augsteins Essays früher gerühmte *clarté* der Gedankenführung spürbar nachgelassen hat.

Die Kommentare seiner späten Jahre weisen ihn als einen Nationalen, als einen Liberalen und zugleich als einen konservativen Realisten aus, der mit diesem mehrstimmigen Grundton keinem Lager definitiv zuzurechen ist. Nicht selten gerät er so mit seiner jungen, mehrheitlich eher zum Lebensgefühl von Rot-Grün tendierenden Mannschaft in Konflikt. Als der Liberale und Vorkämpfer des Rechtsstaates schreibt er gegen den Lauschangriff an; aus seiner eher konservativen Grundhaltung heraus lehnt er die Verpackung des Reichstags durch Christo ab: Offenbar rechnet er fest damit, das Projekt werde aus Steuermitteln finanziert, und fürchtet den politischen Schaden, der dadurch angeblich entstehe; als Nationaler ergreift er Partei gegen die Europa-Politik des Kanzlers und wird beinahe zum DM-Nationalisten, der für den Erhalt der Mark, gegen die Einführung des Euro und gegen das Europa von Maastricht wettert.

Für den Leser des *Spiegel* wird der Gegensatz zwischen Herausgeber und Redakteuren im Herbst 1994 in einem *Spiegel*-Gespräch offenbar, in dem sich Augstein an seinem Urlausbsort

Lans in Österreich den bohrenden Fragen vier junger Redakteure, darunter denen Gabor Steingarts, des späteren Bürochefs in Berlin und Washington, stellt. Zwei Generationen, zwei politisch unterschiedliche Erfahrungen, ja zwei Mentalitäten prallen hier aufeinander: Der vorwiegend historisch denkende Augstein setzt die Kontinuität außenpolitisch gegensätzlicher Interessen, die früher zu Kriegen geführt haben, im Ringen um die währungs- und wirtschaftpolitische Gestalt Europas weiter als gegeben voraus, indes seine jüngeren Mitarbeiter, aufgewachsen in einer Wohlstandsrepublik mit offenen Grenzen nach Westen und europäisch integriert, wie so viele in der späten Bundesrepublik eher postnational denken. Wo Augstein von historischer Kontinuität in zeitgemäßem Gewand spricht, erkennen sie bloße Ressentiments und bekunden offen ihre Verständnislosigkeit. Das deutschfeindliche Frankreich, das er beschreibe, halten die Redakteure dem Chef und Gründer des *Spiegel* entgegen, hätten sie in der Nachkriegsgeneration nie erlebt, und wenn er behaupte, der französische Staatspräsident Mitterrand kenne nur ein Ziel, nämlich „Deutschland wirtschaftlich zu schwächen", erinnere sie das „an revanchistische Töne nach dem ersten Weltkrieg".

Augsteins Antwort: „Wenn Sie die Wahrheit nicht sehen wollen, müssen Sie sich einen anderen Herausgeber suchen." Die Redakteure: „Warum wittern Sie dauernd irgendeine Verschwörung?" Augstein: „Ich wittere Politik. Die politische Klasse in Frankreich ist deutschfeindlich, nach wie vor. Und die Franzosen machen Europapolitik mit den besten Experten die sie haben, wohingegen wir nach Brüssel die Leute schicken, die wir hier nicht mehr gebrauchen können." Mit der Behauptung, die Franzosen delegierten die besseren und kompetenteren Experten in die europäische Zentrale, hat er zweifellos Recht – aber verdient eine Politik, die versucht, sich gegen das stärkere Gewicht Deutschlands als Wirtschafts- und vor allem als Finanzmacht zu behaupten, die ihren Nachbarn innerhalb des DM-Blocks die Zinsen diktiert, gleich das Etikett „deutschfeindlich"? Was zwischen Herausgeber und Redakteuren abläuft, nennt *Spiegel*-Leser Ulrich Schmidt aus Göttingen zwei Hefte später einen „Vater-Kind-Dialog" und meint, der Vater habe feststellen müssen, dass seine „Erziehung zu Unabhängigkeit und kritischer Meinung 150-prozentig" – also zu gut? – gelungen sei.

Dass dieses Gespräch auch als *Spiegel*-internes Purgativum für aufgestauten Unmut gedacht ist, der sich in der Redaktion über den so genannten „Türkenkommentar" Augsteins angesammelt hat, liegt nahe. Am 7. Juni 1993 hatte er unter der Überschrift „Heilmittel ‚Doppelbürger'?" gegen Versuche Stellung genommen, das schwierige Problem der Ausländer-Integration mit dem „Wundermittel" der doppelten Staatsbürgerschaft zu lösen. Was zwischen Angehörigen europäischer Nationen denkbar sei, so Augstein in diesem Kommentar, sei bei Türken nicht möglich, denn sie gehören „einem Kulturkreis an, der mit dem unseren vor und nach Prinz Eugen nichts gemein hat". Nur wer in den „Kulturgärten" europäischer Länder wurzele, könne deren Staatsbürger werden; die Türkei habe keine Demokratie im europäischen Sinne gekannt und werde sie auch „in 20 Jahren schwerlich haben".

Vier Jahre später polemisiert er gegen Kohls Außenminister Kinkel, der – wie übrigens schon Walter Hallstein in den fünfziger Jahren – behauptet, die Türkei gehöre zu Europa und schreibt: „Wir wollen sie in ihrem derzeitigen Zustand nicht dabeihaben, und welcher Staat ändert sich schon unter äußerem Druck binnen 20 oder 30 Jahren." Die doppelte Staatsbürgerschaft nennt er eine Scheinlösung und tritt dafür ein, die Türken vor die klare Alternative zu stellen, entweder die deutsche Staatsbürgerschaft zu erwerben, wenn sie das Anrecht darauf besitzen, oder aber Türken zu bleiben. Ende 1994 wird er noch deutlicher und nennt die doppelte Staatsangehörigkeit einen „Luftballon namens multikulturelle Gesellschaft", die überall da nicht funktioniere, wo es sie gebe: In Kalifornien nicht, in

New York nicht, im „ganzen Schmelztiegel USA nicht" – auch „im Frankfurt des multikulturellen Stadtrats Daniel Cohn-Bendit" sei sie „schwach auf der Brust" und atme kaum.

Seit seinem ersten „Türkenkommentar", der nur eine Woche nach dem Brandanschlag gegen eine türkische Familie in Solingen erscheint, „grummelt" es im Haus, wie Augstein das Unverständnis der jungen Redakteure in einer Hausmitteilung an die Chefredakteure Kilz und Kaden beschreibt. Hat er sich in einer Zeit, in der sich die rechtsextremistischen Anschläge mehren, nicht genug von rechten Parolen wie „Das Boot ist voll" oder „Ausländer raus" abgesetzt? Im *Spiegel*-Gespräch jedenfalls sagen seine jungen Redakteure, was er schrieb, habe „eher den Rechten genützt". Am 16. Juni 1993 gibt er der Chefredaktion Argumentationshilfen gegen die Kritiker seines Kommentars an die Hand – für den Fall, „dass wieder einer auf mich zu schimpfen beginnt". Seine Argumente zeigen ihn als einen beinahe brutalen Realisten, der allerdings gegen die Illusion von der multikulturellen Gesellschaft, die damals noch in den Köpfen der Anhänger der Grünen und auch linker Sozialdemokraten spukt, größtenteils recht behalten wird: „Um uns herum haben wir Staaten, die mit Ausländern restriktiv sind, und das müssen wir leider auch sein. Wir werden aus dem Osten, der nicht türkisch ist, genügend Einwanderer bekommen, damit unsere Renten sicher sind. Ja, wir werden eine ganze Weile davon zu viele haben." Im übrigen sei es nicht seine Aufgabe, „der großen Menge voraus- oder hinterherzulaufen", wohl aber müsse er Tendenzen in der Gesellschaft bekämpfen, die er für gefährlich halte.

Ist es der Alkohol, ist es das Gefühl, zunehmend an Einfluss gegenüber der Redaktion zu verlieren, der seine autoritären Züge hervortreten lässt? Gegenüber einfachen Mitarbeitern ist er stets von ausgesuchter Höflichkeit und betritt, wie seine Tochter Franziska zu Recht an ihm rühmt, im Hamburger *Spiegel*-Haus an der Ost-West-Straße den Fahrstuhl erst, nachdem er alle anderen – „Köchinnen, Boten, schöne Redakteurinnen, weniger schöne Redakteure" – hineinkomplimentiert hat. Doch gegenüber seinen Chefredakteuren zeigt er sich, wenn er sie gegeneinander ausspielt, als kleiner Machiavell, und wenn er sagt, „Gaus, hol' mal ein Bier!", kommt diese Bitte zwar in kumpelhaft-vertrautem Ton daher, lässt aber keinen Zweifel aufkommen, wer Koch und wer Kellner ist. So liberal, wie er sich nach außen gab, sei es im *Spiegel* ohnehin nie zugegangen, sagt Michael Naumann, der anderthalb Jahre mit Dieter Wild zusammen das Auslands-Ressort geleitet hat: Widerspruch in der großen Montagskonferenz habe Augstein selten geduldet, sich auf Diskussionen kaum eingelassen und sie, wenn es sie denn gab, schnell abgeschnitten. Freunde, die ihm geistig überlegen waren, habe er nicht gehabt.

Zum beinahe institutionellen Konflikt zwischen Herausgeber und den Chefredakteuren kommt es im März 1992 wegen Maastricht und der geplanten Einführung des Euro, die er – als Abschied von der harten Mark und als Weg in eine „Camembert-Währung" – für ein Verhängnis hält, für ein französisches Diktat, ein neues Versailles, das Kanzler Kohl ergeben hinnehme, weil er sich bekanntlich vor der Trikolore gleich zweimal verneige. Als die Redaktion eine seiner zahlreichen Anti-Maastricht-Kolumnen in einen Artikel einbettet, der von der Tendenz her eher positiv zur europäischen Währungsunion steht, erinnert er energisch an seine Funktion als Herausgeber, der die Richtlinien des Blattes bestimmt, und weist die Chefredakteure an, künftig keine Geschichten zu bringen, die „direkt gegen die Artikel des Herausgebers anschreiben". Er beruft sich auf die Fachkompetenz des ihm befreundeten Karl Schiller, seines Nachbarn am Hamburger Leinpfad, und behauptet, dass es nicht viele in der Redaktion gebe, die „an der Substanz der Sache auch nur schnuppern" könnten. Zwar sei möglich, dass gelegentlich auch Außenstehende im *Spiegel* positiv zu Maastricht Stellung nähmen, doch für das Blatt sei seine Meinung nun einmal die „Leitmeinung". Die Redaktion habe sich künftig damit zu bescheiden, im Stile eines Nachrichtenmagazins zu wirken, „pro und contra, wenn sie so wollen, neutral also".

Das liest sich wie die rüde Anweisung eines „Basta"-Herausgebers, zumal er damit droht, alles hinzuschmeißen und die Herausgeber-Funktion niederzulegen, „sollten die Herren Chefredakteure mit dieser Richtlinie, die mir aus meiner Kompetenz erwächst, nicht einverstanden sein". Die Androhung des Rückzugs aus dem Blatt ist seine letzte Waffe: Was wäre der *Spiegel* schon ohne ihn und seinen Namen – sollen sie doch sehen, wo sie bleiben! –, und er wird sie wenig später benutzen, um einen Chefredakteur gegen den erklärten Widerstand der Redaktion durchzusetzen. Doch die damaligen Chefredakteure Werner Kilz und Wolfgang Kaden geben keineswegs klein bei. Auch ein alter Fahrensmann wie Karl Schiller habe schon einmal geirrt, lassen sie Augstein wissen. Wenn der Herausgeber verlangt, die Redaktion solle in Sachen Maastricht künftig im Stil eines Nachrichtenmagazins wirken und „neutral" schreiben, dann hat dies nach ihrer Meinung wenig mit jener Form des Magazin-Journalismus zu tun, die Augstein selbst vorgegeben und geprägt hat. Danach nämlich muss eine gute Geschichte, auch wenn Pro und Contra angeführt werden, einen Trend haben, aus dem der Leser die Linie des Autors herauslesen kann.

Offensichtlich bricht bei der Bewertung der Währungsunion der alte Dissens zwischen einer eher postnational denkenden Redaktion und ihrem ganz nationaler Souveränität verhafteten Herausgeber wieder auf: Weder das Bonner Büro noch die Wirtschaftsredaktion teilen die ablehnende Haltung des Spiegel-Chefs zu Maastricht. Wenn wahr wäre, was Augstein behauptet – dass in der Redaktion kaum einer an dieser Sache „auch nur schnuppern" könne –, müssten dann, so fragen die Chefredakteure zurück, nicht die Mannschaften in den beiden beteiligten Ressorts „komplett ausgewechselt" werden? Kilz

und Kaden räumen zwar ein, dass der Herausgeber die Richtlinien der redaktionellen Arbeit bestimmt, doch erklären sie
sich zugleich außerstande, „eine Redaktion, deren intellektuelle
Eigenständigkeit Voraussetzung für ein anspruchsvolles Blatt
ist", auf eine einheitliche Linie zu zwingen. Die Währungsunion
ist für sie keine Gewissensfrage, deshalb muss der *Spiegel* aus
ihrer Sicht auch nicht „stromlinienförmig" fahren. So bleibt,
was sie dem Herausgeber konzedieren, weit unter dem von Augstein Geforderten. „Was wir tun können: Darauf achten, dass
redaktionelle Beiträge nicht als Gegen-Kommentare aufgefasst
werden können; dass die Geschichten im Blatt, auch wenn sie
eine klare Linie haben, die Gegenargumente erörtern."

Als die beiden Chefredakteure zögern, eine Titelgeschichte
Augsteins über das zaristische Russland zu akzeptieren, schickt
er ihnen eine wütende Hausmitteilung, die klar stellt, wo der
Hammer im Hause *Spiegel* hängt: „Ich behalte mir vor, jeden
von mir geschriebenen Artikel, sei es mit Titel oder nicht, jederzeit in der von mir gewünschten Form ins Heft zu heben. Meine
Verträge und das jahrelange Gewohnheitsrecht befugen mich
dazu. Vorher werde ich mit meinen beiden Chefredakteurs-Kol-
legen mündlich diskutieren. Der Artikel wird dann gedruckt,
geändert oder fallen gelassen. Die Entscheidung liegt allein bei
mir. Abgestimmt wurde nie und wird auch nie werden."

Zumindest formell ist ein Verstoß gegen seine Herausgeber-
Richtlinien auch der Grund, warum Augstein sich eindrei-
viertel Jahre später von Werner Kilz trennt, der seit wenigen
Wochen als alleiniger Chefredakteur amtiert. Wolfgang Kaden,
dem er, auch wegen dessen angeblicher Gewerkschaftsnähe,
stets skeptisch gegenüberstand, ist schon im Herbst 1994 als
Chefredakteur zum *Manager Magazin*, dem Tochterblatt des
Spiegel, abgeschoben worden, als eine Kolumne des Balkan-
Experten und neuen Chefs des Bonner Büros, Olaf Ihlau, den
Zorn Augsteins erregt. Weil sich wegen des Massakers in Bihac,
einer moslemischen Enklave, in die serbische Panzerkanonen

ungehindert hineinfeuern können, die Lage auf dem Balkan zuspitzt, erklärt Ihlau, die westliche Allianz werde auf die Dauer das Beiseitestehen der Deutschen nicht akzeptieren. Die Zeit der Rituale und leeren Gesten sei vorbei: „Bonn muss sich von seiner Sonderrolle verabschieden."

Nach dem damaligen Sprachgebrauch ist dies ein zweifellos „bellizistischer" Kommentar. Augstein dagegen hält es mit Bismarck, der meinte, der Balkan sei die Knochen eines pommerschen Grenadiers nicht wert und ist überzeugt, die Deutschen hätten sich in zwei Weltkriegen das Recht erworben, sich mit militärischen Engagements zurückzuhalten und vor Verwicklungen in undurchsichtige Konflikte zurückzuschrecken. Kilz wirft er vor, er habe diesen „verrückten Kommentar" von Ihlau noch selbst redigiert und mit seiner Veröffentlichung in seine Herausgeberfunktion eingegriffen – ob „wissentlich oder unwissentlich", sei gleich schlimm: Eine solche schwerwiegende Richtungsänderung des Blattes hätte ohne seine Zustimmung nicht vorgenommen werden dürfen. Schon im nächsten Heft rückt der Herausgeber, ohne Ihlau zu nennen, die Linie seiner „Funktion gemäß" und „unmissverständlich" wieder zurecht: „Wer immer ,feste druff' schreit, gilt automatisch als Balkan-Fachmann. Es gibt aber auf der ganzen Welt wohl keinen, der sich auf dem Balkan noch oder schon wieder auskennt. Die Deutschen haben am wenigsten Grund, sich da schlechterletzt noch auf das Verlierer-Podest zu schwingen."

Nur zwei Wochen später nimmt er erneut gegen jede deutsche militärische Beteiligung an einer internationalen Balkan-Truppe Stellung: „Unser Weg nach Sarajevo ist nach Ansicht vieler heutiger und früherer Militärs falsch. Das Versagen der Uno und der Nato kann durch deutsche Einsätze nicht wettgemacht, wohl aber verschlimmert werden." Er ist gewiss kein Pazifist, aber wie die meisten Angehörigen der Kriegsgeneration will er nicht, dass sich die Deutschen an einem Krieg beteiligen, der nicht der Selbstverteidigung dient.

Viele im *Spiegel* mutmaßen, Augstein sei auch deshalb erzürnt, weil er sich zurückgesetzt fühlt, denn der Kommentar Ihlaus erschien sinnvollerweise, in eine Balkan-Geschichte eingepasst, schon auf Seite 21, sein eigener über den britischen Bomberchef Luftmarschall Arthur Harris und die Zerstörung Dresdens, über die Bundespräsident Herzog eine Rede plant, erst auf Seite 27. Entscheidend für die Abberufung von Kilz ist jedoch weder diese von ihm vermeintlich als Tort empfundene Platzierung, auch nicht Ihlaus Kommentar, sondern die Konkurrenzsituation, wie sie sich mit dem vom Burda-Verlag vor knapp zwei Jahren auf den Markt gebrachten Magazin *Focus* entwickelt hat. Augstein traut Kilz die Fähigkeit nicht zu, die notwendigen Veränderungen beim *Spiegel* vorzunehmen, die unerlässlich sind, seit sich *Focus* entgegen seinen Erwartungen am Markt behauptet.

Dabei hat er dem Unternehmen *Focus* zunächst keine Chance gegeben. Sollte ausgerechnet Burda gelingen, woran sich vor ihm so viele andere Verleger, sogar Axel Springer, vergeblich versucht hatten – ein zweites Nachrichtenmagazin neben dem *Spiegel* und womöglich gegen ihn herauszubringen? Einer Fama zufolge, die er selbst gern unter die Leute bringt, hat er dem Verleger aus Offenburg sogar beim Bier angeboten, er werde in Hamburg immer eine warme Suppe bekommen, wenn er mit seinem Projekt *Focus*, in das er 100 Millionen D-Mark investieren will, demnächst gescheitert sei.

Wie er über Burda und dessen *Focus*-Planer Markwort denkt, lässt er seine Chefredakteure im Februar 1992, ein Jahr vor der *Focus*-Premiere wissen: Er halte nicht so viel von ihnen, „wie die von sich halten mögen". Sicherheitshalber regt er aber an, Abwerbungsversuche des Burda-Verlags, der sich für sein Projekt auf die Suche nach fähigen Magazin-Journalisten begeben hat, entschieden abzuwehren. Doch Markwort, ohne jede Frage ein unerhört begabter Blattmacher, schafft es, *Focus* mit einer Vielzahl von Meldungen, kurzen Geschichten und Lebenshilfe-

Titeln auf dem Markt zu etablieren, wobei die bunte, vielgliedrige Gestaltung, die üppige Verwendung von Fotos und die oft als „Infohäppchen" verspotteten Informationen den Seh- und Lese-Gewohnheiten einer jüngeren Generation bewusst entgegenkommen, für die Computer, Internet und Fernseh-Zappen selbstverständlich sind.

Markwort hat seinen *Focus* von Anfang an nicht als Gegen-*Spiegel* gesehen, sondern als zweites, im Charakter eigenständiges Blatt, für das es auf dem Markt einen sicheren Platz neben dem *Spiegel* geben werde – womit er Recht behalten hat. Die Konkurrenz macht sich deshalb auch nicht so sehr bei der Auflage bemerkbar – die des *Spiegel* liegt über einer Million und geht nur um zehn- oder zwanzigtausend, also relativ leicht zurück –, wohl aber bei den Inseraten. Denn es zeigt sich, dass *Focus* sich mit seiner bunten Aufmachung, vielleicht wegen seiner vermeintlich „rechten" oder, vorsichtiger ausgedrückt, wegen seiner weniger kritischen Grundhaltung ein weit größeres Stück vom Anzeigenkuchen abschneiden kann, als die Manager des – nach Augstein „im Zweifel linken" – *Spiegel* erwartet hatten. Schaltet so mancher konservative Unternehmer, der zähneknirschend im *Spiegel* inserierte, weil es kein anderes vergleichbares Blatt gab, seine Anzeigen jetzt lieber bei *Focus*? Jedenfalls ist der Anzeigenkuchen für die Printmedien begrenzt, und so geht dem *Spiegel* nahezu automatisch verloren, was die Anzeigenwerber von *Focus* für ihr neues Blatt akquirieren. Weil dem *Spiegel* allein 1993, im ersten Erscheinungsjahr von *Focus*, gute 1000 Anzeigenseiten gegenüber dem Vorjahr fehlen, liegt die Rendite deutlich unter der des Vorjahrs und schmälert auch den Gewinnanteil der Mitarbeiter, von denen die mit kleinerem Monatssalär gewohnt waren, oft das anderthalbfache ihres Jahresgehalts als Ausschüttung zu kassieren.

Um die Nachfolge von Kilz entbrennt freilich ein Machtkampf zwischen Augstein und den Mitarbeitern, der in der Presse Schlagzeilen macht. *Bild* sieht die Redaktion deshalb

schon „auf Trümmern" hocken und greinen, und die Grüne
Antje Vollmer wähnt, Augstein – „mächtig, süchtig, hilflos und
immer noch genialisch" – sei dabei, sein Lebenswerk zu zerstören: Er trabe los „wie ein afrikanisches Nilpferd", schreibt sie
in der *TAZ*, und suche offenbar einen „Zeitungssohn, der ihm
ähnlich wäre".

Ähnlich ist Stefan Aust, den der *Spiegel*-Herausgeber als
neuen Chefredakteur installieren will, ihm vor allem in der
Größe von „Kampfzwergen": Beide messen 1,68 oder 1,69 Meter.
Doch ist er wahrlich kein Intellektueller und schon gar nicht der
uneheliche Sohn Augsteins, wie die unter der Hand verbreitete
Fama anfangs wissen will; doch er hat die Neugier, die Vitalität
und Energie des jungen Augstein, und er kann zupacken wie
dieser, als er den *Spiegel* aus bescheidenen Anfängen zum meist-
gefürchteten und einflussreichsten Wochenblatt der Republik
machte. Der Fernsehmann bringt den Ableger „Spiegel TV",
der Anfang Mai 1988 auf Sendung geht, binnen zwei Jahren
in die schwarzen Zahlen und führt ihn mit Reportagen über
Mauerfall und Stasi-Greuel, Neonazis und Skinheads, Rausch-
giftsüchtige und Berichte aus dem Rotlichtmilieu zum Erfolg.
Als „Flaggschiff unter den Informationsmagazinen" bezeichnet
RTL-Chef Thoma einmal „Spiegel TV", und als erstes Magazin
der Privatsender erhält es 1989 für seinen Nachruf auf Franz
Josef Strauß den von den Öffentlich-Rechtlichen so hoch
geachteten Grimme-Preis.

Augstein schätzt Aust, der ihm von Alexander Kluge als Chef
seines TV-Ablegers empfohlen wurde, wegen seiner „Nase" für
Themen, aber auch wegen des investigativen Zugriffs und der
gründlichen, intensiven Recherchen: Er zeigt den „Biss", den er
bei Kilz vermisst und ohne den das Blatt in der neuen Konkurrenzsituation nicht bestehen kann. Die Redakteure des Papier-
Spiegel dagegen, wie das alte Flaggschiff des Unternehmens im
Jargon der „Spiegel TV"-Macher heißt, fürchten Austs hemds-
ärmeligen und – wie sie sagen – ausbeuterischen, ja despotischen

Führungsstil, und sie warnen vor einem gedruckten, boulevardesken Fernsehen, das Augsteins Erwählter angeblich kreieren will. Lange sperren sich deshalb die Mitarbeiter, bekunden ihr ungebrochenes Vertrauen zu Kilz, bis ihre Sprecher schließlich dessen Entlassung, der Berufung von Aust aber erst zustimmen, als Augstein seinen einzigen Trumpf auf den Verhandlungstisch legt: Er droht wieder einmal, alles hinzuschmeißen und sich vom Blatt völlig zurückziehen – und dieses Mal ist es ihm wohl bitter ernst damit. Wenn er sich durchsetzt, dann allerdings auch, weil es den Mitarbeitern an geeigneten Gegenkandidaten zu Aust fehlt. Ein letztes Mal gelingt es Augstein, seine Macht auszuspielen, und dass es letztlich diese Drohung ist, die ihn in dem Gezerre um die Kilz-Nachfolge siegen lässt, räumt der Sprecher der Mitarbeiter-KG, Peter Bölcke, gegenüber den versammelten Mitarbeitern später ein: „Bedeutung hatte … die Tatsache", so Bölcke, „dass es Widerhall in der Öffentlichkeit gefunden hätte, wenn Rudolf Augstein gesagt hätte, mit diesen Leuten will ich nichts mehr zu tun haben. Das hätte Folgen, über die ich gar nicht lange nachdenken möchte."

Mit der Durchsetzung Austs handelte Augstein als Unternehmer, der sich der notwendigen Änderung von Aufmachung und journalistischem Profil des Blattes seine wirtschaftliche Genesung versprach. Dass er und nicht die Mitarbeiter und deren Sprecher den besseren Riecher hatten, zeigen die Erfolge, die der *Spiegel* unter Aust unstreitig erzielt: Der neue Chefredakteur entrümpelt die Aufmachung, gestaltet das Blatt bunter, bringt mehr Meldungen, aber auch größere Reportagen, und vernachlässigt dabei die bewährte, ausführliche Hintergrundgeschichte nicht. Bei alledem aber greift er, wie *Spiegel*-Veteran Brawand zufrieden vermerkt, auf die traditionellen Stärken des *Spiegel* zurück – auf „gründliche Recherche, flott lesbare Darstellung und hin und wieder eine saftige Enthüllung". Schon im ersten Quartal des Aust-Regimes steigt die Auflage wieder, und die ansprechendere Aufmachung lockt neue Anzeigenkunden an.

Dass Augstein jetzt einen statt, wie bisher, zwei Chefredakteure an der Spitze seines Blattes wünscht, hat auch damit zu tun, dass er weniger denn je in der Redaktion anwesend ist und sich kaum noch in die laufenden Redaktionsgeschäfte einschaltet. Sein Verhältnis zu Aust, der den *Spiegel* aus seiner Krise führt, bleibt lange gut – zum 50. Geburtstag im Juli schickt er ihm ein Gedicht:

> *Lieber Aust,*
> *ball die Faust,*
> *aber in der Tasche.*
> *Reite fix*
> *Zum Grand Prix*
> *Sonst greifst Du zur Flasche.*

In einem PS schreibt er, nach orientalischen Maßstäben sei er so eine Art Vater für ihn und dürfe ihn deshalb nicht im Unklaren darüber lassen, dass er die Mitte seines Lebens überschritten habe. „Nicht überschritten", fügt er hinzu, „hast Du die Hälfte Deines Arbeitslebens, von dem ich hoffe, dass es sich nur im *Spiegel* und in den ihm zugeordneten Unternehmen abspielen wird." Erst um das Jahr 2000 schleichen sich erste Komplikationen ein, die allerdings auch mit dem Zustand Augsteins, der zusehends hinfälliger wird, zu tun haben mögen.

Zwar veröffentlicht der *Spiegel*-Herausgeber weiter Kommentare und auch diese oder jene Titelgeschichte – etwa die umstrittene über Wagner, Hitler und Bayreuth 1997 –, doch zunehmend greift er dabei auf Unterstützung von Redakteuren aus den einzelnen Ressorts oder auf Irma Nelles zurück, die seit Anfang 1993 als Redakteurin im Büro des Herausgebers arbeitet, sich selbst als mal Krankenschwester, mal Mitautorin, mal Psychotherapeutin-Ersatz bezeichnet und die nicht selten als eine Art Puffer zwischen ihm und der Chefredaktion wirkt. Oft bestellt er sie zu sich nach Hause und beginnt dann gegen 16 oder 17 Uhr mit der Arbeit. Immer häufiger schickt er auch

LETZTER KAMPF

bloße Fragmente eines Kommentars, die er einer Sekretärin diktiert, zu denen dann die Chefredaktion ihre Vorschläge macht. Durch die Kollegen aus den Fachressorts oder Irma Nelles ergänzt, erhalten sie schließlich ihre druckreife Fassung.

Zielscheibe scharfer Attacken in seinen späten Jahren sind die rot-grüne Regierung, vornehmlich der einst so geschätzte Joschka Fischer, aber auch der Kanzler, mit dem Augstein „am Biertisch gehockt hat" – frei nach dem Motto: „Ein Journalist kann Freund des Politikers auf Dauer nicht sein." Mit dieser Feststellung beginnt er eine seiner Kolumnen etwa ein Jahr nach Amtsantritt der Regierung Schröder/Fischer, in der er mit Rot-Grün abrechnet und meint, der Kanzler – „ich darf ihn ja Gerd nennen" – wäre wohl doch besser in Hannover geblieben, statt sich in Bonn eine blutige Nase zu holen. Dass Schröder in den ersten zwölf Monaten seiner Regierung in Wirtschafts- und Finanzfragen nichts bewegt hat, erstaunt ihn nicht, doch ist dies für Augstein eher eine lässliche Sünde, gemessen am entscheidenden außenpolitischen Fehltritt der neuen Regierung, den er vor allem auf das Konto von Joschka Fischer bucht: Die Deutschen beteiligen sich am Jugoslawien-Krieg der Nato, erstmals seit dem Zweiten Weltkrieg stehen deutsche Truppen wieder im Kampfeinsatz, denn deutsche Tornados starten von italienischen Flugplätzen zu Aufklärungsflügen und greifen jugoslawische Radarstellungen mit Raketen an.

Dabei ist dieser Nato-Krieg völkerrechtlich höchst umstritten, denn eine formale Ermächtigung des UN-Sicherheitsrats liegt wegen eines zu erwartenden russischen Vetos nicht vor. Der Einsatz der Nato-Kräfte kann sich bestenfalls auf das notstandsähnliche Recht zur humanitären Intervention stützen, weil die Vereinten Nationen den extremen Gebrauch von Gewalt durch die Serben als eine Bedrohung des Friedens bezeichnet haben. Wenn der Bundestag dieser Aktion zustimmt, dann vor allem, weil die Deutschen sich der Verantwortung stellen und nicht länger beiseite stehen wollen, wenn es gilt, ein Gemetzel innerhalb Europas zu verhindern. Doch Augstein beeindruckt dies nicht. Obschon er sonst nicht müde wird, die „Normalisierung" Deutschlands einzufordern, beharrt er in diesem Fall auf einer deutschen Sonderrolle und nimmt damit die internationale Isolierung bewusst in Kauf. Beinahe wütend schreibt er im Herbst 1999, der „Frankfurter Sponti und Sitzblockierer gegen die US-Rakete ‚Pershing', das größte Schimpfmaul gegen den verbrecherischen Krieg der USA gegen Vietnam", werfe seine Vergangenheit hinter sich wie der Apostel Paulus und bete an, was er immer bekämpft habe: „den Kriegskapitalismus". Schröder sei außenpolitisch unter die Fuchtel eines „grünen Hasardeurs" geraten, der den Nationalstaat abschaffen und statt dessen „die grenzübergreifende Polizeitruppe" wolle – „unter Führung der USA, vulgo auch Nato genannt". Er spricht jetzt nur noch vom „deutschen Kriegstrio Schröder-Scharping-Fischer", nennt den Außenminister einen Narziss, freilich einen „ausgelaugten", ja bezeichnet ihn gar „als Rattenfänger, von dem man nicht weiß, in welches Rattenloch er seine grünen Kinder führen will".

Im Sommer 2000 stellt er voller Befriedigung fest, Fischer habe sich mit seiner Europa-Rede in der Humboldt-Universität etliche Ohrfeigen geholt: eine aus Frankreich, eine aus Großbritannien und eine aus Polen. Dabei handelte es sich um eine richtungsweisende, wenn auch nicht sehr realistische Rede, die zweifellos eine Antwort auf die mit der Erweiterung der Europäischen Union erkennbaren Re-Nationalisierungs-Tendenzen geben soll und deshalb Aufsehen erregt. In Vollendung von Robert Schumans „großer Idee" fordert der Außenminister eine europäische Föderation mit einer europäischen Regierung und einer Legislative von zwei Kammern, und auf dem sicher beträchtlich langen Weg dahin schließt er die engere Zusammenarbeit einiger Schrittmacher-Staaten als „Gravitationszentrum" oder „Avantgarde" nicht aus, vermeidet jedoch bewusst das umstrittene Wort Kerneuropa.

Die erste Ohrfeige kommt von Frankreichs Europa-Minister Moscovici, der von einem Versuch spricht, den Pflug vor den Ochsen zu spannen und die Debatte über die konkreten Probleme der Europäischen Union durch vage Erörterungen über das Endziel gefährdet sieht; die zweite Ohrfeige erteilen die Briten, die wähnen, Fischer habe die „Verpackung um den europäischen Superstaat", den sie so hartnäckig bekämpfen, endlich weggerissen; und Polens Staatspräsident Kwasniewski bezichtigt ihn, mit seiner „Flucht nach vorn", vor allem mit der Avantgarde-Idee, neue Trennlinien innerhalb Europas aufzurichten.

Nun hat Fischer seine Gedankenskizze bewusst als „persönliche Zukunftsvision", also nicht als offizielle Regierungsmeinung bezeichnet, aber in seinem Zorn auf den Balkan-„Hasardeur" bestreitet Augstein ihm jedes Recht, in die europäische Zukunft vorauszuschauen: Der Außenminister dürfe sich Gedanken machen, soviel er auf Lager habe, aber solle damit gefälligst nicht an die Öffentlichkeit gehen. „Außenpolitik", schreibt der *Spiegel*-Herausgeber, „ist keine Spielwiese. Dort hat er nicht seinen Gedanken nachzuhängen, sondern den verantwortlich erörterten Standpunkt seiner Regierung zu vertreten." Das wirkt engherzig und überzogen, wie man denn über manchen seiner Balkan- oder Fischer-Kommentare streiten oder den Kopf schütteln mag. Gnädiger gegenüber Fischer zeigt er sich erst wieder, als dieses „Amerika-freundlichste Mitglied der Bundesregierung" Distanz zum zweiten Irakkrieg, dem des zweiten Präsidenten Bush, zeigt und erklärt, Bündnispartner seien „nicht Satelliten".

Wenn es um Afghanistan oder den Irak geht, erweist er sich als Mann, den trotz Alter und Krankheit der analytische Scharfblick nicht verlässt. Hellsichtig hatte er wenige Wochen nach den Anschlägen auf die World Trade Towers in New York im Herbst 2001 geschrieben: „Biedern sich Kanzler Schröder und sein Scharping weiter derart in Washington an, dürfen sie sich nicht wundern, wenn sie in den Sog des arabischen Zorns geraten. Und wenn eines Tages auch noch deutsche Soldaten für Kaschmir angefordert werden, um zur ‚Befriedung‘ des dortigen 50-jährigen Krieges zu kämpfen, was sollen wir dann antworten?" Und da wir – wie fast alle in Afghanistan engagierten Nato-Partner – heute darüber diskutieren, wie wir je, bei Wahrung des Gesichts, dort wieder herauskommen können, sei auch der Schluss dieser Kolumne zitiert. Er lautet: „Wer hat die USA in die afghanische Falle gelockt? Ihr Hochmut? Ihr Rachedurst? Beneidenswert, wer frei davon."

Noch in seinem allerletzten Kommentar, der wie die meisten späten Kolumnen allerdings nicht von ihm allein geschrieben, aber dessen Linie von ihm vorgegeben ist, bleibt er seiner Abneigung gegen militärische Engagements treu: Unter der Überschrift „Die Präventiv-Kriegstreiber" bezeichnet er Pläne der USA für den militärischen Einmarsch zum Sturz Saddam Husseins in Bagdad als völkerrechtlich verbotenen Angriffskrieg. Nicht die bedingungslosen Gefolgsleute seien zuverlässige Verbündete, sondern jene, die kritisch ihre Meinung sagten. So lobt er Schröder, weil dieser militärische Abenteuer nicht mittragen will: „Da hat er Recht, mögen sich da bei der SPD – 's ist Wahlkampf – auch einige schrille Töne eingeschlichen haben." Zugleich weist er das Wort von der „uneingeschränkten Solidarität", die der Bundeskanzler unter dem Eindruck der Anschläge auf die World Trade Towers im Herbst 2001 im Bundestag versprach, als „verfehlte Schröder-Formulierung im Krieg gegen den Terror" zurück, denn sie hätte die Vereinigten Staaten nur in ihrem Unilateralismus ermutigt.

Unter den vielen Ehrungen, die Augstein in den letzten Jahrzehnten zuteil werden, kommt dem ihm verliehenen Börne-Preis besondere Bedeutung zu, zumal die Auszeichnung eine breite Debatte in der Öffentlichkeit entfacht. Als er ihn, beklemmend hinfällig, wie die Hamburger *Woche* schreibt, gestützt auf seine fünfte Ehefrau Anna und seine Tochter Franziska im Mai 2001 in Frankfurt entgegennimmt, ist er, der einst des Landesverrats Verdächtigte, bereits Träger des Großen Verdienstordens der Bundesrepublik (1991), Ehrenbürger von Hamburg (1994) und Ehrensenator der Universität Hamburg (1988).

Den Reigen der Ehrendoktoren hat 1983 die britische Universität Bath eröffnet, die ihn „by reason of his distinguished work in publishing and journalism" *honoris causa* promoviert. 1987 folgt die Bergische Universität/Gesamthochschule in Wuppertal, die ihn für seine „im *Spiegel* dokumentierte Arbeit" auszeichnet, „Öffentlichkeit als Medium politischer, wissenschaftlicher und künstlerischer Kommunikation immer erneut zu begründen und zu erhalten"; und 1999 verleiht ihm die Hochschule für Auswärtige Beziehungen in Moskau als einem „der herausragendsten Publizisten der Gegenwart" den Doktorhut, wofür sich Augstein mit der Einrichtung eines Lesesaals samt Bibliothek erkenntlich zeigt. „Eine ganze Generation russischer Journalisten und Germanisten", sagt Rektor Anatolij Torkunow in der Begründung, sei bei Augstein in die Schule gegangen und habe sich an seinem „Mut, seiner Weitsicht und an seinem Glauben an die Ideale der Demokratie und des Ausgleichs zwischen den Völkern" ein Beispiel genommen.

Auch eine besondere Ehrung des Adolf-Grimme-Preises für die Initialzündung zu „Spiegel TV" gehört zu den Auszeichnungen, mit denen sich Augstein schmücken kann. Und gleich zweifach wird er zu einer Art Jahrhundertfigur befördert: Zum „World Press Freedom Hero" wählt ihn das International Press Institute in Boston im Mai 2000, und zwar als einen von 50 Verlegern und Journalisten aus aller Welt, die im letzten Jahrhundert für die Unabhängigkeit der Presse eingetreten seien; und zum „Journalisten des Jahrhunderts" ernennen ihn 100 namhafte Journalisten im selben Jahr im *Medium-Magazin*, weil er – als „Sturmgeschütz der Demokratie" – zum „Gewissen der Republik" geworden sei. Sie loben seine liberale Haltung, seinen analytischen Verstand und seine Unbestechlichkeit, zudem habe er keinen Konflikt mit den Mächtigen gescheut und stets das Primat des Journalismus hochgehalten. Die nach der *Spiegel*-Affäre 1962 neu gestiftete Carl-von-Ossietzky-Medaille hat er ausgeschlagen, weil er sich nicht „diesem von den Nazis im KZ auf den Tod misshandelten Friedensnobelpreisträger an die Seite stellen" will; obschon er wie dieser wegen Landesverrats etliche Monate im Gefängnis saß, sei er doch kein Märtyrer gewesen.

Schon von Figur erinnert Rudolf Augstein, als er, von Krankheit gezeichnet, den Börne-Preis in der Frankfurter Paulskirche erhält, an den Namensgeber dieser Auszeichnung, denn Zeitgenossen schildern Ludwig Börne, den „Erfinder des politischen Journalismus" und „größten Auslandskorrespondenten der deutschen Literatur" (Gustav Seibt), als klein, zierlich und zerbrechlich von Gestalt. Auch steht Augstein, wie Frank Schirrmacher in seiner Laudatio betont, wie kaum ein anderer „in der aufklärerischen und freiheitlichen Tradition", die Ludwig Börne in der deutschen Geistesgeschichte begründet hat. Mit seinen „Briefen aus Paris" wurde Börne zum prominentesten Autor des Vormärz, zum Wortführer des jungen Deutschland, zum Kämpfer und Prediger gegen die politische Unmündigkeit der Deutschen, was immer er schrieb, so Marcel Reich-Ranicki, „war Zeitkritik im Kampf um die Demokratie", vom Wundermittel der öffentlichen Meinung erwartete er alles. Unruhestifter sind sie beide – Augstein und Börne, beide haben den Servilismus, die Untertanenseligkeit und Autoritätsgläubigkeit der Deutschen bekämpft, und wenn Martin Walser einmal Augstein treffend als „Verehrungsverweigerungtalent" bezeichnet, mag sich eine Parallele bei Börne in dessen Ablehnung, ja Verachtung Goethes als „Sänger in den Palästen der Reichen" finden. 1993 von Frankfurter Bürgern gestiftet, wird die Auszeichnung für hervorragende Leistungen im Bereich von Essay, Kritik und Reportage vergeben, zu den Preisträgern gehören

Richard Schröder, Joachim Kaiser, Marcel Reich-Ranicki, Josef Joffe und Joachim Fest – passt da einer besser in diese Reihe als Rudolf Augstein, der den Preis für sein publizistisches Lebenswerk erhält? Die Klinge, die er führte, sei an Börne, Heine und Tucholsky geschult, so Schirrmacher; vier Jahrzehnte habe er den Diskurs der Republik bestimmt, sei mit seinem *Spiegel* der „Großfabrikant des deutschen Nachkriegsbewusstseins" geworden, ja er habe der Nachkriegs-Bundesrepublik ermöglicht, wieder in ein Gespräch mit sich selbst einzutreten und dem Land damit „innere Freiheit" wiedergegeben. Das ist eine Menge Lob von einem, den Augsteins Blatt vier Jahre zuvor geradezu genüsslich-hämisch als „altklugen Kohl-Jünger" vorführte, der seine Doktorarbeit in Siegen weitgehend auf eine zuvor von ihm verfasste Magisterarbeit gestützt und sich so einer unter Akademikern unüblichen „Doppelverwertung" schuldig gemacht habe.

Doch die Verleihung eines Preises, nach einem Mann benannt, der als Juda Löb Baruch im Frankfurter Ghetto zur Welt kam, als Erwachsener zum Christentum konvertierte und sich erst nach seiner Taufe Ludwig Börne nannte, setzt alle die Mühlen des Antisemitismus-Vorwurfs gegen Augstein und den *Spiegel* wieder in Gang, die Augstein schon längst vergessen glaubte. Selbst die seriöse *Neue Zürcher Zeitung* schreibt plötzlich von der „trüben Frühgeschichte" des *Spiegel*, und die *TAZ* ruft ausführlich die von Lutz Hachmeister vorgebrachten Vorwürfe in Erinnerung – die antisemitischen Passagen in der Serie „Am Caffeehandel betheiligt" und die Mitarbeit ehemaliger Nationalsozialisten im frühen *Spiegel*; vor allem aber werden Augsteins angeblich antisemitische Kommentare gegen ihn ins Feld geführt.

Hat er nicht, wieder einmal gegen alle *political correctness* verstoßend, im November 1998, nach der Rede Martin Walsers in der Paulskirche dessen Behauptung, Auschwitz werde als „Drohkulisse", als „Moralkeule" und zur „Instrumentalisierung unserer Schande zu gegenwärtigen Zwecken" missbraucht, in einem Kommentar ausdrücklich „richtig" genannt? Und in diesem Zusammenhang erneut gegen das Holocaust-Mahnmal Peter Eisenmans protestiert? Man ahne, hieß es bei ihm, „dass dieses Schandmal gegen die Hauptstadt und das in Berlin sich neu formierende Deutschland gerichtet ist". Verdient den Börne-Preis, fragt Johannes Klotz nach der Bekanntgabe des Preisträgers Anfang November 2005, einer der schreibt: „Ließen wir den von Eisenman vorgelegten Entwurf fallen, wie es vernünftig wäre, so kriegten wir nur einmal Prügel in der Weltpresse. Verwirklichen wir ihn, wie zu fürchten ist, so schaffen wir Antisemiten, die vielleicht sonst keine wären, und beziehen Prügel in der Weltpresse jedes Jahr und lebenslang, bis ins siebte Glied?"

Die Metapher vom siebten Glied hat der bibelfeste Augstein dem Alten Testament entnommen, doch was der *TAZ*-Autor daraus macht, zeigt, wie hoch die Wellen wegen der Vergabe des Börne-Preises ausgerechnet an Rudolf Augstein schlagen: Die Insinuation einer „jüdischen Rache bis ins siebte Glied" zeige Augstein als jemanden, so Johannes Klotz, der mit antisemitischen Codes umzugehen verstehe und mit dem Verdacht arbeite, am Antisemitismus seien die Juden selber schuld. Die Börne-Stiftung jedoch weist solche Verdächtigungen zurück. Vom *Tagesspiegel* zu den Anwürfen befragt, sagt Dr. Salomon Korn, Vorstandsmitglied der Stiftung und Vorsitzender der Jüdischen Gemeinde Frankfurt, zwar habe er sich bei Augstein gelegentlich über diese oder jene Formulierung gewundert, doch das alles sei „im Rahmen dessen" gewesen, „was man in einer Demokratie aushalten" müsse. Und als Augstein nach Empfang des Preises dem Stiftungsvorsitzenden Dr. Michael Gotthelf schriftlich beteuert: „Glauben Sie mir, ich hätte den Börne-Preis nicht angenommen, wenn ich in mir je ein Fünkchen Antisemitismus entdeckt hätte?", schreibt dieser zurück: „Den Antisemitismusvorwurf halten sowohl mein Vorstandskollege Dr. Korn als auch ich für unbegründet, was wir auch mehrfach in öffentlichen Stellungnahmen zum Ausdruck gebracht haben ..."

Den ursprünglich für den Festakt vorgesehen Termin am 5. November 2000 hatte Augstein in letzter Minute abgesagt – aus Krankheitsgründen. Das Argument war keineswegs vorgeschoben: Ingeborg Villwock, Augsteins Schwester, hatte ihren Bruder in völlig verwirrtem Zustand angetroffen und beim *Spiegel* Alarm geschlagen. Augstein bestand darauf, in die Frankfurter Paulskirche zu fahren, hatte jedoch, konfus und durcheinander, wie er war, eine Dankesrede entworfen, welche – wegen Mangel an Präzision in den Formulierungen – gegen ihn erhobene Vorwürfe des Antisemitismus bei Übelwollenden eher bestärken denn entkräften konnte, ihm und dem *Spiegel* also schaden musste. Es gelingt Stefan Aust und dem behandelnden Arzt schließlich, Augstein die Reise auszureden. Doch das Angebot, den Preis stellvertretend seiner Tochter Franziska zu überreichen, lehnt er ab und übernimmt lieber die Kosten von 30 000 Mark, die mit einem neuen Festakt im Mai des darauf folgenden Jahres verbunden sind.

Will er die Kritik an ihm in einer Rede in der Paulskirche persönlich zurückweisen? Was er in Frankfurt am 13. Mai 2001 beim nachgeholten Festakt in seiner neu gefassten Rede sagt, deutet in vielem darauf hin. Es ist sein letzter großer Auftritt vor der Öffentlichkeit, aber seine Stimme versagt, und weil er wegen einer Augenerkrankung auch kaum mehr sehen kann, liest Fried von Bismarck, sein Verlagsleiter, weitgehend vor, was die Hamburger *Woche* zu Recht eine „Patchwork-Erzählung" aus Augsteins Leben nennt. Bilder und Szenen aus Kindheit und Jugend tauchen wieder auf, das weitreichende Radio, das Vater Augstein besorgte, um am Anfang des Krieges mit Sohn Rudolf unter der Bettdecke Radio London und Moskau zu hören, die Überzeugung des Vaters, dass dieser Krieg „finis Germaniae" bedeute, auch die „antijüdischen Sprüche", die seine arglose Mutter im Munde führte und die ihr der Vater nach der Regierungsübernahme durch die Nationalsozialisten untersagte.

Doch im Widerspruch zu früheren Äußerungen heißt es jetzt, Antisemitismus – und er meint den nicht-eliminatorischen bürgerlicher Tradition, den Wolf-Jobst Siedler einmal Bäder-Antisemitismus nannte – habe es in seiner Familie nicht gegeben. Ganz bewusst greift er den Vorwurf auf, der hier im Andenken an den geborenen Juden Börne geehrt werden solle, sei ein „Salon-Antisemit" oder ein „geistiger Brandstifter" wie sein Freund Martin Walser. Kuschen will er nicht, und so weicht er von seiner Israel-kritischen Linie nicht ab, auch wenn sie, aus gegebenem Anlass, versöhnlicher verpackt daherkommt. Er bleibt auch bei seinem Vorwurf, auf der Konferenz von Evian 1938 hätten die Länder des Westens den Opfern nationalsozialistischer Verfolgung Hilfe versagt, als sie sich weigerten, jüdische Flüchtlinge aufzunehmen und Geld für ihre Ausreise zur Verfügung zu stellen.

Dass Israel seine Legitimation aus Auschwitz zu ziehen sucht, versteht er und spricht von einer überschäumenden Begeisterung, die es zunächst für den jungen jüdischen Staat gegeben habe. Doch sei sie, wegen des hochgesteckten Ziels eines „das ganze Westjordanland zu beherrschenden Groß-Israels", schnell in Enttäuschung umgeschlagen. Dass der Frieden in Nahost nicht nur am Terror arabischer Selbstmordkommandos scheitert, dafür führt er als unverdächtigen Kronzeugen den Sohn eines jüdischen Anwalts und ehemaligen Wohngemeinschafts-Genossen Joschka Fischers, den grünen Europa-Abgeordneten Daniel Cohn-Bendit ins Feld, auch wenn er Fried von Bismarck sagen lässt, dass er nicht mit jeder Vokabel des Zitats übereinstimme: „Es ist manchmal schwierig", so Cohn-Bendit 1969, „sich die Naziideologie von der Herrenrasse vorzustellen. Hier in Israel ist sie ständig und überall gegenwärtig und greifbar. Eine ganze Generation von Jugendlichen hält sich für die Her-

renrasse und die Palästinenser für irrende Juden." Man sehe
bis heute nicht, so Augstein, wie die in der Region ansässigen
Palästinenser und die ihnen weit überlegenen Israelis zu einer
auch nur teilweisen Verständigung kommen können.

Wenn der *Spiegel*-Chef selbst spricht, trägt er frei, aber sto-
ckend vor. Er macht seinen Konkurrenten Helmut Markwort
von *Focus* unter den Zuhörern aus und bedankt sich ironisch,
weil dieser ihn einen „bekennenden Zyniker" genannt habe: „Sie
wissen gar nicht und können als junger Mensch auch gar nicht
wissen, welche Ehre Sie mir damit angetan haben, denn die
bekennenden Zyniker waren ein Kreis um Sokrates, des ersten
Rechercheurs der Weltgeschichte überhaupt." Und: „Man kann
das Spiel der ganz Großen ohne Zynismus nicht betrachten."
Der Festakt klingt versöhnlich aus, und als die Teilnehmer die
Paulskirche verlassen, sind die wenigen Anti-Augstein-Transpa-
rente, mit denen eine Hand voll Demonstranten sich vor dem
Eingang aufgebaut hatte, längst eingerollt.

Seit Mitte der neunziger Jahre leidet er an einer Sehstörung,
einer Erkrankung der Macula, die ihm, der sein Leben lang
gewohnt war, Bücher förmlich in sich hineinzufressen, das
Lesen erschwert und ihm bald ganz unmöglich macht. So müssen Irma Nelles und die Sekretärinnen ihm vorlesen, und weil
sie allein die nötige Zeit dafür nicht mehr dafür aufbringen
können, werden Vorleserinnen von außerhalb des *Spiegel* dafür
engagiert. Auch Anna liest für ihn, die letzte Frau an seiner
Seite, die er im Oktober 2000 im dänischen Tondern heiratet
und mit der er die letzten dreieinhalb Jahre vor seinem Tode
zusammen ist.

Kennen gelernt hat er die 25 Jahre jüngere Galeristin Anna
Maria Hürtgen, als sie noch Sekretärin in der Kanzlei seines
Freundes Heinrich Senfft war. Seither ist er zwanzig Jahre immer
wieder mit ihr zusammen gewesen – *on and off* allerdings. Mal
haben sie auf der Elbhöhe, mal am Leinpfad zusammengelebt,
doch behält sie immer eine eigene kleine Wohnung bei, in die

sie flüchten kann, wenn Trennung wegen anderer Frauen wieder angesagt ist. Er sei in guten, „unintellektuellen Händen", schreibt er 1983 einmal einer alten Bekannten, als er mit ihr zusammen ist. Anna wirkt frisch, unkompliziert, unneurotisch und hat sich einen mädchenhaften Charme bewahrt. Drei-, viermal begleitet sie ihn nach Lans ins Sanatorium, reist mit ihm oft nach St. Tropez oder nach Sylt. Die letzten dreieinhalb Jahre, die Augstein nach seinem Zusammenbruch dem Bier entsagen muss, nennt sie die glücklichsten in ihrem Leben – entwürdigende Situationen, welche jede Alkoholkrankheit mit sich bringt, bleiben ihr in dieser Zeit erspart.

Als Frau, die mit Kunst handelt, betont sie die mäzenatische Seite Rudolf Augsteins, der immer wieder Theaterproduktionen unterstützte. In der Tat ist Augstein ja nicht nur der sangesfrohe Opernfan, der ganze Arien und Lieder schmettern kann, wenn es ihm gut geht – vorzugsweise von Wagner und Léhar. Er ist auch ein fleißiger Theatergänger, der im Hamburger Thalia meist in Reihe 5 sitzt und nach Premieren nicht mit Lob oder Dank, aber auch nicht mit spitzen Notizen spart. Als das Thalia-Theater einmal das Sponsorengeld einer „Waffenschmiede", der Rüstungsfirma Messerschmidt-Bölkow-Blohm, ablehnt und deshalb, in einem „Sommer des Missvergnügens", in „rabenschwarzer Tinte" sitzt, so erzählt Jürgen Flimm, kommt ein fröhlicher Anruf von Augstein, der die ausgefallenen 75 000 D-Mark beisteuert – als „Engel in Reihe 5", wie der Theatermann ihn darob nennt. Später beteiligt er sich an der Restaurierung der Fassade des Thalia-Theaters und stiftet 350 000 Mark zur Rettung der privaten Hamburger Kammerspiele.

Öfter spendet Augstein für die Kunsthalle Emden seines alten Freundes Henri Nannen, der Hamburger Kunsthalle schenkt er rund ein Dutzend Bilder, darunter einen Arroyo und einen Heisig. Dass er Freunden und guten Bekannten mit Geld aus seiner privaten Schatulle hilft, wird immer wieder bezeugt. So greift er mehrfach dem nur schwer von dem Attentat genesenden Rudi Dutschke finanziell unter die Arme und ermöglicht eine Herzoperation für Wolfgang Harich in der Schweiz, die in der DDR nicht hätte vorgenommen werden können. Und 1988, als er den Opfern einer Erdbebenkatastrophe in Armenien eine Million Mark zukommen lässt, will er, wie er der Moskauer *Neuen Zeit* in einem Interview sagt, durch sein Beispiel andere auffordern, „dem uralten Volk Armeniens zu helfen, das in seiner Geschichte, besonders in unserem Jahrhundert, so viel Leid erlitten hat". Bei politischen Spenden, die regelmäßig an die FDP gehen, achtet er allerdings darauf, die von der Steuer absetzbaren Höchstbeträge nicht zu überschreiten. *Ad personam* unterstützt er schon einmal den Wahlkampf seines Freundes Horst Ehmke, der für die SPD im Wahlkreis Bonn kandidiert, obschon er mit dem Kurs der SPD keineswegs immer einverstanden ist. Auch die Hamburger Grün-Alternative Liste erhält von ihm 1988 etwas mehr als 60 000 Mark.

Als der *Spiegel* die Parteispendenaffäre aufdeckt und öffentlich macht, dass der Flick-Konzern im Rahmen seiner „politischen Landschaftspflege" 25 Millionen Mark an CDU und FDP gespendet hat, gerät er im Zuge der staatsanwaltschaftlichen Ermittlungen selbst in die Schlagzeilen: Er hatte das Geld an FDP-nahe gemeinnützige Institutionen überwiesen, beispielsweise an die „Gesellschaft für Europäische Wirtschaftspolitik", die praktisch Geldwaschanlagen für die FDP waren und das Geld steuerfrei in deren Kassen weiterleiteten. Prompt bezeichnet ihn die *Süddeutsche Zeitung* als Pharisäer und Heuchler, doch Augstein rechtfertigt sich im eigenen Blatt: Er erklärt, die Spenden – es handelte sich um relativ bescheidene Beträge des *Spiegel* von 50 000 und private Spenden Augsteins von 5000 samt Monatsbeiträgen von 700 Mark – seien für die satzungsgemäßen Zwecke der Vereinigungen bestimmt und daher völlig legal gewesen. Von der Tatsache, dass solche Gelder auf skandalöse Weise im Ausland gewaschen wurden, habe er keine Ahnung gehabt. Als die Parteien den Spenden-Skandal durch eine Amnestie beilegen und die Strafverfolgung betroffener Politiker verhindern wollen, plädiert Augstein gegen jeden derartigen Vertuschungsversuch und fordert den Rücktritt seines FDP-Parteifreundes und langjährigen nordrhein-westfälischen FDP-Schatzmeisters Graf Lambsdorff als Wirtschaftsminister.

Im Sommer 1999 bedrängen ihn Gedanken, wie es denn ohne ihn im *Spiegel* weitergehen soll. Er ist um diese Zeit durch Krankheit geschwächt und physisch zunehmend fragil. Dynastisch hat er nie gedacht, doch jetzt fragt er sich, ob nicht eines seiner Kinder, Franziska oder Jakob, die beide angesehene Journalisten geworden sind, dafür sorgen könnten, dass der Name Augstein im *Spiegel* auch nach ihm präsent bleibt. Dabei ist die Lage juristisch eindeutig, denn im Vertrag mit dem 25-Prozent-Gesellschafter Gruner + Jahr, im Juli 1971 in Luzern geschlossen, um die hohen deutschen Notargebühren zu sparen, wurde festgelegt, dass nach dem Tode Rudolf Augsteins die Erben von dessen 25-Prozent-Anteil je ein halbes Prozent an Gruner + Jahr sowie an die Mitarbeiter-KG abgeben müssen. Die Luzerner Verträge hatten zwar klar geregelt, dass zu Lebzeiten Rudolf Augsteins nichts gegen ihn entschieden werden konnte – für den Fall seines Ablebens aber wollten die übrigen Gesellschafter mit der Abgabe des einen Prozent Blockaden durch möglicherweise zerstrittene Erben vorbeugen. Die Sperrminorität, auf die gestützt Augstein seit diesen Verträgen im *Spiegel* regiert hatte, wäre mit Abgabe dieses einen Prozent also dahin.

Es kann gar keinen Zweifel geben, dass der Kaufmann Augstein ganz genau weiß, was da in seiner Anwesenheit in Luzern vom Notar vorgelesen und beurkundet wurde: dass Gruner + Jahr nach seinem Tod ein vertragliches Vorkaufsrecht auf ein halbes Prozent seines Anteils besitzt wie auch die Mitarbeiter-KG, dass seine Erben also weder über seine Sperrminorität noch über seine besondere Entscheidungsbefugnis in Redaktionspersonalien verfügen und damit praktisch im Unternehmen nichts mehr zu sagen haben werden. Wenn er dennoch den aussichtslosen Versuch unternimmt, diese juristisch zementierte Entmachtung seiner Erben rückgängig zu machen, mögen mehrere Gründe dafür den Ausschlag gegeben haben. Mit den Luzerner Verträgen holten Augstein und sein Verlagschef Becker einen wirtschaftlich starken Kompagnon ins Boot, der in der Lage war, auch einmal potentielle Verluste aufzufangen. Nur: Damals war Gruner + Jahr noch ein selbständiger Verlag. Das ändert sich, als Gerd Bucerius 1973 seine Anteile gegen Bertelsmann-Aktien tauscht und John Jahr 1975 knapp zehn Prozent an Bertelsmann verkauft. Seither gehört der Verlag, auch wenn Jahr eine Sperrminorität behält, dem Gütersloher Imperium an.

Zudem sind Augsteins Kinder Franziska und Jakob bei Vertragsabschluss erst sieben bzw. vier Jahre alt, dass sie einmal den Weg in den Journalismus wählen würden, konnte der *Spiegel*-Chef damals nicht voraussehen. Und da er und sein Freund Becker alles andere denn eine Augstein-Dynastie begründen wollten, tut er auch nicht, was für Verleger wie den Senator Franz Burda in Offenburg ganz selbstverständlich ist – die Kinder ins eigene Unternehmen zu holen, sie mit dem Magazin-Journalismus und den Verlagsgeschäften vertraut zu machen, damit sie später einmal in seine Fußstapfen treten könnten.

Will er das Versäumte nachholen und Franziska, die ihm auch vom Temperament her viel ähnlicher als Jakob ist, als Herausgeberin installieren? Jedenfalls spielt er, wie Hans Detlev Becker einem Telefongespräch mit ihm entnimmt, wenige Jahre vor seinem Tod mit dem Gedanken, sich als Herausgeber von Franziska vertreten zu lassen, die 1998 den Ernst-Robert-Curtius-Förderpreis und 2000 den Theodor-Wolff-Preis erhält. Offenbar spielt er mit dem Gedanken, sie langsam statt seiner in die Rolle des Herausgebers hineinwachsen zu lassen. Als er 1999 mit seinem Chefredakteur Aust unzufrieden ist, stellt er einem von zwei Hamburger Journalisten, bei denen er als potentiellen Nachfolgern sondiert, die Frage, ob er als

Chefredakteur denn mit Franziska als Herausgeberin zusammenarbeiten würde.

Als der *Spiegel* im Februar 2001 über den demonstrativen Wechsel dreier Feuilletonisten der *FAZ* zur *Süddeutschen Zeitung* berichtet und nur zwei davon im Bild zeigt, Franziska Augstein aber nicht, beschwert sich der *Spiegel*-Herausgeber bei seinem Chefredakteur: Das Bild seiner Tochter sei, wie es sich gehört, ins Layout eingepasst gewesen, aber auf Anordnung „von oben" herausgenommen worden. „Solltest Du dieser ‚von oben' gewesen sein", so Augstein an Aust, „so muss ich Dir nicht sagen, dass diese Kleingeistigkeit einer Chefredaktion unwürdig ist. Ich weiß, dass Du Franziska und Jakob für Konkurrenten hältst." Hätte er „diesen Kerl längst rausgeschmissen", wenn er noch die Kraft dazu gehabt hätte, wie er in kleiner, vertrauter Runde einmal anmerkt? Aber sind solche Zornausbrüche in seinem Zustand überhaupt ernst zu nehmen – und wann wäre er schon mit einem von ihm installierten Chefredakteur nach einigen Jahren noch voll und ganz zufrieden gewesen?

Der Chefredakteur Aust, den er nur nach langem Kampf mit der Mitarbeiter-KG als Nachfolger von Werner Kilz berufen konnte, tanzt ihm inzwischen auf zu vielen öffentlichen Hochzeiten, lässt – aus seiner Sicht – keine Gelegenheit zur Selbstdarstellung aus, kritisiert ihm auch die eigenen Artikel zu offen. Einmal weigert er sich sogar, einen Kommentar von Rudolf Augstein ins Blatt zu heben, wenn auch ohne Zweifel in der Absicht, seinen Herausgeber zu schützen. Aust zu feuern, dem die Mitarbeiter-KG skeptisch gegenübersteht, wäre relativ leicht gemessen an der Aufgabe, einen wirklich überzeugenden Nachfolger zu finden und durchzusetzen – das erforderte sehr viel mehr Kraft. Vor allem: Bei Aust stimmt die Auflage, und so ist Augsteins Verhältnis zu ihm am Ende ambivalent. Ende November 2000 schreibt er ihm: „Du kannst Dich nicht ändern – und ich ebenso wenig. Künftige Perspektive: Aust bleibt vorschnell, wie er ist, aber ich will ihn unbedingt halten und begnüge mich mit dem obligaten Anschiss. Auf dieser Basis können wir noch lange zusammenarbeiten, zumal ich derzeit keine neue Chefredaktion installieren kann, es im übrigen gar nicht will ... Du weißt, dass die Mitarbeiter-KG Dich [nur] ‚vorerst‘ behalten will. Meine Aufgabe ist es also, Dich vor Dir selbst zu schützen.“ Aust als Chefredakteur und Franziska als Herausgeberin, dessen ist er sich sicher – das ergäbe ein schwieriges Gespann, denn die Chemie zwischen beiden stimmt nicht. Doch es bleibt nur bei unverbindlichen Gedankenspielen.

Sohn Jakob, den er testamentarisch zum alleinvertretungsberechtigten Sprecher für den 24-Prozent-Anteil bestimmt, den seine vier Kinder erben werden, nimmt er schon seit Mitte der neunziger Jahre in die Gesellschafter-Versammlung mit, um ihn in die Geschäfte einzuführen. Handelt es sich, wenn er reichlich verspätet versucht, einen Augstein als Herausgeber zu implantieren, nur um plötzlich erwachten Familiensinn oder auch um die Einsicht, dass die Zukunft, vor allem die Unabhängigkeit des Blattes, nicht mehr gesichert ist, wenn statt drei jetzt nur noch zwei Partner Entscheidungen treffen, von denen der eine wirtschaftlich ungleich mächtiger ist? Wer wird das Sagen haben, wenn die Gewinne einmal nicht mehr sprudeln und das Blatt in eine wirtschaftliche Krise gerät?

Zwei Briefe diktiert der inzwischen Halbblinde und schickt sie an Reinhard Mohn: Im ersten vom Oktober 1999 beschuldigt er Gerd Schulte-Hillen, der die Interessen von Gruner + Jahr bzw. Bertelsmann in der *Spiegel*-Gesellschafter-Versammlung vertritt und mit dem er doch seit Jahren auf freundschaftlichem Fuß verkehrt, den *Spiegel*-Verlag „nach und nach unfreundlich zu übernehmen“, und kündigt an, dieser Versuch werde in einer „großen Blamage“ und einer „schmerzenden Niederlage“ für das Haus Bertelsmann enden. Angesichts der Vertragslage klingt großsprecherisch, was Augstein den doch so Mächtigen in Gütersloh wissen lässt: „Mehr als das, was er [Schulte-Hillen] hat, nämlich 25 Prozent der Anteile, kann er nicht kriegen, eine Sperrminorität also. Die wird ihm ja niemand wegnehmen wollen." Er und seine Erben würden dafür sorgen, dass Schulte-Hillen „keinen Fuß in die Tür" kriege, zumal auch die Mitarbeiter-KG geschlossen dagegen sei, „ebenso die gesamte Redaktion samt Verlag und Dokumentation".

Doch Mohn, den er bittet, mit ihm zusammen „eine kosmetische Lösung zu erarbeiten", hält sich bedeckt. Er verweist den Vorgang an seinen CEO Mark Wössner, damit er ihn mit Augstein „freundschaftlich" abkläre, versichert jedoch, in jedem Falle könne Augstein davon ausgehen, „dass das Haus Bertelsmann abgeschlossene Verträge einhalten wird". Weil ihn Augstein – „von Senior zu Senior" – gebeten hat, ausgerechnet dies im Falle *Spiegel* nicht zu tun, kann dieser Brief nicht anders denn als glattes Nein gewertet werden. Doch gibt der *Spiegel*-Herausgeber noch nicht auf.

Ein Jahr später wendet er sich erneut an Mohn, bezichtigt die Bertelsmann-AG des „krassen" und „unsolidarischen" Machtstrebens gegenüber seinem Blatt und legt in aller Deutlichkeit dar, worum es ihm geht: „Alle Mitarbeiter des *Spiegel* und der übrigen *Spiegel*-Unternehmen wollen, dass der Name Augstein über meinen Tod hinaus den *Spiegel* prägt. Jetzt schon stehen zwei meiner Kinder zur Verfügung, die sich in beruflicher Hinsicht ausgezeichnet haben: Dr. Franziska Augstein und Jakob Augstein." Beide hätten ihre geschäftliche Schulung durch ihn erhalten, wüssten, was sie zu tun hätten und seien im Haus beliebt. Aber: „Keiner von beiden wird meine Nachfolge antreten, wenn meine Erben nicht die 25 Prozent bekommen, die ich als Gründer des Blattes *Der Spiegel* und langjähriger Geldbeschaffer für Ihr Haus beanspruchen kann."

Gruner + Jahr hat seinerzeit für die 25 Prozent, die der Verlag erwarb, 40 Millionen bezahlt – eine Summe, die es um ein Vielfaches durch die satten Renditen zurückerhielt, die der *Spiegel* seither erwirtschaftete. Schon deshalb fühlt sich Augstein mit seiner Forderung moralisch im Recht. Droht er eine öffentliche Kampagne gegen die Bertelsmann AG an, falls diese erneut ablehnt? Er schreibt: „Hinter beiden [Kindern] werden *Zeit*, die *Welt*, die *Frankfurter Rundschau*, die *FAZ*, wo meine Tochter heute schon ein Star ist, und zweifellos auch die *Süddeutsche Zeitung*, zu der ich beste Beziehungen unterhalte, stehen." Zwar dankt er Mohn dafür, dass er seinerzeit sein Buch „Jesus Menschensohn" veröffentlichte, doch versichert er ihm, „dass der weltumspannende Riese Bertelsmann keinen Fuß auf das *Spiegel*-Terrain setzen wird".

Was er zum Schluss schreibt, wirkt völlig realitätsfremd, denn er überschätzt – in ohnmächtigem Zorn, weil er sein Lebenswerk bedroht sieht? – seine Kraft: „Ich werde über den Tod hinaus stärker sein als Sie, wenn es um Angelegenheiten unseres Unternehmens geht." Im Nachhinein liest sich das so, als habe er gar nichts anderes als ein neues Nein erwartet. Und in der Tat: Erneut verweist der Herr über das Bertelsmann-Imperium die Angelegenheit an seine Manager, die sich, den Interessen ihres Hauses verpflichtet, natürlich penibel vertragstreu geben und es bei der in Luzern vereinbarten Entmachtung der Erben belassen wollen. Versuche der Augstein-Kinder, nach dem Tod des Vaters die 1971 vor dem Schweizer Notar besiegelte Ein-Prozent-Regelung vor dem Bonner Kartellamt mit dem Hinweis auf die Konkurrenz-Situation zwischen *Spiegel* und *Stern* anzufechten, der ja im Gruner + Jahr Verlag erscheint, ist kein Erfolg beschieden.

Hat Augstein ernsthaft an die Möglichkeit geglaubt, die Ein-Prozent-Regelung sei aus der Welt zu schaffen, oder hat er die beiden Briefe nur geschrieben, um gegenüber Tochter und Sohn das Gesicht zu wahren und den Nachweis zu erbringen, er habe sich für sie bemüht? Das ist seither die Frage, die Erben und *Spiegel*-Mitarbeiter gleichermaßen beschäftigt und auf die es eine eindeutige Antwort nicht gibt. Seine Frau Anna meint, es sei ihm, als er diese Briefe schrieb, gesundheitlich schlecht gegangen, andere erinnern daran, dass er, hatte er sich einmal etwas in den Kopf gesetzt, Realitäten und Gegenargumente ungern gelten ließ. Wieder andere fragen, ob es nicht ein Anzeichen geistigen Verfall gewesen sei, einem Mann wie Mohn in solchem Stil entgegenzutreten und gleichzeitig von ihm Verzicht zu erwarten. Die sich an den scharfen, oft geradezu brutalen Realitätssinn des politischen Kommentators Augstein erinnern, werden vor allem den Versuch unterstellen, er habe, wohl wissend, dass seine Briefe an Mohn nichts bewirken würden, nur das Gesicht gegenüber den Kindern wahren wollen. Fühlte er sich von ihnen unter Druck gesetzt, oder entwickelte er späte Schuldgefühle?

Wer seine Äußerungen aus den letzten drei Jahren bedenkt, wird sich jedoch fragen müssen, ob er es nicht doch ernster gemeint hat. Sah er Gefahren für den *Spiegel* heraufziehen, wenn es kein Austarieren der Entscheidungen, keine Balance zwischen drei Gesellschaftern mehr geben würde, zumal er um die inhärente Schwäche der Mitarbeiter-KG wusste, die mal äußerst kompetente, dann wieder weniger kompetente Sprecher wählen kann? Würde sie allein in kritischer Lage einem Riesen wie Bertelsmann Paroli bieten können? Im Grunde blieb ihm nur ein moralischer Appell an Mohn, das halbe Prozent, das ihm vertraglich zustand, nicht einzufordern – und wie konnte er den überzeugender formulieren als mit dem Hinweis auf den Namen Augstein und auf Tochter oder Sohn, die ihn dem *Spiegel* erhalten könnten? Finden Sorge um sein Werk und Sorge um seine Kinder am Ende vielleicht zusammen? Dass moralische Appelle weniger als Prozente zählen, die helfen, verlegerische Weichen zu stellen und bessere Renditen zu sichern, dürfte den Geschäftsmann Rudolf Augstein allerdings kaum überrascht haben.

Es ist sein letzter Kampf. Er verliert ihn, ja, er muss ihn verlieren, denn er ficht – dies zu sehen, ist er wohl immer noch Realist genug – in aussichtsloser Position. Als er, geschwächt durch eine Leberzirrhose, zwei Tage nach seinem 79. Geburtstag am 7. November 2002 an einer Lungenentzündung stirbt, hinterlässt er einen *Spiegel*-Verlag, der sich aus bescheidensten hannoverschen Anfängen zu einem blühenden, modernen mittelständischen Unternehmen gemausert hat. Er beschäftigt rund 1400 Angestellte, gibt neben den *Spiegel* viele Spezialhefte, dazu das *Manager Magazin* und den *Harvard Business Manager* heraus und betreibt außer *Spiegel* TV inzwischen auch „*Spiegel Online*", das ständig an Bedeutung gewinnt.

Die Nation aber verliert einen Mann, der ein zentrales Stück ihrer Geschichte geschrieben hat. Augstein, das „Verehrungsverweigerunsgenie", hat mit seinem *Spiegel* geholfen, den Deutschen obrigkeitsstaatliches Denken auszutreiben. Widerspruch und Opposition sind das Salz der Demokratie. Jens Daniels messerscharfe Kritik am politischen Kurs des Gründungskanzlers, am Muff der fünfziger Jahre, sein Feldzug gegen Strauß, nicht zuletzt die *Spiegel*-Affäre trugen dazu bei, die Bundesrepublik zu jener aufgeklärten, liberalen Gesellschaft zu machen, in der wir heute zu Hause sind und die wir nicht mehr missen mögen.

Rudolf Augstein war ein Pessimist. Dass die Menschheit aussterbe wie jene vorsintflutlichen Ungeheuer, die keinen Dreh zur Anpassung mehr fänden, gehörte zu seinen Grundüberzeugungen. Den Satz des Theologen Reinhold Niebuhr, die Geschichte des Menschen sei keine Erfolgsgeschichte, hat er immer wieder gern zitiert. Doch die Geschichte des Journalisten Augstein ist eine Erfolgsgeschichte – welcher andere Große aus dieser Zunft hätte je mehr erreicht?

DANK

Mein Dank gilt zunächst dem *Spiegel*-Verlag, und hier vor allem
Fried von Bismarck, Rudolf Augsteins Testamentsvollstrecker,
Karl Dietrich Seikel, dem letzten von ihm berufenen Geschäftsführer, sowie den Erben, die mir Einblick in Rudolf Augsteins
Unterlagen und seine Korrespondenz gewährten. Ohne die
selbstlose Unterstützung des Leiters der Hausdokumentation,
Heinz Egleder, wäre das Sichten dieser Dokumente nicht möglich gewesen, und so gilt ihm ganz besonderer Dank – ebenso
dem jungen Historiker Dr. Alexander Behrens, der mir mit viel
Geduld und Fleiß und mit großem Sachverstand bei der systematischen Durchsicht geholfen hat.

Bei der Suche nach Material über die Jugend und die beruflichen Anfänge Rudolf Augsteins in Hannover erwiesen sich
Werner Heine vom Stadtarchiv Hannover sowie Dr. Regina Rös-
ner vom Niedersächsischen Landesarchiv als besonders hilf-
reich, und Dieter Kossmann vom Stadtarchiv Bingen bin ich für
die Unterstützung bei der Suche nach Hinweisen auf die Familiengeschichte der Augsteins, die ihre Wurzeln ja im Rheinland
hat, zu besonderem Dank verbunden. Professor Hans-Georg
Aschoff von der Universität Hannover, aber auch Reinhard Apel
und vor allem seine Mutter, die mit Rudolf Augstein zusammen die Tanzstunde besuchte, halfen mir beim Verständnis der
Besonderheiten der katholischen Diaspora in Hannover.

Besonderer Dank gilt auch Friede Springer sowie Ernst Cramer für ein Gespräch und Dr. Erik Lindner und Rainer Laabs
(M. A.) vom Unternehmensarchiv der Axel-Springer-AG in Berlin, die mir den Zugang zu Briefen und Unterlagen Axel Springers ermöglichten. Dr. Hans Peter Mensing von der Stiftung

Bundeskanzler-Adenauer-Haus in Rhöndorf steuerte Briefe des stellvertretenden *Spiegel*-Chefredakteurs Conrad Ahlers an Adenauer bei. Dr. Ingmar Ahl von der *Zeit*-Stiftung stellte den Briefwechsel von Gerd Bucerius zur Verfügung. Vergessen sei auch nicht das freundliche Entgegenkommen von Joachim Zeller und Alexander Fiebig sowie ihren Damen von der Zeitungsabteilung der Berliner Staatsbibliothek.

Ohne Gespräche mit Zeitzeugen ergäben Akten, Briefe und schriftliche Unterlagen ein einseitiges, unvollständiges, zuweilen auch schiefes Bild. Deshalb bin ich den vielen Gesprächspartnern dankbar, die mich einem Verständnis der Person, ihrem widersprüchlichen Charakter und ihrer vielschichtigen Motive näher brachten – allen voran Rudolf Augsteins Schwester Dr. Ingeborg Villwock, seinen Kindern Maria Sabine, Franziska und Jakob, seinen geschiedenen Ehefrauen Maria Carlsson-Augstein und Gisela Stelly-Augstein sowie seiner Frau Anna Augstein-Hürtgen. Sabine Schappien, Irma Nelles und Katharina Müller-Kloos verdanke ich wertvolle Hinweise. Gespräche mit Mercedes Dohrn-van Rossum, Antje Ellermann, Valeska von Roques, Hannes Schwenger, Hans Joachim Werbke, mit Claus Jacobi, Klaus Harpprecht, Gerd Schulte-Hillen und Gert Paczensky rundeten das Bild.

Joachim Fest und Hans Mommsen steuerten ihre Einschätzung des „Amateurhistorikers" Augstein bei, Fritz Tobias schilderte die Entstehung seiner Serie über den Reichstagsbrand, Horst Ehmke die Bedeutung der Verfassungsbeschwerde des *Spiegel*, Theo Hintz das Engagement Augsteins beim Filmverlag der Autoren. Den ehemaligen Ministern Dr. Gerhart Baum und Hans-Dietrich Genscher sowie Dr. Burkhard Hirsch sei Dank für ihre Informationen über Rudolf Augstein und die FDP.

Wichtige Hinweise kamen auch von Egon Bahr, Wigbert Benz, Henryk M. Broder, Bettina Gaus, Prof. Alfred Grosser, Michael Jürgs, Niels Kadritzke, Birgit Kraatz, Christian Kracht, Dr. Michael Naumann, Michael Nesselhauf, Prof. Hans-Peter

Schwarz, Dr. Theo Sommer, Adolf Theobald und Gina Thomas. Gedankt sei vor allem Hans Detlev Becker und Erich Böhme, die sich mehrfach zu Gesprächen bereit fanden, nicht zuletzt auch heutigen oder früheren *Spiegel*-Redakteuren wie Stefan Aust, Peter Boelcke, Leo Brawand, Dr. Werner Funk, Hans Hielscher, Heinz Höhne, Dr. Olaf Ihlau, Dr. Wolfgang Kaden, Dr. Werner Kilz, Fritjof Meyer und Dr. Dieter Wild.

LITERATUR

Aschoff, Hans-Georg: Um des Menschen willen. Die katholische Kirche in der Region Hannover, Hildesheim 1983
Aschoff, Hans-Georg: Welfische Bewegung und politischer Katholizismus. Die Deutschhannoversche Partei und das Zentrum in der Provinz Hannover während des Kaiserreichs, Düsseldorf 1987
Bickerich, Wolfram: Franz Josef Strauß. Die Biographie, Düsseldorf 1996
Biermann, Werner: Strauß – Aufstieg und Fall einer Familie, Berlin 2006
Brandtstetter, Karl J.: Der deutsch-amerikanische Dauerstreit um die atomare Verfügungsgewalt (III), in: Die unbekannte Geschichte der *Spiegel*-Affäre und das Scheitern der multilateralen Atomstreitmacht MLF. *Blätter für deutsche und internationale Politik* 32 (1987)
Brawand, Leo: Der *Spiegel* – ein Besatzungskind. Wie die Pressefreiheit nach Deutschland kam, Hamburg 2007
Brawand, Leo: Wie alles anfing. Die *Spiegel*-Story, Düsseldorf 1987
Brawand, Leo: Rudolf Augstein, Düsseldorf 1995
Dahrendorf, Ralf: Liberal und unabhängig. Gerd Bucerius und seine Zeit, München 2000
Dorn, Wolfram und Wolfgang Wiedner: Der Freiheit gehört die Zukunft. Wolfgang Döring – Eine politische Biographie, Bonn 1974
Enzensberger, Hans Magnus: Die Sprache des *Spiegel*, SDR 1957
Frei, Norbert: 1945 und wir. Das Dritte Reich im Bewusstsein der Deutschen, München 2005
Frei, Norbert: Vergangenheitspolitik. Die Anfänge der Bundesrepublik und die NS-Vergangenheit, München 1996
Gaus, Günter: Widersprüche. Erinnerungen eines linken Konservativen, Berlin 2004
Gehlen Reinhard: Der Dienst. Erinnerungen 1942–1971, München 1971
Gehrs, Oliver: Der *Spiegel*-Komplex. Wie Stefan Aust das Blatt für sich wendete, München 2005
Glaser, Hermann: Die Kulturgeschichte der Bundesrepublik Deutschland. 3 Bde., Frankfurt am Main 1990
Görtemaker, Manfred: Geschichte der Bundesrepublik Deutschland. Von der Gründung bis zur Gegenwart, München 1999
Grewe, Ulrich: Augstein. Ein gewisses Doppelleben, Berlin 1994
Grosser, Alfred: Aspekte der Affäre. Der *Spiegel* als Wächter? in: Die Staatsmacht und ihre Kontrolle, herausgegeben von Jürgen Seifert, Olten 1966
Gutscher, Jörg Michael: Die Entwicklung der FDP von ihren Anfängen bis 1961, Meisenheim am Glan 1967
Hachmeister, Lutz: Der Gegnerforscher. Die Karriere des SS-Führers Franz Alfred Six, München 1998
Hachmeister/Siering: Die Herren Journalisten. Die Elite der deutschen Presse nach 1945, München 2002
Hurwitz, Harold: Die Stunde Null der deutschen Presse. Die amerikanische Pressepolitik in Deutschland 1945-1949, Köln 1972

Jacobi, Claus: Der Verleger Axel Springer. Eine Biographie aus der Nähe, München 2005

Jacobi, Claus: Freunde, Fremde, Feinde. Eine private Zeitgeschichte, Ullstein 1991

Jasper, Willi: Ludwig Börne – Keinem Vaterland geboren, Berlin 2003

Just, Dieter: *Der Spiegel*. Arbeitsweise, Inhalt, Wirkung, Hannover 1967

Jürgs, Michael: Der Fall Axel Springer. Eine deutsche Biographie, München 1995

Koch, Claus: Meinungsführer. Die Intelligenzblätter der Deutschen, Berlin 1989

Köhler, Otto: Rudolf Augstein. Ein Leben für Deutschland, München 2002

Krämer, Edgar: William Shakespeares und Gerhart Hauptmanns Hamlet-Dramen im Vergleich unter besonderer Berücksichtigung des Tragischen, Frankfurt am Main-Berlin-Bern-New York- Paris-Wien 1992

Kuby, Erich: Der *Spiegel* im Spiegel, München 1987

Kuby, Erich: Wie sich die Welt so spiegelt … – Rudolf Augstein und sein Nachrichtenmagazin, in: *Frankfurter Hefte*, Juli 1953

Lösche, Peter und Franz Walter: Die FDP. Richtungsstreit und Zukunftszweifel, Darmstadt 1996

Manning, Bert-Oliver: Die Politik der Ehre. Die Rehabilitierung der Berufssoldaten in der frühen Bundesrepublik, Göttingen 2004

Mazura, Uwe: Zentrumspartei und Judenfrage 1870/71–1933. Verfassungsstaat und Minderheitenschutz, Mainz 1994

Mommsen, Hans: Der Reichstagsbrand und seine politischen Folgen; in: *Vierteljahrshefte für Zeitgeschichte* 12 (1964), S. 351–413

Naeher, Gerhard: Axel Springer. Mensch, Macht, Mythos, Erlangen/Bonn/Wien 1991

Olick, Jeffrey K.: In the House of the Hangman, Chicago 2005

Paczensky, Gert von: Journalist mit Appetit, Köln 2003

Papke, Gerhard: Liberale Ordnungskraft, nationale Sammlungsbewegung oder Mittelstandspartei. Die FDP-Landtagsfraktion in Nordrhein-Westfalen 1946–1966, Düsseldorf 1998

Raddatz, Fritz: Unruhestifter. Erinnerungen, München 2003

Reichel, Peter: Vergangenheitsbewältigung in Deutschland. Die Auseinandersetzung mit der NS-Diktatur von 1945 bis heute, München 2001

Reich-Ranicki, Marcel: Ludwig Börne. Spiegelbild des Lebens, Frankfurt 1977

Rilling, Detlev: Thomas Dehler. Eine deutschlandpolitische Biographie. Dissertation an der Universität Augsburg im Februar 1988

Rott, Wilfried: Sachs. Unternehmer, Playboys, Millionäre, München 2005

Scheuring, Christof: Der unheilbare Denker, in: Medienmacher: Journalisten beschreiben die Herrscher der Vierten Gewalt, Hamburg 1996

Schmidt-Eenboom, Erich: Undercover. Wie der BND die deutschen Medien steuert, München 1999

Schmückle, Gerd: Ohne Pauken und Trompeten. Erinnerungen an Krieg und Frieden, Stuttgart 1982

Schoenbaum, David: Ein Abgrund von Landesverrat. Die Affäre um den *Spiegel*, Wien, München, Zürich 1968

Schöps, Joachim: Die *Spiegel*-Affäre des Franz Josef Strauß, Reinbek 1983

LITERATUR

Schröder, Dieter: Rudolf Augstein; München 2004

Schütz, Erhard: Luftschlösser und Ruinen, in: *Der Tagesspiegel* v. 1.5.2005

Schwarz, Hans-Peter: Adenauer. Der Aufstieg, Stuttgart 1986

Schwarz, Hans-Peter: Adenauer. Der Staatsmann, Stuttgart 1991

Schwarz, Hans-Peter: Anmerkungen zu Adenauer, München 2004

Siekmeier, Mathias: Restauration oder Reform. Die FDP in den sechziger Jahren. Deutschland- und Ostpolitik zwischen Wiedervereinigung und Entspannung, Köln 1998

Søe, Christian: Politische Kontrolle und Verantwortlichkeit in der Bundesrepublik Deutschland am Ende der Adenauer-Ära. Eine Verlaufsanalyse der *Spiegel*-Affäre. Diss. Berlin 1972

Stücklen, Richard: Mit Humor und Augenmaß. Geschichten, Anekdoten und eine Enthüllung, Forchheim 2001

Thomas, Michael: Deutschland, England über alles. Rückkehr als Besatzungsoffizier, Berlin o. J.

Tobias, Fritz: Der Reichstagsbrand. Legende und Wirklichkeit, Rastatt 1962

Vaillant, Jérome: Der Ruf. Unabhängige Blätter der jungen Generation (1945–1949), München 1978

Weller, Björn Uwe: Maximilian Harden und die Zukunft, Bremen 1970

Wild, Dieter: (K)ein Abgrund von Landesverrat. Vortrag über die *Spiegel*-Affäre am 12. Juli 2005 in Hörsaal 19 der Universität Leipzig

Wilke, Jürgen: Mediengeschichte der Bundesrepublik Deutschland, Bonn 1999

Wilke, Jürgen: Unter Druck gesetzt. Vier Kapitel deutscher Pressegeschichte, Köln 2002

Winkler, Heinrich August: Der lange Weg nach Westen, München 2000

Zeuner, Bodo: Veto gegen Augstein. Der Kampf in der *Spiegel*-Redaktion um Mitbestimmung, Hamburg 1972

Zolling, Hermann und Heinz Höhne: Pullach intern. Gehlen und die Geschichte des Bundesnachrichtendienstes, Hamburg 1971

REGISTER

Bildnachweis

Alle Fotos außer den als „privat" bezeichneten wurden freundlicherweise von der Hausdokumentation des Spiegel *zur Verfügung gestellt.*
Die Nachweise für die jeweiligen Fotografen erfolgen, soweit möglich, dort.
Sollten später Namen von Fotografen bekannt werden, wird deren Nennung in einer der folgenden Auflagen gerne nachgeholt.